منطق الطیر

(مقامات الطیور)

شیخ فریدالدین محمد عطارنیشابوری

به‌اهتمام و تصحیح

سیدصادق گوهرین

Ketab.com

Conference of the Birds

Subject:Persian Classic Poetry

Author: Attar Neyshabori

Compiled by: Seyed Sadegh Gowharin

Copyright © 2025 by: **ketab Corporation**

منطق‌الطیر

"مقامات طیور"

به اهتمام: سید صادق گوهرین

موضوع: ادبیات فارسی (شعر کلاسیک)

نویسنده: فریدالدین عطار نیشابوری

چاپ نخست شرکت کتاب: ۱٤۰٤ خورشیدی - ۲۰۲۵ میلادی

No part of this book may be reproduced in any manner without the express written consent of the author, except in the case of brief excerpts in critical reviews or articles.

For information about permission to reproduce selections from this book, write to Permissions @ ketab Corporation

The Library of Congress Cataloging-in-publishing Data is available upon request.

ISBN: 978-1-59584-789-8

Ketab Corporation:

12701 Van Nuys Blvd., Suite H,

Pacoima, CA, 91331, USA

www.ketab.com

1 2 3 4 5 6 7 8 25

فهرست مطالب ومندرجات

مقدمه پانزده

فی التوحید باری تعالی جل وعلا ۱

حکایت عیاری که اسیر نان ونمك خورده را نکشت ٤

در نعت رسول(ص) ۱۵

حکایت مادری که فرزندش درآب افتاد ۲۲

فی فضیلة امیرالمؤمنین ابوبکر رضی الله عنه ۲۳

فی فضیلة امیرالمؤمنین عمر رضی الله عنه ۲٤

فی فضیلة امیرالمؤمنین عثمان رضی الله عنه ۲۵

فی فضیلة امیرالمؤمنین علی رضی الله عنه ۲٦

در تعصب گوید ۲۷

حکایت عمر که می‌خواست خلافت را بفروشد ۲۹

حکایت شفقت کردن مرتضی بردشمن ۳۰

حکایت گفتن مرتضی اسرار خویش را با چاه وپرخون شدن چاه ۳۰

حکایت چوب خوردن بلال ۳۲

حکایت رفتن مصطفی بسوی غار وخفتن علی بر بسترش ۳۲

سخنی از «رابعه» ۳۳

درخواست پیغمبر (ص) از پروردگار که کار امتش را باو سپارد ۳۳

آغاز کتاب ۳۵

مجمع مرغان ۳۸

حکایت سیمرغ ٤۱

حکایت بلبل ٤۲

حکایت درویشی که عاشق دختر پادشاه شد ٤۳

حکایت طوطی ٤۵

گفتگوی خضر(ع) با دیوانه ٤۵

حکایت طاووس ٤٦

قصهٔ رانده شدن آدم از بهشت ٤۷

	منطق‌الطیر	هشت
۴۸	حکایت بط	
۴۹	عقیدهٔ دیوانه‌ای دربارهٔ دو عالم	
۴۹		داستان کبک
۵۱	حکایت سلیمان و نگین انگشتری او	
۵۱		داستان همای
۵۲	احوال سلطان محمود در آن جهان	
۵۳		حکایت باز
۵۴	حکایت پادشاهی که سیب بر سر غلام خود می‌گذاشت و آنرا نشانه می‌گرفت	
۵۵		حکایت بوتیمار
۵۶	گفتگوی مرد دیده‌ور با دریا	
۵۷		حکایت کوف
۵۷	حکایت مردی که پس از مرگ حقه‌ای زر از او بازمانده بود	
۵۸		حکایت صعوه
۵۹	حکایت یعقوب و فراق یوسف	
۶۰		پرسش مرغان
۶۲	حکایت پادشاهی که بسیار صاحب جمال بود	
۶۴	حکایت اسکندر که خود به رسولی می‌رفت	
۶۴	حکایت محمود و ایاز	
۶۶		جواب هدهد
۶۷	حکایت شیخ سمعان	
۸۸		عزم راه کردن مرغان
۹۰		تحیر بایزید
۹۲		عذر آوردن مرغان
۹۳	حکایت مسعود و کودک ماهیگیر	
۹۴	حکایت خونیی که به بهشت رفت	
۹۵	حکایت سلطان محمود و خارکن	
۹۸	حکایت شیخ نوقانی	
۹۹	حکایت دیوانه‌ای برهنه که جبه‌ای ژنده به او بخشیدند	
۱۰۰	به کعبه رفتن رابعه	
۱۰۰	حکایت دیوانه‌ای که از مگس و کیک در عذاب بود	
۱۰۱	حکایت مرد توبه شکن	
۱۰۲	حکایت مرد بت‌پرستی که بت را خطاب می‌کرد و خدا خطابش را لبیک گفت	
۱۰۳	حکایت صوفی و انگبین فروش	

فهرست مطالب

۱۰۳	حكايت موسی و فارون
۱۰۴	حكايت زاهدی خودپسند كه از مردهای احتراز جست
۱۰۵	گفتهٔ عباسه دربارهٔ روز رستخیز
۱۰۶	گم شدن شبلی از بغداد
۱۰۷	خصومت دو مرقع پوش
۱۰۸	حكايت مفلسی كه عاشق شاه مصر شد
۱۱۰	حكايت گبركنی كه عمر دراز يافت
۱۱۰	گفتار عباسه دربارهٔ نفس
۱۱۱	گفتگوی سالك ژنده پوش با پادشاه
۱۱۲	حكايت دو روباه كه شكار خسرو شدند
۱۱۳	حكايت غافلی كه از ابلیس گله داشت
۱۱۳	احوال مالك دينار
۱۱۵	پند ديوانه‌ای با خواجه‌ای ناسپاس
۱۱۵	گفتار مردی پاك دين
۱۱۷	حكايت نومریدی كه زر از شیخ خود پنهان می‌داشت
۱۱۸	نكته‌ای كه شیخ بصره از رابعه پرسید
۱۱۹	عابدی كه پس از سالها عبادت به نوای مرغی دل خوش كرده بود
۱۲۰	حكايت شهریاری كه قصری زرنگار كرد
۱۲۱	حكايت بازاریی كه سرای زرنگار كرد
۱۲۱	حكايت عنكبوت و خانهٔ او
۱۲۲	حكايت مردی گران جان كه در بیابان بدرویشی رسید
۱۲۳	سوگواری مردی بی‌قرار و پند بیدلی به او
۱۲۳	حكايت غافلی كه عود می‌سوخت
۱۲۵	حكايت دردمندی كه از مرگ دوستش پیش شبلی گریه می‌كرد
۱۲۵	حكايت تاجری كه از فروختن كنیز خود پشیمان شد
۱۲۶	حكايت خسروی كه سگ تازی خود را رها كرد
۱۲۷	حكايت حلاج كه در دم مرگ روی خود را بخون خود سرخ كرد
۱۲۸	حكايت جنید كه سرپسرش را بریدند
۱۲۹	حكايت مرگ ققنس
۱۳۱	سوگواری پسری در مرگ پدر
۱۳۱	گفتار نایبی در دم مرگ
۱۳۲	گفتگوی عیسی با خم آب
۱۳۳	گفتگوی سقراط با شاگردش در دم مرگ

۱۳۲	راه‌بینی که از دست کسی شربت نمی‌خورد
۱۳۵	حکایت چاکری که از دست شاه میوهٔ تلخی را بارغبت خورد
۱۳۶	گفتار مردی صوفی از روزگار خود
۱۳۶	حکایت پیرزنی که از شیخ مهنه دعای خوشدلی خواست
۱۳۶	گفتار جنید دربارهٔ خوشدلی
۱۳۷	حکایت خفاشی که بطلب خورشید پرواز می‌کرد
۱۳۸	حکایت خسروی که باستقبالش شهر را آراسته بودند و او فقط به آرایش زندانیان توجه کرد
۱۴۰	حکایت خواجه‌ای که بایزید وترمذی را درخواب دید
۱۴۱	گفتار شیخ خرقان در دم آخر
۱۴۱	حکایت بنده‌ای که با خلعت شاه گرد راه از خود پاک کرد وبردارش کردند
۱۴۲	دوچیزی که پیر ترکستان دوست میداشت
۱۴۳	حکایت بادنجان خوردن شیخ خرقانی
۱۴۴	حکایت ذالنون که چهل مرقع پوش را که جان داده بودند دید
۱۴۵	دولتی که سحرهٔ فرعون یافتند
۱۴۵	حکایت پیرزنی که به ده کلاوه ریسمان خریدار یوسف شد
۱۴۶	گفتگوی مردی درویش با ابراهیم ادهم دربارهٔ فقر
۱۴۷	گفتگوی شیخ غوری با سنجر
۱۴۷	سخن دیوانه‌ای دربارهٔ عالم
۱۴۸	حکایت احمد حنبل که پیش بشر حافی می‌رفت
۱۴۹	حکایت پادشاه هندوان که اسیر محمود گشت ومسلمان شد
۱۵۰	حکایت مردی غازی ومردی کافر که مهلت نماز بیکدیگر دادند
۱۵۱	حکایت یوسف و ده برادرش که در قحطی بچاره جویی پیش او آمدند وگفتگوی آنها
۱۵۳	حکایت غلامان عمید خراسان و دیوانهٔ ژنده‌پوش
۱۵۴	حکایت دیوانه‌ای که از سرما به ویرانه‌ای پناه برد وخشتی برسرش خورد
۱۵۵	حکایت مردی که خری بعاریت گرفت و آنرا گرگ درید
۱۵۵	قحطی مصر و مردن مردم وگفتهٔ مرد دیوانه
۱۵۶	حکایت دیوانه‌ای که تنگ گی برسرش خورد و گمان برد کودکان بر او سنگ می‌زنند
۱۵۶	گفتهٔ واسطی که گذارش بر گور جهودان افتاد
۱۵۸	پاسخ بایزید به نکیر ومنکر
۱۵۸	حکایت درویش حق‌جو و راز ونیاز او

یازده		فهرست مطالب
۱۵۹		حکایت محمود که مهمان گلخن تاب شد
۱۶۱		سقایی که از سقای دیگر آب خواست
۱۶۲		حکایت شیخ بوبکر نشابوری که خرش برلاف‌زد، او بادی رها کرد
۱۶۳		حکایت رازجویی موسی از ابلیس
۱۶۴		عقیدهٔ مردی پاک دین دربارهٔ مبتدی
۱۶۴		شیخی که از سگی پلید دامن درنچید
۱۶۵		حکایت عابدی که در زمان موسی مشغول ریش خود بود
۱۶۶		حکایت ابلهی که در آب افتاد و ریش بزرگش وبال او بود
۱۶۶		حکایت صوفیی که هر گاه جامه می‌شست باران می‌آمد
۱۶۷		حکایت دیوانه‌ای که در کوهسار با پلنگان انس کرده بود
۱۶۸		حکایت عزیزی که از داشتن خداوند شادی می‌کرد
۱۶۸		حکایت مستی که مست دیگر را برمستی ملامت می‌کرد
۱۶۸ح		حکایت عاشقی که در دم مردن می‌گریست
۱۶۹		حکایت عاشقی که عیب چشم یار را پس از نقصان عشق دید
۱۷۰		حکایت محتسبی که مستی را میزد و گفتار آن مست
۱۷۰		گفتهٔ بوعلی رودبار در وقت مرگ
۱۷۱		پیام خداوند ببندگان توسط داود
۱۷۲		نارضا بودن ایاز از اینکه محمود سلطنت را باو داد
۱۷۳		مناجات رابعه با خداوند
۱۷۴		خطاب خالق با داود
۱۷۴		حکایت محمود که «لات» را بهندوان نفروخت، و آنرا سوزاند
۱۷۵		حکایت محمود که برای فتح غزنین نذر کرد غنایم را بدرویشان بدهد
۱۷۷		حکایت چوب خوردن یوسف بدستور زلیخا
۱۷۸		حکایت خواجه‌ای که از غلامش خواست او را برای نماز بیدار کند
۱۷۸		گفتار بوعلی طوسی دربارهٔ اهل جنت و اهل دوزخ
۱۷۹		حکایت مردی که از نبی اجازهٔ نماز برمصلایی گرفت
۱۸۰		بیان وادی طلب
۱۸۱		حکایت سجده نکردن ابلیس بر آدم
۱۸۳		حکایت شبلی که گاه مردن زنار بسته بود
۱۸۳		حکایت مجنون که خاک می‌بیخت تا لیلی را بیابد
۱۸۴		گفتار یوسف همدان دربارهٔ صبر
۱۸۴		گفتگوی شیخ ابوسعید مهنه با پیری روشن ضمیر در بارهٔ صبر
۱۸۵		حکایت محمود و مردی خاک‌بیز

دوازده	منطق الطیر	
۱۸۶	حکایت مردی که گشایش میخواست و جواب رابعه به او	
	بیان وادی عشق	۸۶
۸۷	حکایت خواجه‌ای که عاشق کودکی فقاع فروش شد	
۸۸	حکایت مجنون که پوست پوشید و با گوسفندان بکوی لیلی رفت	
۱۸۹	حکایت مفلسی که عاشق ایاز شد و گفتگوی او با محمود	
۱۹۱	حکایت عربی که در عجم افتاد و سر گذشت او با قلندران	
۱۹۲	حکایت عاشقی که قصد کشتن معشوق بیمار را کرد	
۱۹۳	حکایت خلیل‌الله که جان به عزرائیل نمی‌داد	
	بیان وادی معرفت	۱۹۴
۱۹۵	حکایت مردی که در کوه چین سنگ شد	
۱۹۶	حکایت عاشقی که خفته بود و معشوق بر او عیب گرفت	
۱۹۷	حکایت پاسبانی عاشق که هیچ نمی‌خفت	
۱۹۸	گفتار عباسه درباره عشق و معرفت	
۱۹۹	حکایت محمود و دیوانه ویرانه نشین	
	بیان وادی استغنا	۲۰۰
۲۰۱	حکایت مردی که پسر جوانش بچاه افتاد	
۲۰۲	گفتار یوسف همدان درباره عالم وجود	
۲۰۳	حکایت مردی که صورت افلاک بر تخته خاک می کشید	
۲۰۳	گفتار پیری مستغنی	
۲۰۴	حکایت مگسی که بکندو رفت و دست و پایش در عسل ماند	
۲۰۵	حکایت شیخی خرقه‌پوش که عاشق دختر سگبان شد	
۲۰۶	حکایت مریدی که از شیخ خواست تا نکته‌ای بگوید	
	بیان وادی توحید	۲۰۶
۲۰۷	عقیده دیوانه‌ای درباره عالم	
۲۰۷	حکایت پیرزنی که کاغذ زری به بوعلی داد	
۲۰۹	راز و نیاز لقمان سرخسی با پروردگار	
۲۰۹	حکایت عاشقی که در پی معشوق خود را در آب افکند	
۲۱۰	حکایت محمود و ایاز و حسن در روز عرض سپاه	
	بیان وادی حیرت	۲۱۲
۲۱۳	حکایت دختر پادشاه که بر غلامی شیفته شد و تحیر غلام پس از وصل در عالم بی‌خبری	
۲۱۷	مادری که بر خاک دخترمی گریست	
۲۱۷	گفتار یک صوفی با مردی که کلیدش را گم کرده بود	
۲۱۸	حکایت شیخ نصرآباد که پس از چهل حج طواف آتشگاه گبران می‌کرد	

فهرست مطالب

نومریدی که پیر خود را بخواب دید	۲۱۹
بیان وادی فقر	۲۱۹
گفتار معشوق طوسی (محمد) با مریدش	۲۲۰
گفتار عاشقی که از بیم قیامت می گریست	۲۲۱
حکایت پروانگان که از مطلوب خود خبر می خواستند	۲۲۲
گفتار مردی صوفی با کسی که او را قفا زد	۲۲۳
حکایت مفلسی که عاشق پسر پادشاه شد و بدین گناه او را محکوم بمرگ کردند	۲۲۴
سؤال پاکدینی از نوری درباره راه وصال	۲۲۹
سیمرغ در پیشگاه سیمرغ	۲۳۰
گفته مجنون که دشنام لیلی را بر آفرین همهٔ عالم ترجیح میداد	۲۳۲
پاسخ پروانه به پرندگان که او را از سوختن منع میکردند	۲۳۲
حکایت خطی که برادران یوسف هنگام فروش او دادند	۲۳۳
سخن عاشقی که بر خاکستر حلاج نشست	۲۳۶
حکایت پادشاهی که پسر وزیر روز و شب مونسش بود و بر اثر خطایی دستور کشتنش را داد و بعد پشیمان گشت ...	۲۳۸
فی وصف حاله	۲۴۶
گفتهٔ دانای دین هنگام نزع	۲۴۹
پند ارسطاطالیس بر اسکندر هنگام مردن او	۲۵۰
صوفیی که از مردان حق سخن می گفت و خطاب پیری به او	۲۵۱
گفتار مردی راهب هنگام مرگ	۲۵۳
گفتهٔ پاک دینی که سی سال عمر بیخود می گذارد	۲۵۴
گفتار شبلی که پس از مردن بخواب جوانمردی آمد	۲۵۵
سؤال پیری راهب از روحانیانی که نقد از هم می ربودند	۲۵۶
حکایت ابوسعید مهنه با مستی که به در خانقاه او آمد	۲۵۷
پاسخ عزیزی به سؤالات پروردگار در روز حشر	۲۵۷
گفتار نظام الملک درحال نزع	۲۵۸
سؤال سلیمان از موری لنگ	۲۵۸
حکایت ابوسعید مهنه با قایمی که شوخ بر بازوی او می آورد	۲۵۹
توضیحات	۲۶۳
فهرست لغات و اصطلاحات تصوف و اسامی خاص و تعبیرات و لغات قرآن و احادیث	۳۴۱
فهرست اعلام متن کتاب	۳۶۷
فهرست آیات قرآن کریم و احادیث مصطفی و اقوال مشایخ	۳۷۱
فهرست مآخذ و منابعی که در تهیهٔ حواشی و توضیحات این کتاب از آنها استفاده شده است	۳۷۴

بسم‌الله الرحمن الرحیم

رَبِّ اشْرَحْ لِي صَدْرِي ، وَيَسِّرْلِي اَمْرِي ، وَ احْلُلْ عُقْدَةً مِنْ لِسَانِي ، يَفْقَهُوا قَوْلِي

خالقا گر نیك و گر بد کرده‌ام — هر چه کردم با تن خود کردم

عفو کن دون همتیهای مرا — محو کن بی حرمتیهای مرا

ازمکتب تصوف اسلامی که مسلماً ایرانیان درپایه گذاری وبنیان آن سهمی بسزا دارند نوابغی برخاسته اند که در پیشرفت افکار بشر در این زمینه کمکهای شایان نموده‌اند. شیخ فریدالدین محمد عطار نیشابوری یکی از جمله نوابغیست که باصدق واخلاص بی‌مانندی که لازمهٔ سالکان این‌طریقت وپیروان حقیقت‌است در تکامل این مکتب عظیم و رفع مشکلات وحل معضلات آن قدم بلندی برداشت وبا طی عقبات صعب سلوك و گذشتن ازوادیهای هولناك این طریق بی‌امان، بکشف بسیاری از رموز و رفع بسیاری از حجب این راه بی زینهار موفق شد .

او که بنا بر اشارت خود قسمتی از عمر عزیز را صرف علوم ظاهری و کسب معارف اکتسابی نموده بود و برفع اسقام بندگان خدای اشتغال داشت[1] بعللی که شرح آن در این وجیزه نمی گنجد چراغ توفیق فرا راهش داشتند و

۱ـ بداروخانه پانصد مرد بودند — که درهرروز نبضم مینمودند (خسرونامه)

بپاسداری کشور دلش گماشتند تا باغور استقصای کاملی بگشایش ابواب بستهٔ پنهانی‌وشکستن بند و مسمارها وغل و زنجیرهای زندان باطنی و رفع آلام و اسقام درونی بشر که سرمایهٔ نقص وتراجع و کمی و کاستی اوست بپردازد و در نتیجه آثار گرانبهایی از خود بیادگار گذارد که از همان دیر باز مورد نظر شاهبازان عالم معنی و سرمشق جویندگان آشفته جان این طریق هدی گردد تا آنجا که سر حلقهٔ صوفیان صفا مولانا جلال الدین محمد بلخی او را روح عالم معنی‌نامید و در ردیف قافله سالار این راه بی نهایت، مجدودبن آدم سنائی، قرارش داد.

این عاشق سوخته جان و معشوق مملکت سرّ ونهان که با شمع شریعت بشاهراه طریقت قدم نهاد، با کشش غیبی و کوشش شخصی در اندك زمانی‌توانست از گریوه‌های بیشمارو کوهسارهای بیفریاد ووادیهای بی امان این راه هولناك که یکه‌تازان‌طریقت‌در آن‌ناخن‌وچنگال ریخته‌اند بگذردوبقول‌خودش بابالی‌شکسته وپری آغشته بخون دل،رنجورو مست و کوفته وناتندرست‌ومانده ومجروح‌خودرا بدروازهٔ حقیقت کشاند و مایهٔ فتوح بسیاری از جانهای مشتاق و ارواح بیتاب و مضطرب گردد. اوعمری‌راباصبروتأمل و شکیبایی، باسوز و گدازی طاقت فرسا و رضاو تسلیمی که نصیب کمتر کسی میشود، پای دردامن‌همت کشید وآثار بدیعی از خود بیادگار گذاشت که از آنجمله «منطق الطیر» یعنی کتاب حاضر است که مسلماً باید آنرا یکی از شاهکارهای شعر و شاعری درجهان ما پنداشت.

این کتاب که عطار آنرا گاهی «منطق الطیر» وزمانی «مقامات‌طیور[1]»نامیده است و دیگران عنوان«طیورنامه» هم بآن داده‌اند[2] از لحاظ لفظ ومعنی در شمار دلکش‌ترین کتبی است که از این جنس در زبان و ادبیات فارسی تابحال‌بجهانیان

۱ـ ختم شد برتو چوبر خورشید نور		منطق‌الطیر و مقامات طیور		(کتاب‌حاضرص۲۴۷)

۲ ــ صفحهٔ ۲۷ مقدمه دیده شود.

عرضه شده است، مجموعه ایست از لطایف حکمی و نکات قرآنی و اشارات مصطفوی و عبارات اولیاءِ حق که در بهترین قالب الفاظ فارسی گنجانیده شده است.

مضمون این کتاب، یعنی حرکت جمع کثیری از مرغان جهان برای یافتن سیمرغ کوه قاف وپرواز دستجمعی آنان بسوی قاف ومسجد اقصای دل، وحتی نام «منطق الطیر»، قبل از عطاربوسیلهٔ دیگران در کسوت الفاظ وعبارات آمده است. « رسالة الطیر » ابو علی‌سینا و حرکت اصناف مرغان از کوه عقاب (الموت) و رسیدن به‌ملك‌اعظم‌پس از گذشتن از هشت منزل پرخوف وخطر و تحمل مشقات و ناکامیهای بسیار؛ و « رسالة الطیر » امام محمد غزالی که بنظرنگارنده سرمشق ودلیل وراهنمای عطار در سرودن «منطق الطیر» بوده است؛ و حرکت دستجمعی مرغان در«باب حمامة المطوقه» در کتاب‌کلیله ودمنه؛وقصیدهٔ « منطق الطیر»حکیم بدیل‌الدین خاقانی گواه براین‌مدعاست.

تعبیر حقیقت مطلقه ویا باصطلاح صوفیان «جان‌جان» به هر مرغی بی‌نام‌و نشان بنام سیمرغ وعنقا که نشیمن اودر کوه قاف است، وصوفیان از آن به‌دل و فؤادتعبیر میکنند، نیزدراغلب آثار صوفیان و فلاسفهٔ اشراقی‌مشرب آمده است. تشبیه جان آدمی بمرغ‌وکالبد اوبه‌قفص و گرفتاری این مرغ بی‌اندازه که‌ازجنس سیمرغ بی‌نام ونشان است در قفص تن و اشتیاق وآرزوی فرار او از این تنگنای بی امان را نیز در آثارفلاسفهٔ عارف مشرب و سایر صوفیان صفا میتوان دید. اما باید اذعان کرد که هیچیك از گذشتگان این مضامین دلکش و تعبیرات لطیف را نتوانسته‌اند مانند عطار درهم‌مزج کنند و معجونی روح پرور وآدمی فریب چون « منطق الطیر » بسازند و تحویل اهل زمانه دهند.

این کتاب آرایش است ایام را | خاص را داده نصیب وعام را
نظم من خاصیتی دارد عجیب | زانك هردم بیشتر بخشد نصیب
گربسی خواندن میسر آیـدت | بی شکی هربار خوشتر آیدت
آنچه من برفرق خلق افشانده‌ام | گر نمانم تا قیامت مـانده‌ام
در زبان خلق تا روز شمار | یادگردم ، بس بود این یادگار
گربریزد از هم این نه دایره | کم‌نگردد نکته‌ای زین تذکره
گر کسی راره‌نماید این کتاب | پس براندازد زپیش او حجاب[1]

خلاصه،منطق الطیرعطار مجموعه‌ایست ازلطیف‌ترین‌الفاظ‌فارسی‌وبلندترین افکار عارفانه و شیواترین تخیلات شاعرانه که بصورت دفتری شعر به‌رستهٔ گوهر فروشان معانی و صیرفیان بازار ادب عرضه‌شده‌است . بوعلی و غزالی و دیگـران هرچندسعیشان مشکوراست وبحکم «السابقون السابقون اولئك المقربون» دراین موضوع حق‌تقدم و پیش کسوتی دارند ولی باید انصاف داد که آنها این معانی‌بلند را مانند عطار پس از سنجش با محك تجربت لباسی‌باندام آنطور که عطار تعبیه کرده است نپوشانده‌اند و پرده ازرخسار غوامض و مشکلات برنگرفته‌اند وفقط به اشارتی و کنایتی بسنده نموده و گذشته‌اند تا آنجا که آثارشان به لغز و معما بیشتر شباهت پیدا کرده است تا کتابی دلیل و راهنما چون منطق‌الطیر . عطاردر این کتاب سیروسلوك اصناف بشر را از اولین قدم تا نهایت و از مبدأ حرکت تـا منتهای غایت و گذشتن این موجود شگرف را از عقبات این راه پرمخاوف‌وعجیب موبمو‌ونکته به نکته با عباراتی واضح و کلماتی رسا و توضیحات بسیار و حکایات و افسانه‌های راه برنده به مقصود بیان داشته است .

او چون سلف خود ناصرخسرو از روزی که شروع بشعرو شاعری کرد از

۱ـ ص ۲۴۸کتاب حاضر .

مدح وثنای خلق تن زد وزبان به تحمید وتمجید هم‌نوعان نگشود[1]، بادلی دردمند و جگری سوخته[2] بصفای باطن و صیقل درون و تزکیهٔ نفس و اعراض از هوی و هوسها پرداخت و به پاسداری دل خود مشغول شد تا آنجا که هفت شهر عشق رازیرپا گذاشت وهفت وادی پرخوف وخطر را باقدم اخلاص درنوردید وازعقبات صعب سلوك و دشواریهای آن مردانه بگذشت تا یوسف توفیق را که درچاه طبیعت تن گرفتار بود از قیدو بندهای حوادث عالم خاك برهانید و ازدست شاهد مقصود که مقصد ومعبود همهٔ عالمیان است شربت حقیقت نوشید واز سرچشمهٔ کمال که نهایت میدان مردان خداست سیراب شدواز آن پس همهٔ همت خودرا صرف دستگیری خلق وارشاد گمراهان و راهنمایی بی راهان کرد و قوافل سرگردان عالم ظاهر را هادی وراهنما گردید. بازبان شعر، هرچند آنرا حجت بی‌حاصلی[3] می‌انگارد، از رخسار شاهدان غیب پرده برگرفت ومستوران عالم معانی را به بازارجانبازان وکوی عاشقان کشانید و برطالبان و شیفتگان اینگونه مطالب عرضه داشت تا دردمندان سوخته جان را مرهمی گردد و شیفتگان نوای بی نوایی را ملاذ و ملجایی باشد.

تحقیق در احوال وآثار این بزرگترین پوست نشین خانقاه یاران صفا و خلّان وفا کار این وجیزه نیست خاصه آنکه مستشرق عالیقدر آلمانی پرفسور ریتر[4] دراین باره آنچه بایدً انجام داد ویامیشود بمنصهٔ ظهور آوردانجام داده و کتابی بنام *Das Meer der seele. Mensch, Welt und Gott in Geschichten des Fariduddin Attar.*

۱ـ من زکس بردل کجابندی نهم / نام هردون را خداوندی نهم
نه طعام هیچ ظالم خورده‌ام / نه کتابی را تخلص کرده‌ام
همت عالیم ممدوحم بس است / قوت جسم وقوت روحم بس است
پیش خود بردند پیشینان مرا / تابکی زین خویشتن بینان مرا (ص۲۵۳ کتاب حاضر)

۲ـ گرچه عطارم من وتریاك ده / سوخته دارم جگرچون ناك ده (ص۲۵۲ کتاب حاضر)

۳ـ شعرگفتن حجت بی‌حاصلی است / خویشتن رادیدکردن جاهلیست (ص۲۵۲ کتاب حاضر)

۴ـ *H.Ritter*

بزبان مادری خود تنظیم و تبویب نموده و در دسترس عموم قرار داده است و جای آن دارد که دل آگاهی بصیر آنرا بزبان پارسی بر گرداند تا علاقه‌مندان بآثار عطار از آن بهره‌ها گیرند واستفاده‌ها برند.

اما انتخاب عنوان «منطق الطیر» برای این کتاب از آن جهت است که صوفیان بعللی که اشاره بآن هم در این و جیزه ناممکن است از دیر باز و آغاز نظری خاص بقرآن کریم و احادیث مصطفی ﷺ و اولیاء این شریعت غرا داشته اند و برای آن کتاب معجز آثار و احادیث خواجهٔ کائنات تأویلها و تعبیرات خاصی آورده‌اند که شاید از لحاظ نحوهٔ بیان ولطافت کلام و باریك اندیشی‌های خاص نظیرو مانند آنرا درسایر ملل و نحلی که با این دو منبع فیاض سروکار داشته‌اند کمتر توان یافت. اغلب اصطلاحات پیروان این طریقت که‌نوای بی نوایی درعالم هستی‌سر داده‌اندازاین‌دواثر عظیم‌اخذ شده است و سعی بلیغ نموده‌اند تا آنجاکه ممکن است در تعریف وتفسیر این‌اصطلاحات از راهی که این دواثر جاودانی ولایزالی فرا راه آدمیان گشوده‌است عدول ننمایند. خلاصه قرآن‌مجید و احادیث صاحب شریعت و سنت آن سپهسالار موجودات صوفیان را نمونهٔ کامل و مثال اعلی است و همیشه آنرا چون چراغ توفیق و مشکاتی منیر فرا راه طریق‌دشوارخود داشته‌اندوتمسك بآن را فیضی‌عظیم شمرده‌اند. کلمهٔ«منطق‌الطیر» نیزازآیهٔشریفهٔ «و ورث سلیمان داود وقال یا ایها الناس علمنا منطق‌الطیر»واقع در سورهٔ معجز اثر نمل گرفته شده که ضمن حکایت سلیمان ؑ و سفر اوبوادی نمل آمده‌است. در این سورهٔ مبارکه (از نظر صوفیان) سلیمان ؑ که بمقام نبوت یعنی بالاترین درجهٔ کمال‌بشری رسیده است سراپرده در قلمرو مورچگان میزند وهدهد تیزبین‌را که همیشه ملتزم رکاب اوست و بمقام والای ولایت رسیده وواسطه بین خلق و اوست بطلب‌آب میفرستد تاتشنگان تیه بی مرادی راسیرآب کند. این پیك سعادت خود را بسر زمین سبا و قلمرو بلقیس میرساند وسرانجام

واسطهٔ آشنایی سلیمان جان وملکهٔ کشور سبا میشود .

عطار درمنطق الطیرخود بنحو شایسته‌ای از این سرگذشت استفاده نموده است . هدهد را که بعلت آشنائیهایش با سلیمان مطلوب پیغمبرزمان شده است و حله‌ای از طریقت برتن و افسری از حقیقت برسردارد ، و مثال اعلای ولی عصر و مردکامل و پیر دلیل و مرشد راه دان است ونام سنی واسم‌اعظم[1] در منقار اونهاده‌اند ، باآنکه مرغی علوی آشیان است ، منطق طیور عالم سفلی را نیك میداند و راهنمای مرغان جویای سیمرغ کوه قاف میشود تا اصناف طیور را که هریك پای بند عالمی ازعوالم مادی هستند بکوه قاف دل و سرزمین سیمرغ‌جان برساند . ناچار درپیشاپیش آن مرغان بی‌نهایت به پرواز می‌آید و از مهالك راه ومخاوف‌طریق دشوار میگذرد، وادیهای بی فرجام و عقبات بی امان را پس پشت مینهد و سرانجام ازآن خیل کثیر طیورسی‌مرغ‌رابه سرزمین و اقلیم سیمرغ بلند پرواز میرساند. منطق الطیر سرگذشت این مرغان مشتاق ازجان‌گذشته و بیان دشواریهای پرواز آنان و راهنمائیها و دلجوئیهای هدهد راهبر است که در قالب شعر دل انگیز فارسی ریخته شده است . و مجموعه‌ایست از خلاصهٔ افکار صوفیان از ما و من رسته در بارهٔ هفت وادی طریقت و چگونگی‌حقیقت و کیفیت حرکت سالك‌از نقطهٔ طلب تا مقصد فناء و بقاء باللّٰه که با آیات قرآن و احادیث سرور عالمیان و اقوال عارفان و بهترین و شیواترین افسانه‌های فارسی آمیخته شده است .

این اثر بزبانهای عربی و اردو و ترکی و فرانسه و سوئدی و انگلیسی ترجمه گردید ودردسترس مردمان شرق و غرب قرار گرفت تا هر کس بقدرهمت خودازآن توشه‌هابرگیرد وذخیرهٔ‌امروز وفردای خودسازد. صورت این‌ترجمه‌ها را دانشمند محترم‌آقای دکتر محمد جواد مشکور درمقدمه برمنطق‌الطیر که‌در

---

۱ ـ آنکه بسم‌الله درمنقار یافت		دور نبود گربسی اسرار یافت		(ص۳۹کتاب حاضر)

تبریز بحلیهٔ طبع آراسته شده آورده‌است ونقل آن همه دراینجا تکراری بی‌فایدت خواهد بود.

****

منطق الطیر در بحر رمل مسدس مقصور سروده شده است و تعداد ابیات آن را از ۴۳۰۰ تا ۴۶۰۰ نقل کرده‌اند ولی نسخهٔ حاضر شامل ۴۶۹۶ بیت است. از آنجا که‌این کتاب مستطاب از بدو پیدایش تازمان ماهمیشه سرمایهٔ سروراهل‌درد و مایهٔ شادمانی خانقاهیان بوده و پیوسته مورد نظر صوفیان و توجه خاص کاملان واقع شده است در ابیات آن دخل و تصرف بسیار کرده‌اند و چه بسا که نسخه نویسان ازهمان دیر باز ابیاتی بر آن اضافه نموده‌اند ویا از آن کسر کرده‌اند ودر بسیاری از موارد الفاظ و عبارات آنرا که شاید بر ایشان نامفهوم بوده تغییراتی داده‌اند بطوری که از نسخ‌خطی موجود تا آنجا که‌این ضعیف ملاحظه کرد کمتر نسخه‌ایست که‌با نسخهٔ دیگر کاملاً مطابقت‌داشته باشد. مثلاً دربسیاری‌ازنسخ‌حکایات وعباراتی دیده میشود که در نسخ اقدم وجود ندارد و چون این کتاب اغلب در خانقاهها خوانده میشد و مورد مطالعه قرار میگرفت صوفیان صفا که طبع شعری هم داشته‌اند حکایات وعبارات را بدلخواه خود بر آن اضافه کرده‌اند.

از آنجا که منطق الطیر همیشه مورد توجه خاص‌وعام بوده‌است علاوه‌بر نسخ متعددو کثیر خطی که‌فهرست آنهارامیتوان درفهارس‌نسخ‌خطی کتابخانه‌های‌ممالك آسیا واروپا وامریکامشاهده کرد، چندین نسخه ازاین کتاب درایران‌وهندوستان و اروپا بطبع رسیده که‌مهمترین آنهانسخه‌ایست که با مقدمهٔ مفصل مرحوم میرزا حسین خان ملقب به ذکاءالملك و متخلص به‌فروغی که در سال ۱۳۱۹ قمری در تهران بطبع رسیده است ومکرر کتابخانه‌های دیگر در تهران و اصفهان و سایر بلاد آنرا تجدیدچاپ نموده‌اند، ونسخهٔ متعلق به کتابخانهٔشیخ جان محمدالله بخش در سال ۱۹۴۶ مسیحی در لاهور بزیور طبع آراسته شده است، و نسخهٔ معروف

پارسی که بهمت گارسن دو تاسی[1] که در سال ۱۸۵۷ در پاریس چاپ شده است. و نسخهٔ پر ارزش آقای دکتر محمد مشکور استاد دانشکدهٔ ادبیات تبریز که با مقدمه‌ای مفصل و مستوفی در سال ۱۳۳۷ شمسی توسط کتابخانهٔ تهران واقع در شهر تبریز بچاپ رسیده است.

اما این ناچیز از دیر باز در این آرزو بود که نسخه‌ای نسبةً صحیح و کم غلط از این کتاب بدست آورد و آن را بحلیهٔ طبع بیاراید. تا آنکه در حدود دوازده سال قبل دوست ارجمند دانشمند آقای دکتر تقی تفضلی رئیس محترم کتابخانهٔ مجلس شورای ملی مرا به نسخه‌ای در کتابخانهٔ دربار سلطنتی راهنمایی فرمود که در سال ۷۳۱ هجری نوشته شده است. این نسخه که شامل قصاید و غزلیات و چندین مثنوی از عطار است در دفتر کتابخانه و پشت جلد آن بنام کلیات عطار ضبط شده است. آقای دکتر تفضلی دامن همت بر کمر زد و از «اسرارنامه» و «منطق الطیر» آن نسخهٔ ارزشمند عکس گرفت و در اختیار این ضعیف قرار داد. از همان زمان نسخهٔ مذکور را اصل قرار دادم و آنرا با نسخه‌ای نسبةً صحیح که در کتاب‌خانهٔ مجلس شورای ملی ذیل شمارهٔ ۱۲۸۹٤ مظبوط است و بسال ۸٤۰ نوشته شده است و نسخهٔ منطبعهٔ پاریس مطابقت نمودم و آنچه مورد اختلاف بود در ذیل صفحات بطوری که مرسوم است نقل کردم و برای چاپ حاضر شده بود که مرا خبر دادند از چند نسخهٔ بسیار قدیمی‌تر که توسط دانشمند ارجمند آقای مجتبی مینوی استاد دانشگاه طهران از کتابخانه‌های ترکیه عکس برداری شده و به کتابخانهٔ مرکزی دانشگاه ارسال گردیده است. ناچار بآن نسخه‌ها که حقاً بسیار معتبر است مراجعه کردم و دیدم که دو مجموعه از مثنویات عطار عکس برداری شده است، یکی ذیل شماره‌های ۱۰٤ و ۱۰۵ موسوم به نسخهٔ عاطف افندی و دیگری ذیل شماره‌های ۳۱۲ و ۳۱۳ بنام نسخهٔ قونیه. چون نسخهٔ قونیه بشرحی که خواهد آمد معلوم میشود از روی نسخه‌ای بسیار قدیمی استنساخ شده و بسیار کم غلط

۱- Garcin de Tassy

است اقدم همهٔ نسخ بود و نسخهٔ کتابخانهٔ سلطنتی اقدم از نسخهٔ عاطف افندی. از دو نسخهٔ قونیه که مشخصات آن در صفحات بعد ذکر خواهد شد عکس برداری نمودم و آنها را اساس کار قرار دادم و نسخ دیگر را با آن مقابله نمودم و پس از نوشتن شروحی بر ابیات مشکل کتاب بهمت دوست دانشمند ارجمند آقای دکتر یارشاطر استاد دانشگاه طهران که از ابتدای شروع بکار خواستار طبع و نشر آن در بنگاه ترجمه و نشر کتاب شده بودند برای چاپ حاضر کردم .

در اینجا باید این نکته را تذکر داد که نسخهٔ قونیه شامل سه مثنوی «اسرار نامه» و «منطق الطیر» و «مصیبت نامه» است و چون تاریخ کتابت آن ششصد و اند هجری قمری است و مسلماً قدیمترین نسخه ایست که از این سه مثنوی تا امروز بدست آمده است مصمم شدم که هر سه مثنوی را پس از مقابله با نسخ خطی و چاپی مورد اعتماد با حواشی و فهرستهای ضروری بطبع رسانم. ابتدا از «اسرار نامه» شروع کردم و بخواست خداوند متعال آنرا در سال ۱۳۳۸ شمسی در چاپخانهٔ شرق بچاپ رسانیدم و مشغول تصحیح و مقابلهٔ « مصیبت نامه » بودم که مطلع شدم آقای دکتر وصال استاد دانشکدهٔ ادبیات شیراز این متن را بـرای طبع تصحیح فرموده (در سال ۱۳۳۸ در چاپخانهٔ تهـران مصور بچاپ رسید) . ناگـزیر از تهیه و تنظیم مسودات « مصیبت نامه » صرفنظر کردم و به تصحیح و مقابلهٔ منطق الطیر پرداختم . مقابلهٔ نسخ و تهیهٔ شروح و فهارس لازم سالیان دراز بطول انجامید و با موانع گوناگون مواجه شد، ولی باعنایات حضرت احدیت و تأییدات غیبی وهمت مردان کامل، موانع یکی پس از دیگری برطرف گشت و کار کتاب بسامان گرائید و برای چاپ حاضر شد و چون شرح ابیات کتاب تاحدی مفصل مینمود بصلاح و صوابدید آقای دکتر یار شاطر مقداری از آن شروح و تفسیر لغات حذف شد و پس از تنقیح و کسر و اضافاتی کـه در بسیاری از موارد از جانب ایشان بعمل آمد کتاب بصورتی که عرضه میشود درآمد. امید آنکه خوانندگان محترم هر

کجا سهوونسیانی ویا قصور ونقصانی ملاحظه فرمودند بر کمی وکاستی ونقص بشری که لازم وجود ممکنات است حمل فرمایند و این ضعیف را از آن بیاگاهانند تاان‌شاءالله در چاپهای بعد مورد توجه قرار گیرد و کتاب از لحاظ طبع بکمال خود نزدیك شود.

مشخصات نسخ :

۱ـ **نسخه‌های قونیه** (ق ۱ و ۲) : بطوری که درصفحات قبل‌اشاره شد این دو نسخه بسعی و همت آقای مجتبی مینوی از اصل نسخهٔ موجود در موزهٔ قونیه برای کتابخانهٔ مرکزی دانشگاه تهران عکس برداری شد و تحت شماره‌های ۳۱۲ و ۳۱۳ فیلم آنها درآن کتابخانه مضبوط مانده است . این دو نسخه هر دو بدست یك‌کاتب نوشته شده است منتها بادو قلم. نسخهٔ **ق ۱** که اندکی بدخط تر است بااین عبارت انجام می‌پذیرد: «تم‌الکتاب المعروف بمقامات الطیور فی ثالث عشر رجب عمت میامنه .... وستمائه علی یدالراجی ابراهیم بن عوض المراغی غفرالله له ولجمیع‌المسلمین . » ونسخهٔ **ق ۲** باعبارات زیر ختم میشود: «تم‌الکتاب المعروف بمقامات الطیور فی ثامن عشرین‌شوال ... وستمائه علی یدالعبدالضعیف ابراهیم بن‌عوض المراغی ابوه‌غفرالله‌له ولجمیع‌المسلمین . » بطوری که در عکس الصاقی کتاب حاضر ملاحظه میشود سال کتابت کتاب با علائمی رمزمانند که بسیاق شباهتی دارد نوشته شده است و چون از خواندن این علائم عاجز بودم آنرا باساتید محترمی که سالیانی دراز با اینگونه نسخ قدیمی سروکار دارند نشان‌دادم و آنان هر یك این رقم را بنحوی خاص‌خواندند یکی ۶۴۱ و دیگری ۶۸۰ وسومی ۶۸۵ وچهارمی۶۹۱ وپنجمی ۶۹۸.امّا درصفحهٔ اوّل نسخهٔق ۲ظاهراً کتابدار موزهٔ قونیه با جوهر عباراتی در معرفی کتاب نوشته است که نقل آن دراینجا بی‌فایدتی نیست . ازاین عبارت متأسفانه درست عکس برداری نشده و با

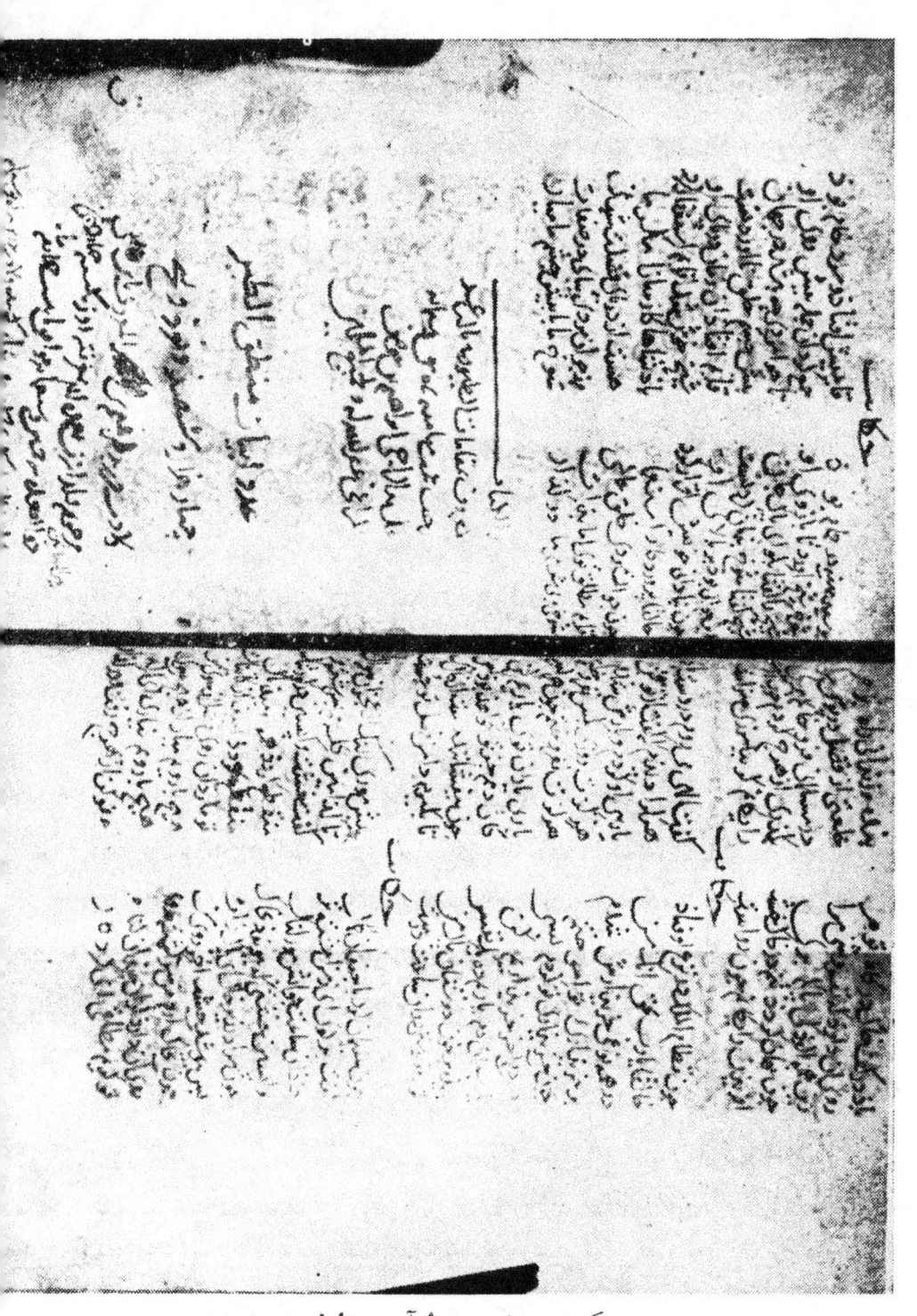

یکی از صفحات وصفحهٔ آخر نسخهٔ قونیه «ق ۱»

زحمت میتوان این چند کلمه را خواند: «منطق الطیر : مؤلف : نیشابوری. شیخ و خواجه فریدالدین عطار...... ابراهیم بن عوض المراغی.... [۶۰۸] تاریخنده...»

این دو نسخه که هرصفحه‌ای از آنها شامل ۲۵ بیت‌است بادوقلم نوشته‌شده است. نسخهٔ ق۲را ظاهراً کاتب پس‌از نسخهٔ‌اول نوشته است وچنان ماند که نویسنده درنوشتن نسخهٔ‌اول ق۱عجله داشته که زودتر آنرا باتمام‌رساند وبهمین جهت آنرا با خط نسبةً ناخوشی نوشته‌است. صفحهٔ‌اول این‌نسخه‌افتاده‌است‌وناگزیرتابیت۲۳ازروی نسخهٔ کتابخانهٔ سلطنتی که قدیمی‌ترازسایرنسخ‌بودنقل‌شد. امااز نسخه ق۲ درحدود یازده صفحهٔ افتاده است وبعدها نویسندهٔ خوش خط دیگری ابیات آن صفحات‌را شاید از روی نسخه دیگری نوشته و باول کتاب اضافه کرده‌است. این نسخه از بیت ۲۷۱ بخط ابراهیم عوض مراغی شروع میشود باخط بسیار خوش و خوانا و تمام کلمات مشکول است و معلوم میشود نویسنده در نوشتن آن قصد داشته است که نسخه‌ای‌تمیز و خوانا از خودبیادگار گذارد. در هر دو نسخه بنا برسم‌زمان گاف ها و چ های فارسی بصورت کاف و جیم عربی نوشته شده . در چاپ متن برای احتراز از اشتباه این قاعدهٔ کاتب مراعات نشد. و نیز برسم قدیم بجای‌آنچه و که ومانند آن، آنج و کی نوشته شده است. در هردو نسخه کلمات مرکب‌اغلب مقطع نوشته شده است و این رسم‌الخط اگر امروز ملاحظه شود خواندن‌بسیاری از کلمات فارسی را آسان‌تر میکند مثلاً کلماتی مانند پیشوا ، شبنم ، شبدیز بصورت پیش‌وا ، شب‌نم ، شب دیز نوشته شده . اما در افعال این قاعده ملاحظه نشده است و پیشوندها بفعل چسبیده است مثل بگفت، میبرد ، مپیمای و میخورد و نظایر آن ؛ وکلماتی مانند سرانجام و سرافراز بصورت سرنجام وسرفراز نوشته شده است.

۲ ــ **نسخهٔ‌دربارسلطنتی** که بعلامت‌اختصاری **«در»** ذیل‌صفحات‌متن کتاب حاضرنقل‌شده‌است نسخه‌ایست بسیار قدیمی که‌در کتابخانهٔ‌سلطنتی ذیل‌شمارهٔ ۴۴۳

ثبت و بعنوان کلیات عطار شناخته شده است وشامل قصائد و غزلیات و مختارنامه و طیور نامه (منطق الطیر) و مصیبت نامه و اسرار نامه و خسرو نامه و الهی نامه است و درسال ۷۳۱ هجری قمری بخط ابوبکر علی بن محمد الاسفراینی نوشته شده‌است این نسخه باخطی نسبةً خوانا نوشته شده‌وهر صفحه‌ای دارای دوستون‌وهر ستونی شامل ۲۷ سطر است.

در سرلوحهٔ کتاب که مذهب است آمده:«کتاب طیور نامه» ولی کتاب باین عبارات ختم میشود: «تمت الکتاب المقامات الطیور والحمد لله رب‌العالمین وصلی‌الله علی محمد و علی آله و عترته الطیبین الطاهرین وسلم تسلیما کثیرا».

گرچه‌این نسخه‌باخطی‌خوانا نوشته شده است ولی در مقابله‌بانسخ ق ۱و ۲ چه بسا غلطهای فاحش وکلمات وعبارات و احیاناً مصاریع و ابیات زائد و یا تغییر شکل یافته بچشم میخورد.

۳ـ **نسخهٔ‌مجلس**: یعنی‌نسخه‌ای که‌باعلامت‌اقتصاری «مج» درذیل‌صفحات این کتاب نشان داده شده است متعلق بکتابخانهٔ مجلس‌شورای ملی‌است که درذیل شمارهٔ ۱۱۴۷ بنام کلیات عطار ثبت شده است.این نسخه بخط حسین بن محمودبن فضل‌الله مشهور به خاصه باخطی مرکب از نسخ ونستعلیق نوشته شده وشامل است برالهی نامه و مصیبت نامه و منطق‌الطیر و اسرار نامه و مختارنامه. در آخر الهی‌نامه، تاریخ کتابت ۸۳۷ و در چند جای دیگر ۸٤۰ ثبت شده‌است. از صفحهٔ ۳۳۹ تا ٤٤۰ این مجموعه منطق‌الطیر نوشته شده و آقای ابن یوسف در فهرست کتب خطی مجلس تعداد ابیات آنرا در حدود ٤٥۰۰ حدس زده است.

٤ـ **نسخهٔ پاریس**: که در ذیل صفحات کتاب بعلامت اختصاری «پ» نشان داده شده نسخه‌ایست چاپی و مشهور که در سال ۱۲۷۳ هجری قمری مطابق با سال ۱۸۵۷ مسیحی باهتمام گارسن دوتاسی مستشرق‌مشهور فرانسوی در پاریس بطبع رسیده است و آقای دکترمحمد مشکور در صفحهٔ بیست و چهارم از مقدمهٔ

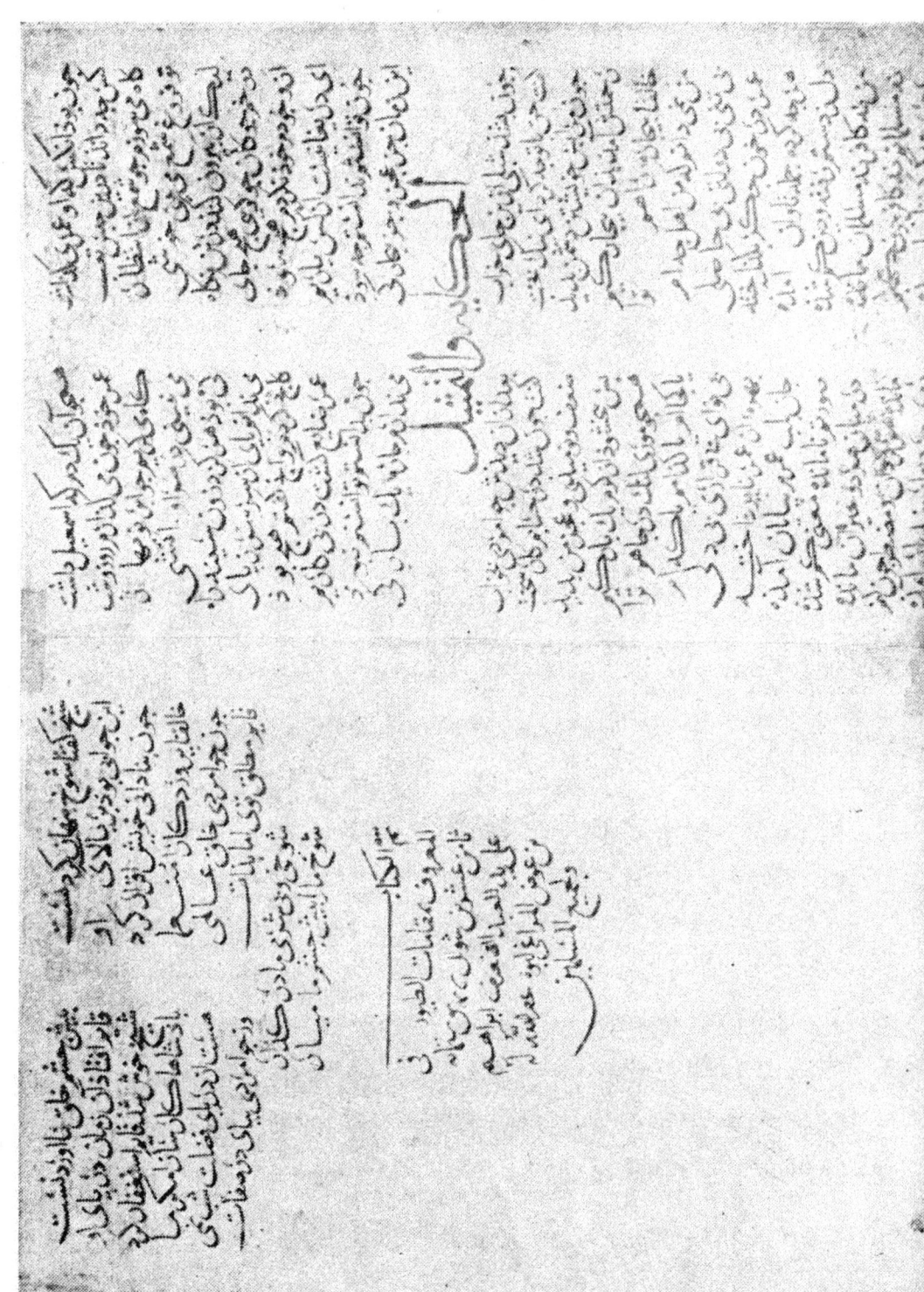

یکی از صفحات وصفحهٔ آخر نسخهٔ قونیه «ق ۲»

منطق‌الطیر خود تعداد ابیات آنرا ٤٦٤٧ بیت ذکر کرده‌اند.

درخاتمه ناگزیرم بحکم من لم یشکر الخلق لم یشکرالله از اساتید محترم وسروران دانشمندی که در تهیه و تنظیم این کتاب باین‌بنده مساعدت فرموده و از ایـن راه بر گردن من منتها دارند تشکر نمایم و نصرت و تأیید آنها را از ناصر ومؤید حقیقی که همهٔ قدرتها در چنبر قدرت او مهارست خواستار شـوم خاصه استاد محترم آقای دکتریار شاطر که پیوسته درتهیه وتنظیم متن وحواشی ایـن کتاب مشوق و یار ومددکار این ناچیر بود و درچاپ وتصحیح این‌مسودات سعی بلیغ فرمود و همه آرزویش این بود که این کتاب بدون غلطاز کاردرآید ولی از آنجا که در زبان فارسی خاصه با چاپخانه‌های ما محالست کتابی بدون غلط از چاپخانه و یا زیر دست مصحح و مؤلف خارج شود با همه سعی و کوشش وجدیتی که در این باره شد وفرمهایی‌چاپ شده ازآن دوباره تصحیح وچاپ‌شد معذلك غلطهایی درمتن و حواشی ملاحظه گردید که‌ناچار در صفحه‌ای علیحده بصورت غلطنامه بآخر کتاب الصاق گردید. ونیزاز آقای کمال اجتماعی مصحح بنگاه ترجمه‌ونشر کتاب که حقاً درتصحیح کتاب سعی جزیل وموشکافی بی‌اندازه فرمود و فهرست مطالب ومندرجات کتاب رانیزتهیه کرد وازاین راه‌مرا شرمنده نمود جداً تشکر میمنایم و نیز از دوست ارجمند دانشمند آقای دکترسید جعفر شهیدی اطال الله بقائه کـه با یافتن اسناد بسیاری احادیث مرقوم در حواشی مرا مرهون خود نمود قلباً سپاسگزارم و همچنین از آقایان پرویـز دواچی و هادی شریفیان دانشجویان سالهای ١٣٣٥-١٣٣٨ دانشکدهٔ ادبیات که دررونویس‌مسودات‌ومقابلهٔ‌متون‌مختلف‌منطق‌الطیر باین‌ضعیف‌مساعدتها کردندومرا شرمندهٔ احسان خود نمودند کمال تشکر را دارم و ارجوا که هرکجا هستند ازتأییدات حق و عنایات غیبی بی‌نصیب نمانند.

تصحیح کتاب شگرفی چون منطق‌الطیر ونوشتن حواشی و تفسیر بر ابیاتی

که همسنگ کتب معجز آثار ، دلیل و راهنمای مرغان بلند پرواز عالم ملکوت است بوسیلهٔ بی‌بضاعتی چون من که سرگشتهٔ بیدای بی‌راهی و گمراهی و واماندهٔ اولین قدم وادی رهنمایی است بشوخی و گستاخی بیشتر میماند تاجسارت و بی‌باکی و از آنجا که گفته‌اند:

بی‌ادب گفتن سخن در خاص حق	دل بمیراند ، سیه دارد ورق

از دل وجان بزبان صاحب این اثر معجز ثمر که مسلماً در زمرهٔ خاصان حضرت است امید عفو و گذشت از درگاه تواب ورحیمی دارم که ذره ذره آنچه در ارض و سماست مسخر مشیت اویند.

خالقا ، پروردگارا ، منعما	پادشاها ، کار سازا ، منعما
چون جوانمردی خلق عالمی	هست ازدریای فضلت شبنمی
قایم مطلق تویی اما بذات	ازجوانمردی ببایی درصفات
شوخی‌وبی‌شرمی‌من‌در گذار	شوخ من باپیش‌چشم‌من‌میار

بر سر تربت پرفتوح عارف ربانی وکامل صمدانی شاه نعمت‌الله ولی درماهان واقع در ایالت کرمان این مقدمه پایان پذیرفت

اول شهریورماه ۱۳۴۲

دکتر سید صادق گوهرین

استاد دانشگاه طهران

في التوحيد باري تعالى جل و علا

بسم الله الرحمن الرحيم

آفرین جان آفرین[1] پاك را — آنکه جان بخشید و ایمان خاکرا
عرش را بر آب بنیاد او نهاد — خاکیانرا عمر بر باد او نهاد
آسمانرا در[2] زبر دستی بداشت — خاکرا[3] در غایت پستی بداشت
آن یکی را جنبش[4] مادام داد — وان[5] دگر را دایماً آرام داد
آسمان[6] چون خیمهٔ بر پای کرد — بی ستون کرد و زمینش جای کرد
کرد در شش روز هفت انجم پدید — وز[7] دو حرف آورد نه طارم پدید
مهرهٔ[8] انجم ز زرین حقه ساخت — با فلك در حقه هر شب مهره باخت
دام تن را مختلف احوال کرد — مرغ جانرا خاك در دنبال کرد
بحر را بگذاشت[9] در تسلیم خویش — کوه را افسرده کرد از بیم خویش
بحر را از تشنگی لب خشك کرد — سنگ‌را یاقوت و خون را مشك کرد
روح[10] را در صورت پاك او نمود — این همه کار از کفی خاك او نمود
عقل[11] سر کش‌را بشرع افکنده کرد — تن‌بجان وجان بایمان زنده کرد[12]
کوه را هم تیغ داد و هم کمر — تا بسرهنگی او افراخت سر

---

۱ - در ، آن پاك . ۲ - مج ، بر . ۳ - در، خاکیان . ۴ - در، گردش . ۵ - در ، پ ، وین . مج ، وین یکی را در نهاد . ۶ - در ، آسمان را ۷ - مج ، از دوحرف امر و کل. در، دو حرف امر . ۸ - مج ، مهرهٔ زرین ز انجم حقه. در ، ززریك حقه . ۹ - در ، مج ، پ ، بگداخت . ۱۰ - این بیت در نسخهٔ مج ، پ ، نیست . ۱۱ - این بیت در نسخهٔ مج ، پ نیست. ۱۲ - در ق ۲ بیت شمارهٔ ۹۸ دراینجا آمده است .

۲ مقامات‌الطیور

گاه گل در[1] روی آتش دسته کرد   گاه پل برروی[2] دریا بسته کرد
نیم پشه برسر دشمن گماشت   برسر او چار صد سالش بداشت
عنکبوتی را بحکمت دام داد   صدر عالم را درو آرام داد
بست موری را کمر چون موی سر   کرد او را با سلیمان در کمر
خلعت اولاد عباسش بداد   طاء و سین بی زحمت طاسش بداد
پیشوایانی[3] که ره بین آمدند   گاه و بیگاه از پی این آمدند
جان خود را عین حیرت[4] یافتند   هم ره جان عجز و حسرت یافتند[5]
در نگر اوّل که با آدم چه کرد[6]   عمر ها بروی در آن ماتم چه کرد[7]
باز بنگر نوح را غرقاب کار   تا چه برد از کافران سالی هزار
باز ابراهیم را بین دل شده   منجنیق و آتشش منزل شده
باز اسمعیل را بین سوگوار   کبش[8] او قربان شده در کوی یار
باز در یعقوب سرگردان نگر   چشم کرده در سرِ کارِ پسر
باز یوسف را نگر در داوری   بندگی و چاه و زندان برسری
باز ایوب ستمکش را نگر   مانده در کرمان و گرگان پیش در
باز یونس را نگر گم گشته راه   آمده از مه بماهی چند گاه
باز موسی را نگر ز آغاز عهد   دایه فرعون[9] و شده تابوت مهد
باز داود زره گر را نگر   موم کرده آهن از تف جگر
باز بنگر کز[10] سلیمان خدیو   ملك وی[11] برباد چون بگرفت دیو

۱ - مج ، در ، پ ، بر .   ۲ - در ، پ ، آب دریا .   ۳ - این بیت و ابیات زیر آن تاسطر ۸۵ درنسخ در، پ ، پس ازسطر ۲۴۱ آمده است وتا سطر ۴۰ در مج نیست.   ۴ - در، پ ، حسرت ساختند.   ۵ - در ، پ، ساختند.   ۶ و ۷ - در ، پ ، رفت.   ۸ - پ ، نفس.   ۹ - پ ، فرعونش.   ۱۰ - پ ، تا.   ۱۱ - در ، پ ، او.

باز آنرا[1] بین که دل پرجوش شد   ار"ه برسر دم نزد خاموش شد
باز یحیی را نگر در پیش جمع   زار سر بریده در طشتی چو شمع
باز عیسی را نگر کز[2] پای دار   شد[3] هزیمت از جهودان چند بار
باز بنگر تا سر پیغامبران   چه جفا و رنج دید از کافران
تو چنان دانی که این آسان بود   بلکه کمتر چیز ترک جان بود
چند گویم چون دگر گفتم نماند   گر گلی کز شاخ می رفتم نماند
کشتهٔ حیرت شدم یکبارگی   می ندانم چاره جز بیچارگی
ای خرد در راه تو طفلی بشیر   گم شده در جستو جویت عقل پیر
در چنان ذاتی من آنگه[4] کی رسم   از[5] زعم من در منزه کی رسم
نه تو در علم آیی و نه در عیان[6]   نی زیان و سودی[7] از سود و زیان
نه ز موسی هرگزت سودی رسد   نه ز فرعونت زیان بودی رسد
ای خدای بی نهایت جز تو کیست   چون‌توئی‌بیحدوغایت جزتوچیست[8]
هیچ[9] چیز از بی نهایت بی شکی   چو بسر ناید کجا ماند یکی
ای جهانی خلق حیران مانده   تو بزیر[10] پرده پنهان مانده
پرده برگیر آخر و جانم مسوز   بیش[11] ازین در پرده پنهانم مسوز
گم شدم در بحر[12] حیرت ناگهان   زین همه سر گشتگی بازم رهان
در میان بحر گردون مانده ام   وز درون پرده بیرون مانده ام
بنده را زین بحر نامحرم برار   تو در افکندی مرا توهم برار
نفس[13] من بگرفت سر تا پای من   گر نگیری دست من ای وای من

---

۱ - پ ، باز زکریا که.   ۲ - پ ، از .   ۳ - در ، پ ، چون گریخت او .
۴ - در ، پ ، ابله. مج ، آیا.   ۵ - در ، اومنزه. مج، دورم ازره کی بمنزلگه رسم. پ ، ورسم.
۶ - مج ، بیان.   ۷ - مج ، پ، سودت.   ۸ - در، مج ، پ، کیست.   ۹ - این بیت درمج نیست.
۱۰ - در ، درون .   ۱۱ - پ ، پیش .   ۱۲ - مج ، بحرهایت . پ ، موجت .   ۱۳ - مج ، سگ.

جانم آلودست از بیهودگی   من ندارم طاقت آلودگی
یا ازین آلودگی پاکم بکن   یا نه در خونم کش و خاکم بکن
خلق ترسند از تو من ترسم ز خود   کز تو نیکو دیده‌ام از خویش بد
مرده‌یی‌ام[1] می‌روم بر روی خاك   زنده‌گردان جانم ای جانبخش پاك
مؤمن و کافر بخون آغشته اند   یا همه سرگشته[2] یا برگشته اند
گر بخوانی این بود سرگشتگی   ور برانی این بود برگشتگی
پادشاها دل بخون آغشته ام   پای تاسر چون فلك سرگشته ام
گفتهٔ من باشما ام روز و شب   یك نفس فارغ مباشید از طلب
چون چنین با یکدگر همسایه ایم   تو چو خرشیدی و ماهم[3] سایه ایم
چه بودای معطی بی سرمایگان[4]   گر نگه داری حق همسایگان
با دلی پردرد و جانی با[5] دریغ   ز اشتیاقت اشك میبارم چو میغ
گر دریغ خویش برگویم ترا   گم[6] بباشم تا بکی جویم ترا
ره برم شو زان که گم راه آمدم   دولتم ده گرچه بیگاه آمدم
هرکه در کوی تو دولت‌یار شد   در تو گم گشت‌و ز خود بیزار شد
نیستم نومید و هستم بی[7] قرار   بوك در گیرد یکی از صدهزار

حکایت

خورد عیاری بدان دلخسته باز   با وثاقش برد دستش بسته باز
شد که تیغ آرد زند در گردنش   پارهٔ نان داد آن ساعت زنش
چون بیامد مرد با تیغ آن زمان   دید آن دل خسته را در دست نان

۱- در، پ، مرده‌ام من. ۲- پ، و. ۳- در، مج، پ، چون. ۴- پ، بی‌مایگان.
۵- در، مج، پ، پر. ۶- در، مج، پ، کم نباشم. ۷- مج، برقرار.

فی‌التوحید باری ... ۵

گفت این نانت که داد ای هیچ کس   گفت این[1] نان را عیالت داد و بس
مرد چون بشنید آن پاسخ تمام   گفت برما شد ترا کشتن حرام
زانك هر مردی که نان ما شکست   سوی او با تیغ نتوان برد دست
نیست از نان خوارهٔ ما جان دریغ   من چگونه خون او ریزم بتیغ
خالقا سرتا براه آورده ام   نان همه[2] برخوان تو می خورده ام
چون کسی می بشکند نان کسی   حق گزاری می کند آنکس بسی
چون تو بحر جود داری صد هزار   نان تو بسیار خوردم حق گزار
یا اله[1] العالمین درمانده ام   غرق خون برخشك کشتی رانده ام
دست من گیرو مرا فریاد رس   دست برسر چند دارم چون مگس
ای گناه آمرز و عذر آموز من   سوختم صد ره چه خواهی سوز من
خونم از تشویر تو آمد بجوش   ناجوان مردی بسی کردم بپوش
من ز غفلت صد گنه را کرده ساز   تو عوض صد گونه رحمت داده[3] باز
پادشاها در من مسکین نگر   گر ز من بد دیدی‌آن شد این نگر
چون ندانستم خطا کردم ببخش   بردل و برجان پر دردم ببخش
چشم من گر می نگرید آشکار   جان نهان می گرید از شوق توزار
خالقا گر نیك و گر بد کرده ام   هرچه کردم باتن خود کرده ام
عفو کن دون همّتیهای مرا   محو کن بی حرمتیهای مرا

☆☆☆

سوزنی چون دید با عیسی[4] بهم   بخیه با[5] روی اوفکندش لاجرم
تیغ را از لاله خون آلود کرد   گلشن[6] نیلوفری از دود کرد
پاره پاره خاکرا در خون گرفت   تا عقیق و لعل ازو بیرون گرفت

۱ - در ، نان عیالت . مج ، پ ، نانم . ۲ - در ، مج ، پ ، نان تو . ۳ - مج ، کرده .
۴ - پ ، عیبی. در اوراق الحاقی نسخه ق ۲ ازاین بیت تابیت ۲۶۴را پس‌از بیت شماره ۱۸ آورده است . ۵ - در ، بر. ۶ - در ، گلشنی

در سجودش روزو شب خورشیدو ماه کرد[۱] پیشانی خود بر خاك راه
هست[۲] سیمایی ایشان از سجود کی بود بی سجده سیما را وجود
روز از بسطش سپید[۳] افروخته شب ز قبضش[۴] در سیاهی سوخته
طوطیی[۵] را طوق از زر ساخته هدهدی را پیك ره بر ساخته
مرغ[۶] گردون در رهش پر می زند بر درش چون حلقهٔ سر می زند
چرخ[۷] را دور شبانروزی دهد شب برد روز آورد روزی دهد
چون دمی در گل دمد آدم کند وز کف[۸] و دودی همه عالم کند
گه سگی را ره دهد در[۹] پیشگاه گه کند از گربه‌ای مکشوف راه
چون سگی را مرد آن[۱۰] قربت کند شیر مردی را بسگ نسبت کند
او[۱۱] نهد از بهر سکان فلك گردهٔ خورشید برخوان فلك
گه عصائی را سلیمانی[۱۲] دهد گاه موری را سخن[۱۳] دانی دهد
از عصایی آورد ثعبان پدید وز تنوری آورد طوفان پدید
چون فلك را کره‌ای سر کش کند از هلالش نعل در آتش کند
ناقه[۱۴] از سنگی پدیدار آورد گاو زر در نالهٔ زار آورد
در زمستان سیم آرد[۱۵] در نثار زر[۱۶] فشاند در خزان از شاخسار
گر کسی پیکان بخون پنهان کند او ز[۱۷] غنچه خون در[۱۸] پیکان کند
یا[۱۹] سمین را چار ترکی[۲۰] برنهد لاله را از خون کله بر سر نهد
گه[۲۱] نهد بر فرق نرگس تاج زر گه کند در تاجش از شب نم گهر
عقل کار افتاده جان دل داده زوست آسمان گردان زمین‌استاده[۲۲] زوست

۱ - مج، پ، کرده. ۲ - در، مج، پ، آن سیمای. ۳ - در، سپند. ۴ - مج، فیضش. ۵ - و ۶ - و ۷ - این ابیات در مج نیست. ۸ - در، پ، کف دودی. ۹ - مج، پ، تا. ۱۰ - در، مج، این. ۱۱ - این بیت در نسخ دیگر ذیل بیت ۱۳ آمده است. ۱۲ - مج، سخندانی. ۱۳ - مج سلیمانی‌کند. ۱۴- این‌بیت درنسخهٔ در، نیست. ۱۵ - در، دارد. ۱۶ - در، در. ۱۷ - مج، او چو غنچه. ۱۸ - مج، پ، درآن پیکان. ۱۹ - این بیت در مج نیست. ۲۰ - پ، برگی. ۲۱ - این بیت در مج نیست. ۲۲ - پ، افتاده.

کوه[۱] چون سنگی شد از تقدیر او — بحر آبی گشت از تشویر او
هم[۲] زمینش خاك بر سر مانده است — هم فلك چون حلقه بردر مانده‌است
هشت[۳] خلدش یك ستانه بیش نیست — هفت دوزخ یك زفانه بیش نیست
جمله[۴] در توحید او مستغرق اند — چیست مستغرق که سحر مطلق‌اند
گر[۵] چه هست از پشت ماهی تابماه — جملهٔ ذرات بر ذاتش گواه
پستی خاك و بلندّی فلك — دو گواهش بس بود بر یك بیك
باد و خاك و آتش و خون آورد — سرّ خویش از جمله بیرون آورد
خاك ما گل کرد در چل بامداد — بعد از آن جان را درو آرام داد
جان چو در تن رفت‌وتن زو زنده شد — عقل دادش تا بدو بیننده شد
عقل را چون دید[۶] بینایی گرفت — علم دادش تا شناسایی گرفت
چون شناسا شد بعقل[۷] اقرار داد — غرق حیرت گشت‌و تن درکار داد[۸]
خواه دشمن گیر اینجا خواه دوست — جمله را گردن بزیر بار اوست
حکمت او بر[۹] نهد بار همه — وای عجب او خود نگه دار همه
کوه را میخ زمین کرد[۱۰] از نخست — پس زمین را روی از دریا بشست
چون زمین برپشت گاو استاد راست — گاو برماهی و ماهی[۱۱] در هواست
پس[۱۲] همه برچیست برهیچ‌است‌وبس — هیچ هیچست این همه هیچست‌وبس
فکر کن در صنعت آن پادشاه — کین همه بر هیچ می دارد نگاه
چون همه بر هیچ باشد از یکی — این همه پس هیچ باشد بی شکی
جزو[۱۳] و کل برهان ذات پاك اوست — عرش‌وفرش اقطاع مشتی‌خاك اوست
عرش بر آبست و عالم برهواست — بگذر از آب‌و هوا جمله خداست

۱ - تا ۴ - این ابیات در مج و پ نیست. ۵ - در، پ، هرچه. ۶ - مج، داد. ۷ - در، مج، پ، بعجز، مج، اقرار کرد. ۸ - مج، کرد. ۹ - در، مج، می‌دهد. پ، می‌نهد. ۱۰ - در، او. ۱۱ - در، مج، پ، بر ۱۲ - این بیت در نسخهٔ در، نیست. مج، پ، بس هوا.
۱۳ - این بیت در مج، پ، نیست.

عرش و عالم جز طلسمی بیش نیست — اوست و بس این جمله اسمی بیش نیست
در نگر کین عالم و آن عالم اوست — نیست غیر او و گر هست آن هم اوست
جمله[1] یك ذاتست اما متّصف[2] — جمله یك حرف و عبارت مختلف[3]
مرد[4] می باید که باشد شه شناس — گر ببیند شاه را در صد لباس
در[5] غلط نبود که[6] می داند که کیست — چون همه اوست این غلط کردن ز چیست
در[7] غلط افتادن احول را بود — این نظر مردی معطل را بود
ای دریغا هیچ کس را نیست تاب — دیدها کورو جهان پر[8] ز آفتاب
گر نبینی این خرد را گم کنی — جمله او بینی و خود را گم کنی
جمله دارند[9] ای عجب دامن بدست — وز[10] همه دورند و با او هم نشست
ای ز پیدایی خود بس ناپدید — جملهٔ عالم تو و کس ناپدید
جان نهان در جسم و تو درجان نهان — ای نهان اندر نهان[11] ای جان جان
ای[12] ز جمله پیش و هم پیش از همه — جمله از خود دیده و خویش از همه
بام تو پر پاسبان، در[13] پر عسس — سوی تو چون راه یابد هیچ کس
عقل و جانرا گرد ذاتت راه نیست — وز صفاتت هیچ کس آگاه نیست
گرچه در جان گنج پنهان هم تویی — آشکارا بر تن[14] و جان هم تویی
جملهٔ جانها ز کنهت بی نشان — انبیا بر خاك راهت جان فشان
عقل اگر[15] از تو وجودی پی برد — لیك هرگز ره بکنهت کی برد
چون[16] تویی جاوید در هستی تمام — دستها[17] کلی فرو بستی تمام

۱ - این بیت در مج ، پ ، نیست. ۲ - در ، مختلف. ۳ - در، منصف. ۴ - این بیت درمج ، پ ، نیست . ۵ - در، چو . ٦ و۷ - این دوبیت در نسخهٔ در، مج ، پ ، نیست . ۸ - مج ، پ ، برآفتاب . ۹ - مج، دارید . ۱۰ - در ، مج، پ ، عذر می‌آرند و می‌جویند چست . ۱۱ - در ، اندر نهان . ۱۲ - در ، مج ، پ ، هم زجمله . ۱۳ - در ، مج ، پ ، پاسبان و پرعسس . ۱۴ - مج دل . ۱۵ - در ، بر . ۱۶ - این بیت در مج نیست . ۱۷ - در ، دستهای کل.

ای درون جان برون جان تویی　　هرچه گویم آن نهٔ هم آن تویی
ای خرد سر گشتهٔ درگاه تو　　عقل را سر رشته گم در راه تو
جملهٔ عالم بتو بینم عیان　　وز تو در عالم نمی بینم نشان
هرکسی از تو نشانی داد باز　　خود نشان[1] نیست ازتو ای‌دانای راز
گرچه چندین چشم گردون باز کرد　　هم ندید از راه تو یك ذره گرد
نه[2] زمین هم دید هرگز گرد تو　　گرچه برسر کرد خاك از درد تو
آفتاب از شوق تو رفته ز هوش　　هر شبی در روی می مالید گوش
ماه نیز از[3] بهر تو بگداخته　　هرمه از حیرت سپر انداخته
بحر در شورت سر انداز آمده　　دامنی تر خشك لب باز آمده
کوه را صد عقبه برره مانده　　پای در گل تا کمر گه مانده
آتش از شوق تو چون آتش شده　　پای برآتش چنین سرکش شده
باد بی تو بی سرو پای آمده　　باد[4] در کف باد[5] پیمای آمده
آب را نامانده آبی بر جگر　　وابش[6] از شوق تو بگذشته ز سر
خاك در کوی تو بر در مانده　　خاکساری خاك بر سر مانده
چند گویم چون نیایی[7] در صفت　　چون کنم چون من ندارم[8] معرفت
گر تو ای دل طالبی در راه رو　　می نگر از پیش و پس آگاه رو
سالکانرا بین بدرگاه آمده　　جمله پشتاپشت همراه آمده
هست با هر ذره درگاهی[9] دگر　　پس ز هر ذرّه بدو راهی[10] دگر
تو چه دانی تا کدامین ره روی　　وز کدامین ره بدان درگه روی
آن‌زمان کورا عیان[11] جویی‌نهانست　　وآن‌زمان کورا نهان[12] جویی‌عیانست

۱ - در ، نشانت . ۲ - مج هم . ۳ - در . مج ، پ ، مهر . ۴ - پ ، خاك . ۵ - مج ، خاك . ۶ - پ ، واپس . ۷ - مج ، ندارم جز تو کس . ۸ - مج ، ندارم هیچکس . ۹ - پ ، درگاه . ۱۰ - پ ، راه . ۱۱ - در ، نهان جویی عیان . مج ، نهان بینی عیانست . ۱۲ - در ، نهان جویی عیان . مج، عیان بینی نهانست .

گر عیان جویی نهان آنگه بود   ور نهان جویی عیان آنگه بود
ور[1] بهم جویی چو بی چونست او   آن زمان از هردو بیرونست او
تو نکردی هیچ گم چیزی مجوی   هرچه گویی نیست آن چیزی مگوی
آنچ گویی وانچ دانی آن تویی   خویش را بشناس صد چندان تویی
تو بدو بشناس اورا نه بخود   راه ازو خیزد بدو نه از خرد
واصفانرا وصف او در خورد نیست   لایق[2] هر مرد و هر نامرد نیست
عجز ازان همشیره شد با معرفت   کو نه در شرح آید و نه در صفت
قسم خلق از وی خیالی بیش نیست   زو خبر دادن محالی بیش نیست
کو[3] بغایت نیك و گر بد گفته اند   هرچ ازو گفتند از خود گفته اند
بر[4] تر ازعلمست و بیرون ازعیانست[5]   زانك در قدوسی خود بی نشانست[6]
زونشان جز بی نشانی کس نیافت   چارهٔ جز جان فشانی کس نیافت
هیچ[7] کس را در خودیّ و بی خودی   زو نصیبی نیست[8] الاّ الذی
ذرّه ذرّه در دو گیتی و هم تست   هرچ دانی نه خداست آن[9] فهم تست
نیست او[10] آن کسی آنجا که اوست   کی رسد جان کسی آنجا که اوست
صد هزاران طور از جان برترست   هرچ خواهم گفت او زان برتراست
عقل در سودای[11] او حیران بماند   جان ز عجز انگشت در دندان بماند
عقل[12] رابر گنج[13] وصلش دست نیست   جان پاك آنجایگه کو[14] هست نیست
چیست جان در کار او سر گشتهٔ   دل جگر خواری بخون آغشتهٔ
می[15] مکن چندین قیاس ای حق شناس   زانك ناید کار بی چون در قیاس

۱ - این بیت درمج ، نیست. ۲ - مج، درخور. ۳ - در ، پ ، گر. این بیت درمج نیست.
۴ - این بیت درمج نیست. ۵ - در، پ، عیان . ۶ - پ ، نشان ، در، ذاتش اندرهستی خود بی نشان.
۷ - مج ، هرکسی را . ۸ - مج، جز الا الذی . ۹ - در ، از. ۱۰ - در، آنجا خود کسی . مج ، آواز کسی . پ ، آواز کمی. ۱۱- در، تو. ۱۲ - این بیت درمج ، پ ، نیست . ۱۳ - در ، کنه .
۱۴ - در ، گر . ۱۵ - پ ، تو .

در جلالش عقل و جان فرتوت شد   عقل حیران گشت‌و جان مبهوت شد
چون نبود[1] از انبیاء واز رُسل   هیچ کس یك جزویی از کل کل
جمله عاجز روی بر خاك آمدند   در خطاب ما عرفناك آمدند
من که باشم تا زنم لاف شناخت   او[2] شناسا شد که جز بااو نساخت
چون جزو در هردو عالم نیست کس   باکه سازد اینت سودا و هوس
هست دریایی[3] ز جوهر موج زن   تو ندانی این سخن شش پنج زن
هر که او آن جوهر[4] و دریا نیافت   لا[5] شد والآء لا الّا نیافت
هرچ[6] آن موصوف شد آن کی بود   بامنت این گفتن آسان کی بود
آن مگو چون در اشارت نایدت   دم[7] مزن چون در عبارت نایدت
نه اشارت می پذیرد نه بیان   نه کسی زو علم دارد نه[8] نشان
تو مباش اصلا، کمال اینست و بس   تو ز تو لا[9] شو، وصال اینست و بس
تو[10] درو گم شو حلولی[11] این بود   هرچ این نبود فضولی این بود
در یکی رو واز دوی یك سوی باش   یك دل و یك قبله و یك روی باش
ای خلیفه زادهٔ بی معرفت   با پدر در معرفت شو هم صفت
هرچ آورد از عدم حق در وجود   جمله افتادند پیشش در سجود
چون رسید آخر بآدم فطرتش   در پس صد پرده برد از غیرتش[12]
گفت ای آدم تو بحر جود باش   ساجدند آن جمله تو مسجود باش
وآن‌یکی[13] کز سجدهٔ او سر بتافت   مسخ‌و ملعون گشت‌و آن سر درنیافت
چون سیه رو گشت گفت ای بی‌نیاز   ضایعم مگذار و کار من بساز

۱ - پ ، نزد . ۲ - در ، اوشناخت . مج ، آن شناخت اورا که چند باخود نساخت. پ ، آن شناخت . ۳ - در ، دریای جواهر . ۴ - در ، پ ، جوهر دریا . مج ، جوهر لا درنیافت ۵ - مج، لاشد او ولا والا ، پ ، لاشد و ازلانشان جز لا . ۶ - این بیت در مج ، پ ، نیست . ۷ - مج ، این مگو ۸ - پ ، ونشان . ۹ - در، مج ، پ، گم شو . ۱۰ - این بیت در نسخه در ، نیست. ۱۱ - مج ، هیولی. ۱۲ - مج، عزتش . ۱۳ - مج ، زانکه او .

حق تعالی گفت ای ملعون راه / هم خلیفست آدم و هم پاد شاه
باش چشما روی[1] او امروز تو / بعد ازین فردا سپندش سوز تو
جزو کل شدچون‌فروشد جان بجسم / کس نسازد[2] زین عجایب تر طلسم
جان بلندی داشت تن پستی خاك / مجتمع شد خاك پست و جان پاك
چون بلند و پست با هم یار شد / آدمی اعجوبهٔ اسرار شد
لیك کس واقف نشد ز اسرار او / نیست کار هر گدایی کار او
نه بدانستیم و نه بشناختیم / نه زمانی نیز دل پرداختیم
چند گویی جز خموشی راه نیست / زانك کس[3] را زهرهٔ یك آه نیست
آگهند از روی این دریا بسی / لیك آگه نیست از قعرش کسی
گنج در قعرست گیتی چون طلسم / بشکنند آخر طلسم و بند جسم
گنج یابی چون طلسم از پیش رفت / جان‌شود پیدا چو جسم از پیش‌رفت
بعد از آن جانت طلسمی دیگرست / غیب را جان تو جسمی دیگرست
همچنین می‌رو بپایانش[4] مپرس / در چنین دردی بدرمانش مپرس[5]
در بن این بحر بی پایان بسی / غرقه گشتند و خبر نیست از کسی
در چنین بحری که بحر اعظمست / عالمی ذرّه ست و ذرّه عالمست
کوپله[6] ست این بحر را عالم، بدان / ذرّهٔ هم کوپله ست این هم بدان
کو[7] نماید عالم و یك ذرّه هم / کم شود دو[8] کوپله زین بحر کم
کس چه داند تا درین بحر عمیق / سنگ ریزه قدر دارد یا عقیق
عقل و جان و دین و دل درباختم / تا[9] کمال ذرّهٔ بشناختم
لب بدوز از عرش و ز کرسی مپرس / گر[10] همه‌یك ذرّه می پرسی مپرس

۱ - پ ، پیش روی . ۲ - در ، نیارد ؛ ۳ - مج ، هرگز . ۴ - پ ، وبپانش مپرس . ۵ - ق ا ، مرس . ۶ - این بیت درمج ، نیست . ۷ - ب ، گر نماند . ۸ - در، در کوپکه زین بحر غم . ۹ - در ، وز کمالش ذره‌ای نشناختم. ۱۰ - مج ، گرچه یك ذره نمی پرسی.

عقل[1] تو چون در سر مویی بسوخت — هر دو لب باید ز پرسیدن بدوخت
کس نداند کنه یك ذرّه تمام — چند پرسی چند گویی والسلام
چیست[2] گردون سرنگون[3] ناپایدار — بی قراری دایماً بر یك قرار
در ره او پا و سر گم کردهٔ — پردهٔ در پردهٔ در پردهٔ
حل[4] و عقد این چنین سلطانیی — کی توان کردن بسر گردانیی
چرخ[5] می‌خواهد که این سر پی برد — او بسر گردانی این سر کی برد
چرخ جزسر گشته‌وپی کرده[6] چیست — او چه داند تا درون پرده چیست[7]
او که چندین سال برسر گشته است — بی سرو بن گرد این در گشته است
می نداند در درون پرده راز — کی شود برچون تویی این پرده باز
کار عالم عبرت[8] است و حسرتست — حیرت اندر حیرت اندر حیرتست
هر[9] زمان این راه بی پایان تراست — خلق هر ساعت درو حیران ترست
هیچ[10] دانی راه رو چون دید راه — هر که افزون رفت افزون دید راه
بی[11] نهایت کردو کاری[12] داشتی — بی عدد حصر و شماری داشتی
کارگاه[13] پر عجائب دیده ام — جمله را از خویش غایب دیده ام
سوی[14] کنه خویش کس را راه نیست — ذرّه‌ای از ذرّه‌ای آگاه نیست
هست کاری پشت‌و رو نه سر نه پای — روی در دیوار و پشت دست خای
مبتلای[15] خویش و حیران توم — گر بدم گر نیك هم زان توم
نیم جزوم بی تو من ، در من نگر — کل شوم گر تو کنی در من نظر
یك نظر سوی دل پر خونم آر — وز میان این همه بیرونم آر

۱ - این بیت درمج . نیست . ۲ - در ، کیست . ۳ - در، مج ، سرنگون پایدار. ۴ - این بیت درمج ، پ ، نیست. ۵ - این بیت در مج ، پ ، نیست . ۶ - در ، گم گشتگیست . پ ، پی گم کرده چیست . ۷ - مج، کیست . ۸ - پ، حیرتست و حسرتست . ۹ و۱۰ - در مج ، نیست . ۱۱ - درمج ، وپ ، نیست . ۱۲ - در، گر کناری . ۱۳ - این بیت در مج ، پ، نیست . در ، کارگاهی بس . ۱۴ - أین بیت در مج ، پ ، نیست . ۱۵ - این بیت درمج ، نیست .

گر تو خوانی ناکس[1] خویشم دمی — هیچ کس در گرد من نرسد همی
من که باشم تا کسی باشم ترا — این بسم گر ناکسی باشم ترا
کی توانم گفت هندوی توم — هندوی خاك سگ[2] کوی توم
هندوی جان بر میان دارم ز تو — داغ همچون حبشیان دارم ز تو
گر نیم هندوت چون مقبل شدم — تا شدم هندوت زنگی[3] دل شدم
هندوی با داغ را مفروش تو — حلقهٔ کن بنده را در گوش تو
ای ز فضلت ناشده نومید کس — حلقه[4] و داغ توم جاوید بس
هر که را خوش نیست دل در درد تو — خوش مبادش زانك نیست اومرد تو
ذرّهٔ دردم ده ای[5] درمان من — زانك بی دردت بمیرد جان من
کفر کافر را و دین دین‌دار را — ذرّهٔ دردت دل عطار را
یا رب آگاهی ز یاربهای من — حاضری در ماتم شبهای من
ماتمم از حد بشد سوری فرست — در میان ظلمتم نوری فرست
پای‌مرد[6] من در این ماتم تو باش — کس ندارم دست گیرم هم تو باش
لذّت نور[7] مسلمانیم ده — نیستی نفس ظلمانیم ده
ذرّهٔ‌ام[8] لا شده در سایهٔ — نیست از هستی مرا سرمایهٔ
سایلم زان حضرت چون آفتاب — بوك از آن تابم رسد یك رشته تاب
تا مگر چون ذرّهٔ سر گشته من — درجهم[9] دستی زنم در رشته من
پس برون آیم از این روزن که هست — پیش گیرم عالمی روشن که هست
تا نیامد[10] بر لبم این جان که بود — داشتم آخر کسی زان سان که بود
چون[11] بر آید جان‌ندارم جزتو کس — هم ره جانم تو باش آخر نفس

---

۱ ـ مج ، با کسم خویشم همی. ۲ ـ در ، مج ، سر ۳ـ در ، رنگ. ۴ـ در، مج ، حلقه داغ. ۵ ـ در، دهی. ۶ ـ پ، پای مزد . ۷ ـ در، درد . ۸ـ در، گم شدم. مج ، پ ، گم‌شده . ۹ ـ پ ، چهم . ۱۰ ـ در، پ، نیاید . ۱۱ ـ این بیت درمج نیست.

چون ز من خالی بماند جای من   گر تو هم راهم نباشی وای من
روی آن دارد[1] که هم راهی کنی   می‌توانی کرد اگر خواهی کنی

در نعت رسول صم

خواجهٔ دنیا و دین گنج وفا   صدر و بدر هر دو عالم مصطفی
آفتاب شرع و دریای یقین   نور عالم رحمةٌ للعالمین
جان پاکان خاك جان پاك او[2]   جان رها کن آفرینش خاك او[3]
خواجهٔ کونین و سلطان همه   آفتاب جان و ایمان همه
صاحب معراج و صدر کاینات   سایهٔ حق خواجهٔ خورشید ذات
هر دو عالم بستهٔ فتراك[4] او   عرش و کرسی قبله کرده خاك او
پیشوای این جهان و آن جهان   مقتدای آشکارا و نهان
مهترین و بهترین انبیا   رهنمای اصفیا و اولیا
مهدی اسلام و هادی سبل   مفتی غیب و امام جزو کل
خواجهٔ کز هرچه گویم بیش بود   در همه چیز از همه در پیش بود
خویشتن را خواجهٔ عرصات گفت •   انّما انا رحمة مهدات گفت
هر دو گیتی از وجودش نام یافت   عرش نیز از نام او آرام یافت
همچو شبنم آمدند از بحر جود   خلق عالم بر طفیلش در وجود
نور او مقصود مخلوقات بود   اصل معدومات و موجودات[5] بود
حق چو دید آن نور مطلق در حضور   آفرید از نور او صد بحر[6] نور
بهر خویش آن پاك جانرا آفرید   بهر او خلقی[7] جهانرا آفرید
آفرینش[8] را جزو مقصود نیست   پاك دامن تر ازو موجود نیست

۱- مج ، پ ، دارم . ۲ و ۳ - در، تو . ۴- در ، پ ، برفتراك . ۵ - مج ، موجودات و معلومات . ۶ - مج ، گونه . ۷ - در، پ ، مج، خلق . ۸ - این بیت درمج نیست .

مقامات الطیور

آنچه اوّل شد پدید از غیب غیب	بود نور پاك او بی‌هیچ ریب¹
بعد از آن آن نور عالی زد علم	گشت عرش و کرسی و لوح و قلم
یك علم² از نور پاکش عالمست	یك علم ذرّیتست و آدمست³
۲۸۵ چون شد آن نور معظم آشکار	در سجود افتاد پیش کردگار
قرنها اندر سجود افتاده بود	عمرها اندر رکوع استاده بود
سالها بودند⁴ مشغول قیام	در تشهد بود هم عمری تمام
از نماز نور آن دریای راز	فرض شد بر جمله امت نماز
حق⁵ بداشت آن نور را چون مهر و ماه	در برابر بی جهت تا دیرگاه
۲۹۰ پس بدریای حقیقت ناگهی	برگشاد آن نور را ظاهر⁶ رهی
چون بدید آن نور روی بحر راز	جوش⁷ در وی اوفتاد از عزّ⁸ و ناز
در طلب برخود بگشت او هفت بار	هفت پرگار فلك شد آشکار
هر نظر کز حق بسوی او رسید	کوکبی گشت و طلب⁹ آمد پدید
بعد از آن نور پاك آرام یافت	عرش عالی گشت و کرسی نام یافت
۲۹۵ عرش و کرسی عکس ذاتش خاستند¹⁰	بس ملایك از صفاتش خاستند
گشت از انفاسش انوار آشکار	وز دل پر فکرش اسرار آشکار
سرّ روح از عالم¹¹ فکرست و بس	بس نفخت فیه من روحی نفس
چون شد آن انفاس و آن اسرار جمع	زین سبب ارواح¹² شد بسیار جمع
چون طفیل نور او آمد امم	سوی¹³ كل مبعوث از آن شد لاجرم
۳۰۰ گشت او مبعوث تا روز شمار	از برای كل خلق روزگار

---

۱ - مج - عیب . ۲ - مج ، قلم . ۳ - مج ، عالمست. ۴ - در ، بوده است . مج ، پ ، هم بود . ۵ - این بیت در مج ، نیست . ۶ - مج ، ناگاه . ۷ - مج ، خوش در او افتاد از صد عزو ناز . ۸ - در ، بحر و ناز . ۹ - پ ، فلك . ۱۰ - در ، خواستند . ۱۱ - در ، امر . ۱۲ - در ، انوار . ۱۳ - مج ، سرنگون گشتند پیشش .

چون بدعوت کرد شیطانرا طلب   گشت شیطانش مسلمان زین سبب
کرد دعوت هم باذن کردگار   جنّیانرا لیلة الجنّ آشکار
قدسیانرا با رسل بنشاند[1] نیز   جمله‌را یك‌شب بدعوت خواند[2] نیز
دعوت حیوان[3] چو کرد او آشکار   شاهدش بزغاله بود و سوسمار
داعی بتهای عالم بود هم   سرنگون گشتند پیشش لاجرم
داعی[4] ذرّات بود آن پاك[5] ذات   در کفش تسبیح زان کردی[6] حصات
زانبیا این زینت[7] وین عز که یافت   دعوت کل امم هرگز که یافت
نور او چون اصل موجودات بود   ذات او چون معطی هر ذات بود
واجب[8] آمد دعوت هردو جهانش   دعوت ذرات پیدا و نهانش
جزو و کل چون امت[9] او آمدند   خوشه چین همت او آمدند
روز حشر از بهر مشتی بی عمل   امتی او گوید و بس زین قبل
حق برای جان آن شمع هدی   می فرستد امت او را فدی
در همه کاری چو او بود اوستاد   کار اوست آنرا که[10] این کار اوفتاد
گرچ[11] او هرگز بچیزی ننگریست   بهر هرچیزیش[12] می باید گریست
در پناه اوست موجودی که هست   وز رضای اوست مقصودی که هست
پیرعالم[13] اوست در هر رستهٔ[14]   هرچ[15] ازو بگذشت خادم دستهٔ
آنچ[16] از خاصیت او بود و بس   آن[17] کجا درخواب بیند هیچ کس
خویش‌را کل‌دیدو کل‌راخویش‌دید[18]   هم[19] چنانك از پس بدید ازپیش‌دید

---

۱ - مج ، بنشاندش. ۲ - مج ، خواندش . ۳ - مج ، دیوان . ۴ - این بیت در مج ، نیست ۵ - در، نور. پ، ذات پاك . ۶ - پ ، میکرد خاك. ۷ - در ، رتبت . مج ، عزت و زینت . پ ، عز واین‌رتبت. ۸ - درمج وپ، این بیت نیست . ۹ - مج، دعوت . ۱۰ - در، مج ، پ ، که کاری . ۱۱ - این بیت در مج ، نیست . ۱۲ - در، پ ، هرچیزش نمی باید . ۱۳ - پ، سر . ۱۴ - در ، مج ، پ ، رشتهٔ . ۱۵ - پ ، مرهم ریش دل هرخستهٔ . ۱۶ - مج ، گنج . ۱۷ - در، از . ۱۸ - مج ، کل دید خویش را . ۱۹ - مج ، آنچنان کز پس بدید آن پیش را .

ختم کرده حق نبوّت را برو   معجز و خُلق و فتوّت[1] را برو
دعوتش فرمود بهر خاص و عامّ   نعمت خود را برو کرده تمام
کافرانرا داده مهلت در عقاب   تا فرستاده بعهد او عذاب[2]
کرده در شب سوی معراجش روان   سرّ کل با او نهاده در نهان[3]
بوده از عز و شرف ذوالقلتین[4]   ظلّ بی ظلّی او در خافقین
هم ز حق بهتر[5] کتابی یافته   هم کل کل بی حسابی یافته
امّهات مؤمنین ازواج او   احترام مرسلین معراج او
انبیا پس‌رو بُدند[6] او پیش‌وا   عالمان امتش چون انبیا
حق تعالاش[7] از کمال احترام   برده در توریت و در انجیل نام
سنگی[8] از وی قدر و رفعت یافته   پس یمین‌الله خلعت یافته
قبله گشته خاك او از حرمتش   مسخ منسوخ آمده[9] در امتش
بعثت او سرنگونی بتان   امّت او بهترین امّتان
کرده چاهی خشك را درخشك سال   قطرهٔ آب دهانش پر زلال
ماه از[10] انگشت او بشکافته   مهر در فرمانش از پس تافته
برمیان دو کتف او[11] خورشید وار   داشته مهر نبوّت آشکار
گشته در خیر البلاد او رهنمون   وهو خیر الخلق فی خیر القرون
کعبه زو تشریف بیت‌الله یافت   گشت ایمن هر که در وی راه یافت
جبرئیل از دست او شد خرقه دار   در لباس دحیه زان گشت[12] آشکار

---

۱ ـ در ، نبوت . ۲ ـ در نسخهٔ پ ، بیت زیر اضافه است :

دین ودنیا در پناه همتش   زندگی داده زبهر امتش

۳ ـ در ، پ، میان . ۴ ـ در، برعالمین . پ ، ذوالقبلتین . ۵ ـ در، مهر . ۶ ـ در ، بدواو. پ ، شدند . ۷ ـ مج ، تعالی از. ۸ ـ در ، سنگ . ۹ ـ در ، مانده . پ ، نامده از. ۱۰ ـ پ ، را . ۱۱ ـ در ، مج ، میان کتف او . ۱۲ ـ در ، شد . پ ، وجبه زان شد .

خاك در عهدش قوی تر[1] چیز یافت   مسجدی[2] یافت و طهوری نیز یافت
سرّ یك یك ذره چون بودش عیان   امّی[3] آمد کو ز دفتر برمخوان
چون زفان حق زفان اوست پس   بهترین عهدی زمان اوست پس
روز محشر محو گردد سر بسر   جز زفان او زفانهای دگر
تا دم آخر که برمی گشت حال   شوق کرد از حضرت عزت سؤال
چون دلش بی خود شدی در بحر راز   جوش او میلی برفتی در نماز
چون[4] دل او بود دریای شگرف   جوش بسیاری زند دریای ژرف
در شدن گفته[5] ارحنا یا بلال   تا برون آیم ازین ضیق خیال
باز درباز[6] آمدن آشفته او   کلمینی یا حمیرا گفته او
زان شد آمد چون بیندیشد خرد   می ندانم تا برد یك جان ز صد
عقل را در خلوت او راه نیست   علم نیز از وقت او آگاه نیست
چون بخلوت جشن سازد با خلیل   گر[7] بسوزد در نگنجد جبرئیل
چون شود سیمرغ جانش آشکار   موسی از دهشت[8] شود موسیجه وار
رفت موسی بر بساط آن جناب   خلع نعلین آمدش[9] از حق خطاب
چو بنزدیك[10] او شد از نعلین دور   گشت در وادی المقدس[11] غرق نور
باز در معراج شمع ذوالجلال   می شنود آواز نعلین بلال
موسی عمران اگر چه بود شاه   هم نبود[12] آنجاش بانعلین راه
این عنایت بین که بهر جاه او   کرد حق با چاکر درگاه او
چاکرش را کرد مرد کوی خویش   داد با نعلین راهش سوی خویش

۱ - پ ، خیز. ۲ - پ ، مسجدی هم یافت طوری نیز یافت. ۳ - در ، آیت . پ ، امر.
۴ - این بیت در نسخهٔ پ ، نیست . ۵ - در ، مج ، پ ، گفتی . ۶ - در ، ایدر آمد مر .
۷ - پ ، پر . ۸ - مج ، حیرت . ۹ - مج ، آیدش . ۱۰ - در ، مج ، پ ، بنزدیکی شد .
۱۱ - مج ، بیت المقدس . ۱۲ - مج ، شود .

موسی عمران چو آن رتبت بدید   چاکر او را چنان قربت بدید
گفت یا رب ز امّت او کن مرا   در طفیل همت او کن مرا
گرچه‌موسی‌خواست‌این حاجت[1] مدام   لیك عیسی یافت این عالی مقام
لاجرم چون ترك آن خلوت کند   خلق را بر دین او دعوت کند
با زمین آید ز چارم آسمان   روی برخاکش نهد جان بر میان
هندو او شد مسیح نامدار   زان مبشر نام کردش کردکار
گر کسی گوید کسی می بایدی   کو چو رفتی زان جهان باز آیدی[2]
بر گشادی مشکل ما یك بیك   تا نماندی در دل ما هیچ شك
باز نامد[3] کس ز پیدا و نهان   در دو عالم جز محمّد زان جهان[4]
آنچ[5] او آنجا ببینایی رسید   هر نبی[6] آنجا بدانایی رسید
چون لعمرك تاج آمد برسرش   کوه[7] حالی چون کمر شد بردرش
اوست سلطان و طفیل او همه   اوست دایم شاه و خیل او همه
چون جهان از موی او پر مشك شد   بحر را زان تشنگی لب خشك شد
کیست کو نه تشنهٔ دیدار اوست   تا[8] بچوب و سنگ غرق کار اوست
چون بمنبر برشد آن دریای نور   نالهٔ حنانه می شد دور دور
آسمان بی ستون پر نور شد   وآن ستون از فرقتش[9] رنجور شد
وصف او در گفت چون آید مرا   چون عرق از شرم خون آید مرا
او فصیح عالم و من لال او   کی توانم داد شرح حال او
وصف او کی لایق این ناکس است   واصف او خالق[10] عالم بس است

۱ - مج، خلعت . ۲ - در، برنامدی. مج ، پ ، باز آمدی . ۳ - پ، باز ناید . ۴ - در، نشان . ۵ - مج، هرکه او اینجا . ۶ - مج ، هرشبی . ۷ - در ، جبرئیل اندر کمر . پ ، خلق حالی خاك ره شد . مج ، کوه حالی تا کمر شد . ۸ - در ، یا . ۹ - مج ، ارزقیش. ۱۰ - در ، خلق عالم بین .

ای جهان با رتبت خود خاک تو   صد جهان جان خاک جان پاک تو
انبیا در وصف تو حیران شده   سر شناسان[1] نیز سرگردان شده
ای طفیل خندهٔ تو آفتاب   گریهٔ تو کار فرمای سحاب
هردو گیتی گرد خاک پای تست   درگلیمی خفتهٔ ، چه جای تست
سر بر آور از گلیمت ای کریم   پس فرو کن پای بر قدر گلیم
محو شد شرع همه در شرع تو   اصل جمله کم ببود[2] از فرع تو
تا ابد[3] شرع تو و احکام تست   هم برنام الهی نام تست
هرک بود[4] از انبیا و از رسل   جمله با دین تو آیند از سبل
چون نیامد پیش ، پیش از تو یکی   از پس تو[5] باید آمد بی شکی
هم پس و هم پیش از عالم توی   سابق[6] و آخر بیك جاهم توی
نه کسی در گرد تو هرگز رسد   نه کسی را نیز چندین عز رسد
خواجگی هردو عالم تا ابد   کرد وقف احمد مرسل احد
یا رسول‌الله بس درمانده ام   باد در کف ، خاك برسر مانده ام
بی کسانرا کس تویی در هر نفس   من ندارم در دو عالم جز تو کس
یك نظر سوی من غم خواره کن   چارهٔ کار من بیچاره کن
گرچه ضایع کرده ام عمر از گناه   توبه کردم عذر من از حق بخواه
گر ز لاتأمن بود ترسی مرا   هست از لاتیأسو درسی مرا
روز و شب بنشسته درصد ماتمم   تا شفاعت خواه باشی یك دمم
از درت گر یك شفاعت در رسد   معصیت را مهر طاعت در رسد
ای شفاعت خواه مشتی تیره روز   لطف کن شمع شفاعت بر فروز

۱- مج ، سرنشینان . ۲- در ، کم نبود . مج ، پ ، گم شود . ۳- در ، تا ابد هم شرع وهم . ۴- در ، هست . ۵- از پس تو نیز ناید . ۶- مج ، اوّل .

تا چو پروانه میان جمع تو — پر زنان آئیم[1] پیش شمع تو
هرك شمع تو ببیند آشكار — جان بطبع[2] دل دهد پروانه وار
دیدهٔ جانرا لقای تو بس است — هردو عالم را رضای[3] تو بس است
داروی درد دل من مهر تست — نور جانم آفتاب چهر تست
بر درت جان بر میان دارم كمر — گوهر تیغ زفان من نگر
هر گهر كان از زفان افشانده ام — در رهت از قعر جان افشانده ام
زان شدم[4] از بحر جان گوهرفشان — كز تو بحرجان من دارد[5] نشان
تا نشانی یافت جان من ز تو — بی نشانی شد نشان من ز تو
حاجتم آنست ای عالی گهر — كز سر فضلی[6] كنی در من نظر
زان نظر در بی نشانی داریم — بی نشانی جاودانی داریم
زین همه پندارو شرك و ترّهات — پاك گردانی مرا ای پاك ذات
از گنه رویم نگردانی سیاه — حق هم نامی من داری نگاه
طفل راه تو منم غرقه شده — گرد من آب سیه حلقه شده[7]

الحكایه والتمثیل

مادری را طفل در آب اوفتاد — جان مادر در تب و تاب اوفتاد
در تحیّر طفل می زد دست و پای — آب بردش تا بناب[8] آسیای
خواست شد در ناو مادر كان بدید — شد سوی درزآب حالی بر كشید
آب از پس رفت و آن طفل عزیز — برسر آن آب از پس[9] رفت نیز

۱ - مج ، پ ، پر زنان آیم به پیش . ۲ - در ، بطوع . ۳ - در ، ضیاء، ۴ - در،منم .
۵ - پ ، دارم . ۶ - مج ، لطفی . ۷ - در ، مج ، پ ، بیت زیر اضافه است :
چشم آن دارم كزین آب سیاه — دست من گیری و باز آری براه
۸ - مج ، تابپای . پ بناو . ۹ - پ ، غلطان .

فی فضیلة امیرالمؤمنین ابوبکر ۲۳

مادرش در جست[1] او را بر گرفت   شیر دادش حالی و در بر گرفت
ای ز شفقت داده[2] مهر مادران   هست این غرقاب را ناوی گران
چون دران گرداب[3] حیرت اوفتیم[4]   پیش ناو آب حسرت اوفتیم[5]
مانده سرگردان چو آن طفل درآب   دست و پایی می زنیم[6] از اضطراب
آن[7] نفس ای مشفق طفلان راه   از کرم در غرقهٔ خود کن نگاه
رحمتی[8] کن بردل پرتاب ما   بر کش[9] از لطف و کرم درزآب ما
شیر ده ما را ز پستان کرم   برمگیر از پیش ما خوان کرم
ای ورای وصف و ادراك آمده   از صفات واصفان پاك آمده
دست کس نرسید بر فتراك تو   لاجرم هستیم خاك خاك تو
خاك تو یاران پاك تو شدند   اهل عالم خاك خاك تو شدند
هرك خاكی نیست یاران ترا   دشمن است او دوست داران ترا
اوّلش بوبکر و آخر مرتضا   چار رکن کعبهٔ صدق و صفا
آن یکی در صدق[10] هم راز وزیر   وآن دگر در عدل[11] خورشید منیر
آن یکی دریای آزرم و حیا   آن دگر شاه اولوالعلم و سخا

فی فضیلة امیرالمؤمنین ابوبکر رضی الله عنه

خواجهٔ اوّل که اوّل یار اوست   ثانی اثنین اذهما فی‌الغار اوست
صدر دین صدیق اکبر قطب حق   در همه چیز از همه برده سبق
هرچ حق از بارگاه کبریا   ریخت درصدر شریف[12] مصطفی

---

۱ - در، پ ، آن لحظه . ۲ - پ ، کرده . ۳ - پ ، غرقاب . ۴ و ۵ - در ، مج ، پ ، اوفتم. ۶ - در ، مج ، پ ، می زنم . ۷ - این‌بیت در نسخهٔ در ، مج ، نیست. ۸ - این بیت در مج، نیست . ۹ - پ ، دستگیری کن به بین غرقاب ما . ۱۰ - مج ، اوصاف . ۱۱ - مج ، علم ۱۲ - در ، شریعت .

۲۴ مقامات‌الطیور

آن[1] همه در سینهٔ صدیـق ریخت — لاجرم تـا بود ازو تحـقیق ریخت
چون دو عـالم را بیك دم در کشید — لب‌ببست‌ازسنگ‌وخوش دم در کشید
سر[2] فـرو بردی همه شب تـا بروز — نـیـم شب هـویی بـر آوردی بسوز
هوی او تـاچین بـرفتی مشك بـار — مشك کـردی خون آهـوی تتار
زین سبب گفت آفتاب شرع و دین — علم بـاید جست ازینجا تـا بچین
سنگ زان بودی بحکمت در دهانش — تا بسنگ و هنگ هو گوید زفانش
نی که[3] سنگش برزفان بگرفت راه — تا نگوید هیچ نـامـی جز آلـه
سنگ بـاید تـا پـدید آید[4] وقـار — مردم[5] بی سنگ کـی آیـد بـکار
چون عمر مویی بـدیـد از قدر او — گفت‌کاش آن مـویمی بـرصدر او
چون‌تو کردی[6] ثانی اثنینش[7] قبول — ثـانـی اثنین او بـود بعد[8] رسول

فی فضیلة امیرالمؤمنین عمر رضی الله عنه

خواجـهٔ شرع آفتـاب جـمـع دین — ظـل حق فـاروق اعظم شمع دین
ختم[9] کرده عدل و انصافش[10] بحق — در فـراست بـوده[11] بروحیش سبق
آنك حق‌طاها برو[12] خواند ازنخست — تـامطهـر شـد ز طـاهـا و درست
های[13] طاهـا در دل اوهای و هوست — فرخ‌آنك ازهای و هو درهای‌هوست
آنـك دارد بـر صـراط اول گـذر — هست او از قـول پیغـمبـر عمـر
آنـك[14] اول حـلـقـهٔ[15] دارالسلام — او بدست آرد زهـی عـالی مقـام

۱ - در، این . پ ، او . ۲ - مج ، شب همه شب سر خـود بردی بسوز . ۳ - مج ، هر که سنگی . ۴ - ق ۲ ، آرد ۵ - ق ۲ ، مردمی بی سنگ . ۶ - مج ، کردستی . ۷ - پ ، ثانی اثنین . ۸ - در، پ، بعداز . مج ، بعد الرسول. ۹ - این بیت در مج ، نیست . ۱۰ - در ، پ ، انصاف او . ۱۱ - پ ، برده از مردان . ۱۲ - در ، طاهاش . ۱۳ - این بیت در نسخ مج ، پ ، نیست . ۱۴ - این بیت در مج ، نیست . ۱۵ - پ ، خلعت از .

چون نخستش حق نهد در دست دست   آخرش با خود[1] برد آنجا که هست
کار دین از عدل او انجام یافت   نیل جنبش، زلزله آرام یافت
شمع جنت بود و اندر هیچ جمع   هیچ کس را سایهٔ نبود ز شمع
شمع را چون سایهٔ نبود ز نور   چون گریخت از سایه او دیو دور
چون سخن گفتی حقیقت برزفانش   از رای قلبی خدا[2] گشتی عیانش
گه ز درد عشق جان می سوختش   گه ز نطق حق زفان می سوختش
چون نبی دیدش که او می‌سوخت زار   گفت شمع جنّت است این نامدار[3]

فی فضیلة امیرالمؤمنین عثمن رضی الله عنه

خواجهٔ سنّت که نور مطلق است   بل[4] خداوند دو نور پرحق[5] است
آنك غرق قدس[6] و عرفان آمدست   صدر دین عثمن عفان آمدست
رفعتی کان رایت[7] ایمان گرفت   از امیرالمؤمنین عثمن گرفت
رونقی کان عرصهٔ کونین یافت   از دل پرنور ذی النورین یافت
یوسف ثانی بقول مصطفا   بحر تقوی و حیا[8] کان وفا
کار ذی القربی بجان پرداخته[9]   جان خود در کار ایشان باخته
سر[10] بریدندش که تا بنشستهٔ[11]   از چه پیوسته رحم پیوستهٔ[12]
هم هدایت در جهان و هم هنر   امتش[13] در عهد او شد بیشتر
هم بعهد[14] او شد ایمان منتشر   هم ز حکمش گشت قرآن منتشر
سید سادات گفتی بر فلك   شرم دارد دایم از[15] عثمن ملك

---

۱ - در، بآنجا. ۲ - مج، جلابستی، پ، از ره قلبی. ۳ - مج، آشکار. ۴ - در، نك. مج، یك. ۵ - در، پ، برحق. مج، نور مطلق. ۶ - پ، بحر. ۷ - در، آیت. پ، کورایت. این بیت در مج، نیست. ۸ - در، نیاکان. ۹ - ق۲، درباخته. ۱۰ - این بیت در مج، نیست. ۱۱ - پ، بنشسته بود. ۱۲ - پ، پیوسته بود. ۱۳ - در، مج، پ، منتشر. ۱۴ - در، هم زبعد. پ، هم بعدل. مج، این بیت را ندارد. ۱۵ - مج، عثمان از ملك.

هم پیامبر گفت در کشف‌و حجاب　　حق نخواهد کرد با عثمن عتاب[1]
چون نبود او تا کند بیعت قبول　　بد بجای دست او دست رسول
حاضران گفتند ما برسود می　　گرچو ذوالنورین غایب بود می

فی فضیلة امیرالمؤمنین علی رضی‌الله عنه

خواجهٔ حق پیشوای راستین　　کوه حلم و باب[2] علم و قطب دین
ساقی کوثر ، امام رهنمای　　ابن عمّ مصطفا ، شیر خدای
مرتضای مجتبا ، جفت[3] بتول　　خواجهٔ معصوم ، داماد رسول
در[4] بیان رهنمونی آمده　　صاحب اسرار سلونی آمده
مقتدا بی‌شك[5] باستحقاق اوست　　مفتی مطلق علی الاطلاق اوست
چون علی از غیبهای حق یکیست　　عقل را در بینش[6] او کی شکیست
هم ز اقضیکم علی جان آگه است　　هم علی ممسوس[7] فی ذات‌الله است
از دم عیسی کسی گر زنده خاست　　او بدم دست بریده کرد راست
گشته اندر کعبه آن صاحب قبول　　بت شکن برپشتی[8] دوش رسول
در ضمیرش بود مکنونات غیب　　زان برآوردی ید بیضا ز جیب
گر ید بیضا نبودیش آشکار　　کی گرفتی ذوالفقار آنجا قرار
گاه در جوش آمدی از کار خویش　　گه فرو گفتی بچه اسرار خویش
در همه آفاق هم دم می نیافت　　دردرون می گشت و محرم می‌نیافت

۱ - در ، پ ، حساب. مج ، خطاب . ۲ - در، مج، پ ، بحر . ۳ - مج ، زوج . ۴ - در، از بیانش . مج، در بیابان . ۵ - در، مج، پ ، مقتدای دین . ۶ - در، در پیش او در . مج ، عقل کل در بحر علمش اندکیست . پ ، در پیش علمش بی‌شکست . ۷ - ق ۲ ، در ، محسوس . پ ، مخصوص. مج ، این بیت را ندارد. ۸ - پ ، بریشت و بر دوش.

در تعصب گوید

ای گرفتار تعصب مانده   دایما در بغض و درحب مانده
گر تو لاف ازعقل و از لب می زنی   پس چرا دم در تعصب می زنی
در خلافت میل نیست ای بی خبر   میل کی آید ز بوبکر و عمر
میل اگر بودی در آن دو مقتدا   هردو کردندی پسر را پیشوا
هردو گر بودند[1] حق از حق وران   منع واجب آمدی بردیگران
منع را گر ناپدیدار آمدند   ترك واجب را روادار آمدند
گر نمی آمد کسی در منع یار   جمله را تکذیب کن یا[2] اختیار
گر کنی تکذیب اصحاب رسول   قول[3] پیغامبر نکردستی قبول
گفت هر یاریم نجمی روشن است   بهترین قرنها قرن منست
بهترین خلق یاران من اند   آفرین[4] با دوست داران من اند
بهترین چون نزد تو باشد بتر   کی توان گفتن ترا صاحب نظر
کی روا داری که اصحاب رسول   مرد ناحق را کنند از جان قبول
یا نشانندش بجای مصطفا   بر صحابه نیست این باطل روا
اختیار جملهشان گر نیست راست   اختیار جمع قرآن پس خطاست
بل که هرچ اصحاب پیغامبر کنند   حق کنند و لایق حق ور[5] کنند
تا کنی معزول یك تن را زکار   می کنی تکذیب سی و سه هزار
آنك کار او جز بحق یك‌دم[6] نکرد   تا بزانو بند اشتر ، کم نکرد
او[7] چو چندینی در آویزد بکار   حق زحق‌ور[8] کی برد این ظن مدار

---

۱ - در، پ ، بردند . ۲ - پ ، با . ۳ - در ، مرد ناحق را کند از جان قبول . ۴ - در، ج ، پ ، اقربا . ۵ - پ ، حق در . ۶ - مج ، هرگز . ۷ - این بیت درمج ، نیست . ۸ - پ ، ق در .

میل در صدیق اگر جایز[1] بدی در اقیلونی[2] کجا هرگز بدی
در عمر گر میل بودی ذرّهٔ کی پسر، کشتی بزخم درّهٔ
دایما صدیق مرد راه بود فارغ از کل لازم درگاه بود
مال و دختر کرد برسرجان[3] نثار ظلم‌نکند این‌چنین کس، شرم دار[4]
پاك از قشر روایت[5] بود او زانك در معجز[6] درایت بود او
آنك بر منبر ادب دارد نگاه خواجه را ننشیند[7] او برجایگاه
چون ببیند این همه از پیش و پس ناحق او را کی تواند گفت[8] کس
باز[9] فاروقی که عدلش بود کار گاه می‌زد خشت‌و گه می کند خار
با درِمَنه[10] شهر را برخاستی می شدی در شهر وره می خواستی
بود هرروزی درین حبس[11] هوس هفت لقمه نان طعام[12] او و بس
سر که بودی بانمك برخوان او نه ز بیت المال بودی نان او
ریگ بودی گر بخفتی بسترش درّه بودی بالشی زیر سرش
برگرفتی همچو سقا مشك آب بیوه‌زن[13] را آب بردی وقت خواب
شب برفتی دل ز خود برداشتی جملهٔ شب پاس لشگر[14] داشتی
باحذیفه[15] گفت ای‌صاحب نظر[16] هیچ می بینی نفاقی در عمر
کو کسی کو عیب من در روی من میل نکند تحفه آرد سوی من
گر خلافت برخطا می داشت او هفده من دلقی چرا برداشت[17] او
چون نه جامه دست دادش نه گلیم برمرقّع دوخت ده پاره ادیم
آنك زین سان شاهی خیلی کند نیست ممکن کو بکس میلی کند

۱ - در، واجب. ۲ - ق ۱، در، پ، اقتلونی. ۳ - در، مج، پ، جان برسر
۴ - پ، شرمسار. ۵ - مج، حکایت. ۶ - در، مج، پ، مغز. ۷ - پ، بنشاند. ۸ - در
گشت. ۹ - ق ۲، یا. ۱۰ - مج، از میان شهر چون. پ، بند هیزم را بخود برداشتی
۱۱ - پ، حس. ۱۲ - مج، هوس بودیش. ۱۳ - در، مج، پ، بیرزن. ۱۴ - مج، دشمن
۱۵ - مج، پ، خدیجه. ۱۶ - مج، هنر. ۱۷ - در، میداشت.

آنك گاهی خشت و گاهی گل کشید[1] ... این همه سختی نه بر باطل کشید[2]
گر خلافت از هوا می راندی ... خویش را در سلطنت بنشاندی
شهر هاء منکر[3] از حسّام او ... شد تهی از کفر[4] در ایام او
گر تعصب می کنی از بهر این ... نیست انصافت بمیر از قهر این
او نمرد از زهر و تو از قهر او ... چند میری گر نخوردی زهر او
می‌نگر[5] ای جاهل ناحق‌شناس[6] ... از خلافت خواجگی خود قیاس
برتو گر این خواجگی آید بسر ... زین غمت صد آتش افتد در جگر
گر کسی زایشان خلافت بستدی ... عهدهٔ صد گونه آفت بستدی
نیست آسان تا که جان در تن بود ... عهدهٔ خلقی که در گردن بود

الحکایه والتمثیل

چون عمر پیش اویس آمد بجوش ... گفت افکندم خلافت[7] درفروش
این خلافت گر خریداری بود ... می فروشم گر بدیناری[8] بود
چون اویس این حرف بشنید از عمر ... گفت تو بگذار و فارغ در گذر
تو بیفکن، هرك را باید[9]، ز راه ... باز بر گیرد شود[10] در پیشگاه
چون[11] خلافت‌خواست افکندن امیر ... آن زمان برخاست از یاران نفیر
جمله گفتندش مکن ای پیشوا ... خلق را سر گشته از بهر خدا
عهدهٔ[12] در گردنت صدیق کرد ... آن نه برعمیا که بر تحقیق کرد
گر تو می پیچی سراز فرمان او ... این زمان از تو برنجد جان او

---

۱ و ۲ـ در، مج ، پ ، کشد . ۳ ـ در ، شهر پراز منکران خام او . مج ، پ ، منکران زنام او . ۴ ـ مج ، ظلم . ۵ ـ در ، نی‌مکن. مج ، نی‌مکن. پ ، تومکن . ۶ ـ پ ، حق‌ناشناس ۷ ـ مج ، خلافت را ز دوش . ۸ ـ پ ، بدین داری . ۹ ـ مج ، او خواهد ز راه . پ هرکرا خواهد . ۱۰ ـ مج ، رود تا . ۱۱ ـ این بیت در مج نیست . ۱۲ ـ مج ، عهد ما .

چون شنید این حجت محکم عمر   کار ازین حجت برو شد سخت تر

الحکایه والتمثیل

چونك[۱] آن بدبخت آخر از قضا   ناگهان آن زخم زد بر مرتضا
مرتضی را شربتی کردند راست   مرتضا[۲] گفتا که خون‌ریزم کجاست
شربت اورا ده نخست آنگه مرا   زانك او خواهد بُدن هم ره مرا
شربتش بردند او گفت اینت[۳] قهر   حیدر اینجا خواهدم کشتن بزهر
مرتضا[۴] گفتا بحق کردگار   گر بخوردی شربتم این نابکار
من همی ننهادمی بی او بهم   پیش حق در جنّت المأوی قدم
مرتضا را چون بکشت آن مرد زشت   مرتضی بی او نمی شد در بهشت
برعدو چون شفقتش[۵] چندین بود   با چو صدیقیش هرگز کین بود
آنك[۶] چندینی غم دشمن خورد   با عتیقش دشمنی چون[۷] ظن برد
با میان[۸] نارد جهان بی کنار   چون علی صدیق را یك دوست دار
چند گویی مرتضی مظلوم بود   وز خلافت راندن محروم بود
چون علی شیر حق است و تاج سر   ظلم نتوان کرد برشیر ای پسر[۹]

حکایت

مصطفا جایی فرود آمد براه   گفت آب آرند[۱۰] لشگر را ز چاه

۱ - در ، مج ، گفت چون . ۲ - مج ، مصطفی . ۳ - پ ، اینست . ۴ - مج ، مرتضی گفتا که خون ریزت کجاست . ۵ - پ ، شفعتش. ۶ - این بیت در پ ، نیست. ۷ - درد . دشمن خورد . ۸ - مج ، نیست هرگز ای زحق ور برکنار . پ ، جهانی کردگار . ۹ - مج ، بیت زیر اضافه است :

ظلم بر وی چون کند هرگز کسی   هرکه صدقش این بود ناکس کسی

۱۰ - در ، مج ، پ ، آرید .

رفت مردی باز آمد پر شتاب　　گفت پرخونست چاه و نیست آب
گفت پنداری[1] ز درد کار خویش　　مرتضی در چاه گفت اسرار خویش
چاه چون بشنید آن تابش نبود　　لاجرم چون[2] تو شدی آبش نبود
آنك در جانش چنین شوری بود　　در دلش کی کینهٔ موری بود
در تعصب می زند جان تو جوش　　مرتضا را جان چنین نبود خموش
مرتضا[3] را می مکن بر خود قیاس　　زانك درحق غرق بودآن حق‌شناس
هم چنان مستغرق کار است او　　وز خیالات[4] تو بیزارست او
گر چو تو پر کینه بودی مرتضی　　جنگ جستی پیش خیل مصطفی
او ز تو مردانه تر آمد بسی　　پس چرا جنگی نکرد او باکسی
گر بناحق بود صدیق ای عجب　　او چو برحق بود حق کردی طلب
پیش حیدر خیل امّ المؤمنین　　چون نه بر منوال دین جستند کین
لاجرم[5] چون‌دید چندان‌جنگ‌وشور　　دفع کرد آن قوم را حیدر بزور
وانك[6] بادختر تواند جنگ کرد　　داند او سوی پدر آهنگ کرد
ای پسر تو بی نشانی از علی　　عین و یا و لام دانی از علی
تو ز عشق جان خویشی بی‌قرار　　واو نشسته تا کند صد جان نثار
از صحابه گر شدی کشته کسی　　حیدر کرار غم خوردی بسی
تا چرا من هم نگشتم کشته نیز　　خوار شد برچشم[7] من جان عزیز
خواجه گفتی چه فتادست ای علی　　آن[8] تو یخنی نهادست ای علی

---

۱ - مج ، پنداری تو. پ ، پندارم . ۲ - پ، لاجرم خون پرشدو . ۳ - این بیت درمج ، نیست . ۴ - مج ، پ ، وز خیالت نیز . ۵ - پ ، چون . ۶ - مج ، حیدر چو دید . ۶ - این بیت در مج نیست . ۷ - در ، جسم ۸ - در ، نام تو یحیی . مج ، آن تو سختی . پ ، شه تو را یخنی .

آغاز کتاب

مرحبا ای هدهد هادی شده ‌‌ ‌ ‌ در حقیقت پیک هر وادی شده

ای بسرحد سبا سیر تو خوش ‌ ‌ ‌ با سلیمان منطق الطیر تو خوش

صاحب سرّ[1] سلیمان آمدی ‌ ‌ ‌ از تفاخر تاجور زان آمدی

دیو را دربند و زندان باز دار ‌ ‌ ‌ تا سلیمان را تو باشی راز دار

دیو را وقتی که در زندان کنی ‌ ‌ ‌ با سلیمان قصد شادروان کنی

خه خه ای موسیچهٔ موسی صفت ‌ ‌ ‌ خیز موسیقارزن در معرفت

گردد[2] ازجان مرد موسیقی شناس[3] ‌ ‌ ‌ لحن موسیقی خلقت[4] را سپاس

همچو موسی دیدهٔ آتش زدور ‌ ‌ ‌ لاجرم موسیچهٔ بر کوه طور

هم ز فرعون بهیمی دور شو ‌ ‌ ‌ هم بمیقات آی و مرغ طور شو

پس کلام بی زفان و بی خروش ‌ ‌ ‌ فهم کن بی عقل[5] بشنو نه بگوش

مرحبا ای طوطی طوبی نشین ‌ ‌ ‌ حلّه در پوشیده طوقی آتشین

طوق آتش از برای دوزخیست ‌ ‌ ‌ حله از بهر بهشتی و سخیست

چون‌خلیل آنکس که از نمرود رست ‌ ‌ ‌ خوش تواند کرد بر آتش نشست

سر بزن نمرود را همچون قلم ‌ ‌ ‌ چون خلیل‌اله در آتش نه قدم

چون شدی از وحشت نمرود پاك ‌ ‌ ‌ حله پوش، از آتشین طوقت چه باك

خه خه ای کبك خرامان در خرام[6] ‌ ‌ ‌ خوش‌خوشی‌از کوه‌عرفان‌درخرام[7]

قهقهه در شیوهٔ این راه زن ‌ ‌ ‌ حلقه برسندان[8] دارالله زن

کوه خود[9] درهم گداز از فاقهٔ ‌ ‌ ‌ تا برون آید ز کوهت ناقهٔ

---

۱ - در، مج ، پ ، اسرار. ۲ - در ، مج، پ، کرد. ۳ - مج ، قیاس. ۴ - در ، خلعت. مج ، لطف موسیقی خلعت را قیاس . پ ، زخلقت را سپاس . ۵ - مج ، نه بشنو . ۶ و ۷ - مج، آمده . ۸ - مج ، زندان . ۹ - در ، کوه خود را باز کن هم فاقهٔ . مج ،کوه خود در خود .

او نه یك زن بود او صد مرد بود — از قدم تا فرق عین درد بود
بود دایم غرق نور حق شده — از فضولی رسته ، مستغرق شده

الحکایه و التمثیل

زو یکی پرسید کای صاحب قبول — تو چه می گویی ز یاران رسول
گفت من از حق نمی آیم بسر — کی توانم داد از یاران خبر
گر نه در حق جان و دل گم دارمی — یك نفس پروای مردم دارمی
آن نه من بودم که در سجده گهی — خار در چشمم شکست اندر رهی
برزمین خونم روان شد از بصر — من ز خون خویش بودم بی خبر
آنك او را این چنین دردی بود — کی دل‌کار[1] زن و مردی بود
چون نبودم تا که بودم خودشناس[2] — دیگری را کی شناسم در قیاس
تو درین ره نه خدا و نه رسول — دست کوته کن ازین ردّ و قبول[3]
تو کفی خاکی درین ره خاك شو — از تبرّا و تولّا پاك شو
چون کفی‌خاکی سخن از خاك گوی — جمله را تو پاك‌دان[4] و پاك گوی

الحکایه و التمثیل

سیّد عالم بخواست از کردگار — گفت کار امّتم بامن گذار
تا نیابد[5] اطّلاعی هیچ کس — بر گناه امّت من یك نفس[6]
حق تعالی گفتش ای صدر کبار — گر ببینی آن گناه بی شمار
تو نداری[7] تاب آن حیران شوی — شرم داری وز میان پنهان شوی

---

۱ ـ پ ، طلبکار . ۲ ـ مج ، پ ، حق شناس ۳ ـ در مج ، بیت زیر اضافه است :
کی توانی کرد آزرمی بدار — از خدا و مصطفی شرمی بدار
۴ـ در، مج ، پاکیزه گوی . پ ، پاکیزه‌دان . ۵ ـ پ، نیاید . ۶ ـ مج ، زین سپس . ۷ ـ در، پ ، نیاری . مج ، نیابی .

۳۴ مقامات الطیور

عایشه[1] کو بود هم‌چون جان ترا — سیر شد زو دل بیك بهتان ترا
تو شنیدی بانگ[2] از اهل منجاز — پس بجای خود فرستادیش باز
چون بگشتی از گرامی تر کسی — پُر گنه هستند در امّت بسی
تو نداری[3] تاب چندانی گناه — امّت خود را رها کن با اله
گرتو می‌خواهی که کس را درجهان — از گناه امّتت نبود نشان
من‌چنان می خواهم ای‌عالی گهر[4] — کز گنه‌شان هم ترا نبود خبر
تو بنه[5] پای از میان رو با کنار — کار امّت روز و شب با من گذار
کار امت چون نه کار مصطفاست — کی شود این کار از حکم تو راست
می‌مکن[6] حکم و زفان کوتاه کن — بی تعصّب باش و عزم راه کن
آنچ ایشان کرده اند آن پیش گیر — در سلامت رو طریق خویش گیر
یا قدم در صدق نه صدّیق وار — یا نه چون فاروق کن عدل اختیار
یا چو عثمن پُر حیا و حِلم باش — یا چو حیدر بحر جود و علم باش
یا مزن دم ، پند من بپذیر رو — پای بردار و سر خود گیر رو
تو چه مرد صدق و علم حیدری — مرد نفسی هر نفس کافر تری
نفس[7] کافر را بکش مؤمن بباش — چون بکشتی نفس را ایمن بباش
در تعصب این فضولی می مکن[8] — ازسر خویش این‌رسولی می مکن[9]
نیست در شرعت سخن تنها قبول — چه سخن گویی ز یاران رسول
نیست در من این فضولی ای اله — از تعصب دار پیوستم نگاه
پاك گردان از تعصب جان من — گو مباش این قصه در دیوان من

۱ - این بیت در پ ، نیست . ۲ - در، آنك. مج ، آن سخن زاهل مجاز . ۳ - در، مج، پ ، نیاری . ۴ - مج ، هنر . ۵ - در ، منه . پ ، منه پا در . ۶ - مج ، پس از این حکمت . پ ، خود مکن . ۷ - این بیت در مج ، نیست . ۸ و ۹ - میکنی .

آغاز کتاب

مرحبا ای هدهد هادی شده   در حقیقت پیک هر وادی شده
ای بسرحد سبا سیر تو خوش   با سلیمان منطق الطیر تو خوش
صاحب سرّ[1] سلیمان آمدی   از تفاخر تاجور زان آمدی
دیو را دربند و زندان باز دار   تا سلیمان را تو باشی راز دار
دیو را وقتی که در زندان کنی   با سلیمان قصد شادروان کنی
خه خه ای موسیچهٔ موسی صفت   خیز موسیقارزن در معرفت
گردد[2] ازجان مرد موسیقی شناس[3]   لحن موسیقی خلقت[4] را سپاس
همچو موسی دیدهٔ آتش زدور   لاجرم موسیچهٔ بر کوه طور
هم ز فرعون بهیمی دور شو   هم بمیقات آی و مرغ طور شو
پس کلام بی زفان و بی خروش   فهم کن بی عقل[5] بشنو نه بگوش
مرحبا ای طوطی طوبی نشین   حلّه در پوشیده طوقی آتشین
طوق آتش از برای دوزخیست   حله از بهر بهشتی و سخیست
چون‌خلیل آنکس که ازنمرود رست   خوش تواند کرد بر آتش نشست
سر بزن نمرود را همچون قلم   چون خلیل‌اله در آتش نه قدم
چون شدی از وحشت نمرود پاك   حله پوش، از آتشین طوقت چه باك
خه خه ای کبك خرامان در خرام[6]   خوش‌خوشی‌از کوه‌عرفان‌درخرام[7]
قهقهه در شیوهٔ این راه زن   حلقه برسندان[8] دارالله زن
کوه خود[9] درهم گداز از فاقهٔ   تا برون آید ز کوهت ناقهٔ

---

۱ - در، مج ، پ ، اسرار. ۲ - در ، مج، پ، کرد . ۳ - مج ، قیاس . ۴ - در ، خلعت. مج ، لطف موسیقی خلعت را قیاس . پ ، زخلقت را سپاس . ۵ - مج ، نه بشنو . ۶ و ۷ - مج، آمده . ۸ - مج ، زندان . ۹ - در ، کوه خود را باز کن هم فاقهٔ . مج ، کوه خود در خود .

چون مسلم ناقهٔ یابی[1] جوان جوی شیر و انگبین بینی روان
ناقه می ران گر مصالح آیدت خود باستقبال صالح آیدت
مرحبا ای تنگ‌باز[2] تنگ چشم چند خواهی بود تند و تیز خشم
نامهٔ عشق ازل برپای بند تا ابد آن نامه را مگشای[3] بند
عقل مادر زاد کن با دل بدل تا یکی بینی اَبَد را تا[4] ازل
چارچوب طبع بشکن مردوار در درون غار وحدت کن قرار
چون بغار اندر قرار آید ترا صدر عالم یار غار آید ترا
خه خه ای درّاج معراج اَلست دیده برفرق[5] بلی تاج الست
چون الست عشق بشنیدی بجان از بلی نفس بیزاری ستان
چون[6] بلی نفس گرداب بلاست کی شود کار تو در گرداب راست
نفس را همچون خرعیسی بسوز پس‌چوعیسی‌جان‌شو[7] وجان‌برفروز
خر بسوزو مرغ جان را کار ساز تا خوشت روح‌اله آید پیش باز
مرحبا ای عندلیب باغ عشق ناله کن‌خوش‌خوش زدرد و داغ‌عشق
خوش بنال از درد دل[8] داود وار تا کنندت هر نفس صدجان نثار
حلق[9] داودی بمعنی برگشای خلق را از لحن خلقت[10] رهنمای
چند پیوندی زره بر نفس شوم همچو داود آهن خود کن چو موم
گر شود این آهنت چون موم نرم تو[11] شوی در عشق چون داود گرم

---

۱ - مج ، بینی. ۲ - در، ای‌تیزپیك . پ، ای نیك‌باز . ۳ - در، مج ، بگشای. ۴ - در، مج ، پ ، با . ۵ - در ، فوق . مج ، فرق نبی . ۶ - این بیت در مج، بصورت زیر است :

چون‌به بینی‌کردهٔ نفست بلاست کی شود کار تو زین تدبیر راست

در نسخهٔ در ، بصورت زیر است :

چشم بردوز از دو عالم چون خلیل تا شوی در وقت همچون جبرئیل

۷ - در ، عیسی‌جانان شود. مج ، پ ، چو عیسی‌جان بجانان. ۸ - مج ، درد او . ۹ - ق ۲،جان. ۱۰ - در ، مج ، خلعت . ۱۱ - مج ، پس .

خه خه ای طاوس باغ هشت در   سوختی از زخم مار[1] هفت سر
صحبت این مار[2] در خونت فکند   وز بهشت عدن بیرونت فکند
برگرفتت سدره و طوبی ز راه   کردت از سد طبیعت دل سیاه
تا نگردانی هلاك این مار را   کی شوی شایسته این اسرار را
گر خلاصی باشدت زین مار زشت   آدمت با خاص[3] گیرد در بهشت
مرحبا ای خوش تذرو دوربین   چشمهٔ دل غرق بحر نوربین
ای میان چاه ظلمت مانده   مبتلای حبس محنت[4] مانده
خویش را زین چاه ظلمانی برآر   سر ز اوج عرش رحمانی[5] بر آر
همچو یوسف بگذر از زندان و چاه   تا شوی در مصر عزّت پادشاه
گر چنین ملکی مسلّم آیدت   یوسف صدیق همدم آیدت
خه خه ای قمری دمساز آمده   شاد رفته تنگ دل باز آمده
تنگ دل زانی که در خون ماندهٔ   در مضیق حبس ذوالنون ماندهٔ
ای شده سرگشتهٔ ماهی نفس   چند خواهی دید بد خواهی نفس
سر بکن این ماهی بد خواه را   تا توانی سود فرق ماه را
گر بود از ماهی نفست خلاص   مونس یونس شوی در بحر[6] خاص
مرحبا ای فاخته بگشای لحن   تا گهر برتو فشاند[7] هفت صحن
چون بود طوق وفا[8] در گردنت   زشت باشد بی وفایی کردنت
از وجودت تا بود موئی بجای   بی وفایت خوانم از سر تا بپای
گر درآیی[9] و برون آیی ز خود   سوی معنی راه یابی از خرد
چون خرد سوی معانیت آورد   خضر آب زندگانیت آورد

۱ ـ مج، ناز . ۲ ـ مج ، یار. ۳ ـ پ ، خویش. ۴ ـ در ، پ ، تهمت. ۵ ـ در، روحانی.
۶ ـ ق ۲، در ، پ ، صدر . مج ، مصر . ۷ ـ پ ، فشانم . ۸ ـ مج ، هوا . ۹ ـ در ، گر درون آئی تو و بیرون .

خه خه ای باز بپرواز آمده … رفته سر کش سر نگون باز آمده
سر مکش چون سر نگونی ماندهٔ … تن بنه چون غرق خونی ماندهٔ
بَستهٔ مردار دنیا آمدی … لاجرم مهجور معنی[1] آمدی
هم ز دنیا هم ز عقبی در گذر … پس کلاه از سر بگیر و در نگر
چون بگردد از دو گیتی رای تو … دست[2] ذوالقرنین آید جای تو
مرحبا ای مرغ زرین، خوش درآی … گرم شو درکار و چون آتش درآی
هرچه پیشت آید[3] از گرمی بسوز … زآفرینش چشم جان کل بدوز[4]
چون بسوزی هرچه پیش آید ترا … نزل[5] حق هر لحظه بیش آید ترا
چون دلت شد واقف اسرار حق[6] … خویشتن را وقف کن بر کار حق
چون شوی در کار حق مرغ تمام … تو نمانی حق[7] بماند والسلام

☆☆☆

مجمعی[8] کردند مرغان جهان … آنچ بودند آشکارا و نهان
جمله گفتند این زمان در دور کار[9] … نیست خالی هیچ شهر از شهریار
چون بود کاقلیم مارا شاه نیست … بیش[10] ازین بی‌شاه بودن راه نیست
یک دگر را شاید ار یاری کنیم … پادشاهی را طلب کاری کنیم
زانک چون کشور بود بی پادشاه … نظم و ترتیبی نماند در سپاه
پس همه با جایگاهی آمدند … سر بسر جویای[11] شاهی آمدند

☆☆☆

هُدهُد آشفته دل پرانتظار … در میان جمع آمد بی قرار
حلهٔ بود از طریقت در برش … افسری بود از حقیقت بر سرش

---

۱ ـ مج ، پ ، عصبی . ۲ ـ مج، تخت ذوالقرنین باشد . ۳ ـ پ ، درپیش‌آید . ۴ ـ پ ، نسوز . ۵ ـ پ ، نور . ۶ ـ در ، او . ۷ ـ مج ، او . ۸ ـ مج ، مجتمع . ۹ ـ در ، مج ، پ ، روزگار . ۱۰ ـ مج ، پ ، پیش . ۱۱ ـ در ، جویان .

تیز وهمی[1] بود در راه آمده　　از بد وز نیك آگاه آمده
گفت ای مرغان منم بی هیچ ریب　　هم برید[2] حضرت و هم پیك غیب
هم ز هر حضرت[3] خبردار آمدم　　هم ز فطنت[4] صاحب اسرار آمدم
آنك بسم‌الله در منقار یافت[5]　　دور نبود گر بسی اسرار یافت[6]
می گذارم در غم خود روزگار　　هیچ کس را نیست با من هیچ کار
چون[7] من آزادم ز خلقان، لاجرم　　خلق آزادند از من نیز هم
چون منم مشغول درد پادشاه　　هر گزم دردی نباشد از سپاه
آب بنمایم ز وهم خویشتن　　راز ها دانم[8] بسی زین بیش من
با سلیمان در سخن پیش آمدم　　لاجرم از خیل او بیش آمدم
هرك غایب شد ز ملکش ای عجب　　او[9] نپرسید و نکرد او را طلب
من چو غایب گشتم ازوی یك زمان　　کرد هرسویی طلب کاری روان
زانك می نشکفت از من یك نفس　　هدهدی را تا ابد این قدر بس
نامهٔ او بردم و باز آمدم　　پیش او در پرده هم راز آمدم
هرك او مطلوب پیغامبر بود　　زیبدش بر فرق اگر افسر بود
هرك مذکور خدای آمد بخیر　　کی رسد در گردسیرش هیچ طیر
سالها در بحر و بر می گشته ام　　پای اندر ره بسر می گشته ام
وادی و کوه و بیابان رفته ام　　عالمی در عهد طوفان رفته ام
با سلیمان در سفرها بوده ام　　عرصهٔ عالم بسی پیموده ام
پادشاه خویش را دانسته ام　　چون روم[10] تنها چو[11] نتوانسته ام
لیك با من گر شما همره شوید　　محرم آن شاه و آن درگه شوید

۱ - پ ، فهمی . ۲ - مج ، پ ، مرید . ۳ - در ، چیزی . مج ، حضرت من . ۴ - پ،
طرت . ۵ و ۶ - مج، داشت . ۷ - این‌بیت در پ، نیست . ۸ - در ، دارم. ۹ - مج ، پ ، زو .
۱ - مج ، شوم . ۱۱ - پ ، که .

۴۰ مقامات الطیور

وارهید از ننگ خود بینی خویش   تا کی از تشویر بی دینی خویش
هرك در وی[1] باخت جان از خود برست[2]   در ره جانان ز نیك و بد برست[3]
جان فشانید و قدم در ره نهید   پای کوبان سر بدان درگه نهید
هست ما را پادشاهی بی خلاف   در پس کوهی که هست آن کوه قاف
نام او سیمرغ سلطان طیور   او بما نزدیك و ما زو دور دور
در حریم[4] عزّتست آرام او   نیست حدّ هر زفانی نام او
صد هزاران پرده دارد بیشتر   هم ز نور و هم ز ظلمت پیش در[5]
در دو عالم نیست کس را زهرهٔ   کو تواند یافت از وی بهرهٔ
دایماً او پادشاه مطلق است   در کمال عزّ خود مستغرق است
او بسر ناید ز خود آنجا که اوست   کی رسد علم و خرد آنجا که اوست
نه بدو ره ، نه شکیبایی ازو   صد هزاران خلق سودایی ازو
وصف او چون کار جان پاك نیست   عقل را سرمایهٔ ادراك نیست
لاجرم هم عقل و هم جان خیره ماند   در صفاتش[6] با دوچشم تیره ماند
هیچ دانایی کمال او ندید   هیچ بینایی جمال او ندید
در کمالش آفرینش ره نیافت   دانش از پی رفت و بینش ره نیافت
قسم خلقان زان کمال و زان جمال   هست اگر برهم نهی مشت خیال
برخیالی کی توان این ره سپرد   تو بماهی چون[7] توانی مه سپرد
صد هزاران سرچو گوی آنجا[8] بود   های های و های و هوی آنجا[9] بود
بس که خشکی بس که دریا بر رهست   تا نپنداری که راهی کوته است
شیر مردی باید این ره را شگرف   زانك ره دورست و دریا ژرف ژرف

---

۱ - در، او درباخت . ۲ و ۳ - پ ، بریست . ۴ - مج ، جهان. پ ، بردرختی بس بلند.
۵ - پ ، پیشتر. ۶ - در، کمالش. ۷ - مج ، کی‌توانی راه برد . پ ، کی‌توانی. ۸ و ۹ - اینجا .

۴۱ حکایت سیمرغ

روی آن دارد[1] که حیران می رویم در رهش گریان و خندان می‌رویم
گر نشان یابیم[2] ازو کاری بود ورنه بی او زیستن عاری بود
جان بی جانان اگر[3] آید بکار گر تو مردی جان بی‌جانان مدار
مرد می‌باید تمام این راه را جان فشاندن[4] باید این درگاه را
دست باید شست از جان مردوار تا توان گفتن که هستی مردکار[5]
جان چو بی‌جانان نیرزد[6] هیچ چیز همچو مردان برفشان جان عزیز
گر تو جانی برفشانی مردوار بس که جانان جان کند برتو نثار

حکایت سیمرغ

ابتدای کار سیمرغ ای عجب جلوه گر بگذشت برچین نیم شب
در میان چین فتاد از وی پری لاجرم پرشور شد هر کشوری
هر کسی نقشی از آن پر برگرفت هرك دید آن نقش کاری در گرفت
آن پر اکنون در نگارستان چینست اطلبو العلم ولو بالصین ازینست
گر نگشتی نقش پرّ او عیان این همه غوغا نبودی در جهان
این همه آثار صنع[7] از فرّ اوست جمله انمودار[8] نقش پرّ اوست
چون نه سر پیداست وصفش را نه‌بن نیست لایق بیش ازین گفتن سخن
هرك اکنون از شما مرد رهید سر براه آرید و پا[9] اندر نهید

☆☆☆

جملهٔ مرغان شدند آنجایگاه بی قرار از عزّت آن پادشاه
شوق او در جان ایشان کار کرد هر یکی بی صبری بسیار کرد

---

۱ - در ، داریم و. ۲ - پ، یابم ۳ - در، نمی‌آید. پ ، کجا . ۴ - پ ، نشاندن. ۵ - در نسخهٔ در ، بیت زیر اضافه است :

گر کنی جانی نثار دلنواز صد هزاران جانت آید پیش باز

۶ - در ، جان بی جانان ندارد . مج ، پ، جان بی‌جانان . ۷ - پ ، وضع . ۸ - در ، بنمودار . مج ، جمله از آثار نقش فراوست . پ ، جملهٔ جانها زنقش ۹ - ق ۲ ، مج ، یا .

عزم ره کردند و در پیش آمدند　　عاشق او دشمن خویش آمدند
لیك چون ره[1] بس دراز و دور بود　　هر کسی از رفتنش رنجور بود
گرچه ره را بود هریك کارساز　　هریکی[2] عذری دگر گفتند باز

حکایت بلبل

بلبل شیدا درآمد مست مست　　وز کمال[3] عشق نه نیست‌و نه هست
معنیی در هر[4] هزار آواز داشت　　زیر هر معنی جهانی راز داشت[5]
شد در اسرار معانی نعره[6] زن　　کرد مرغانرا زفان بند از سخن
گفت برمن ختم شد اسرار عشق　　جملهٔ شب می کنم تکرار عشق
نیست چون داود یك افتاده کار　　تا زبور عشق خوانم[7] زار زار
زاری اندر نی ز گفتار منست　　زیر چنگ از نالهٔ زار من است
گلستانها پر خروش از من بود　　در دل عشاق جوش از من بود
باز گویم هرزمان رازی دگر　　در دهم هرساعت آوازی دگر
عشق چون برجان من زور آورد　　همچو دریا جان من شور آورد
هرك شور[8] من بدید از دست شد　　گرچه بس هشیار آمد مست شد
چون نبینم محرمی سالی دراز　　تن زنم ، باکس نگویم هیچ راز
چون کند معشوق من در نوبهار　　مشك بوی خویش بر گیتی نثار
من بپردازم[9] خوشی با او دلم　　حل کنم بر طلعت او مشکلم
باز معشوقم چو ناپیدا شود　　بلبل شوریده کم گویا شود
زانك رازم در نیابد هریکی[10]　　راز بلبل گل بداند بی شکی

۱ - در ، پ ، راهی دراز و ۲ - در ، کسی . ۳ - مج ، و زبلای عشق نه‌پیدا نه هست.
۴ - مج ، در زیر سر آواز داد ۵ - مج ، داد . ۶ - در ، راه زن . ۷ - مج ، گویم ۸ - مج، سوز . ۹ - مج ، می‌بپردازد . ۱۰ - پ ، بریکی .

۴۳ حکایت بلبل

من چنان در عشق گل[۱] مستغرقم　　کز وجود خویش محو مطلقم
در سرم از عشق گل سودا بس است　　زانك مطلوبم گل رعنا بس است
طاقت سیمرغ نارد[۲] بلبلی　　بلبلی را بس بود عشق گلی
چون بود صد برگ دلدار مرا　　کی بود بی برگیی کار مرا
گل که حالی بشکفد چون دلکشی　　از همه در روی من خندد خوشی
چون ز زیر پرده گل حاضر شود　　خنده بر روی منش ظاهر شود
کی تواند بود بلبل یك شبی　　خالی از عشق چنان[۳] خندان لبی

✩✩✩

هدهدش گفت ای بصورت مانده باز　　بیش از این در عشق رعنایی مناز
عشق روی گل بسی خارت نهاد　　کارگر شد بر تو و کارت نهاد
گل اگرچه هست بس[۴] صاحب جمال　　حسن او در هفتهٔ گیرد زوال
عشق[۵] چیزی کان زوال آرد پدید　　کاملان را آن[۶] ملال آرد پدید
خندهٔ گل گرچه درکارت[۷] کشد　　روز و شب در نالهٔ زارت کشد
درگذر از گل که گل هر نوبهار　　بر تو می‌خندد نه در تو، شرم دار

حکایت

شهریاری دختری چون ماه داشت　　عالمی پُر عاشق و گمراه[۸] داشت
فتنه را بیدار یی پیوست بود　　زانك چشم نیم خوابش مست بود
عارض از کافور و زلف ازمشك داشت　　لعل سیراب از لبش لب خشك داشت
گر جمالش ذرّهٔ پیدا شدی　　عقل از لایعقلی رسوا شدی
گر شکر طعم لبش بشناختی　　از خجل بفسردی و بگداختی

---

۱ - مج ، او　۲ - در ، یارد .　۳ - مج ، جهان شیرین .　۴ - مج ، او .　۵ - مج ، نقش
۶ - مج ، صد ملال . پ ، زان .　۷ - مج ، خسارت .　۸ - پ ، عاشق دلخواه .

از قضا می رفت درویشی اسیر   چشم افتادش بر آن ماه[۱] منیر
گردهٔ در دست داشت آن بی نوا   نان آوان[۲] مانده بد برنانوا
چشم او چون بررخ آن مه فتاد   گرده از دستش شد و در ره فتاد
دختر از پیشش چو آتش بر گذشت   خوش‌دروخندیدخوش خوش بر گذشت
آن گدا پس[۳] خندهٔ او چون بدید   خویش را برخاك غرق خون بدید
نیم نان[۴] داشت آن گدا و نیم جان[۵]   زان دونیمه پاك شد در یك زمان
نه قرارش بود شب نه روز هم   دم نزد از گریه و از سوز هم
یاد کردی خندهٔ آن شهریار   گریه افتادی برو چون ابر زار
هفت[۶] سال القصه بس آشفته بود   باسگان[۷] کوی دختر خفته بود
خادمان دختر و خدمت گران   جمله گشتند ای عجب واقف بر آن
عزم کردند آن جفا کاران بجمع   تا ببرّند آن گدا را سر چو شمع
در نهان دختر گدارا خواند و گفت   چون تویی‌را چون منی کی‌بودجفت
قصد تو دارند، بگریزو[۸] برو   بردرم منشین، برخیزو[۹] برو
آن گدا گفتا که من آن روز دست   شسته ام از جان که گشتم ازتو مست
صد هزاران جان چون من بی‌قرار   باد برروی تو هر ساعت نثار
چون مرا خواهند کشتن ناصواب   یك سؤالم را بلطفی ده جواب
چون مرا سر می‌بریدی رایگان   از چه خندیدی تو در من آن زمان
گفت چون می دیدمت ای[۱۰] بی هنر   برتو می‌خندیدم[۱۱] آن ای بی خبر
برسرو روی[۱۲] تو خندیدن رواست   لیك در روی تو خندیدن[۱۳] خطاست

---

۱ - در، بدر. ۲ - پ، وامانده. ۳ - در، چون خندهٔ شهزاده دید مج، آن گدارا. پ آن‌گدای خنده. ۴ - مج، نیم نانی داشت مردی نیم جان. ۵ - پ، گدای نیم جان. ۶ - مج هفته‌ای. ۷ - در، پ، با سگان در کوی. ۸ - در، بر خیز. ۹ - در، بگریز. پ، منشین تو برخیز. ۱۰ - در، مج، پ، بس بی‌هنر. ۱۱ - در، خندیده‌ام ای. مج، خندیدم از آن پ، می‌خندیدم زان. ۱۲ - پ، ریش. ۱۳ - مج، بگزیدن.

حکایت طوطی ۴۵

این بگفت و رفت از پیشش چو دود — هرچه بود اصلا همه آن[1] هیچ بود

حکایت طوطی

طوطی آمد با دهان پر شکر — در لباس فستقی با طوق زر
پشه[2] گشته با شهٔ از فرّ او — هر کجا سر سبزیی از پرّ او
در سخن گفتن شکر ریز آمده — در شکر خوردن پگه خیز آمده
گفت هرسنگین دل و هر هیچ کس — چون منی را آهنین[3] سازد قفس
من در این زندان آهن[4] مانده باز — ز آرزوی آب خضرم در گداز
خضر مرغانم از آنم[5] سبز پوش — بوك دانم کردن[6] آب خضر نوش
من نیارم در بر سیمرغ تاب — بس بود از چشمهٔ خضرم یك آب
سر[7] نهم در راه چون سودایی — می روم هرجای چون هر جایی
چون نشان یابم ز آب زندگی — سلطنت دستم دهد در بندگی

☆☆☆

هدهدش گفت ای ز دولت بی‌نشان — مرد نبود هرك نبود جان فشان
جان ز بهر این بکار آید ترا — تا دمی در خوردیار آید ترا
آب حیوان خواهی و جان دوستی — رو[8] که تو مغزی نداری پوستی
جان چه‌خواهی کرد، برجانان‌فشان[9] — در[10] ره‌جانان‌چومردان‌جان فشان[11]

الحکایه والتمثیل

بود آن دیوانهٔ عالی مقام — خضر با او گفت ای مرد تمام

---

۱ - در، خود . مج ، تو گویی . پ ، همه هیچی نبود . ۲ - مج ، پ، باشه گشته پشه‌ای .
- مج، اینچنین . ۴ - مج ، سفلی . ۵ - مج ، از آن شد . ۶ - در ، مج ، پ ، کرد. ۷و۸ -
 بیت در پ ، نیست. ۸ - مج ، تیره مغزا پای تا سرپوستی . ۹ - در ، نشار . ۱۰ - مج ،
ره مردان . ۱۱ - در ، بر آر .

رای آن داری که باشی یار من — گفت با تو بر نیاید کار من
زانك خوردی آب حیوان چند راه — تا بماند جان تو تا دیر گاه
من در آنم تا بگویم ترك جان — زانك بی جانان ندارم برگ آن[1]
چون[2] تو اندر حفظ جانی مانده — من بتو هرروز جان افشانده
بهتر[3] آن باشد که چون مرغان زدام — دور می باشیم از هم والسّلام

حکایت طاوس

بعد از آن طاوس آمد زرنگار — نقش[4] پرّش صد چه بل که صدهزار
چون عروسی جلوه کردن ساز کرد — هر پر او جلوهٔ آغاز کرد
گفت تا نقاش غیبم[5] نقش بست — چینیانرا[6] شد قلم انگشت دست[7]
گرچه من جبریل مرغانم ولیك — رفت برمن از قضا کاری نه نیك
یار شد بامن بیك جا مار زشت — تا بیفتادم[8] بخواری از بهشت
چون بدل کردند خلوت جای من — تخت بند پای[9] من شد پای من
عزم آن دارم کزین تاریك جای — رهبری باشد بخلدم رهنمای
من نه آن مردم[10] که در سلطان رسم — بس بود اینم که در دروان[11] رسم
کی بود سیمرغ را پروای من — بس بود فردوس عالی[12] جای من
من ندارم در جهان کاری دگر — تا بهشتم ره دهد باری دگر

☆☆☆

هدهدش[13] گفت‌ای‌زخود گم کرده‌راه — هر که خواهد خانهٔ[14] از پادشاه

---

۱ ـ در ، مج ، پ ، جان . ۲ ـ این بیت در نسخهٔ در ، نیست . ۳ ـ این بیت در مج ، نیست . ۴ ـ در ، نقش پر اوز صدیکصد . مج ، نقش هرپرش یکی درصد . پ ، نقش هرپرش‌چه صد بل صد هزار . ۵ ـ مج ، چینم . ۶ ـ پ ، جنیان را . ۷ ـ در ، قلم زانگشت و دست . مج ، قلم از دست دست . ۸ ـ مج ، برون ماندم . ۹ ـ مج ، جای من شد جای . ۱۰ ـ در، پ، مرغم. ۱۱ ـ در ، دوران . ۱۲ـ مج ، اعلی . ۱۳ـ جواب هدهد درنسخهٔ در ، نیست . ۱۴ـ مج، پ ، آن.

۴۷ الحکایه والتمثیل

گوی[1] نزدیکی او این زان به است   خانهٔ از حضرت سلطان به است

خانهٔ نفس است خلد پر هوس   خانهٔ دل مقصد[2] صدق است و بس

•حضرت حق هست دریای عظیم   قطرهٔ خردست جنات النعیم

قطره باشد هر که را دریا بود   هرچ جز دریا بود سودا بود

چون بدریا می توانی راه یافت   سوی یك شب‌نم چرا باید شتافت

هرك داند گفت با خورشید راز   کی تواند ماند از یك ذرّه باز

هرك کل شد جزو را با او چه کار   وانك جان شد عضو را با او چه کار

گر تو هستی مرد کلی، کل بین   کل‌طلب، کل‌باش، کل‌شو، کل گزین

الحکایه والتمثیل

کرد شاگردی سؤال از اوستاد   کز بهشت آدم چرا بیرون فتاد

گفت بود آدم همی عالی گهر   چون بفردوسی فرو آورد سر

هاتفی برداشت آوازی بلند   کای[3] بهشتت کرده از صدگونه بند

هرك درهردو جهان بیرون[4] ما   سر فرو آرد بچیزی دون ما

ما زوال آریم بروی هرچ هست   زانك نتوان زد بغیر دوست دست

جای[5] باشد پیش جانان صد هزار   جای[6] بی‌جانان کجا[7] آید بکار

هرك جز جانان بچیزی زنده شد   گر همه آدم بود افکنده شد

اهل جنّت را چنین آمد خبر   کاولین چیزی دهند[8] آنجا جگر

اهل[9] جنّت چون نباشد اهل راز   زان جگر خوردن ز سر گیرند[10] باز

---

۱ - مج ، پ، گو بیا نزدیك او. ۲ - مج ، منزل . در ، مقعد. ۳ - در ، تابکی مانی در این بندو کرند . ۴ - در ، زما . ۵ - مج ، پ ، جان چه باشد . ۶ - مج ، پ ، جان. ۷ - مج، کرا . ۸ - مج ، رسد . ۹ - این بیت در مج ، نیست . ۱۰ - در ، کردند .

حکایت بط

بط بصد پاکی برون آمد ز آب ‌‌ ‌ در میان جمع باخیر الثیاب
گفت در هردو جهان ندهد خبر ‌ ‌ کس ز من یك پاك رو ترپاك تر
کرده ام هرلحظه غسلی بر صواب ‌ ‌ پس سجاده باز افکنده[1] بر آب
همچو من بر آب چون استد[2] یکی ‌ ‌ نیست باقی در کراماتم شکی
زاهد مرغان منم با رای پاك ‌ ‌ دایمم هم جامه و هم جای پاك
من نیابم[3] در جهان بی آب سود ‌ ‌ زانك زاد و بود[4] من در آن بود
گرچ در دل عالمی غم داشتم[5] ‌ ‌ شستم از دل کاب همدم داشتم[6]
آب در جوی منست اینجا مدام ‌ ‌ من بخشکی چون توانم یافت‌کام
چون مرا با آب افتادست کار ‌ ‌ از میان آب چون گیرم کنار
زنده از آبست دایم هرچ هست ‌ ‌ این چنین از آب نتوان شُست دست
من ره وادی کجا دانم برید ‌ ‌ زانك با سیمرغ نتوانم پرید[7]
آنك باشد قلّهٔ آبش تمام ‌ ‌ کی تواند یافت از سیمرغ کام

✩✩✩

هدهدش گفت ای بآبی خوش شده ‌ ‌ گرد جانت آب چون آتش شده
در میان آب خوش خوابت ببرد ‌ ‌ قطرهٔ آب آمد و آبت ببرد
آب هست از بهر هر ناشسته روی ‌ ‌ گر تو بس نا شسته رویی آب جوی
چند باشد همچو[8] آب روشنت ‌ ‌ روی هر ناشسته رویی دیدنت

---

۱ - در ، مج ، پ ، افکندم . ۲ - در ، باشد . ۳ - مج ، پ ، نیارم . ۴ - در ، بوم .
۵ و ۶ - در، داشتیم . ۷ - در ، مج ، رسید . ۸ - مج ، گرد آن گردیدنت .

الحکایه و التمثیل

کرد از دیوانهٔ مردی سؤال — کین دوعالم‌چیست باچندین خیال[1]
گفت کین هردو جهان بالاو پست — قطرهٔ آبست نه نیست و نه هست
گشت از اول قطرهٔ آب آشکار — قطرهٔ آبست با چندین نگار
هر نگاری کان بود بر روی آب — گر همه ز آهن بود گردد خراب
هیچ[2] چیزی نیست ز آهن سخت تر — هم بنا بر آب دارد در نگر
هرچ[3] را بنیاد بر آبی بود — گر همه آتش[4] بود خوابی بود
کس ندیدست آب هر گز پایدار — کی بود بی آب بنیاد استوار

داستان کبک

کبک بس خرم خرامان در رسید — سر کش و[5] سرمست ازکان در رسید
سرخ منقار وشی[6] پوش آمده — خون او از دیده در جوش آمده
گاه می بُرید[7] بی تیغی کمر — گاه می گنجید[8] پیش تیغ در
گفت من پیوسته درکان گشته ام — برسر گوهر فراوان[9] گشته ام
بوده ام[10] پیوسته با تیغ و کمر — تا توانم بود سرهنگ گهر
عشق گوهر آتشی زد در دلم — بس بود این آتش خوش حاصلم
تفت[11] این آتش چو سر بیرون کند — سنگ ریزه در درونم خون کند
آتشی دیدی که چون تأثیر کرد — سنگ را خون کردو بی تأخیر کرد
در میان سنگ و آتش مانده ام — هم معطل هم مشوش مانده ام

۱ - مج ، کمال . ۲ - این بیت در مج نیست . ۳ - مج ، مرد را . ۴ - پ ، زآهن‌بود.
۵ - مج ، سرخوش . ۶ - پ ، شفق . ۷ - مج ، می‌برید برکوه و کمر . پ ، می‌پرید بـرتیغ و کمر . ۸ - مج ، پ ، می پیچد پیش تیغ سر. ۹ - ق ۲ ، فروشان . ۱۰ - این بیت در پ ، نیست. ۱۱ - پ ، تف . این مصرع درمج ، باینصورت است ؛ آتش جانم چوسر بیرون کند.

سنگ ریزه می‌خورم در تفت و[1] تاب — دل پر آتش می کنم بر سنگ خواب
چشم بگشایید ای اصحاب من — بنگرید آخر بخورد و خواب من
آنك برسنگی بخفت و سنگ خورد — باچنین کس از چه باید جنگ کرد
دل[2] در این سختی بصد اندوه خست — زانك عشق گوهرم بر کوه[3] بست
هرك چیزی دوست گیرد جز گهر — ملکت[4] آن چیز باشد بر گذر
ملك[5] گوهر جاودان دارد نظام — جان او با کوه[6] پیوسته مدام
من[7] عیار کوهم و مرد گهر — نیستم یك لحظه با تیغ و کمر
چون[8] بود در تیغ گوهر بردوام — زان گهر در تیغ می جویم مدام
نه چو گوهر هیچ گوهر یافتم — نه ز گوهر گوهری تر یافتم
چون ره سیمرغ راه مشکل است — پای من در سنگ گوهر در گلست
من بسیمرغ قوی دل کی رسم — دست برسر پای در گل کی رسم
همچو آتش برنتابم سوز[9] سنگ — یا بمیرم یا گهر آرم بچنگ
گوهرم باید که گردد آشکار — مرد بی گوهر کجا آید بکار

☆☆☆

هدهدش گفت ای چو گوهر جمله رنگ — چند لنگی[10] چندم آری عذر لنگ
پا و منقار تو پر خون جگر — تو بسنگی باز مانده بی گهر
اصل گوهر چیست سنگی کرده رنگ — تو چنین آهن دل از سودای سنگ
گر نماند رنگ او سنگی بود — هست بی‌سنگ آنك در رنگی بود
هرك را بوییست او رنگی نخواست — زانك مرد گوهری سنگی نخواست

---

۱ - مج ، پ ، تف . ۲ - مج ، دل بصد سختی واین اندوه بست . ۳ - مج ، برسنگ .
۴ - در ، مملکت. مج ، عاقبت. ۵ - مج ، بلکه. ۶ - پ، بی‌کوه. ۷ - این بیت درمج نیست.
۸ - این بیت در مج ، نیست . ۹ - در ، مج ، پ ، سر . ۱۰ - مج ، گوئی .

حکایت

هیچ گوهر را نبود آن سروری — کان سلیمان داشت در انگشتری
زان نگینش بود چندان نام و بانگ — وآن‌نگین خود بود سنگی نیم‌دانگ
چون[1] سلیمان کرد آن گوهر نگین — زیر حکمش شد همه روی زمین
چون سلیمان ملك خود چندان بدید — جملهٔ آفاق در فرمان بدید[2]
گرچه شادروان چل فرسنگ داشت — هم بنا بر نیم دانگ سنگ داشت
گفت چون این مملکت‌وین کاروبار — زین قدر سنگ است دایم پای دار
من نمی خواهم که در دنیا و دین — باز ماند کس بملکی هم چنین
پادشاها من بچشم اعتبار — آفت این ملك[3] دیدم آشکار
هست آن در جنب عقبی مختصر — بعد ازین کس را مده هر گزد گر
من ندارم با سپاه و ملك كار — می کنم زنبیل بافی[4] اختیار
گرچه[5] زان گوهر سلیمان شاه شد — آن گهر بودش که بند راه شد
زان[6] بپانصد سال بعد از انبیا — با بهشت عدن گردد آشنا
آن گهر چون با سلیمان این کند — کی چو تو سر گشته را تمکین کند
چون گهرسنگیست‌چندین کان[7] مکن — جز برای روی جانان جان مکن
دل ز گوهر بر کن ای گوهر طلب — جوهری را باش دایم در طلب

داستان همای

پیش جمع آمد همای سایه بخش — خسروانرا ظل او سرمایه بخش
زان همای بس همایون آمد او[8] — کز همه در همت افزون آمد او[9]

---

۱ - این بیت در نسخهٔ در ، نیست . ۲ - در ، مج ، پ ، این بیت اضافه است :
بود چل فرسنگ شادروان او — باد می‌بردیش در فرمان او
۳ - در ، این علم . ۴ - پ ، باقی . مج، کرده‌ام زنبیل بافی . ۵ - این بیت در مج، نیست .
۶ - در پ ، این بیت نیست . ۷ - مج ، جان . ۸ و ۹ - پ ، مج، آمده .

گفت ای پـرّنـدگـان بحر و بـر ‌‌ ‌ من نیم مرغـی چو مرغـان دگـر
همـت عـالـیـم در کار آمـدست ‌ ‌ عزلت از خلقم پـدیـدار آمـدست
نفس سـگ را خـوار دارم لاجـرم ‌ ‌ عزت از من یـافت افریدون و جم
پادشاهـان سایـه پـرورد من انـد ‌ ‌ بس گدای طبع[1] نی مرد من انـد
نفس سگ را استخوانـی مـی دهـم ‌ ‌ روح را زین سگ امـانی مـی‌دهم
نفس را چـون استخوان دادم مـدام ‌ ‌ جان من زان یـافت این عـالی مقام
آنك شـه خـیـزد ز ظـلّ پـرّ او ‌ ‌ چون تـوان پیچید سـر از فـرّ او
جملـه را در[2] پـرّ او بـایـد نشست ‌ ‌ تـا زظـلّـش ذرّهٔ آیـد بـدسـت
کـی شود سیمرغ سر کش یـار من ‌ ‌ بس بـود خسرو نشانـی کار مـن

☆☆☆

هدهدش گفت ای غرورت کرده بند ‌ ‌ سایه درچین، بیش‌ازاین برخودمخند
نیستت خسرو نشانـی این[3] زمـان ‌ ‌ همچو سگ با استخوانی این زمـان
خسـروانـرا کاشـکـی ننشـانیـی ‌ ‌ خویش را از استخوان بـرهـانیـی
من گرفتم خود کـه شاهـان جهان ‌ ‌ جمله از ظلّ تو خیزنـد این زمـان
لـیـك فـردا در بـلا عـمـر دراز ‌ ‌ جملـه از شاهی خـود مـانند بـاز
سایهٔ تو گر نـدیـدی[4] شـهـریـار ‌ ‌ در بـلا کـی مـانـدی روز شـمـار

الحکایه والتمثیل

پاك رایـی[5] بـود بـر راه صـواب ‌ ‌ یك شبی محمود را دیـد او بـخواب
گفت ای سلطـان نیکـو روزگـار ‌ ‌ حـال[6] تـو چونست در دارالقـرار
گفت تن زن خون جان من مریـز ‌ ‌ دم‌مزن چه جای سلطانست[7] خـیـز

۱ - در ، هرگدائی طبع نامرد . مج ، هرگدا طبعی کجا . پ ، هرگدای طبع نه‌مرد .
۲ - مج ، زیر پرش . ۳ - در ، نیست یك خسرو نشانی آن . ۴ - در ، مج ، بدیدی . ۵ - در، دینی . ۶ - در ، جای . ۷ - مج ، پ ، سلطانیست .

بود سلطانیم پندار و غلط / سلطنت کی زیبد[1] ازمشتی سقط
حق که سلطان جهاندار آمدست / سلطنت او را سزاوار آمدست
چون بدیدم عجز و حیرانی خویش / ننگ[2] می دارم ز سلطانی خویش
گر تو خوانی ، جز پریشانم مخوان / اوست سلطانم تو سلطانم[3] مخوان
سلطنت اوراست و من بر سودمی / گر بدنیا در گدایی بودمی
کاشکی صد چاه بودی جاه نی / خاشه روبی[4] بودمی و شاه نی
نیست این دم هیچ بیرون‌شو مرا / باز می خواهند یك یك جومرا
خشك بادا بال و پرّ آن همای / کو مرا در سایهٔ خود داد جای

حکایت باز

باز پیش جمع آمد سر فراز / کرد از سر معالی[5] پرده باز
سینه میکرد از سپه داری خویش / لاف میزد از کله داری خویش
گفت[6] من از شوق دست شهریار / چشم بر بستم ز خلق روزگار
چشم از آن بگرفته ام زیر کلاه / تا رسد پایم[7] بدست پادشاه
در ادب خود را بسی پرورده‌ام / همچو مرتاضان ریاضت کرده ام
تا اگر روزی بر شاهم برند / از رسوم خدمت آگاهم برند
من کجا[8] سیمرغ را بینم بخواب / چون کنم بیهوده روی او شتاب
زقّهٔ[9] از دست شاهم بس بود / در جهان این پایگاهم[10] بس بود
چون ندارم ره روی را پایگاه / سر فرازی میکنم بر دست شاه
من[11] اگر شایستهٔ سلطان شوم[12] / به که در وادی بی پایان شوم[13]

۱ ـ مج ، پ ، خیزد . ۲ ـ مج ، شرم . ۳ ـ در ، مج ، سلطان نیز سلطانم . ۴ ـ پ، خوشه‌چینی . ۵ ـ در ، مج ، پ ، معانی . ۶ ـ این بیت در مج ، نیست . ۷ ـ مج. تاکه ره یابم. ۸ ـ پ ، از کجا . ۹ ـ مج ، رقعه‌ای . پ، رزقه‌ای. ۱۰ ـ پ ، بارگاهم. ۱۱ ـ در ، پ، هرکه او. ۱۲ و ۱۳ ـ در ، پ ، بود .

روی آن دارم[1] که من برروی[2] شاه   عمر بگذارم خوشی اینجایگاه
گاه شه را انتظاری می کنم   گاه در شوقش شکاری می کنم

☆☆☆

هدهدش گفت ای بصورت مانده باز[3]   از صفت دور و بصورت مانده باز
شاه را در ملك اگر همتا بود   پادشاهی کی برو زیبا بود
سلطنت را نیست چون سیمرغ کس   زانك بی همتا بشاهی اوست و بس
شاه نبود آنك در هر کشوری   سازد او از خود ز بی مغزی سری[4]
شاه آن باشد که همتا نبودش   جز وفا و جز مدارا نبودش
شاه دنیا گر وفاداری کند   یك زمان دیگر گرفتاری[5] کند
هرك باشد پیش او نزدیك تر   کار او بی شك بود تاریك تر
دایما از شاه باشد بر حذر   جان او پیوسته باشد پر خطر
شاه دنیا فی‌المثل چون آتش است   دورباش ازوی که‌دوری زوخوش‌است
زان بود در پیش شاهان دور باش   کی شده نزدیك[6] شاهان دور باش

الحکایه والتمثیل

پادشاهی بود بس عالی گهر   گشت عاشق بر غلام سیم بر
شد چنان عاشق که بی‌آن بت دمی   نه نشستی و نه آسودی دمی[7]
از غلامانش برتبت[8] بیش داشت   دایما در پیش چشم خویش داشت
شاه چون در قصر تیر انداختی   آن غلام از بیم او[9] بگداختی
زانك از سیبی هدف کردی مدام   پس نهادی سیب بر فرق غلام

---

۱ - مج ، پ ، دارد . ۲ - مج ، پیش . ۳ - در ، مج ، پ ، گرفتارمجاز. ۴ - مج ، بر نهد از خود بسر بر افسری . ۵ - پ ، جفا کاری . ۶ - پ ، در پیش . ۷ - در، مج ، پ ، همی . ۸ - مج ، پ . بزینت . ۹ - مج، شه .

۵۵ حکایت بوتیمار

سیب را بشکافتی حالی بتیر ❊ وآن غلام از بیم گشتی چون زریر
زو مگر پرسید مردی بی[1] خبر ❊ کز چه شد گلگونهٔ رویت چو زر
این همه حرمت که پیش شه تراست ❊ شرح ده کین زرد رویت از چه‌خاست[2]
گفت برسر می نهد سیبی مرا ❊ گر رسد از تیرش آسیبی مرا
گوید انگارم غلامی خود نبود ❊ در سپاهم ناتمامی خود نبود
ور چنان باشد که آید تیر راست ❊ جمله گویندش ز بخت پادشاست
من میان این دوغم در پیچ پیچ ❊ برچه ام جان پرخطر، بر هیچ هیچ

حکایت بوتیمار

پس در آمد زود بوتیمار پیش ❊ گفت ای مرغان من و تیمار خویش
برلب دریاست خوشتر جای من ❊ نشنود هرگز کسی آوای من
از کم آزاری من هرگز دمی ❊ کس نیازارد ز من در عالمی
برلب دریا نشینم دردمند ❊ دایما اندوهگین و مستمند
ز آرزوی آب دل پر خون کنم ❊ چون دریغ آید، نجوشم[3] چون کنم
چون نیم من اهل دریا ، ای عجب ❊ بر لب دریا بمیرم[4] خشك لب
گرچه دریا می زند صد گونه جوش ❊ من نیارم کرد ازو یك قطره نوش
گر ز دریا کم شود یك قطره آب ❊ ز آتش غیرت دلم گردد کباب
چون منی را عشق دریا بس بود ❊ در سرم این شیوه سودا بس بود
جز غم دریا نخواهم[5] این زمان ❊ تاب سیمرغم نباشد الامان
آنك او را قطرهٔ آبست اصل ❊ کی تواند یافت از سیمرغ وصل

---

۱ - در، با . ۲ - مج ، پ ، چراست . ۳ - در ، مج ، پ ، بخویشم . ۴ - مج ، نشینم.
۵ - مج ، ندارم .

☆☆☆

هدهدش گفت ای ز دریا بی‌خبر هست دریا پر نهنگ و جانور
گاه تلخست آب او را گاه شور گاه آرامست او را گاه زور
منقلب[1] چیزست و ناپاینده هم گه شونده[2] گاه باز آینده هم
بس بزرگانرا که کشتی کرد خرد بس که در گرداب او افتاد و مرد[3]
هرك چون غواص ره دارد درو از غم جان دم نگه دارد درو
ور زند در قعر دریا دم کسی مرده از بن با سر افتد چون خسی
از چنین کس کو[4] وفاداری نداشت هیچ کس اومید دلداری نداشت
گر تو از دریا نیایی با کنار غرقه گرداند ترا پایان کار
می زند او خود ز شوق دوست جوش گاه‌درموج استو گاهی درخروش
او چو خود را می‌نیابد کام دل تو نیابی هم ازو آرام دل
هست دریا چشمهٔ از کوی او تو چرا قانع شدی بی روی او

الحکایه والتمثیل

دیده ور مردی بدریا شد فرود گفت ای دریا چرا داری[5] کبود
جامهٔ ماتم چرا پوشیدهٔ نیست هیچ آتش ، چرا جوشیدهٔ
داد دریا آن نکو دل را جواب کز فراق دوست دارم اضطراب[6]
چون ز نامردی نیم من مرد او جامه نیلی کرده ام از درد او
خشك لب بنشسته ام مدهوش من زآتش عشق آب[7] من شد جوش زن
گر بیابم قطرهٔ از کوثرش زندهٔ جاوید گردم بر درش
ورنه چون من صدهزاران خشك لب می بمیرد در ره او روزو شب

---

۱ ـ این بیت در مج ، نیست . ۲ ـ پ ، رونده . ۳ ـ در ، مج ، بمرد . ۴ ـ مج ، گر.
۵ ـ مج ، هستی . ۶ ـ مج ، با دلی پرشور وجان با اضطراب . ۷ ـ در ، آب دیده جوش . مج ، زآتش من عشق من شد . پ ، زآتش عشقش شده درجوش من .

حکایت کوف

کـوف آمـد پیش چـون دیوانـهٔ		گفت مـن بـگزیـده ام ویـرانـهٔ
عاجزی‌ام[1] در خـرابـی زاده مـن		در خرابی مـی روم بی بـاده مـن
گرچه معموری بسی[2] خوش یافتم		هـم مخـالف هـم مشوش یـافتـم
هـرك در جمعیتی خـواهـد نشست		در خرابی بـایدش رفتن چـو مست
در[3] خرابی جای مـی سازم برنـج		زانك باشد در خرابی جای گنج
عشق گنجم در خـرابـی ره نمـود		سوی گنجم جز خرابی ره نبـود
دور بردم[4] از همه کس رنج خویش		بوك یـابم بی طلسمی گنج خویش
گـر فرو رفتی بـگنجی پـای مـن		بـاز رستی ایـن دل خـودرای[5] من
عشق بر سیمـرغ جز افسانـه نیست		زانك عشقش کار هر مردانه نیست[6]
مـن[7] نیم در عشـق او مـردانـهٔ		عـشق گنجم بایـد و ویـرانـهٔ

☆☆☆

هدهدش گفت ای زعشق گنج مست		من گرفتم کامدت گنجی[8] بـدست
برسر آن گنج خود را مـرده گیر		عـمـر رفته ره بسر نـابـرده گـیر
عشق گنج و عشق زر[9] از کافریست		هـرك از زر بت کند او آزریـسـت
زر پـرستیـدن بـود از کـافـری		نیـسـتـی آخـر ز قـوم سامـری
هر دلی کز عشق زر گـیرد خلـل		در قیـامت صـورتش گـردد بـدل

الحکایه والتمثیل

حقـهٔ زر داشت مـردی بـی خـبر		چون بمرد و زو بمـانـد آن حقه‌زر

---

۱ ـ پ ، عاجزم من . ۲ ـ در ، مج ، پ ، صد معموری . ۳ ـ این بیت درمج ، نیست. ۴ ـ مج ، بودم . پ ، دارم . ۵ ـ پ ، شیدای . ۶ ـ مج ، پ ، دیوانه نیست . ۷ ـ این بیت در مج ، نیست . ۸ ـ در ، چیزی . ۹ ـ مح ، تو .

بعد سالی دید فرزندش بخواب — صورتش چون موش و دو چشمش[1] پر آب
پس در آن موضع که زر بنهاده بود — موشی اندر[2] گرد آن می گشت زود
گفت فرزندش کزو کردم سؤال — کز چه اینجا آمدی بر گوی حال
گفت زر بنهاده ام اینجا یگاه — من ندانم تا بدو کس یافت[3] راه
گفت آخر صورت موشت چراست — گفت هر دل را که مهر زر نخاست[4]
صورتش اینست و در من می نگر — پند گیر و زر بیفکن ای پسر

حکایت صعوه

صعوه آمد دل ضعیف و تن نزار — پای تا سر همچو آتش بی‌قرار
گفت من حیران و فرتوت آمدم — بی دل و بی قوت و قوت آمدم
همچو موسی[5] بازو و زوریم نیست — وز ضعیفی قوت موریم نیست
من نه پردارم نه پا نه هیچ نیز — کی رسم در گرد سیمرغ عزیز
پیش او این مرغ عاجز کی رسد — صعوه در سیمرغ هرگز کی رسد
در جهان او را طلب کاران بسیست — وصل او کی لایق چون من کسیست
در وصال او چو نتوانم رسید — بر محالی راه نتوانم برید
گر نهم رویی بسوی[6] درگهش — یا بمیرم یا بسوزم در رهش
چون نیم من مرد او، اینجایگاه — یوسف خود باز می‌جویم ز چاه
یوسفی گم کرده ام در چاهسار — باز یابم آخرش در روزگار
گر بیابم یوسف خود را ز چاه — بر پرم با او من از ماهی بماه

---

۱ - در، موش بد چشمش. مج، موم و چشمش پر ز آب. ۲ - مج، همچو شمعی. در، پ، همچو موشی. ۳ - مج، برد. ۴ - در مج، بیت زیر اضافه است:

حشر او برصورت موشی بود — هرزمان از حیرتش جوشی بود

۵ - در، موری. مج، چون سلیمان. پ، موئی. ۶ - در، پ، من روی سوی.

حکایت صعوه ۵۹

☆☆☆

هدهدش گفت ای زشنگی و[1] خوشی[2]   کرده در افتادگی صد سرکشی
جمله[3] سالوسی تو من این کی خرم   نیست این سالوسی تو در خورم[4]
پای در ره نه ، مزن دم ، لب بدوز[5]   گر بسوزند این همه تو هم بسوز
گر تو یعقوبی بمعنی فی‌المثل   یوسفت ندهند کمتر کن حیل
می فروزد آتش غیرت مدام   عشق یوسف هست بر عالم حرام

الحکایه والتمثیل

چون جدا افتاد یوسف از پدر   گشت یعقوب از فراقش بی بصر
موج می‌زد بحر خون از دیدگانش[6]   نام یوسف مانده دایم در زفانش[7]
جبرئیل آمد که هرگز گرد گر[8]   برزفان تو کند یوسف گذر[9]
محو گردانیم نامت بعد ازین   از میان انبیا و مرسلین
چون درآمد امرش از حق آنزمان   گشت محوش نام یوسف از زفان
گرچه نام یوسفش بودی ندیم   نام او در جان خود گشتی[10] مقیم
دید یوسف را شبی در خواب پیش   خواست تااو را بخواند سوی خویش
یادش آمد آنچ[11] حق فرموده بود   تن زد آن سرگشتهٔ فرسوده زود
لکن از بی طاقتی از جان پاک   بر کشید آهی بغایت دردناک
چون زخواب خوش بجنبید اوزجای   جبرئیل آمد که می گوید خدای
گر نراندی نام یوسف بر زفان   لیك آهی بر کشیدی آن زمان

---

۱ ـ پ ، تنگی . ۲ ـ مج ، کشی . ۳ ـ پ ، حیله . ۴ ـ در، پ، هست این سالوسی و من کی‌خرم. ۵ ـ در ، پ ، دم مزن لب را بدوز. ۶ ـ مج ، پ ، در دیدگان. ۷ ـ مج ، پ ، برزبان. ۸ ـ مج ، پ ، که گر هرگز دگر. ۹ ـ در مج ، بیت زیر اضافه است :

خط کشم در نام تو یکبارگی   محو گردد کام تو یکبارگی

۱۰ ـ مج ، دل . پ ، خود گفتی . ۱۱ ـ مج ، پ ، آنکه .

در میان آه تو دانم که بود در حقیقت توبه بشکستی چه سود
عقل را زین کار سودا می کند عشق بازی بین که با ما می کند[1]

☆☆☆

بعد از آن مرغان دیگر سر بسر عذر ها گفتند مشتی بی خبر
هر یکی از جهل عذری نیز گفت گر[2] نگفت ازصدر کز دهلیز گفت
گر بگویم عذر یك یك با تو باز دار معذورم که می گردد دراز
هر کسی را بود عذری تنگ‌ولنگ[3] این چنین کس کی کند عنقابچنگ
هرك عنقا راست از جان خواستار چنگ[4] از جان باز دارد مرد وار
هر کرا در آشیان سی دانه نیست شاید از[5] سیمرغ اگر دیوانه نیست
چون نداری دانهٔ را حوصله چون تو با سیمرغ باشی هم چله
چون تهی کردی بیك می پهلوان دوستکانی چون خوری با پهلوان[6]
چون نداری ذرّهٔ را گُنج[7] و تاب چون توانی جست گنج از آفتاب[8]
چون شدی در قطرهٔ ناچیز وغرق چون روی از پای دریا تا بفرق
زآنچ[9] آن خودهست بویی‌نیست این کار هر ناشسته رویی نیست این

☆☆☆

جملهٔ مرغان چو بشنیدند حال سر بسر کردند از هُدهُد سؤال
کای سبق برده ز ما در ره بری ختم کرده بهتری[10] و مهتری
ما[11] همه مشتی ضعیف و ناتوان بی پر و بی بال و نه تن نه توان

---

۱ - در مج ، ابیات زیر اضافه است :

تا که بود آن پیر از آن پس برجهان نام یوسف می نراندی بر زبان
تا بدیدش نام او هرگز نبرد کار او را با خدای خود سپرد

۲ - در ، پ، مج ، کس. ۳ - مج، پ ، لنگ لنگ. ۴ - در ، دست. پ ، جنگ. ۵ - در ، او.
۶ - مج، دوستکان. ۷ - پ، پیچ. ۸ - مج، پ، یافت گنج آفتاب ۹ - این بیت درمج، نیست .
۱۰ - مج، سروری. ۱۱ - پ، پا.

پرسش مرغان ۶۱

کی رسیم آخر بسیمرغ رفیع … گر رسد از ما کسی، باشد بدیع
نسبت ما چیست با او[1] بازگوی … زانك نتوان شد بعمیا راز جوی
گر میان ما و او نسبت بدی … هریکی را سوی او رغبت بدی
او سلیمانست ما موری گدا … درنگر کو از کجا ما از کجا
کرده موری را میان[2] چاه بند … کی رسد در گرد سیمرغ بلند
خسروی کار گدایی کی بود … این ببازوی چو مائی کی بود

☆☆☆

هدهد آنگه گفت کای بی حاصلان … عشق کی نیکو بود از بد دلان
ای گدایان چند ازین بی‌حاصلی … راست ناید عاشقی و بد دلی
هرکرا در عشق چشمی باز شد … پای کوبان آمد و جان‌باز شد
تو بدان کانگه که سیمرغ از نقاب … آشکارا کرد رخ چون آفتاب
صد هزاران سایه بر خاك اوفکند … پس نظر بر سایهٔ پاك اوفکند
سایهٔ خود کرد بر عالم نثار … گشت چندین مرغ هردم آشکار
صورت مرغان عالم سربسر … سایهٔ اوست این بدان[3] ای بی‌هنر
این بدان چون این بدانستی نخست … سوی آن حضرت نسب کردی درست
حق[4] بدانستی ببین آنگه[5] بباش … چون بدانستی مکن این راز فاش
هرك او از کسب[6] مستغرق بود … حاش لله گر تو گویی حق بود
گر تو گشتی آنچ گفتم نه حقی … لیك[7] در حق دایما مستغرقی
مرد مستغرق حلولی کی بود … این سخن کار فضولی کی بود
چون بدانستی که ظلّ کیستی … فارغی گر مُردی و گر[8] زیستی

---

۱ - مج، پ، نسبت او چیست با ما. ۲ - پ درون. ۳ - مج، زمان. ۴ - در، مج، پ، چون. ۵ - مج، اندك. پ آگه. ۶ - در، مج، پ، گشت. ۷ - مج، دانکه. ۸ - مج، از مردن و خوش.

گر نگشتی هیچ سیمرغ آشکار — نیستی سیمرغ هرگز سایه دار
باز اگر سیمرغ می گشتی نهان — سایهٔ هرگز نماندی[1] در جهان
هرچ اینجا سایهٔ پیدا شود — اول آن چیز آشکار آنجا شود
دیدهٔ سیمرغ بین گر نیستت — دل چو آیینه منوّر نیستت
چون کسی را نیست چشم آن جمال — وز جمالش هست صبر لامحال[2]
با جمالش عشق نتوانست باخت — از کمال لطف خود آیینه ساخت
هست از[3] آیینه دل در دل نگر — تا ببینی روی او در دل نگر[4]

الحکایه والتمثیل

پادشاهی[5] بود بس صاحب جمال — در جهان حسن بی مثل و مثال
ملك عالم مصحف اسرار او — در نکویی آیتی دیدار او
می ندانم هیچ کس آن زهره یافت — کو تواند از جمالش بهره یافت
روی عالم پر شد از غوغای او — خلق را از حد بشد سودای او
گاه شبدیزی برون راندی بکوی — برقعی گلگون فرو هشتی بروی
هرك کردی سوی آن برقع نگاه — سر بریدندیش از تن بی گناه
وانك نام او براندی بر زفان — قطع کردندی زفانش در زمان
ور کسی اندیشه کردی زان وصال — عقل و جان برباد دادی زان محال[6]
روز بودی کز غم عشقش هزار — می بمردند اینت عشق و اینت کار
گر کسی دیدی جمالش آشکار — جان بدادی و بمردی زار زار

---

۱ - مج ، پ ، نبودی. ۲ - در، ما محال. مج ، صبر هست اما محال. پ، صبر ما مجال.
۳ - در، مج، پ، آن. ۴ - در، مگر. ۵ - این دو بیت در مج ، بصورت زیر است :
پادشاهی بود بس فرمانروا — بر همه عالم سراسر پادشا
صبح صادق لمعه‌ای از روی او — روح قدسی نفخه‌ای از بوی او
۶ - ق ۲ - مجال. پ. لامجال. و در مج پس از این بیت آمده است:
عشق او از حد گفتن بیش بود — در حجاب کبریای خویش بود

پاسخ هدهد ۶۳

مـردن از عشق رخ آن دل نـواز — بهتـر از صـد زنـد گـانـی دراز
نـه کسی را صبر بـودی زو دمـی — نـه کسی را تـاب او بودی همی
خلـق می‌بودنـد[1] دایـم زین طلب — صبر نـه بـا او و بـی‌او ای عجب
گر کسی را تـاب بـودی یك زمان — شاه روی خـویش بنمـودی عیـان
لیك چون کس تاب دید او نداشت — لـذّتـی جـز در شنید او نـداشت
چـون نیـامد هیچ خلقی مرد او — جملـه می مردنـد و دل پـر درد او
آینـه فـرمـود حـالـی پـادشاه — کانـدر آینه تـوان کردن نگـاه[2]
روی را[3] از آیـنـه مـی تـافتـی — هـر کس از رویش نشانـی یـافتـی
گر تـو می‌داری جمـال یـار دوست — دل بـدان[4] کاینـهٔ دیـدار اوست
دل بـدست آر و جمـال او ببین — آینه‌کـن جـان جـلال او ببـین
پـادشاه تست بـر قصر جـلال — قصر روشن زآفتـاب آن جمـال[5]
پـادشاه[6] خـویش را در دل ببـین — هـوش[7] را در ذرّهٔ حـاصل ببین
هـر لبـاسی کان بصحـرا آمدست — سایـهٔ سیمـرغ زیبـا آمدست
گـر تـرا سیمرغ بنمـاید جمـال — سایـه را سیمرغ بینی بـی خیـال
گرهمه چل مرغ و گر سی‌مرغ بود — هـرچ دیـدی سایـهٔ سیمرغ بـود
سایـه را سیمرغ چـون نبود جـدا — گر جـدایی گـویی آن نبـود روا
هر دو چون هستند بـاهم بـازجوی — در گـذر از سایـه وانـگـه رازجوی
چون تـو گم گشتی چنین در سایهٔ — کـی ز سیمرغت رسد[8] سرمـایـهٔ

---

۱ - در، مج ، پ ، می‌مردند. ۲ - در، مج، پ، ابیات زیر اضافه است:

شاه را قصری نکو بنگاشتند — وآینـه اندر برابر داشتند
بر سر آن قصر رفتی پادشاه — وانگهی در آینه‌کردی نگاه

۳ - در، مج، پ، او. ۴ - مج ، بدان نه. ۵ - در، سایه‌را سیمرغ بینی بی‌خیال . این بیت درمج ، نیست. ۶ - این بیت در مج ، نیست . ۷ - در، پ، عرش. ۸ - در، پ، بود.

۶۴ مقامات‌الطیور

گر[1] ترا پیدا شود یك فتح باب تو درون سایه[2] بینی آفتاب
سایه درخورشید گم بینی مدام خود همه خورشید بینی والسلام

الحکایه والتمثیل

گفت چون اسکندر آن‌صاحب قبول[3] خواستی جایی فرستادن رسول
چون رسول[4] آخر خودآن شاه‌جهان جامه پوشیدی و خود رفتی نهان
پس بگفتی آنچ کس نشنوده است[5] گفتی اسکندر چنین فرموده است[6]
در همه عالم نمی‌دانست کس کین رسول اسکندر است آنجا و بس[7]
هیچ کس چون چشم اسکندر نداشت گرچه گفت اسکندر[8] وباور نداشت
هست راهی سوی هر دل شاه را لیك ره نبود دل گم راه را
گر برون حجره شد[9] بیگانه بود غم مخورخوردی[10] درون هم‌خانه بود

الحکایه والتمثیل

چون ایاز از چشم بد رنجور شد عافیت از چشم سلطان[11] دور شد
ناتوان بر بستر زاری فتاد در بلا و رنج و بیماری فتاد
چون خبر آمد بمحمود از ایاس خادمی را خواند[12] شاه حق شناس
گفت می‌رو[13] تا بنزدیك ایاز پس بدو گوی ای ز شه افتاده باز
دور از روی تو زان دورم ز تو کز غم رنج تو رنجورم[14] ز تو
تا که رنجوری تو فکرت می کنم[15] تا تو رَنجوری ندانم یا منم
گر تنم دور اوفتاد از هم نفس جان مشتاقم بدو[16] نزدیك و بس

---

۱ - این‌بیت در پ، نیست. ۲ - مج، در آن آیینه. ۳ - پ ، اسکندر صاحب قبول. ۴ - مج، پ، رسولان. ۵ و ۶ - مج ، بود. ۷ - در، مج، پ، اسکندر رومست وبس. ۸ - در، مج، پ، اسکندرم. ۹ - پ ، شه. ۱۰ - در، مج ، پ، چون. ۱۱ - پ ، محمود. ۱۲ - مج، فرمود. ۱۳ - مج ، حالی. ۱۴ - در، مهجورم. ۱۵ - در، پ، همی فکرت کنم. ۱۶ - پ، بود.

۶۵ حکایت محمود و ایاز

ماندہ ام[1] مشتاق جانی از تو من — نیستم غایب زمانی از تو من
چشم بد بدکاری بسیار کرد — نازنینی را چو تو بیمار کرد
این بگفت و گفت در ره زود رو — همچو آتش آی و همچون دود رو
پس مکن در ره توقف زینهار — همچو آب از برق می‌رو برق‌وار[2]
گر کنی در راه یك ساعت درنگ — ما دو عالم بر تو گردانیم تنگ
خادم سرگشته در راه ایستاد[3] — تا بنزدیك ایاز آمد چو باد
دید سلطانرا نشسته پیش او — مضطرب شد عقل دوراندیش او
لرزه بر اندام خادم اوفتاد — گوییا در رنج دایم اوفتاد
گفت، با شه چون توان آویختن — این زمان خونم بخواهد ریختن
خورد **سوگندان‌که** در ره هیچ‌جای — نه باستادم نه بنشستم ز پای
من ندانم ذرّهٔ تا پادشاه — پیش از من چون رسید اینجایگاه
شه[4] اگر دارد اگر نه باورم — گر درین تقصیر کردم کافرم
شاه گفتش نیستی محرم درین — کی بری تو راه ای خادم درین
من رهی دزدیده دارم سوی او — زانك نشکیبم دمی بی روی او
هر[5] زمان زان ره بدو آیم نهان — تا خبر نبود کسی را در جهان
راه[6] دزدیده میان ما بسیست — رازها درضمن[7] جان ما بسیست
از برون گرچه[8] خبر خواهم ازو — در درون پرده آگاهم ازو
راز اگر می‌پوشم از بیرونیان[9] — در درون با اوست جانم درمیان

✿✿

چون همه مرغان شنودند این سخن — نیك پی بردند اسرار کهن

۱- پ، ای شده. ۲- پ، وبرق میرو رعدوار. مج، زود بازآنزد ماچون برق. ۳- در، مج، پ، اوفتاد. ۴ - این بیت در مج، نیست. ۵ و ۶ - این دو بیت در پ، نیست . ۷ - در، راز ما در صحن. ۸ - پ، من. ۹ - در، پ، پیر و جوان . مج، می‌گویم از بیرونیان.

جملـه بـا سیمرغ نسبت یـافتـند — لاجـرم در سیر رغبت یـافتـند
زیـن سخـن یکسر بره باز آمدند — جمله هم‌درد[1] و هم‌آواز آمـدنـد
زو بپـرسیدنـد کای استـاد کـار[2] — چون دهیم آخر درین ره داد کـار
زانـك نبـود در چنین عـالـی مقـام — از ضعیفان این روش هر گز[3] تمام

جواب هدهد

هـدهـد رهبر چنین گفت آن زمان — کانك عـاشق شد نـه انـدیشد ز جان
چون بترك جـان بگویـد عـاشقی — خـواه زاهـد بـاش خـواهـی فـاسقی
چون دل تـو دشمن جـان آمدست[4] — جـان برافشان ره بپـایـان آمدست[5]
سدّ ره جـانست ، جـان ایثـار کـن — پس بـرافکن دیـده و دیـدار کن
گر تـرا گویند از ایمـان بـرآی — ور خطاب آید ترا کز جان برآی
تو که باشی[6] ، این وآن را برفشان — ترك ایمان گیر و جان را بـرفشان
منکری گوید که[7] این بس منکرست — عشق گو از کفر و ایمان برترست
عشق[8] را بـا کفر و بـا ایمان چه کار — عاشقان را لحظۀ بـا جـان چه کار
عـاشق آتش بـر همه خرمن زنـد — ارّه بر فرقش نهند او تـن[9] زنـد
درد و خـون دل ببـایـد عشق را — قصـۀ مشکـل ببـایـد عشق را
ساقیـا خـون جگـر در جـام کـن — گـر نـداری درد از مـا وام کـن
عشـق را دردی ببـایـد پـرده سوز — گاه جانرا پـرده‌در گـه پرده دوز[10]
ذرّۀ عشق از همـه آفـاق بـه — ذرّۀ درد از همـه عشّاق بـه
عشق مغز کاینـات آمـد مـدام — لیك نبـود عشق[11] بـی دردی تمام

۱ ـ مج ، مرهم درد . ۲ ـ مج ، افتاده کار . ۳ ـ مج ، آخر . ۴ و ۵ ـ پ ، آیدت . ۶ ـ در، درزمان. مج، تو که ای. پ، تو هم این . ۷ ـ پ ، مج ، منکری گر گوید. ۸ ـ این بیت در مج ، نیست. ۹ ـ پ ، نهند و تن. ۱۰ ـ مج، جان غمگینش توانی دلفروز. ۱۱ ـ مج ، نیست درد عشق.

حکایت شیخ سمعان ۶۷

قدسیانرا[1] عشق هست و درد نیست — درد را جز آدمی درخورد نیست
هر کرا در عشق محکم شد قدم — درگذشت از کفر و از اسلام هم
عشق سوی فقر در بگشایدت — فقر سوی کفر ره بنمایدت[2]
چون ترا این کفر وین ایمان نماند — این تن تو گم شد و این جان نماند
بعد از آن مردی شوی این کار را — مرد باید این چنین اسرار را
پای درنه همچو مردان و مترس — درگذار از کفر و ایمان و مترس
چند ترسی، دست از طفلی بدار — باز شو چون شیرمردان پیش کار
گر ترا صد عقبه ناگاه اوفتد — باك نبود چون درین راه اوفتد

الحکایه والتمثیل

شیخ سمعان[3] پیر عهد خویش بود — در کمال از هرچ گویم بیش بود
شیخ بود او در حرم پنجاه سال — با مرید چارصد صاحب کمال[4]
هر مریدی کان او بود ای عجب — می نیاسود از ریاضت روز و شب[5]
هم عمل هم علم باهم یار[6] داشت — هم عیان کشف هم اسرار داشت
قرب پنجه حج بجای آورده بود — عمره عمری بود تا می کرده بود
خود صلوة وصوم بی‌حد داشت او[7] — هیچ سنت را فرو نگذاشت او[8]
پیش‌وایانی که در عشق[9] آمدند — پیش او از خویش بی خویش آمدند
موی می بشکافت مرد معنوی — در کرامات و مقامات قوی
هرك بیماری و سستی یافتی — از دم او تن‌درستی یافتی
خلق را فی‌الجمله در شادی و غم — مقتدایی بود در عالم علم

---

۱ - این بیت در پ ، نیست. ۲ - در مج ، بیت زیر اضافه است:
عشق را با کافری خویشی بود — کافری را مغز درویشی بود.
۳ - در ، مج ، پ، صنعان. ۴ - مج ، جمال . ۵ - مج ، نیاسودی زمانی از طلب . ۶ - در، یاد.
۷ - در، داشتی. ۸ - در، نگذاشتی. ۹ - در، مج ، پ ، پیش.

۶۸ مقامات‌الطیور

گرچـه خود را قدوهٔ اصحاب دید — چند شب برهم چنان[1] در خواب دید
کز حرم در رومش افتادی مقام — سجده می کـردی بتی را بـر دوام
چون بدید این خواب بیدارجهان — گفت دردا و دریـغـا ایـن زمـان
یوسف توفیق در چـاه اوفـتاد — عـقـبهٔ دشوار در راه اوفتاد
من نـدانم[2] تـا ازین غم جـان برم — ترك جـان گفتم اگر ایمان بـرم
نیست یك تن بـر هـمـه روی زمین — کـو نـدارد عـقـبهٔ در ره چنین
گـر کند آن عقبه قطع اینجایگاه — راه روشن گـرددش[3] تـا پیشگاه
ور بمـانـد در پس آن عقبه بـاز — در عـقـوبت ره شود بـر وی[4] دراز
آخـر از نـاگـاه پیر اوستـاد[5] — بـا مـریـدان گفت کارم اوفتاد
مـی ببـایـد رفت سوی روم زود — تـا شود تـدبیر[6] این معلوم زود
چـارصد مـرد مـرید معتبر — پس روی[7] کـردنـد بـا او در سفر
می‌شدنـد از کعـبه تـا اقصای روم — طوف می کردند سر تـا پـای روم
از قضا را بـود[8] عـالی منظری — بـر سر منظر نشسته دختری
دختـری تـرسا و روحـانی صفت — در ره روح‌الله‌اش صد معـرفت
بر سپـهر حسن در بـرج جمـال[9] — آفتـابی بـود امّـا بـی‌زوال
آفتاب از رشك عـکس روی او — زردتـر از عـاشقـان در کـوی او
هرك دل در زلف آن دلـدار بست — از خیـال زلف او ز نّار بست
هرك جان بـر لعل آن دلبـر نهاد — پـای در ره نانهـاده سر نهاد
چون[10] صبا از زلف او مشکین شدی — روم‌از آن‌مشکین[11] صفت‌پرچین شدی

---

۱ - در، شب را هم چنان. پ، چند شب او. ۲ - در، مج، پ، می‌ندانم. ۳ - در، گرددم.
۴ - در، برمن. ۵ - در، عاقب‌الامر آن بدانش. مج، آخرالامر آن بدانش. پ، یگانه اوستاد.
۶ - در، مج، پ، تعبیر. ۷ - در، مج، پ، پی‌روی. ۸ - پ، دیدند. ۹ - پ، جلال. ۱۰ - این‌بیت در مج، نیست. ۱۱ - پ، هندو.

حکایت شیخ سمعان ۶۹

هر دو چشمش فتنهٔ عشّاق بود — هر دو ابرویش بخوبی طاق بود
چون نظر بر روی[۱] عشاق اوفکند — جان بدست غمزه با طاق اوفکند
ابرویش[۲] بر ماه طاقی بسته بود — مردمی بر طاق او بنشسته بود
مردم چشمش چو کردی مردمی — صید کردی جان صدصد[۳] آدمی
روی او در زیر زلف تاب‌دار — بود آتش پارهٔ بس آب‌دار
لعل سیرابش جهانی تشنه داشت — نرگس مستش هزاران دشنه داشت[۴]
گفت را چون بر دهانش ره نبود — از دهانش هر که گفت اگه نبود
همچو چشم سوزنی شکل دهانش[۵] — بسته زناری چو زلفش بر میانش[۶]
چاه[۷] سیمین در زنخدان داشت او — همچو عیسی در سخن آن[۸] داشت او
صد[۹] هزاران دل چویوسف غرق خون — اوفتاده در چه او سرنگون
گوهری خورشیدفش در موی داشت — برقعی شعر سیه بر روی داشت
دختر[۱۰] ترسا چو برقع بر گرفت — بند بند شیخ آتش در گرفت
چون[۱۱] نمود اززیربرقع روی خویش — بست صد زنارش از یك موی خویش
گرچه شیخ آنجا نظر در پیش کرد — عشق آن بت روی[۱۲] کار خویش کرد
شد بکل از دست و در پای اوفتاد — جای آتش بود و بر جای اوفتاد
هرچ بودش سر بسر نابود شد[۱۳] — زآتش سودا دلش چون دود شد[۱۴]
عشق دختر کرد غارت جان او — کفر ریخت از زلف بر ایمان او
شیخ[۱۵] ایمان داد و ترسایی خرید — عافیت بفروخت رسوایی خرید

---

۱ - مج ، جان ۲ - در، این بیت را ندارد. ۳ - در، سیصد. ۴ - در، پ ، مج، بیت زیر ضافه است:

هر که سوی چشمهٔ او تشنه شد — در دلش هرمژه‌ای چون دشنه شد

۵ - مج، تمام. ۶ - مج، نیام. ۷ - این بیت در نسخهٔ در، نیست. ۸ - مج ، پ، جان. ۹ - درمج، قبل از این بیت آمده است:

هر که دل در زلف آن دلدار بست — از خیال زلف او ز نار بست

۱۰ و ۱۱- این دوبیت در مج، نیست. ۱۲ - مج، پ، ترسازاده . ۱۳ و ۱۴ - در، گشت. ۱۵ - در، ین بیت را ندارد.

عشق بر جان و دل او چیر گشت[۱]   تا ز دل نومید وز جان سیر گشت[۲]
گفت چون دین رفت چه جای‌دلست   عشق ترساززاده کاری مشکل است
چون مریدانش چنین دیدند زار   جمله دانستند کافتادست کار
سر بسر در کار او حیران شدند   سرنگون[۳] گشتند وسر گردان شدند
پند دادندش بسی سودی نبود   بودنی چون بود به‌بودی نبود
هرك پندش داد فرمان می نبرد   زانك دردش هیچ درمان می‌نبرد
عاشق آشفته فرمان کی[۴] برد   درد درمان سوز درمان کی[۵] برد
بود تا شب همچنان روز دراز   چشم بر منظر، دهانش مانده باز
چون[۶] شب تاریك درشعر سیاه   شد نهان چون کفر در زیر گناه
هرچراغی کان شب اختر در گرفت   از دل آن پیر غم‌خور در گرفت
عشق[۷] او آن شب یکی صد بیش شد   لاجرم یك بارگی بی‌خویش شد
هم[۸] دل از خود هم ز عالم بر گرفت   خاك بر سر کرد و ماتم در گرفت
یك دمش نه خواب بود و نه قرار   می‌طپید از عشق و می‌نالید زار
گفت یارب امشبم را روز نیست   یا مگر شمع فلك را سوز نیست
در ریاضت بوده ام شبها بسی   خود نشان ندهد چنین شبها کسی
همچو شمع از سوختن خوابم[۹] نماند   برجگر جز خون‌دل آبم نماند
همچو[۱۰] شمع ازتفت وسوزم می کشند   شب همی سوزند و روزم می کشند
جمله شب در خون‌دل‌چون مانده‌ام[۱۱]   پای تا سر غرقه در خون مانده‌ام
هردم از شب صد شبیخون بگذرد   می‌ندانم روز خود چون بگذرد
هر که[۱۲] را یك شب چنین روزی بود   روز و شب کارش جگرسوزی بود

---

۱ و ۲ - مج، شد. ۳ - مج، سرگران . ۴ و ۵ - در، مج، پ، چون. ۶ - این بیت در پ در، نیست. ۷ و ۸ - این ابیات در مج، نیست. ۹ - مج، پ، تابم . ۱۰ - این بیت در نسخهٔ در نیست. ۱۱ - در، مج، پ، جملهٔ شب در شبیخون مانده‌ام. ۱۲ - این بیت در مج. نیست .

روز و شب بسیار در تب بوده‌ام　　من بروز خویش امشب بوده‌ام
کار من روزی که می‌پرداختند　　از برای این شبم می‌ساختند[1]
یارب امشب را نخواهد بود روز　　شمع گردون را نخواهد بود سوز
یارب این چندین علامت امشبست　　یا مگر روز قیامت امشبست
یا از آهم شمع گردون مرده شد　　یا ز شرم دلبرم در پرده شد
شب دراز است و سیه چون موی او　　ورنه صد ره مُردمی بی روی او
می بسوزم[2] امشب از سودای عشق　　می ندارم طاقت غوغای عشق
عمر کو تا وصف غم‌خواری کنم　　یا بکام خویشتن زاری کنم
صبر کو تا پای در دامن کشم　　یا چو مردان رطل مرد افکن کشم
بخت[3] کو تا عزم بیداری کند　　یا مرا در عشق او یاری کند
عقل کو تا علم در پیش آورم　　یا بحیلت عقل در بیش آورم[4]
دست کو تا خاك ره برسر کنم　　یا ز زیر خاك و خون سر بر کنم
پای کو تا بازجویم[5] کوی یار　　چشم کو تا باز بینم روی یار[6]
یار[7] کو تا دل دهد در یك غمم　　دست کو تا دست گیرد یك دمم
زور کو تا ناله وزاری کنم　　هوش کو تا ساز هشیاری کنم
رفت عقل و رفت صبر و رفت یار　　این‌چه عشق است این‌چه درد است این‌چه کار
جملهٔ یاران بدلداری او　　جمع گشتند آن‌شب از زاری او
هم‌نشینی گفتش ای شیخ کبار　　خیز این وسواس را غسلی برآر
شیخ گفتش امشب از خون جگر　　کرده‌ام صد بار غسل ای بی‌خبر
آن دگریك گفت تسبیحت کجاست　　کی شود کار تو بی‌تسبیح راست

۱ - در، می‌تاختند. ۲ - مج، دل بسوزد. ۳ - این بیت در مج، نیست. ۴ - در، مج ، پ، با خویش آورم. ۵ - در، بینم . ۶ - مج، تا بگریم زار زار . ۷ - پ ، دوست. مج ، این بیت را ندارد.

گفت تسبیحم بیفکندم ز دست تا توانم برمیان زنّار بست
آن دگریك گفت ای پیر کهن گر خطایی رفت بر تو[1] توبه کن
گفت کردم توبه از ناموس و حال تایبم از شیخی و حال و محال[2]
آن دگریك گفت ای دانای راز خیز خود را جمع کن اندر[3] نماز
گفت کو محراب روی آن نگار تا نباشد جز نمازم هیچ کار
آن[4] دگریك گفت تا کی زین سخن خیز در خلوت خدا را سجده کن
گفت[5] اگر بت‌روی من اینجاستی سجده پیش روی او[6] زیباستی
آن دگر گفتش پشیمانیت نیست یك نفس درد مسلمانیت نیست
گفت کس نبود پشیمان[7] بیش ازین تا چرا عاشق نبودم پیش ازین
آن دگر گفتش که دیوت راه زد تیر خذلان بر دلت ناگاه زد
گفت گر دیوی که راهم[8] می‌زند گو بزن چون چست و زیبا می‌زند
آن دگر گفتش که هرك آگاه شد گوید این پیر[9] این‌چنین گمراه شد
گفت من بس فارغم از نام و ننگ شیشهٔ سالوس بشکستم بسنگ
آن دگر گفتش که یاران قدیم از تو رنجورند و مانده دل دو نیم
گفت چون ترسابچه خوش دل بود دل ز رنج این و آن غافل بود
آن دگر گفتش که با یاران بساز تا شویم امشب بسوی کعبه باز
گفت اگر کعبه نباشد دیر هست هوشیار کعبه‌ام در دیر مست
آن دگر گفت این‌زمان کن‌عزم راه در حرم بنشین وعذر من[10] بخواه
گفت سر بر آستان آن نگار عذرخواهم خواست، دست ازمن‌بدار

۱ ـ پ، زودی. ۲ ـ مج، تارهم از شیخی و فال و مقال. پ، تا بیاسایم از این حال محال.
۳ ـ در، مج، پ، گردان در. ۴ و ۵ ـ این دو بیت در مج، نیست. ۶ ـ پ، سجده کردن پیش او
۷ ـ مج،گفت من‌گشتم پشیمان. ۸ ـ در، مج، پ، دیوی کو ره‌ما. ۹ ـ مج، آن شیخ. پ، آن رهبر.
۱۰ ـ مج، عذر ازحق. در، پ، خویش حواه.

آن دگر گفتش که دوزخ درره است — مرد دوزخ نیست هر کو آگهست
گفت اگر دوزخ شود همراه من — هفت دوزخ سوزد از یك آه من
آن دگر گفتش که امید[1] بهشت — باز گرد و توبه کن زین کار زشت
گفت چون یار بهشتی روی هست — گر بهشتی بایدم این کوی هست
آن دگر گفتش که ازحق شرم دار — حق تعالی را بحق[2] آزرم دار
گفت این آتش چو حق درمن فکند — من بخود نتوانم از گردن فکند
آن دگر گفتش برو ساکن بباش — باز ایمان آور و مؤمن بباش
گفت جز کفر ازمن حیران مخواه — هرك کافر شد ازو ایمان مخواه
چون سخن در وی نیامد کارگر — تن زدند آخر بدان تیمار در
موج زن شد پردهٔ دلشان ز خون — تا چه آید خود ازین[3] پرده برون
تُرك روز ، آخر چو با زرین سپر — هندو شب را بتیغ افکند سر
روز دیگر کین جهان پر غرور — شد چو بحر ازچشمهٔ خور[4] غرق‌نور
شیخ خلوت ساز کوی یار شد — با سگان کوی او در کار شد
معتکف بنشست بر خاك رهش — همچو مویی شد ز روی چون مهش
قرب ماهی روز و شب در کوی او — صبر کرد از آفتاب روی او
عاقبت بیمار شد بی دلستان — هیچ بر نگرفت سر زان آستان
بود خاك کوی آن بت بسترش — بود بالین آستان آن درش
چون نبود از کوی او بگذشتنش — دختر آگه شد ز عاشق گشتنش
خویشتن را اعجمی ساخت[5] آن‌نگار — گفت ای شیخ ازچه گشتی بی‌قرار
کی کنند ، ای از شراب شرك مست — زاهدان در کوی ترسایان نشست
گر بزلفم شیخ اقرار آورد — هردمش دیوانگی بار آورد

۱ - در، برامید. مج، پ، بامید. ۲ - مج ، بخود. ۳ - در، پ ، مج، ازپس. ۴ - در، شد چو بحری چشمهٔ خورشید. مج، یافت از سرچشمهٔ. ۵ - مج، پ، کرد.

شیخ گفتش چون زبونم دیدهٔ — لاجرم دزدیده دل دزدیدهٔ[1]
یا دلم ده باز یا با من بساز — در نیاز من نگر، چندین مناز
از سر ناز و تکبر در گذر — عاشق و پیر و غریبم در نگر
عشق من چون سرسری نیست ای نگار — یا سرم از تن ببر یا سر درآر
جان فشانم بر تو گر فرمان دهی — گر تو خواهی بارم ازلب جان دهی
ای لب و زلفت زیان و سود من — روی و کویت[2] مقصد و به بود[3] من
گه ز تاب زلف در تابم مکن — گه ز چشم مست در خوابم مکن
دل چو[4] آتش، دیده چون ابرازتوم[5] — بی کس و بی یار و بی صبر از توم[6]
بی تو بر جانم جهان بفروختم — کیسه بین کز عشق تو بر دوختم
همچو باران ابر[7] می‌بارم ز چشم — زانك بی تو چشم این دارم ز چشم
دل[8] ز دست دیده در ماتم بماند — دیده رویت دید ، دل در غم بماند
آنچ من از دیده دیدم کس ندید — وآنچ من از دل کشیدم کس ندید[9]
از دلم جز خون دل حاصل نماند — خون دل تا کی خورم چون دل نماند
بیش ازین برجان این مسکین مزن — در فتوح او[10] لگد چندین مزن
روزگارمن بشد در انتظار — گر بود وصلی[11] بیاید روزگار
هر شبی بر جان کمین سازی کنم — بر سر کوی تو جان بازی کنم
روی بر خاك درت، جان می‌دهم — جان بنرخ خاك ارزان میدهم
چند نالم بر درت ، در باز کن — یك دمم با خویشتن دمساز کن
آفتابی ، از تو دوری چون کنم — سایه‌ام ، بی تو صبوری چون کنم

۱ - در ، در دیده ای. ۲ - پ، خویت. ۳ - در ، مج، پ ، مقصود. ۴ - در، مج، پر. ۵ - مج، خونبارم زتو. پ، چون آبم زتو. ۶ - مج، پ، زتو. ۷ - در، مج، پ، اشك. ۸ - این بیت در مج ، نیست. ۹ - در ، کس کشید. مج، پ، کهٔ کشید . ۱۰ - در، خرد. مج ، پ، من. ۱۱ - در، عمری.

گرچه همچون سایه‌ام از اضطراب   درجهم[۱] در روزنت چون آفتاب
هفت گردون را درآرم زیر پر[۲]   گر فرو آری بدین سرگشته سر
می[۳] روم با خاك جان سوخته   زآتش جانم جهانی سوخته
پای[۴] از عشق تو در گل مانده   دست از شوق تو بر دل مانده
می[۵] برآید زآرزویت جان ز من   چند باشی بیش از این پنهان ز من[۶]
دخترش گفت ای خرف از روزگار   ساز کافور و کفن کن، شرم دار
چون دمت سردست دمسازی مکن   پیر گشتی، قصد دل‌بازی مکن
این زمان عزم کفن کردن ترا   بهترم آید[۷] که عزم من ترا[۸]
کی توانی پادشاهی یافتن   چون بسیری[۹] نان نخواهی یافتن
شیخ گفتش گر بگویی صد هزار   من ندارم جز غم عشق تو کار
عاشقی را چه جوان چه پیرمرد   عشق بر هردل که زد تأثیر کرد
گفت دختر گر تو هستی مرد کار   چار کارت کرد باید[۱۰] اختیار
سجده کن پیش بت و قرآن بسوز   خمر نوش و دیده را ایمان[۱۱] بدوز
شیخ گفتا خمر کردم اختیار   با سهٔ دیگر ندارم هیچ کار
بر جمالت خمر دانم[۱۲] خورد من   وآن سهٔ دیگر ندانم[۱۳] کرد من
گفت‌دختر گر درین کاری‌تو چست[۱۴]   دست باید پاکت از اسلام شست[۱۵]
هرك او همرنگ یار خویش نیست   عشق او جز رنگ‌وبویی بیش‌نیست

---

۱ - پ، چهم. ۲ - در، فر. ۳ و ۴ و ۵ - در، پ، این ابیات را ندارند. ۶ - در مج، دو بیت زیر اضافه است:

عشق ازاین بسیارکردست وکند   خرقه با زنار کردست و کند
اینهمه خود رفت بر گو اندکی   تاتوکی خواهی شدن باما یکی

۷ - در، بهترت. مج، بهتراست. عزم من کردن. ۸ - در نسخ در، مج، پ، بیت زیراضافه است:

چون تودرپیری بیك نانی گرو   عشق ورزیدن تو نتوانی برو

۹ - مج، بمیری. ۱۰ - پ، مج، در، کرد باید چارکارت. ۱۱ - در، مج، پ، از ایمان.
۱۲ - پ، یارم. ۱۳ - در، پ، مج، نیارم. ۱۴ - در، مج، پ، درست. ۱۵ - در، ایمان بشست.

شیخ گفتش هرچ گویی آن کنم — وانچ فرمایی بجان فرمان کنم
حلقه در گوش توم ای سیم‌تن — حلقهٔ از زلف در حلقم فکن
گفت برخیز و بیا و خمر نوش — چون بنوشی خمر ، آیی در خروش
شیخ را بردند تا دیر مغان — آمدند آنجا مریدان در فغان
شیخ الحق مجلسی بس تازه دید — میزبانرا حسن بی اندازه دید
آتش عشق آب کاراو ببرد — زلف ترسا روزگار او ببرد
ذرّهٔ عقلش نماند و هوش هم — در کشید آنجایگه خاموش دم
جام می بستد ز دست یار خویش — نوش کرد و دل برید از کار خویش
چون بیك جا شد شراب و عشق یار — عشق آن ماهش یکی شد صد هزار
چون حریفی آب دندان دید شیخ — لعل او در حقه خندان دید شیخ
آتشی از شوق در جانش فتاد — سیل خونین سوی مژگانش فتاد
بادهٔ دیگر بخواست[1] و نوش کرد — حلقهٔ از زلف او در گوش کرد
قرب صد تصنیف در دین یادداشت — حفظ قرآن را بسی استاد داشت
چون می از ساغر بناف او رسید — دعوی[2] او رفت و لاف او رسید
هرچ[3] یادش بود از یادش برفت — باده آمد عقل چون بادش برفت
خمر ، هرمعنی که بودش[4] از نخست — پاك[5] از لوح ضمیر او بشست
عشق آن دلبر بماندش صعبناك — هرچ دیگر بود کلی رفت پاك
شیخ چون‌شد مست، عشقش زور کرد — همچو دریا جان او پرشور کرد
آن صنم را دید می در دست و مست — شیخ شد یکبارگی آنجا زدست
دل بداد و[6] دست از می خوردنش — خواست تا[7] ناگه کند در گردنش
دخترش گفت ای تو مرد کار نه — مدعی در عشق ، معنی[8] دار نه

---

۱ - مج، گرفت. ۲ - پ ، معنی. ۳ - این بیت در نسخهٔ در، نیست. ۴ - در، دانست.
۵ - مج، جمله. ۶ - در، مج، پ، ازدست. ۷ - در، مج، پ، دستی کند. ۸ - در، مج، دعوی.

گر قدم در عشق محکم دارییی — مذهب این زلف پر خم دارییی
همچو زلفم نه قدم در کافری — زانك نبود عشق کار سرسری
عافیت[۱] با عشق نبود سازگار — عاشقی را کفر سازد[۲] یاد دار
اقتدا گر تو بکفر[۳] من کنی — با من این دم دست در گردن کنی
ور نخواهی کرد اینجا اقتدا — خیز رو ، اینك عصا اینك ردا
شیخ عاشق گشته بس افتاده[۴] بود — دل ز غفلت بر قضا بنهاده بود
آن[۵] زمان کاندر سرش مستی نبود — یك نفس او را سر هستی نبود
این‌زمان چون‌شیخ عاشق گشت مست — اوفتاد از پای و کلی[۶] شد ز دست
بر نیامد با خود و رسوا شد او — می نترسید از کسی ، ترسا شد او
بود می بس کهنه در وی کار کرد — شیخ را سر گشته چون پر گار کرد
پیر را می کهنه و عشق جوان — دلبرش حاضر ، صبوری کی توان
شد[۷] خراب آن پیروشد ازدست ومست[۸] — مست و عاشق چون بود رفته ز دست
گفت بی طاقت شدم ای ماه روی — از من بی دل چه می‌خواهی بگوی
گر بهشیاری نگشتم[۹] بت پرست — پیش‌بت مصحف بسوزم مست مست[۱۰]
دخترش گفت این زمان مرد منی — خواب خوش‌بادت که درخورد[۱۱] منی
پیش ازین در عشق بودی[۱۲] خام خام — خوش‌بزی[۱۳] چون پخته گشتی‌والسلام
چون خبر نزدیك ترسایان رسید — کان چنان شیخی ره ایشان گزید
شیخ را بردند سوی دیر مست — بعد ازان گفتند تا زنّار بست
شیخ چون در حلقهٔ زنّار شد — خرقه آتش در زد و در کار شد

۱ - مج، پ، این بیت را ندارد. ۲ - مج، باید. ۳ - مج، پ، زلف. ۴ - در، مج، پ، کار افتاده. ۵ - این بیت در نسخهٔ در ، نیست. ۶ - در، پای گرد آورد و کلی. - مج ، دلبرش دل برد و. پ ، روح و عقل او . ۷ - این بیت در نسخهٔ در ، نیست. ۸ - مج ، کلی. پ ، شد بخواب آن پیرو شد از دست مست ۹ - مج ، نبودم . ۱۰ - مج . بت پرستیدم چو گشتم از تو مست. ۱۱ - مج. همدرد. ۱۲ - ق ۱، بودم. ۱۳ - پ، پزی.

دل ز دیـن خـویشتن آزاد کرد — نه ز کعبه نه ز شیخی یاد کرد
بعد چنـدین سال ایمـان درست — این چنین نوباوه[1] رویش باز شست[2]
گفت خذلان قصد این درویش کرد — عشق تـرسازاده کار خویش کرد
هرچ گویـد بعد ازین فرمان کنم — زین بتر چه بود که کردم آن کنم
روز هشیاری نبـودم بت پرست — بت پرستیدم چـو گشتم مست مست
بس[3] کسا کز خمر ترك دین کند — بی شکی ام‌الخبایث ایـن کـند
شیخ گفت[4] ای دختر دلبر چه ماند — هرچ گفتی کرده شد، دیگرچه ماند
خمر خوردم ، بت پرستیدم ز عشق — کس مبیناد آنچ من دیدم ز عشق
کس چو من از عـاشقی شیدا شود — وآن چنان شیخی چنین رسوا شود
قرب پنجه سال راهـم بـود بـاز — موج می زد در دلـم دریـای راز
ذرّهٔ عشق از کمین درجست چُست — بـرد مـا را بر سر لوح نخست
عشق[5] از این بسیار کردست و کند — خرقه بـا زنّـار کردست و کند
تختهٔ کعبه است ابجد خوان عشق — سرشناس غیب سرگـردان عشق
این[6] همه خود رفت بر گوی اند کی — تا تو کی خواهـی شدن با من یکی
چون بنای وصل تـو بر اصل بود — هرچ کردم بـر امید وصل بـود
وصل خـواهـم واشنایی یـافتن — چند سوزم[7] در جـدایی یـافتن
بـاز دختـر گفت ای پیر اسیر — من گـران کابینم و تـو بس فقیر
سیم و زر بایـد مرا ای بی‌خبـر — کی شود بی سیم و زر کارت بسر[8]
چون نداری تو سر خـود گیر و رو — نفقهٔ بستان ز مـن ای‌پیـر و رو
همچو خورشید سبك رو فرد بـاش — صبر کن مردانه وار و مرد باش

۱- پ، توباده. ۲ - در، بمست. مج. نشست. ۳ - این بیت در پ، نیست. ۴ - پ، پس بگفت . این بیت در نسخهٔ در ، نیست . ۵ - این بیت در مج. پس از سطر پائین‌تر آمده است.
۶ - این بیت در مج، نیست ۷ - در، مج، خواهم. ۸ - در، مج، پ، کار تو چو زر.

شیخ گفت ای سرو قد سیم بر — عهد نیکو می بری الحق بسر
کس ندارم جز تو ای زیبا نگار — دست ازین شیوه سخن آخر[1] بدار
هردم از نوع دگر اندازیم — در سراندازی و سر اندازیم[2]
خون تو بی تو بخوردم[3] هرچ بود — در سر و کار تو کردم هرچ بود
در ره عشق تو هرچم بود شد — کفر و اسلام[4] و زیان و سود شد
چند[5] داری بی قرارم ز انتظار — تو ندادی این چنین با من قرار
جملهٔ یاران من برگشته اند — دشمن جان من سرگشته اند
توچنین وایشان چنان، من چون کنم — نه مرا دل ماند و نه‌جان، چون کنم[6]
دوستر دارم من ای عالی[7] سرشت — با تو در دوزخ که بی تو در بهشت
عاقبت چون شیخ آمد مرد او — دل بسوخت آن ماه را از درد او
گفت کابین را کنون ای ناتمام — خوك رانی کن مرا سالی مدام[8]
تا چو سالی بگذرد، هر دو بهم — عمر بگذاریم در شادی و غم
شیخ از فرمان جانان سر نتافت — کانك سرتافت او زجانان سر نیافت[9]
رفت پیر کعبه و شیخ کبار — خوك وانی کرد سالی اختیار
در نهاد هر کسی صد خوك هست — خوك باید سوخت[10] یا زنّار بست
تو چنان ظن می بری ای هیچ کس — کین خطر[11] آن پیر را افتاد بس
در[12] درون هر کسی هست این خطر — سر برون آرد چوآید در سفر
تو ز خوك خویش اگر آگه نهٔ — سخت معذوری که مرد ره نهٔ

---

۱ - مج ، گفتن. ۲ - مج ، پ، بسر اندازیم. ۳ - در، چون تویی تو نخوردم مج، خون جان خود بخوردم. پ، چون بروی توبخوردم ۴ - مج، ایمان. ۵ - این‌بیت درنسخهٔ در، نیست.
۶ - مج ، چون نه دل ماند و نه جان من چون کنم . پ . نه دلم ماند و نه جان من چون کنم .
۷ - مج ، پ ، عیسی . ۸ - مج ، دوام. پ ، تمام . ۹ - پ ، کانکه سر تابد زجانان برنتافت .
ق ۲ ، خوك وانی را سوی جانان شتافت . ۱۰ - در ، مج ، پ ، کشت . ۱۱ - در ، خطا .
۱۲ - این بیت در نسخهٔ در، نیست.

۸۰ مقامات‌الطیور

گر[1] قدم در ره نهی چون[2] مردکار   هم بت و هم خوك بینی صد هزار
خوك کش، بت‌سوز، اندر راه[3] عشق   ورنه همچون شیخ شو رسوای عشق[4]
هم‌نشینانش چنـان در مانـدند   کز فرو مانـدن بجان در ماندند
چون بدیدند آن گرفتاری او   بـاز گردیـدند از یـاری او
جمـله از شومی او بگـریختـند   در غم او[5] خاك بر سر ریختـند
بود یاری در میان جمع، چست   پیش شیخ آمـد که ای در کار سست
می‌رویم امـروز سوی کعبه بـاز   چیست فرمـان، بـاز بـاید گفت راز
یا[6] همه هم‌چون تو ترسایی کنیم   خویش را محراب رسوایـی کنیم
این چنین تنهات نپسندیم ما   همچو تـو زنّار بربندیـم مـا
یا[7] چو نتوانیم دیدت هم چنین   زود بگریزیـم بی‌تـو زین زمین
معتکف در کعبه بنشینیم مـا   دامن از هستیت درچینیم مـا[8]
شیخ گفتا جان من پر درد بود[9]   هر کجا خواهید بایـد رفت زود
تـا مرا جانست، دیرم جای بس   دختر ترسام جـان افـزای بس
می ندانید، ارچه بس آزاده ایـد   زانك اینجا جمله کار افتاده ایـد[10]
گـر شمـا را کار افتـادی دمی   هم دمی بودی مـرا در هـر غمی
بـازگردیـد ای رفیقان عـزیـز   می ندانـم تـا چه خواهد بود نیز
گر ز ما پرسند، بر گوییـد[11] راست   کان ز پا افتاده سر گردان کجاست
چشم پر خون و دهن پر زهر ماند   در دهـان اژدهـای دهـر[12] مانـد

---

۱ - در، پ، چون.   ۲ - در، پ، ای.   ۳ - در، سودای. مج، پ، صحرای.
۴ - در نسخ در، پ، مج، بیت زیر اضافه است:
عاقبت چون شیخ دین ترسا ببود   در میان روم سر غوغـا ببود
۵ - در، بر سر او.   ۶ - در، ما.   ۷ - در، مج، ما. پ، تا.   ۸ - در، مج، پ، تا نبینیم آنچه می‌بینیم مـا.   ۹ - در، جـان پر دردم نبود.   ۱۰ - در، مج، پ، کار ناافتاده‌اید.
۱۱ - پ، گویند.   ۱۲ - در، قهر.

هیچ کافر در جهان ندهد رضا   آنچ کرد[1] آن پیر اسلام از قضا
موی[2] ترسایی نمودندش ز دور   شد ز عقل و دین و شیخی ناصبور
زلف او چون حلقه در حلقش فکند   در زفان جملهٔ خلقش فکند
گر مرا در سرزنش گیرد کسی   گو درین ره این چنین افتد بسی
در چنین ره کان نه بن دارد نه سر   کس مبادا ایمن از مکر و خطر
این بگفت و روی از یاران بتافت   خوك وانی را سوی خوکان شتافت
بس که یاران از غمش بگریستند   گه ز دردش مرده گه می‌زیستند[3]
عاقبت رفتند سوی کعبه باز   مانده جان در سوختن، تن در گداز
شیخشان[4] در روم تنها مانده[5]   داده دین در راه[6] ترسا مانده[7]
وانگه[8] ایشان از حیا حیران شده[9]   هریکی در گوشهٔ پنهان شده[10]
شیخ را در کعبه یاری چست[11] بود   در ارادت[12] دست از کل شست بود
بود بس بیننده و بس راهبر   زو نبودی شیخ را آگاه تر
شیخ چون از کعبه شد سوی سفر   او نبود آنجایگه حاضر مگر
چون مرید شیخ باز آمد بجای   بود از شیخش تهی خلوت سرای
باز پرسید از مریدان حال شیخ   باز گفتندش همه احوال شیخ
کز قضا اورا چه بار[13] آمد ببر   وز قدر اورا چه کار آمد بسر
موی[14] ترسایی ببك مویش ببست   راه بر ایمان بصد سویش ببست
عشق می‌بازد کنون بازلف وخال   خرقه گشتش مخرقه، حالش محال

۱ - در، مج، دید. ۲ - مج، پ، روی. ۳ - در، هر زمان ازپس همی نگریستند. مج، هرزمان ازپس همی بگریستند. پ، از پس او هرزمان نگریستند. ۴ - این بیت درمج، نیست. ۵ - پ، مانده بود. ۶ - در، پ، برباد. ۷ - پ، مانده بود. ۸ - مج، ازجفای شیخ خود حیران شدند. ۹ و ۱۰ - مج، پ، شدند. ودر نسخه‌های در، مج، بیت زیر الحاقی‌است:

چون رسیدند آن عزیزان درحرم   لب فرو بستند و کس نگشاد دم

۱۱ - پ، جسته. ۱۲ - مج، طریقت. ۱۳ - در، مج، پ، شاخ. ۱۴ - مج، عشق.

دست کلی باز داشت از طاعت او   خوك وانی میکند این ساعت او
این زمان آن خواجهٔ بسیار درد   برمیان زنّار دارد چار کرد
شیخ ما گرچه بسی در دین بتاخت   از کهن گبریش می نتوان شناخت
چون مرید آن‌قصه بشنود، ازشگفت   روی چون زر کردو زاری در گرفت
با مریدان گفت ای تر دامنان   در[1] وفاداری نه مرد و نه زنان
یار کارافتاده باید صد هزار   یار ناید جز چنین روزی بکار
گر شما بودید یار شیخ خویش   یاری او ازچه نگرفتید پیش
شرمتان باد ، آخر این یاری بود   حق گزاری [و] وفاداری بود
چون نهاد آن شیخ بر زنّار دست   جمله را زنّار می‌بایست بست
از برش عمدا نمی‌بایست شد   جمله را ترسا همی‌بایست شد
این نه یاری و موافق بودنست   کانچ کردید از منافق بودنست
هرك یار خویش را یاور شود[2]   یار باید بود اگر کافر شود[3]
وقت ناکامی توان دانست یار   خود بود در کامرانی صد هزار
شیخ چون افتاد در کام نهنگ   جمله زو بگریختید از نام و ننگ
عشق[4] را بنیاد بر بدنامیست   هرك ازین سر سر کشد از خامیست
جمله گفتند آنچ گفتی بیش ازین   بارها گفتیم با او پیش ازین
عزم آن کردیم تا با او بهم   هم‌نفس باشیم[5] در شادی و غم
زهد بفروشیم و رسوایی خریم   دین براندازیم و ترسایی خریم
لیك روی آن دید شیخ کارساز   کز بر او یك بیك گردیم باز
چون ندید از یاری ما شیخ سود   باز گردانید ما را شیخ زود
ما[6] همه برحکم او گشتیم باز   قصّه بر گفتیم و ننهفتیم راز

---

۱ - مج ، در ره مردی . ۲و۳- مج ، بود . ۴ - این بیت درنسخهٔ در ، نیست . ۵ - پ عمر بگذاریم . ۶ - پ ، تا .

بعد از آن اصحاب را گفت آن مرید — گر شما را کار بودی بر مزید
جز در حق نیستی جای شما — در حضورستی سراپای شما
در تظلّم داشتن در پیش حق — هریکی بردی ازان دیگر سبق
تا چو حق دیدی شما را بی‌قرار — باز دادی شیخ را بی‌انتظار
گر ز شیخ خویش کردید احتراز — از در حق ازچه می گردید[1] باز
چون شنیدند آن سخن ازعجز خویش — برنیاوردند یك تن سر ز پیش
مرد گفت اکنون ازین خجلت چه سود — کار چون افتاد برخیزیم زود
لازم درگاه حق باشیم ما — در تظلّم خاك می‌پاشیم ما
پیرهن پوشیم از کاغذ همه — در رسیم آخر بشیخ خود همه
جمله سوی روم رفتند از عرب — معتکف گشتند پنهان روز و شب
بر در حق هریکی را صد هزار — گه شفاعت گاه زاری بود کار
همچنان تا چل شبان روز تمام — سر نپیچیدند هیچ از یك مقام
جمله‌را چل‌شب نه‌خور بود ونه‌خواب — همچو شب چل روز نه نان و نه آب
از تضرّع کردن آن قوم‌پاك — در فلك افتاد جوشی صعب‌ناك
سبزپوشان در فراز و در فرود — جمله پوشیدند ازان ماتم کبود
آخرالامر آنك بود از[2] پیش صف — آمدش تیر دعا اندر هدف
بعد چل شب آن مرید پاك باز — بود[3] اندر خلوت از خود رفته باز
صبح[4]دم بادی درآمد مشك‌بار — شد جهان کشف بر دل آشکار
مصطفی را دید می‌آمد چو ماه — در برافکنده دو گیسوی سیاه
سایهٔ حق آفتاب روی او — صدجهان جان وقف یك[5] سرموی او
می‌خرامید و تبسّم می‌نمود — هرك می‌دیدش درو گم می‌نمود

۱- در ـ مج ، پ ، گشتید . ۲ - در ، پ ، او ، ۳ - در ، شد جهان کشف بردل آشکار .
۴ - این مصرع درنسخهٔ در، نیست ومصرع دوم دربیت بالاتر آمده است . ۵- در، پ، مج، یك‌یك.

۸۴ مقامات‌الطیور

آن‌مرید آن[1] راچودید ازجای‌جست کای نبی‌ّالله دستم گیر دست
رهنمای خلقی ، از بهر خدای شیخ ما گم‌راه شد راهش نمای
مصطفی گفت ای بهمّت بس بلند رو که شیخت را برون کردم زبند
همّت عالیت کار خویش کرد دم نزد تا شیخ را درپیش کرد
در میان شیخ و حق از دیر گاه بود گردی و غباری بس سیاه
آن غبار از راه او برداشتم[2] در میان ظلمتش نگذاشتم[3]
کردم از بهر شفاعت شب‌نمی منتشر بر روزگار او همی
آن غبار اکنون زره برخاستست توبه بنشسته گنه برخاستست
تو یقین می‌دان که صد عالم گناه از تف یك توبه برخیزد ز راه
بحر احسان چون درآید موج زن محو گرداند گناه مرد و زن[4]
مرد از شادی آن[5] مدهوش شد نعرهٔ زدکآسمان پرجوش شد[6]
جملهٔ اصحاب را آگاه کرد مژدگانی داد و عزم راه کرد
رفت با اصحاب گریان و دوان تا رسید آنجا که شیخ خوك‌وان
شیخ را می‌دید[7] چون آتش شده درمیان بی‌قراری خوش شده[8]
هم فکنده بود ناقوس مغان[9] هم گسسته بود زنّار ازمیان
هم کلاه گبرکی انداخته هم ز ترسایی دلی[10] پرداخته
شیخ چون اصحاب را از دور دید خویشتن را درمیان بی‌نور[11] دید

۱ - در ، مج ، پ ، او . ۲ و ۳ - در ، مج ، پ ، برداشتیم - نگذاشتیم . ۴ - در نسخهٔ در ، مج ، بیت زیر اضافه است :
این دو سه حرفی بگفت آن یار او در زمان غایب شد از دیدار او
۵ - در ، مج ، پ ، او . ۶ - در مج ، بیت زیر اضافه‌است :
هم‌چنان نعره زنان بیرون فتاد زآب دیده در میان خون فتاد
۷ - مج ، پ ، دیدند . ۸ - در مج ، بیت زیر الحاقی است :
دید آن درویش را باز آمده با خدای خویش در راز آمده
۹ - در ، مج ، پ ، دهان . ۱۰ - در ، مج ، پ ، دلش . ۱۱ - در ، درمیان نور .

هم ز خجلت جامه برتن چاك كرد ‌‌‌‌ هم بدست عجز سر برخاك كرد
گاه[1] چون ابر اشك خونین برفشاند[2] ‌‌‌‌ گاه از جان[3] جان شیرین برفشاند[4]
گه[5] ز آهش پردهٔ گردون بسوخت ‌‌‌‌ گه زحسرت درتن او خون بسوخت
حکمت اسرار قرآن و خبر ‌‌‌‌ شسته بودند از ضمیرش سر بسر
جمله با یاد آمدش یکبارگی ‌‌‌‌ باز رست از جهل[6] و از بیچارگی
چون بحال خود فرو نگریستی ‌‌‌‌ در سجود افتادی و بگریستی
همچو گل درخون چشم[7] آغشته بود ‌‌‌‌ وز خجالت در عرق گم[8] گشته بود
چون بدیدند آنچنان اصحابناش ‌‌‌‌ مانده در اندوه و شادی مبتلاش
پیش او رفتند سرگردان همه ‌‌‌‌ وزپی شکرانه جان افشان همه
شیخ را گفتند ای پی‌برده[9] راز ‌‌‌‌ میغ شد از پیش خورشید تو باز
کفر برخاست از ره و ایمان نشست ‌‌‌‌ بت پرست روم شد یزدان پرست
موج زد ناگاه دریای قبول ‌‌‌‌ شد شفاعت‌خواه کار تو رسول
این[10] زمان شکرانه[11] عالم عالمست ‌‌‌‌ شکر کن حق را چه جای ماتمست
منّت ایزد را که در دریای قار ‌‌‌‌ کرده راهی همچو خورشید آشکار
آنك داند کرد روشن را سیاه ‌‌‌‌ توبه داند داد با چندین گناه
آتش توبه چو برافروزد او ‌‌‌‌ هرچ باید جمله برهم سوزد او
قصه کوته می کنم، آن جایگاه ‌‌‌‌ بودشان القصه حالی عزم راه
شیخ غسلی کرد و شد در خرقه باز ‌‌‌‌ رفت با اصحاب خود سوی حجاز
دید از آن پس دختر ترسا بخواب ‌‌‌‌ کاوفتادی در کنارش آفتاب

۱ - این بیت در نسخهٔ در، مج، نیست. ۲ - پ، می‌فشاند. ۳ - مج، پ، دست از. ۴ - مج، پ، می‌فشاند. ۵ - این بیت در نسخهٔ در، نیست. ۶ - مج، عجز. ۷ - مج، دل. ۸ - مج، غرقه در خون. ۹ - پ، بی پرده. ۱۰ - این بیت در نسخهٔ در، نیست. ۱۱ - مج، برتو اینشکرانه. پ، شکرانه‌ای برعالم.

۸۶ مقامات‌الطیور

آفتاب آنگاه بگشادی زبان — کز پی شیخت روان شو این زمان
مذهب او گیر و خاك او بباش — ای پلیدش کرده ، پاك او بباش
او چو آمد در ره تو بی مجاز — در حقیقت تو ره‌او گیر باز
از رهش بردی ، براه او درآی — چون براه آمد تو هم راهی نمای
ره[1] زنش بودی بسی هم ره بباش — چند ازین بی‌آگهی آگه بباش
چون درآمد دختر ترسا زخواب — نور می‌داد از دلش چون آفتاب
در دلش دردی پدید آمد[2] عجب — بی قرارش کرد آن درد از طلب
آتشی در جان سر مستش فتاد — دست در دل زد ، دل از دستش فتاد
می‌ندانست او که جان بی قرار — در درون او چه تخم آورد بار
کار افتاد و نبودش هم‌دمی — دید خود را در عجایب عالمی
عالمی کانجا نشان راه نیست — گنگ باید شد ، زفانرا راه[3] نیست
در زمان آن جملگی ناز و طرب — هم چو باران زو فروریخت ای عجب
نعره زد جامه‌دران بیرون دوید — خاك بر سر در میان خون دوید[4]
با دل پر درد و شخص[5] ناتوان — از پی شیخ و مریدان شد دوان
هم چو ابر غرقه در خون[6] می‌دوید[7] — پای داد از دست بر پی میدوید[8]
می‌ندانست او که در صحرا و دشت — از کدامین سوی می‌باید گذشت
عاجز و سرگشته می‌نالید خوش — روی خود درخاك می‌مالید خوش
زار میگفت ای خدای کارساز — عورتی‌ام مانده از هر کار باز
مرد راه چون تویی را ره[9] زدم — تو مزن برمن که بی‌آگه زدم

---

۱ - این‌بیت درنسخهٔ در، نیست . ۲ - پ، دردی درآمدای . ۳ - مج، پ، زبان‌آگاه
۴ - در، در میان خاك و خون بیرون دوید. ۵ - مج ، بردلی پر درد و جانی. ۶ - پ ، خوی
۷ - در، می‌فتاد . ۸ - در ، دل بداد از دست و بیرون می‌فتاد . مج ، دل بداد از دست و بیرون
میدوید. ۹ - پ، بی‌حد .

بحـر قهـاریت را بنشان ز جـوش	می‌ندانستم ، خطا کـردم ، بپـوش
هرچ کردم بر من مسکین مگیر	دین پذیرفتم ، مرا تـو دست گیر[1]
می[2] بمیـرم از کسم یاریـم نیست	حصّه از عزّت بجز خواریـم نیست
شیخ را اعـلام دادنـد از درون	کامد آن دختر ز تـرسایی بـرون
آشنایـی یـافت بـا درگاه مـا	کارش افتـاد این زمـان در راه مـا
بـاز گرد و پیش آن بت بـاز شو	بـابت خود هـم‌دم و هـم‌ساز[3] شو
شیخ حـالی بازگشت از ره چو باد	بـاز شوری در مریـدانش فتـاد
جمله گفتندش زسر بـازت چـه بود	توبـه وچندین تك و تـازت چه بود
بـار دیگر عشق بـازی می کنی	تـوبـهٔ بس نـانمازی مـی کنی
حـال دختر شیخ با ایشان[4] بگفت	هرك آن بشنود ترك جـان بگفت
شیخ و اصحابش ز پس رفتـند بـاز	تا شدند آنجا کـه بود آن دل‌نواز
زرد می‌دیـدنـد چـون زر روی او	گـم شده در گرد ره گیسوی او
برهنه پـای و دریـده جامه پـاك[5]	بر مثـال مردهٔ بـرروی خـاك
چون بدیـد آن ماه شیخ خویش را	غشی آورد آن بت دل‌ریش را[6]
چون ببرد آن ماه را[7] درغشی‌خوابِ	شیخ بررویش فشانـد ازدیده آب[8]
چون نظر افکند بر شیخ آن نگار	اشك می‌باریـد چـون ابـر بهـار
دیـده بر عهد وفـای او فکنـد	خویشتن در دست و پـای او فکند
گفت از تشویـر تـو جـانم بسوخت	بیش ازین[9] درپرده نتوانم بسوخت
بـرفکـندم تـوبـه[10] تـا آگـه شوم	عـرضه کـن اسلام تـا بـاره شوم

---

۱ ـ در، مج ، پ ، بدین بی‌دین مگیر. ۲ ـ این بیت درنسخه های در، مج ، پ، نیست. ۳ ـ در ، مج ، همراز. ۴ ـ مج ، با یاران. ۵ ـ مج ، سربرهنه پا برهنه جامه چاك. ۶ ـ مج، عشق آمد بردل درویش را. ۷ ـ مج ، هرجه دید آن ماه را. ۸ ـ مج، او زدو دیده برو می‌زد گلاب. ۹ ـ پ ، پس از این. ۱۰ ـ در، پ، مج، برفکن این پرده.

شیخ بـر وی عـرضهٔ اسلام داد — غلغلی در جملـهٔ یـاران فتـاد
چون[1] شد آن بت‌روی از اهل عیان — اشك بـاران ، موج‌زن شد در میـان
آخرالامر آن صنم چون راه یافت — ذوق ایمـان در دل آگـاه یـافت
شد دلش از ذوق ایمـان بـی‌قرار — غـم درآمـد گرد او بـی‌غمگسار
گفت شیخـا طاقت من گشت طاق — من نـدارم هیچ طـاقت در فـراق
می‌روم زین خـانـدان[2] پر صُداع — الـوداع ای شیخ عـالم[3] الـوداع
چون مرا کوتـاه خواهد شد سخن — عاجزم ، عفوی کن و خصمی مکن
این بگفت آن ماه ودست ازجان فشاند — نیم جانی داشت برجانـان فشانـد
گشت پنهـان آفتـابش زیـر میغ — جان شیرین زو جـدا شد ای دریغ
قطرهٔ بـود او دریـن بحـر مجـاز — سوی دریـای حقیقت رفت بـاز
جمله چون بـادی زعـالم می‌رویم — رفت او و مـا همـه هـم می‌رویم
زیـن چنین افتـد بسی در راه عشق — این کسی داند که هست آگاه عشق
هـرچ مـی گوینـد در ره ممکنست — رحمت و نومیـد و مکر و ایمنست
نفس ایـن اسرار نتـوانـد شنود — بـی‌نصیبه گوی نتـوانـد ربـود
این یقین از جـان[4] و دل باید شنید — نـه بنفس[5] آب و گـل بایـد شنید
جنگ دل بـا نفس هردم سخت شد — نوحهٔ درده کـه ماتـم سخت شد[6]

☆☆☆

چون شنودند این‌سخن مرغان همه[7] — آن زمان گفتنـد ترك جـان همه
بـرد[8] سیمـرغ از دل ایشان قـرار — عشق در جانان[9] یکی شد صد هزار

---

۱ - این بیت در مج، نیست . ۲ - در ، پ ، مج ، خـاکدان . ۳ - پ ، شیخ صنعان .
۴ - در ، مج ، این بگوش جان. ۵ - پ ، بنقش . ۶ - درنسخهٔ در ، بیت زیر الحاقی است:
گر تو را صد عقبه ناگاه اوفتد — باك نبود چون درین راه اوفتد
۷ - در ، مج ، پ ، شنیدند این حکایت آن همه. ۸ - در ، بود. ۹ - پ، جانشان.

عزم راه کردن مرغان ۸۹

عزم ره کردند عزمی بس درست — ره سپردن را باستادند چست
جمله[۱] گفتند این زمان ما را بنقد — پیشوایی باید اندر حل و عقد
تا کند[۲] در راه ما را رهبری — زانك نتوان ساختن از خودسری
درچنین ره حاکمی[۳] باید شگرف — بوك بتوان رست[۴] ازاین دریای ژرف
حاکم خود را بجان فرمان کنم[۵] — نیك و بد هرچ او بگوید آن کنم[۶]
تا بود کاری[۷] ازین میدان لاف — گوی ما افتد مگر تا کوه[۸] قاف
ذرّه در خورشید والا اوفتد — سایهٔ سیمرغ بر ما اوفتد
عاقبت گفتند حاکم نیست کس — قرعه باید زد ، طریق اینست و بس
قرعه بر هرك اوفتد سرور بود — در میان کهتران مهتر بود
چون‌رسیداینجاسخن، کم گشت‌جوش — جملهٔ مرغان شدند اینجا خموش
چون بدست قرعه‌شان افتاد کار — در[۹] گرفت آن بی‌قرارانرا قرار
قرعه افکندند ، بس لایق فتاد — قرعه‌شان بر هدهد عاشق فتاد
جمله او را رهبر[۱۰] خود ساختند — گر همی فرمود سر می‌باختند
عهد کردند آن زمان کو سرورست — هم درین ره پیش‌رو هم رهبرست
حکم حکم اوست، فرمان نیز هم — زو دریغی نیست جان ، تن نیز هم

☆☆☆

هدهد هادی چو آمد پهلوان — تاج بر فرقش نهادند آن زمان
صد هزاران مرغ در راه آمدند — سایه‌وان ماهی و ماه آمدند
چون پدید آمد سر وادی ز راه — النفیر از آن[۱۱] نفر بر شد بماه

---

۱ ـ از بیت۱۵۹۷ تا ۱۶۱۳ درنسخهٔ در، نیست وپس ازحکایت بایزید یعنی بعد ازبیت ۱۶۲۹ آمده است. ۲ ـ مج ، پ، تا بود. ۳ـ مج ، چابك. ۴ ـ مج ، رفت. ۵ و ۶ ـ مج، پ، کنیم. ۷ ـ مج ، وقتی . پ ، آخر . ۸ ـ مج ، راه ما ناگه فتد برکوه . پ ، گوی ما افتد بچوگانگاه . ۹ـ مج، دل. ۱۰ ـ مج، میرخود. ۱۱ ـ مج ، النفیران تو. ق ۲ ، النفیری زان .

هیبتی زان راه بر جان اوفتاد   آتشی در جان ایشان اوفتاد
بر کشیدند آن همه بر یك دگر   چه پر و چه بال و چه پای و چه سر
جمله دست از جان بشسته پاك باز   بار ایشان بس گران و ره دراز
بود راهی خالی السیر ای عجب   ذرّهٔ نه شر و نه خیر ای عجب
بود خاموشی و آرامش درو   نه فزایش بود و نه کاهش درو

☆☆☆

سالکی[1] گفتش که ره خالی چراست   هدهدش گفت این زفریاد شماست[2]

الحکایه والتمثیل

بایزید آمد شبی بیرون ز شهر   از خروش خلق خالی دید شهر[3]
ماهتابی بود بس عالم فروز   شب شده از پرتو او مثل روز
آسمان پُر انجم آراسته   هریکی کار دگر را خاسته
شیخ چندانی که در صحرا بگشت   کس نمی‌جنبید[4] در صحرا و دشت
شورشی بر وی پدید آمد بزور   گفت یارب در دلم افتاد شور
با چنین درگه که در رفعت تراست   این چنین خالی ز مشتاقان چراست
هاتفی گفتش که ای حیران راه   هر کسی را راه ندهد پادشاه
عزت این در چنین کرد اقتضا   کز در ما دور باشد هر گدا
چون حریم عزّ ما[5] نور افکند   غافلان خفته[6] را دور افکند
سالها بودند[7] مردان انتظار   تا یکی را بار بود از صد هزار[8]

☆☆☆

جملهٔ مرغان ز هول و بیم راه   بال و پَر پُر خون، برآوردند بماه[9]

---

۱ - مج ، سایلی.   ۲ - در ، مج ، پ ، عز پادشاست.   ۳ - مج ، پ ، دهر.   ۴ - در ، گنجید.   ۵ - پ ، او.   ۶ - مج ، خوشه.   ۷ - در ، مج ، پ ، بردند.   ۸ - پ ، باشد از هزار.
۹ - در ، مج ، پ ، آه.

راه می‌دیدند پایان ناپدید / درد می‌دیدند[1] درمان ناپدید
باد استغنا چنان جستی درو / کاسمانرا پشت بشکستی درو
در بیابانی که طاوس فلك / هیچ می‌سنجد درو بی هیچ شك
کی بود مرغی دگر را در جهان / طاقت آن راه هرگز یك زمان
چون بترسیدند آن مرغان ز راه / جمع گشتند آن همه یك[2] جایگاه
پیش هدهد آمدند از خود شده / جمله طالب گشته و بخرد[3] شده
پس بدو گفتند ای دانای راه / بی‌ادب نتوان شدن در پیش شاه[4]
تو بسی پیش سلیمان بودهٔ / بر بساط ملك سلطان بودهٔ
رسم خدمت سربسر دانستهٔ / موضع امن و خطر دانستهٔ
هم فراز و شیب این ره دیدهٔ / هم بسی گرد جهان گردیدهٔ
رای ما آنست کین ساعت بنقد / چون تویی ما را امام حلّ و عقد
بر سر منبر شوی این جایگاه / پس بساز این[5] قوم خود را ساز راه
شرح گویی رسم و آداب ملوك / زانك نتوان کرد برجهل این سلوك
هر یکی را هست در دل مشکلی / می‌بباید راه را فارغ دلی
مشکل دلهای ما حل کن نخست / تا کنیم از بعد آن عزمی درست
چون بپرسیم از تو مشکلهای خویش / بستریم این شبهت از دلهای خویش
زآنك می‌دانیم کین راه دراز / در میان شبهه ندهد نور باز
دل چو فارغ گشت، تن در ره دهیم[6] / بی‌دل و تن سر بدان درگه نهیم

☆☆☆

بعد از آن هدهد سخن را ساز کرد / برسر کرسی[7] شد و آغاز کرد
هدهد با تاج چون برتخت شد / هرك رویش دید عالی بخت شد

۱ ـ ق ۱ ، می‌بردند . ۲ ـ ق ۲ ، بر . ۳ ـ پ ، بی‌خود . ۴ ـ مج ، پیشگاه
۵ ـ در ، مج ، پ ، بسازی . ۶ ـ در ، مج ، پ ، نهیم . ۷ ـ مج ، پ ، منبر.

مقامات‌الطیور

پیش هدهد صد هزاران بیشتر	صف زدند از خیل مرغان سر بسر
پیش آمد بلبل و قمری بهم	تا کنند آن هردو تن مقری بهم ۱
هردو آنجا۲ بر کشیدند آن زمان	غلغلی افتاد ازیشان در جهان
لحن ایشان هر که را در گوش شد	بی‌قرار آمد ولی مدهوش شد
هریکی را حالتی آمد پدید	کس نه با خود بود و نه بی‌خود پدید
بعد از آن هدهد سخن آغاز کرد	پرده از روی معانی۳ باز کرد

۱۶۵۵

❄❄❄

سایلی۴ گفتش که ای برده سبق	توبچه از ما سبق بردی بحق
چون تو جویایی و ما جویان راست۵	در میان ما تفاوت از چه خاست
چه گنه آمد ز جسم و جان۶ ما	قسم تو صافی و دُردی آن۷ ما

❄❄❄

گفت ای سایل۸ سلیمان را همی	چشم افتادست بر ما یک دمی
نه بسیم این یافتم من نی بزر	هست این دولت مرا زان یک نظر
کی بطاعت این بدست آرد کسی	زانک کرد ابلیس این طاعت بسی
ور کسی گوید نباید طاعتی	لعنتی بارد برو هر ساعتی
تو مکن در یک نفس طاعت رها	پس منه طاعت چو کردی بر بها
تو بطاعت عمر خود می‌بر بسر	تا سلیمان بر تو اندازد نظر
چون تو مقبول سلیمان آمدی	هر چ گویم بیشتر زان آمدی

۱۶۶۰

۱۶۶۵

---

۱ - در، پ، بیت زیر اضافه است:
بلبل و قمری چو همراز آمدند
چون دو مقری خوش‌آواز آمدند

۲ - در، مچ، پ، الحان. ۳ - مچ، معما. ۴ - پ، طایری. ۵ - در، مچ، چون تو چون مائی و ما هم‌چو تو راست. ۶ - در، پ، جان و جسم. ۷ - در، مچ، پ، قسم. ۸ - پ، طایر.

الحکایه و التمثیل

گفت روزی شاه مسعود[1] از قضا — اوفتاده بود از لشگر جدا
بادتگ می‌راند تنها بی یکی — دید بر دریا نشسته[2] کودکی
در[3] بن دریا فکنده بود شست — شه سلامش کرد و در پیشش نشست
کودکی اندوهگین بنشسته بود — هم دلش آغشته هم جان خسته بود
گفت ای کودك چرایی غم زده — من ندیدم چون تو یك ماتم زده
کودکش گفت ای امیر پرهنر — هفت طفلیم این زمان ما بی پدر
مادری داریم بر جا مانده — سخت درویش است و تنها مانده
از برای ماهیی ، هر روز دام — اندر اندازم ، کنم تا شب مقام
چون بگیرم ماهیی با صد زحیر — قوت ما آنست تا شب ، ای امیر
شاه گفتا خواهی ای طفل دژم — تا کنم همبازیی[4] با تو بهم
گشت کودك راضی و انباز شد — شاه اندر بحر شست انداز شد
شست کودك دولت شاهی گرفت — لاجرم آن روز صد ماهی گرفت
آن همه ماهی چو کودك دید پیش — گفت این دولت عجب دارم زخویش
دولتی داری بغایت ای غلام — کین همه ماهی در افتادت بدام
شاه گفتا گُم بباشی ای پسر — گر ز ماهی گیر خود یابی خبر
دولتی تر از منی این جایگاه — زانك ماهی گیر تو شد پادشاه
این بگفت و گشت برمرکب سوار — طفل گفتش قسم خود[5] کن آشکار
گفت امروز این دهم ، نکنم جدا[6] — آنچ فردا صید افتد آن مرا
صید ما فردا تو خواهی بود بس — لاجرم من صید خود ندهم بکس

۱ - مج ، پ ، محمود . ۲ - مج ، برلب دریا بدیدش . ۳ - این بیت در مج ، نیست . ۴ - مج، پ. انبازیی. ۵ - ق۲. من. ۶ - در، اینهمه ماهی ترا. مج، شاه گفتا قسم امروزی ترا. پ، زهم نکنم جدا.

روز[1] دیگر چون بایوان باز رفت / خاطر شه از پی انباز رفت
رفت سرهنگی و کودك را بخواند / شه بانبازیش در مسند نشاند
هر کسی میگفت شاها او گداست / شاه گفتا هرچ هست انباز ماست
چون پذیرفتیم رد نتوانش کرد / این بگفت و همچو خودسلطانش کرد
کرد از آن کودك طلب کاری سؤال / کز کجا آوردی آخر این کمال
گفت شادی آمد و شیون گذشت / زانك صاحب دولتی برمن گذشت

الحکایه والتمثیل

خونیی را کشت شاهی در عقاب[2] / دید آن صوفی مگر[3] او را بخواب
در بهشت عدن خندان می گذشت / گاه خرّم گه خرامان می گذشت
صوفیش گفتا تو خونی بودهٔ / دایما در سر نگونی بودهٔ
از کجات این منزلت[4] آمد پدید / زانچ تو کردی بدین نتوان رسید
گفت چون خونم روان شد برزمی / می گذشت آنجا حبیب اعجمی
در نهان در زیر چشم آن پیر راه / کرد درمن طرفة العینی نگاه
این همه تشریف و صد چندین دگر / یافتم از عزت آن یك نظر
هرك چشم دولتی بروی فتاد / جانش در یك دم بصد سر پی فتاد
تا نیفتد برتو مردی را نظر / از وجود خویش کی یابی خبر
گر تو بنشینی بتنهایی بسی / ره بنتوانی بریدن بی کسی
پیر باید ، راه را تنها مرو / از سر عمیا درین دریا مرو
پیر ما لابد راه آمد ترا / در همه کاری پناه آمد ترا
چون تو هرگز راه نشناسی ز چاه / بی عصاکش کی توانی برد راه

---

۱ - این بیت در مج باین صورتست :
این بگفت و شه بایوان باز شد / خاطر شه از پی انباز شد
۲ - پ ، عتاب. ۳ - در ، مج ، دید آنشب صوفئی. ۴ - مج ، دولتك.

عذر آوردن مرغان

نه ترا چشمست و نه ره کوته است / پیر در راهت قلاوز ره است ۱۷۰۵
هر که شد در ظل صاحب دولتی / نبودش در راه هرگز خجلتی
هر که او در دولتی پیوسته شد / خار در دستش همه گل دسته شد

الحکایة و التمثیل

ناگهی محمود شد سوی شکار / اوفتاد از لشگر خود بر کنار
پیر مردی خارکش می‌راند خر / خار وی بفتاد وی خارید سر
دید محمودش چنان درمانده / خار او افتاده و خر مانده ۱۷۱۰
پیش شد محمود و گفت ای بی‌قرار / یار خواهی، گفت خواهم ای سوار
گر مرا یاری کنی چه بود از آن / من کنم سود و ترا نبود زیان
از نکوروییت می بینم نصیب / لطف نبود از نکورویان غریب
از کرم آمد بزیر آن شهریار / برد حالی دست چون گل سوی خار
بار او و بر خر نهاد آن سرفراز / رخش سوی لشگر خود راند باز ۱۷۱۵
گفت لشگر را که پیری بارکش¹ / باخری می‌آید از پس خارکش²
ره فرو گیرید از هر سوی او / تا ببیند روی من آن روی او
لشگرش بر پیر بگرفتند راه / ره نماند آن پیر را جز پیش شاه
پیر با خود گفت با لاغر خری / چون برم راه اینت ظالم لشگری
گرچه می‌ترسید، چتر شاه دید / هم بسوی شاه رفتن راه دید ۱۷۲۰
آن خرک می‌راند تا نزدیک شاه / چون بدید او را، خجل شد پیر راه
دید زیر چتر روی آشنا / در عنایت³ اوفتاد و در عنا
گفت یارب با که گویم حال خویش / کرده‌ام محمود را حمال خویش
شاه با او گفت ای درویش من / چیست کار⁴ تو بگو در پیش من

---
۱ - در، مچ، پ، خارکش. ۲ - در، مچ، پ، بارکش. ۳ - مچ، خجالت. ۴ - مچ، کام.

گفت مـی دانی تـو کارم کژ مباز — خویشتن را اعـجـمـی ره[1] مساز
پیر مـردی ام مـعیـل و[2] بـار کش — روزو شب در دشت باشم خـار کش
خـار بفـروشم، خـرم نـان تهـی — می توانـی گـر مـرا نانی[3] دهـی
شهریـارش گفت ای پیـر نـژنـد — نرخ کن تـازر دهم، خـارت بچند
گفت ای شه این ز من ارزان مخـر — کـم بـنفـروشم زده هـمیـان زر
لشگرش گفتنـد ای ابلـه خموش — این دو جو ارزد، زهی ارزان فروش
پیـر گفتا این دو جـو ارزد ولیك — زین کم افتد این خریداریست نیك
مقبلی چـون دست بـرخـارم نهاد — خار من صد گونـه گلـزارم نهـاد
هر کـرا بـاید[4] چنین خاری خـرد — هـر بُن خـاری بـدینـاری خـرد
نـامـرادی خـار بسیـارم نهـاد — تـا چو اویی دست بـرخارم نهـاد
گرچه خـاری‌است کارزان[5] ارزد این — چون زدست اوست صدجان ارزد این

☆☆☆

دیگـری گفتش کـه ای پشت سپاه — نـاتوانم ، روی چـون آرم بـراه
مـن نـدارم قـوت و بـس عـاجـزم — ایـن چنین ره پیش نامـد هر گـزم
وادی دورسـت و راه مـشـکـلـش — من بمیـرم در نخستین مـنـزلـش
کـوههـای آتشیـن در ره بسیست — وین چنین کاری نـه کار هر کسیست
صد هـزاران سـر دریـن ره گوی شد — بس که خونها زین طلب[6] درجوی‌شد
صد هـزاران عقـل اینجا سر نهاد — وانك او ننهـاد سر، بر سر فتـاد[7]
در چنین راهی کـه مـردان بی ریـا — چـادری درسر[8] کشیـدنـد از حیـا
از چو من مسکین چه‌خیزد جزغبار — گـر کنـم عـزمی بمیـرم زار زار

---

۱ - در ، ای شه مج ، زین سان . پ ، صورت . ۲ - پ ، معطل . ۳ - در ، چیزی .
۴ - در، مج، پ خواهد. ۵ - در، خاریست این کی ارزان. مج، خاریست در راه یقین. ۶ - پ، سبب. ۷ - در ، نهاد. ۸ - در ، در رو.

عذرآوردن مرغان

هدهدش گفت ای فسرده چند ازین / تا بکی داری تو دل در بند ازین
چون ترا اینجایگه قدر اند کیست / خواه میرو خواه نی¹، هر دو یکیست
هست دنیا چون نجاست سر بسر / خلق می‌میرند در وی در بدر
صد هزاران خلق همچون کرم زرد / زار می‌میرند در دنیا بدرد
ما اگر آخر درین میریم خوار / به که در عین نجاست زار زار
این طلب گر از توو از من خطاست / گر بمیرم این دم از غم هم رواست
چون خطاها در جهان بسیار هست / یک خطا دیگر همان انگار هست
گر کسی را عشق بد نامی بود / به ز کناسی و حجامی² بود
گیرم این سودا ز طراری کم است / تو کمش گیر این مرا کمترغم است
گر ازین دریا³ تو دل دریا کنی / چون نظر آری همه سودا کنی
گر کسی گوید غرورست این هوس / چون رسی آنجا تو چون نرسید کس
در غرور این هوس گر جان دهم / به که دل در خانه و دکان نهم
این همه دیدیم و بشنیدیم⁴ ما / یک نفس از خود نگردیدیم ما
کار ما از خلق شد بر ما دراز / چند ازین مشت گدای بی نیاز
تا نمیری⁵ از خود و از خلق پاک / بر نیاید جان ما از حلق پاک
هرک او از خلق کلی مرده نیست / مُرد او⁶ کو محرم این پرده نیست
محرم این پرده جان آگه است / زندهٔ از خلق نامرد⁷ ره است
پای در نه گر تو هستی مرد کار / چون زنان دست آخر از دستان بدار

---

۱ - پ، پیر و یا جوان. ۲ - در، حمامی. و پس ازاین بیت در نسخه های در، مج، پ، بیت زیر اضافه است:
صد هزاران خلق درطراری اند / در پی دنیا و این مرداری اند
۳ - در، مج، سودا. پ، کی ازاین سودا. ۴ - مج، کردیم. ۵ - در پ، مج، نمیریم. ۶ - پ، مرده به. ۷ - در، مج، پ، نامرد.

تو یقین دان کین طلب گر کافریست کار اینست این نه کار سرسریست
بردرخت عشق بی‌بر گیست بار هرك دارد برگ این گو سردرآر
عشق چون در سینهٔ منزل گرفت جان آنکس‌را زهستی دل گرفت
مرد را این درد در خون افکند سرنگون از پرده بیرون افکند
یك دمش با خویشتن نکند رها بکشدش وانگاه خواهد خون بها
گر دهد آبیش ، نبود بی زحیر ور دهد نانش، بخون باشد خمیر
ور بود از ضعف عاجزتر ز مور عشق بیش آرد برو هرلحظه زور
مرد چون افتاد در بحر خطر کی خورد یك لقمه هرگز بی‌خبر[1]

الحکایه والتمثیل

شیخ نوقانی[2] بنیشابور شد رنج راه آمد برو رنجور شد
هفتهٔ با ژندهٔ در گوشهٔ گرسنه افتاده‌بد بی توشهٔ
چون برآمد هفتهٔ گفت ای اله گردهٔ نان[3] مرا کن سر براه
هاتفی گفتش برو این لحظه پاك جملهٔ میدان نیشابور خاك
چون بروبی خاك میدان سر بسر نیم جو زریابی ، نان خر تو بخور[4]
گفت اگر جاروب و غربالم بدی وجه نانی را چه اشکالم بدی
چون ندارم هیچ آبی بر جگر بی جگر نانیم ده خونم مخور
هاتفی گفتا که آسان بایدت خاك روبی کن اگر نان بایدت
پیر رفت و کرد زاریها بسی تا ستد جاروب و غربال از کسی
خاك می رفت و پیاپی می شتافت آخرین غربال ، آن زر باز[5] یافت
شادمان شد نفس‌او کان زر بدید رفت سوی نانوا و نان خرید

۱ - در ، مج ، پ ، بی‌جگر. ۲ - در ، بوقانی مج ، توقانی. پ، خرقانی ۳ - پ نان ده. ۴ - در ، مج ، پ ، نان خر بخور. ۵ - در ، ب ، مج ، زر پاره.

تا که مرد نانوا نانش بداد — شد همی جاروب و غربالش بیاد[1]
آتشی افتاد اندر جان پیر — درتگ استاد[2] و برآمد زونفیر
گفت چون من نیست سرگردان کنون — زر ندارم چون دهم تاوان کنون
عاقبت می‌رفت چون دیوانهٔ — خویش را افکند در ویرانهٔ
چون در آن ویرانه شد خوار و دژم — دید با جاروب خود غربال هم
شادمان شد پیر و پس گفت ای اله — این[3] چرا کردی جهان بر من سیاه
زهر کردی نان خوش[4] بر جان من — گو برو جان باز گیر این نان من
هاتفش گفتا که ای ناخوش منش — خوش نه‌آید هیچ نان، بی‌نان‌خورش[5]
چون نهادی نان تنها در کنار — در فزودم نان‌خورش، منّت بدار

الحکایه والتمثیل

بود آن دیوانه‌دل برخاسته — برهنه می‌رفت و خلق آراسته
گفت یا رب جبّهٔ ده محکمم — هم‌چو خلقان دگر کن خرّمم
هاتفش آواز داد و گفت هین — آفتاب گرم دادم در نشین
گفت یارب تا کیم داری عذاب — جبّهٔ نبود ترا به ز آفتاب
گفت رو ده روز دیگر صبر کن — تا ترا[6] یك جبّه بخشم بی سخن
چون بشد ده روز، مرد سوخته — جبّهٔ آورد بر هم دوخته
صد هزاران پاره بروی بیش بود — زانك آن بخشنده بس درویش بود
مرد مجنون گفت ای دانای راز — ژندهٔ بر دوختی زان روز باز
در خزانات جامها جمله[7] بسوخت — کین همه ژنده همی بایست دوخت
صد[8] هزاران ژنده برهم دوختی — این چنین درزی ز که آموختی

---

۱ ـ پ ، در ، مج ، زیاد. ۲ ـ مج ، پ ، افتاد. ۳ ـ پ ، از. ۴ ـ در ، مج ، پ، من.
۵ ـ در ، نانی بی‌خورش . ۶ ـ مج ، منت . ۷ ـ در ، پ ، جامه های تو . ۸ ـ این بیت د
مج، نیست.

کار آسان نیست با درگاه او — خاك می‌باید شدن در راه او
بس کسا کامد بدین درگه ز دور — گه‌بسوخت و گه فروخت[۱] از نار و نور
چون پس از عمری بمقصودی رسید — عین حسرت گشت و مقصودی ندید[۲]

الحکایه و التمثیل

رابعه در راه کعبه هفت سال — گشت بر پهلو زهی تاج‌الرجال
چون بنزدیك حرم آمد بکام — گفت آخر یافتم حجّی تمام
قصد کعبه کرد روز حج گزار — شد همی عذر زنانش آشکار
باز گشت از راه و گفت ای ذوالجلال — راه پیمودم بپهلو هفت سال
چون بدیدم روز بازاری چنین — او فکندی در رهم خاری چنین
یا مرا در خانهٔ من[۳] ده قرار — یا نه اندر خانهٔ خویشم گذار
تا نباشد عاشقی چون رابعه — کی شناسد قدر صاحب واقعه
تا تو می گردی درین بحر فضول — موج برمی‌خیزد از ردّ و قبول
گه زپیش کعبه بازت[۴] می‌دهند — گه درون دیر رازت[۵] می‌دهند
گر ازین گرداب سر بیرون کنی — هر نفس جمعیّتی افزون کنی
ور درین گرداب مانی مبتلا — سر بسی گردد ترا چون آسیا
بوی جمعیّت نیابی یك نفس — می‌بشولد[۶] وقت تو از یك مگس

الحکایه و التمثیل

بود در کنجی یکی دیوانه خوار — پیش او شد آن عزیز نامدار
گفت می بینم ترا اهلیّتی — هست در اهلیّتت جمعیّتی
گفت کی جمعیّتی یابم ز کس — چون خلاصم نیست از کیك و مگس

---

۱ - پ ، سوخت هم بفروخت هم . ۲ - مج ، مقصد ناپدید . ۳ - در ، مج ، پ ، خود .
۴ - در ، مج، پ ، بارت . ۵ - در ، مج ، پ ، زارت. ۶ - پ ، بشورد

عذرآوردن مرغان ۱۰۱

جملهٔ[1] روزم مگس دارد عذاب   جملهٔ شب نایدم از کیك خواب
نیم سارخکی[2] چو در نمرود شد   مغز آن سرگشته دل پردود شد
من مگر نمرود وقتم کز حبیب   کیك وسارخك[3] ومگس دارم نصیب

☆☆☆

دیگری گفتش گنه دارم بسی   با گنه چون ره برد آنجا کسی
چون مگس آلوده باشد بی خلاف   کی رسد[4] سیمرغ را در کوه قاف
چون زره سرتافت مرد پُر گناه[5]   کی تواند یافت قرب پادشاه

☆☆☆

گفت ای غافل مشو نومید ازو   لطف می‌خواه و کرم جاوید ازو
گر بآسانی نیندازی سپر   کار دشوارت شود[6] ای بی خبر
گر نبودی مرد تایب را قبول   کی بدی هرشب[7] برای او نزول
گر گنه کردی، درتوبه ست باز   توبه کن کین در نخواهد شد فراز
گر بصدق آیی درین ره تو[8] دمی   صد فتوحت پیش باز آید همی

الحکایه و التمثیل

کرده بود آن مرد بسیاری گناه   توبه کرد از شرم، باز آمد براه
بار دیگر نفس چون قوت گرفت   توبه بشکست و پی شهوت گرفت
مدتی دیگر ز راه افتاده بود   در همه نوعی گناه افتاده بود
بعد از آن دردی[9] درآمد در دلش   وز خجالت کار شد بس مشکلش
چون بجز بی حاصلی بهره نداشت   خواست تا توبه کند زهره نداشت
روز و شب چون قلیه وی[10] برتابهٔ   دل پرآتش داشت در[11] خونابهٔ
گر غباری در رهش پیوست[12] بود   ز آب چشم او همه بنشست[13] بود

---

۱ - این بیت درمج، نیست. ۲ - پ، مج ، پشه . ۳ - پ، پشه و کیك . ۴ - در، مج، پ ، سزد. ۵ - مج، بی گناه. ۶ - پ ، کار تو دشوار شد. ۷ - پ، هرگز . ۸ - در ، بدین درآئی از صدقی . ۹ - در ، ترسی . ۱۰ - در ، مج ، پ ، گندمی . ۱۱ - ق ۲ ، چون ۱۲ - در ، مج، پ ، افتاده . ۱۳ - در، مج، پ، بنشسته.

در سحرگه هاتفیش آواز داد — ساز گارش کرد، کارش ساز داد
گفت می گوید خداوند جهان — چون در[1] اول توبه کردی ای فلان
عفو کردم ، توبه بپذیرفتمت — می‌توانستم ولی نگرفتمت
بار دیگر چون شکستی توبه پاک — دادمت مهل و نگشتم خشم ناک
ورچنانست[2] این زمان ای بی خبر — آرزوی تو که باز آیی دگر
باز آی آخر که در بگشاده‌ایم — تو غرامت کرده باز[3] ایستاده‌ایم

الحکایه والتمثیل

یک شبی روح‌الامین در سدره بود — بانگ لبّیکی ز حضرت می‌شنود
بندهٔ گفت این زمان می‌خواندش — می‌ندانم تا کسی می‌داندش
این قدر دانم که عالی بنده‌ایست — نفس او مرده است او دل زنده‌ایست
خواست تا بشناسد او را آن زمان — زونگشت آگاه در هفت آسمان
در زمین گردید و در دریا بگشت — بار دیگر گرد عالم در بگشت[4]
هم ندیدآن بنده را ، گفت ای خدای — سوی او آخر مرا راهی نمای
حق تعالی گفت عزم روم کن — در میان دیر شو معلوم کن
رفت[5] جبریل و بدیدش آشکار — کان زمان می‌خواند بت را زار زار
جبرئیل[6] آمد از آن حالت بجوش — سوی حضرت باز آمد در خروش
پس[7] زفان بگشاد گفت ای بی‌نیاز — پرده کن در پیش من زین راز باز

---

۱ - پ ، تو . ۲ - مج ، پ ، در خیانت . ۳ - در ، پ ، ما . ۴ - در ، مج ، پ ، نه ز کوهش باز یافت و نه زدشت. در نسخه‌های در ، مج ، پ ، ابیات زیراضافه است:

سوی حضرت باز شد با صد شتاب — همچنان لبیک می‌آمد خطاب
از کمال غیرت او را سر بگشت — بار دیگر گرد عالم در بگشت

۵ - این بیت در نسخهٔ در ، نیست . ۶ - این بیت در نسخهٔ پ ، مج ، نیست . ۷ - این بیت در نسخهٔ مج ، نیست .

آنك در دیری كند بت را خطاب — تو بلطف خود دهی او را جواب
حق تعالی گفت هست او دل سیاه — می نداند، زان غلط كردست راه
گر ز غفلت ره غلط كرد آن سقط — من چو می‌دانم نكردم ره غلط
هم كنون راهش دهم تا پیشگاه — لطف ما خواهد شد او را عذرخواه
این بگفت و راه جانش بر گشاد — در خدا گفتن زفانش بر گشاد
تا بدانی تو كه این آن ملتست[1] — كانچ اینجا می‌رود بی علتست
گر[2] برین درگه نداری هیچ تو — هیچ نیست افكنده، كمتر پیچ تو
نه[3] همه زهد مسلّم می‌خرند — هیچ بر درگاه او هم می‌خرند

الحكایة و التمثیل

صوفیی می‌رفت در بغداد زود — در میان راه آوازی شنود
كان یكی گفت انگبین دارم بسی — می‌فروشم سخت ارزان، كو كسی
شیخ صوفی گفت ای مرد صبور — می‌دهی هیچی بهیچی، گفت دور
تو مگر دیوانهٔ ای بوالهوس — كس[4] بهیچی كی دهد چیزی بكس
هاتفی گفتش كه ای صوفی در آی — یك دكان[5] زینجا كه هستی برتر آی
تا بهیچی ما همه چیزت[6] دهیم — ور دگر خواهی بسی نیزت دهیم
هست رحمت آفتابی تافته — جملهٔ ذرّات را دریافته
رحمت او بین كه با پیغامبری — در عتاب آمد برای كافری

الحكایة و التمثیل

حق تعالی گفت قارون زار زار — خواند ای موسی ترا هفتاد بار
تو ندادی[7] هیچ باز او را جواب — گر بزاری یك رهم[8] كردی خطاب

۱ ـ ق ۲. منست. ۲ و ۳ ـ این دوبیت درمج، نیست. ۴ ـ در، كی. ۵ ـ در، دو گام. ب، مج، یك قدم. ۶ ـ پ، خیرت. ۷ ـ پ، نداری. ۸ ـ پ، دمم.

۱۰۴ مقامات‌الطیور

شاخ شرك از جان او بر کندمی   خلعت دین در سرش[1] افکندمی
کردی ای موسی بصد دردش هلاك   خاکسارش سر فرودادی بخاك
گر تو او را آفریده بودیی   در عذابش آرمیده بودیی
آنك بر بی رحمتان رحمت کند   اهل رحمت را ولی‌نعمت کند
هست دریاهای فضلش بی دریغ   دربرآن جرمها یك اشك میغ[2]
هرك را باشد چنان بخشایشی   کی تغیّر آرد از آلایشی
هرك او عیب گنه‌کاران کند   خویش را از خیل[3] جباران کند

الحکایه والتمثیل

چون بمرد آن مرد مفسد[4] در گناه   گفت می‌بردند تابوتش براه
چون بدید آن زاهدی، کرد احتراز   تا نباید کرد بر مفسد نماز
در شب آن زاهد مگر دیدش بخواب   در بهشت و روی همچون آفتاب
مرد زاهد گفتش آخر ای غلام   از کجا آوردی این عالی مقام
در گنه بودی تو تا بودی همه   پای تا فرقت بیالودی همه
گفت از بی‌رحمی[5] تو کردگار   کرد رحمت برمن آشفته کار
عشق بازی بین که[6] حکمت میکند   می کند این کار[7] و رحمت می کند
حکمت او در شبی چون پرّ زاغ   کودکی را می فرستد با چراغ
بعد از آن بادی فرستد تیزرو   کان چراغ او بکش، برخیز و رو
پس بگیرد طفل را در ره گذر   کز چه کشتی آن چراغ ای بی‌خبر
زان بگیرد طفل را تا در حساب   می کند با او بصد شفقت عتاب
گر همه کس جز نمازی نیستی   حکمتش را عشق بازی نیستی

---

۱ - پ، مج، برش.   ۲ - پ، عذرخواه جرم ما اشك است و میغ.   ۳ - پ، سرخیل.
۴ - در، مرد مفلس.   ۵ - در، پ، مج، بی‌رحمتی.   ۶ - در، چه.   ۷ - در، پ، انکار.

کار حکمت جز چنین نبود تمام — لاجرم خود این چنین آمد مدام
در ره او صد هزاران حکمتست — قطرهٔ را حصه[1] بحری رحمتست
روز و شب این هفت پرگار ای پسر — از برای تست در کار ای پسر
طاعت روحانیان از بهر تست — خلد ودوزخ عکس لطف وقهر تست
قدسیان جمله سجودت کرده اند — جزوو کل غرق وجودت کرده اند
از[2] حقارت سوی خود[3] منگر بسی — زانك ممکن نیست بیش از تو کسی
جسم[4] تو جزوست و جانت کل کل — خویش را عاجز مکن در عین ذُل
کل تو درتافت[5] جزوت شد پدید — جان تو بشتافت عضوت شد پدید
نیست[6] تن ازجان جدا، جزوی ازوست — نیست جان از کل جدا، عضوی ازوست
چون[7] عدد نبود درین راه واحد — جزو و کل گفتی نباشد تا ابد
صد هزاران ابر رحمت فوق تو — می‌ببارد تا فزاید شوق تو
چون درآید وقت رفعتهای کل[8] — از برای تست خلعتهای کل[9]
هرچ چندانی ملایك کرده‌اند — از پی تو بر[10] فذلك کرده‌اند
جملهٔ طاعات ایشان ، کردگار — بر نو خواهد کرد جاویدان نثار

الحکایه والتمثیل

گفت عبّاسه که روز رستخیز — چون زهیبت خلق افتد در گریز
عاصیان و غافلان را از[11] گناه — رویها گردد بیك ساعت سیاه
خلق بی سرمایه حیران مانده — هریك از نوعی پریشان مانده
حق تعالی از زمین تا نه فلك — صد هزاران ساله طاعت از ملك

---

۱ - پ ، زان حصه . ۲ - این بیت در مج ، نیست . ۳ - پ ، او . ۴ - این بیت در مج ، نیست . ۵ - در ، دریافت. این بیت در مج، نیست. ۶ و ۷ - این دو بیت در مج، نیست . ۸ و ۹ - در ، پ ، مج ، گل. ۱۰ - در، از برای تو. ۱۱ - در، در.

پاك بستانند همه از لطف پاك — و افکند اندر سر این مشت خاك
از ملایك بانگ خیزد کای اله — از چه برما می‌زنند این خلق[1] راه
حق تعالی گوید ای روحانیان — چون شما را نیست زین سود و زیان
خاکیانرا کار می گردد تمام — نان برای گرسنه باید مدام

✩✩✩

دیگری گفتش مخنّث[2] گوهرم — هر زمانی مرغ شاخ دیگرم
گاه رندم، گاه زاهد، گاه مست — گاه‌هست‌ونیست‌و گاهی‌نیست‌وهست
گاه نفسم در خرابات افکند — گاه جانم در مناجات افکند[3]
من میان هر دوحیران مانده[4] — چون کنم در چاه و زندان مانده[5]

✩✩✩

گفت باری[6] این بود در هر کسی — زانك مرد یك صفت نبود بسی
گر همه‌کس پاك بودی از نخست — انبیا را کی شدی[7] بعثت درست
چون بود در طاعتت دل بستگی — با صلاح آیی بصد آهستگی
تا که نکند کرّه[8] عمری سر کشی — تن[9] فرونـدهد بآرام و خوشی
ای تنورستان[10] غفلت جای تو — کردهٔ مطلوب سرتا پای تو[11]
اشك چون شنگرف اسرار دلست — سیرخوردن چیست، زنگار دلست
چون تو دایم نفس سگ را پروری — کم نه آید[12] از مخنث گوهری

الحکایه و التمثیل

گم شد از بغداد شبلی چند گاه — کس بسوی او کجا می‌برد راه

---

۱ - مج، قوم ۲ - مج، مقلب. ۳ - درنسخه های در، پ، مج، این بیت اضافه است:
گه برد، تابنگرم دیو ازرهم — گه فرشته با ره آرد ناگهم
۴ و ۵ - پ، مج، مانده‌ام. ۶ - در، پ، آری. مج، هدهد. ۷ - پ، بدی. ۸ - در، کوه پ، مج، کوه عمرت. ۹ - مج، سر. ۱۰ - در، سورستان. ۱۱ - این بیت در نسخهٔ در نیست. ۱۲ - پ، کمتر آید.

باز جستندش بهر موضع بسی	در مخنّث خانهٔ دیدش کسی
در میان آن گروهی بی ادب	چشم تر بنشسته بود و خشك لب
سایلی گفت ای برنگ[1] راز جوی	این چه جای تست آخر بازگوی
گفت این قومند[2] چون تردامنی	در ره دنیا نه[3] مرد و نه[4] زنی
من چو ایشانم ، ولی در راه دین	نه زنی در دین نه مردی چند ازین
گم شدم در ناجوانمردی خویش	شرم می‌دارم من از مردی خویش
هرك جان خویش را آگاه کرد	ریش خود دستار خوان راه کرد
همچو مردان دل خرد[5] کرد اختیار	کرد براستادگان عزت نثار
گر تو بیش آیی ز مویی[6] در نظر	خویشتن را از بتی باشی بتر[7]
مدح و ذمّت گر تفاوت می کند	بتگری باشی[8] که او بت می کند
گر تو حق را بندهٔ ، بت گر میاش	ور تو مرد ایزدی ، آزر مباش
نیست ممکن در میان خاص و عام	از مقام بندگی برتر مقام
بندگی کن بیش[9] ازاین دعوی مجوی	مرد حق شو، عزت از عُزّی مجوی
چون ترا صد بت بود در زیر دلق	چون نمایی خویش را صوفی بخلق
ای مخنّث ، جامهٔ مردان مدار	خویش‌را زین بیش[10] سر گردان‌مدار

الحکایه والتمثیل

در خصومت آمدند و در جفا	دو مرقّع پوش در دارالقضا
قاضی ایشانرا بکنجی برد باز	گفت‌صوفی خوش نباشد جنگ‌ساز
جامهٔ تسلیم در بر کرده اید	این خصومت از چه درسر کرده اید
گر شما هستید اهل جنگ و کین	این لباس از سر براندازید هین

۱ ـ در ، مج ، پ ، بزرگ. ۲ ـ در، زدنیا. ۳ و ۴ ـ پ ، مج ، چه. ۵ ـ پ ، مج ، دل خود. ۶ ـ در، یك مو. ۷ ـ پ، بهتر. ۸ـ ق ۲، باشد. ۹ ـ پ، پیش. ۱۰ـ پ ، پیش.

ور شما این جامه را اهل آمدید[1]   در خصومت از سر جهل آمدید[2]
من که قاضی ام نه مرد معنوی[3]   زین مرقّع شرم می دارم قوی
هردو را برفرق مقنع داشتن   به بود زین سان مرقّع داشتن
چون تو نه مردی نه زن[4] درکار عشق   کی توانی کرد حل اسرار عشق
گر بسرّ[5] راه عشقی مبتلا   برفکن برگستوانی از بلا
گر بدعوی عزم این میدان کنی   سردهی برباد و ترك جان کنی
سر بدعوی بیش ازین مفراز تو   تا برسوایی نمانی باز تو

الحکایه والتمثیل

بود اندر مصر شاهی نامدار   مفلسی برشاه عاشق گشت زار
چون خبر آمد ز عشقش شاه را   خواند حالی عاشق گم راه را
گفت چون عاشق شدی برشهریار   از دوکار اکنون یکی کن اختیار
یا بترك شهر ، وین کشور بگوی   یا نه ، در عشقم بترك سر بگوی
با تو گفتم کار تو یك‌بارگی   سربریدن خواهی[6] یا آوارگی
چون نبود آن مرد عاشق مرد کار   کرد او را شهر[7] رفتن اختیار
چون برفت آن مفلس بی‌خویشتن   شاه گفتا سر ببرّیدش ز تن
حاجبی گفتا که هست او بی گناه   از چه سر برّیدنش فرمود شاه
شاه گفتا زانك[8] او عاشق نبود   در طریق عشق من[9] صادق نبود
گر چنان بودی که بودی مرد کار   سر بریدن کردی[10] اینجا اختیار
هرك سر بر وی[11] به از جانان بود   عشق ورزیدن برو[12] تاوان بود

---

۱ و ۲ - در، آمدند. ۳ - در ، مفتوی. ۴ - در ، زنی . ۵ - مج ، بسر در . پ ، تو برسر .
۶ - مج ، پ ، خواه. ۷ - در، مج ، پ ، از شهر. ۸ - در ، گفت از آنکه. ۹ - مج، عاشقی.
در ، عشق‌ما . ۱۰ - پ ، کرد. ۱۱ - او را سر. ۱۲ - در ، ورا .

گر ز من او سر بریدن خواستی   شهریار از مملکت برخاستی
بر میان بستی کمر در پیش او   خسرو عالم شدی درویش او
لیک چون در عشق دعوی‌دار بود   سر بریدن سازدش نهمار[1] زود
هر که در هجرم[2] سرسر دارد او   مدّعیّست[3] دامن تر دارد او
این بدان گفتم[4] که تا هر بی‌فروغ   کم زند در عشق ما لاف دروغ

☆☆☆

دیگری گفتش که نفسم دشمن است   چون روم ره زانک همره ره‌زنست
نفس سگ هرگز نشد فرمان برم   من ندانم[5] تا ز دستش جان برم
آشنا شد گرگ در صحرا مرا   وآشنا نیست[6] این سگ رعنا مرا
در عجایب مانده‌ام زین[7] بی وفا   تا چرا می‌اوفتد در آشنا

☆☆☆

گفت ای‌سگ درجوالت کرده خوش   هم‌چو خاکی پای مالت کرده خوش
نفس تو هم احول و هم اعورست   هم سگ و هم کاهل و هم کافرست
گر کسی بستایدت اما دروغ   از دروغی نفس تو گیرد فروغ
نیست روی آن که این سگ به شود   کز دروغی این چنین فربه شود
بود در اول همه بی‌حاصلی   کودکی و بی‌دلی و غافلی
بود در اوسط همه بیگانگی   وز جوانی شعبهٔ دیوانگی
بود در آخر که پیری بود کار   جان خرف، در مانده تن گشته نزار
با چنین عمری بجهل آراسته   کی شود این نفس سگ پیراسته
چون ز اوّل تا بآخر غافلیست   حاصل‌ما لاجرم بی حاصلیست
بنده دارد در جهان این سگ بسی   بندگی سگ کند آخر کسی

---

۱ - مج ، ناچار . پ ، تیمار. ۲ - در ، پ ، عشقم. این بیت در مج، نیست. ۳ - در ، مج ، پ ، مدعیست و. ۴ - در، کردم. ۵ - در ، پ، می‌ندانم . ۶ - در، نه. ۷ - در، وین.

با[1] وجود نفس بودن ناخوش است — زانك نفست دوزخی پر آتش است
گه[2] بدوزخ در سعیر شهوتست — گاه در وی زمهریر نخوتست
دوزخ[3] الحق زان‌خوش‌است ودل‌پذیر — کو دو مغزست[4] آتش است وزمهریر
صد هزاران دل بمرد از غم همی — وین سگ کافر نمی‌میرد دمی

الحکایه والتمثیل

یافت مردی[5] گورکن عمری دراز — سایلی گفتش که چیزی گوی باز
تا چو عمری گورکندی در مغاك — چه عجایب دیدهٔ در[6] زیر خاك
گفت این دیدم عجایب حسب[7] حال — کین سگ نفسم همی هفتاد سال
گورکندن دید و یك ساعت نمرد — یك دمم فرمان یك طاعت نبرد

الحکایه والتمثیل

یك شبی عبّاسه گفت ای حاضران — این همه گر پر شوند[8] از کافران
پس همه[9] از ترکمانی پر فضول — از سر صدقی کنند[10] ایمان قبول
این تواند بود، امّا آمدند — انبیا این صد هزار و بیست و اند
تا شود این نفس کافر یك[11] زمان — یا مسلمان یا بمیرد در میان
این نیارستند کرد و آن رواست — در میان چندین تفاوت ازچه خاست
ما همه در حکم نفس کافریم — در درون خویش کافر[12] پروریم
کافریست[13] این نفس نافرمان چنین — کشتن او کی بود آسان چنین

---

۱ و ۲ و ۳ - این سه بیت در نسخهٔ پ. نیست. ۴ - مج ، مغزت. ۵ - پ ، مرد.
۶ - پ ، از عجایب هیچ دیدی. ۷ - در ، مج ، پ ، چیست. ۸ - ق ۱ ، هین کو برنده . مج .
کی تهی گردد جهان . ۹ - در ، آنهمه . ۱۰ - در ، کند. ۱۱ - در ، در. ۱۲ - پ ، اورا .
۱۳ - در ، کافرست.

چون‌مدد می گیرد[1] این نفس ازدوراه — بس عجب باشد اگر گردد تباه
دل سوار مملکت آمد مقیم — روز و شب این نفس سگ اورا ندیم
اسب[2] چندانی که می‌تازد سوار — بر بر او[3] می‌دود سگ در شکار
هرك[4] دل از حضرت جانان گرفت — نفس از دل نیز هم چندان گرفت
هرك این سگ را بمردی کرد بند — در دو عالم شیر آرد در کمند
هرك این سگ را زبون خویش کرد — گرد کفشش را نیابد[5] هیچ مرد
هرك این سگ را نهد[6] بندی گران — خاك او بهتر ز خون دیگران

الحکایه والتمثیل

ژندهٔ پوشید، می شد پیر راه[7] — ناگهان او را بدید آن پادشاه
گفت من به یاتو، هان ای ژنده‌پوش — پیر گفت ای بی‌خبر، تن زن خموش
گرچه ما را خود ستودن[8] راه نیست — کانك او خود را ستود آگاه نیست
لیك چون شد واجبم، چون من‌یکی — به ز چون تو صد هزاران، بی‌شکی
زانك جانت روی[9] دین نشناختست — نفس تو از تو خری برساختست
وانگهی[10] برتو نشسته ای امیر — تو شده در زیر بار[11] او اسیر
برسرت افسار کرده روز و شب — تو بامر او فتاده در طلب
هرچ فرماید ترا، ای هیچ کس — کام و ناکام آن توانی کرد و بس
لیك چون من سرّدین[12] بشناختم — نفس سگ[13] را هم خر خود ساختم
چون خرم شد نفس، بنشستم برو — نفس سگ برتست، من هستم برو
چون خرمن برتو می گردد سوار — چون منی بهتر ز چون تو صد هزار

۱ - در، میکرد. مج، هوا میگیرد. ۲ - پ، است. ۳ - در، هم براو. مج، پ، در برابر. ۴ - در، مج، پ، هرچه. ۵ - در، در نیاید. ۶ - در، مج، پ، کند. ۷ - در، سربراه. ۸ - در، بتو آن. ۹ - در، مج، پ، ذوق. ۱۰ - این بیت در مج، نیست. ۱۱ - در، پای. ۱۲ - در، این. پ، دل. ۱۳ - در، خود.

ای گرفته بر سگ نفست خوشی در تو افکنده ز شهوت آتشی
آب تو آرایش[۱] شهوت ببرد از دلت وزتن زجان قوّت[۲] ببرد
تیرگیّ دیده و کرّیّ گوش پیری و نقصان عقل و ضعف هوش
این و صد[۳] چندین سپاه و لشگرند سر بسر میر اجل را چاکرند
روز و شب پیوسته لشگر می رسد یعنی از پس میرما در می‌رسد[۴]
چون درآمد از همه سویی سپاه هم تو باز افتیّ و هم نفست ز راه
خوش خوشی بانفس سگ[۵] درساختی عشرتی با او بهم برساختی[۶]
پای‌بست عشرت او آمدی زیردست قدرت او آمدی
چون درآید گرد تو شاه و حشم تو جدا افتی زسگ، سگ از توهم
گر زهم اینجا جدا خواهید شد پس بفرقت مبتلا خواهید شد
غم مخور گر باهم اینجا کم رسیم[۷] زانك در دوزخ خوشی باهم رسیم[۸]

الحکایه والتمثیل

آن دو روبه چون بهم همبر شدند پس بعشرت جفت یك دیگر شدند
خسروی در دشت شد با یوز و باز آن دو روبه‌را زهم افکند باز
ماده می‌پرسد ز نر، کی رخنه جوی ما کجا باهم رسیم، آخر بگوی
گفت اگر ما را بود از عمر بهر بردکان پوستین دوزان شهر

☆☆☆

دیگری گفتش که ابلیس از غرور راه برمن می‌زند وقت حضور
من چو بااو بر نمی‌آیم بزور در دلم از غبن[۹] آن افتاد شور

۱ - در، پ ، مج ، آن آتش . ۲ - در ، دل تو رتبت. مج ، دلت قوت زتن رتبت. پ ، دلت نور وز تن . ۳ - پ ، اینهمه . ۴ - پ ، از پیش و پس در میرسد . ۵ - در ، خود . ۶ - پ ، پرداختی. ۸ و ۷ - پ ، رسید. ۹ - در ،عشق. مج پ، غم‌او. این‌بیت درق۲نیست

چون کنم کز وی نجاتی باشدم — وزمی معنی حیاتی[1] باشدم
گفت تا پیش توست[2] این نفس سگ — از برت ابلیس نگریزد[3] بتگ
عشوهٔ ابلیس ازتلبیس تُست — در تو یک یک آرزو ابلیس تست
گر کنی یک آرزوی خود تمام — در تو صد ابلیس زاید والسلام
گلخن دنیا که زندان آمدست — سر بسر اقطاع شیطان آمدست
دست از اقطاع او کوتاه دار — تا نباشد هیچ کس را[4] با تو کار

الحکایه والتمثیل

غافلی شد پیش آن صاحب چله — کرد از ابلیس بسیاری گله
گفت ابلیسم زد ازتلبیس راه — کرد دین برمن بطراری تباه
مرد گفتش ای جوامرد[5] عزیز — آمده بد[6] پیش ازین ابلیس نیز
مشتکی بود از تو و آزرده بود — خاک از ظلم تو برسر کرده بود
گفت دنیا جمله اقطاع منست — مرد من نیست آنک دنیا دشمنست
تو بگو او را که عزم راه کن — دست از دنیای من کوتاه کن
من بدینش می کنم آهنگ سخت — زانک در دنیای من زد چنگ سخت
هرک بیرون شد ز اقطاعم[7] تمام — نیست با او هیچ کارم والسلام

الحکایه والتمثیل

مالک دینار را گفت آن عزیز — من‌ندانم حال خود، چونی تو نیز
گفت بر خوان‌خدا نان می‌خورم — پس همه فرمان شیطان می‌برم[8]

---

۱ - در، نجاتی. ۲ - در، در پیش تست. ۳ - در، بگریزد. ۴ - پ، هیچ اورا.
۵ - در، پ، مج، جوانمرد. ۶ - پ، آمد و شد. ۷ - پ، اقطاعش. ۸ - در مج، بیت زیر اضافه است:
مالک دینار گفت ای نیکمرد — اینچنین‌شیطان ترا چون‌صید کرد

دیوت از ره بـرد ولاحولیت نیست — از مسلمانـی[1] بجز قـولیت نیست
در غـم دنـیـا گرفـتـار آمـدی — خاك بـرفرقت کـه مردار آمـدی
گر ترا گفتم که کن دنـیـا نثار — این زمان مـی گویمت محکم بـدار
چون بدودادی توهردولت که هست — کـی توانـی دادن آسانش ز دست
ای ز غـفـلت غـرقـهٔ دریـای آز — می‌ندانی کزچه می‌مـانی تو بـاز
هـردوعـالم در لـبـاس تـعـزیت — اشك مـی‌بـارند و تـو در معصیت
حبّ دنـیـا ذوق[2] ایـمـانت ببـرد[3] — آرزو و آز تـو جـانت بـبـرد[4]
چیست دنیا ، آشیـان حرص و آز — مـانـده از فـرعون وز نمرود بـاز
گاه قـارون کرده[5] قی[6] بگـذاشته — گـاه شـدّادش بشدّت داشـتـه
حق تـعـالی کـرده[7] لاشی نـام او — تو بجـان[8] آویـخـتـه در دام او
رنج این دنـیـای دون تـا کی تـرا — لاشهٔ نـابوده زین لاشی تـرا
تو بمانده روز و شب حیران و مست — تـا دهـد یك ذرّه زین لاشیء دست
هـرك در یـك ذرّه لاشی گم بـود[9] — کی بود ممکن کـه او مردم بود[10]
هـرك را بگسست در لاشیء دم — او بود صدبـاره از لاشیٔ کـم
کار دنـیـا چیست ، بی‌کاری همـه — چیست بی‌کاری ، گرفـتـاری همـه
هست دنـیـا آتش افـروخـتـه — هـر زمـان خلقی دگر را سوختـه
چون شود این آتـش سوزنـده تـیـز — شیـر مـردی گـر ازو گیـری گریز
همچو شیران چشم ازین آتش بدوز — ورنـه چون پروانـه زین آتش بسوز
هرك[11] چون پروانه شد آتش پرست — سوختن را شایـد آن مغـرور مست

---

۱ - ق۱ ، در، مج ، پ ، مسلمانان. ۲ - در، رمق. مج ، پ ، ذوق. ۳ - در، مج ، پ، برد ۴- در، برجانت برد پ، برد مج، آز او جانت برد . ۵ - پ ، مج ، رفته‌و. ۶- در، کرده و. ۷- در ، مج ، پ ، گفت. ۸ - در ، مج ، پ ، چنین . ۹ و ۱۰ - در ، شود . ۱۱ - این بیت ، در نسخهٔ در، نیست.

این همه آتش ترا در پیش و پس — نیست ممکن گر نسوزی[1] هر نفس
در نگر تا هست جای آن ترا — کین چنین آتش نسوزد[2] جان ترا

الحکایه والتمثیل

خواجهٔ می گفت در وقت نماز — کای خدا رحمت کن و کارم بساز
آن سخن دیوانهٔ بشنید ازو — گفت رحمت می‌بپوشی زود ازو
تو ز ناز خود نگنجی در جهان — می‌خرامی از تکبّر هر زمان
منظری سر بر فلك افراشته — چار دیوارش بزر بنگاشته
ده غلام و ده کنیزك کرده راست — رحمت اینجا کی بود بر پرده راست
خود تو بنگر تا تو با[3] این جمله‌کار — جای[4] رحمت داری آخر شرم‌دار
گر چومن یك گرده[5] قسمت داریی — آنگهی تو جای رحمت داریی
تا نگردانی ز ملك و مال روی — یك نفس ننمایدت این حال روی
روی این ساعت بگردان از همه — تا شوی فارغ چو مردان از همه

الحکایه والتمثیل

پاك دینی گفت مشتی حیله‌جوی — مرد را در نزع گردانند[6] روی
پیش ازین این بی‌خبر را بردوام — روی گردانیده بایستی مدام
برگ‌ریزان شاخ بنشانی[7] چه سود — روی چون‌اکنون[8] بگردانی چه سود
هر کرا آن لحظه گردانند روی — او جُنب میرد تو زو[9] پاکی مجوی

☆☆☆

دیگری گفتش که من زر دوستم — عشق زر چون مغز شد در پوستم

---

۱ - پ، مج، بسوزی. ۲ - در ، بسوزد. ۳ - در ، تا تو این. مج، تا تو با این‌کار و بار. ۴ - پ ، چشم. ۵ - در، گر چو گرده مرگ . ۶ - در، گرد آیند. ۷ - در ، نیسانی. ۸ - در ، کیوان. ۹ - پ ، از او.

تا مرا چون گل زری نبود بدست   همچو گل خندان بنتوانم نشست
عشق دنیا و زر دنیا مرا[1]   کرد پر دعوی و بی‌معنی مرا

✡✡✡

گفت ای از صورتی حیران شده   از دلت صبح صفت پنهان شده
روز و شب تو روزکوری[2] مانده   بستهٔ صورت چو موری ماندهٔ
مرد معنی باش ، در صورت مپیچ   چیست معنی اصل صورت چیست، هیچ[3]
زر بصورت رنگ گردانیده سنگ   تو چو طفلان[4] مبتلا گشته برنگ[5]
زر که مشغولت کند از کردگار   بت بود ، در خاکش افکن زینهار
زر اگر جایی بغایت درخورست   هم برای قفل فرج استر است
نه کسی‌را از زر تو یاریی   نه ترا هم نیز برخورداریی
گر تو یك جو زر دهی درویش را   گاه اورا خون خوری گه خویش را[6]
تو[7] بپشتیّ زری با خلق دوست   داغ پهلوی تو بر پشتیّ اوست
ماه[8] نو مزد دکان می‌بایدت   چه دکان آن[9] مزد جان می‌بایدت
جان[10] شیرینت شد و عمرعزیز   تا درآمد از دکانت یك‌پشیز
این همه چیزی بهیچی داده تو   پس چنین دل بر همه بنهاده تو
لیك صبرم هست تا در زیر دار   نردبانت از زیر[11] بکشد روزگار
در[12] جهان چندانك آویزت بود   هریکی صد آتش‌تیزت بود
غرق دنیا هم بباید[13] دینت نیز   دین بنیزی[14] دست ندهد ای عزیز

۱- در ، مرمرا . ۲- ق ۲ ، چون روزکوری . در ، در روز کوری . ۳- پ ، هیچ هیچ .
۴- پ . مج ، طفلی . ۵ - در ، به‌ننگ . ۶ - در نسخ در ، پ ، مج ، بیت زیر اضافه است :
نه چو عمروی و چو زیدی بایدت   گر جوی بدهی جنیدی بایدت
۷ و ۸ - در نسخهٔ در ، نیست . ۹ - پ ، مج ، از . ۱۰- این بیت در نسخهٔ در، نیست . ۱۱ - پ، نردبانت زیر. ۱۲- این‌بیت درپ، نیست. ۱۳- پ.نباید. ۱۴- در،سرت.پ، بدنیا مج ،دین‌ودنیا.

عذرآوردن مرغان ۱۱۷

تو فراغت جویی اندر مشغله | چون نیابی ، در تو افتد ولوله
نفقهٔ[۱] چیزی که داری چارسو | لن تنالوا البرّ حتی تنفقوا
هرچ هست آن ترك می‌باید گرفت | گر[۲] بود جان، ترك می‌باید گرفت
چون ترا دردست‌جان نتوان گذاشت | مال وملك واین وآن‌نتوان گذاشت
گر پلاسی خواب‌گاهت آمدست | آن پلاست[۳] بندراهت آمدست
آن پلاست[۴] خوش بسوز ای‌حق‌شناس | تاکی از تزویر با حق هم پلاس
گر نسوزی[۵] آن پلاس اینجا ز بیم | کی رهی[۶] فردا زپهنای گلیم
هرك صید وای خود شد وای او[۷] | گم شود از وای سر تا پای او[۸]
وا دوحرف آمد ، الف واو ای غلام | هردو را درخاك [و] خون‌بینی مدام[۹]
واو را[۱۰] بین در میان‌خون قرار | پس الف را بین میان‌خاك خوار

الحکایه والتمثیل

نو مریدی داشت اندك مایه زر | کرد زر پنهان ز شیخ خود مگر
شیخ می دانست، چیزی می نگفت | همچنان می‌داشت او زر در نهفت
آن مرید راه و پیر راهبر | هر دو می‌رفتند با هم در سفر
وادییشان پیش آمد بس سیاه | واشکارا شد درآن وادی دو راه
مرد می‌پرسید[۱۱] زانکش[۱۲] بود زر | مرد را رسوا کند بس‌زود زر
شیخ را گفتا چو شد پیدا دو راه | در کدامین ره رویم اینجایگاه
گفت معلومت بیفکن کان خطاست | پس بهر راهی که خواهی شد رواست
گر کسی را جفت گیرد سیم او | دیو بگریزد بتگ از بیم او
در حساب یك‌جو از زرّ حرام | موی بشکافد بطراری مدام

۱ - در ، پ ، مج ، کن. ۲ - در ، پ ، مج، زانکه. ۳ - پ ، سد . ۴ - پ ، پلاس خود . ج، پلاس‌اینجا . ۵ - ق۲ ، بسوزی . ۶ - پ، رسی. ۷ و۸ - در، تو ۹- در، والسلام. ۱۰- این یت در نسخهٔ در ، نیست. ۱۱- در ، مج، پ، می ترسید . ۱۲ - ق ۲ ، آنکس.

باز در دین چون خرلنگ آید[1] او دست زیر سنگ بی سنگ آید[2] او
چون بطراری رسد ، سلطان بود چون بدین‌داری رسد ، حیران بود
هرك را زر راه زد ، گم ره بماند[3] پای بسته در درون چه بماند[4]
یوسفی ، پرهیز کن زین چاه ژرف دم مزن کین چاه دم دارد شگرف

الحکایه والتمثیل

رفت شیخ بصره پیش رابعه گفت ای درعشق صاحب واقعه
نکتهٔ کز هیچ کس نشنیدهٔ بر کسی نه خواندی نه دیدهٔ
آن ترا از خویشتن روشن شدست آن بگو کز شوق جان من شدست
رابعه گفتش که ای شیخ زمان چند پاره[5] رشته بودم ریسمان
بردم و بفروختم خوش[6] شد دلم دو درست سیم آمد حاصلم
هر دو نگرفتم[7] بیك دست آن زمان این درین دستم گرفتم آن در آن
زانك ترسیدم که چون شد سیم جفت راه زن گردد فرو نتوان گرفت[8]
مرد دنیا جان و دل در خون نهد صد هزاران دام دیگر گون نهد
تا بدست آرد جوی زر از حرام چون بدست آرد بمیرد والسلام
وارث او را بود آن زر حلال او بماند در غم و زور[9] وبال
ای بزر سیمرغ را بفروخته دل ز عشق زر چو شمع افروخته
چون درین ره می نگنجد موی در[10] نیست کس را گنج[11] گنج و روی‌زر
گر قدم در ره نهی ای هم‌چو مور از سر مویی بگیرندت بزور
چون سر مویی محابا روی نیست هیچ کس را زهرهٔ این کوی نیست

---

۱ و ۲ - در ، آمد . ۳ و ۴ - پ ، بود. مج ، شد . ۵ - مج ، کرت . ۶ - در ، مج ، پ، خوش شد دلم . ۷ - در، مج ، بگرفتم. ۸ - در ، پ ، مج ، شب ز بیم راه‌زن نتوان بخفت . ۹- در درغم و زر . پ ، بهرآن زر در . مج ، در غم و رنج . ۱۰ - پ ، سر . ۱۱ - پ ، بسرگ .

الحکایه والتمثیل

عابدی کز حق سعادت داشت او / چارصد ساله عبادت داشت او
از میان خلق بیرون رفته بود / راز زیر پرده با حق گفته بود
هم دمش حق بود و اوهمدم[1] بس‌است / گرنباشد او و دم، حق هم بس است
حایطی بودش درختی در میان / بر درختش کرد مرغی آشیان
مرغ خوش الحان وخوش آواز بود / زیر یك آواز او صد راز بود
یافت عابد از خوش آوازی او / اندکی انسی بدمسازی او
حق سوی پیغامبر آن روزگار / روی[2] کردو گفت ، با آن مرد کار[3]
می ببایدگفت ، کاخر ای عجب / این همه طاعت بکردی روز و شب
سالها از شوق من می‌سوختی / تا بمرغی آخرم بفروختی
گرچه بودی مرغ زیرك ازکمال / بانگ مرغی کردت آخر در جوال
من ترا بخریده و آموخته / تو ز ناأهلی مرا بفروخته[4]
من خریدار تو ، تو بفروختیم[5] / ما وفاداری ز تو آموختیم[6]
تو بدین ارزان فروشی هم مباش / هم‌دمت ماییم ، بی هم‌دم مباش

☆☆☆

دیگری گفتش دلم پر آتش است / زانك زاد و بودمن جای خوش است
هست قصری زرنگارو دلگشای / خلق را نظارهٔ او جان فزای
عالمی شادی مرا حاصل ازو / چون توانم برگرفتن دل ازو
شاه مرغانم در آن قصر بلند / چون کشم آخر درین وادی گزند

---

۱ - مج، حق همدم. ۲ - در ، مج ، پ ، وحی . ۳- بیت‌زیر درمج، اضافه است :
از زبان ما عتاب آغاز کرد / پس در واخواست از وی بازکرد
۴ - مج، نفروخته. ۵ - پ، بفروختم. ۶- پ، ما خریداری بتوآموختم. این‌بیت درمج ، نیست.

شهریاری چون دهم کلی زدست　　چون کنم بی آن‌چنان قصری‌نشست

هیچ عاقل رفت از باغ ارم　　تا که بیند[1] در سفر داغ و الم

☆☆☆

گفت ای دون همّت نامرد تو　　سگ نهٔ گلخن چه خواهی کرد تو

گلخنست این جملهٔ دنیای دون　　قصر تو چندست ازین گلخن کنون

قصر تو گر خلد جنّت[2] آمدست　　با اجل زندان محنت آمدست

گر نبودی مرگ را برخلق دست　　لایق افتادی درین منزل نشست

الحکایه والتمثیل

شهریاری کرد قصری زرنگار　　خرج شد دینار بر وی صد هزار

چون شد آن قصر بهشت آسا تمام　　پس گرفت از فرش و آرایش نظام

هر کسی می‌آمدند از هر دیار　　پیش خدمت با طبقهای نثار

شه حکیمان و ندیمان را بخواند　　پیش خویش آورد و بر کرسی‌نشاند

گفت این قصرمرا در هیچ حال　　هیچ باقی هست ازحسن[3] و کمال

هر کسی گفتند در روی زمین　　هیچ کس نه دیدو نه بیند چنین[4]

زاهدی برجست ، گفت ای نیک‌بخت　　رخنهٔماندست و آن[5] عیباست سخت

گر نبودی قصر را آن رخنه عیب　　تحفه دادی قصر فردوسش ز غیب

شاه گفتا من ندیدم رخنهٔ　　هم برانگیزی[6] تو جاهل فتنهٔ

زاهدش گفت ای بشاهی سرفراز　　رخنهٔ هست آن ز عزرائیل باز

بوك آن رخنه توانی کرد سخت　　ورنه چه قصر تو و[7] چه تاج و تخت

---

۱ - در ، مج ، پ ، تا گزیند . ۲ - در ، پ ، مج ، خلدوجنت . ۳ - در ، مج ، حق .
۴ - پ، کس ندید و نه ببیند همچنین . ۵ - در، مج ، بدان . ۶ - در، مج، پ ، می‌برانگیزی .
۷ - در ، مج ، چه گلخن وچه .

عذر آوردن مرغان ۱۲۱

گرچه این قصرست[1] خرّم چون بهشت — مرگ برچشم تو خواهد کرد زشت
هیچ باقی نیست، هست اینجای زیست — لیك باقی نیست، این را حیله چیست
از[2] سرای[و] قصر خود چندین مناز — رخش کبر و سرکشی چندین متاز
گر کسی از خواجگیِ و جای تو — با تو عیب تو بگوید وای تو

الحکایه والتمثیل

کرد آن بازاریی آشفته کار — از سر عجبی سرایی زرنگار
عاقبت چون شد سرای او تمام[3] — دعوتی آغاز کرد از بهر عام
خواند خلقی را بصد ناز و طرب — تا سرای او ببینند ای عجب
روزدعوت، مرد بی‌خود می‌دوید — از قضا دیوانهٔ او را بدید
گفت خواهم این زمان کایم بتگ — برسرای تو ریم ای خام رگ
لیك مشغولم ، مرا معذور دار — این بگفت و گفت زحمت دور دار

الحکایه والتمثیل

دیدهٔ آن[4] عنکبوت بی قرار[5] — در خیالی می گذارد روزگار
پیش گیرد وهم دور اندیش را — خانهٔ سازد بکنجی خویش را
بوالعجب[6] دامی بسازد از هوس — تا مگر در دامش افتد[7] یك مگس
چون مگس افتد بدامش سرنگون — برمکد ازعرق آن سرگشته خون
بعد از آن خشکش کند برجایگاه — قوت خود سازد ازو تا دیرگاه
ناگهی باشد که[8] آن صاحب سرای — چوب اندر دست ، استاده[9] بپای
خانهٔ آن عنکبوت و آن مگس — جمله نا پیدا کند در یك نفس

---

۱ ـ در ، مج ، پ ، قصریست در ، گرچه خوش قصرست و . ۲ ـ پ ، بر . ۳ـ در ، مج ، عاقبت خورشیدی رای‌او تمام . ۴ـ پ ، تو . ۵ـ ق ۲ ، آن بی‌قرار . ۶ ـ مج، بوالهوس.
۷ ـ در ، مج ، آید ، ۸ ـ در ، گر . ۹ ـ در ، ننشیند . پ ، برخیزد .

۱۲۲ مقامات‌الطیور

هست دنیا، وانك در وی ساخت‌قوت چون مگس در خانـهٔ آن عنکبوت
گـر همـه دنـیا مسلّـم آیـدت[1] گم شود تـا چشم برهم آیـدت
گـر بشاهی سرفـرازی می‌کنـی طفـل راه[2] پرده‌بـازی می‌کنـی
ملك مطلب گر نخوردی مغز خر ملك گاوانرا دهنـد ای بی‌خبـر
هرك از کوس و علم درویش نیست مُرد او، کان بانگ‌بادی[3] بیش‌نیست
هست بادی در علم، در کوس بانگ بـاد بانگی کمتر ارزد نیم دانـگ
ابلـق بیهودگـی چنـدیـن متـاز در غـرور خواجگـی چنـدین منـاز
پوست آخـر درکشیدند از پلنـگ درکشند آخر ز تو هـم[4] بی‌درنـگ
چون محـال آمـد پـدیدار آمـدن گـم شدن به یـا نگـو سار[5] آمـدن
نیست ممکن سر فـرازی کـردنت سر بنـه تـا کـی ز بـازی کـردنت
یا بنه[6] ایـن سروری دیگـر مکـن یـا ز سربـازی بنـه در سـر مکـن
ای سـرای و بـاغ تو زنـدان تـو وای جـانت ، وابـلای[7] جـان تـو
در گـذر زین خاکـدان پرغـرور چنـد پیمایی جهـان ای ناصبـور[8]
چشم همّـت بر گشـای و ره ببـین پس قـدم در ره نـه و در گـه ببـین
چون رسانیدی بدان درگاه جـان خود نگنجی تـو ز عـزّت در جهـان

الحکایه والتمثیل

بس[9] سبك مردی گران جان می‌دوید در بیابـانی بـدرویشی رسـید
گفت چون داری تو ای درویش کار گفت آخـر می بپرسـی[10] شرم دار

---

۱ ـ پ ، بایدت . ۲ ـ در، مج ، پ، راهی . ۳ ـ در، بازی . مج، مزد او جز بانگ‌و .
۴ ـ در ، درکشد نیز از تن تو . پ ، در کشند آن نفس تو هم . مج ، برکشند از نفس تو هم .
۵ ـ در، مج، تا . پ ، نگونسار . ۶ ـ در ، پ ، مج ،
یابنه سرسروری دیگرمکن یا زسربازی بنه درسرمکن
۷ ـ در ، دل دراوبستن بلای . پ ، وای جان تو . مج ، خـانمـان تو . ۸ ـ در ، مج ، پ ،
پرغرور . ۹ ـ پ ، پس . ۱۰ ـ در ، مج ، پ ، نترسی.

۱۲۳ عذرآوردن مرغان

ماندەام در تنگنای این جهان　　تنگ تنگ[۱] است این جهانم[۲] درزمان
مرد گفتش اینچ گفتی نیست راست　　در بیابان فراخت تنگناست
گفت اگر اینجا نبودی تنگنا　　تو کجا افتادیی هرگز[۳] بما
گر ترا صد وعدهٔ خوش می دهند　　آن نشان زان سوی آتش می دهند
آتش تو چیست دنیا درگذر　　هم‌چو شیران کن ازین آتش‌حذر
چون گذر[۴] کردی دل خویش آیدت　　پس سرای خوش[۵] شدن پیش آیدت
آتشی در پیش و راهی سخت دور　　تن ضعیف و دل اسیر و جان نفور
تو ز جمله فارغ و پرداخته　　در میان کاری چنین برساخته
گر بسی دیدی جهان، جان‌برفشان[۶]　　کز جهان نه نام داری نه نشان
گر بسی بینی نه بینی هیچ تو　　چند گویم بیش ازین کم پیچ تو

الحکایه والتمثیل

از[۷] پس تابوت می شد سوگوار　　بی قراری ، وانگهی می گفت زار
کای جهان نا دیدهٔ من چون شدی　　هیچ نادیده جهان[۸] بیرون شدی
بی دلی چون آن شنید و کار دید　　گفت صد باره جهان انگار[۹] دید
گر جهان با خویش خواهی برد تو　　هم جهان نادیده خواهی مرد تو
تا که تو نظارهٔ عالم کنی　　عمر شد کی درد را مرهم کنی
تا نپردازی تو از نفس خسیس　　در نجاست گم شد این[۱۰] جان نفیس

الحکایه والتمثیل

عود[۱۱] می‌سوخت آن یکی غافل بسی　　آخ می زد از خوشی آنجا کسی

---

۱ - در، پ ، مج ، نیك تمگ‌است. ۲- پ، این‌زمان . مج ، هرزمان . ۳ - مج ، آخر. ۴- مج ، حذر. ۵ - در، پ ، مج، خوشدلی . ۶ - ق۱،جهان جان فشان . ۷ - در پ ، بیت زیر اضافه است ؛

ابلهی را میوهٔ دل مرده بود　　صبروآرام‌وقرارش برده بود

۸- در ، نادید از جهان ، مج ، بی‌مرادی ازجهان . ۹ - پ ، آشکار . ۱۰- پ ، شود. ۱۱- این بیت درنسخهٔ در، نیست.

مرد[1] را گفت آن عزیز نامدار — تا تو آخ گویی بسوخت[2] این عودزار

☆☆☆

دیگری گفتش که ای مرغ بلند — عشق دلبندی مرا کردست بند
عشق او آمد مرا در پیش کرد — عقل من[3] بربود و کار خویش کرد
شد خیال روی او رهزن مرا — وآتشی زد در همه خرمن مرا
یك نفس بی‌او نمی یابم قرار — کفرم آید صبر کردن زان نگار
چون دلم‌درپس[4] بود در خون خویش — راه چون گیرم من سر گشته پیش
وادیی در پیش می باید گرفت — صد بلا در بیش[5] می باید گرفت
من زمانی بی رخ آن ماه روی — چون توانم بود هرگز راه جوی
دردم از دارو و[6] درمان در گذشت — کار من از کفر و ایمان در گذشت
کفر من و ایمان من از عشق اوست — آتشی در جان من از عشق اوست
گر ندارم من در این اندوه کس — هم دمم در عشق او اندوه بس
عشق او در خاك و در خونم فکند — زلف او از پرده بیرونم فکند
من چو بی طاقت شدم در کار او — یك نفس نشکیبم[7] از دیدار او
خاك راهم غرقه در خون چون کنم — حال من[8] اینست اکنون چون کنم

☆☆☆

گفت ای در بند صورت ماندهٔ — پای تا سر در کدورت ماندهٔ
عشق صورت، نیست عشق معرفت — هست شهوت‌بازی ای حیوان صفت
هر جمالی را که نقصانی بود — مرد را از عشق تاوانی بود
هر جمالی را که خود نبود زوال[9] — کفر باشد نیست گشتن[10] زان جمال

۱ - این بیت در نسخهٔ در، نیست. ۲ - پ، مج، گوئی آه سوخت. ۳ - در، هم. ۴ - در، مج، از خود. پ، آتش. ۵ - در، شیوهٔ وی پیش. مج، صدبلا برخویش. ۶ - در، پ، مج، درد من ازدست. ۷ - در، نشکیبد. ۸ - پ، دل. ۹ - در، جمال. پ، زان زوال. ۱۰ - پ، صبرکردن.

صورتی از خلط و خون آراسته — کرده نام او مه نا کاسته
گرشود آن خلط و آن خون[1] کم ازو — زشت تر نبود درین عالم ازو
آنك حسن او ز خلط و خون بود — دانی آخر کان نکویی چون بود
چند[2] گردی گرد صورت عیب جوی — حسن درغیبست، حسن ازغیب جوی
گر[3] برافتد پرده از پیشان کار — نه همی دیّار ماند نه دیار
محو گردد صورت آفاق کل — عزّها کلی بدل گردد بذُل
دوستیّ صورتیّ مختصر[4] — دشمنی گردد همه با یك دگر
وانك او را دوستی غیبیست — دوستی اینست کز بی عیبی است
هرچ نه این دوستی ره گیردت — بس پشیمانی که ناگه گیردت

الحکایه والتمثیل

دردمندی پیش شبلی می گریست — شیخ پرسیدش که این[5] گریه‌ز چیست
گفت شیخا دوستی بود آن من — از جمالش تازه بودی جان من
دی بمرد و من بمردم از غمش — شد جهان بر من سیاه از ماتمش
شیخ گفتا چون دلت بی‌خویش ازینست — این چه‌غم باشد،سزایت بیش ازینست
دوستی دیگر گزین ای یار[6] تو — کو نمیرد تا نمیری زار تو
دوستی کز مرگ نقصان آورد — دوستیّ او غم جان آورد
هرك شد در عشق صورت مبتلا — هم از آن صورت فتد در صد بلا
زودش آن صورت شود[7] بیرون‌زدست — و او[8] از آن‌حیرت کند درخون‌نشست

الحکایه والتمثیل

تاجری مالی و ملکی چند داشت — یك کنیزك با لبی چون قند داشت

---

۱ - مج. چون شود آن خلط و آن خون. پ. صورتی ازخلط و از خون. ۲ و۳- این ابیات [illegible]ر نسخهٔ در، نیست. ۴ - در، پ، مج. ای مختصر. ۵ - در، مج، پ، می‌پرسید کاین. [illegible] - در، مج، پ، این بار. ۷ - در، پ، مج، رود. ۸ - در، پ، مج، او.

نا گهش بفروخت تا آواره شد — بس پشیمان گشت و بس بیچاره شد
رفت پیش خواجهٔ او بی قرار — می‌خریدش باز افزون از هزار
ز آرزوی او جگر می‌سوختش — خواجهٔ او باز می نفروختش
مرد می‌شد[1] در میان ره مدام — خاك برسر می‌فشاندی بردوام
زار می گفتی که این داغم بس‌است — وین چنین داغی سزای‌آن کس‌است
کز حماقت رفت، چشم[2] عقل‌دوخت — دلبر خود را بدیناری فروخت
روز بازاری چنین آراسته[3] — تو زیان خویش را برخاسته
هر نفس زانفاس عمرت گوهریست — سوی حق هرذرهٔ نو[4] رهبریست
از قدم تا فرق نعمتهای اوست — عرضه ده برخویش نعمتهای دوست
تا بدانی کز که دور افتادهٔ — در جدایی بس صبور افتادهٔ
حق ترا پرورده درصد عزّ و ناز — تو زنادانی بغیری مانده باز

الحکایه والتمثیل

خسروی می‌رفت در دشت شکار — گفت ای سگبان سگ تازی بیار
بود خسرو را سگی آموخته — جلدش[5] از اکسون و اطلس دوخته
از گهر طوقی مرصّع ساخته — فخر را در گردنش انداخته
از زرش خلخال و دست ابرنجنش[6] — رشتهٔ ابریشمین در گردنش
شاه آن سگ را سگ بخرد گرفت — رشتهٔ آن سگ بدست خود گرفت
شاه می‌شد، در قفاش آن سگ دوان — در ره سگ بود لختی استخوان
سگ نمی‌شد کاستخوان افتاده بود — بنگرست آن شاه سگ استاده بود
آتش غیرت چنان برشاه زد — کاتش اندر آن[7] سگ گم راه زد

۱ ـ در، پ . مج ، میرفتی . ۲ ـ در، جسم. ۳ ـ در ، میکاسته. مج ، افروخته. ۴ ـ در مج ، پ ، تو . ۵ ـ در ، لبس . مج ، پ ، جلش . ۶ ـ در ، دست آونجنش . ۷ ـ در ، پ مج . کاتشی اندر.

گفت آخر پیش چون من پادشاه — سوی غیری چون توان کردن نگاه
رشته را بگسست و گفتش این‌زمان[1] — سردهید این بی ادب را در جهان
گر بخوردی سوزن آن سگ‌صدهزار — بهترش بودی که بی آن رشته کار
مرد سگبان گفت سگ آراستست — جملهٔ اندام سگ پُر خواستست
گرچه‌این‌سگ‌دشت‌وصحرا را سزاست — اطلس و زرّ و گهر ما را هواست[2]
شاه گفتا هم چنان بگذار و رو — دل ز سیم و زرّ او بگذار[3] و رو
تا اگر با خویش آید[4] بعد ازین — خویش را آراسته بیند[5] چنین
یادش آید[6] کاشنایی یافتست — وز چو من شاهی جدایی یافتست
ای در اول آشنایی یافته — وآخر از غفلت[7] جدایی یافته
پای در عشق حقیقی نه تمام — نوش کن با اژدها مردانه جام
زانکه اینجا پای داو[8] اژدهاست — عاشقان را سر بریدن خون‌بهاست
آنچ جان مرد را شوری[9] دهد — اژدها را صورت موری دهد
عاشقانش گر یکی و گر صد اند — در ره او تشنهٔ خون خود اند

الحکایه والتمثیل

چون شد آن حلاج بردار آن زمان — جز اناالحق می‌نرفتش بر زبان
چون زبان او همی نشناختند — چار دست و پای او انداختند
زردشد چون‌خون‌بریخت[10] ازوی‌بسی — سرخ کی[11] ماند درین حالت کسی
زود درمالید آن خورشید وماه[12] — دست بریده بروی هم چو ماه
گفت چون گلگونهٔ مردست خون — روی خود گلگونه بر[13] کردم کنون

۱ ـ قا، رشته را بگسست آن و گفت این زمان . در، پ . مج ، رشته بگسست آن شه و گفت آن . ۲ـ در، مج ، پ ، سزاست . ۳ ـ در ، پ ، مج ، بردار . ۴ ـ در ، آمد . ۵ ـ در، باشد . ۶ ـ قا ، در ، آمد . ۷ ـ ق ۲ ، دولت . ۸ ـ در ، باد از وی . پ ، پای دارد ۹ ـ در ، پ ، مج ، آنکه جان مرد را سوری . ۱۰ ـ در ، مج ، پ ، برفت . ۱۱ ـ در ، چون . ۱۲ ـ در ، مج ، پ ، خورشید راه . ۱۳ ـ در ، پ ، مج ، گلگونه‌تر .

تا نباشم[1] زرد در چشم کسی سرخ رویی باشدم[2] اینجا بسی
هر که را من زرد آیم در نظر ظن برد[3] کاینجا بترسیدم مگر
چون مرا از ترس یك سرموی‌نیست جز چنین گلگونه اینجا روی‌نیست
مرد خونی[4] چون نهد سر سوی دار شیر مردیش آن زمان آید بکار
چون جهانم حلقهٔ میمی بود کی چنین جایی مرا بیمی بود
هر که را با اژدهای هفت سر در تموز افتاده دایم خورد و خور[5]
زین چنین بازیش بسیار اوفتد کمترین چیزیش سردار[6] اوفتد

الحکایه و التمثیل

مقتدای دین، جنید ، آن بحر ژرف یك شبی می گفت در بغداد حرف
حرفهایی کز بلندی آسمانش[7] سر نهادی تشنه‌دل در آستانش[8]
داشت بس برنا[9] ، جنید راه‌بر هم‌چو خورشید او یکی زیبا پسر
سر بریدند آن پسر را زار زار پس میان جمعش افکندند خوار
چون بدید[10] آن سر، جنید پاك باز دم نزد ، آن جمع را[11] دل داد باز
گفت آن دیگی[12] که‌امشب بس‌عظیم برنهادم من در اسرار قدیم
در چنان دیگی گرم باید چنین هم بود زین‌بیش و کم ناید[13] ازین

☆☆☆

دیگری گفتش که می‌ترسم ز مرگ وادی دورست[14] ومن بی‌زاد و برگ
این چنین کز مرگ[15] می‌ترسد دلم جان برآید[16] درنخستین منزلم
گر منم میر اجل با کار و بار چون اجل آید بمیرم زار زار

---

۱ - پ نباشد . ۲ - پ ، بایدم ۳ - در ، بود ۴ - پ ، مج ، خونین . ۵ - در، مج، پ ، خفت وخور . ۶ - در ، بردار . ۷ - در، بلندیش آسمان ۸ - در،آستان . ۹ - در، پ ، مج ، برنائی . ۱۰- در، برید . ۱۱- مج ، تن زد وآن قوم را. ۱۲- در، دیگر ، ۱۳- پ ، بیش ونبود کم. ۱۴- پ، وادی بس دور . ۱۵- ق ۱ ، برگ. ۱۶- در، برآمد.

هر که خورد[1] او ازاجل یك‌تیغ‌دست — هم‌قلم شد تیغ[2] و هم دستش‌شکست
ای دریغـا کز جهانی دست و تیـغ — جز دریغی نیست در دست ، ای‌دریغ

☆☆☆

هدهدش گفت ای ضعیف نـاتـوان — چند خواهــد ماند مشتی استخـوان
استخوانـی چنـد درهـم ساختــه[3] — مغــز او در استخوان بگــداختـه
تو نمی‌دانی که عمرت بیش و کــم — هست باقی از دو دم تــا کــی دژم[4]
تو نمی دانی کــه هر کــه زاد ، مرد — شد بخـاك و هـرچ بودش بـاد بـرد
هـم بـرای بـودنـت[5] پـرورده انـد — هــم بـرای بـردنـت آورده انـد
هست گردون هم چو طشت سرنگون — وز شفق‌این طشت هرشب غرق‌خون
آفتـاب تیــغ زن در گــشـت او — این همــه سر مــی‌بـرد در طشت او
تــو اگــر آلوده گـر پاك آمـدی — قطـرۀ آبی کــه بـا خـاك آمــدی
قــطـرۀآب از قدم تـا فـرق درد — کی توانـد کــرد بـا دریـا نبرد
گر تو عمری در جهان فرمان دهـی — هم بسوزی هم بزاری جـان دهـی

الحکایه والتمثیل

هست ققنس طرفه مرغی دلستان — موضع این مـرغ در هندوستـان
سخت منقـاری عـجـب دارد دراز — همچو نی در وی بسی سوراخ بـاز
قـرب صد سوراخ در منقار اوست — نیست جفتش[6]، طاق[7] بودن‌کاراوست
هست در هـرثقبـه آوازی دگـر — زیـر هــر آواز او رازی دگـــر
چـون بهـر ثقبه بـنــالــد زار زار — مرغ و ماهی گردد از وی بی قـرار
جملـۀ پرّندگان[8] خــامش شونــد — در خوشی بــانگ او بیهش شونـد

۱ - در ، مج ، یافت . ۲ - پ ، دست . ۳- پ ، چند یك برساخته. ۴ - در ، مج ، پ ، زدم. ۵ - در . مج ، پ ، مردنت . ۶ - در، نیستش جفت ۷ - ق ۲ ، کار. ۸ - در ، مج ، پ ، درندگان .

فیلسوفی بود دمسازش گرفت — علم موسیقی ز آوازش گرفت
سال عمر او بود قرب هزار — وقت مرگ خود بداند آشکار
چون ببرّد وقت مردن دل ز خویش — هیزم آرد گردخود ده خر، مه بیش
در میان هیزم آید بی قرار — در دهد صد نوحه خود را زار زار
پس بدان هر ثقبهٔ از جان پاك — نوحهٔ دیگر برآرد دردناك
چون که ازهرثقبه[1] هم‌چون‌نوحه گر — نوحهٔ دیگر کند نوعی دگر
در میان نوحه از اندوه مرگ — هر زمان برخود بلرزد هم‌چو برگ
از نفیر او همه پرّندگان — وز خروش او همه درّندگان
سوی او آیند چون نظارگی — دل ببرند از جهان یك بارگی
از غمش آن روز در خون جگر — پیش او بسیار میرد جانور
جمله از زاری او حیران شوند — بعضی از بی قوّتی بیجان شوند
بس عجب روزی بود آن روز او — خون چکد از نالهٔ جان‌سوز او
باز چون عمرش رسد با یك نفس — بال و پر[2] برهم زند از پیش و پس
آتشی بیرون جهد از بال او — بعد آن آتش بگردد حال او
زود در هیزم فتد آتش همی — پس بسوزد هیزمش خوش‌خوش‌همی
مرغ وهیزم هردو چون اخگر شوند — بعد از اخگر[3] نیز خاکستر شوند
چون نماند ذرهٔ اخگر پدید — ققنسی آید ز خاکستر پدید
آتش آن هیزم چو خاکستر کند — از میان ققنس‌بچه[4] سر بر کند
هیچ کس را در جهان این اوفتاد — کو پس از مردن بزاید نابزاد[5]
گرچو ققنس عمر بسیارت دهند — هم بمیری هم[6] بسی کارت دهند[7]

---

۱ ـ در ، پ ، چون بدان هر ثقبه . این‌بیت در مج، نیست . ۲ ـ در ، او. ۳ ـ در ، پ مج ، بعد اخگر. ۴ ـ در، از میانش بچه‌ای. ۵ ـ در ، تا نزاد . پ ، مج ، یابزاد . ق۲ ، برآید نابزاد . ۶ ـ در ، گر ، مج ، چون . ۷ ـ در نسخه‌های در ، پ ، مج ، بیت زیر اضافه است ،
ققنس سرگشته در سال هزار — صد تنه بر خویشتن نالید زار

سالها در ناله و در درد بود   بی‌ولد، بی‌جفت[1]، فردی[2] فرد بود
در همه آفاق پیوندی نداشت   محنت جفتی و فرزندی نداشت
آخرالامرش اجل چون یاد داد[3]   آمد و خاکسترش برباد داد
تا[4] بدانی تو که از چنگ اجل   کس نخواهد برد جان چند از حیل
در[5] همه آفاق کس بی مرگ نیست   وین عجایب بین که کس را برگ نیست
مرگ اگرچه بس درشت و ظالمست   گردن آنرا نرم کردن لازمست
گرچه ما را کار بسیار اوفتاد   سخت تر از جمله، این کار اوفتاد

الحکایه والتمثیل

پیش تابوت پدر می‌شد پسر   اشك می‌بارید و می گفت ای پدر
این‌چنین روزی که جانم کرد ریش   هرگزم نامد[6] بعمر خویش پیش
صوفیی گفت آنك او بودت[7] پدر   هرگزش این روز هم نامد بسر
نیست کاری کان پسر را اوفتاد   کار بس مشکل پدر را اوفتاد
ای بدنیا بی سر و پای آمده   خاك بر سر باد پیمای آمده
گر بصدر مملکت خواهی نشست   هم نخواهی رفت جز بادی بدست

الحکایه والتمثیل

نایبی را چون اجل آمد فراز   زو یکی پرسید کای در عین راز
حال تو چونست وقت پیچ پیچ   گفت حالم می بنتوان[8] گفت هیچ
باد پیمودم همه عمر تمام   عاقبت با خاك رفتم والسلام
نیست‌درمان‌مرگ را جز مرگ‌بوی[9]   ریختن دارد بزاری برگ و روی[10]

---

۱ ـ پ، نی ولد نی جفت. ۲ ـ در، و بی فرزند ۳ ـ در، مج، پ، داد داد.
۴ و ۵ ـ این دوبیت در مج، نیست. ۶ ـ در، ناید. ۷ ـ در، مج، پ، بودی. ۸ ـ در، می‌شنو. مج، پ، نه توانم گفت. ۹ ـ در، پ، مج، روی. ۱۰ ـ در، مج، پ، برگ روی.

ما همه از بهر مردن زاده‌ایم — جان نخواهد ماندودل بنهاده‌ایم
آنك عالم داشت در زیر نگین — این زمان شد توتیا زیر زمین
وانك در چرخ فلك خون ریز بود[1] — گشت در خاك لحد ناچیز زود
جملهٔ زیر زمین پُر خفته‌اند — بلك خفته[2] این همه آشفته‌اند[3]
مرگ بنگرتاچه راهی[4] مشکل است — کاندرین ره گورش اول منزل است
گر بود از تلخی مرگت خبر — جان شیرینت شود زیرو زبر

الحکایه والتمثیل

خورد عیسی آبی از جویی خوش‌آب — بود طعم آب خوشتر از جُلاب[5]
آن یکی زان‌آب خُم پر کرد و رفت — عیسی نیز از خم آبی خورد و رفت
شد زآب خم همی تلخش دهان — باز گردید و عجایب ماند ازآن
گفت یارب آب این خم وآب[6]جوی — هر دو یك آبست ، سرّ این بگوی
تا چرا تلخ است .آب خم چنین — وین دگر شیرین‌ترست از انگبین
پیش عیسی آن خم آمد در سخن — گفت ای عیسی منم مردی کهن
زیر این نه کاسه من باری هزار — گشته‌ام هم کوزه هم خم هم طغار
گر کنندم خم هزاران بار نیز — نیست جز تلخیّ مرگم کار نیز[7]
دایم از تلخیّ مرگم این چنین — آب من زانست ناشیرین چنین
آخر ای غافل ، ز خُم بنیوش راز — بیش‌ازین خودرا زغفلت خر[8] مساز
خویش را گم کردهٔ ای رازجوی — پیش ازآنکت جان بر آیدرازجوی[9]
گر نیابی زنده خود را باز تو — چون بمیری کی شناسی راز تو
نه بهشیاری ترا از خود خبر — نه بمردن از وجودت هیچ اثر

۱ ـ پ ، مج ، آنکه برچرخ فلك نیزه بسود. ۲ ـ مج ، بل نخفته. ۳ ـ در، آسوده‌اند . ۴ـ مج ، کاری . ۵ ـ پ ، گلاب. ۶ ـ در، وآن . مج ، وین. ۷ ـ در ، چیز. ۸ ـ در ، مج ، پ ، خم . ۹ ـ در ، مج ، بازگوی . پ ، بازجوی .

زنده پی نابرده ، مرده گم شده   زاده مرده[1] لیك نا مردم شده
صد هزاران پرده آن درویش را   پس چگونه باز یابد خویش را

الحکایه والتمثیل

گفت چون سقراط[2] در نزع اوفتاد   بود شاگردیش ، گفت ای اوستاد
چون کفن سازیم ، تن پاکت کنیم   در کدامین جای در خاکت کنیم
گفت اگر تو باز یابیم ای غلام   دفن کن هرجا که خواهی والسلام
من[3] چو خود را زنده در عمری‌دراز   پی نبردم ، مرده کی یابی تو باز
من چنان رفتم که در وقت گذر   یك سری مویم نبود از خود خبر

✿✿✿

دیگری گفتش که ای نیك‌اعتقاد   بر نیامد یك دم از من بر مراد
جملهٔ عمرم که[4] در غم بوده‌ام   مستمند کوی عالم بوده‌ام
بر دل پر خون من چندان غمست   کز غمم هر[5] ذرهٔ درماتم است
دایما حیران و عاجز بوده‌ام   کافرم ، گرشاد هرگز بوده‌ام
مانده‌ام زین جمله غم در خویش من   بر سری[6] چون راه گیرم پیش من
گر نبودی نقد چندینی غمم   زین سفر بودی دلی بس خرمم
لیك‌چون دل‌هست پرخون،چون کنم   باتو گفتم جمله[7]، اکنون چون کنم

✿✿✿

گفت[8] ای مغرور شیدا آمده   پای تا سر غرق‌سودا آمده
نامرادی[9] و مراد این جهان   تا بجنبی بگذرد در یك زمان
هرچ[10] آن دریك نفس می بگذرد   عمر هم بی آن نفس می بگذرد

---

۱ ـ در ، پ ، مج ، مردم . ۲ ـ پ ، مج ، بقراط . ۳ ـ در ، تو. ۴ ـ در ، مج ، پ ، چو. ۵ ـ ق ۱ ، هم . ۶ ـ در، مج ، بی سری . پ ، سرسری. ۷ ـ در، مج ، پ ، حال.

←

چون جهان می‌بگذرد، بگذر تو نیز ترك او گیرو بدو منگر تو نیز
زانك هرچیزی که آن پاینده نیست هرك دلبندد درو دل زنده نیست

الحکایه والتمثیل

راه‌بینی بود بس عالی نفس هرگزاو شربت نخورد ازدست کس
سایلی گفت ای بحضرت نسبتت چون بشربت نیست هرگز رغبتت[1]
گفت مردی بینم استاده زبر[2] تا که شربت باز گیرد[3] زودتر
با چنین مردی موکّل برسرم زهر من باشد[4] اگر شربت خورم
با موکّل شربتم چون خوش بود این نه جلابی بود کاتش بود
هرچ آنرا پای داری یك دمست نیم جو ارزد اگر صد عالمست
از پی یك ساعته[5] وصلی که نیست چون نهم بنیاد براصلی که نیست
گر تو هستی از مرادی سرفراز از مراد یك نفس چندین مناز
ور شدت از نامرادی تیره حال نامرادی چون دمی باشد منال
گر ترا رنجی رسد گر زاریی آن ز عزّ تست نه از خواریی
آنچ آن بر انبیا رفت از بلا[6] هیچ کس ندهد نشان از[7] کربلا
آنچ در صورت ترا رنجی نمود[8] در صفت بیننده را گنجی نمود[9]

---

۸ و۹ و۱۰ ـ درنسخهٔ در، بجای این سه بیت ابیات زیر آمده است ،

چند گردی گرد صورت عیب جوی حسن درغیبست و حسن غیب جوی
گر بر افتد پرده از پیشین کار نه همی دیار ماند نه دیار
محو گردد صورت آفاق کل عزهای کل بدل گردد بذل
دوستی صورتی مختصر دشمنی گردد همی با یکدگر
آنکه او را دوستی غیبی است دوستی اینست کز بی عیبی است
هرچه نه این دوستی ره گیردت بس پشیمانی که ناگه گیردت

---

۱ ـ پ ، غربتت . ۲ ـ در ، هست مرد استاده بینم برزگر . پ ، گفت مرگ استاده بینم برزبر . ۳ ـ در ، گردد . ۴ ـ در ، می‌باشد . ۵ ـ پ ، یك ساعتی. مج ، یك‌ساعت. ۶ ـ مج ، آنچه او با آشنا کرد از قضا . ۷ ـ پ ، در . ۸ ـ در، گنج درصورت ترا رنجی بود. مج ، آنچه در خلوت. ۹ ـ در ، بود .

صد عنایت می رسد در هر دمیت[۱] هست از احسان و برّش عالمیت[۲]
می نیارد[۳] یاد از احسان او بر نداری[۴] اندکی رنج آن او
این کجا باشد نشان دوستی تیره مغزا ، پای تا سر پوستی

الحکایه والتمثیل

پادشاهی بود نیکو شیوهٔ چاکری را داد روزی میوهٔ
میوهٔ او خوش همی خورد آن غلام گفتیی خوشتر نخورد او زان[۵] طعام
از خوشی کان چاکرش می‌خورد آن پادشا را آرزو می کرد آن
گفت یك نیمه بمن ده ای غلام زانك بس خوش می خوری این[۶] خوش طعام
داد شه را میوه و شه چون چشید تلخ بود ، ابرو از آن درهم کشید[۷]
گفت هر گز ای غلام این خود که کرد وین چنین تلخی چنان شیرین که کرد[۸]
آن رهی[۹] با شاه گفت ای شهریار چون ز دستت تحفه دیدم صد هزار
گر ز دستت تلخ آمد[۱۰] میوهٔ باز دادن را ندانم شیوهٔ
چون[۱۱] ز دستت هر دمم گنجی رسد کی بیك تلخی مرا رنجی رسد
چون شدم در زیر محنت[۱۲] پست تو کی مرا تلخی کند[۱۳] از دست تو
گر ترا در راه او رنجست بس[۱۴] تو یقین می‌دان که آن گنج است بس[۱۵]
کار او بس پشت و روی افتاده است چون کنی تو ، چون چنین بنهاده است
پختگان چون سر براه[۱۶] آورده‌اند لقمهٔ بی خون دل کی خورده‌اند
تا که بر نان و نمك بنشسته‌اند بی جگر نان تهی نشکسته‌اند

---

۱ - در ، مج ، پ ، دمت. ۲ - در ، مج ، پ ، او پر عالمت. ۳ - در ، مج ، پ ، نیاری .
- در ، مج ، پ ، می‌نبینی. ۵ - مج ، گفت زین خوشتر نخوردم من . پ ، گفت خوشتر زین .
- پ ، تو. ۷ - در، آن میوه ابرو در کشید. پ، مج ، آن ابروان. ۸ - در، مج ، پ ، خورد.
- در ، غلام . ۱۰ - در ، مج ، پ ، افتد . ۱۱ - در ، مج ، پ ، چون . ۱۲ - در ، مج ، پ ،
مت. ۱۳ - ق۲ ، رسد. ۱۴ - در ، رنجت بسیست. ۱۵ - در ، گنجت بسیست. ۱۶ - مج ، بپای
ر ، بمان.

۱۳۶ مقامات الطیور

الحکایه والتمثیل

صوفیی را گفت مردی نامدار — کای اخی چون می گذاری روزگار
گفت من در گلخنی ام مانده — خشك لب، تردامنی ام مانده
گردهٔ نشکستم اندر گلخنم — تا که نشکستند آنجا گردنم
گر تو در عالم خوشی جویی دمی — خفتهٔ یا باز[1] می گویی همی
گرخوشی جویی، درآن کن احتیاط — تا رسی مردانه زان سوی صراط
خوش‌دلی در کوی عالم روی نیست — زانك رسم خوش‌دلی یك موی‌نیست
نفس هست اینجا که چون آتش بود — در زمانه کو دلی تا[2] خوش بود
گر چو پرگاری بگردی در جهان — دل‌خوشی یك نقطه[3] کس ندهدنشان

الحکایه والتمثیل

گفت شیخ مهنه را آن پیرزن — دلخوشی را هین دعایی ده بمن
می کشیدم بی مرادی[4] پیش ازین — می نیارم تاب اکنون بیش ازین
گر دعای خوش دلی آموزیم — بی شك آن وردی بود هرروزیم
شیخ گفتش مدتی شد روزگار — تا گرفتم من پس زانو حصار[5]
اینچ می‌خواهی، بسی بشتافتم — ذرهٔ نه دیدم و نه یافتم
تا دوا ناید پدید این درد را — خوش‌دلی کی روی باشد مرد را

الحکایه والتمثیل

سایلی بنشست در پیش جنید — گفت ای صید خدا، بی‌هیچ قید
خوش دلیِ مرد کی حاصل بود — گفت آن ساعت که او در دل[6] بود

۱ - در، راز. مج، پ، خواب. ۲ - مج، در زمان کودکی کان. ۳ - در، یك لحظه. مج، یك قطره. ۴ - در، پ، مج، نامرادی. ۵ - در، شمار. مج، قرار. ۶ - پ، بی دل. مج، در گل.

تا که ندهد دست وصل پادشاه — پای‌مرد[1] تست ناکامی راه
ذرّه را سرگشتگی بینم صواب — زانك او را نیست تاب آفتاب
ذرّه[2] گرصد بار غرق خون شود — کی از آن سرگشتگی بیرون شود
ذرّه تا ذرّه بود ذرّه بود — هرك گوید نیست، او غرّه بود
گر بگردانند[3] او را آن نه اوست — ذرّه است[4] و چشمهٔ رخشان نه اوست
هرك او از ذرّه برخیزد نخست — اصل او هم ذرّهٔ باشد درست
گر بکل گم گشت در خورشید او — هم بود یك ذرّه تا جاوید او
ذرّه[5] گر بس نیك و گر بس بد بود — گرچه عمری تگ زند در خود بود
می روی ای ذرّه چون مستی خراب — تا تو در گشتی[6] شوی با آفتاب
صبر دارم، ای چو ذرّه بی قرار — تا تو عجز خود ببینی آشکار

الحکایه والتمثیل

یك شبی خفاش گفت از هیچ[7] باب — یك دمم چون نیست چشم[8] آفتاب
می شوم عمری بصد بیچارگی — تا بباشم گم درو یك بارگی
چشم بسته می‌روم در سال و ماه — عاقبت آخر رسم آنجایگاه
تیز چشمی گفت ای مغرور مست — ره ترا تا او هزاران سال هست
بر چو تو سرگشته این ره کی رسد — مور در چه مانده بر مه کی رسد
گفت باکی نیست، می خواهم پرید — تا ازین کارم چه نقش آید پدید
سالها می‌رفت مست و بی خبر — تا نه قوّت ماندش نه بال و پر
عاقبت جان سوخته، تن در گداز — بی پرو بی بال، عاجز مانده باز
چون نمی‌آمد ز خورشیدش خبر — گفت از خورشید بگذشتم مگر

---

۱ ـ ب، پای مزد. ۲ ـ این بیت در مج، نیست. ۳ ـ در، گر یکی‌رانند. ۴ـ در، ذره‌ای از. ب، مج، او. ۵ ـ این بیت در نسخهٔ در، مج، نیست. ۶ ـ ب، گشتن. ۷ ـ در، ای هیچ. ۸ ـ مج، ب، تاب.

عاقلی گفتش که تو بس خفتهٔ ره نمی‌بینی که گامی رفتهٔ
وانگهی گویی کزو بگذشته‌ام زان چنان بی بال و پرسر گشته‌ام[1]
زین سخن خفاش بس ناچیز شد آنچ ازو آن مانده بود، آن نیز شد
از سر عجزی بسوی آفتاب کرد حالی از زفان جان خطاب
گفت مرغی یافتی بس دیده ور پارهٔ به دورتر[2] برشو دگر[3]

☆☆☆

دیگری پرسید ازو کای رهنمای چون بود گر امر می‌آرم بجای
من ندارم با قبول و رد[4][3] کار می کنم فرمان او را انتظار
هرچ فرماید[5] بجان فرمان کنم گر ز فرمان سرکشم تاوان کنم

☆☆☆

گفت نیکو کردی‌ای‌مرغ این‌سؤال مرد را زین بیشتر نبود کمال[6]
هرك فرمان کرد[7]، ازخذلان برست از همه دشواریی آسان برست
طاعتی برامر در یك ساعتت بهتر از بی‌امر عمری طاعتت[8]
هرك بی‌فرمان کشد سختی بسی سگ بود در کوی این کس نه کسی
سگ‌بسی سختی کشید وزان چه‌سود جز زیان نبود چو برفرمان[9] نبود
وانك برفرمان کشد سختی دمی از ثوابش پر برآید[10] عالمی
کار فرمان راست در فرمان گریز بندهٔ تو، درتصرف برمخیز

الحکایه والتمثیل

خسروی می‌شد بشهر خویش باز خلق شهر آرای می کردند ساز
هر کسی‌چیزی کز آنِ خویش‌داشت بهر آرایش همه در پیش داشت

---

۱ - در ، مج ، پ . ولی پرگشته‌ام. ۲ - در، پاره پاره‌دورتر . پ، پاره‌ای نه. ۳- درنسخهٔ مج، از این‌بیت تا بیت شمارهٔ ۲۴۸۵ نیست . ۴ - پ ، درد . ۵ - پ ، فرمائی . ۶ - در نسخهٔ در ، پ ، بیت زیر اضافه است ،

کی بری جان، گر توآنجا جان بری جان بری گر تو بجان فرمان بری

۷ - در ، پ ، برد . ۸ - در ، در یك ساعتت . ۹ - در ، بی‌فرمان . ۱۰- در، بربیابند .

اهل زندان را نبود از جز و [و] کلّ — هیچ چیزی نیز[1] الا بند و غل
هم سری چندی بریده داشتند — هم جگرهای دریده داشتند
دست و پایی نیز چند انداختند — زین همه آرایشی بر ساختند
چون بشهر خود درآمد شهریار — دید شهر از زیب و زینت آشکار[2]
چون رسید آنجا که زندان بود، شاه — شد ز اسب خود پیاده زود شاه
اهل زندان را چو برخود[3] بار داد — وعده کرد و سیم و زر بسیار داد
هم نشینی بود شه را راز جوی — گفت شاها سرّ این با من بگوی
صد هزار آرایش افزون دیدهٔ — شهر در دیبا و اکسون دیدهٔ
زرّ و گوهر در زمین می‌ریختند — مشك و عنبر در هوا می‌بیختند
آن همه دیدی و کردی احتراز — ننگرستی سوی آن یك چیز باز
بردر زندان چرا بودت قرار — تا سر برّیده[4] بینی اینت کار
نیست اینجا هیچ چیزی دل گشای — جز سر برّیده[5] و جز دست و پای
خونیانند این همه بریده دست — در بر ایشان چرا باید نشست
شاه گفت آرایشِ آن دیگران — هست چون بازیچهٔ بازیگران
هر کسی در شیوه و در شان خویش — عرضه می کردند برتو[6] آن خویش
جملهٔ آن قوم تاوان کرده اند — کارم اینجا اهل زندان کرده اند
گر نکردی امر من اینجا گذر — کی جدا[7] بودی سر از تن، تن ز سر
حکم خود اینجا روان می‌یافتم[8] — لاجرم اینجا عنان بر تافتم
آن همه در ناز خود گم بوده اند — در غرور خود فرو[9] آسوده اند
اهل زندانند سر گردان شده — زیر حکم و قهر[10] من حیران شده

---

۱ - در ، درخور . پ ، دیگر. ۲ - در ، مج ، پ ، چون نگار . ۳ - ق ۲ ، در، مج، را برخود. ۴ و ۵ - در ، مج ، پ ، پریده . ۶ - در ، مج ، پ ، خویش و. ۷ - در ، کجا. این بیت در مج ، نیست . ۸ - در ، بریافتم . ۹ - در ، فزون . مج ، خویشتن . ۱۰ - در ، مهر .

گاه دست و گاه سر در باخته — گاه خشك و گاه تر درباخته
منتظر بنشسته، نه کارونه بار — تارونداز چاه و زندان سوی[1] دار
لاجرم گلشن شد این زندان مرا — گه من ایشان را و گه ایشان مرا
کار ره‌بینان بفرمان رفتن است — لاجرم شه را بزندان رفتن است

الحکایه والتمثیل

خواجهٔ کز تخمهٔ اکاف[2] بود — قطب عالم بود و پاك اوصاف بود
گفت شب درخواب دیدم ناگهی — بایزید و ترمذی را در رهی
هردو دادندم بسبقت سروری — پیش ایشان هردو ، کردم رهبری[3]
بعد از آن تعبیر آن کردم تمام — کز چه کردند آن دوشیخم احترام
بود تعبیر این که در وقت سحر — بی‌خودم آهی برآمد از جگر
آه من می‌رفت تاراهم گشاد — حلقه می‌زد تا که درگاهم گشاد
چون پدید آمد مرا آن فتح باب — بی زفان کردند سوی من خطاب
کان همه پیران و آن چندان مرید — خواستند از ما برون از بایزید
بایزید از جمله مرد مرد[4] خاست — زانك‌مارا خواست‌هیچ ازما نخواست
گفت‌چون بشنودم‌آن‌شب این خطاب — گفتم این و آن مرا نبود صواب
من ز تو چون خواهم و درد تو نه — یا ترا چون خواهم[5] و مرد تو نه
آنچ فرمایی مرا آنست خواست — کار من بروفق فرمانست راست
نه کژی نه راستی باشد مرا — من کیم تا خواستی باشد مرا
آنچ فرمایی مرا آن بس بود — بنده را رفتن بفرمان بس بود
این سخن آن هردو شیخ محترم — سبقتم دادند بر خود لاجرم

۱ - ق۲، در، مج، پ ، زیر ۲- در، پ ، مج ، اکناف . ۳- در ، مج ، کهتری . ۴ در، مج ، پ ، مردی مرد . ۵ - پ ، جویم .

بنده چون پیوسته بر فرمان رود[1] با خداوندش سخن در جان رود[2]
بنده نبود آنک از روی گزاف می زند از بندگی پیوسته لاف
بنده وقت امتحان آید پدید امتحان کن تا نشان آید پدید

الحکایه و التمثیل

در دم آخر که جان آمد بلب شیخ خرقان این چنین گفت[3] ای عجب
کاشکی بشکافتندی جان من باز کردندی دل[4] بریان من
پس بعالمیان نمودندی دلم شرح دادندی که در چه مشکلم
تا بدانندی که با دانای راز بت پرستی راست ناید، کژمباز
بندگی این باشد و دیگر هوس بندگی افکندگیست ای هیچ کس
نه[5] خدایی می کنی نه بندگی کی ترا ممکن شود افکندگی
هم بیفکن خویش و هم بنده بباش بنده و افکنده شو، زنده بباش[6]
چون شدی بنده بحرمت باش نیز در ره حرمت بهمت باش نیز
گر درآید بنده بی‌حرمت براه زود رانند از بساطش پادشاه
شد حرم بر مردبی‌حرمت حرام گر بحرمت باشی این نعمت تمام

الحکایه و التمثیل

بندهٔ را خلعتی بخشید شاه بنده با خلعت برون آمد براه
گرد ره بر روی او بنشسته بود باستین خلعت آن بسترد زود
منکری با شاه گفت ای پادشاه پاك کرد از خلعت تو گرد راه
شه بر آن بی حرمتی انکار کرد حالی آن سر گشته را بردار کرد
تا بدانی آنك بی حرمت بود بر بساط شاه بی قیمت بود

۱و۲ - در ، بود . ۳ - در، خرقانی خبرگفت . ۴ - ق ۲ ، کردندی این دل . ۵ - در ، مج ، پ ، تو. ۶ - در ، بندهٔ افکنده‌باش و زنده‌باش . ق ۲ ، سوزنده بباش.

✡✡✡

دیگری گفتش که در راه خدای ‏ پاك‌بازی چون بود ای پاك رای
هست مشغولیّ دل بر من حرام ‏ هرچ دارم می‌فشانم بر دوام
هرچ در دست آیدم گم گرددم ‏ زانك در دست آن چو کژدم گرددم
من ندارم خویش را در بند[1] هیچ ‏ برفشانم جمله چند از بند[2] هیچ
پاك بازی می کنم در کوی او ‏ بوك در پاکی ببینم روی او

✡✡✡

گفت این ره نه ره هر کس بود ‏ پاك بازی زاد این ره بس بود
هرك او در باخت هرچش بود پاك ‏ رفت در پاکی فرو آسود پاك
دوخته بر در، دریده بر مدوز ‏ هرچ داری تا سر مویی بسوز
چون بسوزی کل بآهی آتشین ‏ جمع کن خاکسترش[3] در وی نشین
چون چنین کردی برستی از[4] همه ‏ ورنه خون خور تا که هستی از[5] همه
تا نبرّی خود[6] ز یك‌یك چیز تو ‏ کی نهی گامی در این دهلیز تو
چون درین زندان بسی نتوان نشست ‏ خویشتن را بازکش از هرچ هست
زانك[7] وقت مرگ یك یك چیز تو ‏ کی ندارد[8] دست از تیریز[9] تو
دستها اول ز خود کوتاه کن ‏ بعد از آن آنگاه عزم راه کن
تا در اول پاك بازی نبودت ‏ این سفر کردن نمازی نبودت

الحکایه والتمثیل

داد از خود پیرتر کستان خبر ‏ گفت من دو چیز دارم دوست‌تر

---

۱ ـ در ، دست . ۲ـ در ، مج ، پ ، بندو پیچ . ۳ـ در ، خاکستری . ۴ و ۵ ـ در خود . ۶ ـ در ، نمیری خود . پ ، تا که بنمیری . ۷ ـ این بیت در مج ، نیست . ۸ ـ در کی برآرد. پ، کی بدارد ۹ـ پ، خونریز.

آن یکی اسبست ابلق گام زن — وین دگر یك نیست[1] جز فرزند من
گر خبر یابم بمرگ این پسر — اسب می‌بخشم بشکر این خبر
زانك می‌بینم که هستند این دو[2] چیز — چون دو بت در دیدهٔ جان عزیز
تا نسوزی و نسازی همچو شمع — دم مزن از پاك‌بازی پیش جمع
هرك او در پاك‌بازی دم زند — کار خود تا بنگرد برهم زند
پاك‌بازی[3] کو بشهوت نان خورد — هم در آن‌ساعت قفای آن[4] خورد

الحکایه والتمثیل

شیخ خرقانی که عرش ایوانش بود — روزگاری شوق بادنجانش بود
مادرش از خشم[5] شیخ آورد شور — تا بدادش نیم بادنجان بزور
چون بخورد آن نیم بادنجان که بود — سر ز فرزندش جدا کردند زود
چون درآمد شب، سر آن پاك زاد — مدبری در آستان او نهاد
شیخ گفتا، نه من آشفته کار — گفته‌ام پیش شما باری هزار
کین گدا گرهیچ بادنجان خورد — تا بجنبد ضربتی بر جان خورد
هر زمانم چون بسوزد[6] جان چنین — نیست با او کار من آسان چنین
هر کرا او در کشد در کار خویش — دم نیارد زد دمی بی یار[7] خویش
سخت کارست این که ما را اوفتاد — برتر از جنگ و مدارا اوفتاد
هیچ دانی را[8] نه دانش نه قرار — با همه دانی بیفتادست کار
هر زمانی میهمانی در رسد — کاروانی امتحانی در رسد
گرچه صد غم هست بر جان عزیز — نیز[9] می آید چو خواهد بود نیز
هر که از کتم عدم شد آشکار — سر بسر را خون نخواهد ریخت زار

۱- مج ، و آن یکی دیگر بود . ۲ - پ ، که هست این هر دو . ۳ - این بیت در مج، نیست. ۴ - در، بهای آن . ۵ - پ ، چشم . این بیت در مج، نیست ۶ - در ، پ ، مج ، می بسوزد . ۷ - پ ، با یار . ۸ - در، دانی تا . پ ، هیچ دانا را . ۹ - مج ، تیر .

صد هزاران عاشق سر تیز او ‌‌‌— جان کنند ایثار یك خون ریز او
جملهٔ جانها از آن آید بکار ‌‌‌— تا بریزد خون جانها زار زار

الحکایه و التمثیل

گفت ذوالنون می شدم در بادیه ‌‌‌— بر توکل، بی عصا و زاویه[۱]
چل مرقّع پوش را دیدم براه ‌‌‌— جان بداده جمله بر یك جایگاه
شورشی در عقل بیهوشم فتاد ‌‌‌— آتشی در جان پرجوشم فتاد
گفتم آخر این چه کارست ای خدای ‌‌‌— سرورانرا چند اندازی ز پای
هاتفی گفتا کزین کار آگهیم ‌‌‌— خود کشیم و خود دیتشان می دهیم
گفت[۲] آخر چند خواهی کشت زار ‌‌‌— گفت تا دارم دیت اینست کار
در خزانه تادیت می‌ماندم ‌‌‌— می کشم تا تعزیت می ماندم
بکشمش وانگه بخونش در کشم ‌‌‌— گرد عالم سرنگونش در کشم
بعد از آن چون محو شد اجزای او ‌‌‌— پای و سر گم شد ز سر تا پای او
عرضه دارم آفتاب طلعتش ‌‌‌— وز جمال خویش سازم خلعتش
خون او گلگونهٔ رویش کنم ‌‌‌— معتکف بر خاك این کویش کنم
سایه درگردانمش در کوی خویش ‌‌‌— پس برآرم آفتاب روی خویش
چون[۳] برآمد آفتاب روی من ‌‌‌— کی بماند سایهٔ در کوی من
سایه چون ناچیز شد در آفتاب ‌‌‌— نیز چه[۴] والله اعلم بالصّواب
هرکه دروی محوشد، از خودبرست ‌‌‌— زانك نتوان بود جزبا او بدست[۵]
محو شو و از محو چندینی مگوی ‌‌‌— صرف می کن‌جان و چندینی‌مگوی[۶]
می‌ندانم دولتی زین بیش من ‌‌‌— مرد را گوگم شود از خویشتن

۱ - در، راویه. ۲ - در، پ، مج، گفتم. ۳ - این بیت در مج، نیست. ۴ - در، ختم شد پ، جمله شد. ۵ - پ، باأو خودپرست. ۶ - در، صرف کن جان را و تدبیری مجوی. پ، مجوی.

[حکایت]

می ندانم هیچ کس در کون یافت / دولتی کان سحرهٔ فرعون یافت
آن چه دولت بود کایشان یافتند / آن زمان کان قوم ایمان یافتند
جان جدا کردند ازیشان آن نفس / هرگز این دولت نبیند هیچ کس
یك قدم در دین نهادند آن زمان / پس دگر بیرون نهادند از جهان
کس ازین آمد شدی[1] بهتر ندید / هیچ شاخی زین نکوتر بر ندید[2]

✿✿✿

دیگری گفتش که ای صاحب نظر / هست همت را درین معنی خبر[3]
گرچه هستم من بصورت بس ضعیف / در حقیقت همتی دارم شریف
گر ز طاعت نیست بسیاری مرا / هست عالی همتی باری مرا

✿✿✿

گفت مغناطیس عشاق الست / همت عالیست کشف و هرچ[4] هست
هر که را شد همت عالی پدید / هرچه جست، آن چیز حالی‌شدپدید
هرك را یك ذرّه همت داد دست / کرد او خورشید را زان ذرّه پست
نطفهٔ[5] ملك جهانها همت است / پرّو بال مرغ جانها همت است

الحکایه والتمثیل

گفت یوسف را چو می بفروختند / مصریان از شوق او می سوختند
چون خریداران بسی برخاستند / پنج ره[6] هم سنگ مشکش خواستند
زان زنی پیری بخون آغشته بود / ریسمانی چند درهم رشته بود
در میان جمع آمد در خروش / گفت ای دلال کنعانی فروش

۱ - در . بیرون شدن . پ ، آمدشدن . ۲ - ق ۲، کس ندید . ۳ - در، پ ، مج ، اثر .
۴ - در ، مج ، پ ، کشف هرچه . ۵ - در ، مج ، پ ، نقطه. ۶ - در ، مج . پ ، ده .

۱۴۶ مقامات‌الطیور

ز آرزوی این پسر سر گشته‌ام ‌ ‌ ‌ ده کلاوه[1] ریسمانش[2] رشته‌ام
این ز من بستان و با من بیع کن ‌ ‌ ‌ دست در دست منش نه بی سخن
خنده آمد مرد را، گفت ای سلیم ‌ ‌ ‌ نیست در خورد تو این درّ یتیم[3]
هست صد گنجش بها در انجمن ‌ ‌ ‌ مه تو و مه[4] ریسمانت ای پیر زن
پیر زن گفتا که دانستم یقین ‌ ‌ ‌ کین پسر را کس بنفروشد بدین
لیك اینم بس که چه دشمن چه‌دوست ‌ ‌ ‌ گوید این زن از خریداران اوست
هر دلی کو همت عالی نیافت ‌ ‌ ‌ ملکت بی منتها حالی نیافت
آن ز همت بود کان شاه بلند ‌ ‌ ‌ آتشی در پادشاهی او فکند
خسروی را چون بسی خسران بدید ‌ ‌ ‌ صد هزاران ملك صد چندان بدید
چون بپاکی همتش در کار شد ‌ ‌ ‌ زین همه ملك نجس بیزار شد
چشم همت چون شود[5] خورشید بین ‌ ‌ ‌ کی شود با ذره هرگز هم نشین

الحکایه والتمثیل

آن یکی دانم[6] ز بی‌خویشیّ خویش ‌ ‌ ‌ ناله می کردی ز درویشیّ خویش
گفتش ابرهیم ادهم ای پسر ‌ ‌ ‌ فقر تو ارزان خریدستی مگر
مرد گفتش کاین سخن ناید بکار ‌ ‌ ‌ کس خرد درویشی آنگه شرم دار
گفت من باری بجان بگزیده‌ام ‌ ‌ ‌ پس بملك عالمش بخریده‌ام
می خرم یك دم بصد عالم هنوز ‌ ‌ ‌ زانك به می‌ارزدم هر دم هنوز
چون به ارزم[7] یافتم من این متاع ‌ ‌ ‌ پادشاهی را بکل کردم وداع
لاجرم من قدر می‌دانم، تو نه ‌ ‌ ‌ شکر آن برخویش می‌خوانم، تو نه
اهل همت جان و دل درباختند ‌ ‌ ‌ سالها با سوختن در ساختند

---

۱ - در، مج، پ، کلابه. ۲ - در، مج، ریسمان من. ۳ - مج، پهنا گلیم. ۴ - در پ، مج، چه تو و چه. ۵ - پ، مج، بود. ۶ - در، مج، پ، دایم. ۷ - در، چونکه به ارزد. پ، مج، چونکه ارزان.

مرغ همتشان بحضرت شد قرین — هم ز دنیا در گذشت و هم ز دین
گر تو مرد این چنین همت نهٔ — دور شو[1] کاهل ، ولی‌نعمت نهٔ

الحکایه والتمثیل

شیخ غوری ، آن بکلی گشته کل[2] — رفت با دیوانگان در زیر پل
از قضا می رفت سنجر با شکوه — گفت زیر پل چه قومند این گروه
شیخ گفتش بی سرو بی پا همه — از دو بیرون نیست جان[3] ما همه
گر تو ما را دوست داری بر دوام — زود از دنیا برآریمت مدام[4]
ور[5] توما را دشمنی نه دوست دار — زود از دینت برآریم اینت کار
دوستی و دشمنی ما را ببین — پای در نه خویش را رسوا ببین
گر بزیر پل درآیی یك نفس — وارهی زین طمطراق و زین هوس
سنجرش گفتا نیم مرد شما — حب و بغض نیست در خورد شما
نه شما را دوستم نه دشمنم — رفتم اینك تا نسوزد خرمنم
از شما هم فخر و هم عاریم نیست — با بدو نیك شما کاریم نیست
همت آمد همچو مرغی تیز پر — هر زمان در سیر خود سرتیزتر[6]
گر[7] بپرد جز ببینش کی بود — در درون آفرینش کی بود
سیر او ز آفاق گیتی[8] برترست — کو ز هشیاری و مستی برترست

الحکایه والتمثیل

نیم شب دیوانهٔ خوش می گریست — گفت این عالم بگویم من که‌چیست
حقهٔ سر برنهاده ، ما درو — می پزیم از جهل‌خود سودا درو

---

۱ - در ، تو . ۲ - در ، کشته دل. ۳ - در، مج ، پ ، حال . ۴ - در، مج ، پ ، تمام
۵ - این بیت در مج ، نیست . ۶ - پ، هم تیزتر . ۷ - این بیت در نسخهٔ در، نیست . ۸ - در، مج ، پ ، هستی .

چون سر این حقه بر گیرد اجل　　هر که پر دارد بپرّد تا ازل
وانك او بی‌پر بود، در صد بلا　　در میان حقه ماند مبتلا
مرغ[1] همت را بمعنی بال ده　　عقل را دل بخش و جانرا حال ده
پیش از آن کز حقه بر گیرند سر　　مرغ ره گرد و برآور بال و پر
یا نه، بال و پر بسوزو خویش هم　　تا تو باشی از همه در پیش هم

☆☆☆

دیگری گفتش که انصاف و وفا　　چون بود در حضرت آن پادشا
حق تعالی داد انصافم بسی　　بی وفایی هم نکردم با کسی
در کسی چون جمع آمد این صفت　　رتبت او چون بود در معرفت

☆☆☆

گفت انصافست سلطان نجات　　هر که منصف شد برست از ترّهات
از تو گر[2] انصاف آید در وجود　　به ز عمری در رکوع و در سجود
خود فتوّت نیست در هر دو جهان　　برتر از انصاف دادن در نهان[3]
وانك او انصاف بدهد آشکار　　از ریا کم خالی افتد، یاد دار
نستدند انصاف، مردان از کسی　　لیك خود می‌داده‌اند الحق[4] بسی

الحکایه والتمثیل

احمد حنبل امام عصر بود　　شرح فضل او برون از حصر بود
چون ز فکر و علم خالی[5] آمدی　　زود پیش بشر حافی آمدی
گر کسی در پیش بشرش یافتی　　در ملامت[6] کردنش بشتافتی
گفت آخر تو امام عالمی　　از تو داناتر نخیزد آدمی
هرك می گوید سخن می نشنوی　　پیش این سر پا برهنه می‌دوی[7]

---

۱ - این بیت در نسخهٔ در، نیست　۲ - در، ازکس ار.　۳ - در، زمان.　۴ - پ، ازخود.
۵ - در، حالی. مج، پ، صافی　۶ - در، ندامت.　۷ - در پ، مج، میروی.

احمد حنبل چنین گفتی که من — گوی بردم در احادیث و سنن
علم من زو به بدانم نیک نیک — او خدا را به ز من داند ولیک
ای ز بی انصافی خود بی خبر — یک زمان انصاف رهبینان نگر

الحکایه والتمثیل

هندوان‌را پادشاهی بود پیر — شد مگر در لشگر محمود اسیر
چون بر محمود بردندش سپاه — شد مسلمان عاقبت آن پادشاه
هم نشان آشنایی یافت او — وز دو عالم هم[1] جدایی یافت او
بعد از آن در خیمهٔ تنها نشست — دل ازو برخاست، در سودا نشست
روز و شب در گریه و در سوز بود — روز از شب، شب بتر از روز بود
چون بسی شد نالهای زار او — شد خبر محمود را از کار او
خواند محمودش بپیش خویش در — گفت صد ملکت دهم زان بیشتر
تو شهی، نوحه مکن برخویش ازین — چند گریی، نیز مگری[2] بیش ازین
خسرو هندوش گفت ای پادشاه — من نمی گریم ز بهر ملك و جاه
زان همی گریم که فردا ذوالجلال — در قیامت گر کند از من سؤال
گوید ای بد عهد مرد بی‌وفا — کاشته با چون منی تخم جفا
تا نیامد پیش تو محمود باز — با جهانی پر سوار سرفراز
تو نکردی یاد من، این چون بود — باری از خط وفا بیرون بود
گرد می بایست کردن لشگری — بهر تو، تو خود ز بهر دیگری
بی سپاهی یاد نامد از منت — دوستت خوانم بگو[3] یا دشمنت
تا[4] یکی از من وفا از تو جفا — در وفاداری چنین نبود روا

۱ - در، پ، مج، هم ز دو عالم. ۲ - پ، گریه و زاری مکن تو. این بیت در مج، نیست ۳ - در، دوست خوانم هر یکی. ۴ - این بیت در مج، نیست.

گر رسد از حق تعالی این خطاب　　چون دهم این بی وفایی را جواب
چون کنم آن خجلت و تشویر را　　گریه زانست ای جوان این پیر را
حرف و انصاف وفاداری شنو　　درس و دیوان نکوکاری شنو
گر وفاداری تو عزم راه کن　　ورنه بنشین دست ازین کوتاه کن
هرچ بیرون شد ز فهرست وفا　　نیست در باب جوان مردی روا

الحکایه و التمثیل

غازیی از کافری بس سر فراز　　خواست مهلت تا که بگزارد نماز
چون بشد غازی نماز خویش کرد　　باز آمد جنگ هردم بیش کرد
بود کافر را نمازی زان خویش　　مهل خواست او نیز بیرون شدزپیش
گوشهٔ بگزید کافر پاك تر　　پس نهاد او سوی بت برخاك سر
غازیش چون دید سر بر خاك راه　　گفت نصرت یافتم این جایگاه
خواست تا تیغی زند بر وی نهان　　هاتفیش آواز داد از آسمان
کای همه بد عهدی از سر تا بپای　　خوش وفا و عهد می‌آری بجای
او نزد تیغت چو اوّل داد مهل　　تو اگر تیغش زنی جهل است جهل
ای و او فوا العهد برنا خوانده　　گشته کژ، بر عهد خود نا مانده
چون نکویی کرد کافر پیش ازین　　ناجوا مردی مکن تو بیش ازین
او نکویی کرد و تو بد می کنی　　با کسان آن کن که با خود می کنی
بودت از کافر وفا و ایمنی　　کو وفاداری ترا، گر مؤمنی
ای مسلمان، نامسلم[1] آمدی　　در وفا از کافری کم آمدی
رفت غازی زین سخن از جای خویش　　در عرق گم دید[2] سر تا پای خویش
کافرش چون دید گریان مانده　　تیغش اندر دست، حیران مانده

۱ ـ در، تا مسلم. ۲ ـ در، مج. پ، گم گشته.

گفت گریان از چهٔ ، بر گفت راست / کین زمان کردند ازمن بازخواست
بی وفا گفتند از بهر توم / این چنین گریان[1] من از قهر توم
چون شنید این قصه کافر آشکار / نعرهٔ زد بعد از آن بگریست زار
گفت جباری که با محبوب خویش / از برای دشمن معیوب خویش
از وفاداری کند چندین عتاب / چون کنم من بی‌وفایی بی‌حساب
عرضه کن اسلام تا دین آورم / شرك سوزم ، شرع آیین آورم
ای دریغا بر دلم بندی چنین / بی خبر من از خداوندی چنین
بس که با مطلوب خود ای بی طلب / بی وفایی کردهٔ تو بی ادب
لیك صبرم هست تا طاس فلك / جمله در رویت بگوید یك بیك

الحکایه والتمثیل

ده برادر قحطشان کرده نفور / پیش یوسف آمدند از راه دور
از سر بیچارگی گفتند حال / چارهٔ می‌خواستند از تنگ حال[2]
روی یوسف بود در برقع نهان / پیش یوسف بود طاسی آن زمان
دست زد بر طاس یوسف آشکار / طاسش اندر ناله آمد زار زار
گفت[3] حالی یوسف حکمت شناس / هیچ می دانید کین آواز طاس
ده برادر بر گشادند آن زمان / پیش یوسف از سر عجزی زفان
جمله گفتند ای عزیز حق شناس / کس چه داند تاچه[4] بانگ آیدزطاس
یوسف آنگه گفت من دانم درست / کوچه گوید با شما ای جمله سست[5]
گفت می گوید شما را پیش ازین / یك برادر بود حسنش بیش ازین
نام یوسف داشت[6] ، که بود از شما / در نکویی گوی بربود از شما

۱ - در ، مج ، پ ، حیران . ۲ - در ، مج ، پ ، تنگ سال . ۳ - این بیت در پ ، نیست. ۴ - پ، اینکه . ۵ - در، مج ، پ ، کو چه‌میگوید شما هستید سست . ۶ - ق ۲ ، بود .

۱۵۲ مقامات‌الطیور

دست[1] زد بر طاس از سر باز در   گفت بر گوید[2] بدین آواز در
جمله[3] افکندید یوسف را بچاه   پس بیاوردید گرگی بی گناه
پیرهن[4] در خون کشیدید از فسون   تا دل یعقوب از آن‌خون گشت خون
دست زد بر طاس یک باری دگر   طاس را آورد در کاری دگر
گفت می گوید پدر را سوختید[5]   یوسف مه روی را بفروختید[6]
با برادر کی کنند این ، کافران   شرم‌تان باد از خدا ای‌حاضران
زان سخن آن قوم حیران آمده   آب گشتند[7] ، از پی نان آمده[8]
گرچه[9] یوسف را چنان بفروختند   بر خود آن ساعت جهان بفروختند
چون بچاه افکندنش کردند ساز   جمله در چاه بلا ماندند باز
کور چشمی باشد آن کین قصّه او   بشنود زین برنگیرد حصّه او
تو مکن چندین در آن قصه نظر   قصهٔ تست این همه ، ای بی‌خبر
آنچ تو از بی وفایی کردهٔ   نی بنور آشنایی کردهٔ
گر کسی عمری زند بر طاس دست   کار ناشایست تو زان بیش هست
باش تا از خواب بیدارت کنند   در نهاد خود گرفتارت کنند
باش[10] تا فردا جفاهای ترا   کافریهای و خطاهای ترا
پیش رویت عرضه دارند آن همه   یك بیك بر تو شمارند آن همه
چون بسی آواز طاس آید بگوش   می ندانم تا بماند عقل و هوش
ای چو موری لنگ در کار آمده   در بن طاسی گرفتار آمده
چند گرد طاس گردی سرنگون   در گذر کین هست طشت غرق‌خون[11]
در[12] میان طاس مانی مبتلا   هر دم آوازی دگر آید ترا

---

۱ - این بیت در مج ، نیست . ۲ - در ، مج ، پ ، میگوید . ۳ - این دو بیت در مج ، نبست . ۴ - این بیت در مج ، پ ، نیست. ۵ - پ ، سوختند . ۶ - پ ، بفروختند . ۷ - پ ، گشته . ۸ و ۹ و ۱۰ - این سه بیت در مج ، نیست . ۱۱ - در، مج ، پر ز خون . ۱۲ - در، مج ، پ ، گز .

پر برآر و در گذر ای حق شناس   ورنه رسوا گردی از آواز طاس

✿✿✿

دیگری پرسید ازو کای پیشوا   هست گستاخی درآن حضرت روا
گر کسی گستاخیی یابد عظیم   بعد از آنش از پی درآید هیچ بیم
چون بود گستاخی آنجا ، باز گوی   درّ معنی بر فشان و راز گوی

✿✿✿

گفت هر کس را که اهلیّت بود   محرم سرّ الوهیّت بود
گر کند گستاخیی او را رواست   زانك دایم رازدار پادشاست
لیك[1] مردی رازدان و رازدار   کی کند گستاخیی گستاخ وار
چون زچپ باشد ادب حرمت‌زراست   یك نفس گستاخیی از وی رواست
مرد اشتروان که باشد بر کنار   کی تواند بود شه[2] را رازدار
گر کند گستاخیی چون اهل راز   ماند از ایمان وز جان نیز باز
کی تواند داشت رندی در سپاه   زهرهٔ گستاخیی در پیش شاه
گر براه آید و شاق[3] اعجمی   هست گستاخیّ او از خرّمی
جمله رب داند نه رب داند نه رُب   گر کند گستاخیی از فرط حب
او چو دیوانه بود از شور عشق   می رود بر روی آب از زور عشق
خوش بود گستاخی او ، خوش بود   زانك آن دیوانه چون آتش بود
در ره آتش سلامت کی بود   مرد مجنون را ملامت کی بود
چون ترا دیوانگی آید پدید   هرچ تو گویی ز تو بتوان شنید

الحکایه والتمثیل

در خراسان بود دولت بر مزید   زانك پیدا شد خراسان را عمید

---

۱ - این بیت درنسخهٔ مج ، نیست . ۲ - در ، شب . ۳ - در، وشاقی .

صد غـلامش بود تـرك مـاه روی — سرو قامت ، سیم ساعد ، مشك بوی
هـر یکی در گـوش دّری شب فـروز — شب شده درعکس[1] آن دُرهمچوروز
بـا کـلاه شفشه[2]و بـا طـوق زر — سـربسر سیمن‌بـرو زریـن سپر[3]
بـا کـمرهـای مرصع بـر میـان — هریکی را نقـره خنگی زیـر ران
هـرك دیـدی روی آن یـك لشگری — دل بدادی حـالی و جـان بر سری
از قضـا دیـوانـهٔ بس گرسنـه — ژندهٔ پوشیـده سر پـا[4] بـرهنـه
دیـد آن خیـل غلامـانـرا ز دور — گفت آن[5] کیستند ایـن خیل حور
جملهٔ شهرش[6] جـوابش داد راست — کین غـلامـان عمیـد شهـر مـاست
چون شنید این قصه آن دیوانه زود — اوفتـاد انـدر سـر دیـوانـه دود
گفت ای دارنـدهٔ عـرش مجیـد — بنـده پروردن بیـامـوز از عمیـد
گـر ازو دیـوانـهٔ ، گستاخ بـاش — بـرگ داری لازم[7] این شاخ بـاش
ور نـداری بـرگ ایـن شاخ بلنـد — پس مکن گستاخی و[8] برخود مخند
خوش بـود گستـاخی دیوانـگـان — خویش می سوزند[9] چون پروانگان
هیـچ نتـواننـد دیـد آن قـوم راه — چـه بـدو چـه نیك جز زانجایگاه[10]

الحکایه والتمثیل

گـفـت آن دیـوانـهٔ تـن بـرهنـه — در میـان راه مـی شد گـرسنه
بود بـارانـی و سرمـایی[11] شگـرف — ترشد آن سر گشته[12]ازباران و برف
نـه نهفتـی بـودش و نـه خـانـهٔ — عـاقبت مـی رفت تـا ویـرانـهٔ
چون نهاد از راه در ویـرانه[13]گـام — بـرسرش آمـد همی خشتی ز بـام

---

۱ ـ ق ۲ ، گوش . ۲ ـ پ، مج ، شعشعه . ۳ ـ پ . مج ، کمر . ۴ ـ در ، پ ، مج پای . ۵ ـ در ، اینان . پ ، مج ، آخر . ۶ ـ در ، مج ، پ ، خواجهٔ شهرش . ۷ ـ مج . پ لاجرم . ۸ ـ پ، گستاخیی. ۹ ـ پ ، خوش همی سوزند ۱۰ ـ در ، چه‌آن جایگاه. ۱۱ ـ در مج ، پ ، سرمائی و بارانی . ۱۲ ـ پ ، مج . دیوانه ۱۳ ـ در ، آن دیوانه.

۱۵۵ عذرآوردن مرغان

سر شکستش خون روان شد همچو جوی مرد سوی آسمان بر کرد روی
گفت تا کی کوس[1] سلطانی زدن زین نکوتر خشت نتوانی[2] زدن

الحکایه والتمثیل

بود در کاریز بی سرمایهٔ عاریت بستد خر از همسایهٔ
رفت سوی آسیا و خوش بخفت چون بخفت آن مرد حالی خر برفت
گرگ آن خر را بدرّید و بخورد روز دیگر بود تاوان خواست مرد
هر دو تن می آمدند از ره دوان تا بنزد میر کاریز آن زمان
قصه پیش میر[3] بر گفتند راست زو بپرسیدند کین تاوان کراست
میر گفتا هرك گرگ یك تنه سر دهد در دشت صحرا گرسنه
بی شك این تاوان برو[4] باشد درست هر دو را تاوان ازو بایست جست
یا رب این تاوان چه نیکو میکند هیچ تاوان نیست هرچ او میکند
بر زنان مصر چون حالت بگشت[5] زانك مخلوقی[6] بدیشان بر گذشت
چه عجب باشد که بر دیوانهٔ حالتی تابد[7] ز دولت خانهٔ
تا در آن حالت شود بی خویش او ننگرد هیچ از پس و از پیش او
جمله زو گوید، بدو گوید همه جمله زو جوید، بدو جوید همه

الحکایه والتمثیل

خاست اندر مصر قحطی ناگهان خلق می مردند و می گفتند نان
جملهٔ ره خلق بر هم مرده بود نیم زنده مرده را می[8] خورده بود
از قضا دیوانهٔ چون آن بدید خلق می مردند و نامد نان پدید
گفت ای دارندهٔ دنیا و دین چون نداری رزق کمتر آفرین

---

۱ - در، گوی. ۲ - در، لشکری نتوان. ۳ - در، مرد. ۴ - در، ورا. ۵ - در، گذشت. ۶ - در، محکومی. ۷ - در، یابد. پ، مج، آید. ۸ - پ، مج، نیم مرده‌خورده.

١٥٦ مقامات الطيور

هرك او گستاخ این درگه شود　　عذر خواهد باز چون آگه شود
گر کژی گوید بدین درگه نه راست　　عذر آن داند[1] بشیرینی نه خواست

الحکایه والتمثیل

بود آن دیوانه خون از دل چکان　　زانك سنگ انداختندش کودکان
رفت آخر تا بکنج گلخنی　　بود اندر کنج گلخن روزنی
شد از آن روزن تگرگی آشکار　　بر سر دیوانه آمد در نثار
چون تگرگ ازسنگ می‌نشناخت باز　　کرد بیهوده زبان خود دراز
داد دیوانه بسی دشنام زشت　　کزچه اندازند بر من سنگ وخشت
تیره بود آن خانه افتادش گمان　　کین مگر هم کودکانند این زمان
تا که از جایی دری بگشاد باد　　روشنی در خانهٔ گلخن فتاد
باز دانست او تگرگ اینجا ز سنگ　　دل شدش از دادن دشنام تنگ
گفت یا رب تیره بود این گلخنم　　سهو کردم ، هرچ گفتم آن منم
گر[2] زند دیوانهٔ این شیوه[3] لاف　　تو مده[4] از سرکشی با او مصاف
آنك اینجا مست لا یعقل بود　　بی قرار و بی کس و بی دل بود
می گذارد عمر در ناکامیی　　هر زمانش تازه بی آرامیی
تو زفان از شیوهٔ او دور دار　　عاشق و دیوانه را معذور دار
گر نظر در[5] سرّ بی‌نوران کنی　　جمله آن بی شك ز معذوران کنی

الحکایه والتمثیل

واسطی [می] رفت سر گردان شده　　وز[6] تحیّر بی سر و سامان شده
چشم بر گور جهودانش اوفتاد　　پس نظر زانجا بپیشانش اوفتاد

۱ ـ ق ۲ ، خواهد . در ، دیوانه . ۲ ـ پ، مج ، چو . ۳ ـ پ ، مج ، زین‌شیوه. ۴ـ در ، مجو . پ ، مکن . ۵ ـ در ، بر . ۶ ـ پ ، مج ، در .

عذر آوردن مرغان ۱۵۷

این جهودان، گفت معذورند نیك　　　　این بنتوان با کسی گفتن ولیك[۱]
این سخن از وی کس[۲] قاضی شنید　　　　خشمگین او را بـر قاضی کشید
حرف او چون در خور قاضی نبود　　　　کرد انکار و بدین راضی نبود
واسطی گفتش که این[۳] قوم تباه　　　　گر نه‌اند از حکم تو معذور راه
لیك از حکم خدای آسمان　　　　جمله معذوران راهند این زمان

☆☆☆

دیگری گفتش که تا من زنده‌ام　　　　عشق او را لایق و زیبنده‌ام
از[۴] همه ببریده‌ام بنشسته من　　　　لاف عشقش می زنم پیوسته من
چون همه خلق جهانرا دیده‌ام　　　　در که پیوندم که بس ببریده‌ام[۵]
کار من سودای عشق او بس است　　　　وین چنین سودا[۶] نه کار هر کس‌است
کار[۷] آوردم بجان در عشق یار　　　　گوییا[۸] جانم نمی آید بکار
وقت آن آمد که خط در جان کشم　　　　جام می بر طاعت جانان کشم
بر جمالش چشم و جان روشن کنم　　　　با وصالش دست در گردن کنم

☆☆☆

گفت نتوان شد بدعوی و بلاف　　　　هم نشین سیمرغ را بر کوه قاف
لاف عشق او مزن در هر نفس　　　　کو نگنجد در جوال هیچ کس
گر نسیم دولتی آید فراز　　　　پرده اندازد ز روی کار باز
پس ترا خوش در کشد در راه‌خویش　　　　فرد بنشاند بخلوت گاه خویش
گر بود اینجایگه دعوی ترا　　　　مغز آن معنی بود دعوی[۹] ترا
دوستداری تو[۱۰] آزاری بود　　　　دوستی او ترا کاری بود

---

۱ - در، با کسی این می بنتوان گفت لیك. پ، با کسی این راز نتوان گفت لیك.
۲ - پ، کسی. ۳ - در، که ای. ۴ - این بیت در نسخهٔ در، نیست. ۵ - در، کس نگزیده‌ام.
۶ - مج، کاری. ۷ - در، کارم. ۸ - در، گوئی آن. ۹ - در، پ، مج، آن دعوی بود معنی.
۱۰ - ق ۲، دوستی اوت. ق ۱، دوستدار او.

الحکایه والتمثیل

چون برفت از دار دنیا بایزید — دید در خوابش مگر آن شب مرید
پس سؤالش کرد کای شایسته پیر — چون ز منکر در گذشتی وز نکیر[1]
گفت چون کردند آن دو نامدار — از[2] من مسکین سؤال از کردگار
گفتم ایشانرا که نبود زین سؤال — نه شما را نه مرا هرگز کمال
زانك اگر گویم خدایم اوست بس — این سخن گفتن بود از من هوس
لیك اگر زینجا بنزد[3] ذوالجلال — باز گردید و ازو پرسید حال
گر مرا او بنده خواند اینت کار — بندهٔ باشم خدا را[4] نامدار
ور مرا از بندگان نشمارد او — بستهٔ بند خودم بگذارد او
با کسی آسان چو پیوندش نبود — من اگر خوانم خداوندش چه سود
چون نباشم بنده و بندیّ او[5] — چون زنم لاف[6] خداوندیّ او
در خداوندیش سرافکنده‌ام — لیك او باید که خواند بنده‌ام
گر ز سوی او درآید عاشقی — تو بعشق او بغایت لایقی
لیك عشقی کان ز سوی تو بود — دان که آن[7] در خورد روی تو بود
او اگر با تو در اندازد[8] خوشی — تو توانی شد ز شادی آتشی
کار آن دارد نه این ای بی‌خبر — کی خبر یابد ازو هر بی هنر

الحکایه والتمثیل

بود درویشی ز فرط عشق زار — وز محبت همچو آتش بی قرار
هم ز تفت عشق جانش سوخته — هم ز تاب[9] جان زفانش سوخته

---

۱ - در، ازنکیرچون درگذشتی وز مکیر. پ، مج ، چون‌گذرکردی زمنکروز نکیر. ۲ - در، مج ، پ، برمن . ۳ - در ، مج ، پ ، بسوی . ۴ - پ ، بنده باشم من خدا را . ۵ - در ، بندهٔ والای او . ۶ - در ، لاف از . ۷ - در ، در ازل آن . پ ، زانکه آن . ۸ - پ ، مج ، آید از . ۹ - در ، تف . پ ، سوز .

آتش از جان[1] در دلش افتاده بود — مشکلی بس مشکلش افتاده بود
در میان راه می شد بی قرار — می گریست و این سخن میگفت زار
جان و دل از آتش رشکم بسوخت — چند گریم[2] چون همه‌اشکم بسوخت
هاتفی گفتش مزن زین بیش لاف — از چه با او درفکندی از گزاف
گفت من کی در فکندم با یکی — او درافکندست با من بی شکی
چون منی را کی بود آن مغزوپوست — تا چو اویی را تواند داشت دوست
من چه کردم، هرچ کرداو کردو بس — دل‌چوخون‌شد خون دل‌او خوردو بس
او چو با تو درفکند و داد بار — تو مکن از خویش در سر زینهار
تو که باشی تا در آن کار[3] عظیم — یک نفس بیرون کنی پای از گلیم
با تو گر او عشق بازد ای غلام — عشق او با صنع می بازد مدام[4]
تو نهٔ بس هیچ و نه بر هیچ کار — محو گرد و[5] صنع با صانع گذار
گرپدید آری تو خود را درمیان — هم ز ایمانت برآیی هم ز جان

الحکایه والتمثیل

یک شبی محمود دل پرتاب شد — میهمان رند گلخن تاب شد
رند بر خاکسترش بنشاند خوش — ریزه در گلخن همی افشاند خوش
خشک نانی پیش او آورد زود — دست بیرون کرد شاه وخورد زود
گفت آخر گلخنی امشب ز من — عذر خواهد[6] من سرش برم ز تن
عاقبت چون عزم رفتن کرد شاه — گلخنی گفتش که دیدی جایگاه
خورد و خفتم دیدی و ایوان من — آمدی ناخوانده خود مهمان من
گر دگر بار افتدت ، برخیز زود — پس قدم در راه نه ، سر نیز زود

---

۱ - در ، آتش جان. ۲ - در، مج ، گویم . ۳ - در ، در اینکار . پ ، تا که درکار.
۴ - در ، مج ، تمام . ۵ - پ ، گردد . ۶ - مج ، در ، خواهم .

ور سر ما نبودت می باش خوش — گلخنی گو[۱] ریزهٔ می پاش خوش
من نه بیش از تو نه کمتر آیمت — من کیم تا من برابر آیمت
خوش شد از گفتار او شاه جهان — هفت بار دیگرش شد میهمان
روز آخر گلخنی را گفت شاه — آخر از شاه جهان چیزی بخواه
گفت اگر حاجت بگوید آن گدا — شاهش آن حاجت بگرداند روا
شاه گفتش حاجتت با من بگو — خسروی کن، ترك این گلخن[۲] بگو
گفت حاجتمند آنم من که شاه — هم چنین مهمانم آید گاه گاه
خسروی[۳] من لقای او بس است — تاج فرقم خاك پای او بس است
شهریار از دست تو[۳] بسیار هست — هیچ گلخن تاب را این کار هست
با تو در گلخن نشسته گلختی — به که بی تو پادشاهی[۴] گلشنی
چون ازین گلخن درآمد دولتم — کافری باشد ازینجا رحلتم
با تو اینجا گر وصالی پی نهم[۵] — آن بملك هر دو عالم کی دهم[۶]
بس بود این گلخنم روشن ز تو — چیست به ازتو[۷] [illegible]
مرگ جان باد این دل پرپیچ را — گر گزیند بر تو هرگز هیچ را
من نه شاهی خواهم و نه خسروی — آنچ می‌خواهم من از تو هم توی
شه تو بس باشی، مکن شاهی مرا — میهمان می‌آی گه گاهی مرا
عشق او باید ترا کار این بود — آن تو[۸] او را غم و بار این بود
گر ترا عشق‌است، از وی خواه نیز — دست ازین دامن مکن کوتاه نیز[۹]
دل بگیرد زان خویشش بی شکی — بحر دارد، قطره خواهد از یکی

۱ - در، گر. ۲ - در، مج، گلخن تاب. ۳ - در، مج، او. ۴ - در، مج، پادشاه
پ، شاهی اندر. ۵ - در، می نهیم. پ، مج، می‌نهم. ۶ - در، نهیم. ۷ - در، مج، از توبه
۸ - در، مج، از تو. ۹ - بعد از این بیت در نسخه‌های در، پ، مج، بیت زیر اضافه است:
عشق‌کهنه، عشق نو خواهد دگر — گنجها نقدش دوجو خواهد دگر

الحکایه و التمثیل

می شد آن سقا مگر آبی بکف دید سقایی دگر در پیش صف
حالی این یك آب در کف آن زمان پیش آن یك رفت و آبی خواست از آن
مرد گفتش ای ز معنی بی خبر چون تو هم این آب داری خوش بخور
گفت هین آبی ده ای بخرد مرا زانکه دل بگرفت از آن[1] خود مرا
بود آدم را دلی از کهنه سیر از برای نو بگندم شد دلیر
کهنها جمله بیك گندم فروخت هرچ بودش جمله در گندم بسوخت
عور شد، دردی ز دل سر برزدش عشق آمد حلقهٔ بر در زدش
در فروغ عشق چون ناچیز شد کهنه و نو رفت و او هم[2] نیز شد
چون نماندش هیچ، باهیچی بساخت هرچ دستش داد در هیچی بباخت
دل زخود بگرفتن و مردن بسی نیست کار ما و کار هر کسی

☆☆☆

دیگری گفتش که پندارم که من کرده‌ام حاصل کمال خویشتن
هم کمال خویش حاصل کرده‌ام هم ریاضتهای مشکل کرده‌ام
چون هم اینجا کار من حاصل ببود رفتنم زین جایگه مشکل ببود
دیدهٔ کس را که برخیزد ز گنج می دود در کوه و در صحرا برنج

☆☆☆

گفت ای ابلیس طبع پر غرور در منی گم وز مراد من[3] نفور
در خیال خویش مغرور آمده از فضای[4] معرفت دور آمده
نفس بر جان تو دستی یافته دیو در مغزت نشستی یافته[5]

---

۱ - در، مج، پ، زآب. ۲ - در، مج، وبا هم. ۳ - پ، مج، خود. ۴ - در، قضای.
۵ - در نسخه های در، پ، مج، بیت زیر اضافه است:
تو به پنداری گرفتار آمده پای تا سر عین پندار آمده

گر تـرا نوریست در ره یـار تست   ور تـرا ذوقیست آن پنـدار تست
وجد و فقـر تو خیـالی بیش نیست   هرچ می گویی محـالی بیش نیست
غـرّهٔ ایـن روشنیّ ره مبـاش   نفس تو با تست، جز آگه مبـاش
با[1] چنین خصمی ز بی تیغی بدست   کی تـوانـد هیچ کس ایمن نشست
گر[2] ترا نـوری ز نفس آمد پدیـد   زخم کژدم از کرفس آمد پدید
تو[3] بـدان نـور نجس غـرّه مباش   چون نهٔ خورشید جز ذرّه مبـاش
نـه ز تـاریکیّ ره نومید شـو   نـه ز نـورش هم‌بـر خورشید شو
تا تو در پندار خویشی ای عـزیز   خواندن و راندن نه ارزد یك پشیز
چون[4] برون آیـی ز پنـدار وجـود   بر تـو گـردد دور پـرگار وجود
ور تـرا پنـدار هستی هست هیچ   نبودت از نیستی در دست[5] هیچ
ذرّهٔ گـر طعم هستی بـاشدت   کافـری و بت‌پـرستی بـاشدت
گر پدیدآیی بهستی یك نفس   تیـربـاران آیـدت از پیش و پس
تا تو هستی، رنج جـانرا تن بنه[6]   صد قفـا را هـر زمـان گردن بنه
گر تـو آیـی خـود[7] بهستی آشکار   صـد قفـات ازپـی درآرد روزگار

الحکایه والتمثیل

شیخ بـوبـکر نشـابـوری بـراه   بـا مـریـدان شـد بـرون از خـانقاه
شیخ بـر خـر بـود بی اصحـابنـا[8]   کـرد نـاگـه خـرمگر بادی رهـا
شیـخ را زان بـاد حـالت شد پـدید   نعـرهٔ زد، جـامه برهـم می درید
هم مریدان هـم کسی کان دیـد ازو   هیچ کس فی‌الجمله نپسندیـد ازو
بعدازآن کرد آن یکی از وی سؤال   کاخر اینجا در که کردائ شیخ حال

---

۱ و ۲ و ۳ و ۴ - این ابیات درنسخهٔ در، نیست. ۵ - پ، جز نیستی در دست. ۶ - در، مج، جان از تن بنه. ۷ - در، خود رائی. پ، گر تو خود آئی. ۸ - در، مج، با اصحابنا.

گفت چندانی که می کردم نگاه — بود از اصحاب من بگرفته راه
بود هم از پیش و هم از پس مرید — گفتم الحق کم نیم از بایزید
همچنین کامروز خویش آراسته — با مریدانم ز جان برخاسته
بی‌شکی فردا خوشی در عزّ و ناز — در روم در دشت محشر سر فراز
گفت چون این فکر کردم، از قضا — کرد خر اینجا یکه بادی رها
یعنی آن کو می‌زند این شیوه لاف — خر جوابش می‌دهد، چند از گزاف
زین سبب چون آتشم در جان فتاد — جای حالم[1] بود و حالم زان فتاد
تا تو در عجب و غروری ماندهٔ — از حقیقت دور دوری ماندهٔ
عُجب برهم زن، غرورت را بسوز — حاضر از نفسی[2]، حضورت را بسوز
ای بگشته هردم از لونی دگر — در بن هرموی فرعونی دگر
تا ز تو یك ذرّه باقی ماندست — صد نشان از تو نفاقی ماندست
از منی گر ایمنی باشد ترا — با دو عالم دشمنی باشد ترا
گر تو روزی در فنای تن[4] شوی — گر همه شب در شبی روشن شوی[5]
من[6] مگو ای از منی در صد بلا — تا بابلیسی نگردی مبتلا

الحکایه والتمثیل

حق تعالی گفت با موسی براز — کاخر از ابلیس رمزی جوی باز
چون بدید ابلیس را موسی براه — گشت از ابلیس موسی رمزخواه
گفت دایم یاد دار این یك سخن — من مگو تا تو نگردی همچو من[7]

۱ - پ، عالم. ۲ - در، نفسم. مج، نفست. ۳ - پ، نوعی. ۴ - ق ۲، وفای تن. در، قبای من. ۵ - در نسخهٔ در، بیت زیر اضافه است:

پاك دینی گفت کان نیکوترست — مهتدی را گر بتاریکی درست

۶ - این بیت در نسخهٔ در، نیست. ۷ - در نسخهٔ در، مج، بیت شمارهٔ ۲۹۳۶ در اینجا آمده است:

من مگو ای ازمنی گشته جدا — تا بابلیسی نگردی مبتلا

گر بمویی زندگی باشد ترا کافری نه بندگی باشد ترا
راه را انجام در ناکامیست نام نیك مرد در بدنامیست
زانك اگر[1] باشد درین ره کامران صد منی سر برزند در یك زمان

الحکایه والتمثیل

پاك[2] دینی گفت آن نیکوترست مبتدی را کو بتاریکی درست
تا بکلی گم شود در بحرجود پس نماند هیچ رشدش[3] در وجود
زانك چیزی گر برو ظاهر شود غرّه گردد وان زمان کافر شود
آنچ در تست از حسد واز خشم تو چشم مردان بیند او نه چشم تو
هست در تو گلخنی پر اژدها تو ز غفلت کرده ایشانرا رها
روز و شب در پرورش‌شان مانده[4] فتنهٔ خفت و خورش‌شان مانده[5]
اصل[6] تو از خاك وز خون شد تمام وی عجب هردو ز بی‌قدری حرام
خون[7] که او نزدیك‌تر آمد بتو هم نجس هم مختصر آمد بتو
هرچ[8] در بعد دلست از قرب حس هم حرام افتد بلاشك هم نجس
گر پلیدیی درون می‌بینیی این‌چنین فارغ کجا بنشینیی

الحکایه والتمثیل

در بر شیخی سگی می‌شد پلید شیخ از آن سگ هیچ دامن درنچید
سایلی گفت ای بزرگ پاك باز چون نکردی زین‌سگ آخر احتراز
گفت این سگ ظاهری دارد پلید هست آن در باطن من ناپدید
آنچ او را هست برظاهر عیان این دگررا[9] هست درباطن نهان

۱ - پ ، زانکه گر. ۲ - این بیت در نسخهٔ در، نیست. ۳ - در، مج ، مسکین. ۴ و ۵ - پ، مج، بوده‌ای. ۶ - این بیت در نسخهٔ پ، نیست. ۷ و ۸ - این دو بیت در نسخهٔ پ ، نیست . ۹ - پ ، گدا را.

چون درون من چو بیرون سگست	چون گریزم زو که بامن‌هم تگ‌است
ور[1] پلیدی درون اندکیست	صد نجس بیشی که این قله یکیست
گرچه اندك حیرت[2] آمد بند[3] راه	چه بکوهی بازمانی[4] چه بکاه

الحکایه والتمثیل

عابدی بودست دروقت کلیم	در عبادت بود روزو شب مقیم
ذرهٔ ذوق و گشایش[5] می‌نیافت	ز آفتاب سینه تابش می‌نیافت
داشت ریشی بس نکو آن نیك مرد[6]	گاه گاهی ریش‌خود را شانه کرد
مرد عابد دید موسی را ز دور	پیش او شد کای سپه سالار طور
از برای حق که از حق کن سؤال	تاچرانه ذوق دارم من نه حال
چون کلیم القصه شد بر کوه طور	باز پرسید آن سخن، حق گفت دور
گو هر آنك از[7] وصل ما درویش‌ماند	دایما مشغول ریش خویش ماند
موسی آمد قصه بر گفتا که چیست	ریش‌خود می کند مرد ومی گریست
جبرئیل آمد سوی موسی دوان	گفت همی مشغول ریشی این زمان
ریش اگر آراست در تشویش بود	ور همی بر کند هم درویش بود
یك نفس بی او بر آوردن خطاست	چه بکژ زوبازمانی چه براست
ای زریش خود برون نا آمده[8]	غرق این دریای خون نا آمده[9]
چون ز ریش خود بپردازی نخست	عزم تو گردد درین[10] دریا درست
ور تو بااین ریش دردریا شوی	هم ز ریش خویش ناپرواشوی[11]

۱ - این بیت در پ، نیست. ۲ - در ، مج، پ ، چیزت . ۳ - پ ، سد. ۴ - در ، مج ، مانده . ۵ - در، مج ، ذوق گشایش. ۶ - پ ، پیرمرد . ۷ - در، مج، گوزحسب . پ، گوزدرد. ۸ - پ، خویش بیرون آمده . ۹ - پ ، پرخون آمده . ۱۰ - در، بدین. ۱۱ - در ، مج ، روی .

الحکایه والتمثیل

داشت ریشی بس بزرگ آن ابلهی / غرقه[1] شد درآب دریا ناگهی
دیدش از خشکی مگر مردی سره[2] / گفت از سر برفکن آن توبره
گفت نیست آن توبره، ریش منست / نیست‌خود این ریش، تشویش منست
گفت احسنت اینت ریش و اینت کار[3] / تو فروده اینت خواهد کشت زار
ای چو بز از ریش[4] خود شرمیت نه / برگرفته ریش و آزرمیت نه
تا ترا نفسی و شیطانی بود / در تو فرعونی و هامانی بود
پشم در کش[5] همچو موسی کون را / ریش گیر آنگاه این فرعون را
ریش این فرعون گیر و سخت دار / جنگ ریشاریش کن مردانه‌وار
پای درنه ، ترك ریش خویش گیر / تا کیت زین ریش ، ره در پیش گیر
گرچه از ریشت بجز تشویش نیست / یك دَمَت[6] پروای ریش‌خویش نیست
در ره دین آن بود فرزانهٔ / کو ندارد ریش خود را شانهٔ
خویش را از ریش خود آگه کند[7] / ریش را دستار خوان ره کند[8]
نه بجز خونابه آبی یابد او / نه بجز از دل کبابی یابد او
گر بود گازر ، نبینند آفتاب / ور بود دهقان ، نیارد میغ آب

الحکایه والتمثیل

صوفیی چون جامه شستی گاه گاه / میغ کردی جملهٔ عالم سیاه
جامه چون پرشوخ شد یك بارگی[9] / گرچه بود ازمیغ صد غم‌خوارگی[10]
از پی اشنان سوی بقال شد / میغ پیدا آمد و آن[11] حال شد

۱ ـ پ، غرق. ۲ ـ پ، مردسره. ۳ ـ در ، این ریش آشکار . ۴ ـ در، مج ، دست بد از ریش. ۵ ـ پ ، پشت درکش. ۶ ـ پ ، یکدمی. ۷ ـ پ ، ریش خویش‌آگاه کن . ۸ ـ پ ، خوان راه کن . ۹ ـ در، مج، یکبارگیش. ۱۰ ـ در، مج، غم خوارگیش . ۱۱ ـ در ، از.

مرد گفت ای میغ چون گشتی پدید　　رو که مویزم همی باید خرید
من ازو مویز پنهان می‌خرم　　تو چه می‌آیی، نه اشنان می‌خرم
از تو چند اشنان فرو ریزم[1] بخاك　　دست از صابون بشستم از تو پاك

☆☆☆

دیگری گفتش بگو ای نامور　　تا بچه دلشاد باشم در سفر
گر بگویی، کم شود آشفتنم　　اندکی رشدی بود در رفتنم
رشد باید[2] مرد را در راه دور　　تا نگردد[3] از ره‌و رفتن[4] نفور
چون ندارم من قبول و رشد غیب　　خلق را رد می کنم از خود بعیب

☆☆☆

گفت تا هستی بدو دلشاد باش　　وز همه گویندهٔ آزاد باش
چون بدو جانت تواند بود شاد　　جان پرغم را بدو کن زود شاد
در دو عالم شادی مردان بدوست　　زندگیِ گنبد گردان بدوست
پس تو هم از[5] شادی او زنده باش　　چون فلك درشوق او گردنده باش
چیست زو بهتر ، بگو ای هیچ کس　　تا بدان تو شاد[6] باشی یك نفس

الحکایه والتمثیل

بود مجنونی عجب در کوهسار　　با پلنگان روزو شب کرده قرار
گاه گاهش حالتی پیدا شدی　　گم شدی در خود کسی کانجا شدی
بیست روز آن[7] حالتش برداشتی　　حالت او حال دیگر داشتی
بیست روز از صبح دم تا وقت شام　　رقص می کردی و بر گفتی مدام[8]
هردو تنهاییم و هیچ انبوه نه　　ای[9] همه شادی و هیچ اندوه نه

---

۱ - پ ، ریزد . ۲ - د ر، مج ، سد باشد . ۳ - پ ، نگیرد . ۴ - در ، ره رفتن . ۵ - پ ، تو اندر . ۶ - پ، تابدو دلشاد. ۷ - در، مج ، از. ۸ - در ، مج ، دوام. ۹- در، مج، این.

۱۶۸ مقامات‌الطیور

گر بمیرد[1] هر کـه را با اوست دل   دل بدو ده دوست دارد دوست دل[2]
هـرك از هستـی[3] او دلشاد گشـت   محـو از هستی شـد و آزاد گشت
شادی جـاوید کـن از دوست تـو   تا نگنجـد[3] هیچ کل در پوست تو

الحکایه والتمثیل

آن عـزیزی گفت شد هفتـاد سال   تـا ز شادی می کنم واز ناز[4] حال
کین چنـین زیبـا خداوندیم هست   بـا خـداونـدیش پیونـدیم هست
چون تـو مشغولـی بجویایـی عیب   کـی کنی شادی بزیبایـی غیب[5]
عیب[6] جویـا ، تو بچشم عیـب بـین   کی توانی بـود هر گز غیب[7] بـین
اولا از عیـب خلـق[8] آزاد شـو   پس بعشق غـیـب‌مطلـق شادشو
مـوی بشکافـی بعیـب دیـگـران   ور بپـرسم عیب تو کوری در آن[9]
گـر بعیـب خـویشتن مشغولیی   گـرچـه بس معیوبیی مقبولیی

الحکایه والتمثیل

بـود مستی سخت[10] لایعقل ، خراب   آب کارش بـرده کلّـی کار آب
دُرد وصاف‌ازبس که[11] درهم‌خورده‌بود   از خرابی پا و سر گم کرده بـود

---

۱ ـ در، مج ، پ ، کی بمیرد . ۲ ـ در نسخه‌های در، پ ، مج ، ابیات زیر اضافه است :
گـر بشوق او دلـت شد مبـتلا   مرگ هرگزکی بود برتو روا
حکایت
عاشقی در وقت مردن میگریست   زو بپرسیدند کین‌گریه ز چیست
گفت می‌گـریم چو ابر نوبهـار   زانکـه این‌دم می‌ببایـد مرد زار
شایدم گر نوحـه در گیرم کنـون   چون‌دلم با اوست‌چون میرم‌کنون
همدمی گفتش چو دل بـا او بـود   گـر بمیری مـردنت نیکـو بـود
مرد گفتـا هرکـرا دل بـا خداست   گربمیرد مرگ بر وی کی‌رواست
دل چو با او در وصال آیـد همی   مـردن من بس محال آیـد همی
گر بدین سرشاد گردی یك زمـان   جای‌آن نبود که گنجی در جهان
۳ ـ در، مج ، نگنجی . پ ، بگنجی. ۴ ـ در ، در ناز. ۵ ـ مج ، عیب . ۶ ـ ق ۲ ، غیب.
۷ ـ در ، مج ، عیب. ۸ ـ پ ، خود. ۹ ـ در ، غیب گردی تودر آن . ۱۰ ـ پ ، بود مردی مست و . ۱۱ ـ در ، مج ، صافی بسکه .

هوشیاری را گرفت از وی ملال / پس نشاند آن مست را اندر جوال
برگرفتش تا برد با جای[1] خویش / آمدش مستی دگر در راه پیش
مست دیگر هر زمان با هر کسی / می‌شد و می کرد بد مستی بسی
مست اول، آنك بود اندر جوال / چون بدید آن مست را بس تیره‌حال
گفت ای مد بر دو کم بایست خورد / تا چو من می‌رفتی و آزاد و فرد
آن او می‌دید، آن خویش نه / هست حال ما همه زین بیش نه
عیب بین زانی که[2] تو عاشق نهٔ / لاجرم این شیوه را لایق نهٔ
گر ز عشق اندك اثر[3] می‌دیدیی / عیبها جمله هنر می‌دیدیی

الحکایه والتمثیل

بود مردی شیردل خصم افکنی / گشت عاشق پنج سال او برزنی[4]
داشت بر چشم آن زن همچون نگار / یك سر ناخن سپیدی آشکار
زان سپیدی مرد بودش بی‌خبر / گرچه بسیاری برافکندی نظر
مرد عاشق چون بود در عشق زار / کی خبر یابد[5] ز عیب[6] چشم یار
بعد ازآن کم گشت عشق آن‌مرد را / دارویی آمد پدید آن درد را
عشق آن‌زن در دلش نقصان گرفت / کار او بر خویشتن آسان گرفت
پس بدید آن مرد عیب چشم یار / این سپیدی گفت کی شد آشکار
گفت آن ساعت که شد عشق تو کم / چشم من عیب آن‌زمان آورد هم
چون ترا در عشق نقصان شد پدید / عیب درچشمم[7] چنین زان شد پدید
کردهٔ از وسوسه پرشور دل / هم ببین یك عیب خود ای کور دل
چند جویی دیگران را عیب باز / آن خود[8] یك ره بجوی از جیب باز

---

۱ - در ، مج ، بـرجای . ۲ - پ ، عیب بینی زانکه . ۳ - پ ، خبر. ۴ - در، مج ، سالی پنج عاشق برزنی . پ:سال پنج عاشق برزنی . ۵ - پ، دارد . ۶ - در ، مج ، زچشم‌عیب. ۷ - ق ۱ ، چشم . ۸ - در، عیب خود.

تا چو بر تو عیب تو آید گران   نبودت پروای عیب دیگران

الحکایه والتمثیل

محتسب آن مرد را می‌زد بزور   مست گفت ای‌محتسب کم کن‌توشور
زانك کز نام حرام اینجایگاه   مستی آوردی و افکندی ز راه
بودیی تو مست‌تر از من بسی   لیك آن مستی نمی‌بیند کسی
در جفای من مرو زین بیش نیز   داد بستان اندکی از خویش نیز

☆☆☆

دیگری گفتش که ای سرهنگ راه   زو چه خواهم گر رسم آنجایگاه
چون شود بر من جهان روشن ازو   می‌ندانم[1] تا چه خواهم من ازو
از نکوتر چیز اگر آگاهی   چون رسیدم من بدو، آن خواهمی

☆☆☆

گفت ای جاهل نهٔ[2] آگاه ازو   زو که چیزی خواهد، اورا خواه ازو
مرد را درخواست آگاهی بهست   کو زهر چیزی که می‌خواهی به‌است
در همه عالم گر آگاهی ازو   زو چه به دانی که آن خواهی ازو
هرك[3] درخلوت سرای او شود   ذرّه ذرّه آشنای او شود
هرك بویی یافت از خاك درش   کی برشوت باز گردد از درش

الحکایه والتمثیل

وقت مردن بوعلی رودبار   گفت جانم برلب آمد زانتظار
آسمانرا در همه[4] بگشاده اند   در بهشتم مسندی بنهاده اند
همچو بلبل قدسیان خوش سرای   بانگ می دارند کای عاشق درآی

---

۱ - ب، من ندانم. ۲ - در ، بپای ۳ - این بیت‌درنسخهٔ ب، نیست . ۴ - در، مج، همی.

شکر می کن پس بشادی می‌خرام   زانك هرگز کس ندیدست این‌مقام
گرچه این انعام و این توفیق هست   مـی‌نـدارد جـانم از تحقیق دست
زانك می گوید ترا بـا این چه کار   دادهٔ عـمـری درازم انـتـظـار
نیست بر گم تا چـو اهل شهوتی   سر فـرو آرم بـانـدك رشوتـی
عشق تو بـا جان من درهـم سرشت   من نه دوزخ دانم اینجا نه بهشت
گر بسوزی همچو خـاکستر مـرا   درنیـابـد جز تو کس دیگر مـرا
من ترا دانم،نـه دین ، نه کافـری[1]   نگذرم[2] من زین ، اگر تـو بگذری
مـن تـرا خواهـم، تـرا دانم ، تـرا   هم تو جـانم راو هـم جـانـم تـرا
حاجت من در همـه عـالـم تـویـی   این جهـانـم وآن جهـانم[3] هم تویـی
حاجت این دل‌شده، مـویی بـرآر   یك نفس بـامن بهم هـویی بـرآر
جان من گر سر کشد مـویی زتـو   جان ببر،هایی ز من هـویی ز تـو

الحکایه والتمثیل

حـق تعالـی گفت ای[4] داود پـاك   بند گانم را بگـو کای مشت خـاك
گـر نـه دوزخ نـه بهشتستی مـرا   بندگی کـردن نه زشتستی مـرا
گـر نبـودی هیچ نور و هیچ نـار   نیستی بـامـن شما را هـیچ کـار
من چـو استحقـاق آن دارم عظیـم   مـی‌پـرستیدیم نـه از او میدو بیم
گـر رجاو خـوف نـه درپـی بـدی   پس شمـا را کار بـامن کـی بـدی
می‌سزد چـون مـن خـداوندم مـدام   کـز مـیـان جان پـرستیدم[5] مـدام
بنده را[6] گو بـاز کش از غیـر دست   پس بـاستحقـاق مـارا مـی‌پرست
هـرچ آن‌جز[7] مابود درهم فـکن   چون فکندی برهمش درهم شکن[8]

---

۱ - در ، نه دین کافری . ۲ - پ ، بگذرم . ۳ - در ، مـج ، این جهان و آن جهانم .
۴ - پ ، با . ۵ - در، پرستندم ، ۶ - در، بنده‌ای . ۷ - در ، مج ، هرچه‌جز از. ۷ - پ، فکن.

چون شکستی، پاك درهم سوز تو — جمع کن خاکسترش یك روز تو
این همه خاکستر آنگه برفشان — تا شود از باد عزت بی نشان
چون چنین کردی ترا آید کنون — آنچ می‌جویی[1] ز خاکستر برون
گر ترا مشغول خلد و حور کرد — تو یقین دان کان[2] زخویشت دور کرد

الحکایه و التمثیل

گفت[3] ایاز خاص را محمود خواند — تاج دارش کرد و بر تختش نشاند
گفت شاهی دادمت، لشکر تراست — پادشاهی کن که این کشور تراست
آن همی خواهم[4] که تو شاهی کنی — حلقه در گوش مه و ماهی کنی
هر که آن بشنود از خیل و سپاه — جمله را شد چشم از آن غیرت سیاه
هر کسی میگفت شاهی با غلام — درجهان هرگز نکرد این احترام
لیك آن ساعت ایاز هوشیار — می گریست از کار سلطان زار زار
جمله گفتندش که تو دیوانهٔ — می‌ندانی وز خرد بیگانهٔ
چون بسلطانی رسیدی ای غلام — چیست چندین گریه، بنشین شادکام
داد ایاز آن قوم را حالی جواب — گفت بس دورید از راه[5] صواب
نیستی آگه که شاه انجمن — دور می‌اندازدم از خویشتن
می‌دهد مشغولیم تا من ز شاه — بازمانم دور مشغول سپاه
گر بحکم من کند ملك جهان — من نگردم غایب از وی یك زمان
هرچ گوید آن توانم کرد و بس — لیك ازو دوری نجویم یك نفس
من چه خواهم کرد ملك و کار او — مملکت من بس بود دیدار او
گر تو مرد طالبی و حق شناس — بندگی کردن درآموز[6] از ایاس

---

۱ - در، می‌جستی. ۲ - پ، کو. ۳ - پ، چون. ۴ - در، مج، گرهمی خواهی.
۵ - در، نهج. ۶ - پ، بیاموز.

ای بروزو شب معطل مانده همچنان بر گام اول مانده
هرشبی از بهر تو ای بوالفضول می کنند از اوج جبّاری نزول
تو ز جای خود چو مردی بی‌ادب[1] برنگیری گام ،نه روز و نه شب
آمدند از اوج عزت[2] پیش باز تو ز پس رفتی و کردی احتراز
ای دریغا نیستی تو مرد این تا که بتوان گفت آخر درد این
تا بهشت و دوزخت در ره بود جان توزین رازکی آگه بود
چون ازین هردو برون آیی تمام صبح این دولت برونت آید زشام
گلشن جنت نه این اصحاب راست زانك علیّون ذوی الالباب[3] راست
تو چو مردان،این بدین ده آن بدان درگذر،نه دل بدین ده نه بدان[4]
چون زهردو درگذشتی فرد تو گر زنی باشی تو باشی مرد[5] تو

الحکایه والتمثیل

رابعه گفتی که ای دانای راز دشمنان را کار دنیا می‌بساز
دوستان را آخرت ده بردوام زانك من زین کار آزادم مدام
گر زدنیا و آخرت مفلس شوم کم غمم گر یك دمت[6] مونس شوم
بس بود این مفلسی از تو مرا زانك دایم تو بسی از تو مرا
گر بسوی هردو عالم بنگرم یا بجز تو هیچ خواهم ،کافرم
هر کرا او هست ،کل او را بود هفت دریا زیر پل او را بود
هرچ بود و هست و خواهد بود نیز مثل دارد، جز خداوند عزیز
هرچ را جویی جزو[7] یابی نظیر اوست دایم بی‌نظیر و ناگزیر[8]

---

۱ - در ، مرد بی‌ادب . ۲ - مج ، در ، آمد ازارواح عزت . ۳ - در ، مج ، ذوالالباب.
پ ، اولوالباب . ۴ - پ . نه دل براین نه جان برآن . ۵ - ق ۲ ، باشی فرد.پ ، گردی مرد.
۶ - مج ، بریك‌نفس. ۷ - در ،هرجز اوجوئی . مج، هرچه‌جوئی‌جزاوجزورا . ۸ - در،دستگیر.

الحکایه والتمثیل

خالق آفاق[1] من فوق الحجاب — کرد با داود پیغامبر خطاب
گفت هرچیزی که هست آن‌درجهان — خوب و زشت و آشکاراو نهان
جمله را یابی عوض الّا مرا — نه عوض یابی و نه همتا مرا
چون عوض نبود مرا، بی‌من مباش — من بسم‌جان تو،تو[2]جان کن‌مباش
ناگزیر تو منم،این[3] حلقه گیر — یك نفس غافل مباش ای ناگزیر
لحظهٔ بی‌من بقای جان مخواه — هرچ جزمن نیست آید، آن مخواه
ای طلب‌کار جهاندار آمده — روز و شب دردرد این کار آمده
اوست درهردو جهان مقصود تو — گر زروی[4] امتحان معبود تو
برتو بفروشد جهان پیچ پیچ[5] — درجهان مفروش تو اورا بهیچ
بت بود هرچ آن گزینی تو برو — کافری گرجان گزینی تو برو

الحکایه والتمثیل

یافتند آن بت که نامش بود لات — لشگر محمود اندر سومنات
هندوان از بهر بت برخاستند — ده رهش هم سنگ زر می‌خواستند
هیچ گونه شاه می‌نفروختش — آتشی برکرد و حالی سوختش
سرکشی گفتش نمی‌بایست سوخت — زربه از بت،می‌ببایستش[6] فروخت
گفت ترسیدم که در روز شمار — برسر آن جمع گوید کردگار
آزر ومحمود را دارید گوش — زانك‌هست آن‌بت‌تراش‌این‌بت‌فروش
گفت[7] چون محمودآتش برفروخت — وآن بت آتش پرستان را بسوخت

---

۱ ـ پ ، خالق الافاق . ۲ ـ در ، مج ، پس . ۳ ـ ق ۲ ، در ، مج ، ای . ۴ ـ مج ، کوزروی . ۵ ـ پ ، هیچ پیچ . ۶ ـ در ، مج ، می‌ببایستت . ۷ ـ این بیت درنسخهٔ در ، نیست .

بیست من جوهر بیامد از میانش ‌‌ ‌ خواست شد از دست حالی رایگانش
شاه گفتا لایق لات این بود ‌ ‌ ‌ وز خدای من مکافات این بود
بشکن آن بتها که داری سر بسر ‌ ‌ ‌ تا چو بت درپا نه افتی دربدر
نفس‌چون‌بت‌را[1] بسوز از شوق دوست ‌ ‌ ‌ تا بسی جوهر فرو ریزد زپوست
چون[2] بگوش جان شنیدستی[3] الست ‌ ‌ ‌ از بلی گفتن مکن کوتاه دست
بستهٔ[4] عهد الست از پیش تو ‌ ‌ ‌ از بلی سر درمکش زین بیش‌تو
چون[5] بدو اقرار آوردی درست ‌ ‌ ‌ کی شود[6] انکار آن کردی درست
ای باول کرده اقرار الست ‌ ‌ ‌ پس بآخر کرده انکار الست
چون[7] دراول بستهٔ میثاق تو ‌ ‌ ‌ چون توانی شد درآخر عاق تو
ناگزیرت اوست ،پس با او بساز ‌ ‌ ‌ هرچ پذرفتی وفا کن ، کژ مباز

الحکایه والتمثیل

گفت چون محمود شاه خسروان ‌ ‌ ‌ رفت از غزنین بحرب هندوان
هندوان را لشگری انبوه دید ‌ ‌ ‌ دل از آن انبوه پر انده دید
نذر کرد آن روز شاه دادگر ‌ ‌ ‌ گفت اگر یابم برین لشگر ظفر
هرغنیمت کافتدم[8] اینجا یگاه ‌ ‌ ‌ جمله برسانم بدرویشان راه
عاقبت چون یافت نصرت شهریار ‌ ‌ ‌ بس غنیمت گرد آمد بی‌شمار
بود یك جزو غنیمت از قیاس ‌ ‌ ‌ برتر از صد خاطر حکمت شناس
چون زحد بیرون غنیمت یافتند ‌ ‌ ‌ وآن سیه رویان هزیمت یافتند
شه کسی را گفت حالی از کسان ‌ ‌ ‌ کین غنیمت را بدرویشان رسان
زانك باحق[9] نذر دارم از نخست ‌ ‌ ‌ تادرین عهد وفا آیم درست

---

۱ - پ، نفس‌را چون بت. ۲ـ این‌بیت نسخهٔ مج، نیست. ۳ - در، مج، شنودستی. پ ، رسد بانگ. ۴ و ۵ - این ابیات درمج ، نیست. ۶ - پ ، بود. ۷ - این بیت در نسخه در ، نیست. ۸ - در ، کامدم . ۹ - در، ازحق.

هر کسی گفتند چندین مال‌و زر   چون توان دادن بمشتی بی‌خبر[۱]
یاسپه[۲] را ده که کینه می کشند[۳]   یا بگو تادر خزینه می کشند[۴]
شه درین اندیشه سرگردان بماند   درمیان این‌و آن[۵] حیران بماند
بوالحسینی بود بس فرزانه بود   لیك مردی بی[۶] دل‌و دیوانه بود
می گذشت او درمیان آن سپاه   چون بدید از دور اورا پادشاه
گفت آن دیوانه را فرمان کنم   زو بپرسم،هرچ گوید آن کنم
او چو آزادست از شاه و سپاه   بی‌غرض گوید سخن وز[۷] جایگاه
خواند آن دیوانه را شاه جهان   پس نهاد آن قصه با او در میان
بی‌دل دیوانه گفت ای پادشاه   کارت آمد با دوجو اینجایگاه
گر نخواهی داشت بااو کار نیز   تو بدوجو زو میندیش ای عزیز
ور [۸]دگر بااوت خواهد بود کار   پس مکن زینجا دوجو کم،شرم دار
حق‌چو نصرت دادو کارت کرد راست   او بکرد آن خود،آن تو کجاست
عاقبت محمود کرد آن زر نثار   عاقبت محمود داشت[۹] آن شهریار

☆☆☆

دیگری گفت ای بحضرت برده راه   چه‌بضاعت رایج است آنجایگاه[۱۰]
گر بگویی،چون بدین سودا دریم   آنچ رایج تر بود آنجا بریم
پیش شاهان تحفهٔ باید نفیس   مردم[۱۱] بی تحفه نبود[۱۲] جز خسیس

☆☆☆

گفت ای سایل اگر فرمان بری   آنچ آنجاآن نیابند[۱۳] آن بری
هرچ تو زینجا[۱۴] بری کانجا بود   بردن آن برتو کی زیبا بود
علم هست آنجایگه و اسرار هست   طاعت روحانیان بسیار هست

۱ - پ، بی‌گهر. ۲،- ق۲، باسپه. ۳و۴ - مج،می‌کنند. ۵ - مج،هردوان. ۶- پ، بی‌ادب.
۷ - پ ، آن جایگاه. مج ، هرجایگاه . ۸ - این بیت در مج،نیست . ۹ - پ ، مج ، گشت .
۱۰ - مج ، بهتراست اینجایگاه. ۱۱ - پ،مج، مرد. ۱۲ -پ ،مج نباشد. ۱۳- در، می‌بباید . پ،
کم بباید . ۱۴ - در، آنجابری .

سوز جان و درد دل می‌بر بسی زانك این آنجا نشان ندهد کسی
گر بر آید از سر دردی یك آه می‌برد بوی جگر تا پیشگاه
جایگاه خاص مغز جان تست قشر جانت نفس نافرمان تست
آه اگر از جای خاص آید پدید مرد را حالی خلاص آید پدید

الحکایه والتمثیل

چون زلیخا حشمت و اعزاز داشت رفت یوسف را بزندان بازداشت
با غلامی گفت بنشان این دمش پس بزن پنجاه چوب محکمش
بر تن یوسف چنان بازو گشای کین دم آهش بشنوم از دورجای
آن غلام آمد بسی کارش نداد روی یوسف دید دل بارش نداد
پوستینی دید مرد نیك بخت دست خود بر پوستین بگشاد سخت
مرد هر چوبی که می زد استوار[1] نالهٔ می کرد[2] یوسف زار زار
چون زلیخا بانگ بشنودی ز دور گفتی[3] آخر سخت‌تر زن‌ای صبور
مرد گفت ای یوسف خورشید فر گر زلیخا بر تو اندازد نظر
چون نبیند بر تو زخم چوب هیچ بی شك اندازد مرا در پیچ پیچ[4]
برهنه کن دوش، دل برجای دار بعد از آن چوبی قوی را[5] پای دار
گرچه این ضربت زیانی باشدت چون ترا بینند نشانی باشدت
تن[6] برهنه کرد یوسف آن زمان غلغلی افتاد در هفت آسمان
مرد حالی کرد دست خود بلند سخت چوبی زد که درخاکش[7] فکند
چون زلیخا زو شنود آن بار آه گفت بس، کین آه بود از جایگاه
پیش ازین آن آهها ناچیز بود آه آن باد این ز جایی[8] نیز بود

---

۱ - پ ، آشکار . ۲ - در ، می گفت . ۳ - در، گفت . ۴ - پ ، هیچ هیچ . ۵ - در ، قوی‌تن . ۶ - این بیت درمج ، نیست. ۷ - مج، از پایش. ۸ - در، زجای خویش. پ. این‌باری.

گر بود در ماتمی صد نوحه گر — آه صاحب درد آید[1] کارگر
گر بود در حلقهٔ صد غم زده — حلقه را باشد نگین ماتم زده
تا نگردی مرد صاحب درد تو — در صف مردان نباشی[2] مرد تو
هر که درد عشق دارد ، سوز هم — شب کجا یابد قرار و روز هم

الحکایه و التمثیل

خواجه زنگی را غلامی چست بود[3] — دست پاك ازکار دنیا شست بود[4]
جملهٔ شب آن غلام پاك باز — تا بوقت صبح می کردی نماز
خواجه گفتش ای غلام کار کن — شب چو برخیزی مرا بیدار کن
تا وضو سازم کنم با تو نماز — آن غلام او را جوابی داد باز
گفت آن‌زن[5] راکه درد زه[6] بخاست — گر کسش بیدار گر[7] نبود رواست
گر[8] ترا درد‌یستی[9] بیداریی — روز و شب در کار نه بی‌کاریی
چون کسی باید که بیدارت کند — دیگری باید که او کارت کند
هر که را این‌حسرت واین‌درد نیست — خاك بر فرقش که‌این کس‌مرد‌نیست
هر که را این درد دل در هم سرشت — محو شد هم دوزخ اورا هم بهشت[10]

الحکایه والتمثیل

بوعلی طوسی که پیر عهد بود — سالك وادی جد و جهد بود
آن چنان جا کو بناز و عز رسید — من ندانم هیچکس هرگز رسید
گفت فردا اهل دوزخ زار زار — اهل جنت را بپرسند آشکار
کز خوشی" جنت و ذوق وصال — حال خود گویید با ما حسب حال[11]

---

۱ - مج ، باشد. ۲ - در ، ور سفر مردن نباشی . ۳ - در ، خواجه را زنگی . پ . بود و چست . ۴ - پ، او بشست . ۵ - پ ، کس . ۶ - پ ، ره . ۷ - در ، کن . مج ، کرد. ۸ - این بیت درنسخهٔ در ، نیست. ۹ - مج ، در، آبستنی . ۱۰ - پ ، مج ، محو شد از دوزخ و هم از بهشت. ۱۱ - پ ، آشکارا جمله بر گوئید حال .

اهل جنت جمله گویند این زمان	خوشی فردوس برخاست از میان
زانک ما را در بهشت پر کمال	روی بنمود آفتاب آن جمال
چون جمال اوبما نزدیك شد	هشت خلد از شرم آن تاریك شد
در فروغ آن جمال جان فشان	خلد را[1] نه نام باشد نه نشان
چون بگویند اهل جنت حال خویش	اهل دوزخ[2] در جواب آیند پیش
کای همه فارغ ز فردوس و جنان[3]	هرچ گفتید آنچنانست ، آنچنان
زانك ما کاصحاب[4] جای ناخوشیم	از قدم تا فرق غرق آتشیم
روی چون بنمود ما را آشکار	حسرت واماندگی[5] از روی یار
چون شدیم اگه که ما افتاده‌ایم[6]	وز چنان رویی جدا[7] افتاده‌ایم
زآتش حسرت دل ناشاد ما	آتش دوزخ ببرد از یاد ما
هرکجا[8] کین آتش آیدکارگر	زآتش دوزخ کجا ماند خبر[9]
هرکرا شد در رهش حسرت پدید	کم تواند کرد از غیرت پدید
حسرت و آه و جراحت بایدت	در جراحت ذوق و راحت بایدت
گر درین منزل تو مجروح آمدی	محرم خلوت گه روح آمدی
گرتو مجروحی دم از عالم مزن	داغ می نه بر جراحت ، دم مزن

الحکایه والتمثیل

از نبی درخواست مردی پر نیاز	تا گزارد بر مصلایی نماز
خواجه دستوری نداد او را در آن	گفت ریگ‌وخاك گرمست این‌زمان
روی نه بر خاك گرم و خاك کوی	زانك هر مجروح را داغست روی
چون تو می بینی جراحت روح را	داغ نیکوتر بود مجروح را

---

۱ - در، جمله را . ۲ - ق ۲ ، جنت. ۳ - در، فردوس جنان . ۴ - مج ، پ، اصحاب .
۵ - پ ، مج ، حسرت و واماندگی . ۶ - در ، دور افتاده‌ایم . ۷ - در ، صبور . ۸ - این بیت در مج ، نیست . ۹ - پ ، جان عشاقان بسوزد با جگر .

تا نیاری داغ دل اینجایگاه کی توان کردن بسوی تو نگاه
داغ دل آور که در میدان درد اهل دل از داغ بشناسند مرد

☆☆☆

دیگری گفتش که ای دارای راه دیدهٔ ما شد درین وادی سیاه[1]
پر سیاست می نماید این طریق چند فرسنگ است این راه ای رفیق

☆☆☆

گفت ما را هفت وادی در ره است چون گذشتی‌هفت وادی، در گه است
وا نیامد در جهان زین راه کس نیست از فرسنگ آن آگاه کس
چون نیامد باز کس زین راه دور چون دهندت آگهی ای ناصبور
چون شدند آنجایگه گم سربسر کی خبر بازت دهد ازبی خبر
هست وادی طلب آغاز کار وادی عشق‌است ازآن پس، بی کنار
پس سیم وادیست آن معرفت پس چهارم وادی استغنی صفت
هست پنجم وادی توحید پاك پس ششم وادی حیرت صعب‌ناك
هفتمین وادی فقرست و فنا بعد ازین روی روش نبود ترا[2]
در کشش افتی، روش گم گرددت[3] گر بود یك قطره قلزم گرددت[4]

[بیان وادی طلب]

چون فرو آیی بوادی[3] طلب پیشت آید هرزمانی صد تعب
صد بلا درهرنفس اینجا بود طوطی گردون، مگس اینجا بود
جدو جهد اینجات باید سالها زانك اینجا قلب گردد کارها
ملك اینجا بایدت انداختن ملك اینجا بایدت درباختن[5]
درمیان خونت باید آمدن وز همه بیرونت باید آمدن

---

۱ - مج ، تباه . ۲ - در ، روا . ۳ و ۴ - در ، کردنت . ۵ - در ، پرداختن .

بیان وادی طلب ۱۸۱

چون نماند هیچ معلومت بدست / دل بباید پاك کرد از هرچ هست
چون دل تو پاك گردد از صفات[1] / تافتن گیرد ز حضرت نور ذات[2]
چون شود آن نور بردل آشکار / دردل تو یك طلب گردد هزار
گر شود در راه او آتش پدید / ورشود صد وادی ناخوش پدید
خویش را از شوق او دیوانه‌وار / برسر آتش زند پروانه‌وار
سرطلب گردد ز مشتاقی خویش / جرعهٔ می،خواهد[3] از ساقی خویش
جرعهٔ زآن باده چون[4] نوشش شود[5] / هر دو عالم کل فراموشش شود[6]
غرقهٔ دریا بماند خشك لب / سرّ جانان می کند از جان طلب
ز آرزوی[7] آن که سر بشناسد او / ز اژدهای جان‌ستان نهراسد او
کفرو لعنت[8] گر بهم پیش آیدش / درپذیرد تادری بگشایدش
چون‌درش بگشاد، چه کفرو چه دین / زانك نبود زان سوی درآن و این

الحکایه والتمثیل

گفت[9] چون‌حق‌می‌دمید این‌جان پاك / درتن آدم که آبی بودو خاك
خواست تاخیل ملایك سربسر / نه خبر یابند از جان نه اثر
گفت ای روحانیان آسمان / پیش آدم سجده آرید این زمان
سر نهادند آن همه برروی خاك / لاجرم یك تن ندید آن سرّ پاك
باز ابلیس آمد و گفت این نفس / سجدهٔ از من نبینند هیچ کس
گر بیندازند[10] سر ازتن مرا / نیست‌غم چون هست این گردن مرا

---

۱ ـ پ ، هلاك. ۲ ـ پ، پاك . ۳ ـ مج ، پ، میخواهد. ۴ ـ در، گر. ۵ و ۶ ـ پ، مج، بود . ۷ ـ این بیت در مج، نیست . ۸ ـ پ ، ایمان . ۹ ـ در نسخه های در ، ب، مج، ق ۲، بیت زیر اضافه است :

عمرو بوعثمان مکی درحرم / آورید این گنج نامه در قلم

۱۰ ـ در ، گو براندازند .

من همی دانم که آدم خاک نیست ‌ ‌ ‌ ‌ سر نهم تاسر ببینم ، باك نیست
چون نبود ابلیس را سر برزمین ‌ ‌ ‌ ‌ سر بدید او[1] زانکه بود او در کمین
حق تعالی گفتش ای جاسوس راه ‌ ‌ ‌ ‌ تو بسر در دیدنی[2] اینجایگاه
گنج چون دیدی که بنهادم نهان ‌ ‌ ‌ ‌ بکشمت تا بر نگویی در جهان
زانك خفیه نیست بیرون از سپاه ‌ ‌ ‌ ‌ هر کجا گنجی که بنهد پادشاه
بی‌شکی برچشم آنکس کان نهد ‌ ‌ ‌ ‌ بکشد اورا و خطش[3] برجان نهد
مرد گنجی دید گنجی اختیار ‌ ‌ ‌ ‌ سر بریدن بایدت کرد اختیار
ور نبرّم سر زتن این دم ترا ‌ ‌ ‌ ‌ این سخن باشد همه عالم ترا
گفت[4] یارب مهل ده این بنده را ‌ ‌ ‌ ‌ چارهٔ کن این زکار افکنده را
حق[5] تعالی گفت مهلت برمنت ‌ ‌ ‌ ‌ طوق لعنت کردم اندر گردنت
نام[6] تو کذاب خواهم زد رقم ‌ ‌ ‌ ‌ تا بمانی تا قیامت متهم
بعد[7] از آن ابلیس گفت آن گنج پاك ‌ ‌ ‌ ‌ چون مرا روشن‌شد، از لعنت چه‌باك
لعنت[8] آن تست رحمت آن تو ‌ ‌ ‌ ‌ بنده آن تست قسمت آن تو
گر[9] مرا لعنست قسمت، باك نیست ‌ ‌ ‌ ‌ زهرهم باید ، همه ترياك نیست
چون[10] بدیدم خلق را لعنت طلب ‌ ‌ ‌ ‌ لعنتت برداشتم من بی ادب[11]
این چنین باید طلب گر طالبی ‌ ‌ ‌ ‌ تو نهٔ طالب بمعنی[12] غالبی
گر نمی یابی تو او را روز و شب ‌ ‌ ‌ ‌ نیست او گم، هست نقصان درطلب[13]

---

۱ - در ، سر برید او . مج ، سر بریدندش که بد اندر کمین . ۲ - در، مج ، دزدیدنی. ب ، بسر دزدیده‌ای . ۳ - در ، او را پس خطش . ۴ تا ۱۰ - این ابیات در نسخهٔ در، نیست .
۱۱ - در نسخه‌های ب ، مج، بیت زیر اضافه است :
لعنت را همچو رحمت بنده نیست ‌ ‌ ‌ ‌ بندهٔ لعنت منم کافکنده نیست
۱۲ - ب ، بدعوی . ۱۳ - در ، نقصانت طلب .

الحکایه والتمثیل

وقت مردن بود شبلی بی قرار   چشم پوشیده دلی[1] پر انتظار
در میان زنار حیرت بسته بود   بر سر خاکستری بنشسته بود
گه گرفتی[2] اشك در خاکستر او   گاه خاکستر بکردی بر سر او
سایلی گفتش چنین وقتی که هست   دیدهٔ کس را که او زنار بست
گفت می‌سوزم، چه سازم، چون کنم   چون ز غیرت می گدازم چون کنم
جان من کز هردو عالم چشم دوخت   این زمان از غیرت ابلیس سوخت
چون خطاب لعنتی او راست بس   از[3] اضافت آید افسوسم بکس
مانده شبلی تفته و تشنه جگر   او بدیگر کس دهد چیزی دگر
گر تفاوت باشدت از دست شاه   سنگ با گوهر نهٔ تو مرد راه
گرعزیز از گوهری ، ازسنگ خوار   پس ندارد شاه اینجا هیچ کار
سنگ‌و گوهر رانه دشمن شو نه‌دوست   آن نظر کن تو که‌این ازدست‌اوست
گر ترا سنگی زند معشوق مست   به که از غیری گهر آری بدست
مرد باید کز طلب در انتظار   هر زمانی جان کند در ره نثار
نه زمانی از طلب ساکن شود   نه دمی آسودنش ممکن شود
گر فرو افتد زمانی از طلب   مرتدی باشد درین ره بی ادب

الحکایه والتمثیل

دید مجنون را عزیزی دردناك   کو میان ره گذر می‌بیخت خاك
گفت ای مجنون چه می‌جویی چنین   گفت لیلی را همی جویم یقین[4]
گفت لیلی را کجا یابی ز خاك   کی بود در خاك شارع درّ پاك[5]
گفت من می جویمش هرجا که‌هست   بوك جایی یك دمش آرم بدست

---

۱ - پ ، دل . ۲ - مج ، براندی . ۳ - پ ، مج، این . ۴ - در ، چرا گوئی چنین .
پ ، همی جویم در این . ۵ - در ، دردناك .

۱۸۴ مقامات‌الطیور

الحکایه والتمثیل

یوسف همــدان ، امـــام روزگــار — صاحب اسرار جهــان ، بینـای کار
گفت چنــدانی کــه از بـالا و پست — دیـده ور می بنگرد در هرچ هست
هست یك یك ذره یعقــوب[1] دگر — یوسف[2] گم کــرده می‌پرسد خبـر[3]
درد بـــایـــد در ره او انتـظـــار — تـا درین هــر دو بـر آیـد روزگـار
ور دریــن هــر دو نیـابی کار بـاز — سر مکش زنهـار از این اسرار بـاز
در طلب صبـری[4] ببـایـد مــرد را — صبــر خود کی بـاشد اهل درد را
صبر کن گر خواهی و گرنه ، بسی — بـوك جـایـی راه یـابـی از کسی
همچو آن طفـلی کــه باشد در شکم — هم چنان با خود نشین[5] با خود بهم
از درون خــود مشو بـیرون دمـی — نانت اگر باید همی‌خور خون دمی
قــوت آن طفل شکم خــونست بس — ویـن همــه سودا ز بـیرونست بس
خون خورو در صبر بنشین مردوار[6] — تـا بـر آیـد کار تـو از دست کار[7]

الحکایه والتمثیل

شیـخ مهنــه بود در قبـضی عظـیم — شد بصحرا دیده پرخون، دل دو نیم
دیـــد پـــیری روستـایی را ز دور — گاو می بست و ازو می ریخت نور
شیـخ سوی او شد و کــردش سلام — شرح دادش حـال قبض خود تمـام
پیر چــون بشنید گفت ای بـوسعید — از فـرود فرش تـا عـرش[8] مجیـد
گر کنند این جمله پــر ارزن تمام — نه بیك کرّت ، بصـد کرّت مـدام
ور بـــود مرغــی کــه چیند آشکار — دانــهٔ ارزن پس از سـالی هــزار
گــر ز بعد آنك بـا چندین زمـان — مـرغ صـد بـاره بپـردازد[9] جهـان

۱ ـ ق ۲ ، در ، پ ، مج ، یعقوبی . ۲ ـ در ، مج ، پ ، یوسفی . ۳ ـ ق ۲ ، دگر . ۴ ـ در، چیزی. ۵ ـ در ، درخودنشین. پ ، مج ، در خون‌نشین . ۶ ـ پ ، درد‌وار . ۷ ـ پ ، از روزگار . در ، مج ، از دردکار . ۸ ـ در ، عرش تا فرش . ۹ ـ پ ، به پرد از .

از درش بویی نیابد[1] جان هنوز — بوسعیدا زود[2] باشد آن هنوز
طالبان[3] را صبر می باید بسی — طالب صابر نه افتد هر کسی
تا طلب[4] در اندرون ناید پدید — مشك در نافه ز خون ناید[5] پدید
از درونی چون طلب بیرون رود — گر همه گردون بود در خون رود
هر[6] کرا نبود طلب ، مردار اوست — زنده نیست او ، صورت دیوار اوست
هر کرا نبود طلب مرد آن بود[7] — حاش لله صورتی بی جان بود
گر بدست آید ترا گنجی گهر — در طلب باید که باشی گرم تر[8]
آنك از گنج گهر[9] خرسند شد — هم بدان گنج گهر[10] در بند شد[11]
هرك[12] او در ره بچیزی باز ماند[13] — شد بتش آن چیز کوبت‌باز ماند[14]
چون تنك مغز آمدی بی‌دل شدی — کز شراب[15] مست لایعقل شدی
می‌مشو آخر بیك می‌مست نیز — می طلب چون بی نهایت هست نیز

الحکایه والتمثیل

یك شبی محمود می شد بی سپاه — خاك بیزی دید سر بر خاك راه
کرده بد هر جای کوهی خاك بیش — شاه چون آن دید ، بازوبند خویش
در میان کوه خاك او فکند — پس براند آنگاه چون بادی سمند
پس دگر شب باز آمد شهریار — دید او را همچنین مشغول کار
گفتش آخر آنچ دوش آن یافتی — ده خراج عالم آسان یافتی

---

۱ ـ ق ۲ ، در ، بیابد . ۲ ـ پ ، مج ، از دور . ۳ ـ پ ، صابران . ۴ ـ در ، ورطلب . ۵ ـ در ، آید . ۶ ـ این بیت در نسخهٔ مج ، پ ، نیست . ۷ ـ مج ، پ ، حیوان بود . ۸ ـ پ . مج ، بلکه نبود صورتی بی جان بود . این بیت در نسخه در ، نیست. ۹و۱۰ ـ پ ، گنج و گهر . ۱۱ ـ در ، پابند شد . ۱۲ ـ از این بیت تا بیت ۳۳۲۳ در نسخهٔ در ، نیست . ۱۳ ـ پ ، مج ، ماند باز . ۱۴ ـ پ ، مج ، گو بابت بساز . ۱۵ ـ پ ، مج ، شرابی .

همچنان بس[1] خاك می‌بیزی تـو بـاز — پادشاهی کن کـه گشتی بی‌نـیـاز
خــاك بیزش گفت آن زین یــافتم — آن چنان گنجی نهان زین یـافتم
چــون ازیـن‌در دولتم شد آشکـار — تا کــه جان دارم مــرا اینست‌کار
مرد این ره[2] باش تـا بـگشایـدت — سرمـتـاب از راه تـا بنمـایـدت
بسته[3] جز دوچشم تـو پیوسته نیست — تو طلب کن زانك این در بسته‌نیست

الحکایه والتمثیل

بـی‌خودی می گفت درپیش خـدای — کای خدا آخـر دری برمن گشای[4]
رابعــه آنجـا مگـر بنشسته بـود — گفت ای غافل کی این دربسته بود

[بیان وادی عشق]

بعدازین وادی عشق آیـد پـدیـد — غـرق آتش شد کسی کانجا رسید
کس درین وادی بجز آتش مبـاد — وانك آتش نیست عیشش خوش مباد
عاشق آن باشد که چون آتش بود[5] — گـرم رو سوزنده و سر کش بود[6]
عاقبت[7] انـدیش نبـود یك[8] زمـان — درکشد خوش‌خوش برآتش[9] صد جهان
لحظهٔ[10] نه کافـری دانـد نـه دیـن — ذرّهٔ نـه شك شنـاسد نـه یـقـین
نیك و بـد در راه او یـکسان بـود — خود چو عشق آمد نه این نه‌آن‌بود
ای مباحی[11] این‌سخن آن تو نیست — مرتدی تو ، این بدندان تـو نیست
هـرچ دارد ، پـاك در بـازد بنقـد — وز وصال[12] دوست می‌نـازد[13] بنـقد
دیـگـرانـرا وعـدهٔ فـردا بـود — لیك او را نقـد هم اینجـا[14] بـود
تـا نسوزد خویش را یـك بـارگی — کی توانـد رست از غم خـوارگی

۱ - مـج ، پ ، آن . ۲ - در ، مـج ، پ ، در . ۳ - ایـن بـیـت در ق ۲ ، نیست .
۴ - در ، در برمن گشای . ۵ و ۶ - در ، شود . ۷ - این بیت در مج ، نیست . ۸ - در ، این .
۹ - خود را بر آتش . ۱۰- مج ، ساعتی . ۱۱ - این بیت در مج ، نیست . ۱۲ - پ ، مج ، در وصال . ۱۳ - پ ، سربازد . ۱۴ - پ ، آنجا .

بیان وادی عشق ۱۸۷

تا بریشم[1] در وجود خود نسوخت   در مفرّح کی تواند دل فروخت
می‌طپد پیوسته در سوز و گداز   تا بجای خود رسد ناگاه باز
ماهی از دریا چو بر صحرا فتد   می طپد تا بوك در[2] دریا فتد
عشق اینجا[3] آتشست و عقل دود   عشق کامد در گریزد عقل زود
عقل در سودای عشق استاد نیست   عشق کار عقل مادر زاد نیست
گر ز غیبت دیدهٔ بخشند راست   اصل عشق اینجا ببینی[4] کز کجاست
هست یك‌یك برگ از هستی عشق   سر ببر[5] افکنده از مستی عشق
گر ترا آن چشم غیبی باز شد   با تو ذرّات جهان همراز شد
ور بچشم عقل بگشایی نظر   عشق را هرگز نبینی پا و سر
مرد کار افتاده باید عشق را   مردم آزاده باید عشق را
تو نه کار افتادهٔ نه عاشقی   مردهٔ تو ، عشق را کی[6] لایقی
زنده دل باید درین ره صد هزار   تا کند در هر نفس صد جان نثار

الحکایه والتمثیل

خواجهٔ از خان و مان آواره شد   وز فقاعی کودکی بیچاره شد
شد ز فرط[7] عشق سودایی ازو   گشت سر غوغای رسوایی ازو
هرچ او را بود اسباب و ضیاع   می فروخت و می‌خرید ازوی فقاع
چون نماندش هیچ ، بس درویش‌شد   عشق آن بی دل یکی صد بیش شد
گرچه می‌دادند نان[8] او را تمام   گرسنه بودی و سیر از جان مدام
زانك چندانی که نانش می رسید   جمله می برد و فقاعی می خرید

---

۱ ـ پ ، مج ، تا که جوهر . این بیت در نسخهٔ در ، نیست . ۲ ـ در ، با . ۳ ـ پ ، آنجا. ۴ ـ در، مج ، پ ، نبینی . ۵ ـ پ، سربسر. ۶ ـ در، مرده‌ای کی‌عشق را تو. ۷ ـ مج، درد . ۸ ـ در ، آورد نان.

مقامات الطیور

دایمــا بنشسته بــودی گرســنه / تا خرد یك دم فقاعی صد تنــه
سایلی گفتـش که ای آشفته کار / عشق چــه بود سـر این کن آشکار
گفت آن باشد که صد عالم متاع / جمـله بفروشی برای یك فقـاع
تا چنین کاری نیـفتد مـرد را / او چـــه دانــد عشق را و درد را

الحکایة و التمثیل

۳۳۶۵
اهل لیلی نیــز مجنون را دمـی / در قبــیلــه ره ندادنـدی همـی
داشت چوپانی در آن صحرا نشست / پـوستی بستد ازو مجنون مست
سرنگون شد، پوست اندر سر فکند / خـویشتن را کرد همچون گوسفند
آن شبانرا گفت بهــر کردگــار / در میــان گـوسفندانـم گذار
سوی لیلی ران رمه، من در میان / تــا بیـابم بوی لیلی یك زمان

۳۳۷۰
تا نهـان از دوست، زیر پوست من / بهــره گیرم ساعتی از دوست مـن
گر تـرا یـك دم چنین دردیسـتی / در بن هـر مـوی تـو مــردیستی
ای دریغــا درد مـردانت نبـود / روزی مــردان میــدانت نبـود
عاقبت مجنون چو زیر پوست شد / در رمـه پنهـان بکوی دوست شد
خوش خوشی برخاست اول جوش ازو / پس بــآخر گشت زایـل هوش ازو

۳۳۷۵
چون درآمد عشق و آب از سر گذشت / برگرفتش آن شبان بردش بدشت
آب زد بــر روی آن مست خراب / تــا دمی بنشست آن آتش ز آب
بعد از آن، روزی مگر مجنون مست / کرد با قومی بصحرا در نشست
یك تن از قومش بمجنون گفت باز / سر برهنه مانده‌ای ای سرفراز

---

۱ - پ، مج، خورد. ۲ - مج، فقاع صد تنه. ۳ - در، صحرا و دشت. ۴ - پ، مج
پوستین. ۵ - در، زان. ۶ - در، مـج، آرزوی گوی میدانت نبود. ۷ - پ، مج، با
۸ - در، تاب. ۹ - در، پ، مج، بس.

۱۸۹ بیان وادی عشق

جامهٔ کان دوست‌تر داری و بس گر بگویی من بیارم این نفس
گفت هر جامه سزای دوست نیست هیچ جامه بهترم از پوست نیست
پوستی[1] خواهم از آن گوسفند چشم بد را نیز می‌سوزم سپند
اطلس واکسون مجنون پوستست پوست خواهد هرك لیلی دوستست
برده‌ام درپوست بوی دوست من کی ستانم جامهٔ جز پوست من
دل خبر از پوست یافت از[2] دوستی چون ندارم[3] مغز باری پوستی
عشق باید کز خرد بستاندت پس صفات تو بدل گرداندت
کمترین[4] چیزیت در محو صفات بخشش جانست و ترك ترهات[5]
پای درنه گر سرافرازی چنین زانك بازی نیست جان بازی چنین

الحکایه و التمثیل

گشت عاشق بر ایاز آن مفلسی این سخن شد فاش درهرمجلسی
چون سواره گشتی اندر ره ایاس می‌دویدی آن گدای حق شناس
چون بمیدان آمدی آن مشك موی[6] رند هرگز ننگرستی جز بگوی
آن[7] سخن گفتند با محمود باز کان گدایی گشت عاشق بر ایاز
روز دیگر چون بمیدان شد غلام می دوید آن رند در عشقی[8] تمام
چشم در گوی[9] ایاز آورده بود گویی[10] چون گوی چوگان‌خورده[11] بود
کرد پنهان سوی او سلطان نگاه دید جانش چون جوو رویش چو کاه
پشت چون چوگان وسر گردان چو گوی می‌دوید از هر سوی میدان چو گوی
خواندش محمود و گفتش ای گدا خواستی هم کاسگی[12] پادشا

---

۱ ـ مج ، پوستین . ۲ ـ در، دید جز در پوست ماراز . ۳ ـ مج ، نداری . ۴ ـ ق ۱ ، کمتریت . پ ، کمترین چیزیست . ۵ ـ پ ، نزهات . ۶ ـ در ، مج ، پ ، بوی . ۷ ـ پ ، این . ۸ ـ مج ، باعشقی. پ ، درعشق. ۹ ـ پ، برروی . ۱۰ ـ در ، گفتی. پ ، مج ، گوئیا . ۱۱ ـ ق ۲ ، کرده . ۱۲ ـ ق ۲ ، همسایگی . در ، کاشکی . پ ، هم کاسهای .

رند گفتش گر گدا می‌گوییم[1] عشق‌بازی را زتو کمتر نیم
عشق و افلاس است در هم‌سایگی هست این سرمایهٔ سرمایگی[2]
عشق[3] از افلاس می‌گیرد نمك عشق مفلس را سزد بی‌هیچ شك
تو جهان داری دلی افروخته[4] عشق را باید چو من دل سوخته
ساز وصل است[5] اینچ توداری و بس صبر کن دردرد هجران یك نفس
وصل را چندین چه سازی کارو بار هجر را گر مرد عشقی پای‌دار
شاه گفتش ای زهستی[6] بی خبر جمله چون بر گوی می‌داری نظر
گفت زیرا گو چومن‌سر گشته است من‌چو او و او چو من آغشته[7] است
قدر من او داند و من آن او هردو یك گوییم درچوگان او
هردو در سر گشتگی افتاده‌ایم بی‌سرو بی‌تن[8] بجان استاده‌ایم
او خبر دارد ز من ، من هم ازو باز می‌گوییم مشتی غم ازو
دولتی‌تر آمدازمن[9] گوی راه کاسب اورا نعل بوسد گاه گاه
گرچه همچون گوی بی‌پاو سرم لیك من از گوی محنت کش‌ترم
گوی برتن زخم از[10] چوگان خورد وین گدای دل شده برجان خورد
گوی گرچه زخم دارد بی‌قیاس ازپی او می‌دود[11] آخر ایاس
من اگر چه زخم دارم بیش ازو درپیم[12] بی او و من در پیش ازو
گوی گه گه درحضور افتاده است وین گدا پیوسته دور افتاده است
آخر او را چون حضوری می‌رسد ازپی وصلش سروری می‌رسد
من نمی‌یارم ز وصلش بوی برد گوی وصلی یافت و ازمن گوی برد

۱ - در، مج، گدائی‌خواندیم. پ، گدائی گوئیم. ۲ - در، مج ، پ، سرمایه بی‌سرمایگی. ۳ - این بیت در پ ، نیست. ۴ - مج ، جان افروخته . ۵ - در، مج ، پ ، وصلت . ۶ - در ، مستی . ۷ - در، سرگشته. پ ، آشفته . ۸ - در ، بی‌سروسامان . مج ، بی‌سرو بی‌بن. ۹ - پ، مج ، از من آمد . ۱۰ - در ، مج ، آن. ۱۱ - در ، در پی‌ام او هست . پ ، مج ، نیست . ۱۲ - در ، مج ، میرود .

شهریارش گفت ای درویش من / دعوی افلاس کردی[1] پیش من
گر نمی گویی دروغ ای بی‌نوا / مفلسی خویش را داری گوا
گفت تاجان من بود[2] مفلس نیم / مدعی‌ام ، اهل این مجلس نیم
لیك اگر درعشق گردم جان فشان / جان فشاندن هست مفلس را نشان
درتوای محمود کو معنی عشق / جان فشان ، ورنه مکن دعوی عشق
این بگفت‌و بود جانیش[3] از جهان / داد جان برروی جانان ناگهان
چون بداد آن رند جان برخاك راه / شد جهان محمود را زان غم سیاه
گر بنزدیك تو جان بازیست خرد / تو درآ تاخود ببینی دست برد
گر ترا گویند یك ساعت درآی / تاتو زین ره بشنوی بانگ درای
چون[4] چنان بی‌پاو سر گردی مدام / کانچ داری جمله دربازی تمام
چون درافتی ، تاخبر باشد ترا / عقل‌و جان زیرو زبر باشد ترا

الحکایه والتمثیل

در عجم افتاد خلقی از عرب / ماند از رسم عجم او درعجب
درنظاره می گذشت آن بی‌خبر / برقلندر راه[5] افتادش مگر
دید مشتی شنگ[6]را ، نه سر نه‌تن[7] / هردو عالم باخته بی‌یك[8] سخن
جمله کم زن مهره دزد پاك بر[9] / درپلیدی هریك از هم[10] پاك تر
هریکی را کردهٔ دزدی[11] بدست / هیچ دردی ناچشیده جمله مست[12]
چون بدید آن قوم را میلش فتاد / عقل و جان برشارع سیلش فتاد

---

۱ - در، کردن . ۲ - ق۲ ، جانم بود. در، مج ، جانی بود. پ، جان می‌بود . ۳ - پ، جانش . ۴ - در، مج، پ، خود. ۵ - پ ، قلندرخانه. ۶ - پ ، رند. ۷ - در ، تن . ۸ - در، بریك . مج ، در یك . ۹ - در، مج ، پ، دزد و پاك‌بر. ۱۰ - پ ، مج ، هر یك از یك . ۱۱ - ق ۲ ، کروه دردی . در ، پ ، مج ، کوزه دردی . ۱۲ - در ، مج ، پ ، کوزه دردی زده اول نشست .

چون قلندریان[1] چنانش یافتند — آب برده عقل و جانش یافتند
جمله گفتندش درآ ای هیچ کس — او درون شد بیش‌و کم این بود بس
کرد رندی مست از یک دردیش — محو شد از خویش‌و گم شد مردیش
مال و ملک و سیم و زر بودش بسی — برد ازو در یک ندب[2] حالی کسی
رندی آمد دردی افزونش داد — وز قلندر[3] عور سر بیرونش داد
مرد می‌شد همچنان تا باعرب — عورو مفلس، تشنه جان وخشک لب
اهل او گفتند بس آشفتهٔ — کو زرو سیمت ، کجا[4] تو خفتهٔ
سیم و زر شد ، آمد آشفتن ترا — شوم بود این درعجم رفتن ترا
دزد راهت زد ، کجا شد مال تو — شرح ده تامن بدانم حال تو
گفت می‌رفتم خرامان دررهی — اوفتادم بر[5] قلندر ناگهی
هیچ دیگر می‌ندانم نیز من — سیم و زر رفت و شدم ناچیز من
گفت وصف این قلندر کن مرا — گفت وصف اینست و بس قال اندرا
مرد اعرابی فنایی[6] مانده بود — زان همه قال اندرایی مانده بود
پای درنه یا سر خودگیر تو — جان ببر[7] یانه بجان بپذیر تو
گر تو بپذیری بجان اسرار عشق — جان فشانان سر کنی درکار عشق
جان فشانی و بمانی برهنه — ماندت قال اندرایی در بنه[8]

الحکایه والتمثیل

بود عالی همتی صاحب کمال — گشت عاشق بریکی صاحب جمال
از قضا معشوق آن[9] دل داده مرد — شد چو شاخ خیزران[10] باریک‌و زرد

۱ - پ ، قلندران . ۲ - پ ، مج، نفس . ۳ - در ، از قلندر . مج، آن قلندر. پ ، قلندرخانه . ۴ - در ، مج ، پ ، مگر . ۵ - پ ، در . ۶ - پ ، فتائی. مج،قبائی . ۷ - مج پ ، بنه . ۸ - پ ، مج، برهنه . ۹ - در، او . ۱۰ - در، پ ، مج ، زعفران.

روز روشن بر دلش تاریك شد — مرگش از دور آمد و نزدیك شد
مرد عاشق را خبر دادند از آن — کاردی در دست می‌آمد دوان
گفت جانان را بخواهم کشت زار — تا بمرگ خود نمیرد آن نگار
مردمان گفتند بس[1] شوریدهٔ — تو درین کشتن چه حکمت دیدهٔ
خون مریز و دست ازین کشتن بدار — کو خود این ساعت بخواهد مردزار
چون ندارد مرده کشتن حاصلی — سر نبرّد مرده را جز جاهلی
گفت چون بر دست من شد کشته یار — در قصاص او کشندم زار زار
پس چو برخیزد قیامت، پیش جمع — از برای او بسوزندم چو شمع
تا شوم زو کشته امروز از هوس — سوخته[2] فردا ازو اینم نه بس
پس بود آنجا و اینجا[3] کام من — سوخته یا کشتهٔ او[4] نام من
عاشقان جان باز این راه آمدند — وز دو عالم دست کوتاه آمدند
زحمت جان از میان برداشتند — دل بکلی از جهان برداشتند
جان چو برخاست ازمیان بی‌جان[5] خویش — خلوتی کردند باجانان خویش

الحکایه والتمثیل

چون خلیل‌الله در نزع اوفتاد — جان بعزرائیل آسان می‌نداد
گفت از پس[6] شو، بگو با پادشاه — کز خلیل خویش آخر جان مخواه
حق تعالی گفت اگر هستی خلیل — برخلیل خویشتن جان کن سبیل
جان همی باید ستد از تو[7] بتیغ — از خلیل خود که دارد جان دریغ
حاضری گفتش که ای شمع جهان — از چه می‌ندهی بعزرائیل جان
عاشقان بودند جان بازان راه — تو چرا می‌داری آخر جان نگاه

---

۱ ـ پ ، تو. ۲ ـ در، مج ، سوختم . ۳ ـ پ ، مج، اینجا و آنجا. ۴ ـ در، تا کشته او .
۵ ـ در ، مج ، میان جان . ۶ ـ پ ، واپس . ۷ ـ پ ، وی .

۱۹۴ مقامات الطیور

گفت من چون گویم آخر[1] ترک جان — چونک عزرائیل باشد[2] درمیان
بر[3] سر آتش درآمد جبرئیل — گفت ازمن حاجتی خواه ای خلیل
من نکردم سوی او آن دم نگاه — زانک بند راهم آمد جز اله
چون بپیچیدم سر از جبریل من — کی دهم جان را بعزرائیل من
زان نیارم کرد خوش خوش جان نثار — تا ازو شنوم که گوید[4] جان بیار
چون بجان دادن رسد فرمان مرا — نیم جو ارزد جهانی[5] جان مرا
دردو عالم کی دهم من جان بکس — تا که او گوید، سخن اینست و بس

[بیان وادی معرفت]

بعد از آن بنمایدت پیش نظر — معرفت را وادیی بی‌پا و سر
هیچ کس نبود که او اینجایگاه — مختلف گردد ز بسیاری راه
هیچ ره دروی نه هم آن دیگرست — سالك تن، سالك جان، دیگرست
باز جان و تن ز نقصان و کمال — هست دایم درترقی و زوال
لاجرم بس ره که پیش آمد پدید — هریکی برحد خویش آمد پدید
کی تواند شد درین راه خلیل[6] — عنکبوت مبتلا هم سیر پیل
سیر هر کس تا کمال وی بود — قرب هر کس حسب حال وی بود
گر بپرّد پشه چندانی که هست — کی[7] کمال صرصرش آید بدست
لاجرم چون مختلف افتاد سیر — هم روش هرگز نیفتد[8] هیچ طیر
معرفت زینجا تفاوت یافتست — این[9] یکی محراب و آن بت یافتست
چون بتابد آفتاب معرفت — از سپهر این ره عالی صفت
هریکی بینا شود برقدر خویش — بازیابد در حقیقت صدر خویش

۱ - در، این دم چون بگویم. ۲ - در، چو آمد. پ، مج، آمد. ۳ - این بیت در مج، نیست. ۴ - در، تا بمن خود او بگوید. ۵ - پ، جهان. ۶ - در، راه جلیل. ۷ - در، در ۸ - مج، پ، نگردد. ۹ - پ، مج، آن.

۱۹۵ بیان وادی معرفت

سرّ ذرّاتش همه[1] روشن شود گلخن دنیا برو گلشن شود
مغز بیند از درون نه پوست[2] او خود نبیند ذرّهٔ جز دوست او[3]
هرچ بیند روی او بیند مدام[4] ذرّه ذرّه کوی او بیند مدام
صد هزار اسرار از زیر نقاب روز می‌بنمایدت چون آفتاب
صد هزاران مرد گم گردد مدام تا یکی اسرار بین گردد تمام
کاملی باید درو جانی[5] شگرف تا کند غواصی این بحر ژرف
گر ز اسرارت شود ذوقی پدید هرزمانت نو شود شوقی[6] پدید
تشنگی بر کمال[7] اینجا بود صد هزاران خون حلال اینجا بود
گر بیاری[8] دست تا عرش مجید دم مزن یک ساعت از هل‌من‌یزید
خویش را در بحر عرفان غرق کن ورنه باری خاک ره برفرق کن
گر نهٔ ای خفته اهل تهنیت پس چرا خود را نداری تعزیت
گر نداری شادیی از وصل یار خیز[9] باری ماتم هجران بدار
گر نمی‌بینی جمال یار تو خیز[10] منشین، می‌طلب اسرار تو
گر نمی دانی طلب کن شرم دار چون خری تاچند باشی بی‌فسار

الحکایه والتمثیل

بود مردی سنگ شد[11] در کوه چین اشک می‌بارد ز چشمش برزمین
برزمین چون اشک ریزد زار زار سنگ گردد اشک آن مرد آشکار
گر از آن سنگی فتد دردست میغ تاقیامت زو نبارد جز دریغ
هست علم آن مرد پاك راست گوی گر بچین باید شدن او را بجوی

۱ ـ پ ، ذاتش چون بر او . ۲ ـ پ ، در درون پوست . ۳ ـ ق۲ ـ خود ببیند ذرهٔ خود دوست او. در ، پوست او. ۴ ـ در، پ ، مج ، صد هزاران مرد گم گردد مدام . ۵ ـ در، مج ، پ ، راه . ۶ ـ در ، ذوقی. ۷ ـ در ، تشنگی و برکمال . ۸ ـ در ، مج ، ق۲ ، گر بیازی . ۹ و ۱۰ ـ مج ، خیز و . ۱۱ ـ پ ، سنگ چین .

زانك علم از غصهٔ بی همتان — سنگ شد، تا کی ز کافر نعمتان
جمله تاریك است این محنت سرای — علم در وی چون جواهر[1] ره نمای
ره‌برجانت درین تاریك جای — جوهر علمست‌و علم جان فزای
تو درین تاریکی بی پاو سر — چون سکندر ماندهٔ بی راه‌بر
گر تو بر گیری ازین جوهر بسی — خویش را یابی پشیمان‌تر کسی
ور نباید جوهرت ای هیچ کس — هم[2] پشیمان‌تر تو خواهی بود بس
گر بود ور نبود این جوهر ترا — هر زمان یابم پشیمان‌تر ترا
این‌جهان و آن جهان درجان گمست[3] — تن ز جان و جان زتن‌پنهان گمست[4]
چون برون رفتی ازین گم در گمی — هست آنجا[5] جای خاص آدمی
گر رسی زینجا بجای خاص باز — پی بری در یك نفس صد گونه راز
ور درین ره باز مانی وای تو — گم شود در نوحه سر تا پای تو
شب مخسب و روز در هم می مخور[6] — این طلب در تو پدید آید مگر
می طلب تو تا طلب کم[7] گرددت — خورد روز و خواب‌شب کم[8] گرددت

الحکایه و التمثیل

عاشقی از فرط عشق آشفته بود — بر سر خاکی بزاری[9] خفته بود
رفت معشوقش ببالینش فراز — دید او را خفته وز خود رفته باز
رقعهٔ بنبشت چست و لایق او — بست آن بر آستین عاشق او
عاشقش از خواب چون بیدار شد — رقعه برخواند و برو[10] خون‌بار شد
این نوشته بود کای مرد خموش — خیز اگر بازارگانی سیم گوش

۱ ـ پ، چراغی. ۲ ـ در، هر. ۳ و ۴ ـ در، یکیست. ۵ ـ ق ۲، خاص جای. ۶ ـ در، درهم را مخور. پ، مج، هم چیزی مخور. ۷ و ۸ ـ ب، گم. ۹ ـ در، نواری. ۱۰ ـ در، رقعه را برخواند وبس.

ورتو مرد زاهدی، شب زنده باش[۱] بندگی کن تا بروز و بنده باش[۲]
ور تو هستی مرد عاشق ، شرم‌دار خواب را با[۳] دیدهٔ عاشق چه کار
مرد عاشق باد پیماید بروز شب همه مهتاب پیماید ز سوز
چون تو نه‌اینی نه‌آن، ای بی‌فروغ[۴] می مزن در[۵] عشق ما لاف دروغ
گر بخفتد[۶] عاشقی جز در کفن عاشقش گویم، ولی بر[۷] خویشتن
چون تو در عشق از سر جهل آمدی خواب خوش بادت که نا اهل آمدی

الحکایه والتمثیل

پاسبانی بود عاشق گشت[۸] زار روز و شب بی خواب بود و بی قرار
هم دمی با[۹] عاشق بی خواب گفت کاخرای بی‌خواب یك دم شب بخفت
گفت شد با پاسبانی عشق یار خواب کی آید کسی‌را زین دو کار
پاسبانرا خواب کی لایق بود خاصه مرد پاسبان عاشق بود
چون چنین سربازیی در سر ببست بودآن این یك بر آن دیگر ببست
من چگونه خواب یابم اندکی وام[۱۰] نتوان کردن این‌خواب ازیکی
هر شبم عشق امتحانی می کند پاسبانرا پاسبانی می کند
گاه می‌رفتی و چوبك می‌زدی گه ز غم بر روی و تارك می‌زدی
گر بخفتی‌یك‌دم آن بی‌خواب و خور عشق دیدیش[۱۱] آن زمان خوابی‌دگر
جملهٔ شب خلق را نگذاشتی تا بخفتندی[۱۲] فغان برداشتی[۱۳]
دوستی گفتش که ای در تف و تاب جملهٔ شب نیستت یك لحظه خواب[۱۴]

---

۱ - در، شب زنده‌دار. ۲ - در، بنده‌وار. ۳ - پ ، بر. ۴ - در، نه‌این ونه آنی بی‌فروغ. ۵ - پ ، کم زن اندر . ۶ - در ، مج ، بخسبد. ۷ - در ، بی . ۸ - پ ، مج، گشته . ۹ - در ، همدمی‌را . ۱۰ - پ ، دام . ۱۱ - در، مج ، دیدی . ۱۲- مج ، یا نخفتی یا . پ ، تابخفتیدی . ۱۳- در ، مج ، پ ، میداشتی . ۱۴ - در ، نیست یك لحظت خواب .

گفت مرد پاسبانرا خواب نیست　　روی عاشق را بجز اشك آب نیست
پاسبانرا[1] کار بی‌خوابی بود　　عاشقان را روی بی‌آبی بود
چون زجای خواب آب آید[2] برون　　کی بود ممکن که خواب آیدبرون
عاشقی و پاسبانی یار شد　　خواب از چشمش بدریابار شد
پاسبانرا عاشقی نغز اوفتاد　　کار بی‌خوابیش در مغز اوفتاد[3]
می مخسب ای مرد اگر جوینده‌ٔ　　خواب خوش بادت اگر گوینده‌ٔ
پاسبانی کن بسی در کوی دل　　زانك دزدانند در پهلوی دل
هست از دزدان دل بگرفته راه　　جوهر دل دار از دزدان نگاه
چون ترا این پاسبانی شد صفت　　عشق زود آید پدید و معرفت[4]
مرد را بی شك درین دریای خون　　معرفت باید ز بی خوابی برون
هرك او بی‌خوابی بسیار برد　　چون بحضرت شد دل[5] بیدار برد
چون ز بی‌خوابیست بیداریِ دل　　خواب کم کن در وفاداریِ دل
چند گویم؛ چون وجودت غرقه ماند　　غرقه را فریاد نتواند رهاند
عاشقان رفتند تا پیشان همه　　در محبت مست خفتند آن همه
تو همی زن سر که آن مردان مرد　　نوش کردند آنچ می‌بایست کرد
هر که را شد ذوق عشق او پدید　　زود یابد[6] هر دو عالم را کلید
گر زنی باشد شود مردی شگرف　　ور بود مردی شود دریای ژرف

الحکایه والتمثیل

با کسی عباسه گفت ای مرد عشق　　ذرهٔ بر هرك تابد درد عشق

---

۱ - این بیت در نسخهٔ در ، نیست . ۲ - در، ز جای آب خون آید . ۳ - در نسخ در ، مج ، پ ، بیت زیر با اختلاف کلمات اضافه است :

آنکه بی‌خوابی خوش نغزش بود　　خواب را هرگز سرو مغزش بود

۴ - پ، درمعرفت . ۵ - در، مج ، دلی. ۶ - در، پ ، باید .

گر بود مردی ، زنی زاید ازو — ور زنیست[1] ای[2] بس که مرد آید ازاو
زن ندیدی[3] تو که از آدم بزاد — مرد نشنیدی که از مریم بزاد
تا نتابد آنچ می باید تمام — کار هرگز بر تو نگشاید مدام[4]
چون بتابد ، ملك حاصل آیدت — حاصل آید هرچ در دل آیدت
ملك نیز این دان و دولت این شمر — ذرهٔ زین ، عالمی از دین شمر
گر شوی قانع به ملك این جهان — تا ابد ضایع بمانی جاودان
هست دایم سلطنت در معرفت — جهد کن تا حاصل آید این صفت
هرك مست عالم عرفان بود — بر همه خلق جهان سلطان بود
ملك عالم پیش او ملکی شود — نه فلك در بحر او فُلکی شود
گر بدانندی ملوك روزگار — ذوق یك شربت ز بحر بی کنار
جمله در ماتم نشینندی ز درد — روی یك دیگر ندیدندی ز درد

الحکایه والتمثیل

شد مگر محمود در ویرانهٔ — دید آنجا بی‌دلی دیوانهٔ
سر فروبرده باندوهی که داشت — پشت[5] زیر بار آن کوهی که داشت
شاه را چون دید ، گفتش[6] دور باش — ور نه بر جانت زنم صد دورباش
تو نهٔ شاهی ، که تو دون‌همتی — در خدای خویش کافر نعمتی
گفت محمودم[7] ، مرا کافر مگوی — یك سخن با من بگو ، دیگر مگوی
گفت اگر می دانیی ای[8] بی خبر — کز که[9] دور افتادهٔ زیرو زبر
نیستی خاکستر و خاکت تمام — جمله آتش ریزیی[10] بر سر مدام

---

۱ - در ، مج ، ورزنست . ۲ - در، مج ، پ ، او . ۳ - پ ، بدیدی . ۴ - پ ، تمام .
۵ - در، بسته. ۶ - در، گفتا . ۷ - پ، مج ، محمودش . ۸ - پ ، می‌دانی ای تو. مج ، اینجا
۹ - در ، مج ، از که . پ ، کز چه . ۱۰ - پ ، ریختی .

[بیان وادی استغنا]

بعد ازین وادی استغنا بود　　نه درو دعوی و نه معنی بود
می جهد از بی نیازی صرصری　　می زند بر هم بیک دم کشوری
هفت دریا یك شمر اینجا بود　　هفت اخگر[1] یك شرر اینجا بود
هشت[2] جنت نیز اینجا مرده‌ایست　　هفت دوزخ همچو یخ[3] افسرده‌ایست
هست موری را هم اینجا ای عجب　　هر نفس صد پیل اجری[4] بی سبب
تا کلاغی را شود پر، حوصله　　کس نماند زنده در صد قافله
صد هزاران سبز پوش از غم بسوخت　　تا که آدم را چراغی بر فروخت
صد هزاران جسم[5] خالی شد ز روح　　تا درین حضرت درو گر گشت نوح
صد هزاران پشه در لشگر فتاد　　تا براهیم از میان با سر فتاد
صد هزاران طفل سر ببریده گشت　　تا کلیم‌الله صاحب دیده گشت
صد هزاران خلق در زنار شد　　تا که عیسی محرم اسرار شد
صد هزاران جان و دل تاراج یافت　　تا محمد یك شبی معراج یافت
قدر نه نو دارد اینجا نه کهن　　خواه[6] اینجا هیچ کن خواهی مکن
گر جهانی دل کبابی دیدهٔ　　همچنان دانم که خوابی دیدهٔ
گر درین[7] دریا هزاران جان فتاد　　شب‌نمی در بحر بی پایان فتاد
گر فروشد صد هزاران سر بخواب　　ذرّهٔ با سایهٔ شد ز آفتاب
گر بریخت[8] افلاك و انجم لخت‌لخت　　در جهان کم گیر برگی از درخت
گر ز ماهی در عدم شد تا بماه　　پای مور لنگ شد در قعر چاه
گر دو عالم شد همه یك بار نیست　　در زمین ریگی همان انگار نیست

---

۱ - پ ، هفت اختر . مج ، هفت دوزخ . ۲ - پ ، هفت . ۳ - در ، می. ۴ - در، مج ، هر نفس صد پیلش آخر . پ ، قوت صد پیلش آخر . ۵ - در ، جان . ۶ - پ ، خواهی . ۷ - در، گر ازاین . ۸ - مج ، پ ، گر شود .

گر نماند از دیو وز مردم اثر / از سر یك قطره باران در گذر
گر بریخت این جملهٔ تن‌ها بخاك / موی حیوانی اگر نبود چه باك
گر شد اینجا جزو و كل كلی تباه / كم شد از روی زمین یك برگ كاه
گر بیك ره گشت این نه طشت گم / قطرهٔ در هشت دریا گشت گم

الحکایه و التمثیل

در ده[1] ما بود برنایی چو ماه / اوفتاد آن ماه یوسف وش بچاه
در زبر افتاد خاك او را بسی / عاقبت زآنجا بر آوردش كسی
خاك بر وی گشته بود و روزگار / با دو دم آورده بودش كار و بار
آن نكو سیرت محمد نام بود / تا بدان عالم ازو یك گام بود
چون پدر دیدش چنان، گفت‌ای پسر / ای چراغ چشم و ای جان پدر
ای محمد ، با پدر لطفی بكن / یك سخن گو، گفت آخر كو[2] سخن
كو محمد ، كو پسر، كو هیچ كس / این بگفت وجان بداد، این بود و بس
در نگر ای سالك صاحب نظر / تا محمد كو وآدم ، در نگر
آدم[3] آخر كو و ذرّیات كو / نام جزویّات و كلیّات كو
كو زمین ، كو كوه ودریا ، كو فلك / كو پری، كودیو و مردم[4] ، كوملك
كو كنون آن صد هزاران تن زخاك / كو كنون آن صد هزاران جان پاك
كو بوقت جان بدادن پیچ پیچ / كو كسی، كوجان‌وتن، كوهیچ‌هیچ
هردو عالم را و صد چندان كه هست / گر بسایی و ببیزی آنك هست
چون سرای پیچ پیچ آید ترا / با[5] سر غربال هیچ آید ترا

---

۱ - در، ره . ۲ - پ ، یك. ۳ - این بیت در مج ، نیست. ازین‌بیت تابیت شمارهٔ ۳۶۱۲، در نسخهٔ پ ، همه‌جا بجای «كو» «گو» نوشته شده‌است . ۴ - در ، دیومردم . ۵ - پ ، مج . بر.

الحکایه والتمثیل

یوسف همدان کـه چشم راه داشت — سینهٔ پـاك و دل[۱] آگـاه داشت
گفت بر شو عمر هـا بالای عـرش — پس فروشو پیش[۲] از آن‌در تحت[۳] فرش
هرچ بود و هست و خواهد بود نیز — چه بدو چه نیك ، یك یك ذره چیز
قطره است[۴] این جمله از دریای بود — بـود فرزنـد نبو. آمـد چـه سود
نیست این وادی چنین سهل ای‌سلیم — سهل می‌دانی[۵] تـو از جهل ای سلیم
گـر شود دریـا ره از خـون دلت — هـم نیفتـد قطع جـز یـك منزلت
گـر جهـانی[۶] راه هـر دم بسپری — گـام اول بـاشدت چون بنـگری
هیچ سـالك راه را پـایان نـدیـد — هیچ کس این درد را درمان ندیـد
گر بـاستی، همچو سنگ افسردهٔ — گـاه مـرداری و گـاهی مـردهٔ
ور بتـگ استی و دایـم مـی دوی[۷] — تـا ابـد بـانگ درایی نشـنوی[۸]
نـه شدن رویست و نـه استادنت — نـه تـرا مردن بـه و نـه زادنت
مشکلا کارا[۹] که افتادت[۱۰] چـه سود — کار سخت اینست استادت چـه سود
سر مزن، سرمی‌زن ای‌مرد خموش[۱۱] — ترك کن این‌کار و هین در کار کوش
هـم بترك کار کن ، هـم کار کن — کار خود انـدك کـن و بسیار کن
تـا اگـر کاری بـود درمـان کار — کار بـاشد[۱۲] بـا تو در پـایان‌کار
ور[۱۳] نباشـد کار درمـان کسی — با تو بـی کاری بـود آنجـا بسی
ترك کن کاری که‌آن کردی نخست — کردن و نا کردن این باشد درست

---

۱ - در ، مج ، دلی . ۲ - ق ۲ ، پ ، مج ، بعد . ۳ - پ ، مج ، تخت. ۴ - در ، مج ، ق۲، قطره‌ایست . پ ، قطره‌ای . ۵ - در ، سهل‌بینی . ۶ - پ ، گرجهان را . ۷ - در ، مج ، میروی . ۸ - پ ، بشنوی . ۹ - پ ، مشکل آن کاری . ۱۰ - در ، مج ، افتادن . ۱۱ - در، مج ، می مزن مرد خموش . ۱۲ - در، باید . ۱۳ - این بیت درمج ، نیست .

چون شناسی کار، چون بتوان شناخت   بوك بتوانی شناخت و کار ساخت
بی نیازی بین و استغنا نگر   خواه مطرب‌باش، خواهی نوحه گر
برق استغنا چنان اینجا فروخت   کزتف او[1] صدجهان اینجا بسوخت
صد جهان اینجا فرو ریزد بخاك   گر جهان نبود درین وادی چه باك

الحکایه والتمثیل

دیده باشی کان حکیم بی‌خرد   تختهٔ خاك[2] آورد درپیش خود
پس کند آن تخته پرنقش و نگار   ثابت و سیّاره آرد آشکار
هم فلك آرد پدید و هم زمین   گه برآن حکمی کند گاهی برین
هم نجوم و هم بروج آرد پدید   هم افول و هم عروج آرد پدید
هم نحوست، هم سعادت بر کشد   خانهٔ موت [و] ولادت بر کشد
چون حساب نحس کردو سعد ازآن   گوشهٔ آن تخته گیرد بعد از آن
برفشاند، گویی آن هرگز نبود   آن همه نقش و نشان هرگز نبود
صورت این عالم پرپیچ پیچ   هست همچون صورت آن تخته هیچ
تو نیاری تاب این، کنجی[3] گزین   گرد این کم گرد و در کنجی نشین
جملهٔ مردان زنان[4] اینجا شدند   از دوعالم بی‌نشان اینجا شدند
چون نداری طاقت این راه تو   گرهمه کوهی نسنجی کاه تو

الحکایه والتمثیل

گفت مردی مرد را از اهل راز   پرده شد[5] از عالم اسرار باز
هاتفی درحال گفت ای پیرزود   هرچه می‌خواهی بخواه و گیر زود

۱ - در. مج، آن . ۲ - مج ، رمل . ۳ - پ ، گلخن . ۴ - پ مرد و زنان . ۵ - پ، برده شد .

۲۰۴ مقامات الطیور

پیر گفتا من بدیدم کانبیا — مبتلا بودند دایم در بلا
هر کجا رنج و بلایی بیش بود — انبیا را آن همه در پیش بود
انبیا را چون بلا آمد نصیب — کی رسد راحت بدین پیر غریب
من نه عزّت خواهم و نه خواریی — کاش[1] در عجز خودم بگذاریی
چون[2] نصیب مهتران دردست و رنج — کهترانرا کی تواند بود گنج
انبیا بودند سرغوغای کار — من ندارم تاب، دست از من بدار
هرچ گفتم از میان خود چه سود — تاترا کاری نیفتد زان چه سود
گرچه در بحر خطر افتادهٔ — همچو کبکی بال و پر افتادهٔ
از نهنگ و قعر اگر آگاهیی — کی سلوك این چنین ره خواهیی
اول از پندار مانی بی‌قرار — چون درافتی جان کی آری با کنار

الحکایه والتمثیل

آن مگس می‌شد ز بهر توشهٔ — دید کندوی عسل در گوشهٔ
شد ز شوق آن عسل دل‌دادهٔ — درخروش آمد که کو آزادهٔ
کز من مسکین جوی بستاند او — در درون کندوم بنشاند او
شاخ وصلم گر ببر آید چنین — منج نیکوتر بود درانگبین
کرد کارش را کسی، بیرون شوی — در درون ره‌دادش و بستد جوی[3]
چون مگس را با عسل افتاد کار — پای و دستش در عسل شد استوار
در طپیدن سست شد پیوند او — وز چخیدن[4] سخت تر شد بند او
در خروش آمد که ما را قهر کشت — وانگبینم سخت تر از زهر کشت

---

۱ - در، کاج. ۲ - این بیت در نسخهٔ در، نیست. ۳ - پ، ره دادو بستد زوجوی.
۴ - پ، خجیدن.

گرجوی دادم ، دوجو اکنون دهم بوك ازین درماندگی بیرون جهم
کس درین وادی دمی فارغ مباد مرد این وادی بجز بالغ مباد
روزگاریست ای دل آشفته کار تا بغفلت می گذاری روزگار
عمر[1] در بی‌حاصلی بردی بسر کو کنون تحصیل را عمری دگر
خیزو این وادیْ مشکل قطع کن باز پر ، وز جان وز دل قطع کن
زانك تا با جان و با دل هم بری مشرکی وز مشرکان غافل تری
جان برافشان در ره و دل کن نثار ورنه زاستغنی بگردانند کار

الحکایه والتمثیل

بود شیخی خرقه پوش و نامدار[2] برد از وی دختر سگبان قرار
شد چنان در عشق آن دلبر زبون کز دلش می‌زد چو دریا موج خون
برامید آنك بیند روی او شب بخفتی با سگان در کوی او
مادر دختر از آن آگاه شد گفت شیخا چون دلت گم راه شد
پیر اگر[3] بردست دارد این هوس پیشهٔ ما هست سگبانی و بس
رنگ ما گیری و سگبانی کنی بعد سالی عقد و مهمانی کنی
چون نبود آن شیخ اندر عشق سست خرقه را بفکند و شد درکار چست
باسگی دردست در بازار شد قرب سالی از پی این کار شد
صوفی دیگر که بودش هم نفس چون چنانش دید گفت ای‌هیچ کس
مدت سی‌سال بودی مرد مرد این‌چرا کردی‌وهر گز این که کرد
گفت ای غافل مکن قصه دراز زانك اگر پرده کنی زین قصه باز

۱ - این بیت درنسخهٔ پ ، نیست . ۲ - در ، خرقه‌پوش نامدار ۳ - در، مج، اگر. پ ، هیچ اگر ، مج ، نه اگر .

حق تعالی داند این اسرار را / باتو گرداند همی این کار را
چون ببیند طعنهٔ پیوست تو / سگ نهد از دست من بر دست تو[1]
چند گویم این دلم از درد راه / خون شد و یك دم نیامد مرد راه
من ببیهوده شدم بسیار گوی / وز شما یك تن نشد اسرار جوی
گر شما اسرار دان ره شوید / آنگهی از حرف من[2] آگه شوید
گر بگویم بیش ازین در ره بسی / جمله درخوابید ، کو رهبر کسی[3]

الحکایه والتمثیل

آن مریدی شیخ را گفت از حضور / نکتهٔ بر گوی ، شیخش گفت دور
گر شما روها بشویید این زمان / آنگهی من نکته آرم در میان
در نجاست مشك بویی ، زان چه سود / پیش‌مستان نکته‌گویی، زان چه‌سود

[بیان وادی توحید]

بعدازین[4] وادیٔ توحید آیدت / منزل تفرید و تجرید آیدت
رویها چون زین بیابان در کنند[5] / جمله سر از یك گریبان بر کنند[6]
گر بسی بینی عدد ، گر[7] اند کی / آن یکی باشد درین ره دریکی
چون بسی باشد یك اندر یك مدام / آن یك اندر یك ، یکی باشد تمام
نیست آن یك کان احد آید ترا / زان یکی کان درعدد آید ترا
چون برونست از احد وین از عدد[8] / از ازل قطع نظر کن وز ابد
چون ازل گم شد ، ابد هم جاودان / هردورا کی[9] هیچ ماند در میان
چون همه هیچی بود هیچ این همه / کی بود دواصل جز پیچ این همه

---

۱ - در ، دردست تو . ۲ - در ، خوف من . پ ، حال من . ۳ - ق ۱ ، بسی. ۴ - پ ، مج ، بعداز آن . ۵ - در ، درکنید . پ ، مج ، برکنند . ۶ - در ، برکنید . ۷ - پ ، را . ۸ - پ ، آن زحد وزعدد . ۹ - پ ، خود .

الحکایه و التمثیل

گفت آن دیوانـه را مـردی عـزیز — چیست عالم، شرح ده این مایه چیز
گفت هست این عالم پر نام و ننگ — همچو نخلی بسته از صد گونه رنگ
گر بـدست این نخل می‌مالد یکی[1] — آن همـه یك موم[2] گـردد بی شکی
چون همه مومست‌وچیزی‌نیز[3] نیست — رو که‌چندان‌رنگ‌جز‌یك‌چیز نیست[4]
چون یـکی باشد همـه ، نبـود دوی — نـه منی بـرخیـزد اینجـا نـه توی

الحکایه و التمثیل

رفت پیش بـوعلـی آن پـیر زن — کاغذی زر بـرد کین بستان ز مـن
شیخ گفتش عهددارم من کـه نیـز — جز ز حق نستانم از کس هیچ چیز
پیر زن در حـال گفت ای بـو علی — از کجـا آوردی آخـر احـولی
تو درین ره مـرد عقـد و حـل نـهٔ — چنـد بینی غیر اگـر احـول نـهٔ
مرد را در دیـده آنجـا غیر نیست — زانك آنجـا کعبـه نی و دیر نیست
هـم ازو بشنـو[5] سخنـها آشکار — هـم بدو مـانـد وجودش پایدار[6]
هم جزو کس را نبیـنـد یك زمـان — هم جزو کس را نـدانـد جـاودان
هـم درو ، هـم زو وهـم بـا او بـود — هم برون از هـر سه این[7] نیکو بود
هـرك در دریـای وحـدت گم نشد — گـر همه آدم بـود مـردم نشد
هریك از اهـل هـنر وز اهـل عیب[8] — آفتـابـی دارد انـدر غیب[9] غیب
عـاقبت روزی بـود کان آفتـاب — بـا خودش گیرد ، براندازد نقاب
هـرك او در آفتـاب خـود رسید — تو یقین می دان که نیك و بد رسید

۱ - در، کسی . ۲ - ق ۱ ، مویست . ۳ - پ، دیگرچیز . ۴ - پ ، رو کـه چندان رنگ یك پشیر نیست . ۵ - در ، شنود . ۶ - درنسخه‌های در ، مج ، بیت زیر اضافه‌است :

مرد سالك چون بحد دل رسد — انـدر ین حد چون بـدین منزل رسد

۷ - در ، تن . ۸ - در ، غیب . ۹ - پ ، جیب.

تا تو باشی ، نیك و بد اینجا بود چون تو گم گشتی همه سودا بود
ور تومانی در وجود خویش باز نیك و بد بینی بسی و ره دراز
تا که از هیچی پدیدار آمدی در گرفت[1] خود گرفتار آمدی
کاشکی اکنون چو اول بودیی یعنی از هستی معطل بودیی
از صفات بد بکلّی پاك شو بعد از آن بادی بکف باخاك شو
تو کجا دانی که اندر تن ترا چه پلیدیهاست چه گلخن ترا
مارو کژدم در تو[2] زیر پرده اند خفته اند و خویشتن گم کرده اند
گر سرمویی فرا ایشان کنی هریکی را همچو صد ثعبان کنی
هر کسی[3] را دوزخ پرمار هست تابپردازی[4] تو دوزخ کار[5] هست
گر برون آیی ز یك یك پاك تو خوش بخواب اندر شوی درخاك تو
ورنه زیر خاك چه کژدم چه مار می گزندت سخت تاروز شمار
هر[6] کسی کو بی‌خبر زین پاکیست هر که‌خواهی گیر کرمی خاکیست
تاکی ای عطار ازین حرف مجاز با سر اسرار توحید آی باز
مرد سالك چون رسد اینجایگاه جایگاه مرد[7] برخیزد ز راه
گم شود ، زیرا که پیدا آید او گنگ گردد، زانك گویا آید او
جزو گردد ، کل‌شود، نه کل، نه‌جزو صورتی باشد صفت نه جان، نه عضو
هرچهار آید برون از هرچهار صد هزار آید فزون از صد هزار
در دبیرستان این سرّ عجب صد هزاران عقل بینی خشك لب
عقل اینجا کیست[8] افتاده بدر مانده طفلی کو زمادر زاد کر[9]
ذرّهٔ برهرك این سر تافتست[10] سر ز ملك هردو عالم تافتست

---

۱ - در ، نهاد . ۲ - در ، باتو . ۳ - مج ، هریکی . ۴ - در ، نپردازی . ۵ - در ، مار . ۶ - این بیت درنسخهٔ پ ، نیست . ۷ - پ ، جایگاه ومرد . ۸ - در، عقل کیست اینجا . ۹ - پ ، کر . ۱۰ - پ، مج، ذره‌ای هرکو از این سر یافتست .

بیان وادی توحید ۲۰۹

خود چو این کس نیست مویی درمیان　　چون نتابد[1] سرچومویی[2] از جهان
گرچه این کس نیست کل این هم کس است[3]　　گر وجودست و عدم هم این کس است[4]

الحکایه والتمثیل

گفت لقمان سرخسی کای اله　　پیرم و سرگشته و گم کرده راه
بندهٔ کو پیر شد شادش کنند[5]　　پس خطش بدهند[6] و آزادش کنند[7]
من کنون دربندگیت ای پادشاه　　همچو برفی کرده‌ام موی سیاه
بندهٔ بس غم کشم ، شادیم بخش　　پیر گشتم ، خط آزادیم بخش
هاتفی گفت ای حرم را خاص خاص　　هر که او از بندگی خواهد خلاص
محو گردد عقل و تکلیفش[8] بهم　　ترك گیر این هردو و درنه قدم
گفت الاهی پس ترا[9] خواهم مدام　　عقل و تکلیفم نباید والسلام
پس ز تکلیف و ز عقل آمد برون　　پای کوبان دست می‌زد در[10] جنون
گفت اکنون من ندانم کیستم　　بنده باری نیستم ، پس چیستم
بندگی شد محو ، آزادی نماند　　ذرهٔ دردل غم و شادی نماند
بی صفت گشتم ، نگشتم بی صفت　　عارفم اما ندارم معرفت
من ندانم تو منی یا من توی　　محو گشتم درتوو گم شد دوی

الحکایه والتمثیل

از قضا افتاد معشوقی درآب　　عاشقش خود را درافکند از شتاب
چون رسیدند آن دوتن بایك دگر　　این یکی پرسید ازآن[11] کای بی‌خبر
گر من افتادم درآن آب روان　　از چه افکندی تو خود را درمیان

---

۱ - پ ، بیابد .　۲ - پ ، بوئی .　۳ - در ، پ ، مج ، کل هم این کس‌ست .
۴ - در ، کز وجود . پ ، مج ، گر وجودست گر عدم این کس بس است .　۵ - در ، کنید .　۶ - در ، بدهید .　۷ - در ، کنید .　۸ - در ، عقل تکلیفش .　۹ - در ، مج ، من ترا .
۱۰ - پ ، از.　۱۱ - پ ، از این .

گفت من خود را در آب انداختم / زانک خود را از تو می‌نشناختم
روزگاری شد که تاشد بی‌شکی / با تویی" تو یکی" من یکی[۱]
تومنی یا من توم ، چند از دوی / باتوم[۲] من ، یا توم ، یا تو توی
چون تو من باشی و من تو بردوام / هردوتن باشیم یك تن والسلام
تا توی برجاست[۳] در شرکست یافت / چون‌دوی برخاست توحیدت‌بتافت[۴]
تو درو گم گرد ، توحید این[۵] بود / گم شدن کم کن تو ، تفرید این[۶] بود

الحکایه والتمثیل

گفت روزی فرخ و مسعود بود / روز عرض لشگر محمود بود
شد بصحرا بی‌عدد پیل و سپاه / بود بالایی ، برآنجا رفت شاه
شد براو هم‌ایاز و هم حسن / هرسه می‌کردند[۷] عرض انجمن
بود روی عالم از پیل و سپاه / همچو از مور[۸] و ملخ بگرفته راه
چشم عالم آن چنان لشگر ندید / بیش از آن لشگر کسی دیگرندید
پس زفان بگشاد شاه نامور / با ایاز خاص خود گفت ؛ ای پسر
هست چندین پیل و لشگر آن من / من همه آن تو ، تو سلطان من[۹]
گرچه گفت این لفظ شاه نامدار / سخت فارغ بود ایاز و برقرار
شاه را خدمت نکرد اینجایگاه / خود نگفت او کین مرا گفتست‌شاه
شد حسن آشفته و گفت ای غلام / می کند شاهیت چندین احترام
تو چنین استاده چون بی‌حرمتی / پشت خم ندهی و نکنی خدمتی
تو چرا حرمت نمی‌داری نگاه / حق شناسی نبود این در پیش شاه

۱ - در ، یا توام یا تو منی ومن یکی . پ ، من توئی وتو منی هردو یکی . ۲ - در ، یاتوام . پ، یا توام من یا تو من یا تو توئی . ۳ - در، مج ، برخاست . پ ، برجاست درشرکت بیافت . ۴ - در ، مج ، نیافت . پ ، بیافت . ۵ - در ، آن . ۶ - در ، هربد این . مج ، تقریر این . ۷ - در ، می‌دیدند . ۸ - در ، موران . ۹ - در ، آن توام توآن من .

چون ایاز القصه بشنود این خطاب / گفت هست این را موافق دوجواب
یك جواب آنست کین بی‌روی و راه / گر کند خدمت بپیش پادشاه
یا بخاك افتد بخواری پیش او / یاسخن گوید بزاری پیش او
بیشتر از شاه و کمتر[1] آمدن / جمله باشد در برابر آمدن
من کیم تا سر بدین کار آورم / درمیان خود را پدیدار آورم
بنده آن اوست و تشریف آن اوست / من کیم ، فرمان همه فرمان اوست
آنچ هر روزی شه پیروز کرد / وین کرم کو با ایاز امروز کرد
گر دوعالم خطبهٔ ذاتش کنند / می‌ندانم تا مکافاتش کنند
من درین معرض کجا آیم پدید / من که باشم ، یا چرا آیم پدید
نی کنم خدمت نه در سر آیمش / کیستم تا در برابر آیمش
چون حسن بشنود این قول از ایاس / گفت احسنت ای ایاز حق‌شناس
خط بدادم من که در ایام شاه / لایقی هردم بصد انعام شاه
پس حسن دیگر بگفتش کو جواب / گفت نیست آن پیش تو گفتن صواب
گر من و شه هردو باهم بودمی / این سخن را سخت[2] محرم بودمی
لیك[3] تو چون محرم آن نیستی / چون بگویم ، چون توسلطان نیستی
پس حسن را زود بفرستاد شاه / شد حسن نیز از حساب آن سپاه
چون درآن خلوت نه ما بودو نه من / گر حسن مویی شود نبود حسن
شاه گفتا خلوت آمد ، راز گوی / آن جوابِ خاص باهن باز گوی
گفت هر گه از کمال لطف شاه / می کند سوی من مسکین نگاه
در[4] فروغ پرتو آن یك نظر / محو می گردد وجودم سربسر
از[5] حیای آفتاب فرّ شاه / پاك بر می‌خیزم آن ساعت زراه

۱ - در ، کهتر . ۲ - در ، نیز . ۳ - این بیت در نسخهٔ در ، نیست . ۴ و ۵ - این دو بیت در نسخهٔ مج ، نیست .

چون نمی‌ماند زمن نام وجود چون بخدمت پیشت افتم در سجود
گر تو می‌بینی کسی را آن زمان من نیم آن هست هم شاه[1] جهان
گر تو یك لطف و اگر صد می کنی از خداوندی تو باخود می کنی
سایهٔ کو[2] گم شود در آفتاب زو کی[3] آید خدمتی در هیچ باب
هست ایازت سایهٔ در کوی تو گم شده در آفتاب روی تو
چون شدازخود بنده فانی او نماند[4] هرچ خواهی کن تودانی او نماند[5]

[بیان وادی حیرت]

بعد ازین وادیّ حیرت آیدت کار دایم دردو حسرت آیدت
هرنفس اینجا چو تیغی باشدت هردمی اینجا دریغی باشدت
آه باشد، درد باشد، سوز هم روز و شب باشد، نه شب نه روز هم
از بن هرموی این کس نه بتیغ می‌چکد خون می‌نگارد ای‌دریغ
آتشی باشد فسرده مرد این یایخی بس سوخته از درد این
مرد حیران چون رسد اینجایگاه در تحیر مانده و گم کرده راه
هرچ زد توحید برجانش رقم جمله گم گردد ازو گم[6] نیز هم
گر بدو گویند مستی[7] یانهٔ نیستی گویی که هستی یانهٔ
در میانی یا برونی از میان برکناری یا نهانی یا عیان
فانیی یا باقیی یا هردوی یا نهٔ هردو توی یا نه توی
گوید اصلا می‌ندانم چیز من وان ندانم هم ندانم نیز من
عاشقم اما ندانم بر کیم نه مسلمانم نه کافر، پس چیم
لیکن از عشقم ندارم آگهی هم دلی پرعشق دارم هم تهی

---

۱ ـ پ، نیستم من هست آن شاه. ۲ ـ در، گر. ۳ ـ در، بوک. ۴و۵ ـ پ، بماند. ۶ ـ پ، او. ۷ ـ پ، هستی.

۲۱۳ بیان وادی حیرت

الحکایه والتمثیل

خسروی کافاق[1] در فرمانش بود / دختری چون ماه در ایوانش بود
از نکویی بود آن[2] رشک پری / یوسف و چاه[3] و زنخدان برسری[4]
طرهٔ او صد دل مجروح داشت / هرسر مویش رگی باروح داشت
ماه[5] رویش مثل فردوس آمده / وانگه از ابروش در قوس آمده[6]
چون ز قوسش تیر پرّان[7] آمدی / قاب قوسینش ثنا خوان آمدی
نرگس مستش ز مژگان خار را / در ره افکندی بسی هشیار را
روی آن عذراوش خورشید چهر / هفده عذرا[8] برده از ماه سپهر
در دو یاقوتش که جانرا قوت بود / دایما روح‌القدس مبهوت بود
چون بخندیدی لبش، آب حیات / تشنه مردی وز لبش جستی زکات
هر که کردی در زنخدانش نگاه / اوفتادی سرنگون در قعر چاه
هر که صید روی چون ماهش شدی / بی رسن حالی فرو چاهش شدی
آمدی القصه پیش پادشاه / از پی خدمت غلامی همچو ماه
چه غلامی، آنک داد او از جمال / مهر و مه را هم محاق و هم زوال
در بسیط عالمش همتا نبود / مثل او در حسن سرغوغا نبود
صد هزاران خلق در بازار و کوی / خیره ماندندی در آن خورشید روی
کرد روزی از قضا دختر نگاه / دید روی آن غلام پادشاه
دل ز دستش رفت و در خون اوفتاد / عقل او از پرده بیرون اوفتاد
عقل رفت و عشق بر وی زور یافت / جان شیرینش بتلخی شور یافت
مدتی با خویشتن اندیشه کرد / عاقبت هم بی قراری پیشه کرد

۱- در، آفاق. ۲- در، آن نکورویی‌که بد. ۳- در، یوسفی‌چاه. ۴- پ، پرسری. ۵- در، گاه. ۶- در، قاب وقوسینش ثناخوان آمده. ۷- پ، مج، چون دوقوس تیرباران. ۸- پ، عقد عذرا.

می گداخت ازشوق ومی سوخت ازفراق / در گداز و سوز دل پر اشتیاق
بود او را ده کنیزك مطربه / در اغانی سخت عالی مرتبه
جمله موسیقار زن ، بلبل سرای / لحن داودیّ ایشان جان‌فزای
حال خود درحال با ایشان بگفت / ترك نام و ننگک[1] و ترك جان بگفت
هر کرا شد عشق جانان آشکار / جان چنان جایی کجا آید بکار
گفت اگر عشقم بگویم با غلام / در غلط افتد که هم نبود تمام
حشمتم را هم زیان دارد بسی / کی غلامی را رسد چون من کسی
ور نگویم قصهٔ خود آشکار / در پس پرده بمیرم زار زار
صد کتاب صبر برخود خوانده‌ام / چون کنم ، بی صبرم و درمانده‌ام
آن همی خواهم کزان سرو سهی / بهره یابم او نیابد[2] آگهی
گر چنین[3] مقصود من حاصل شود / کار جان من بکام دل شود
چون خوش آوازان شنودند این سخن / جمله گفتندش که دل ناخوش مکن
ما بشب پیش تو آریمش نهان / آن چنان کورا خبر نبود از آن
یك کنیزك شد نهان پیش غلام / گفت حالی تا میش آورد و جام[4]
داروی بی‌هوشیش در می فکند / لاجرم بی خویشیش[5] در وی فکند
چون بخورد آن‌می غلام ازخویش شد / کارآن زیبا کنیزك پیش شد
روز تا شب آن غلام سیم بر / بود مست‌و از دو عالم[6] بی خبر
چون شب آمد آن کنیزان آمدند / پیش او افتان و خیزان آمدند
پس نهادند آن زمان بر بسترش / در نهان بردند پیش دخترش
زود بر تخت زرش بنشاندند / جوهرش بر فرق می‌افشاندند[7]

---

۱ - در، ننگ ونام . ۲ - در ، یابم واو نیابد . ۳ - پ ، که چنین . ۴ - در ، پ ، مج ، تا به پیش آور دوجام . ۵ - در ، بی‌خویشیی . ۶ - در، مج ، پ، مست و وز دوعالم . ۷ - پ، برافشاندند .

نیم شب چون نیم مستی آن غلام / چشم چون نرگس گشاد از هم‌تمام
دید قصری همچو فردوس آن نگار / تخت زرین از کنارش تا کنار
عنبرین دو شمع[1] برافروختند[2] / همچو هیزم عود بر هم سوختند[3]
بر کشیده آن بتان یکسر سماع / عقل جانرا[4] کرده ، جان تن‌را وداع
بود آن شب می میان جمع در / همچو خورشیدی بنور شمع در
در میان آن همه خوشی و کام / گم شده در چهرهٔ دختر غلام
مانده بود او خیره ، نه عقل و نه جان / نه درین عالم بمعنی نه در آن
سینه پر عشق و زفان لال آمده / جان او از ذوق[5] در حال آمده
چشم بر رخسارهٔ دل دار داشت / گوش بر آواز موسیقار داشت
هم مشامش بوی عنبر یافته / هم دهانش آتش تر یافته[6]
دخترش در حال جام می بداد / نقل می را بوسهٔ در پی بداد
چشم او در چهرهٔ جانان بماند / در رخ دختر همی حیران بماند
چون نمی‌آمد زفانش کارگر / اشك می‌بارید و می‌خارید سر
هر زمان آن دختر همچون نگار / اشك بر رویش فشاندی صد هزار
گه لبش را بوسه دادی چون شکر / گه نمك در بوسه کردی بی جگر
گه پریشان کرد زلف سرکشش / گاه گم شد در دو جادوی خوشش
وان غلام مست پیش دل نواز / مانده بد با خود نه بی خود چشم‌باز
هم درین نظاره می بود آن[7] غلام / تا برآمد صبح از مشرق تمام
چون برآمد صبح و باد صبح جست / از خرابی شد غلام اینجا ز دست
چون بخفت آنجا غلام سرفراز / زود بردندش بجای خویش باز

---

۱ - در ، مج ، پ ، ده شمع . ۲ - در ، می‌افروختند . ۳ - در ، عود تر می‌سوختند . پ ، عود بر می‌سوختند . ۴ - پ ، دلرا . مج ، عقل‌وجان را کرده جان‌وتن وداع . ۵ - در ، شوق . ۶ - در ، آتشی برتافته . ۷ - در ، بی‌خود شد .

بعد از آن چون آن غلام سیم بر　　یافت آخر اندکی از خود خبر
شور آورد و[1] ندانستش چه بود　　بودنی چون بود از آن سوزش[2] چه سود
گرچه هیچ آبی نبودش بر جگر[3]　　آب او بگذشت از بالای سر
دست در زد جامه برتن[4] چاك کرد　　موی برهم کند[5] و سر برخاك کرد
قصه پرسیدند از آن شمع طراز　　گفت نتوانم نمود این قصه باز
آنچ[6] من دیدم عیان مست و خراب　　هیچ کس هرگز نبیند آن بخواب
آنچ[7] تنها بر من حیران گذشت　　بر کسی هرگز ندانم آن گذشت
آنچ من دیدم نیارم گفت باز　　زین عجایب‌تر نبیند هیچ راز
هر کسی گفتند آخر[8] اندکی　　با خود آی و باز گو از صد یکی
گفت من درمانده‌ام چون دیگری[9]　　کان همه من دیده‌ام یا دیگری[10]
هیچ نشنیدم چو بشنیدم همه　　من ندیدم گرچه من دیدم همه
غافلی گفتش که خوابی دیدهٔ　　کین چنین دیوانه و شوریدهٔ
گفت من آگه نیم پنداریی　　تا که خوابم بود[11] یا بیداریی
من ندانم کان بمستی دیده‌ام　　یا بهشیاری صفت بشنیده‌ام[12]
زین عجب‌تر حال نبود در جهان　　حالتی نه آشکارا نه نهان
نه توانم گفت و نه خاموش بود　　نه[13] میان این و آن مدهوش بود
نه زمانی محو می گردد[14] ز جان　　نه ازو یك ذرّه می‌یابم نشان
دیده‌ام صاحب جمالی از کمال　　هیچ کس می‌نبودش در[15] هیچ حال
چیست پیش چهرهٔ او آفتاب　　ذرّهٔ والله اعلم بالصّواب

۱ - در ، شورشی کرد و . ۲ - در ، مج ، پ ، شورش . ۳ - در ، در جگر . ۴ - در ، برخود . ۵ - در ، موی هم برکند . ۶ و ۷ - این دو بیت در نسخهٔ در ، نیست . ۸ - در ، کاخر . ۹ - در ، پ ، مج ، مضطری . ۱۰ - پ ، بادیگری . ۱۱ - در، مج ؛ خوابی بود . پ ، خوابی دیده . ۱۲ - ق ۱ ، نشنیده‌ام . ۱۳ - در، در . ۱۴ - در ، می‌گردم . ۱۵ - در، هیچ کس پی‌می‌نبردش . پ ، پی‌نبردش هیچکس در . مج ، هیچ کس ندهد نشان در .

چون نمی دانم[1] چه گویم بیش ازین　　گرچه او را دیده‌ام من پیش‌ازین
من چو او را دیده یا نا دیده‌ام　　در میان این و آن شوریده‌ام

الحکایه والتمثیل

مادری بر خاك دختر می گریست　　راه بینی سوی آن زن بنگریست[2]
گفت این زن برد از مردان سبق　　زانك چون مانیست و می‌داند[3] بحق
کز کدامین گم شده ماندست دور　　وز که افتادست زین سان نا صبور
فرّخ اوچون حال می‌داند که چیست　　داند او تا بر که می باید گریست
مشکل آمد قصهٔ این[4] غم زده　　روز و شب بنشسته‌ام[5] ماتم زده
نه مرا معلوم تا در درد کار　　بر که می گریم چو باران زار زار
من نه‌آگاهم چنین گریان شده　　کز که دور افتاده‌ام حیران[6] شده
این زن ازچون من هزاران گوی‌برد　　زانکه از گم گشتهٔ خود بوی برد
من نبردم بوی و این حسرت مرا　　خون بریخت و کشت در حیرت مرا
در چنین منزل که شد دل ناپدید　　بل که هم شد نیز منزل ناپدید
ریسمان عقل را سر گم شدست　　خانهٔ پندار را در گم شدست
هر که او آنجا[7] رسد سر گم کند　　چار حدّ خویش را در گم کند
گر کسی اینجا رهی در[8] یافتی　　سرّ کل در یك نفس در[9] یافتی

الحکایه والتمثیل

صوفیی می‌رفت ، آوازی شنید　　کان یکی می گفت گم کردم کلید
که کلیدی یافتست اینجایگاه　　زانك در بستست این بر خاك راه
گر در من بسته ماند، چون کنم　　غصهٔ پیوسته ماند، چون کنم

۱ - در ، نمی‌دیدم . ۲ - در، سوی او می بنگریست . ۳ - پ، نیست میداند . ۴ - در، زین. ۵ - در، بنشسته وماتم . ۶ - پ ، بی‌جان . ۷ - پ ، مج، اینجا . ۸ - در، اینجایگه ره . ۹ - پ ، بر .

صوفیش گفتا ؛ که گفتت خسته باش / در چو می‌دانی برو، گو بسته باش
بردر بسته چو بنشینی بسی / هیچ شك نبود که بگشاید کسی
کار تو سهل است و دشوار آن من / کز تحیّر می‌بسوزد جان من
نیست کارم را نه پایی نه سری[1] / نه کلیدم[2] بود هرگز نه دری
کاش این صوفی بسی بشتافتی[3] / بسته یا بگشادهٔ در[4] یافتی
نیست مردم را[5] نصیبی جز خیال / می ندانند[6] هیچ کس تا[7] چیست‌حال
هر که گویدچون کنم، گوچون‌مکن / تا کنون چون کردهٔ اکنون مکن
هر که او در وادی حیرت فتاد / هرنفس در بی عدد[8] حسرت فتاد
حیرت[9] و سرگشتگی تا کی برم / پی چو گم کردند[10] من‌چون پی‌برم
می ندانم کاشکی می دانمی / که اگر[11] می‌دانمی حیرانمی
مرمرا[12] اینجا شکایت شکر شد / کفر ایمان گشت‌و ایمان کفرشد

الحکایه و التمثیل

شیخ نصرآباد را بگرفت درد / کرد چل حج برتوکل اینت مرد
بعد از آن موی سپید و تن نزار / برهنه دیدش کسی بایك ازار
در دلش تابی و در جانش تفی / بسته زنّاری و بگشاده کفی
آمده نه از سر دعوی و لاف / گرد آتش گاه گبری[13] در طواف
گفت گفتم ای بزرگ روزگار / این چه کار تست آخر شرم‌دار
کردهٔ چندین حج و بس[14] سروری / حاصل آن جمله آمد کافری
این چنین کار از سرخامی بود / اهل دل را از تو بدنامی بود

---

۱ - پ ، نه پاو نه سر. ۲ - پ ، نه کلیدش. ق ۲، نه کلیدم را بود هرگز دری . ۳ - در ، صوفی بشتافتی . پ ، روان بشتافتی. ۴ - در ، مج ، پ ، بگشاده در را . ۵ - پ ، در مردم . ۶ - پ ، می‌نمانند . ۷ - در ، را . ۸ - در ، مج ، پ ، صد جهان . ۹ - پ ، حسرت . ۱۰ - در ، مج ، گم کردم . ۱۱ - در، نیز اگر . پ ، کی اگر . ۱۲ - در ، مج ، پ ، مرد را . ۱۳ - در ، آتش گاه‌ها کردی . ۱۴ - در، پ ، مج ، چندین .

بیان وادی فقر ۲۱۹

این کدامین شیخ کرد ، این‌راه کیست — می‌ندانی این که[1] آتش گاه کیست
شیخ گفتا کار من سخت اوفتاد — آتشم درخانه و رخت اوفتاد
شد ازین آتش مرا خرمن بباد — داد کلی نام و ننگ من بباد
گشتهٔ[2] کالیو کار خویش من — من ندانم حیلهٔ زین بیش من
چون درآید[3] این چنین آتش بجان — کی گذارد نام و ننگم یك زمان
تا گرفتار چنین کار آمدم — از کنشت و کعبه بیزار آمدم
ذرّهٔ گر حیرتت آید پدید — همچو من صد حسرتت[4] آید پدید

الحکایه والتمثیل

نو مریدی بود دل چون آفتاب — دید پیر خویش را یك شب بخواب
گفت از حیرت دلم در خون نشست — کار تو بر گوی کانجا چون نشست[5]
در فراقت شمع دل افروختم — تا تو رفتی من ز حیرت[6] سوختم
من ز حیرت گشتم اینجا رازجوی — کار تو چونست آنجا ، بازگوی
پیر گفتش مانده‌ام حیران و مست — می گزم دایم بدندان پشت دست
ما بسی در قعر این زندان و چاه — از شما حیران تریم[7] اینجایگاه
ذرّهٔ از حیرت عقبی مرا — بیش از صد کوه[8] در دنیا مرا

[بیان وادی فقر]

بعد ازین[9] وادی فقرست و فنا — کی بود اینجا سخن گفتن روا
عین وادی فراموشی بود — لنگی و کرّی و بیهوشی بود
صد هزاران سایهٔ جاوید تو — گم شده بینی ز یك خورشید تو
بحر کلی چون بجنبش کرد رای — نقشها بربحر کی ماند بجای

۱ - در، تو که . ۲ - در ، پ ، مج ، گشته‌ام . ۳ - در، درآمد . ۴ - در، حیرتت .
۵ - پ ، گذشت . ۶ - در، حسرت . ۷ - در، شدیم . ۸ - مج ، پ ، صد گونه . ۹ - در، آن .

۲۲۰ مقامات‌الطیور

هردو عـالـم نقش آن دریاست بس[1] هرك گوید نیست این سوداست بس[2]
هرك در دریای کل[3] گـم بـوده شد دایمـا گـم بـودهٔ آسـوده[4] شـد
دل دریـن دریـای پـر آسودگـی می‌نیابد[5] هیچ جز گـم بـودگـی
گر[6] ازین گم بودگی بـازش دهند صنع بـیـن گردد، بسی رازش دهند
سالـکان پختـه و مـردان مـرد چـون فـرو رفتند در مـیـدان[7] درد
گم شدن[8] اول قدم ، زین پس چه بود لاجـرم دیگر قدم را کـس نـبـود
چون همه در گام[9] اول گـم شـدنـد تو جمادی گیر اگر مـردم شـدند
عود و هیزم چـون بـآتش درشـونـد هردو بـریك جای خـاکستر شونـد
این بصورت هردو یـکسان باشدت در صفـت فـرق فـراوان باشـدت
گر پلیدی[10] گم شود در بحر کل[11] در صفـات خـود فـرو مـانـد بـذل
لیك اگر پـاکـی درین دریـا بـود[12] او چـو نبود درمـیـان زیبا بود[13]
نبود او و او بود ، چون بـاشـد ایـن از خیـال عقل بیرون بـاشـد ایـن

الحکایه والتمثیل

یك شبی معشوق طوس ، آن بحر راز بـامریدی گفـت دایم درگـداز[14]
تا چو اندر عشق بگـدازی[15] تـمـام پس شوی ازضعف چون مویی مـدام
چون شود شخص توچون مویی نزار جـایگـاهـی سازدت در زلـف یـار
هرك چون مـویی شـود در کـوی او بی‌شك[16] او مـویـی شود درموی او
گـر تـو هستی راه بین و دیـده ور موی درموی این‌چنین بین درنگر[17]

---

۱ و ۲ - در، وبس . ۳ - پ ، مج، دل . ۴ - پ ، مج ، گم بوده وآسوده . ۵ - ق ۱ ، نباید . ۶ - این بیت در مج ، نیست . ۷ - پ ، میان . مج ، دریای . ۸ - پ، مج ، گـم شدند. ۹ - در ، کار . ۱۰ - در ، بلندی . ۱۱ - پ ، گل . ۱۲ و ۱۳ - در ، شود . پ ، رود . پس از این بیت در نسخه‌های در ، پ ، مج ، بیت زیر اضافه است :

جنبش او جنبش دریـا بـود او چو نبود در میان زیبا بود

۱۴ - در ، پ ، مج . میگداز . ۱۵ - ق ۲ ، نگدازی . ۱۶ - در ، بی شکی . ۱۷ - در ، اندر گذر . پ ، مج ، ره درنگر .

گر سر مویی نماند از خودیت   هفت دوزخ سر بر آید[1] از بدیت

الحکایه والتمثیل[2]

عاشقی روزی مگر خون می گریست   زو کسی پرسید کین گریه زچیست

گفت می گویند فردا کردگار   چون کند تشریف رویت آشکار

چل هزاران سال بدهد بردوام   خاصگان قرب خود را بار عام

یك زمان زانجا بخود آیند باز   در نیاز افتند، خو کرده بناز

زان همی گریم که با خویشم دهند   یك نفس دردیدهٔ خویشم نهند

چون کنم آن یك‌نفس باخویش من   می‌توان کشتن ازین غم خویشتن

تا که با خود بینیم بد بینیم   باخدا باشم چو بی‌خود بینیم

آن زمان کز خود رهایی باشدم   بی‌خودی عین خدایی باشدم

هرك او رفت از میان اینك فنا   چون فنا گشت از فنا اینك بقا

گر ترا هست ای دل زیرو زبر   برصراط و آتش سوزان گذر

غم مخور کاتش ز روغن در چراغ   دودهٔ پیدا کند چون پرّ زاغ[3]

چون بر آن آتش کند روغن گذر   از وجود[4] روغنی آید بدر

گرچه ره پر آتش سوزان کند   خویشتن‌را قالب قرآن[5] کند

گرتو می‌خواهی[6] که تو اینجا رسی   تو بدین منزل بهیچ الارسی

خویش را اول ز خود بی‌خویش کن   پس براقی از عدم در پیش کن

جامهٔ از نیستی در پوش تو   کاسهٔ پر از فنا کن نوش تو

پس سر کم کاستی در بر فکن   طیلسان لم یکن بر سر فکن

---

۱ - در ، هفت دوزخ برتر آید . پ ، هفت دریا برتر آید از . ۲ - این حکایت در نسخهٔ پ ، نیست و از بیت شمارهٔ ۳۹۷۲ بدنبال حکایت « یك شبی معشوق طوس . . . » آمده است .
۳ - پ ، پیرزاغ . ۴ - در ، مج ، وجودش . ۵ - در ، درمان . ۶ - پ ، همی خواهی .

در رکاب محو کن مایی ز هیچ   رخش ناچیزی بر آن جایی[1] که هیچ
بر میانی در[2] کمی زیرو زبر   بی میان بر بند از لاشی کمر
طمس کن جسم و ز هم بگشای زود   بعد ازآن درچشم کش کحل نبود[3]
گم شو و زین هم بیك دم گم بباش   پس ازین قسم دوم هم گم بباش
همچنین می رو بدین آسودگی   تا رسی در عالم گم بودگی
گر بود زین عالمت مویی اثر   نیست زان عالم ترا[4] مویی خبر

الحکایه والتمثیل

یك شبی پروانگان جمع آمدند   در مضیفی[5] طالب شمع آمدند
جمله می گفتند می باید یکی   کو[6] خبر آرد ز مطلوب اندکی
شد یکی پروانه تا قصری ز دور   در فضاء[7] قصر یافت از شمع نور
بازگشت و دفتر خود باز کرد   وصف او بر قدر فهم آغاز کرد
ناقدی کو داشت در جمع[8] مهی   گفت او را نیست از شمع آگهی
شد یکی دیگر گذشت از نور در   خویش را بر شمع زد از دور در
پر زنان در پرتو مطلوب شد   شمع غالب گشت و او مغلوب شد
بازگشت او نیز و مشتی راز گفت   از وصال شمع شرحی باز گفت
ناقدش گفت این نشان نیست ای عزیز   همچو آن یك کی[9] نشان داری تو نیز
دیگری برخاست می شد مست مست   پای کوبان بر سر آتش نشست
دست درکش کرد با آتش بهم   خویشتن گم کرد با او خوش بهم
چون گرفت آتش ز سر تا پای او   سرخ شد چون آتشی اعضای او

۱ - در ، برجای . پ ، جائی ز هیچ . ۲ - در ، پ ، برمیان و در . ۳ - پ ، کن کحلی کبود . ۴ - پ ، از آن عالمت . ۵ - پ ، قا، مضیقی . در، مضیق . ۶ - پ ، که . ۷ - در ، تافضای ۸ - پ ، مجمع . ۹ - پ ، دیگر .

ناقد ایشان چو دید او را ز دور — شمع با خود کرده[1] هم رنگش ز نور
گفت این پروانه در کارست و بس — کس چه داند، این خبر دارست و بس
آنك شد هم بی‌خبر هم بی‌اثر — از میان جمله او دارد خبر
تا نگردی بی خبر از جسم و جان — کی خبر یابی ز جانان یك زمان
هر که از مویی نشانت باز داد — صد خط اندر خون جانت باز داد
نیست محرم نفس کس اینجایگاه — در نگنجد هیچ کس اینجایگاه

الحکایه والتمثیل

صوفیی می رفت چون بی حاصلی — زد قفای محکمش سنگین دلی
با دلی پرخون سر از پس کرد او — گفت آنك ازتو قفایی خورد او
قرب سی سالست تا او مرد و رفت — عالم هستی بپایان[2] برد و رفت
مرد گفتش ای همه دعوی نه کار — مرده کی گوید سخن، شرمی بدار
تا که تو دم می‌زنی همدم نهٔ — تا که مویی ماندهٔ محرم نهٔ
گر بود مویی اضافت در میان — هست صد عالم مسافت در میان
گر تو خواهی تا بدین[3] منزل رسی — تا که مویی ماندهٔ مشکل رسی
هرچ داری، آتشی را بر فروز — تا ازار پای بر آتش بسوز
چون نماندت هیچ، مندیش از کفن — برهنه خود را بآتش[4] در فکن
چون تو و رخت تو خاکستر شود — ذرهٔ پندار تو کمتر شود
ورچو عیسی از تو یك سوزن بماند — در رهت می دان که صد ره‌زن بماند
گرچه عیسی رخت در کوی اوفکند — سوزنش هم بخیه بر روی اوفکند
چون حجاب آید وجود اینجایگاه — راست ناید ملك و مال وآب وجاه

---

۱ - در، کرد. ۲ - پ، مج، بیابان. ۳ - پ، مج، درین. ۴ - در، درآتش. پ، بر آتش.

هرچ داری یك یك از خود باز کن — پس بخود در خلوتی آغاز کن
چون درونت جمع شد در بی خودی — تو برون آیی ز نیکی و بدی
چون نماندت[1] نیك‌وبد، عاشق شوی — پس فنای عشق را لایق شوی

الحکایه والتمثیل

پادشاهی ماه وش[2]، خورشید فر — داشت چون یوسف یکی زیبا پسر
کس بحسن او پسر هرگز نداشت — هیچ‌خلق[3] آن حشمت و آن‌عز نداشت
خاك او بودند دلبندان همه — بندهٔ رویش خداوندان همه
گر بشب از پرده پیدا آمدی — آفتابی نو بصحرا آمدی
روی او را وصف کردن روی نیست — زانك مه[4] از روی[5] او یك موی‌نیست
گر رسن کردی از آن زلف دو تاه[6] — صد هزاران دل فرو رفتی بچاه
زلف عالم سوز آن شمع طراز — کار کردی بر همه عالم دراز
وصف شست زلف آن یوسف جمال[7] — هیچ[8] نتوان گفت در پنجاه سال
چشم چون نرگس اگر برهم زدی — آتش اندر جملهٔ عالم زدی
خندهٔ او چون شکر کردی نثار — صد هزاران گل شکفتی بی بهار
از دهانش خود نشد معلوم هیچ — زانك نتوان گفت از معدوم هیچ
چون ز زیر پرده بیرون آمدی — هر سر مویش بصد خون آمدی
فتنهٔ جان و جهان بود آن پسر — هرچ گویم بیش از آن بود آن‌پسر
چون برون راندی سوی میدان‌فرس — برهنه بودیش تیغ از پیش و پس
هرك سوی آن پسر کردی نگاه — بر گرفتندیش در ساعت ز راه
بود درویشی گدایی بی خبر — بی سروبن شد ز عشق آن پسر

۱- پ، مج، نماند. ۲- پ، ماهرو. مج، ماهرخ. ۳- پ، مج، ق ۲، هیچ‌کس. ۴- در، زانکه‌آن. ۵- پ، روز. ۶- پ، مج، سیاه. ۷- ق۲، صاحب جمال. ۸- ق۲، پنج.

قسم ازو جز عجز و آشفتن نداشت   جانش می شد زهرهٔ گفتن نداشت
چون بیافت[1] آن درد را هم پشت او   عشق و غم[2] در جان و دل می کشت او
روز و شب در کوی او بنشسته بود   چشم از خلق جهان بر بسته بود[3]
هیچ کس محرم نبودش در جهان   همچنان می گشت[4] با غم بی جنان[5]
روزو شب رویی چو زر، اشکی چو سیم   منتظر بنشسته بودی دل دو نیم
زنده زان بودی گدای ناصبور   کان پسر گه گاه بگذشتی ز دور
شاه زاد، از دور چون پیدا شدی   جملهٔ بازار پر غوغا شدی
در جهان برخاستی صد رستخیز   خلق یکسر آمدندی در گریز
چاوشان از پیش و از پس می شدند   هر زمان درخون صد کس می شدند
بانگ بردابرد می‌رفتی بماه   قرب یك فرسنگ بگرفتی سپاه
چون شنیدی بانگ چاوش آن گدا   سر بگشتیش و در افتادی[6] ز پا
غشیش[7] آوردی و در خون ماندی   وز وجود خویش بیرون ماندی
چشم بایستی در آن دم صد هزار   تا برو بگریستی خون[8] زار زار
گاه چون نیلی شدی آن ناتوان   گاه خون از زیر[9] او گشتی روان
گاه بفسردی ز آهش اشك او   گاه اشکش سوختی از رشك او
نیم کشته، نیم مرده، نیم جان   وز تهی دستی نبودش نیم نان
این چنین کس را چنین[10] افتاده پست   آن چنان شهزاده چون آید[11] بدست
نیم ذرّه سایه بود آن بی خبر   خواست تا خورشید در گیرد ببر

۱- در، نیافت. ۲- پ، تخم غم. ۳- در نسخهٔ در، بیت زیر اضافه است:

می‌گریست و می‌نیافت و می نگفت   میگداخت و می نخورد و می نخفت

۴- پ، میداشت. ۵- در، پ، مج، آن غم درنهان. ۶- پ، سربگشتی و بیفتادی. ۷- در، غشی. پ، غشش. ۸- در، تا برو خون می‌گریستی. پ، تا که بر وی خون گرستی. ۹- پ، چشم. ۱۰- پ، آن چنان کس کو چنین. ۱۱- در، کی‌آید. پ، چون‌آرد.

مـی شد آن شه زاده روزی بـا سپاه — آن گـدا یك نعـره زد آنجایگاه
زو بر آمد نعـره و بـی خویش شد — گفت جانم سوخت وعقل ازپیش‌شد
چندخواهم سوخت‌جان خویش ازین — نیست صبـرو طـاقت من بیش ازین
این سخن می گفت آن سر گشته مرد — هر زمـان بر سنگ می‌زد سر زدرد
چون بگفت این، گشت زایل هوش‌او — پس روان شد خون زچشم‌و گوش‌او
چـاوش شـه‌زاده زو آگـاه شـد — عـزم غمزش[1] کرد ، پیش شاه شد
گفت بـر شـه زادهٔ تـو[2] شهریـار — عشق آوردست رنـدی بـی قـرار
شاه از غیرت چنان مـدهوش شـد — کز تف دل[3] مغز او پر جوش[4] شد
گفت بـرخیـزید بـردارش کشید[5] — پـای بسته ، سر نگو سارش کشید[6]
در زمـان رفتنـد خیـل پـادشـا — حلقـهٔ کـردنـد گـرد آن گـدا
پس بسوی دار کـردنـدش کشـان — بر سر او گشت خلقی خون فشان
نـه ز دردش هیچ کس آگـاه بـود — نـه کسش آنجا شفاعت خواه بود
چـون بـزیـر دار آوردش وزیـر — زآتش حسرت بـر آمـد زو نفیـر
گفت مهلـم ده ز بهـر کرد گار — تـا کنم یك سجده بـاری زیـر دار
مهـل دادش آن وزیـر خشم نـاك — تا نهاد او روی خود بر روی خـاك
پس میـان سجـده گفتـا[7] ای اله — چون بخواهد کشت شاهم بی گناه
پیش از آن کز جان بر آیم بی خبر — روزیـم گـردان جمـال آن پسـر
تـا ببینـم روی او یـك بـار نیـز — جـان کنم بـر روی او ایثار نیز
چون ببینم روی آن شه‌زاد خوش[8] — صد هزاران جـان توانم داد خوش[9]
پادشاهـا بنده حـاجت خواه تست — عـاشقست و کشتهٔ ایـن راه تست[10]

۱ - در ، عمرش . پ ، خونش . ۲ - در ، برشه زاده‌ات ای . پ ، کای شهریار . ۳ - پ ، او . ۴ - در ، مج ، در جوش . پ ، برجوش . ۵ - در، برگیرید و بردارش‌کنید . ۶ - در، پ، مج ، کنید . ۷ - پ ، مج ، میگفت . ۸ - پ ، مج ، خویش . ۹ - پ ، مج ، پیش . ۱۰- در ، کشتنی در راه تست . پ ، کشتنی از راه تست .

هستم از جان بندهٔ این در هنوز   گر شدم عاشق، نیم کافر هنوز
چون تو حاجت می بر آری صدهزار   حاجت من کن روا کارم بر آر
چون بخواست این حاجت آن مظلوم راه   تیر او آمد مگر بر جایگاه
چون شنید آن راز او[1] پنهان وزیر   درد کردش دل ز درد آن فقیر
رفت پیش پادشاه و می گریست   حال آن دل‌داده بر گفتش که چیست
زاری او در مناجاتش بگفت   در میان سجده حاجاتش بگفت
شاه را دردی ازو در دل فتاد   خوش شد و بر عفو کردن دل نهاد
شاه حالی گفت آن شهزاده را   سر مگردان آن ز پا[2] افتاده را
این زمان برخیز زیر دار شو   پیش آن سر گشتهٔ[3] خون خوار شو
مستمند خویش را آواز ده   بی دل تست او، دل او[4] باز ده
لطف کن با او که قهر تو کشید[5]   نوش خور با او که زهر تو چشید
از رهش بر گیر سوی گلشن آر   چون بیایی، با خودش پیش من آر
رفت آن شه زادهٔ یوسف جمال   تا نشیند با گدایی در وصال
رفت آن خورشید روی آتشین   تا شود با ذرّهٔ خلوت نشین
رفت آن دریای پر گوهر خوشی   تا کند با قطره دست اندر کشی
از خوشی اینجایگه بر سر زنید   پای بر کوبید، دستی بر زنید
آخر آن شهزاده زیر دار شد   چون قیامت فتنهٔ بیدار شد
آن گدا را در هلاك افتاده دید   سر نگون بر روی خاك[6] افتاده دید
خاك از خون دو چشمش گل شده   عالمی پر حسرتش حاصل شده
محو گشته، گم شده، ناچیز هم   زین بترچه بود دگر[7]، آن نیز هم
چون چنان دید آن بخون افتاده را   آب در چشم آمد آن شه زاده را

۱ - در، این سخن بشنود ازو، پ، پس شنوداز روی پنهانی. ۲ - در، زان ز پا. ۳ - پ، دلدادهٔ. ۴ - پ، دلش را. ۵ - در، قهرت او کشید. ۶ - در، بر خاك ره. ۷ - پ، کز.

خواست تــا پنهان کند اشك از سپــاه
بــر نمــی‌آمــد مگر بــا اشك شــاه

اشك چون باران روان کرد آن‌زمان
گشت حاصل صد جهان درد آن‌زمان

هــرك او در عشق صــادق آمــدست
بــر سرش معشوق[۱] عــاشق آمدست

گــر بصــدق عشق پیش آیــد تــرا
عــاشقت معشوق خویش آیــد تــرا

عــاقبت شــه زادهٔ خورشیــد فش[۲]
از سر لطف آن گدارا خواند خوش

آن گــدا آواز او[۳] نشنیــده بــود
لیك بسیــاری ز دورش[۴] دیــده بــود

چون گدا برداشت روی[۵] از خاك راه
در بــرابــر دیــد روی پــادشاه

آتش سوزنــده بــا دریــای آب
گرچه می‌سوزد ، نیارد هیچ تــاب

بــود آن درویــش بــی دل آتــشی
قربتش[۶] افتــاد با دریــا خوشی

جان بلب آورد ، گفت ای شهریــار
چون چنینم مــی‌توانی کشت زار

حــاجت این لشگر گُر بُز نبــود
این بگفت و گــوییی[۷] هر گز نبود

نعرهٔ زد ، جــان بــبخشید و بمــرد
همچو شمعی بــاز خندیــد و بمــرد

چون وصال دلبــرش معلوم گشت[۸]
فــانــی مطلق شد و معدوم گشت[۹]

ســالکان داننــد در میــدان درد
تــا فنای عشق بــا مردان چــه کرد

ای وجــودت بــا عــدم آمیختــه
لــذت تــو بــا عــدم[۱۰] آمیختــه

تــا نیاری[۱۱] مــدتــی زیــر و زبــر
کی تــوانــی یــافت زآسایش خبر

دست بگشــاده چــو بــرقی جستهٔ
وز خــلاشــه پیش‌بــر قــی بستهٔ

این چــه کار تست مــردانــه درآی
عقل بــر هــم سوز دیوانــه درآی

گــر نخــواهی کــرد تــو ایــن کیمیا
یــك نفس بــاری بــنظاره بیــا

چند اندیشی چو من بی خویش شو
یك نفس درخویش پیش‌اندیش[۱۲] شو

۱ - در، مج ، برسر معشوق. ۲ - پ ، وش . ۳ - پ ، شه . ۴ - در ، بسیــارش ز دوری . ۵ - پ ، مج ، سر . ۶ - در ، در پی‌اش . ۷ - پ ، مج ، گوئیا . ۸ و ۹ - پ ، مج، شد . ۱۰- در، مج ، الم . ۱۱ - در ، تانیابی. پ ، تا نباشی. این بیت درنسخهٔ مج، نیست . ۱۲ - در، درخورد خویش اندیش .

تا دمی آخر بدرویشی رسی ... در کمال ذوق بی خویشی رسی
من که نه من مانده ام نه غیر من ... برترست از عقل شرّ و خیر من
گم شدم[1] در خویشتن یك بارگی ... چارهٔ من نیست جز بیچارگی
آفتاب فقر چون برمن بتافت ... هردو عالم هم ز یك روزن بتافت
من چو دیدم پرتو آن آفتاب ... من بماندم باز شد آبی بآب
هرچ[2] گاهی بردم و گه باختم ... جمله درآب سیاه انداختم
محو گشتم ، گم شدم ، هیچم نماند ... سایه ماندم ذرّهٔ پیچم نماند
قطره بودم ، گم شدم[3] در بحر راز ... می‌نیابم این زمان آن قطره باز
گرچه گم گشتن نه‌کار هر کسیست ... درفنا گم گشتم و چون من بسیست
کیست درعالم زماهی تابماه ... کو نخواهد گشت گم اینجایگاه

الحکایه و التمثیل

پاك دینی کرد از نوری سؤال ... گفت‌ره چون خیزد از ما تاوصال
گفت مارا هردو دریا نارو نور ... می ببباید رفت راه دور دور
چون کنی این هفت دریا باز پس ... ماهیی جذبت کند دریك نفس
ماهیی کزسینه چون دم بر کشید[4] ... اولین و آخرین را در کشید
هست حوتی نه سرش پیدا نه پای ... درمیان بحر استغناش جای
چون نهنگ آسا دوعالم درکشد ... خلق را کلی بیك دم در کشد

☆☆☆

زین سخن مرغان وادی سربسر ... سرنگون گشتند درخون جگر
جمله دانستند کین شیوه کمان ... نیست بربازوی مشتی ناتوان
زین سخن شد جان ایشان بی‌قرار ... هم درآن منزل بسی مردند زار

---

۱ - پ ، گم شده . ۲ - پ ، گرچه . ۳ - پ ، گم شده . ۴ - در ، درکشد .

وان همه[1] مرغان همه آنجایگاه[2] — سرنهادند از سرحسرت[3] براه
سالها رفتند در شیب و فراز — صرف شد در راهشان عمری دراز
آنچ ایشانرا درین ره رخ نمود — کی تواند[4] شرح آن پاسخ نمود
گر توهم روزی فرو آیی[5] براه — عقبهٔ آن ره کنی یك یك نگاه
بازدانی آنچ ایشان کرده اند — روشنت گردد که‌چون خون‌خورده‌اند
آخرالامر از میان آن سپاه — کم رهی ره برد تا آن پیش گاه
زان همه مرغ اندکی آنجا رسید[6] — از هزاران کس یکی آنجا رسید
باز بعضی غرقهٔ دریا شدند — باز بعضی محوو ناپیدا شدند
باز بعضی برسر کوه بلند — تشنه جان دادند در گرم و گزند
باز بعضی را ز تفّ آفتاب[7] — گشت پرها سوخته ، دلها کباب
باز بعضی را پلنگ و شیر راه — کرد دریك دم برسوایی تباه
باز[8] بعضی نیز غایب ماندند — در کف ذات المخالب ماندند
باز بعضی دربیابان خشك لب — تشنه درگرما بمردند از تعب[9]
باز بعضی ز آرزوی دانهٔ[10] — خویش را کشتند چون دیوانهٔ
باز بعضی سخت رنجور آمدند — باز پس ماندند و مهجور آمدند
باز بعضی در عجایبهای راه — باز استادند هم برجایگاه
باز بعضی در تماشای طرب — تن فرو دادند فارغ از طلب
عاقبت از صد هزاران تایکی — بیش[11] نرسیدندآنجا اندکی
عالمی پرمرغ می‌بردند راه — بیش[12] نرسیدند سی آنجایگاه

---

۱ - پ ، واندگر . ۲ - در ، پ ، مج ، از جایگاه . ۳ - در ، پ ، مج ، حیرت . ۴ - پ ، توانم . ۵ - در ، فرودآیی . ۶ - پ ، زانهمه مرغان کسی نامد پدید . ۷ - در ، زان تف‌آن آفتاب . ۸ - این بیت درنسخهٔ پ ، نیست . ۹ - در، مج ، خشك‌لب . ۱۰ - پ، نیز بهردانه‌ای . ۱۱ و۱۲ - پ ، پیش .

سی مرغ در پیشگاه سیمرغ ۲۳۱

سی‌تن بی‌بال و پر، رنجور و سست / دل شکسته، جان شده، تن نادرست
حضرتی دیدند بی‌وصف و صفت / برتر از ادراك عقل[1] و معرفت
برق استغنا همی افروختی / صد جهان دریك زمان می‌سوختی
صد هزاران آفتاب معتبر / صد هزاران ماه و انجم بیشتر
جمع می‌دیدند حیران آمده[2] / همچو ذرّه پای کوبان آمده[3]
جمله گفتند ای عجب چون آفتاب / ذرّهٔ محوست پیش این حساب
کی پدید آییم ما اینجایگاه / ای دریغا رنج برد ما براه
دل بکل از خویشتن برداشتیم / نیست زان دست این که ما پنداشتیم
آن همه مرغان چو بی‌دل ماندند[4] / همچو مرغ نیم بسمل ماندند[5]
محو می‌بودند و گم، ناچیز هم / تا برآمد روزگاری نیز هم
آخر از پیشان عالی درگهی / چاوش عزّت برآمد ناگهی
دید سی‌مرغ خرف را مانده باز / بال و پر نه، جان شده، در تن گداز
پای تاسر در تحیر مانده / نه تهی‌شان مانده نه پر مانده
گفت هان ای قوم از شهر که اید / در چنین منزل‌گه از بهر چه اید
چیست ای بی‌حاصلان نام شما / یا کجا بودست آرام شما
یا شما را کس چه گوید در جهان / باچه کار آیند مشتی[6] ناتوان
جمله گفتند آمدیم اینجایگاه / تا بود سیمرغ ما را پادشاه
ما همه سرگشتگان درگهیم / بی‌دلان و بی‌قراران رهیم
مدتی شد تا درین راه آمدیم / از هزاران، سی بدرگاه آمدیم
بر امیدی آمدیم از راه دور / تا بود ما را درین حضرت حضور
کی پسندد رنج ما آن پادشاه / آخر از لطفی کند در ما[7] نگاه

۱ ـ پ، ادراك و عقل. ۲ و ۳ ـ پ، مانده. ۴ و ۵ ـ پ، آمدند. ۶ ـ پ، آید زمشت.
۷ ـ پ، برما.

۲۳۲ مقامات‌الطیور

گفت آن چاوش کای سر گشتگان   همچو[1] در خون دل آغشتگان
گر شما باشید و گر نه در جهان   اوست مطلق پادشاه جاودان
صد هزاران عالم پر از سپاه   هست موری بر در این پادشاه
از شما آخر چه خیزد جز زحیر   باز پس گردید ای مشتی[2] حقیر
زان سخن هریك چنان نومید شد   کان زمان چون مردهٔ جاوید شد
جمله گفتند این معظم پادشاه   گر دهد ما را بخواری سر براه
زو کسی را خواریی هرگز نبود   ور بود زو خواریی از عز نبود

الحکایه والتمثیل

گفت مجنون گر[3] همه روی زمین   هر زمان بر من کنندی آفرین
من نخواهم آفرین هیچ کس   مدح من دشنام لیلی باد و بس
خوشتر از صد مدح یك دشنام او   بهتر از ملك دو عالم نام او
مذهب خود با تو گفتم ای عزیز   گر بود خواری چه خواهد بود نیز

☆☆☆

گفت برق عزت آید[4] آشکار   پس بر آرد از همه جانها دمار
چون بسوزد جان بصد زاری چه سود   آنگهی از عزت و خواری چه سود
باز گفتند آن گروه[5] سوخته   جان ما و آتش افروخته
کی شود[6] پروانه از آتش نفور   زانك او را هست در آتش حضور
گرچه ما را دست ندهد وصل یار   سوختن ما را دهد دست، اینت کار
گر رسیدن سوی آن دلخواه نیست   پاك[7] پرسیدن جز اینجا راه نیست

الحکایه والتمثیل

جملهٔ پرّندگان روزگار   قصهٔ پروانه کردند آشکار

---

۱ - در ، مج ، پ ، همچو گل . ۲ - پ ، مشت . ۳ - در ، مجنونی کز . ۴ - در ، مج ، چون‌درآید برق عزت. ۵ - در، گروهی. ۶ - در، بود . ۷ - پ ، راه .

جمله با پروانه گفتند ای ضعیف	تا یکی در بازی این جان شریف
چون نخواهد بود از شمعت وصال	جان مده بر جهل، تا کی زین‌محال
زین سخن پروانه شد مست و خراب	داد حالی آن سلیمان را[1] جواب
گفت اینم بس که من بی دل مدام	گر درو نرسم درو برسم[2] تمام

☆☆☆

چون همه در عشق او مرد آمدند	پای تا سر غرقهٔ درد آمدند
گرچه استغنی برون ز اندازه بود	لطف او را نیز رویی تازه بود
حاجب لطف آمد و در برگشاد	هر نفس صد پردهٔ دیگر گشاد
شد جهان بی او حجابی[3] آشکار	پس ز نورالنّور در پیوست کار[4]
جمله را در مسند قربت نشاند	بر سریر عزت و هیبت نشاند
رقعهٔ بنهاد پیش آن همه	گفت برخوانید تا پایان همه
رقعهٔ آن قوم از راه مثال	می شود معلوم این شوریده حال

الحکایه والتمثیل

یوسفی کانجم سپندش سوختند	ده برادر چون[5] ورا بفروختند
مالك دعرش[6] چو زیشان می خرید	خط ایشان خواست، کارزان‌می‌خرید
خط ستد زان قوم هم برجایگاه	پس گرفت آن ده برادر را گواه
چون عزیز مصر یوسف را خرید	آن خط پر غدر[7] با یوسف رسید
عاقبت چون گشت یوسف پادشاه	ده برادر آمدند آنجایگاه
روی یوسف باز می نشناختند	خویش را در پیش او انداختند

۱- در ، این سلیمان را . پ ، این پرندگان را او. ۲- پ ، بدو پرسم . ۳- در ، مج ، جهان بی‌حجابی . پ ، جهانی بی حجابی . ۴- در نسخه‌های چاپ تهران و پاریس پس از این بیت دو حکایت آمده که بالغ بر سی بیت است که در نسخه‌های در، مج ، ق۱ و۲ نیامده است . ۵- در ، مج ، خونش . پ ، خویش . ۶- ق ۱ ، دعوش . در، مج ، رعسس . پ، مصرش. ۷- در، مج ، بی‌عذر . پ ، پرعذر یوسف را .

خویشتن را چارهٔ جان خواستند — آب خود بردند تا نان خواستند
یوسف صدّیق گفت ای مردمان — من خطی دارم بعبرانی[۱] زبان
می نیارد[۲]خواند از خیلم کسی — گر شما خوانید نان[۳] بخشم بسی
جمله عبری[۴] خوان بدند و اختیار — شادمان گفتند شاها خط بیار
کور دل باد آنك این حال[۵] از حضور — قصهٔ خود نشنود چند از غرور
خط ایشان یوسف ایشانرا بداد — لرزه بر اندام ایشان بر فتاد
نه خطی زان خط[۶] توانستند خواند — نه حدیثی نیز دانستند راند
جمله از غم در تأسف ماندند — مبتلای کار یوسف ماندند
سست شد[۷] حالی زبان آن همه — شد ز کار سخت جان آن همه
گفت یوسف گوییی[۸] بی هش شدید — وقت خط خواندن چرا خامش شدید
جمله گفتندش که ما و[۹] تن زدن — به ازین خط خواندن و گردن زدن

☆☆☆

چون نگه کردند آن سی مرغ زار — در خط آن رقعهٔ پر اعتبار
هرچ ایشان کرده بودند آن همه — بود کرده نقش تا پایان[۱۰] همه
آن همه خود بود سخت این بود لیك — کان اسیران چون نگه کردند نیك
رفته بودند و طریقی ساخته — یوسف خود را بچاه انداخته
جان[۱۱] یوسف را بخواری سوخته — وانگه او را بر سری بفروخته
می ندانی تو گدای هیچ کس — می فروشی یوسفی در هر نفس
یوسفت چون پادشه خواهد شدن — پیشوای پیشگه[۱۲] خواهد شدن

---

۱ - همی‌عبری . ۲ - در، مج، می‌نداند . پ، می‌نیارد خواند ازحکمت . ۳- پ، زربخشم . ۴ - در ، مج ، عبرانی . ۵ - در ، این‌کار . پ، مج ، این‌خال . ۶ - پ، ازخط . ۷ - در ، **مست**. پ، مج ، گنگ شد. ۸ - پ، مج، گوئیا . ۹ - پ، مج ، ما را . ۱۰- در، نقش تابان . ۱۱- این بیت در نسخهٔ در ، **نیست** . ۱۲ - پ ، پیشوا و پیشگه .

تو بــآخــر هم گــدا ، هــم گرسنه — سوی او خواهــی شدن هم برهنــه[1]
چون[2] ازو کار تو برخواهد فروخت — از چه او را رایگان باید فروخت
جان آن مرغان ز تشویــر و حیــا — شد حیای[3] محض و جان شد توتیــا
چون شدند از کل کل پاك آن همه — یــافتند از نور حضرت جــان همــه
بــاز از سر بندهٔ نوجــان شدنـد — بــاز از نوعــی دگــر حیران شدند
کرده و نــاکردهٔ دیــرینــه شــان — پاك گشت و محو گشت از سینه‌شان
آفتــاب قــربت از پیشان[4] بتــافت — جملــه را از پــرتو آن جــان بتــافت
هــم ز عــکس روی سیمــرغ جهان — چهرهٔ سیمرغ دیدنــد از جــهــان
چون نگه کردند آن سی‌مــرغ زود[5] — بــی‌شك این سی‌مرغ آن سیمرغ بود
در تحیر جملـه سرگردان شدنـد — باز از نوعی دگر حیران شدنـد
خویش را دیــدنــد سیمــرغ تمام — بــود خــود سیمرغ سی‌مــرغ مــدام[6]
چون سوی سیمرغ کردنــدی نگاه — بود این سیمرغ این کین جــایگاه[7]
ور بسوی خــویش کردنــدی نــظر — بود[8] این سیمــرغ ایشان آن دگــر
ور نظر در هــردو کردنــدی بهــم — هــر دو یك سیمرغ بودی بیش و کم
بود این یك آن وآن یك بــود این — در همــه عــالم کسی نشنود ایــن
آن همــه غــرق تحیــر مــانــدند[9] — بــی تفــکر وز تفــکر مــانــدنــد
چون ندانستند هیچ از هیــچ حــال — بی زفان کردند از آن‌حضرت سؤال
کشف این سرّ قــوی درخــواستند — حــل مــاییّ و تــوی درخــواستند
بی زفان آمد از آن حضرت خطاب — کاینه‌ست این حضرت چون آفتــاب
هــرکــه آیــد خویشتن بینــد درو — جان و تن[10] هم جان وتن بینــد درو

---

۱ ـ در، مج ، تن برهنه . ۲ ـ این بیت در نسخهٔ پ ، نیست . ۳ ـ در، مج ، حیاتی . پ ، نای . ۴ ـ پ، قرب از ایشان . ۵ ـ در، مج ، در سیمرغ زود . پ، آن سیمرغ بود . ۶ ـ پ، مج ، تمام . ۷ ـ پ ، کانجایگاه . ۸ ـ پ ، بودی . ۹ ـ پ ، آمدنـد . ۱۰ ـ پ ، تن و جان .

چون شما سی مرغ اینجا[1] آمدید   سی درین آیینه پیدا آمدید
گر چل و پنجاه مرغ آیید باز   پردهٔ از خویش بگشایید باز
گرچه بسیاری بسر گردیده‌اید   خویش‌را بینید[2] و خود را دیده‌اید
هیچ کس را دیده بر ما کی رسد   چشم موری بر ثریا کی رسد
دیدهٔ موری که سندان بر گرفت   پشهٔ پیلی بدندان بر گرفت
هرچ دانستی ، چو دیدی[3] آن نبود   وآنچ گفتی و شنیدی، آن نبود
این همه وادی که از پس کرده‌اید   وین همه مردی که هر کس کرده‌اید
جمله در افعال مایی رفته‌اید   وادی ذات صفت را خفته‌اید
چون شما سی مرغ حیران مانده‌اید   بی دل و بی صبر و بی‌جان مانده‌اید
ما بسیمرغی بسی اولیتریم   زانك سیمرغ حقیقی گوهریم
محو ما گردید در صد عزّ و ناز   تا بما در خویش را[4] یابید باز
محو او گشتند آخر بر دوام   سایه در خورشید گم شد والسلام
تا که می رفتند و می گفت این سخن   چون رسیدند و[5] نه سر ماند و نه بن
لاجرم اینجا سخن کوتاه شد   ره‌رو و ره‌بر نماند و راه شد

الحکایه والتمثیل

گفت چون در آتش[6] افروخته[7]   گشت[8] آن حلاج کلی سوخته[9]
عاشقی آمد مگر چوبی بدست   بر سر آن طشت خاکستر نشست
پس زفان بگشاد همچون آتشی   باز می‌شورید خاکستر خوشی
وانگهی می گفت بر گویید راست   کانك‌خوش‌می‌زد[10] اناالحق‌او کجاست

۱ - در ، مج ، آنجا . ۲ - پ ، خویش می‌بینید . ۳ - پ ، دانستی و دیدی . ۴ - پ خویشتن . ۵ - پ ، رسید اینجا . ۶ - در ، آتشی . پ ، آتشش . ۷ - در ، مج ، افروختند ۸ - در ، مج ، گشته . ۹ - در ، مج ، سوختند . ۱۰ - پ ، کانکه او میزد . در ، مج ، کانکه او میگفت .

آنچ گفتی آنچ بشنیدی همه   وانچ دانستی و می‌دیدی همه
آن همه جز اول افسانه نیست   محو شو چون جایت این ویرانه نیست
اصل باید، اصل مستغنی و پاك   گر بود[1] فرع و اگر نبود چه باك
هست خورشید حقیقی بر دوام   گو نه ذرّه‌مان[2] نه سایه والسلام

☆☆☆

چون برآمد صد هزاران قرن بیش   قرنهای بی زمان نه پس نه پیش
بعد از آن مرغان فانی را بناز   بی فنای[3] کل بخود دادند باز
چون همه بی‌خویش با خویش آمدند   در بقا بعد از فنا پیش آمدند
نیست هرگز، گر نوست و گر کهن   زان فنا و زان بقا کس را سخن
هم چنان کو دور دورست از نظر   شرح این[4] دورست از شرح و خبر
لیکن[5] از راه مثال اصحابنا   شرح جستند از بقا بعد الفنا
آن کجا اینجا توان پرداختن   نو کتابی باید آنرا ساختن
زانك[6] اسرار البقا بعد الفنا   آن شناسد کو بود آنرا سزا
تا تو هستی در وجود و در عدم   کی توانی زد درین منزل قدم
چون نه این ماند نه آن در ره ترا   خواب چون می‌آید ای ابله ترا
در نگر تا اول و آخر چه بود   گر بآخر دانی این آخر چه سود
نطفهٔ پرورده در صد عزّ و ناز   تا شده هم عاقل و هم کار ساز
کرده او را واقف اسرار خویش   داده او را معرفت در کار خویش
بعد از آنش محو کرده محو کل   زان همه عزت درافکنده بذل
باز گردانیده او را خاك راه   باز کرده فانی او را چند گاه
پس میان این فنا صد گونه راز   گفته بی‌او، لیك با او[7] گفته باز

۱ - در، کو بود. ۲ - در، ماند. ۳ - پ، در فناء. ۴ - در، آن. ۵ - پ، لیك.
۶ - این بیت درنسخهٔ پ، نیست. ۷ - پ، گفته با او لیک بی‌او.

بعد از آن او را بقایی داده کل[1]   عین عزت کرده بروی عین ذل[2]
تو چه دانی تا چه داری پیش تو   با خود آی آخر فرو اندیش تو
تا نگردد جان تو مردود[3] شاه   کی شوی مقبول شاه آنجایگاه
تا نیابی در فنا کم کاستی   در بقا هرگز نبینی[4] راستی
اول اندازد بخواری در وهت   باز برگیرد[5] بعزت ناگهت
نیست شو تا هستیت از پی رسد   تا تو هستی ، هست در تو کی رسد
تا نگردی محو خواریّ[6] فنا   کی رسد اثبات از عزّ بقا

الحکایه والتمثیل

پادشاهی بود عالم زان او   هفت کشور جمله در فرمان او
بود در فرماندهی اسکندری   قاف تا قاف جهانش لشگری
جاه او دو رخ نهاده ماه را   مه دو رخ بر خاك ره[7] آن جاه[8] را
داشت آن خسرو یکی عالی وزیر   در بزرگی خرده دان[9] و خرده گیر
یك پسر داشت آن وزیر پر هنر   حسن عالم وقف رویش سر بسر
کس بزیباییّ او هرگز ندید   هیچ زیبا نیز چندان عز ندید
از نکو رویی که بود آن دلفروز   هیچ نتوانست بیرون شد بروز
گر بروز آن ماه پیدا آمدی   صد قیامت آشکارا آمدی
بر نخیزد درجهان[10] خرّمی   تا ابد محبوب تر زو آدمی
چهرهٔ داشت[11] آن پسر چون آفتاب   طرهٔ هم رنگ و بوی مشك ناب
سایه‌بان[12] آفتابش مشك بود   آب حیوان بی لبش لب خشك بود

۱ - در، دادکل . ۲ - در، عزذل . ۳ - پ، مزدور . ۴ - در، نیابی . ۵ - پ ، بردارد
۶ - در ، در فنا . پ ، و فنا . ۷ - پ ، ماه رخ بر خاك کرد . ۸ - در ، پ ، شاه . ۹ - در
خرده‌ران . ۱۰ - در ، ازجهان . پ ، درجهان مردمی . ۱۱ - در، داشت روئی . ۱۲ - این بی
درنسخهٔ در، نیست .

در میان آفتاب دلستانش　　بود همچون ذرّهٔ شکل دهانش
ذرّهٔ او فتنهٔ مردم شده　　در درونش صد ستاره گم شده
چون ستاره ره[1] نماید در جهان　　سی درون ذرّهٔ چون شد نهان
زلف او بر پشتی او سرفراز　　در سرافرازی بپشت افتاده باز
هر شکن در طرّهٔ آن سیم تن　　صد جهان جانرا بیك دم صد شکن
زلف او بر رخ بسی منسوبه[2] داشت　　در سر هر موی صد اعجوبه داشت
بود بر شکل کمانش ابرویی　　خود کجا بد آن کمانرا بازویی
نرگس افسون‌گرش[3] در دلبری　　کرده از[4] هر مژّهٔ صد ساحری
لعل او سر چشمهٔ آب حیات　　چون شکرشیرین و سرسبز از نبات
خط سبزش سرخ رویی[5] جمال　　طوطی سرچشمهٔ حدّ[6] کمال
گفتن از دندان او بی‌خرد گیست　　کان گهر از عزت خود[7] برد گیست
مشك خالش نقطهٔ جیم جمال[8]　　ماضی و مستقبل از وی کرده حال
شرح زیبایی آن زیبا پسر　　از[9] وجود او نمی‌آمد بسر[10]
شاه ازو القصّه مست مست شد　　و زبلای عشق او از دست شد
گرچه شاهی سخت عالی قدر بود　　چون هلالی از غم آن بدر بود
شد چنان مستغرق عشق پسر　　کز وجود خود نمی‌آمد بدر
گر نبودی لحظهٔ در پیش او　　جوی‌خون راندی دل بی‌خویش او[11]
نه قرارش بود بی او یك نفس　　نه زمانی صبر بودش زین هوس
روز و شب بی‌او نیاسودی دمی　　مونس او بودش بروز و شب همی
تا شبش بنشاندی روز دراز　　راز می گفتی بدان مه‌چهره باز

۱ - پ ، رو . ۲ - در، مج ، منصوبه . ۳ - در ، مج ، برش . ۴ - پ، کرده او. ۵ - در، سرخی روی، پ ، سبز وسرخی‌روی . ۶ - پ ، بحر. ۷ - در، پ،عزت او . ۸ - در، مشك خالص نقطهٔ سیم جمال . ۹ - قا ، کز. ۱۰ - در، گردهم عمری کجاآید بسر. ۱۱ - در، بروی و ریش او.

چون شب تاریک گشتی آشکار　　شاه را نه‌خواب بودی نه قرار[1]
وان[2] پسر در خواب رفتی پیش شاه　　شاه می کردی بروی او نگاه
در فروغ و نور شمع دلستان[3]　　جملهٔ شب خفته می بودی ستان[4]
شه در آن مه‌روی می نگریستی　　هر شبی صد گونه خون بگریستی
گاه گل بر روی او افشاندی　　گاه گرد از موی او افشاندی
گه ز درد عشق، چون باران ز میغ　　بر رخ او اشك راندی بی دریغ
گاه با آن ماه جشنی ساختی　　گاه بررویش قدح پرداختی
یك نفس از پیش خود نگذاشتش[5]　　تا که بودی لازم خود داشتش[6]
کی توانست آن پسر دایم نشست　　لیك بود از بیم خسرو پای بست
گر برفتی یك دم از پیرامنش　　شه ز غیرت سر فکندی از تنش[7]
خواستی هم مادر او هم پدر　　تا دمی بینند روی آن پسر
لیکشان زهره نبود از بیم شاه　　تا برین قصه برآمد دیر گاه
بود[8] در همسایگی شهریار　　دختری خورشید رخ همچون نگار
آن[9] پسر شد عاشق دیدار او　　همچو آتش گرم شد در کار او
یك شبی با او نشستی ساز کرد　　مجلسی‌چون روی خویش آغاز کرد
از نهان بی‌شاه با او در نشست　　بود آن شب ازقضا آن شاه مست
نیم شب چون نیم مستی پادشاه　　دشنهٔ در کف، بجست از خوابگاه
آن‌پسررا جست[10]، هیچش[11] می‌نیافت　　عاقبت آنجا که بود آنجا شتافت

---

۱ - در، شاه می‌کردی نگه در آن نگار. ۲ - این‌بیت درنسخهٔ در، نیست. ۳ - پ، شمس آن دلستان. ۴ - پ، خفته‌بودی پاسبان. ۵ - ق ۱، بگذاشتش. ۶ - در، همچوجان می‌داشتش. ۷ - در، شه فکندی سر زغیرت ازتنش. پ، سرفکندی شه ز غیرت ازتنش. ۸ و ۹ - این دوبیت در نسخهٔ در، نیست. و بجای بیت اول ابیات زیر آمده است.

بود سالی تا آن پسر با دختری　　عشق ورزیدی که بد مه پیکری
یك شبی بود ازقضا آن شاه مست　　از نهان شاه با دختر نشست

۱۰ - پ، آن پسر می‌جست. ۱۱ - در، جائی.

دختری بـا آن پسر بنشسته دیـد / هر دو را در هم دلی پیوسته دیـد
چون بدید آن حـال شاه نـامـور / آتش غیرت فتـادش در جـگـر
مست وعشق[۱] وآنگهی سلطـان سری / چون بود معشوق او بـا دیگـری
شاه[۲] با خود گفت بر چون من‌شهی[۳] / چون گزیدی دیگری، اینت ابلهی
آنچ مـن کردم بجـای تـو[۴] بسی / هیچ کس‌هرگز نکرد آن با کسی
در مکافـات من آخـر ایـن کنی[۵] / رو بکن[۶]، الحق که شیرین‌می کنی[۷]
هـم کلید گنجهـا در دست تـو[۸] / هم سر افرازان عـالم پست تـو[۹]
هم مرا هـم‌راز و هـم همدم مـدام / هم مرا هم درد و هم محرم[۱۰] مـدام
در نشینی[۱۱] بـا گـدایـی در نهان / از تو پردازم همین ساعـت مکان[۱۲]
این بگفت و امر کرد آن شهریـار / تـا ببستند[۱۳] آن پسر را استـوار
سیـم خـام او میـان خـاك راه / کرد همچون نیل‌خام از چوب شاه
بعد از آن شد گفت تا دارش زدند[۱۴] / در میان صفـهٔ بـارش زدنـد[۱۵]
گفت اول پوست از وی در کشید / سرنگون آنگه بـدارش بر کشید
تا کسی کو گشت[۱۶] اهـل پـادشاه / تا هم آخر او[۱۷] بکس نکند نگـاه
در ربودنـد آن پسر را زار و خـوار / تا در آویـزنـد سر مستش زدار[۱۸]
شد وزیـر آگـاه از حـال پسر / خاك برسر گفت[۱۹] ای جان پـدر
این چه خذلان بود کامـد در رهـت / چه قضا بود این که دشمن شدشهت
بـود آنجـا دو غـلام[۲۰] پـادشاه / عـزم کـرده[۲۱] تا کنند او را تباه

۱ - در ، بوده عاشق . ۲ - در نسخهٔ در، این‌بیت بصورت زیر آمده است :

شاه شد آشفته و بس خشمگین / از سر طیره همی‌گفت این چنین

۳ - قا، برمن چون شهی . ۴ - در ، او. ۵ - در ، من‌او این میکند. ۶ - در، گوبگن . پ ، کوهکن . ۷ - در، پ ، میکند . ۸ - در ، او. ۹ - پست او . ۱۰ - در ، مرهم ۱۱ - در، نشیند . ۱۲- در، جهان. ۱۳- در، ببندند . ۱۴ و۱۵ - پ، زنند. ۱۶ - در، هست. ۱۷ - در، مج، دم آخر. ۱۸ - در، پ ، مج ، بدار . ۱۹- در، کرد . ۲۰ - در، پ ، مج ، ده غلام . ۲۱ - پ ، مج ، کردند .

آن وزیر آمـد دلـی پـر درد و داغ هـر یکـی را داد دُرّی شب‌چراغ
گفت امشب هست مست این پادشاه[1] ویــن پسر را نیست چندینی گناه
چـون شود هشیار شاه نـامـدار هم پشیمان گردد و هم بـی قـرار
هرك او را کشته باشد بی شکـی شاه از صـد زنـده نگـذارد یـکی
آن غلامان جملـه گفتند ایـن نفس گـر بیایـد شه نبیند هیچ کـس
در زمان از مـا بریزد جـوی خـون پس کنـد بردار مـارا سر نگـون
خـونیی آورد از زنـدان وزیـر باز کردش پوست از تن[2] همچوسیر
سر نگوسارش زدار آونـگ کـرد خاك ازخونش گل ِگل رنگ کرد
و آن پسر را کـرد در پـرده نهان تـا چه زایـد از پس پـرده جهان
شاه چـون هشیار شد روزی دگـر همچنان‌می‌سوخت‌از خشمش جگر
آن غلامـانـرا بخوانـد آن پادشا گفت باآن سگ چه کردید ازجفا
جمله گفتندش کـه کردیـم استوار در میـان صفـهٔ بـارش[3] بـدار
پوستش کردیـم سر تـا سر برون بر سردارست اکنون سـر نگـون
شاه چـون بشنود آن[4] پـاسـخ تمام شاد گشت از پاسخ[5] آن دو غـلام
هـر یکـی را داد فـاخـر خـلعتی یافت هـر یـك منصبی و رفعتی
شاه گفتا همچنان تـا دیـرگـاه خـوار بگـذارید بـردارش تباه
تـا زکار ایـن پلید نـابـکار عبرتـی گیرنـد خلـق روزگـار
چون شنود این قصه خلق شهر او[6] جمله را دل درد کـرد از بهر او
در نظـاره آمدنـد آنجـا بسی بـاز مـی‌نشناختندش هـر کسی[7]
گوشتی دیدنـد خلقان غـرق خـون پوست از وی[8] در کشیده سر نگـون

۱ - در ، آن پادشاه . ۲ - در ، سر . ۳ - در ، بارت . ۴ - در، این . ۵ - در ، پ ، مج ، شاد گشت از گفتن . ۶ - در ، پ ، مج ، چون شنید این‌قصه اهل شهر او . ۷ - در ، پ ، مج ، نشناختش هرگز کسی . ۸ - در ، تن .

آن کهِ و مهِ هرك دیدش[1] آن چنان — همچو باران خون گرستی در نهان
روز تاشب ماتم آن ماه بود — شهر پردرد و دریغ و آه بود
بعد روزی چند، بی دلدار خویش — شه پشیمان گشت از کردار خویش
خشم او کم گشت، عشقش زور کرد — عشق شاه شیردل را مور کرد
پادشاهی[2] با چنان یوسف وشی — روز و شب بنشسته در خلوت خوشی
بوده دایم از شراب وصل مست — در خمار وصل[3] چون داند نشست
عاقبت طاقت نماندش یك نفس — کار او پیوسته زاری بود و بس
جان او می‌سوخت از درد فراق — گشت بی‌صبر و قرار از اشتیاق[4]
در[5] پشیمانی فروشد پادشاه — دیده پرخون کرد وسر برخاك راه
جامه نیلی کرد و در برخود ببست — در میان خون[6] و خاکستر نشست
نه طعامی‌خورد ازآن پس نه شراب — دررمید ازچشم خون افشانش‌خواب
چون درآمد شب، برون شد شهریار — کرد از اغیار خالی زیر دار
رفت تنها زیر دار آن پسر — یاد می‌آورد کار آن پسر
چون ز یك یك کار او یاد آمدیش[7] — ازبن هرموی فریاد آمدیش[8]
بردل او درد[9] بی‌اندازه شد — هر زمانش ماتم[10] نو تازه شد
برسر آن کشته می‌نالید زار — خون او در روی می‌مالید زار
خویش را درخاك می‌افکند او — پشت دست از دست[11] برمی کند او
گر شمار اشك او کردی کسی — بیشتر بودی زصد باران بسی
جملهٔ شب بود تنها تا بروز — همچو شمعی در میان اشك [و] سوز
چون نسیم صبح گشتی آشکار — با وثاق خویش رفتی شهریار

۱ - در، پ، مج، هرکه او رامی بدیدی. ۲ - این‌بیت درنسخهٔ در، نیست. ۳ - در، پ، مج، هجر. ۴ - مج، در اشتیاق. ۵ - این بیت در نسخهٔ در، نیست. ۶ - در، خاك. ۷ و ۸ - پ، آمدش. ۹ - پ، دردی. ۱۰ - در، ماتمی. ۱۱ - در، پشت دست خویش.

مقامات الطیور

۴۴۰۰
در میان خاک و خاکستر شدی   در مصیبت هر زمان با سر شدی
چون برآمد چل شبان روز تمام   همچو مویی' شد شه عالی مقام
در' فرو بست و بزیر دار او   گشت در تیمار او بیمار او
کس' نداشت آن زهره در چل روز و شب   تا گشاید در سخن با شاه لب
ازپس چل شب نه نان خورد و نه آب   آن پسر را دید یک ساعت' بخواب
۴۴۰۵
روی همچون ماه او در اشک غرق   از قدم در خون نشسته تا بفرق
شاه گفتش ای لطیف جان فزای   از چه غرق خون شدی سر تا بپای
گفت در خون ز آشنایی ٌتوم   وین چنین از بی‌وفایی ٌتوم
باز کردی پوست از من بی گناه   این وفاداری بود ای پادشاه
یار با یار خود آخر این کند   کافرم گر هیچ کافر این کند
۴۴۱۰
من چه کردم تا تو بر دارم کنی   سربری° و سرنگوسارم کنی
روی اکنون می بگردانم' ز تو   تا قیامت داد بستانم ز تو
چون شود دیوان دادار' آشکار   داد من بستاند از تو کردگار
شاه چون بشنود^ از آن مه این جواب درزمان درجست°دل پرخون ز خواب
شور غالب گشت بر جان و دلش   هر زمانی سخت تر شد مشکلش
۴۴۱۵
گشت بس دیوانه و از دست شد   ضعف در پیوست و غم پیوست شد
خانهٔ دیوانگی در باز کرد   نوحهٔ بس زار زار آغاز کرد
گفت ای جان و دلم، بی حاصلم   چون شد از تشویر تو جان و دلم
ای بسی سرگشتهٔ من آمده   پس بزاری کشتهٔ من آمده

---

۱ - پ، موسی . ۲ و ۳ - این ابیات در نسخهٔ در، نیست . ۴ - پ، یک لحظه . ۵ - در، سرنهی . ۶ - در، روی من اکنون بگردانم . ۷ - در، دادی . پ، دادم . ۸ - در، بشنید . پ، بشنود زان مه این خطاب . ۹ - در، پ، مج، برجست .

سی‌مرغ درپیشگاه سیمرغ ۲۴۵

همچو[1] من گوهر شکست‌خود که کرد اینچ من کردم بدست خود که کرد
می[2] سزد گر من بخون آغشته‌ام تا چرا معشوق خود را کشته‌ام
درنگر آخر کجایی ای پسر خط مکش در آشنایی ای پسر
تو مکن بد گرچه من بد کرده‌ام زانك این بد جمله با خود کرده‌ام
من چنین حیران و غمناك از توم[3] خاك برسر برسر خاك[4] از توام
از کجا جویم ترا ای جان من رحمتی کن بردل حیران[5] من
گر جفا دیدی تو از من بی وفا تو وفاداری ، مکن با من جفا
از[6] تنت گر ریختم خون بی خبر خون جانم چند ریزی ای پسر
مست بودم کین خطا برمن برفت خود چه‌بود این کزقضا برمن‌برفت
گرتو پیش از من برفتی ناگهان بی‌تو من کی‌زنده مانم درجهان
بی‌تو چون یکدم سرخویشم نماند زندگانی یك دو دم بیشم نماند
جان بلب آورد بی‌تو شهریار تا کند در خون‌بهای تو نثار
می نترسم من ز مرگ خویشتن لیك ترسم از جفای خویش من
گر شود جاوید جانم عذر خواه هم نیارد خواست عذر این گناه
کاشکی حلقم ببریدی بتیغ وز دلم گم گشتی این درد و دریغ
خالقا جانم درین حیرت بسوخت پای تافرق من از[7] حسرت بسوخت
من ندارم طاقت و تاب فراق[8] چند سوزد جان من در اشتیاق
جان من بستان بفضل ای دادگر[9] زانك من طاقت نمی‌دارم دگر[10]
همچنین می گفت تا خاموش شد در میان خامشی بیهوش شد

۱و۲ - این دوبیت درنسخهٔ در، نیست . ۳ - پ ، غمناك توام . ۴ - پ، درخاك . ۵ - در، بریان . ۶ - این بیت در نسخهٔ در ، نیست . ۷ - در ، تا فرقم درین . ۸ - در ، می‌نیارم طاقت درد فراق. ۹ - در، کردگار . ۱۰ - در ، زانکه من فرقت نمی‌دارم قرار. درنسخهٔ در، پس از این بیت شعر زیر اضافه است :

چند گریم چند سوزم چون کنم دل چوخونم خورد چون بیرون کنم.

عاقبت پیک عنایت در رسید — شکر ما بعد شکایت در رسید
چون ز حد بگذشت درد پادشاه — بود پنهان آن وزیر آنجایگاه
شد، بیاراست[1] آن پسر را در نهان — پس فرستادش بر شاه جهان
آمد از پرده برون چون مه ز میغ — پیش خسرو رفت با کرباس و تیغ
در زمین افتاد پیش شهریار — همچو باران اشك می‌بارید زار
چون بدید آن ماه را شاه جهان — می ندانم تاچه گویم این زمان
شاه در خاك و پسر در خون فتاد — کس چه داند کین‌عجایب چون‌فتاد
هرچ گویم بعد ازین ناگفتنیست — دُرچو در قعرست هم ناسفتنیست
شاه چون یافت از فراق او خلاص — هردو خوش رفتند در[2] ایوان خاص
بعد ازین کس واقف اسرار نیست — زانك اینجا موضع اغیار نیست
آنچ آن یك گفت آن دیگر شنود — کور دید آن حال، گوش کر شنود
من کیم آنرا که شرح آن دهم — ور دهم آن شرح خط بر جان دهم[3]
نا[4] رسیده چون دهم آن شرح من — تن زنم چون مانده‌ام در طرح من
گر اجازت باشد از پیشان مرا — زود فرمایند شرح آن مرا
چون[5] سریك موی نیست اینجایگاه — جز خموشی روی نیست اینجایگاه
نیست[6] ممکن آنك یابد یك زمان — جز خموشی گوهری تیغ زفان
گرچه[7] سوسن ده زفان بیش آمدست — عاشق خاموشی خویش آمدست
این زمان باری سخن کردم تمام — کار باید، چند گویم، والسلام

فی وصف حاله

کردی ای عطار بر عالم نثار — نافهٔ[8] اسرار هر دم صد هزار

---

۱ - پ ، بیارست . ۲ - در ، پ ، مج ، تا. ۳ - در، درجان دهم . پ ، درجان‌نهم. ۴ - این بیت در نسخهٔ در ، نیست . ۵ تا ۷ - درنسخهٔ پ، نیست . ۸ - در ، نامهٔ .

۲۴۷ فی وصف حاله

از تو پر عطرست آفاق جهان وز تو در شورند[1] عشاق جهان
گه دم عشق علی‌الاخلاق زن گه نوای پردهٔ عشاق زن
شعر تو عشاق را سرمایه داد عاشقانرا دایم این سرمایه داد[2]
ختم شد بر تو چو بر خورشید نور منطق‌الطیر و مقامات طیور
از سر دردی[3] بدین میدان در آی جان سپر زار[4] و بدین دیوان درآی
در چنین میدان که شد جان نا پدید بل که شد هم نیز میدان ناپدید
گر نیایی از سر دردی درو روی ننماید ترا گردی درو
در ازل[5] درد تو چون شد گام زن گر زنی گامی همه بر گام زن
تا نگردد نامرادی قوت تو کی شود زنده دل مبهوت تو
درد حاصل کن که درمان درد تست در دو عالم داروی جان درد تست
در کتاب من مکن‌ای مرد راه از سر شعر و سر کبری[6] نگاه
از سر دردی نگه کن دفترم تا ز صد یك درد داری باورم
گوی[7] دولت آن برد تا پیشگاه کز سر دردی[8] کند این را نگاه
در گذر از زاهدی وسادگی[9] درد باید، درد و کارافتادگی
هر کرا دردیست درمانش مباد هرك[10] درمان خواهد او جانش مباد
مرد باید تشنه و بی خورد و خواب تشنهٔ کو تا ابد نرسد بآب
هرك زین شیوه سخن دردی[11] نیافت از طریق عاشقان گردی[12] نیافت
هرك این را خواند مرد کار شد وانك این دریافت برخوردار شد
اهل صورت غرق گفتار من‌اند اهل معنی مرد اسرار من‌اند

۱ ـ پ، پرشورند. ۲ ـ پ، پیرایه باد. ۳ ـ در، پ، مج، از در دردی. ۴ ـ پ، مج، جان سپرساز. ۵ ـ در، پ، مج، دلدل. ۶ ـ پ، مج، گبری. ۷ ـ در، پ، مج، بوی. ۸ ـ در، آنکه از دردی. ۹ ـ در، مج، پ، سالکی. ۱۰ ـ پ، مج، وانکه. ۱۱ ـ پ، مج، بویی. ۱۲ ـ پ، مج، مویی.

ایـن کـتاب آرایـش است ایـام را   خـاص را داده نصیب و عـام را
گر چو یخ افسردهٔ دید[1] این کتـاب   خوش‌برون آمد جوابش[2] از حجاب
نظـم مـن خـاصیّتی دارد عجـیب   زانك هر دم بیشتر بخشد نصـیب
گـر بسی خوانـدن میسّر آیـدت   بـی شکی هر بار خوشتر آیـدت
زین عروس خانگـی در خـدر[3] ناز   جز بـتدریجـی نیفتد[4] پـرده بـاز
تا قیامت نیز چون مـن بـی‌خـودی   درسخن نـنهد قلم بـر کـاغـذی[5]
هستـم از بحـرحقیـقـت درفشان   ختم شد برمـن سخن اینـك نشان
گـر ثنـای خـویشتن گویم بسـی   کـی پسندد آن‌ثنـا از مـن کسی
لیـك خـود منصف شناسد قدر مـن   زانك پـنهان نیست نور بـدر مـن
حـال خود سربسته گفتم انـد کی   خود سخـن دان داد بدهد بی‌شکـی
آنچ من بر فرق خلـق افشانـده‌ام   گر نمـانم‌تـا قـیـامـت مـانده‌ام
در زفـان[6] خـلـق تـا روز شمـار   یاد گردم ، بس بـود این یـادگار
گر بـریـزد از هم این نـه دایـره   کم نگردد نقـطهٔ زیـن تـذکـره
گر کسی را ره نمایـد این کـتاب   پس بـر اندازد ز پـیش او حجـاب
چون بـآسایش رسد زیـن یادگـار   در دعـا گـوینـده را گـو یـاد دار
گل فشانی کـرده‌ام زیـن بوستـان   یـاد داریـدم بـخـود[7] ای دوستـان
هریکی خودرا درآن‌نوعی که بـود   کرد لختی جـلوه و بـگذشت زود
لاجـرم من نیـز همچون رفتگـان   جلوه دادم مـرغ جـان برخفتگان
زین سخن گر خفـتهٔ عمـری[8] دراز   یـك نفس بـیدار دل گـردد بـراز
بی‌شکی دایـم بـرآیـد کار مـن   منقطـع گـردد غـم و تیمـار مـن

۱ ـ در ، افسرده دیدی . ۲ ـ در ، پ ، مج ، چوآتش . ۳ ـ در ، عز . پ ، صدر .
۴ ـ پ ، بیفتد . ۵ ـ در ، درکاغذی . ۶ ـ در ، پ ، مج ، روان . ۷ ـ در، پ ، مج، بخیر .
۸ ـ در ، پ ، مج ، عمر .

بس که خود را چون چراغی سوختم تا جهانی را چو شمع افروختم
همچو مشکاتی شد از دودم دماغ شمع خلدی تا که[1] از دود چراغ[2]
روز خوردم رفت، شب خوابم نماند زاتش دل بر جگر آبم نماند
با دلم گفتم که ای بسیار گوی چند گویی، تن زن واسرار جوی
گفت غرق آتشم عیبم مکن می بسوزم گر نمی گویم سخن
بحر جانم می‌زند صد گونه جوش چون توانم بود یك ساعت خموش
بر کسی فخری نمی آرم بدین[3] خویش را مشغول می دارم بدین[4]
گر چه از دل نیست خالی درد این چند گویم چون نیم من مرد این،
این همه افسانهٔ بیهود گیست کار مردان ازمنی[5] پالود گیست
دل که او مشغول این بیهوده شد زوچه آید چون سخن فرسوده شد
می بباید ترك جان[6] نهمار کرد[7] زین همه بیهوده استغفار کرد[8]
چند خواهد[9] بحرجان درجوش بود جان فشاندن باید و خاموش بود

الحکایه والتمثیل

چون بنزع افتاد آن دانای دین گفت اگر دانستمی من پیش ازین
کین شنو بر گفت چون دارد شرف در سخن کی کردمی عمری[10] تلف
گر سخن از نیکوی چون زر بود آن سخن ناگفته نیکوتر بود
کار آمد حصهٔ مردان مرد حصهٔ ما گفت آمد، اینت درد
گر چو مردان درد دین بودی ترا آنچ می گویم یقین بودی ترا
ز آشنای خود دلت بیگانه‌ایست هرچ می گویم ترا افسانه‌ایست
تو بخسب از ناز همچون سرکشی تا منت افسانه می گویم خوشی

۱ - در، شمع خلدم تا کی. پ، تا که افزود. ۲ - ق۱، دماغ. ۳ و۴ - در، برین.
۵ - در، می. ۶ - در، خان. ۷ و ۸ - پ، گفت. ۹ - پ، خواهی. ۱۰ - در، عزم.
پ، عمرم.

مقامات الطیور

۴۵۱۵
خوش خوشت عطارا گر افسانه گفت / خواب خوشتر آیدت توخوش بخفت
بس که ما در ریگ روغن ریختیم / بس گهر کز حلق خوك آویختیم
بس که ما این خوان فرو آراستیم / بس کزین خوان گرسنه برخاستیم
بس که گفتم نفس را فرمان نبرد / بس که دارو کردش و درمان نبرد
چون نخواهد آمد از من هیچ کار / شستم از خود دست و رفتم بر کنار¹

۴۵۲۰
جذبه حق باید ازیشان کرد خواست² / کین بدست من نخواهد گشت راست
نفس هر لحظه چو فربه تر شود / نیست روی آنك ازین³ بهتر شود
هیچ نشنود او کزان⁴ فربه نشد / این همه بشنود یك دم⁵ به نشد
تا بمیرم⁶ من بصد زاری زار / او نگیرد پند ، یا رب زینهار

الحکایة و التمثیل

چون بمرد اسکندر اندر راه دین / ارسطاطالیس گفت ای شاه دین
۴۵۲۵
تا که بودی پند می‌دادی مدام / خلق را این پند امروزین تمام
پند گیر ای دل که گرداب بلاست / زنده دل شو زانك مرگ ت در قفاست
من زفان و نطق مرغان سر بسر / با تو گفتم فهم کن ای بی خبر
در میان عاشقان مرغان درند / کز قفص پیش از اجل بر می‌پرند⁷
جمله را شرح و بیانی دیگرست / زانك مرغانرا زفانی دیگرست
۴۵۳۰
پیش سیمرغ آن کسی اکسیر ساخت / کو زفان این همه مرغان شناخت
کی⁸ شناسی دولت روحانیان / در میان حکمت یونانیان
تا از آن حکمت نگردی فرد تو / کی شوی در حکمت دین مرد تو
هرك نام آن برد در راه عشق / نیست در دیوان دین آگاه عشق

---

۱ - در ، پ ، با کنار . ۲ - در ، پ ، پیشان خواست . ۳ - در ، پ ، او ، ۴ - پ ، از آن . ۵ - در ، ذره . ۶ - در ، نمیرم . ۷ - پ ، بیرون پرند . ۸ - در ، گر .

کاف کفر اینجا بحق المعرفه / دوستر دارم ز فای فلسفه
زانك اگر پرده شود از کفر باز / تو توانی کرد از کفر احتراز
لیك آن علم لزج[1] چون ره زند / بیشتر بر مردم آگه زند
گر از آن حکمت دلی افروختی / کی چنان فاروق بر هم سوختی
شمع[2] دین چون حکمت یونان بسوخت / شمع دل زان علم برنتوان فروخت
حکمت یثرب[3] بست ای[4] مرد دین / خاك بر یونان فشان در درد دین
تا بکی گویی تو ای عطار حرف / نیستی تو مرد این کار شگرف
از وجود خویش بیرون آی پاك / خاك شو از نیستی بر روی خاك
تا تو هستی پای‌مال هر خسی / نیست گشتی تاج فرق هر کسی
تو فنا شو تا همه مرغان راه / ره دهندت در بقا[5] در پیشگاه
گفتهٔ تو رهبر تو بس بود / کین سخن پیر ره[6] هر کس بود
گر نیم مرغان ره را هیچ کس / ذکر ایشان کرده‌ام، اینم نه بس
آخرم زان کاروان گردی رسید / قسم من زان رفتگان دردی رسید

الحکایه والتمثیل

صوفیی را گفت آن پیر کهن / چند از مردان حق گویی سخن
گفت خوش آید زنانرا[7] بر دوام / آنك می گویند از مردان مدام
گر نیم زیشان، ازیشان گفته‌ام / خوش دلم کین قصه از جان گفته‌ام
گر ندارم از شکر جز نام بهر / این بسی به زان که اندر کام زهر
جملهٔ دیوان من دیوانگیست / عقل را با این سخن بیگانگیست
جان نگردد پاك از بیگانگی / تا نیابد[8] بوی این دیوانگی

۱ - در، لیك از علم ارج. پ، مج، لیك از علم جدل. ۲ - این‌بیت درنسخهٔ مج، نیست.
۳ - پ، سیرت. ۴ - پ، آن‌مرد. ۵ - پ، قفا. ۶ - پ، نه‌برره. مج، نه رهبر. ۷ - در، پ، مج، زبانرا. ۸ - در، پ، مج، بیابد.

من ندانم تا چه گویم ، ای عجب چند گم ناکرده جویم ، ای عجب
از حماقت ترك دولت گفته‌ام درس بی‌کاران غفلت گفته‌ام
گر مرا گویند ای گم کرده راه هم بخود عذر گناه من بخواه
می ندانم تا شود این کار راست یا توانم عذر این صد عمر[1] خواست
گردمی بر راه او درکارمی کی چنین مستغرق اشعارمی
گر مرا در راه او بودی مقام شین شعرم شین[2] شرگشتی[3] مدام
شعرگفتن حجت بی حاصلیست خویشتن را دید کردن جاهلیست
چون ندیدم در جهان محرم کسی هم بشعر خود فرو گفتم بسی
گر تو مرد راز جویی[4] باز جوی جان فشان و خون گری وراز جوی
زانك من خون سرشك افشانده‌ام تا چنین خون ریز حرفی رانده‌ام
گر مشام آری ببحر[5] ژرف من بشنوی تو بوی خون از حرف من
هر که شد از زهر بدعت[6] دردمند بس بود تریاکش این حرف بلند
گر چه عطارم من و تریاك ده سوخته دارم جگر چون ناك[7] ده
هست خلقی[8] بی نمك بس بی‌خبر لاجرم زان می‌خورم تنها جگر
چون ز نان‌خشك گیرم سفره پیش تر کنم از شور وای[9] چشم خویش
از دلم آن سفره را بریان کنم گه‌گهی جبریل را مهمان کنم
چون مرا روح القدس هم‌کاسه است کی توانم نان هر مدبر شکست
من نخواهم نان‌هرناخوش منش[10] بس بود این نانم و آن نان‌خورش
شد غناالقلب[11] جان افزای من شد حقیقت کنز لایفنای من

---

۱ - در ، پ ، مج ، عذر. ۲ - پ ، مج ، سین . ۳ - در، پ ، مج ، سرگشتی. ۴ - پ، راز داری. مج ، راز دانی. ۵ - پ ، سحر . ۶ - پ ، از هر بدیعت . مج ، بهر بدعت . ۷ - در، پ ، مج ، تاك . ۸ - در ، پ ، مج ، خلق . ۹ - در، مج ، پ ، شوربای . ۱۰ - در ، در ناخوش منش. پ ، زهرناخوش منش . مج ، هرمدبرمنش . ۱۱ - پ، غناءالقلب .

هر توانگر کین چنین گنجیش هست — کی‌شود[1] در منت هر سفله پست

شکر ایزد را که درباری نیم — بستهٔ هر ناسزاواری نیم

من زکس[2] بر دل کجا بندی نهم — نام هر دون را خداوندی نهم

نه طعام هیچ ظالم خورده‌ام — نه کتابی را تخلص کرده‌ام

همت عالیم ممدوحم بس است — قوت جسم و قوّت روحم[3] بس است

پیش خود بردند پیشینان مرا — تا بکی زین خویشتن بینان مرا

تا زکار خلق آزاد آمدم — در میان صد بلا شاد آمدم

فارغم زین زمرهٔ بد خواه نیک[4] — خواه نامم بد کنید و خواه نیک

من چنان در درد خود درمانده‌ام — کز همه آفاق دست افشانده‌ام

گر دریغ و درد من بشنودیی — تو بسی حیران تر از من بودیی

جسم و جان رفت و زجان و جسم من — نیست جز درد و دریغی قسم من

الحکایه والتمثیل

راه بینی وقت پیچاپیچ مرگ — گفت چون ره را ندارم زادو[5] برگ

از خوی خجلت کفی گل کرده‌ام — پس ازو خشتی بحاصل کرده‌ام

شیشهٔ پر اشك[6] دارم نیز من — ژندهٔ برچیده‌ام بهر کفن

اولم زان اشك اگر خونی دهید — آخرم آن خشت زیر سر نهید

وان کفن در آب‌چشم آغشته‌ام — ای دریغا سربسر بسرشته‌ام[7]

آن کفن چون در تنم پوشید پاك — زود تسلیمم کنید آنگه بخاك

چون چنین کردید، تا محشر ز میغ — بر سرخاکم نبارد[8] جز دریغ

دانی این چندین دریغا بهر[9] چیست — پشهٔ با باد نتوانست زیست

---

۱ - در، کی‌برد . ۲ - پ ، زکین . ۳ - در، پ، مج ، قوت جسمم قوت روحم . ۴ - در، پ ، مج ، لیك . ۵ - ق۲، هیچ . ۶ - مج ، سینه‌ای پرسوز . ۷ - در، مج ، پ ، بنوشته‌ام . ۸ - در ، نباشد . ۹ - پ ، مج ، دریغ از بهر.

سایه از خورشید می‌جوید وصال   می‌نیابد ، اینت سودا و محال
گرچه هست‌این خود محالی آشکار   جز محال اندیشی او را نیست کار
هرك او ننهد درین اندیشه سر   او ازین بهتر[۱] چه اندیشد دگر
سخت‌تر[۲] بینم بهر دم مشکلم   چون بپردازم ازین مشکل دلم
کیست چون من فرد و تنها مانده   خشك لب غرقاب دریا مانده
نه مرا هم‌راز و هم دم هیچ کس   نه مرا هم‌درد و محرم هیچ کس
نه[۳] ز همّت میل ممدوحی مرا   نه ز ظلمت خلوت[۴] روحی مرا
نه دل کس نه دل خود نیز هم   نه سر نیك و سر بد نیز هم
نه هوای لقمهٔ سلطان مرا   نه قفای سیلی دربان مرا
نه بتنهایی صبوری یك دمم   نه بدل[۵] از خلق دوری یك دمم
هست احوال من زیر و زبر   همچنان کان‌پیر داد از خود خبر

الحکایه والتمثیل

پاك دینی گفت سی سال تمام   عمر بی‌خود می گذارم بر دوام
همچو اسمعیل در خود نا پدید   آن زمان کورا پدر سر می‌برید
چون‌بود آنکس که او عمری گذاشت   همچو آن یك دم که اسمعیل داشت
کس چه داند تا درین حبس تعب[۶]   عمر خود چون[۷] می گذارم روزوشب
گاه می‌سوزم چو شمع از انتظار   گاه می گریم چو ابر نو بهار
تو فروغ شمع می بینی خوشی   می نبینی در[۸] سر او آتشی
آنك[۹] از بیرون کند درتن نگاه   کی‌بود[۱۰] هرگز درون سینه راه

۱ ـ ق‌ا ، مهتر . ۲ و۳ ـ این دوبیت در نسخهٔ مج ، نیست . ۴ ـ در ، خانهٔ . ۵ ـ در ، دلی . ۶ ـ پ ، حبس و تعب . ۷ ـ در ، پ ، مج ، عمررا چون . ۸ ـ در، پ ، بر. ۹ ـ ق۲ ، لیاك . ۱۰ ـ پ ، مج ، کی‌برد .

در خم چوگان چو گویی، هیچ جای می ندانم پای از سر ، سر ز پای
از وجودم خود نکردم[1] هیچ سود کانچ کردم وانچ گفتم هیچ بود
ای دریغا نیست از کس یاریم عمر ضایع گشت در بی‌کاریم
چون توانستم ندانستم ، چه سود چون بدانستم ، توانستم نبود
این زمان جز عجز و جز بیچارگی می ندارم چارهٔ یکبارگی

الحکایه والتمثیل

چون بشد شبلی ازین جای خراب بعدازآن دیدش جوامردی[2] بخواب
گفت حق با تو چه کرد ای نیك‌بخت گفت ؛ چون شد درحسابم کارسخت
چون مرا بس[3] خویشتن دشمن بدید ضعف و نومیدی و عجز من بدید
رحمتش آمد بدان[4] بیچارگیم پس ببخشود از کرم یك بارگیم
خالقا بیچارهٔ راهم ترا همچو موری لنگ در چاهم ترا
من نمی دانم که من اهل چه‌ام یا[5] کجام یا کدامم یا که‌ام
بی‌تنی بی‌دولتی بی حاصلی بی نوایی بی قراری بی دلی
عمر[6] در خون جگر بگداخته[7] بهرهٔ از عمر نا پرداخته[8]
هر چه کرده جمله تاوان آمده جان بلب عمرم بپایان آمده
دل ز دستم رفته و دین گم شده[9] صورتم نا مانده معنی گم شده
من نه کافر نه مسلمان مانده در میان هردو حیران مانده
نه مسلمانم نه کافر[10] ، چون کنم مانده سرگردان ومضطر، چون کنم
در دری تنگم[11] گرفتار آمده روی در دیوار پندار آمده

۱ ـ پ ، ندیدم . ۲ ـ در، پ ، مج ، جوانمردی . ۳ ـ پ ، مج ، بر . ۴ ـ در، بر آن . پ ، بدین . ۵ ـ پ ، تا . ۶ ـ این‌بیت در نسخهٔ مج ، نیست . ۷ ـ در، پ، بگذاشته . ۸ ـ در ، پ ، ناداشته . ۹ ـ در ، پ ، دین ز دستم رفته دنیا گم شده . ۱۰ ـ پ، نه مسلمان و نه‌کافر، ۱۱ ـ پ ، تنگی.

بر من بیچاره این در بر گشای　　وین ز راه افتاده را راهی نمای
بنده را گر نیست زاد راه هیچ　　می نیاساید ز اشك و آه هیچ
هم توانی سوخت از آهش گناه　　هم ز اشکش شست دیوان‌سیاه
هر که دریاهای اشکش حاصل است　　گو بیا کو در خور این منزل است
وانك او را دیدهٔ خون‌بار نیست　　گو برو کو را بر ما کار نیست

الحکایه والتمثیل

در رهی می رفت پیری راهبر　　دید از روحانیان خلقی مگر
بود نقدی سخت رایج در میان　　می ربودند آن ز هم روحانیان
پیر کرد آن قوم را حالی سؤال　　گفت چیست این‌نقد بر گویید حال
مرغ روحانیش گفت ای پیرراه　　دردمندی می گذشت اینجایگاه
بر کشید آهی ز دل پاك و برفت　　ریخت اشك گرم بر خاك وبرفت
ما کنون آن اشك‌گرم و آه سرد　　می بریم از یك دگر در راه درد
یا رب اشك و آه بسیاریم هست　　گر ندارم هیچ این باریم هست
چون روایی دارد آنجا اشك راه　　بنده دارد این متاع آنجایگاه
پاك کن از آه صحن جان من　　پس بشوی از اشك من دیوان من
می روم[1] گم راه، ره نا یافته　　دل چو دیوان جز سیه نا یافته
ره نمایم باش و دیوانم بشوی　　از دو عالم تختهٔ جانم بشوی
بی نهایت درددل دارم ز تو　　جان اگر دارم خجل دارم ز تو
عمر در اندوه تو بردم بسر　　کاشکی بودیم صد عمر دگر
تا در اندوهت بسر می بردمی　　هرزمان دردی دگر می بردمی
مانده‌ام از دست خود در صد زحیر　　دست من ای دست گیرمن تو گیر

۱- ازاینجا تابیت شمارهٔ ۴۶۵۷ در نسخهٔ پ، نیست.

الحکایه و التمثیل

بوسعید مهنه با مردان راه — بود روزی در میان خانقاه
مستی آمد اشك ریزان بی قرار — تا در آن خانقاه آشفته وار
پرده از ناسازگاری باز کرد — گریه و بد مستیی آغاز کرد
شیخ کو را دید آمد در برش — ایستاد از روی شفقت بر سرش
گفت هان ای مست اینجا کم ستیز — از چه می‌باشی[1]، بمن ده دست وخیز
مست گفت ای حق تعالی یار تو — نیست شیخا دست گیری کار تو
تو سر خود گیر و رفتی مرد وار — سر فرو رفته مرا با او گذار
گر ز هر کس دست گیری آمدی — مور در صدر امیری آمدی
دست گیری نیست کار تو ، برو — نیستم من در شمار تو ، برو
شیخ در خاك اوفتاد از درد او — سرخ گشت از اشك روی زرد او
ای همه تو ناگزیر من تو باش — اوفتادم دست گیرمن تو باش
مانده‌ام در چاه زندان پای بست — در چنین چاهم که گیرد جز تو دست
هم تن زندانیم آلوده شد — هم دل محنت کشم فرسوده شد
گرچه بس آلوده در راه آمدم — عفو کن کز حبس وز چاه[2] آمدم

الحکایه والتمثیل

آن عزیزی گفت فردا ذوالجلال — گر کند در دشت حشر از من سؤال
کای فرو مانده چه آوردی ز راه — گویم از زندان چه آرند ای اله
غرق[3] ادبارم ز زندان آمده — پای و سر گم کرده حیران آمده
باد در کف خاك درگاه توم — بنده و زندانی راه توم

---

۱ - در ، می‌افتی . ۲ - پ ، حبس و ازچاه . ۳ - این بیت در نسخهٔ در ، نیست .

۲۵۸ مقامات الطیور

روی آن دارد[1] کـه نـفـروشی مـرا — خـلـعـتـی از فـضـل[2] در پـوشی مرا
زین هـمـه آلـودگـی پـاکـم بـری[3] — در مسلـمـانی فـرو خـاکـم بـری[4]
چون نهان گردد تنم در خاك و خشت — بگذری از هرچ کردم خوب و زشت
آفـریـدن رایـگـانـم چـون رواست — رایگـانم گـر بـیـامـرزی سـزاست

الحکایه والتمثیل

چـون نظام الملك در نـزع اوفتاد — گفت الـهی مـی‌روم در دست باد
خالقا ، یارب ، بـحـق آنـك من — هر کرا دیدم که گفت از تو سخن
در هـمـه نـوعـی خـریـدارش شدم — یـاری او کـردم و یـارش شـدم
بـر خـریـداری تـو آمـوختـم — هـرگـزت روزی بـکس نفـروختم
چون خـریداری تـو کردم بسی — هرگزت نفروختم چون هر کسی
در دم آخـر خـریـداریـم کـن — یـار[5] بی یـاران تـوی ، یاریم کـن
یـا رب آن دم یـاریم[6] ده یـك نفس — کان دمم جز تو نخواهد بود کس
دیده پـرخـون دوستان پـاك من — چـون بیفشانند دست از خـاك مـن
تـو بـده دستی در آن ساعـت درست — تـا بگیـرم دامـن فضـل تـو چـست

الحکایه والتمثیل

چون سلیمان کرد با چندان کمال — پیش موری لنگ از عجـز آن سؤال
گفت بر گوی ای ز من آغشته تـر — تا کدامین گل بغم بسرشته
داد آن ساعت جـوابش مـور لنگ — گفت خشت واپسین در گـور تنگ
واپسین خشتی کـه پیوندد بخاك — منقطـع گـردد همـه اومید پـاك
چون مرا در زیـرخاك ای پـاك ذات — منقطـع گـردد امـید از کایـنـات

۱- پ ، مج ، دارم. ۲- در، وصل . ۳و۴- پ ، مج ، کنی. ۵- در، یاری . ۶- در، یاریی .

فی وصف حاله

پس ببوشد خشت آخر روی من	تو مگردان روی فضل از سوی من
چون بخاک آرم من سرگشته روی	هیچ با رویم میار از هیچ سوی
روی آن دارد کزان چندان گناه	هیچ با رویم نیاری ای الـه
تو کریم مطلقی ای کردگار	عفو کن از هرچ رفت و درگذار

۴۶۸۵

الحکایه و التمثیل

بوسعید مهنه در حمام بود	قایمیش افتاد و مرد¹ خام بود
شوخ شیخ آورد تا بازوی او	جمع کرد آن جمله پیش روی او
شیخ را گفتا بگو ای پاک جان	تا جوامردی² چه باشد در جهان
شیخ گفتا شوخ پنهان کردنست	پیش چشم خلق ناآوردنست
این جوابی بود بر بالای او	قایم³ افتاد آن زمان در پای او
چون بنادانی خویش اقرار کرد	شیخ خوش شد⁴، قایم استغفار کرد
خالقا، پروردگارا، منعما	پادشاها، کار سازا، مکرما
چون جوانمردی⁵ خلق عالمی	هست از دریای فضلت شب نمی
قایم مطلق تویی اما بذات	وز جوانمردی⁶ ببایی⁷ در صفات
شوخی و بی‌شرمی ما درگذار	شوخ ما با⁸ پیش چشم ما میار

۴۶۹۰

۴۶۹۵

تم الکتاب
المعروف بمقامات الطیور فی ثامن عشرین شوال ..... ستمائه
علی ید العبد الضعیف ابراهیم بن عوض المراغی ابوه غفرالله له و لجمیع المسلمین

---

۱ - در، افتاده ردی. ۲ - در، پ، مج، جوانمردی. ۳ - پ. مج، قایمش. ۴ - قایم شد. ۵ و۶ - ق۲. جوامردی. ۷- پ، در، مج، نیایی. ۸ - پ، شوخی ما. مج، شوخ مارا.

تعلیقات و توضیحات

توضیحات

ص ۱ س ۲ ـ اشاره است بآیهٔ شریفهٔ « و کان عـرشه علـی الماء لیبلو کـم ایکـم احسن عمـلاً » (سورهٔ هودآیهٔ۷) ـ حمزه گفت خدای تعالی‌عرش بیافرید بر سرآب مانند کشتی‌میرفت و آنگه لوح و قلم بیافرید (بوالفتوح ج ۳ص ۵۷) ـ قبـل از خلق آسمان و زمین آب برمتن باد جاری بود و عرش بر آن قرار داشت و کعب گفت خدای عزوجل یاقوتی سبز آفرید و بر آن بنظرهیبت بنگریست تا بگداخت و آب‌شد سپس عرش را بیافرید وبر آن قرار داد (کشف‌الاسرار ج۴ ص۳۵۴) .

ص۱ س ۵ و ۶ ـ اشاره‌است بآیهٔ شریفهٔ : «الله‌الذی رفع‌السموات بغیر عمد ترونها » (سورهٔ رعدآیهٔ۲ و سورهٔ لقمان آیهٔ ۱۰) و آیهٔ شریفهٔ: « هوالذی خلق‌السموات فی ستة ایام » (سورهٔ هود آیهٔ ۷ و آیات واقع در سورهٔ حدید آیهٔ ۴ و سورهٔ ق آیهٔ ۵۰ و سورهٔ فرقـان ۵۹ کـه دارای همین مضمون‌است) و آیهٔ شریفهٔ: «انما امره اذا ارادشیئاً ان یقول له‌کن‌فیکون» (سورهٔ یس آیهٔ ۸۲ وآیات نظیرآن واقع در سورهٔ بقره آیهٔ ۱۱۱ و نمل آیهٔ ۴۲ ومؤمن آیهٔ ۷۰) ـ جهت اطلاع برکیفیت‌بنای‌عالم وخلق‌شش‌روزهٔ زمین وآسمان‌بزعم‌قدمار.ك. : ابوالفتوح ج۳ ص۵۷و کشف‌الاسرارج۴ ص ۳۵۴ وطبری ج۱ ص ۱۶و۴۱حبیب‌السیرج۱ ص۱۱ تا ۱۳ .

ص۲ س ۱۴ ـ مصرع‌اول: اشاره‌است به قصهٔ حضرت خلیل(ع)که باشارهٔ نمرود جبارمشهوربابل درآتش افکنـده شد و آن آتش بر او گلستان شد (جهت مزیـد اطلاع از این قصه ر.ك. : قران کـریم سورهٔ انبیاء آیهٔ ۲۱ تا ۶۹ و سورهٔ صافات آیهٔ ۸۳ تا ۱۰۰ و تفسیر کبیر وابوالفتوح ذیل‌همین‌آیات ومسعودی‌ج۱ص۲۵ وابوالفداء ج۱ص۱۳ و مجمل‌التواریخ ص ۱۸۹ و بلعمی‌ص۵۷) .

مصرع دوم : باید اشاره باشد به قصهٔ موسی و عبور کردن او و قـومش از نیل پس از فرار ازمصر که تفصیل آنرا در مراجع زیر میتوان دید : قرآن کریم سورهٔ قصص‌آیهٔ ۳۹ و ۴۰ وطه آیهٔ ۷۷ تا ۸۰ و شعراء آیهٔ ۶۳ تا ۶۶ و اعراف‌آیهٔ ۱۳۷ ویونس آیهٔ ۸۹ و دخان آیهٔ ۲۲تا ۲۴ و تفاسیر ابوالفتوح و فخررازی ذیل‌همین‌آیات و ثعلبی ص۱۹۶ و جویری ص۱۴۰ و جزائری ج۲ ص ۲۲ و حیات‌القلوب‌ج۱ ص۲۲۶ .

ص۲ س ۱۵ ـ اشاره است بقصهٔ ابراهیم(ع) ونمرود که ابراهیم اورا بخدای میخواندوایمان نمی‌آورد و ابراهیم‌را آزار میکرد و یکبار هم او را در آتش افکند ولی بخواست خدای تعالی آن آتش بر او گلستان شد و چون نمرود عاجز شد ابراهیم را بجنگ دعوت کرد

«و خلیل‌الرحمن این‌التماس را بعز قبول مقرون گردانید (و نمرود) در روز موعود با سپاه بسیار بصحرا شتافت و ابراهیم تنها در برابرش بایستاد و نمرود و وجنود نامعدود اواز کمال تهورآن حضرت متحیر شده ناگاه بفرمان‌الهی لشکر پشه در رسید وسروروی نمرودیان را گزیدن گرفت چنانکه مجموع منهزم شدند وچون نمرود متعجب و مبهوت بقصر خویش در آمد پشه‌ای در غایت حقارت لبش را بگزید بعد از آن بدماغش‌بالارفته آنجا منزل گزید ...... و مغز سرش میخورد و او را تعذیب مینمود و نمرود در مدت چهل سال درغایت مرض و ملال اوقات گذرانده آنگاه بدوزخ‌شتافت» . (حبیب‌السیر ج ۱ ص ۴۷) ـ «حق‌تعالی پشهٔ ضعیفی را امرفرمود که بدماغ‌آن ملعون بالا رفته مشغول شد بخوردن مغز سر او تا آنکه بحدی او را بیتاب کرد که جمعی را موکل کرده بود که گرزهای گران بـر سر او میزدند که شاید از آن حـالت تسکین یابد و چهل سال بـر این حال ماند و ایمان نیاورد تـا بجهنم واصل‌شد»(حیات‌القلوب ج۱ ص۱۲۳) ـ «مرگ نمرودراسبب نیم‌پشه ساخته بودپشه‌ای بودکه در نیمه اندام‌قوت‌نداشت» . (جوامع‌الحکایات ص ۴۶ و نیز ر. ك : شرح س۶۲۹ تا ۶۳۱).

ص ۲ س ۱۶ ـ اشاره است بموضوع مهاجرت حضرت‌ختمی مرتبت (ص) ازمکه بمدینه و پنهان شدن او در غار ثور . و آن چنان بود که چون قریش و مشرکین مکه از دعوت پیغمبر عاجز شدند قصد کردند تا آن حضرت را بکشند و دین و سنن آبا واجدادی خود را نجات بخشند. حضرت ، بشرحی کـه در تواریخ بایـد دید، حضرت علی‌بن ابیطالب (ع) را در خانهٔ خود گذاشت و شبانه با ابوبکر از مکه مهاجرت فرمود و بقصد مدینه عـازم شد و چون قریش او را تعقیب کردند بین‌راه بغار ثور پناهنده شد . « وخدای عزوجل‌ایشان‌را در آن غـار ناپدید گردانید و بر در غار عنکبوت تـار تنید و جفتی کبوتر را فرمـان داد تا بیامد و بردر آن غار خانه کرد و بیضه نهاد و فی‌الحال بچه بیرون آورد و چون مشرکان از خانـهٔ آن حضرت بـیرون آمـدنـد گفتند محمد (ص) را طلب کنـید پس دلیلی را بمزد گرفتند که او راههای مدینه را نیکو میدانست و از عقب پیغامبربیامدند تا بدر غار ثور آنجا نشانه‌یی دیگر ندیدند. دلیل گفت ایشان باید در این غـار باشند. مشرکان گفتند ای احمق در این شکاف عنکبوت تنیده است و کبوتر خانه نهاده است و بچه برآورده است ، اگر کسی در این غـار درآمدی چنین نبودی » (بلعمی ص ۳۹۱ و نیز ر. ك . شرح ص۲۳ س ۴۲۶).

ص۲ س ۱۷ و ۱۸ ـ مربوط است بقصهٔ سلیمان ووادی نمل که در قرآن کریم سورهٔ نمل آیهٔ ۱۶تا۱۹ بآن اشاره شده است . و در قصص انبیا آمـده است که چون سلیمان بوادی مورچگـان رسید«مورچه‌ای آن‌دیگران را گفت‌بخانه درشوید که سلیمان‌با سپاهی همی‌آید تاشما را زیرپای بگیرند.... سلیمان بخندید ازخرمی‌آن نعمتها که‌خدای تعالی‌اورادادەبود. پس

سلیمان لگام ستور باز کشید و همه بایستادند تا مورچگان بخانه در شدند . (بلعمی ص ۱۸۷ و نیز ر . ك . تفسیرابوالفتوح ج ۴ ص۱۵۴ وکشف‌الاسرارج۷ ص۱۹۲ وجویری ص۱۸۹ وجزائری ج۲ ص۱۵۳ و ثعلبی ص۳۰۵ وحیات‌القلوب ج۱ ص۳۶۲ و نیز ر . ك . شرح سطر ۹۹ مصرع دوم .)

شعار عباسیان سیاه بود (اخبار الطوال ص ۳۲۲) و علت اختیار این شعار را چنین آورده‌اند که پیغمبر اکرم (ص) درروز فتح مکه و یوم حنین علم‌سیاهی بدست‌عموی‌خود عباس دادو بعدها بنی‌عباس رنگ سیاه را برای خود انتخاب کردند وشعارخویش‌نمودند. ابوهلال عسکری گوید که چون مروان بن محمد آخرین خلیفهٔ اموی ابراهیم امام پیشوای عباسیان را کشت طرفداران و شیعیان امام در تعزیت او لباس سیاه پوشیدند و بعدها این رنگ برای آنها محترم شد وشعار خود قرار دادند . (صبح‌الاعشی ج ۳ ص ۲۷۴)ـ دراین بیت سیاهی‌مور به‌شعار عباسیان تشبیه شده است.

سورهٔ نمل با آیهٔ طس شروع میشود و غرض از « طاس » باید طاس لغزنده باشد و آن «سوراخ مورچه‌خوارست که بصورت قیف و طرجهاله‌ای در صحرا سازد که دهان آن گشاد وبن‌آن تنگ و این سوراخ را با خاکی بنرمی غبار برآورد و خود در زیر خاك پنهان باشد و آنگاه که مورچه در طاس افتد برای لغزیدن پاهای او در غبار نتواند بیرون آمدن و مورچه‌خوار از زیر غبار سر بیرون کند ومورچه را بیرون کشدوبخورد. سعدی گوید :

چو درطاس لغزنده افتاد مور رهاننده را چاره‌باید نه زور

(لغت‌نامه ذیل لغزنده)

معنی‌این دوبیت چنین‌است که مورضعیف را آن درجه دادکه سلیمان را باچنان حشمت‌باو نظرها بود . او را بشعار عباسیان بیاراست و بدون رنج‌ومشقت وریاضت سوره‌ای از سور قرآن کریم را بنام او کرد .

ص ۲ س ۲۱ ـ اشاره است بقصهٔ‌آدم ابوالبشر ورانده‌شدن او ازبهشت و هبوط او بزمین و زاری و ندبهٔ او در زمین از گناهی که مرتکب شده بود . «در خبر است که آدم درماه رمضان بزمین آمد روز آدینه هفت‌ساعت از روز گذشته ... آدم به‌هندوستان بکوه سرانديب افتاد ودر عالم از آنجا جایی بلندترنیست، حوا به‌جده افتاد بآب دریا درهفت فرسنگی مکه. پس‌آدم همچنان برکوه‌سراندیب نشسته بود نخستین تسبیح میگفت وهمی‌گریستی از گناه خویش. چهل شبانه‌روز چیزی نخورد وگرسنه همی بود ... پس‌آدم چند سال برسرآن کوه گریست ازدرد گناه خویش و هرآبی که از چشم او میریخت بدان کوه درختان رستی وهلیله وبلیله ودیگر داروها که فرزندانش از آن منفعت یابند و امروز داروهای جهان از هندوستان آرند ....پس چون صد سال آدم برسر کوه گریست‌خدای تعالی جبرئیل را بفرستاد گفت اینهمه گریستن از بهر چیست ؟ گفت یا جبرئیل چرا

نگریم؛ ازهمسایگی خداوند دور افتادم ودر فرمان خلاف آوردم. جبرئیل اورا سخنانی یاد داد که بگوید تا خدایتعالی توبهٔ اورا قبول فرماید.» (باختصار ازجویری ص۲۵و۲۶ و جهت مزید اطلاع از آدم وکیفیت رانده شدن او از بهشت وزاری او و قبول توبهٔ وی ر. ك . قرآن کریم سورهٔ بقره آیهٔ ۳۰ تا ۳۹ و قصص من‌القرآن ص ۶ تا ۱۱ وابن‌اثیر ج ۱ ص ۱۱ تا ۲۰ ومجمل‌التواریخ ص ۱۸۱ وحبیب‌السیر ج ۱ ص۱۷ تا۲۳) .

ص۲ س ۲۲ ـ اشاره است بقصهٔ نوح وارشادهزارسالهٔ او وانکار قومش وعدم تأثیر انفاس قدسی او درقوم پس از هزار سال که در قرآن کریم سورهٔ اعراف آیهٔ ۵۹ تا ۶۴ و هود آیـهٔ ۲۵ تا ۴۹ و شعراء آیهٔ ۱۰۵ تا ۱۲۲ ونوح آیهٔ ۱ تا ۲۸ آمده است ونیز در توراة سفرپیدایش‌باب ۵۹ آیهٔ ۱ تا ۷ و قصص من‌القرآن. صفحهٔ ۱۷ وسایر کتب قصص انبیا بآن اشارشده‌است.

ص۲ س ۲۳ـ اشاره است بقصهٔ ابراهیم خلیل(ع) ودرآتش‌افکندن او بامر نمرود و گلستان شدن‌آن آتش برخلیل که مراجع‌آن درذیل ص۲ س۱۴ آورده شد (ونیز ر. ك. شرح س۶۲۹) .

ص۲ س ۲۴ ـ اشاره است بقصهٔ اسمعیل کـه پدرش ابراهیم اورا بفرمان خدایتعالی و خوابی که دیده بود بقربانگاه برد تا ذبح کند و چون کارد برگلوی پسر نهـاد « آوازی شنید کـه ای ابراهیم بدرستی که راست گردانیدی خـواب خود را و چـون بـاز پس نگریست کبشی بنظرش‌آمد ـ و به روایت ابن‌عباس‌آن کبشی بود که هابیل قربان کرده بود وایزد تعالی اورا زنده گردانیده دراین‌مدت درمرغزار بهشت میچرید ـ چون چشم خلیل(ع) برآن گوسپند افتاد متوجه‌گرفتنش شد وکبش گریخته ابراهیم بشتافت و نزدیك هر جمره از از جمرات هفت سنگ بطرف او انداخت درجمرهٔ کبری آنرا بگرفت و درمنی قربان فرمود . (جیب‌السیر ج ۱ ص ۵۳ ونیز ر. ك . : سورهٔ الصافات آیهٔ ۱۰۱ تا ۱۰۸ و تفسیر ابوالفتوح و فخررازی ذیل همین آیات وثعلبی ص ۹۳ و حیات القلوب ج ۱ ص ۱۴۴) ـ در توراة قصهٔ ذبح به اسحق نسبت داده شده است نـه اسمعیل (ر . ك : سفر پیدایش باب ۲۲) .

ص۲ س ۲۵ و ۲۶ـاشاره است بقصهٔ یعقوب پیغمبر و پسرش یوسف که طبق افسانه‌های مذهبی، یوسف را باصرار‌برادرانش همراه‌آنهاکرد تا برای تفریح وتفرج وتیراندازی بخارج شهر برند ولی آنها درحق یوسف کین کردند و درچاهش افکندند و پیراهن او را بخون گوسفند آلودند وبرپدر عرضه کردند که‌گرگ اورا دریده‌است. وبنابشرحی که بتفصیل درکتب قصص‌انبیا آمده یوسف راکاروانیانی‌که‌به‌مصر میرفتند ازچاه بیرون کشیدند وهمراه خود به‌مصر بردند و به‌عزیزمصر فروختند و زلیخا زن عزیز براو عاشق شد وچون یوسف از خاندان عصمت‌بود بخواهش آن زن تن نداد ومدت درازی به زندان افتاد. (جهت مزید اطلاع ر . ك . قرآن کریم سورهٔ یوسف و توراة سفر تکوین باب۳۰ تا ۴۹ و قصص من القرآن ص۸۰ وطبری ج ۱ص ۱۶۹ و بلـ می ص ۹۰ و ابوالفدا ج ۱ ص ۱۷ و کتب قصص انبیاء) .

ص۲ س۲۷ ـ اشاره است بقصهٔ ایوب پیغمبر و گرفتار شدن او بمرضی صعبناك که سالهای دراز بطول انجامید تاآنکه خدایتعالی اورا شفا داد و ازآن رنج دراز و مهلك برهانید . محققین تاریخ مذهب درتاریخی بودن این شخص شك کرده‌اند ولی درتوراة یك کتاب بنام او (ایوب) هست که حاوی سرگذشت اوست . (جهت مزید اطلاع بر احوال این پیغمبر ر. ك. : کتاب نامبرده درتوراة وقرآن کریم سورهٔ انعام آیهٔ ۸۴ و انبیاء آیهٔ ۸۳ و ۸۴ و ص آیهٔ ۴۱ تا ۴۴ و تفسیر ابوالفتوح ج ۴ ص ۴۷۰ و کشف الاسرار ج ۸ ص ۳۵۴ و ثعلبی ص ۱۵۳ و جویری ۱۶۰) .

ص۲ س۲۸ ـ اشاره است بقصهٔ یونس که شرح آن ذیل سطر ۶۶۰ تا۶۶۵ آمده است.

ص۲ س۲۹ ـ اشاره است بقصهٔ تولد موسی (ع) پیغمبر مشهور بنی‌اسرائیل که طبق اساطیر مذهب پیش ازتولدش کاهنان مصری فرعون را از بدنیا آمدن او خبر دادند وباو گفتند باتولد این طفل وقوت یافتن اوسلطنش ازبین خواهد رفت . شب تولد اوفرعون امر کرد تازنان بنی‌اسرائیل را از شوهران جدا کردند و هرنوزاد نرینه‌ای که ازآنها بدنیا آید بکشند اما موسی بااینهمه بدنیا آمد ومادرش بامر خدایتعالی او را درگهواره‌ای نهاد وبآب نیل داد وتوکل بذات پرورگار کرد آب آن گهواره و کودك خردسال را بپای قصر فرعون برد و دختر فرعون کودك را از آب بگرفت و نادانسته مادر اورا بدایگی وی گماشت تا شیرش داد و کودك درخانهٔ فرعون بزرگ شد وبشرحی که در قصهٔ او باید دید بر فرعون بیاغالید و بنی‌اسرائیل را از چنگ مصریان نجات بخشید . (جهت اطلاع براین قصه ر. ك. : قرآن کریم سورهٔ قصص آیهٔ ۳ تا ۱۴ و توراة سفر خروج فصل دوم و بلعمی ص ۱۲۴ و حیات القلوب ج ۱ ص ۲۱۳ و جزائری ج ۲ ص ۵ و جویری ص ۱۴۰) .

ص۲ س ۳۰ ـ اشاره است بقصهٔ داود پیغمبر و زره گری او که جزو معجزاتش شمرده شده است : « وکرامت دیگر آن بود که آهن دردست وی چون موم شد تا وی هرروزی زرهی تمام کردی و چهارصد درم فروختی دویست درم بدرویشان صدقه دادی وصد درم نفقهٔ عیال خویش کردی و صد درم بخویشاوندان دادی . » (جویری ص ۱۷۵ و نیز حیاة القلوب ج۱ ص۳۳۱) وباین معجز او درقرآن کریم اشاره شده است ر. ك. : سورهٔ سبا آیهٔ ۱۰ انبیاء آیهٔ ۸۰ اما درتوراة باین صنعت اواشاره نشده است .

ص ۲ س ۳۱ ـ اشاره‌است بقصهٔ سلیمان پادشاه و پیغمبر مشهور بنی‌اسرائیل که طبق اساطیر مذهب برجن وانس یا آدمی وپری حکومت میکرد و پادشاهی‌او بسبب انگشتری بودکه برآن نام سنی یااسم اعظم نقش شده بود و دیوی آن انگشتری از وی بدزدید و پادشاهی از او بشد و بدست دیو افتاد . (جهت مزید اطلاع برکیفیت این پادشاهی وچگونگی قصهٔ دیو سلیمان ر. ك. : اسرارنامه ص ۳۵۷ بکوشش نگارنده) .

ص۳ س ۳۲ ـ اشاره است بقصهٔ زکریا یکی از انبیاء بنی‌اسرائیل و پدر یحیی تعمید دهنده بود که طبق روایات مسلمین «چون مریم عذرا به‌عیسی حامله گشت و غیر از زکریا کسی با او ملاقات نمی‌نمود یهود که طینت ایشان بربهتان وافترا مجبول بود جناب نبوی را بزنا متهم داشته قاصد قتل اوشدند و زکریا این معنی را فهم کرده بطریق فرار از میان آن اشرار بیرون رفت ودر اثناء راه از درختی آوازی شنیدکه یا نبی‌الله بجانب من بیا زکریا نزدیك آن درخت رفت ودرخت شق شده زکریا را درجوف خود جای داد و بازاجزایش بهم متصل گشت . شیطان گوشهٔ جامه او را بگرفت تا از درخت بیرون ماند و جمعی که از عقب زکریا متوجه بودند شیطان رابصورت انسان دیده پرسیدندکه پیری باین‌صفات دراین راه بنظرتو درآمد ؛ ابلیس جواب داد که من شخصی ساحر تر از آن پیر ندیدم زیراکه بسحر این شجره را شکافت ودر جوف آن پنهان شد و اینك گوشهٔ جامهٔ او بیرون مانده، وقوم بتعلیم آن لعین زکریا علیه‌السلام را با اره دوپاره کردند (حبیب‌السیر ج ۱ ص۱۳۸) ـ درقرآن کریم دو جا از زکریا اسم برده شده‌است و درهر دو جا ضمن قصهٔ مریم آمده است ، ر. ك. : سورهٔ آل‌عمران آیهٔ۳۷ وسورهٔ مریم آیهٔ ۲) ـ اما در انجیل زکریا پدر یحیی تعیمد دهنده کشته نشد وهمین زکریاست که به احوالش در قرآن کریم اشاره شده‌است ودرانجیل‌لوقا نیز بعینه‌آمده‌است (ر. ك. ؛ لوقا باب۱ آیهٔ۵ تاآخرباب)ـ اما در تورات بدو زکریا برمیخوریم‌که کشته شدند اما نه بشرحی‌که درکتب قصص‌مسلمین آمده‌است . زکریای (اول) نام یکی‌ازپادشاهان یهود است پسر یاربعام که بعلت‌خطاهایی که مرتکب شد بدست شلوم پسریابیش بقتل رسید. (دومین ملوك فصل۱۵ آیهٔ ۸ تا ۱۱) زکریای (دوم) نام یکی از کهنه یهود است که پسر یهویاداع کاهن بود و در زمان او بنی‌اسرائیل از مذهب قدیم خود اعراض کردند وبه بت پرستی گرائیدند واو که‌کاهن بود آنها را تقبیح کرد ولی قوم بنی‌اسرائیل براو شوریدند واو را در صحن خانهٔ خدا سنگسارکردند . (ر. ك. ؛ دومین تواریخ ایام فصل ۲۴ از آیهٔ ۱۵ تا۲۲) .

ص۳ س۳۳ ـ مربوط است بقصهٔ کشته شدن یحیی‌بن زکریا که بنا بروایت مسلمین درزمان او پادشاهی بود که با زنی رابطهٔ نامشروع داشت و چون آن زن پیر شد این رابطه را با دخترش برقرار کرد ومادر این‌دختر با یحیی پسرزکریا دشمنی‌داشت بدختر خود سپرد که‌چون ترا نزد پادشاه برند واز تو بپرسد چه حاجت داری بگو حاجت من آنستکه یحیی پسر زکریا را بکشی وآن دختر چنین کرد وپادشاه «طشتی‌ازطلا طلبید ویحیی(ع) را حاضر کرد وسرمبارکش را درمیان طشت برید چون خون‌آن حضرت را برزمین ریختند بجوش آمد وهرچندخاك برآن خون میریختند خون میجوشید وبررومی‌آمد تاآنکه تل‌عظیمی شد. وچون‌آن قرن منقرض شد وبخت نصر بر بنی اسرائیل مسلط شد ازسبب جوشیدن آن خون پرسید هیچکس ندانست گفتند مرد پیری هست‌او میداند، چون اورا طلبیداز او پرسید اواز پدر وجد خود قصهٔ حضرت یحیی را نقل کرد الخ » (حیاةالقلوب ج ۱

ص۳۸۶)ـ اما درانجیل قصهٔ کشته شدن یحیی تعمید دهنده چنین آمده‌است : «هیرودیس بجهة خاطر هیرودیا زن برادرخود فیلپوس یحیی‌را گرفته بسته درزندان‌انداخت بجهت آنکه یحیی ویرا گفته بود که ترا داشتن آن زن حلال نیست واراده قتل او را نمود لیکن ازخلق میترسید چون پیغمبرش میدانستند . در اثنـای عیش نمـودن روز تولـد هیرودیس دختر هیرودیا درمیان مجمع رقص نمود وهیرودیس را اشاره نمود بنابراین قسم خورده وی را وعده داد که هرآنچه طلب نماید بوی عطـا کند وچون مادرش او را تحریك نموده‌بود گفت که سریحیی تعمید دهنده را درطبقی در اینجـا بمن عطا فـرما و پادشاه ازاین اندوهناك گشته لیکن بجهت پاس قسم ووساطت همنشینان بدادن آن‌فرمان داد، پس فرستاد سریحیی را درزندان جدا نمودند وسراورا درطشتی حاضر نموده به آن دخترتسلیم نمود . (انجیل متی باب ۱۴ ازآیهٔ ۳ تا ۱۲) ـ اما درقرآن کریم در چندین جا به یحیی پسرزکریا یا یحیی تعمید دهنده ومبشرظهور عیسی(ع) اشاره شده‌است ولی نه بصورت حکایت بالا. (جهت مزید اطلاع ر. ك. : آل‌عمران آیهٔ ۳۸ تا۴۱ وسورهٔ مریم آیهٔ ۲ تا ۱۵ و انبیاء آیهٔ ۸۹ و۹۰) .

ص۳ س ۳۴ ـ اشاره است بقصهٔ عیسی‌بن مریم (ع) وآزاری که از جانب یهودیـان متوجه او شد کـه اغلب‌کتب قصص وافسانه‌های مذهبی بآن اشاره کرده‌اند (ر. ك. : اناجیل اربعه و ثعلبی ص۳۸۱ ببعد وجویری ص۲۳۵ وجزائری ج۲ ص ۱۸۹ ببعد).

ص۳ س ۴۰ ـ منزه : بضم میم و فتح زاء و تشدید آن ، در لغت بمعنی پاك و دور گـردانیده شده از زشتیهاست (غیاث) ودراصطلاح صوفیه شخصی است که ذات حـق را بصفت تنزیه دانسته باشد وازحیثیت ظهور درمظاهر ندیده ونداسنته باشد. (لطایف)

ص۳ س ۴۹ ـ نفس : در لغت بمعنی جان ـ تن ـ عین هرچیزی است (منتهی‌الارب) ودر اصطلاح حکما بخاریست لطیف ازجنس‌جوهرکه حامل قوهٔ حیات وحس وحرکت ارادیست وحکما آنرا بروح حیوانی تعبیرمیکنند . وآن جوهریست تابنده بربدن که هنگـام موت نورآن در ظاهر وباطن بدن منقطع میشود ، اما این‌نور دروقت خواب از ظاهر بدن قطع میگردد وازاینجا ثابت میشود که خواب ومرگ از یك جنس‌اند چه درمرگ انقطاع کلـی نفس است ودرخواب انقطاع جزئی وتدبیراین جوهر نفس بربدن برسه نوع است : اول آنکه تابش نفس بجمیع اجزاء ظاهری وباطنی بدن برسد و این درحالت بیداریست دوم آنکه این تـابش از ظـاهر بـدن منقطع شود و این حـالت خوابست و سوم آنکه بکلی از بدن منقطـع شود و آن حـالت موت و مرگ است . (تعریفات) ـ امـا صوفیـان نفس را بـدو نوع تعـبیر میکنند : اول بمعنی حقیقت ذات انسانـی و دوم بمعنـی جمیع قـوای شیطانی از قبیل غضب و شهوت و حقد و حسد و طمع و غیره، اغلب صوفیان از جمله عطـار و مولانـا جلال‌الدین بلخی همیشه نفس را بمعنی دوم یعنی سرچشمهٔ همهٔ بدیهـا و زشتیها تصور کرده‌اند و معتقداند کـه همهٔ هم صوفی باید صرف سرکوبی این دشمن

پنهان ستیزکه اصل ومنشاء همهٔ مفاسد اخلاقی‌است بشود . (جهت مزید اطلاع برکیفیت نفس وعقاید صوفیان در بارهٔ آن ر. ك . : احیاء علوم الدین ج۳ ص۴۳ تا ۷۰ و۱۹۳ تا ۳۴۵ و رسالهٔ قشیریه ص ۴۴ و ۷۱ ومصباح‌الهدایه ص ۸۲ تا ۹۰ وسایر کتب و رسالات صوفیان) .

ص۴ س ۵۷ - درقرآن کریم‌آیات فراوانی است مبتنی بر مضمون این بیت از قبیل: « ولقد خلقنا الانسان ونعلم ما توسوس به نفسه ونحن اقرب الیه من حبل‌الورید » (سورهٔ ق‌آیهٔ ۱۶) و « هومعکم اینما کنتم » (سورهٔ حدید آیهٔ۴۰) و«هومعهم اینما کانوا» (مجادله آیهٔ ۸) (ونیز ر. ك. : انعام‌آیهٔ ۳ و ۶۰ ویونس‌آیهٔ۶۱ وهود آیهٔ۶ونحل‌آیهٔ۸۱ واسراء آیهٔ۲۵).

ص۴ س ۶۵ - **عیار**: بفتح عین و تشدید یاء ، درلغت بمعنی مرد بسیارحرکت وراه زن و دزد وامثال آن آمده است ولی دراصطلاح آن زمان عیاران مردمانی بودند کاری و جلد و هوشیار از طبقهٔ پائین اجتماع که اغلب در هنگامه‌ها و ماجراها شرکت میکردند و از خود اعمال و فنونی‌نشان میدادند . درکتب قصص و روایات قدیم از قبیل الف اللیل و اللیله وجوامع‌الحکایات و الفرج بعد شده واسکندرنامه و داراب‌نامه وامثال‌آن حکایات دلنشینی ازاین‌گروه نقل شده‌است. (جهت‌اطلاع براحوال این‌جمع درقرن چهارم هجری ر. ك. : حجة الحق تألیف نگارنده ص ۸۶) .

ص ۵ س ۷۲ - شبیه است بمضمون این بیت از حافظ :

بر درشاهم گدایی نکته‌ای در کارکرد   گفت برهرخوان که بنشستم خدا رزاق بود
(حافظ قزوینی ص۱۴۰)

ص۵ س ۸۵ - گویند وقتی که عیسی علیه‌السلام را بآسمان میبردند سوزنی همراه داشت وچون بفلك چهارم رسید ملائکه خواستندکه بالاترش برند امرشد که جستجوکنند تا از دنیاچه‌چیز همراه دارد چون دیدند که سوزنی و کاسه شکسته‌ای داشت فرمان رسید که همانجا نگاهش دارند (آنندراج)- باین‌قصهٔ عیسی وسوزنش دراشعارفارسی بسیار اشاره شده‌است ازجمله ر. ك. : دیوان خاقانی‌ص۲۰ سطر۱ تا۳ واسرارنامه چاپ نگارنده سطر۲۸۵۲ .

ص ۵ س ۸۶ - **گلشن نیلوفری**: در قرآن کریم آمده است: « ثم استوی الی السماء و هی دخان » (سورهٔ فصلت آیهٔ ۱۱) .

ص۶ س ۸۹ - اشاره است بآیهٔ شریفهٔ : « الم تر ان الله یسجد له من فی السموات و من فی الارض والشمس والقمر والنجوم والجبال والشجر والدواب وکثیرمن‌الناس وکثیرحق‌علیه‌العذاب » (سورهٔ حج آیهٔ ۱۸) .

ص۶ س ۹۰ - اشاره است بآیهٔ شریفهٔ : « سیماهم فی وجوههم من اثرالسجود» (سورهٔ فتح‌آیهٔ ۲۹)

ص۶ س ۹۱ - **بسط** : در لغت بمعنی گستردن است (صراح) و در اصطلاح صوفیان واردیست غیبی برقلب سالك که درآن حالت خود را درانبساط وگشایش وفتوح می‌بینند .

قبض : در لغت بمعنی به پنجه گرفتن و گرفتگی است (صراح) و در اصطلاح صوفیان

گرفتگی دلست ازهیبت و عتاب حق تعالی. درتعریف این دواصطلاح آورده‌اند: «قبض و بسط دو حالت‌اند از احوالی که تکلیف بنده ازآن ساقط است چنانکه آمدنش بکسی نباشد و رفتن بجهدی نه . قوله تعالی: «والله یقبض و یبسط ». پس قبض عبارت بود از قبض قلوب اندرحالت حجاب وبسط عبارتست از بسط قلوب اندرحالت کشف واین‌هردو از حق است بی‌تکلف بنده (کشف‌المحجوب ص ۴۸۹) .

ص ۶ س ۹۴ - قدما آسمان را گردان میدانستند وزمین را ساکن .

مصرع دوم: باید اشاره باشد بآیات واقع درسورهٔ حج آیهٔ۶۱ وسورهٔ لقمان آیهٔ ۲۹ وسورهٔ حدید آیهٔ ۶ که صحبت از ایلاج لیل و نهار میفرماید .

ص ۶ س ۹۵ - مصرع اول: مربوط است بـآفرینش آدم و دمیدن روح دراو واشاره است بآیهٔ شریفهٔ: « فاذا سویته ونفخت فیه من روحی فقعوا له ساجدین » (سورهٔ حجر آیهٔ ۲۹) که در موضوع آفرینش‌آدم از گل ولای ریخته شده ودمیده شدن جان درکالبد خاکی او، نازل شده است .

مصرع دوم : اشاره است بآیـهٔ شریفـهٔ قرآن که ذیل سطر۸۶ ذکر شد و روایتی از ابن عباس در کیفیت خلقت عالم باین مضمون : « لما اراد الله ان یخلق العالم خلق جوهراً فنظر بنظر الهیبة فاذابه فصارنصفین من هیبة الرحمن نصفه نار و نصفه ماء فاجری‌النار علی‌الماء فصعد منه دخان فخلق من ذالك الدخـان السموات و خلق من زبده الارض » (مرصاد العباد ص ۳۳) .

ص ۶ س ۹۶ - مصرع اول: اشاره است بقصهٔ اصحاب کهف که مردمانی مسیحی وزاهد و عابد بودند و از ایذاء پادشاه‌وقت‌که بت‌پرست‌بود ومسیحیان را آزارمیکرد بغاری پناهنده شدند وبامر خدایتعالی مدت چندین قرن در آن غـار بخواب رفتند وچون بیدار شدند خیال کردند نیمی از روز بیشتر نخوابیده‌اند و هنگامیکه یکی از آنها برای خرید غذا بشهر آمد ملتفت شدکه از روزگار آن پادشاه جبار قرنها گذشته است و همهٔ اهل‌شهر به‌آیین مسیح گرویده‌اند . (جهت مزیداطلاع براحوال این قوم ر.ك. قرآن‌کریم سورهٔ کهف‌آیهٔ ۱۳تا ۲۷ و قصص من‌القرآن ص ۲۳۱ و جویری ص ۲۳۰ و جزائری ج ۲ ص۲۲۹ و ثعلبی ص ۴۱۱ و مجلهٔ دانشنامه ج ۱ وتعلیقات نگارنده بر اسرار نامه ص ۲۴۸) .

مصرع‌دوم: باید اشاره‌باشد بقصهٔ اخی‌فرج زنجانی‌صوفی‌مشهورقرن پنجم‌که در نفحات‌الانس باین شرح آمده است : « گویند ویرا گربه‌ای بوده استکه هرگاه جمعی‌مهمانان بخانقاه شیخ توجه‌کردندی آن گربه بعدد هریك ازایشان بانگی‌کردی وخادم خانقاه بهر بانگی يك‌کاسه آب در دیگ ریختی. يك روز عدد مهمانان برعدد بانگ های وی بیکی زیادت بود تعجب کردند. آن گربه بمیان آن‌جماعت درآمد ویك‌يك رابوی کردن گرفت و بر یکی از آنها بول‌کرد چون تفحص کردند وی از دین بیگانه بود . گویند که روزی‌خادم مطبخ قدری شیر در دیگ کرده بود که برای اصحاب شیر برنج‌پزد ماری سیاه دردیگ

افتاد آن‌گربه آنرا دید کرد دیگ می‌گشت وبانگ میکرد واضطراب مینمود خادم‌چون از آن معنی غافل بود ویرا زجر میکرد و دور می‌انداخت چون خادم بهیچ نوع متنبه نگشت گربه خود را در دیگ انداخت وبمرد. چون شیربرنج را بریختند ماری سیاه از آنجا ظاهر شد. شیخ فرمود که آن‌گربه خود را فدای درویشان کرد ویرا در قبر کنید وزیارتی‌کنید. میگویند که حالا قبروی‌ظاهراست ومردم زیارت‌آن‌میکنند: (نفحات‌الانس چاپ نول کشور ص۱۴۸).

ص ۶ س ۹۹ـ مصرع اول : میتواند اشاره باشد بعصایی که سلیمان وقت مرگ برآن تکیه کرد و مردمان وشیاطین‌مدتها خیال میکردند او زنده است تا موریانه‌آنرا خورد و جسدسلیمان برزمین افتاد ، چنانکه در قرآن کریم آمده‌است : «فلما قضینا علیه الموت مادلهم علی موته الا دابة الارض تاکل منساته فلما خر تبینت الجن ان لو کانوا یعلمون الغیب ما لبثوا فی العذاب المهین » (سورهٔ سبا آیهٔ ۱۴) ـ «پس بآخرکار (سلیمان) عصای خود پیش گرفت وتکیه برآن کرد و هردوکف خویش زیر سرنهاد وآن عصا او را همچون پناهی گشت وملك الموت در آن حال قبض روح وی کرد و یك سال براین صفت بر آن عصا تکیه زده بماند و شیاطین و جن همچنان درکار ورنج عمل خویش میبودند و نمی‌دانستند که سلیمان را وفات رسید . بعد از یکسال چون ترده (کرم گندم خوار)عصای وی بخورد و سلیمان بیفتاد شیاطین بدانستند که سلیمان را وفات رسید و ایشان از رنج و عذاب وی بازرستند» (کشف الاسرار ج ۸ ص ۱۲۶) .

مصرع دوم : اشاره است بسخن گویی مور باسلیمان که در قرآن کریم بآن اشاره است : «حتی اذا اتوعلی وادا لنمل قالت نملة یاایها النمل ادخلوا مساکنکم لایحطمنکم سلیمان و جنوده و هم لایشعرون * فتبسم ضاحکا من قولها الخ » (سورهٔ نمل آیهٔ ۱۸ و ۱۹) ـ «سلیمان سوار بود با لشکرخویش . نزدیك آن مورچگان رسیدند . نام مهتر ایشان ارجا بود و لشکرخویش را آگاه کرد ازآمدن سلیمان . باد گفتار او را بگوش سلیمان رسانید وآن مورچه را خواند و اورا گفت چراگفتی بمورچگان تا بگریزند ؟ ازسپاه من چه دیدی ؟ عرض کرد یا نبی الله بر من خشم مگیر و برمن بانگ مزن که تومَلکی و من نیز ملکم حق تعالی چهار طبقه زمین مرا داده است و هرطبقه‌ای با چهل سرهنگ زیر دست‌من است و زیر دست هر سرهنگی‌چهار هزار هزارمورچه‌است... سلیمان‌گفت چرا گفتی بگریزند؟ عرض کرد زیرا که این زمین زر دارد و آدمی بزر حریص است ترسیدم این زمین را بگردانند و سپاه مرا رنج رسد . سلیمان پرسید این دانش تو از کجاست ؟ گفت ای سلیمان پنداری که علم جهان توداری، حق تعالی همهٔ عقل بیك نفر ندهد » (جویری ص۱۸۹)؛ بعد از این مکالمات یك سلسله سؤال وجوابهایی بین سلیمان ومورچه ردوبدل شده‌است که نقل‌آنهمه دراینجا ممکن‌نیست. (جهت مزیداطلاع ر.ك. : قصص‌انبیا ذیل سرگذشت سلیمان و ابوالفتوح ج ۷ ص۳۹۲ چاپ تهران ده جلدی سال

۱۳۲۰ و فخر رازی ج ۶ س۵۵۶ و بیضاوی ج۲ ص۱۹۵ ومنهج‌الصادقین ج۲ ص۳۴۰).

ص۶ س ۱۰۰ـ مصرع اول : اشاره است بعصای موسی که بامر خدایتعالی تبدیل باژدها شد وبعنوان یکی‌از معجزات موسی(ع) برعلیه قوم فرعون ومصریان بکاررفت ودرقرآن کریم بارها باین‌معجز اشاره‌شده‌است ازجمله آنکه حق‌تعالی‌هنگامیکه موسی‌را درکوه طور موردمکالمه قرارداد فرمود: «ماتلك بیمینك یاموسی* قال هی‌عصائی اتوکا علیها واهش‌بها علی‌غنمی ولی‌فیهامآرب‌اخری * قال‌القاها یا موسی* فالقاها فاذاهی‌حیة تسعی* قال خذها ولاتخف سنعیدها سیرتهاالاولی .» (سورهٔ طه آیهٔ ۱۷تا۲۱) بامر خداوند تبارك وتعالی بنزد فرعون شد و او را بتوحید خواند و چون فرعون از او معجز خواست: « فالقا عصاه فاذاهی ثعبان مبین .» (سورهٔ اعراف آیهٔ ۱۰۷) جهت مزید اطلاع براین قسمت از قصهٔ موسی: (ر . ك. : سورهٔ نمل آیهٔ۷ تا ۱۱ ویونس‌آیهٔ۷۹ تا ۸۲ وقصص آیهٔ۳۱ وشعراء آیهٔ ۳۱) .

مصرع دوم : اشاره است بقصهٔ طوفان نوح که بامر خدایتعالی از تنور پیرزنی شروع شد وزمین را فراگرفت و قوم نوح را که باو‌ایمان نیاورده‌بودند غرق نمود چنانکه درقرآن کریم آمده‌است : «حتی اذاجاء امرنا وفارالتنور قلنا احمل فیها من کل زوجین اثنین و اهلك‌الامن سبق علیه القول ومن ءامن و ماءامن الاقلیل . » (سورهٔ هود آیهٔ ۴۰) و نیز ر. ك . سورهٔ مؤمنون آیهٔ۲۷، اعراف‌آیهٔ ۶۴ و یونس آیهٔ ۷۳ و انبیاء آیهٔ ۷۶ و ۷۷ وشعراء آیهٔ ۱۱۹ و ۱۲۰ و قمرآیهٔ ۱۱و۱۲ .

ص۶ س ۱۰۱ـ نعل در آتش نهادن : (عر+فا . م) عملی است که جادوگران میکنند و آن چنانست که نعلی را میگیرند وبرآن اعداد و اسمایی نقش میکنند و درآتش مینهند و اورادی میخوانند وبرآن میدمند و چنان پندارند که با این عمل میتوانند محبت کسی را در دل دیگری زیادت نمایند تا آن حد که او را بیقرار وآشفته و شیدا سازند که بتعجیل و شتاب بسوی آنکه برایش نعل درآتش افکنده‌اند بشتابد - در فارسی کنایه است از مضطرب کردن و بیقرار نمودن و در اشعار فارسی باین معنی بسیار آمده است. چنانکه خاقانی گوید :

نعل درآتش نهادندی مرا آن نهاد جادوان بدرود باد

و کمال‌الدین اسمعیل گوید :

زعزم تیز تو نعلش درآتش است مگر که خود سکون نشناسد چو عادت دوران

(امثال و حکم ج ۴ص۱۸۱۷)

ص۶ س ۱۰۲ـمصرع اول: اشاره است بقصهٔ صالح و ناقهٔ او که درقرآن کریم بآن اشاره شده است : « قالوا انما انت من المسحرین * ما انت الا بشرمثلنا فآت بآیة ان کنت من‌الصادقین * قال هذه ناقة لها شرب و لکم شرب یوم معلوم * ولاتمسوها بسوء فیأخذکم عذاب یوم عظیم*فعقروها فاصبحوا نادمین* فاخذهم‌العذاب ان فی‌ذلك لآیة وماکان‌اکثرهم‌مؤمنون.»

(سورهٔ شعراء آیهٔ ۱۵۳ تا ۱۵۸) ونیز ر. ك : سورهٔ اعراف آیهٔ ۷۳ تا ۷۸ و هود آیهٔ ۶۲ تا ۶۷ـ (جهت مزید اطلاع برکیفیت این قصه ر. ك. : شرح ص ۳۵ س ۳۶۲ تا ۶۳۵ همین تعلیقات).

مصرع دوم : باید اشاره باشد بگوساله‌ای که سامری درزمان موسی (ع) از زرساخت وقصهٔ آن درقرآن کریم آمده است. (ر. ك. : سورهٔ طه آیهٔ ۸۳ تا ۹۸) بطوریکه در تفاسیر قرآن مجید آمده است آن قصه چنان بود که هفتاد تن ازقوم موسی (ع) ازاو خواهش کردند تا خدای بنی‌اسرائیل را ببینند وباموسی بکوه‌طور رفتند ولی ملاقات موسی مدت چهل روز طول کشید و دراین مدت توراة براو نازل میشد و برالواح می‌نوشت در غیبت او سامری قوم را گمراه کرد «وبسه روز گوساله‌ای زرین بیاراست ومرصع کرد بانواع جواهر، آنکه از آن خاکی که جبرئیل پای براو نهاده بود قبضه‌ای داشت ازآن خاك پاره‌ای در شکم گوساله افکند از او آوازی برآمد چون آواز گوساله ... آنکه ایشانرا (قوم را) جمع کرد و گفت بیا تا بنگری که من ازآن حلی چه ساختم بیامدند و بدیدند که چه سخت نیکو پیراسته بود ومرصع کرده بانواع جواهر ... ایشان که آن بدیدند سجده کردند و گفتند این خدای شما وخدای موسی است. (ابوالفتوح ج ۳ ص ۵۱۹)ـ قصهٔ سامری و ساختن گاو زر وبصدا درآمدن آن در توراة نیامده است.

ص۷ س ۱۱۰ـ **هشت خلد** : (فا + عر) هشت بهشت که عبارت باشند از : ۱ ـ خلد. ۲ـ دارالسلام. ۳ـ دارالقرار. ۴ـ جنت. ۵ـ جنت المأوی. ۶ـ جنت‌النعیم. ۷ـ علیین. ۸ـ فردوس. (غیاث)

هفت‌دوزخ : (فا) هفت‌طبقهٔ دوزخ است ازاین‌قرار : ۱ـ سقر. ۲ـ سعیر. ۳ـ لظی. ۴ـ حطمه. ۵ـ جحیم. ۶ـ جهنم. ۷ـ هاویه که اسفل از همه است. (غیاث)

ص۷ س ۱۱۵ـ **مصرع اول** : اشاره است بحدیث شریف : «خمرت طینة آدم بیدی اربعین صباحاً.» (مرصاد العباد ص ۲۳).

ص۷ س ۱۲۱ـ **مصرع اول**: مأخوذ است از آیهٔ شریفهٔ: «الم نجعل الارض مهاداً * و الجبال اوتاداً.» (سورهٔ نباء آیهٔ ۶ و ۷).

مصرع دوم: باید مأخوذ باشد ازآیهٔ شریفهٔ: «تری الارض هامدة فاذا انزلنا الماء اهتزت و ربت الخ.» (سورهٔ حج آیهٔ ۵).

ص۷ س ۱۲۷ **مصرع اول** : ر. ك. : ص۱ س۲.

ص۸ س ۱۳۳ـ **مرد معطل** : آنکه قائل بتعطیل است : درعرب جاهلیت جماعاتی بوده‌اند که بخدای تعالی و رستاخیز و قیامت اعتقادی نداشتند وطبیعت را خالق و دهر را مهلك میدانستند و جماعات دیگری هم بوده‌اند که بخدا ایمان داشتند اما قیامت را منکر بودند و عده‌ای هم به خدا وقیامت اعتقاد داشتند اما پیغمبران را انکار میکردند وعبادت اصنام مینمودند وآنها را واسطهٔ بین‌خلق وخالق میپنداشتند، مسلمین جمیع این‌مردم را که دارای اینگونه اعتقادات بودند اهل تعطیل یامعطله نامیدند. (جهت اطلاع برمعطلهٔ عهد جاهلی ر. ك. :

شرح ابن ابی‌الحدید ج۱ص ۳۹)ـ ازقرن دوم هجری ببعد که فرقه سازی درمیان‌مسلمانان رایج شد وهردسته‌ای خود را بعقیده‌ای و فرقه‌ای منتسب مینمودند اهل سنت وجماعت خاصه اشاعره جمیع فرقی‌را که از خداوند نفی صفات و اسماء مینمودند معطله نامیدند چون دهریون ومعتزله وخاصه باطنیه. (منهاج ج۱ص ۲۴۱)

ص۱۰ س ۱۶۹ـ **خویش‌را بشناس** : در نهج‌البلاغه آمده‌است: «من‌عرف نفسه فقد عرف ربه.» (نهج‌ـ البلاغه ج۴ ص ۵۴۷).

ص۱۰ س ۱۷۰ـ **مصرع‌اول**: مأخوذ از روایت: «اعرفوا الله بالله والرسول بالرسالة و اولی‌الامر‌بالمعروف والعدل والاحسان.» (اصول‌کافی ج۱ص۴۱) عطار همین مضمون را در تذکرة الاولیاء از قول ابوالحسین نوری نقل کرده است : «گفتند دلیل چیست بخدای ؟ گفت خدای . گفتند پس حال عقل چیست ؟ گفت عقل عاجزیست و عاجز دلالت نتواند کرد جز بر عاجزی که مثل او بود.» (تذکرة الاولیا چاپ تهران جلد۲صفحهٔ ۴۴).

ص۱۰ س۱۷۳ـ اشاره است بآیهٔ‌شریفهٔ: «ما یتبع اکثرهم الا ظناً ان الظن لایغنی من‌الحق شیئاً ان الله علیم بما یفعلون.» (سورهٔ یونس‌آیهٔ ۳۷).

ص۱۰ س۱۷۷ـ **الاالذی**: کنایه است از پیغمبر و یا ولی ومرد کامل ـ ممکن است اشاره باشد بسورهٔ مبارکهٔ: «والعصر* ان‌الانسان لفی خسر*الا الذین‌آمنوا وعملو الصالحات وتواصوا بالحق و تواصوا بالصبر.»(سورهٔ عصرآیهٔ ۱ تا۳) ممکن است اشاره باشد بآیهٔ شریفهٔ:«قال‌آمنت انه لا اله الا الذی آمنت به بنواسرائیل وانا من المسلمین.» (سورهٔ یونس‌آیهٔ۹۰) وممکن است اشاره باشد بآیات ۶۴ تا ۷۵ واقع درسورهٔ فرقان که در کیفیت و چگونگی عبادـ الرحمن ومردان خدا نازل شده است ویا آیات ۲۲ تا ۳۵ سورهٔ معارج که درشأن نمازـ گزاران ومسلمانان واقعی نازل شده است .

ص۱۰ س ۱۷۸ـ**ذره ذره** : مضمون این بیت مأخوذ است از حدیث شریف : «کل ما میزتموه باوهامکم فی‌ادق معاینه مخلوق مصنوع مثلکم مردود الیکم.» (احادیث مثنوی‌ص۱۴۲).

ص۱۰س۱۸۴ـ **قیاس** : بکسر اول در لغت بمعنی اندازه واندازه‌گرفتن میان‌دوچیز و برابرگردانیدن در فکر یکی را با دیگری در حکمی است.(غیاث) ـ در اصطلاح منطقیون «قیاس‌قولی باشد مشتمل بر زیادت از یك‌قول جازم ، چنانکه‌از وضع آن قولها با لذات قولی‌دیگر جازم معین بر سبیل اضطرار لازم آید . چنانکه گوییم هر انسانی حیوانست و هر حیوانی‌جسم.» (اساس الاقتباس ص۱۸۶) ـ اما صوفیان و بسیاری از فرق اسلام با استفاده از قیاس در امور دین خاصه‌موضوع مربوط بتوحید مخالف‌اند. (جهت مزید اطلاع ر.ك.: بباب بدع و رای و قیاس درکتب حدیث شیعه.) ـ مضمون این بیت‌ظاهراً مأخوذ است از حدیث شریف : «ان اصحاب‌القیاس طلب‌العلم بالقیاس فلم یزدادوا من‌الحق الابعداً ان دین‌الله‌لایصاب‌بالقیاس.»(اصول کافی‌ج۱ص ۷۵).

ص۱۱ س ۱۸۷ـ **ماعرفناك** : مأخوذ از حدیث شریف : «ما عرفناك حق معرفتك» (مبین‌ج۱ص۳۵)

ص۱۱ س۱۹۱ ـ لاوالا : در اصطلاح صوفیان مخفف کلمهٔ لااله‌الاالله است‌که‌کلمهٔ توحیداست . واشاره‌است بدو اصطلاح فنا و بقا بزعم صوفیان و گاهی لا بمعنی فانی و معدوم آمده است و در بعضی موارد صوفیان از لانفی کلی واز الا اثبات کلی را درنظرمیگیرند چنانکه درمثنوی آمده است :

تیغ لا در قتل غیر حق براند — در نگر آخر که بعد لا چه‌ماند
ماند الاالله و باقی جمله رفت — شاد باش‌ای عشق شرکت‌سوززفت

(ج۵ نی ص ۳۹)

ص۱۱ س۱۹۲ـ مصرع اول : شبیه است بگفتار مولای متقیان : «لشهادة کل صفة انها غیرالموصوف ، و شهادة کل موصوف انه غیرالصفة.» (نهج‌البلاغه ج۱ص۸)

ص ۱۱ س ۱۹۵ـ کمال : در لغت بمعنی تمام و تمام شدن است و در اصطلاح صوفیان رسیدن سالك است بنهایت مقصود و غایت مجهود خود و آن حاصل نمی‌شود مگر در مقام فنا و بقاء بالله. دسته‌ای ازصوفیان معتقدند چون انسان همیشه مکلف است ودر این تکلیف مقامات و حالات را دوامی‌نیست تا زنده است نمیتواند بکمال واقعی‌که نهایت مقصود است‌برسد. بعضی دیگر گویند صوفی چون بمرحلهٔ جمع‌الجمع رسید و صفات الهی ملکهٔ او شد ، تکالیف از او برمیخیزد و میتواند دست در دامن شاهد مقصود آرد . عطار پیرو مذهب دوم است و میفرماید چون بمرحلهٔ فنا رسی و هستی خود را در هستی کل مضمحل‌بینی‌و از صفات بشری برهی و صفات الهی را ملکه کنی حائز مرتبهٔ کمال و مقام یقین خواهی شد .

صوفیان معتقدند چون تکلیف از آدمی برخاست و قدم در مرحلهٔ کمال نهاد گراییدن او بنقص و کاستی محال است زیرا که صوفی پس از ترك مقام مادون و رسیدن بمقام بالاتر نمی‌تواند قدمی واپس‌کشد پس صوفی کامل نمی تواند اهل تکلیف باشد چه‌مرحلهٔ رعایت‌آداب‌و رسوم‌برای مردکامل سیر قهقرائیست و این سیر برای او محال است‌همانطور که انگور غوره نخواهد شد و مرغ تبدیل به بیضه نمی‌گردد و مرد بالغ بصورت‌طفل‌شیرخوار در نمی‌آید ، مردکامل هم از کمال بنقص نخواهد گرایید . چنانکه در مثنوی آمده است :

آینهٔ خالص نگشت او مخلص است — مرغ را نگرفته است او مقنص‌است
چونکه مخلص‌گشت‌مخلص‌بازگشت — در مقام امن رفت و برد دست
هیچ آیینه دگر آهن نشد — هیچ نانی گندم خرمن نشد
هیچ انگوری دگر غوره نشد — هیچ میوه پخته با کوره نشد

(ج۱نی ص۳۱۸)

ص۱۱ س۱۹۶ـ حلولی : ر . ك. : تعلیقات نگارنده بر اسرارنامه ص ۳۴۱.
فضولی: ر.ك.تعلیقات نگارنده بر اسرارنامه ص۳۵۲.

توضیحات ۲۷۷

ص۱۱ س۱۹۸ تا ۲۰۵ ـ اشاره است بخلقت آدم ابوالبشر و عرضه کردن او برملایك و سجده بردن فرشتگان بر کالبد آدم جز شیطان که اباکرد و ازسجود بآدم خودداری نمود و این قصه بارها در قرآن کریم ذکر شده است ر. ك.: سورهٔ بقره آیهٔ ۳۰ تا ۳۵ و طه آیهٔ ۱۱۶ و ۱۱۷ واعراف آیهٔ ۱۲تا۱۹ و اسراء آیهٔ ۶۱ تا ۶۵ وحجر آیه ۲۸ تا ۸۵ .

ص۱۱س۱۹۸ــ **خلیفه زاده** : فرزندان آدم زیرا درقرآن کریم خدایتعالی آدمراخلیفهٔخود خواند: «واذقال ربك للملئکة انی جاعل فی الارض خلیفة» (سورهٔ بقره آیهٔ ۳۰) . ـ این لقبی است که صوفیان بفرزندان آدم دادهاند چنانکه در اسرارنامه آمده است:

خلیفهزادهای گلخن رهاکن بگلشن شو گدا طبعی قضاکن

(اسرارنامه ص ۹۹)

درمثنوی:

ای خلیفه زادگان دادیکنید حزم بهر روزمیعادیکنید

آنعدوی کز پدرتان کین کشید سوی زندانش زعلین کشید

(نیج ۳ص ۱۶۱)

ص۱۲ س۲۱۳تا۲۱۸ــ اشارهاست بجسموجان که شناسایی جسم بعلت جنسیت آن باعالم مادی ممکناست ولی شناسایی حقیقتجان وطلسم روح ازآنجاکه الهی استممکن نیست.

ص۱۲س ۲۱۵ ـ**غیب**: درلغت بمعنی گمان وپنهانی وهرچه ناپدید باشد از تو. (منتهی الارب)ـ دراصطلاح صوفیان غیب مکنون وغیب مصون عبارتست ازسرذات و کنه آن که جز خدایتعالی آنرا نشناسد وبهمینجهت ازاغیارمصون است و از خردها وچشمهامکنون. (تعریفات)ـ تمام آنچه خدایتعالی راآشکارستوتراپنهان. (ابنعربی)

ص۱۲ س۲۲۳ــ **عرش**، در لغت بمعنی تختوسریرو سلطنت آمدهاستودراصطلاحصوفیان جسمی است محیط بجمیع اشیاء و بجهت ارتفاع بسیارآن یا بعلت تشبیه تخت سلطنت هنگام نزول احکام قضا وقدربایناسمخوانده شدهاست . (تعریفات ونیزجهت مزید اطلاع ر.ك.تعلیقات نگارنده براسرارنامهص۲۳۱).

کرسی: درلغت بمعنی تختکوچكو فلكهشتم آمدهاست(غیاث)ـونیز اشاره به آیهٔ الکرسی واقع درسورهٔ بقره آیهٔ۲۵۵ــ متشرعین آنرا بصورتهای زیر تعبیر کردهاند: ملك وقدرتباری و تدبیراوسبحانه. (منتهی الارب) ـعلم خداکه احاطه دارد برهمهٔ عالم. ـ عظمت و سلطنت اوسبحانه ـ سراو. (ابوالفتوح ج۱ص ۴۴۳)الکرسیموضعقدمه. (ابن عباس)ـودراصطلاح صوفیان«کرسی» موضع امرونهی خدایتعالی است. (ابنعربی)ـکرسی نهعلم استکه آن راه برهان است ، تأویل جاهلانست کرسی را قدمگاه دانیم و این مذهب سنیان است. (کشفالاسرار ج ۱ ص ۷۰۰) جهت اطلاع بیشتراز کیفیت این لغت ر.ك.: تفسیرامام فخررازی ج۲ص۳۱۲ وابوالفتوح ج۱ ص۴۴۳ وکشفالاسرارج ۱ص۶۹۴ و ۷۰۰ وترجمهٔ تفسیرطبریج ۱ص۱۶۱ واصول کافی ج۱ص۱۲۹ـعرش وکرسی اشارهاست بمکان حقیقی

حق تعالی که‌تعیین آن‌برای‌بنده میسرنیست .

ص۱۵ س۲۶۶– مصرع‌دوم: مأخوذ ازآیهٔ شریفهٔ: «ومارسلناك‌الارحمة‌للعالمین.» (سورهٔ‌انبیاء‌آیهٔ۱۰۷) که‌درشأن‌رسول‌الله‌صلی‌اله علیه‌وآله وسلم نازل شده است.

ص ۱۵ س ۲۶۹ ـ معراج: « عروج » درلغت بمعنی برآسمان وببالا برشدن (المصادر) است و معراج نردبان است. (منتخب)ـ ودر اینجا منظور عبره کردن پیغمبر آخرالزمان است در لیلة الاسری برآسمانها که درقرآن کریم درسورهٔ اسری ونجم‌بآن اشاره شده است و مفسرین قرآن‌آنرا مفصل شرح‌داده‌اند ودرکتب تاریخ نیزبتفصیل‌آمده است. (جهت مزید اطلاع ر. ك. تفاسیر امام‌فخر و ابوالفتوح و بیضاوی ذیل آیهٔ اول سورهٔ اسری و نوزده آیهٔ اول‌سورهٔ نجم و سیره ابن هشام ج ۱ ص ۲۴۰ و تاریخ خمیس ج۱ ص۳۴۶ و ابن اثیر ج ۲ ص ۱۹ وLif of mahomet ص ۷۵).

ص ۱۵ س۲۷۲ ـ اولیا : جمع ولی‌بمعنی نزدیکان‌ونزدیکان‌حق‌تعالی‌دراصطلاح صوفیان «ولی»کسی است که عارف بخدا وصفات اوست و پیوسته براطاعت او مواظبت تام داشته باشد واز معاصی اجتناب کند واز انهماك درلذات وشهوات تعرض جوید . (تعریفات)

ص ۱۵ س ۲۷۵ ـ مصرع اول : اشاره است بحدیث شریف : « أناالحاشرالذی یحشرالناس علی قدمی.» (بخاری ج ۴ ص ۱۷۲) .

مصرع دوم : مأخوذ است از حدیث شریف: « انماانارحمة‌مهداة. » (ناسخ التواریخ جلد اول ازکتاب دوم چاپ تهران صفحهٔ ۸۰۱)

ص ۱۵ س ۲۷۶ تا ۳۰۰ـ اشاره‌است بحدیث شریف : « لولا محمد ماخلقت‌الدنیاوالآحزة ولاالسموات ولاالارض‌ولاالعرش‌ولاالکرسی‌ولااللوح‌ولاالقلم‌ولاالجنة‌ولاالنارولولامحمدماخلقتك‌یاآدم.» (شرح تعرف ج ۲ ص۴۶) ـ شیعیان احادیث واخبار بسیار نقل کرده‌اند که دلیل است برسبق نور رسول الله (ص) بـه آفرینش‌آدم وحاکی ازآن است که جهان و جهانیان از لوح وقلم و عرش و کرسی آدم و جزاو همه بطفیل آن نور پاك بوجودآمده‌اند. (جهت مزید اطلاع ر . ك.: بحـارالانوار ج ۶ باب خلقت و ینابیع الموده ص ۹ باب سبق نور رسول‌الله(ص) وفصل‌الخطاب‌ص۱۰۶باب سبق‌خلقه(ص) وص۱۰۷باب‌جمیع‌ماسواه نوره).

ص ۱۵ س ۲۸۱ ـ اشاره است به حدیث مشهور:« لولاك لما خلقت الافلاك .»

ص ۱۶ س ۲۸۲ ـ اشاره است بحدیث شریف:« اول ماخلق الله نوری .» (ینابیع‌الموده ص ۹)

ص ۱۶ س ۲۸۴ ـ مصرع دوم : اشاره است بحدیث شریف:« خلقت من نورالله عز وجل و خلق اهل بیتی من نوری . » (بحار الانوار ج ۶ باب بدء خلقه) و حـدیث شریف: «انـا من الله والمؤمنون منی.» (مرصادالعباد ص۲۱)

ص۱۶س۲۸۶تا۲۹۶ ـ مربوط است بخلقت‌نوررسول‌الله(ص) وپدیدآمدن عالم وآدم ازآن نور ،که بزعم مسلمین خدایتعالی اول نور محمد (ص) راآفرید پس ازآن نور جمیع‌مخلوقات را پدیدار کرد سپس آن نور را در پشت حضرت آدم قرار داد و در اصلاب مطهر از صلبی بصلبی

منتقل گردید تابصلب عبدالله رسید .

خدایتعالی چون نور محمد (ص) را خلق کرد هزار سال او را نزد خود نگاهداشت تا بحمد و ثنای ذات باری مشغول باشد سپس نورآن حضرت را درخشان کرد وشعاع آنرا بلند نمود و از آن دوازده حجاب آفرید . هزاران سال برآن بگذشت تا از نور آن حضرت بیست دریا بیافرید ودرهر دریا چندان علم بود که غیراز خدا کسی از مقدارآن آگاهی نداشت وآن حضرت را درآن دریاها غوطه داد و چون از آخرین دریا برآمد اورا خطاب کرد وگفت توآخر رسولان منی وشفیع روز جزایی .آن نور بسجده افتاد و چون سربرداشت‌صدو بیست‌وچهارهزارقطره‌ازاوریخت وخداوندتعالیو تبارك‌ازهرقطره‌ای پیغمبری از پیغمبران را آفرید . (اقتباس باختصار از حیوة القلوب ج ۲ از صفحهٔ ۳ تا ۸)

ص ۱۶ س ۲۹۵ : ذات : ذات‌الشیی نفسه وعینه. (تعریفات) ـ هستی چیز و حقیقت آن. (کشف المحجوب ص ۵۰۱)

صفات: اسمی‌است دال بربعضی‌احوال‌ذات‌چون‌درازوکوتاه وعاقل‌واحمق‌وغیره. (تعریفات)ـ آنچه نعت نپذیرد ازآنچه بخود قایم نیست. (کشف المحجوب ص ۵۰۱) ـ ذات در نظر صوفیان حقیقت وواقعیت عالم است که تغییر پذیر نیست وصفات عوارض‌طاری برذات‌است که چون قائم بخود نیستند تغییر پذیرند .

ص ۱۶ س ۲۹۷ ـ مصرع دوم: « فاذاسویته و نفخت فیه من روحی فقعواله‌ساجدین .» (سورهٔ حجرآیهٔ ۲۹ و سورهٔ ص آیهٔ ۷۲) مربوط است بقصهٔ آدم ابوالبشر وکیفیت ساختمان او وامرالهی به جمیع فرشتگان که اورا سجده کنید .

ص۱۶ س۲۹۹ و ۳۰۰ ـ درقرآن کریم‌آیات بسیاراست که دلالت میکندبربعثت‌پیغمبراسلام(ص) برای کل‌امم وهمهٔ‌آدمیان ودعوت‌عام‌او. (جهت مزید اطلاع ر.ك.:سورهٔ‌بقره آیهٔ۱۱۹،نساءآیهٔ ۱۰۵، مائده‌آیهٔ ۶۷، اعراف آیهٔ ۱۵۸،انبیاآیهٔ۱۰۷حج‌آیهٔ۴۹، فرقان‌آیهٔ۵۶ سباآیهٔ۲۹، احزاب آیهٔ ۴۵،فاطرآیهٔ۲۴ فتح آیهٔ ۸) ـ ودرحدیث آمده است:«بعثت‌الی‌الخلق‌کافة. » (مرصادالعبادص۲۴۳)

ص۱۷ س۳۰۱ ـ اشاره است بحدیث شریف که بعایشه فرمود : «اقدجاء ك شیطانك؟ قالت یا رسول‌الله او معی شیطان ؟ قال نعم . قلت ومع کل انسان ؟ قال نعم . قلت ومعك یا رسول‌الله ؟ قال نعم ولکن ربی اعاننی علیه حتی اسلم.» (صحیح مسلم جلد ۸ص۱۳۹) این‌حدیث‌در سایر صحاح ومسندات بصورت «اسلم شیطانی بیدی» وصورتهای دیگر ولی بهمین‌مضمون نقل شده‌است.

ص۱۷ س ۳۰۲ ـ لیلة‌الجن : در سورهٔ احقاف (آیهٔ ۱۸ تا ۳۱) و سورهٔ جن (آیهٔ ۱ تا ۱۷) آیاتیست که دال است برایمان‌آوردن جنیان بر رسول‌الله ومسلمان شدن آنها . درتفاسیر قرآن کیفیت این ایمان آوردن بتفصیل نقل شده است که مختصرش اینست : شبی از شبهایی

که پیغمبر(ص) درمکه بود عبدالله بن مسعود را باخود بشعب‌الحجون برد و گرد اوخط کشید وباوامر فرمود که از آن خط پای بیرون ننهد وخودش اندکی از وی دورشدو برپای ایستاد وآغاز قرآن خواندن کرد وجنیان بصورت مرغان و کرکسان بسیار و ماران بی‌شمارواشباح فروان دسته دسته می‌آمدند ومسلمان میشدند وبارسول‌الله‌بیعت میکردند واین امر تاصبح ادامه داشت. (جهت مزیداطلاع ر.ك. : تفسیر ابوالفترح ج ۵ ص ۶۴ تا ۶۶ وص۴۰۹ تا ۴۱۲) ـ آن شبی را که پیغمبر برجنیان ایمان عرضه می فرمود لیلة‌الجن گویند .

ص۱۷ س۳۰۳ـ درشب معراج فرشتگان و انبیای سلف به پیغمبر (ص) ما اقتدا کردند (ر . ك . : نثرالجواهرص۲۰) .

ص۱۷ س۳۰۴ ـ بزغاله : ضمن معجزات حضرت ختمی مرتبت‌آورده‌اند که‌بزغاله‌ای بریان ومسموم پیش وی‌آوردند ، لقمه‌ای ازگوشت آن حیوان خورد ودست باز کشید. صحابه علت را جویا شدند فرمود این بزغاله بمن گفت که گوشت مرا مسموم کرده‌اند تا ترا بدان بکشند. (تاریخ الخمیس جلد ۱ص ۲۵۰ وجلد ۲ص ۵۷)ـونیز آورده‌اند که‌آهویی‌را که بسته بودند ازحضرت تقاضا کرد تا برود وبچگانش‌را شیردهد حضرت بندازوی برداشت وآهو بآواز بلند شهادتین بگفت واسلام‌آورد. (تاریخ خمیس ج۱ ص۲۵۰) برخی بجای آهوبزذکر کرده‌اند .

سوسمار : در احوال پیغمبرما (ص)آمده است که سوسمار بااو تکلم کردوبرخی نوشته‌اند گرك بااو تکلم کرد و کیفیت این تکلم را بتفصیل نقل کرده‌اند . (جهت‌مزید اطلاع ر.ك. : شرح تعرف ج ۲ ص۹۲، تاریخ خمیس ج ۱ ص۴۰۰ ونثرالجواهرص۲۶۲)ـ در دعا آمده است: «الهم صل علی من کلمه‌الضب‌فی مجلسه‌مع اصحابه . الهم‌صل‌من‌تشفع‌الیه الظبی‌بافصح کلامه.» (دلائل‌الخیرات ص۶۳)

ص۱۷ س ۳۰۵ ـ داعی : درقرآن کریم پیغمبر(ص) بنام داعی‌الله وداعی‌حق و داعی خوانده شده است (ر.ك. احقاف‌آیهٔ ۳۰ و۳۱وسورهٔ احزاب آیهٔ ۴۴ وسورهٔ طه آیهٔ۱۰۷ ونیز ر.ك. : فرهنگ لغات وتعبیرات مثنوی تألیف نگارنده ج۴ ص۳۹۴ تا ۳۹۷).

در روز فتح مکه حضرت رسول (ص) وارد کعبه شد « وبتان گرد کعبه آویخته بودند وددردست حضرت شاخی بود پس آن حضرت بسوی بتان اشارت میکرد ومیگفت: جاءالحق و زهق‌الباطل و بتان می‌افتادند . » (نثرالجواهر ص۲۶۱) ـ هنگام ورود پیغمبر(ص) به‌مکه دراطراف کعبه سیصد وشصت بت بود و حضرت‌آنها را با شاخه‌ایکه دردست داشت میزد ومیفرمود : «جاءالحق وزهق‌الباطل ان‌الباطل کان زهوقا و مایبدی الباطل وما یعید.» (صحیح مسلم ج۵ ص۱۷۳).

ص۱۷ س۳۰۶ ـ **حصات** : سنگریزه ، مورخین ضمن معجزات حضرت رسول(ص)آورده‌اند که احجار بر پیغمبر سلام میکردند وسنگریزه درکف آن حضرت برصحت رسالتش‌گواهی داد.

(جهت مزید اطلاع ر . ك . : تاریخ خمیس ج۱ ص۲۵۰ ببعد و نثرالجواهر ص ۳۴۳ و حیوةالقلوب ج۲ ص۱۶۲ ببعد) ودرادعیه آمده‌است: «الهم صل من سبحت فی کفه الحصاة.» (دلائل الخیرات ص۶۳)

ص۱۷ س۳۰۷ ـ **مصرع دوم** : اشاره است به حدیث شریف : « وارسلت الی الخلق کافة.» (صحیح مسلم ج ۲ ص ۶۴) .

ص۱۷ س ۳۱۱ ـ **امتی** : امت من ، درشرح تعرف آمده است : «چون قیامت آید و همه خلق بقیامت گرد آیند وچیزی نادیده بینند ازامید نعمت وهم عذاب، نفسی‌نفسی گویند وسید علیه‌ـ السلام دیده بیند وازهمه فارغ گشته بود بیارامد و امتی‌امتی گوید .» (شرح تعرف ج۲ ص۴۵ جهت اطلاع بر کیفیت این سخن خواجهٔ کائنات ر. ك . : مسلم ج۱ ص۱۳۲ باب دعاءالنبی(ص) لامته وبکائه وشفقة علیهم.»

ص۱۷ س۳۱۸ ـ **مصرع دوم** : اشاره است بحدیث شریف : « ایها الناس انی امامکم فلاتسبقونی برکوع ولابسجودولاترفعوا رؤسکم قبلی فانی اریکم من امامی ومن خلفی.» (مرصادالعبادص۱۷۳).

ص۱۸ س۳۱۹ ـ **مصرع اول** : اشاره است بآیهٔ شریفهٔ : « ماکان محمداً ابا احد من رجالکم و لکن رسول‌الله وخاتم النبیین.» (سورهٔ احزاب آیهٔ ۴۰)

خلق : بضم خاء درلغت بمعنی خوی است ودراینجا مأخوذ است ازآیهٔ شریفهٔ: « وانك لعلی خلق عظیم. » (سورهٔ قلم آیهٔ ۴) که درشأن پیغمبر آخرالزمان نازل شده‌است .

ص۱۸ س۳۲۰ ـ **مصرع اول** : اشاره شده‌است بآیهٔ شریفهٔ: « و ما ارسلناك الا کافة للناس بشیراً و نذیراً ولکن اکثر الناس لایعلمون.» (سورهٔ سبا آیهٔ ۲۷) وحدیثی کـه ذیل سطر۳۰۷ بآن اشاره شد وحدیث شریف : «بعثت الی الاحمر والاسود.» (صحیح مسلم ج۱ ص۶۳)

مصرع دوم : اشاره است بآیـهٔ شریفهٔ: « الیوم اکملت لکم دینکم واتممت علیکم نعمتی و رضیت لکم الاسلام دیناً. » (سورهٔ مائده آیهٔ ۳)

ص۱۸س۳۲۳ ـ **مصرع دوم**: در احوالات حضرت رسول آورده‌اند که آن حضرت سایه نداشت . (نثر ـ الجواهر ص ۲۴۶) ـ «معجزهٔ دیگر آنکه آفتاب سواد سایهٔ رفیع پایهٔ سید ابرار را نگذاشت که طرفة‌العینی برزمین افتد وچون سرمه درچشم ثوابت و سیار کشید و سایهٔ جسم رسول ایزد بیچون مانند آفتاب بهمت عالی نهمتش سایهٔ التفات بردنیا ومافیها نینداخته وازبسط بساط انبساط بر بسیط غبرا محترز ومجتنب گردید. (حبیب‌السیر ج۱ ص۴۴۰)

ص۱۸ س۳۲۵ ـ **امهات مؤمنین** : لقبی‌است که قرآن کریم بازواج نبی صلی‌الله علیه وآلـه و سلـم داده است: «النبی اولی بالمؤمنین من انفسهم وازواجه امهاتم.» (سورهٔ احزاب آیهٔ ۶) .

مصرع دوم : در حکایت معراج رسول‌الله (ص) آمده است که در آن شب همهٔ انبیا ، باو اقتدا کردند و دربزرگداشت واحترام سیدعالم(ص) کوشیدند. (جهت مزیداطلاع ر. ك. : حکایت معراج در ابوالفتوح ج۳ ص۴۹۴ ومنهج الصادقین ج۳ ص۱۷۶ و فخـررازی ج۵ ص۵۴۰ ببعدوبیضاوی ج۱ ص ۶۸۷ وسیره‌ابن‌هشام ج۱ص۲۴۰) .

ص ۱۸ س۳۲۶ ـ مصرع‌اول: ر. ك. : بمراجعی که ذیل حکایت معراج دربالا داده شده است .

مصرع دوم : اشاره است بحدیث شریف : « علماء امتی افضل من انبیاء بنی‌اسرائیل .»

ص ۱۸ س ۳۲۷ ـ مصرع دوم : اشاره است بآیهٔ شریفهٔ : «و اذقال عیسی‌بن مریم یا بنی‌اسرائیل انی‌رسول‌الله الیکم مصدقاً لما بین‌یدی من‌التوراة ومبشراً برسول یأتی من‌بعدی‌اسمه‌احمد فلماجاء بالبینات قالوا هذاسحرمبین.» (سورهٔ صف آیهٔ ۶ونیز ر.ك. :سورهٔ فتح آیهٔ۲۹) ـ درتوراة آمده‌است : « وخدا فرمود... ازبرای ایشان پیغمبری‌را مثل‌توازمیان برادران ایشان مبعوث خواهم کرد و کلام خود را بدهانش خواهم گذاشت تا هر آنچه باو امر میفرمایم بایشان برساند . » (سفرتثنیه باب ۱۸ آیهٔ۱۸) ـ ودرانجیل یوحنا چندین جا به تسلی‌دهنده‌ایکه پس‌ازعیسی(ع) برای‌هدایت خلق‌خواهدآمد اشاره شده است از جمله: « لیکن بشما راست میگویم که شمارا مفید است که من بروم واگر من نروم آن تسلی دهنده بنزد شما نخواهد آمد اما اگربروم اورا بنزد شما خواهم فرستاد و اوچون بیاید جهانیان را بگناه و صدق و انصاف ملزم خواهد ساخت .» (انجیل یوحنا باب ۱۶ آیهٔ ۷ و۸ ـ و نیزر. ك. : انجیل یوحنا باب ۱۴ آیهٔ ۱۶ تا ۱۸ و آیهٔ ۲۶ و باب ۱۵ آیهٔ ۲۶) مورخین و مفسرین گویند نام « احمد (ص)» که درقرآن کریم ذکرشده است درانجیل بلغت رومی بصورت « بارقلیطس» یا « فارقلیطس » آمده است. (سیره ابن هشام ج ۱ ص ۱۴۸) ـ واهل لغت آنرا دلاسا کننده و تسلی بخش ومددکار و شفیع و تسلی دهنده معنی کرده‌اند . (آنندراج ذیل فارقلیط)

ص ۱۸ س ۳۲۹ ـ مصرع دوم : « اگر دعوت‌پیغمبر علیه‌السلام نیستی که ازخدای تعالی بدعا درخواست تاخسف و مسخ از امتان اوبرگیرد، بس‌رسواییهاکه درمیان خلق واین‌امت پدیدآمدی.» (شرح تعرف ج ۲ ص۹)

ص ۱۸ س ۳۳۰ ـ مصرع دوم : « کنتم خیرامة اخرجت للناس تأمرون بالمعروف وتنهون عن‌المنکر و تؤمنون بالله .» (سورهٔ آل عمران آیهٔ ۱۰۹) و در احادیث آمده است: «خیرالناس قرنی ثم‌الذین یلونهم ثم‌الذین یلونهم. » (هجویری ص ۹۹)

ص ۱۸ س ۳۳۱ ـ چاهی درمدینه خشك شد و آب نمیداد سیدالمرسلین (ص) اندکی از آب دهان خود درآن چاه انداخت تاآب از تك آن بجوشید ودرمدینه آبی شیرین تراز آن یافت نشد . (نثرالجواهر ص۲۴۷)

ص۱۸ س۳۳۲ـ مصرع اول : اشاره است بشق‌القمرکه یکی از معجزات پیغمبر است وآن چنان بود که شبی از شبهای مقمر بتقاضای مشرکین ماه را با اشارت انگشت بشکافت و آنرا دو نیمه کرد هرنیمه‌ای برآستین حضرتش فرورفت واز گریبان او بالا آمد . و برخی گفته‌اند نیمی‌ازماه درآسمان بماند و نیمی دیگر در پس کوه پنهان شد . (ر. ك. : حیوة‌القلوب ج ۲ ص ۱۶۲ ذیل معجزات ، وحبیب‌السیر ج ۱ ص۴۳۹)

مصرع دوم : اشاره است باین حکایت که رسول‌الله (ص) علی (ع) را درغزوهٔ حنین برای حاجتی بفرستاد و در غیبت او حضرت نماز عصر را بگذاشت و علی (ع) نرسید که باو اقتدا کند وچون بازگشت حضرت (ص) سرمبارك درکنار علی (ع) نهاد ودراین هنگام براو وحی نازل شد تا آنگاه‌که آفتاب فروشد وچون حضرت ازآن حال باز آمد به‌علی فرمود آیا نماز گزاردی ؛ گفت نه . حضرت دست به دعا برداشت وفرمود : «اللهم رد علی علی‌الشمس» آفتاب بازگشت تانصف مسجد را بگرفت وعلی نماز حق تعالی بجای آورد . (بحارالانوار ج ۶ ذیل معجزات حضرت ختمی مرتبت)

ص ۱۸ س ۳۳۵ ـ کعبه در قرآن کریم باسم بیت و بیت‌الحرام و مقام امن و مرکز ایمنی برای خلق خوانده شده است. (جهت مزید اطلاع ر. ك. : سورهٔ بقره آیهٔ ۲ و آل عمران آیهٔ ۹۷ و مائده آیهٔ ۹۷)

ص۱۸ س۳۳۶ : خرقه: بکسر اول، درلغت بمعنی لباس‌پاره و جامهٔ پاره زده است. (صراح) ـ و در اصطلاح صوفیان لباسی است که صوفی می‌پوشد. این خرقه سند ارشاد مرشدان این‌طایفه نیز هست چه هرمرشدی باید لباس مرشد پیش‌از خود را از دست‌آن مرشد بگیرد وبپوشد یا مرشد قبلی لباس خود را برتن مرشدبعدی بپوشاند وچون لباس پوشانده شد درحقیقت مرشد خرقه‌دار اجازهٔ ارشاد گرفته است. سند این خرقه را صوفیان بتفاوت به‌علی بن ابی‌طالب یا ابوبکرصدیق میرسانند وگویندآنان از دست رسول‌الله (ص) خرقه پوشیده‌اند پس خرقهٔ صوفی که سند ارشاد اوست به پیامبر راستین میرسد . خرقه هرچه کهنه‌تر و پروصله‌تر بود قدمت‌آن و درنتیجه احترامی که بآن میگذاشتند بیشتر بود واین خرقه درخانقاهها باتشریفاتی خاص از مرادی بمراد دیگر میرسید که شرح‌آن در اینجا از موضوع کارما خارج است. (برای اطلاع بیشتری ر.ك.: کشف المحجوب هجویری صفحهٔ ۴۹ تا ۶۵ و اللمع ابونصر سراج صفحهٔ ۱۸۷) .

دحیه : دحیةبن‌خلیفةبن‌فروة الکلبی‌صحابی‌مشهورپیغمبراست‌که درمدینه‌باسلام مشرف‌شد و درجنگ بدرو درجنگ احد حاضربود. (ر.ك. : استیعاب جلد۱ صفحهٔ ۱۶۷)این‌صحابی همانست که نامهٔ پیغمبر را به‌هراکلیوس قیصر روم برد و براو عرضه کرد وطبق روایات مورخین‌اسلام‌هراکلیوس آنراقبول‌کرد وتمایل خودرا بدین‌شریف‌اسلام نشان‌داد .(ر.ك. : تاریخ‌الامم والملوك جلد۳ صفحهٔ۸۷)ـ چون صحابه‌ازشکل جبرئیل ازپیغمبر(ص) سؤال میکردند همیشه میفرمود که جبرئیل شبیه دحیه است و برخی گویند جبرئیل بصورت دحیه‌کلبی نازل میشد. (ر.ك. عقدالفرید جلد۲صفحهٔ ۲۳۶ واستیعاب جلد۱صفحهٔ ۱۶۷)

ص۱۹ س۳۳۷ ـ مأخوذ است ازحدیث شریف: « فضلت علی‌الانبیاء بست اعطیت جوامع الکلم و نصرت بالرعب و احلت لی الغنائم وجعلت لی‌الارض طهوراً و مسجداً و ارسلت الی‌الخلق کافة و ختم بی‌النبیون . » (صحیح مسلم ج۲ص ۶۴)

ص۱۹ س۳۳۸ـمصرع اول : شبیه‌است بمضمون حدیث‌شریف: «زویت‌لی‌الارض فاریت‌مشارقها ومغاربها.»

(شرح تعرف ص۴۳)

مصرع‌دوم: پیغمبر اسلام(ص) امی‌بودودرقرآن‌کریم بااین‌لغت ستوده‌شده‌است.(ر.ك. : سورهٔ اعراف‌آیهٔ ۱۵۶ و۱۵۸) - بمعنی «آنکه نانویسنده بود و ناخواننده و اغلب از امی این فهم میکنند اما بنزد محققان امی‌آن باشد که‌آنچ دیگران بقلم ودست‌نویسند او بی‌دست وقلم نویسد وآنچ دیگران از بوده و گذشته حکایت کنند او از غیب و آینده و نابوده وناآمده حکایت کند . » (مجالس سبعه ص ۱۱۶)

اولین آیتی که برخواجهٔ کونین (ص) نازل شد این بود : « اقرء باسم ربك الذی خلق.» (سورهٔ علق‌آیهٔ ۱) - محدثین ومفسرین این‌آیه وآیات بعدآنرا اولین آیه‌ای میدانند که بتوسط جبرئیل بر پیغمبر نازل شد در حالیکه خواندن نمی‌توانست. وکیفیت نزول این‌آیه را چنین آورده‌اند : « یك روز (محمد) برکوه‌حرا نشسته بود، جبرئیل آمد و او را گفت یامحمد اقراء ! رسول صلی‌الله علیه وآله‌وسلم گفت «ما انا بقاری».رسول(ص) گفت مرا بگرفت و بیفشرد سخت پس بازگشت و گفت بخوان ! گفتم یا جبرئیل من خواننده نه‌ام . باردگر مرا بیفشرد و بازگشت و بار سه دیگر همچنین . آنکه این‌آیات براوخواند: « اقراء باسم ربك الی‌قوله ما لم‌یعلم » وبرفت . (تفسیر ابوالفتوح جلد ۵ صفحهٔ ۵۵۵) .

ص۱۹ س۳۳۹- مصرع دوم : اشاره است بحدیث‌شریف: «خیرکم قرنی ثم الذین یلونهم. » (بخاری ج۲ ص ۶۶) .

ص۱۹ س۳۴۰- باید اشاره باشد بآیهٔ شریفهٔ: «یومئذ یتبعون‌الداعی لاعوج له وخشعت الاصوات‌للرحمن فلاتسمع الا همساً.» (سورهٔ طه آیهٔ ۱۰۷)

ص ۱۹ س ۳۴۱ - شوق : در لغت بمعنی آرزومند گردانیدن است. (صراح) و در اصطلاح صوفیان نزاع قلب است برای لقـاء محبوب (تعریفات جرجانی) و اشتیاق بآثار محبوب و فنـا شدن در مشاهدهٔ‌آن آثاراست. (طبقات الصوفیه صفحهٔ ۱۸۴)- و درمذهب این طایفه‌شوق را سه درجه است درجهٔ اول شوق زاهد است به‌بهشت برای مأمون شدن خائف و بنشاط گرایدن حزین و پیروزی یافتن صاحب آرزو. درجهٔ دوم شوق،شوق بحضرت‌عزت‌است‌و اشتیاق بلطایف کرم و آیات نیکو و اعلام فضل او.درجهٔ سوم آتشی است کـه در دل سالك بیفروزد چون شعلهٔ محبت که خالی از اغراض و صافی از اکدار و دوراز علـل و امراض است تا آنجا که عیش سالك را بدون لقاء محبوب منقص کند و ماسوی راتاری‌و تاریك بیندو خویشتن‌را حجاب‌میان عاشق‌ومعشوق‌پندارد . (منازل‌السائرین صفحهٔ۱۷۶) سؤال : در لغت بمعنی خواسته است . (منتهی‌الارب) و در اصطلاح صوفـیان طلب ادنـی است‌ازاعلی(تعریفات‌جرجانی) یاطلب کردن حقیقی است. (کشف‌المحجوب صفحهٔ۵۰۱) حضرت ختمی مرتبت(ص) هنگام‌نزع‌میفرمود:«اللهم اغفرلی ورحمنی‌والحقنی‌بالرفیق.»

(بخاری جلد ۳ صفحهٔ ۶۰) و چون بمرگ نزدیك شد سرش بجانب آسمان کرد و فرمود: «فی الرفیق الاعلی فی الرفیق الاعلی» و پس از آن جان داد . (بخاری جلد۳ صفحهٔ ۶۲).
غرض از بیت باید این باشد که حضرت (ص) در دم آخر و حالت نزع که توانایی از او سلب شده بود وقدرتش باصل قدرت برمیگشت باز از شوق و محبتی که داشت از طلب حقیقت باز نایستاد واز حضرت عزت سؤال میفرمود .

ص ۱۹ س ۳۴۴ ـ مصرع اول: اشاره است بحدیث شریف: «یابلال ارحنا بالصلاة» (احادیث مثنوی ص۲۱).

ص ۱۹ س ۳۴۵ ـ مصرع‌دوم: اشاره است بحدیث شریف: «کلمینی یا حمیرا» (احادیث‌مثنوی ص۲۰).

ص۱۹ س۳۴۷ ـ خلوت : در اصطلاح صوفیان محادثه سراست باحق. (تعریفات) ـ این طایفه معتقداند که «بنای سلوك راه دین ووصول به‌مقامات یقین برخلوت نهاده‌اند وانقطاع از خلق ، و جملگی انبیا و اولیاء در بدایت حال دادخلوت داده اند تابمقصود رسیده‌اند. » (مرصاد العبادصفحهٔ۱۵۶) ـ این خلوة راآداب ورسومی بوده استکه بـرای مزید اطلاع میتوانید بمرصادالعباد از صفحهٔ ۱۵۵تا ۱۶۰ مراجعه فرمایید .

وقت : یکی دیگر از اصطلاحات صوفیان است . هجویـری در تعریف آن آورده است «لحظه‌ای از زمان که بین ماضی ومستقبل است و بنده بدان از ماضی ومستقبل فارغ شود چنانکه واردی ازحق بدل او پیوندد وسرویرا درآن‌مجتمع گرداند چنانکه اندر کشف آن نه از ماضی یاد آید نه از مستقبل . علم بنده عاقبت و سابق را ادراك نتوانـد کرد پس باید در وقت با حق خوش باشد . هر که بفرد، مشغول شود یا اندیشهٔ دی بردل گذارد از وقت محجوب شود. وقت درتحت کسب بنده نیاید و باتکلیف حاصل نشود . انسان نه درجلب آن آزادست‌نه‌دردفع آن . گفته‌اند «الوقت سیف قاطع» زیرا بیخ مستقبل وماضی ببرد واندوه دی وفردا از دل محوکند، (کشف المحجوب صفحهٔ ۴۸) . ـ وقت در نظر صوفی مقدار زمانیست که او درحالتست و با وارد قلب خود مشغول است بهمین جهت در خانقاهها تاکید بلیغ میکردند که صوفیان مراقب خود باشند تا اگـر حالتی روی داد آنرا برایگان از دست ندهند و وقت ضایع نکنند .

مصرع‌دوم: اشاره‌است بحدیث‌شریف :«لی مع‌الله‌وقت لایسعنی‌فیه ملك‌مقرب ولانبی‌مرسل » (هجویری ص۳۶۵) جهت مزید اطلاع براین اصطلاح ر. ك. : رسالهٔ قشیریه ص۳۱ و مصباح الهدایه ص ۱۳۸ و منازل السائرین ص۱۹۷) .

ص ۱۹ س۳۵۰ و ۳۵۱ ـ اشاره است بقصهٔ موسی(ع) و تشرف او بکوه طور ومکالمهٔ وی باخدایتعالی: « فلمـا آیتها نودی یا موسی * انی انا ربك فاخلع نعلیك انك بالواد المقدس طوی . » (سورهٔ طه آیهٔ ۱۱ و۱۲) ـ این قصه در قرآن کریم سورهٔ طه و توراة سفر خروج باب۳ و۴ بتفصیل آمده است .

ص۱۹ س۳۵۲ـ درشب‌معراج رسول‌خدا درآسمانها صدای نعلین‌می‌شنید، فرموداین‌صداچیست؟ جبرئیل

گفت صدای نعلین بلال مؤذن تست. (ر . ك. س ۲۶۹ ذیل مراجع‌معراج)

ص۲۰ س ۳۵۶ و ۳۵۷ ـ «در خبر مناجات موسی علیه‌السلام آمده است که درآن وقت که‌خدای تعالی را او مناجات کرد گفت اللهم اجعلنی من‌امة محمد. » (شرح تعرف ج۲ص ۴۹).

ص ۲۰ س ۳۶۰ ـ اشاره است به بازگشت عیسی در آخرالزمان که بزعم اهل سنت چون مهدی آخرالزمان پس‌از دجال ظهور میفرماید. (جهت مزید اطلاع ر. ك. : صحیح بخاری ج ۲ص ۱۶۴ باب نزول عیسی (ع) و ج ۴ ص ۱۴۱ و مسلم ج ۸ ص ۱۶۵ و جلد سیزدهم بحارالانوار) .

ص۲۰ س ۳۶۱ ـ اشاره است بآیه‌ای از قرآن کریم که ذیل سطر ۳۲۷ آمده است .

ص ۲۰ س۳۶۶ ـ لعمرك: بجان تو ، اشاره بآیهٔ شریفهٔ : «لعمرك انهم لفی سکرتهم یعمهون.» (سورهٔ حجر آیهٔ ۷۲) ـ مفسرین و اهل خبراین‌آیه را دلیل بر بزرگواری پیغمبر اسلام (ص) درنزد خدایتعالی میدانند چه حق سبحانه دراین آیه بجان او قسم خورده است . «عبدالله عباس گفت خدایتعالی هیچ خلقی نیافرید گرامی تر براو از محمد مصطفی (ص) نبینی که بحیات هیچکس سوگندیاد نکرد مگر بجان او . » (تفسیر ابوالفتوح ج۳ ص۲۴۶) بهمین‌مناسبت جبرئیل در شب معراج هنگامیکه حضرتش را برآسمانها عبور میداد در تعظیم وتکریم وبزرگداشت اوفرو نمیگذاشت. (ر. ك. : مسند ابی‌عوانه ج۱ ص۱۱۷).

ص ۲۰س۳۶۹ مصرع دوم : چوب وسنگ بر پیغمبر (ص) اسلام سلام میکردند ودرود میفرستادند خاصه در اوایل بعثت که از اظهار دعوت هراسناك بود . (تاریخ خمیس ج ۱ ص ۲۴۶ و۳۱۶و ۳۲۱)

ص ۲۰ س ۳۷۰ ـ ر. ك. : فرهنگ لغات و تعبیرات مثنوی تألیف نگارنده ج ۱ ص ۱۸۷ ذیل استن حنانه)

ص ۲۰ س ۳۷۱ ـ آسمان بی ستون : ر. ك. : شرح سطر ۵ و۶.

ص ۲۱ س ۳۷۸ و ۳۷۹ ـ اشاره است بآیهٔ کریمهٔ: «یاایهاالمزمل* قم‌اللیل الا قلیلاً .» (سورهٔ مزمل آیهٔ ۱و۲) ـ ابوعبدالله الجدلی‌گفت از عایشه پرسیدم از این‌آیه ،گفت این‌آیه‌آمد، من ورسول‌صلی‌الله علیه وآله وسلم‌دریك چادر بودیم طول‌آن چهارده‌گز یك نیمه رسول(ص) بر دوش مبارك نهاده نماز میکرد ویك نیمه من برخود گرفته خفته . گفتم از چه بود ؟ گفت والله از ابریشم وخزو کتان و کج و کرباس نبود تارش موی بز بود و پودش پشم شتر . (ابوالفتوح ج ۵ص۴۱۶).

ص۲۱ س۳۸۲ ـ اشاره است بحدیث شریف : «ما من نبی من ولد آدم الی محمد صلوات الله علیهم الا وهم تحت لواء محمد . » (سفینةالبحارج۲ ص۵۱۸)

ص۲۱ س۳۸۴ : مصرع‌دوم، اشاره‌است‌بحدیث شریف: «نحن‌الآخرون‌السابقون یوم‌القیامة.» (بخاری ج۴ ص۹۵) «نحن‌الآخرون السابقون یوم‌القیامة بیدانهم اوتواالکتاب من قبلنا و اوتیناه من بعد هم وهذا یومهم‌الذی فرض علیهم فاختلفوا فیه فهذا اناالله له فهم لنا فیه تبع فالیهود

غداً والنصاری بعد غد.» (مسلم ج۳ ص۷)

ص ۲۱ س ۳۹۱ - لاتامن: باید اشاره باشد بآیهٔشریفهٔ: «افامنوا مکرالله فلا یأمن مکرالله الا القوم الخاسرون.» (سورهٔ اعراف آیهٔ ۹۷)

لاتیاسوا : اشاره است بآیهٔ شریفهٔ : «ولاتیأسوا من روح‌الله انه لاییاس من روح‌الله الاالقوم الکافرون.» (سورهٔ یوسف آیهٔ ۸۷)

ص۲۱ - ۳۹۲ تا ۳۹۴ - درکتب حدیث وخبروآثار صوفیان اخبارمتواتری ازشفاعت خواجهٔ کونین(ص) درروز قیامت ازامت خود وارد شده است . (جهت مزید اطلاع ر.ك. : شرح تعرف ج ۲ ص۱۰ و۱۱ ومرصادالعباد(ص) ۷۶و۸۷ وکتب حدیث باب ایمان).

ص۲۳ س۴۲۶ : مصرع دوم : مأخوذ ازآیهٔ شریفهٔ : «الا تنصروه فقد نصره‌الله اذاخرجه الذین کفروا ثانی اثنین اذهمافی‌الغار اذ یقول‌لصاحبه لاتحزن ان‌الله معنا» (سورهٔ توبه‌آیهٔ ۴۱)واین‌آیه اشاره است بهجرت پیغمبراز مکه با ابوبکر وپناهنده شدن آنها بغارثور برای استراحت ومخفی‌شدن ازمشرکین که‌آنان را تعقیب میکردند واین قصه دراز است. (ر.ك. : تفسیر ابوالفتوح جلد۳ صفحهٔ۵۹۲ والامم والملوك طبری جلد ۲صفحهٔ ۲۳۳وحبیب‌السیر جلد۱ ص ۳۲۲و نیز ر.ك. شرح ص۲ س۱۶) .

ص۲۳ س۴۲۷- اسم ابوبکر عبدالله‌بن ابی‌قحافه‌یاعبدالله بن‌عثمان‌بوده‌است. (طبری ج۴صفحهٔ۴۹) وپیغمبر بعلت صفا و راستی که او دراسلام‌داشت ویراصدیق نامید . (جهت اطلاع بیشترازاین لقب ر.ك. : اسرارنامه تعلیقات نگارنده ص ۲۲۶) .

قطب : درلغت‌بمعنی‌ستونه‌آسیا وچرخ‌وکوکبی‌ساکن نزدیك‌فرقدان ومهترکه مدارکاربروی باشدوسپهسالار. (صراح) ودراصطلاح‌صوفیان قطب که‌اورا باعتبارالتجاء ملهوف غوث‌هم مینامند کسی‌است که او درهرزمان مورد نظرخدایتعالی واقع میشود وخدا از جانب‌خود طلسم اعظمی‌باو عطا میفرماید. اودر عالم کون از لحاظ باطن و ظاهر چون جان است در بدن، بدست‌او میزان فیض‌است، علم وعملش از علم حق پیروی میکند واو افاضهٔ روح حیات است درعالم‌بالا و پایین. (تعریفات) (ونیز ر.ك. : تعلیقات نگارنده بر اسرارنامه ص ۲۵۷) .

ص۲۴ س۴۳۰ تا ۴۳۶ - دراحوالات ابوبکرآورده‌اند که ازخوف خدا بسیارگریه میکرد و همیشه در حزن وغم بسرمیبرد وسنگ ریزه زیر زبان میکرد و پیغمبر(ص) او را بسیار محترم میداشت واحادیث فراوان‌درشأن اوآمده است. (جهت مزید اطلاع ر.ك. : تاریخ الخلفا ص ۲۰تا ۷۴ و حلیة‌الاولیاء ج۱ ص۲۸تا ص۳۸ و کشف المحجوب‌ص۷۸تا۸۱ ومسلم ج۷ ص ۱۰۸ تا ۱۱۱ و شرح تعرف ص ۲۱ تا ۲۹ و تعلیقات نگارنده بر اسرارنامه ص۲۵۲ تا ۲۵۷) .

ص۲۴ س۴۳۳ - مصرع دوم: مأخوذ است ازحدیث شریف: «اطلبوا العلم ولو بالصین .» (شرح تعرف ج۲ ص۷۰)

ص۲۴ س۴۳۷ ـ اشاره است بگفتهٔ عمر در حق ابوبکر : « لوددت انی شعرة فی صدر ابی‌بکر. » (تاریخ‌الخلفا ۴۰)

ص۲۴ س۴۳۹ ـ فاروق‌اعظم : لقب‌عمر بن‌خطاب‌است واورا باین‌اسم میخواندند. اما گذشتگان دراینکه چه کسی‌این اسم را باو داده‌است اختلاف دارند ؛ بعضی گویند کنیهٔ او ابوحفص بود و رسول‌الله‌این لقب را باو داد. (طبری ج۵ ص۱۴)ـ برخی گویند روزیکه مسلمان شد پیغمبر(ص)اورا‌باسم فاروق خواند وفرمود: فرق‌الله بعمربین‌الحق والباطل. (تاریخ خمیس ج۱ ص۲۶۷) ـ «وباین‌معنی اورا فاروق‌خواندند یعنی‌که فرق بین‌الحق والباطل.» (شرح تعرف ج۱ ص۶۸)

ص۲۴ س۴۴۰ مصرع دوم : اشاره است بخبری که بخاری ومسلم ترمذی وسایرمحدثین نقل کرده‌اند که به‌عمر نیز وحی میشد ازاین رو حضرت رسول(ص) فرموده‌است: « ان‌الله جعل‌الحق علی‌لسان عمروقلبه. » (جهت‌اطلاع برکیفیت نزول وحی به‌عمر ر.ك. : اتقان سیوطی ج۱ ص۳۵ ذیل فیمانزل من القرآن علی‌لسان بعض‌الصحابه . وتاریخ‌الخلفا ص۸۳ببعد).

ص۲۴ س۴۴۱ و۴۴۲ ـ اشاره‌است بکیفیت اسلام‌آوردن عمر وآن‌چنان بودکه خواهرش‌فاطمه وشوهراو سعیدبن زید اسلام آورده بودند وازترس عمراسلام خودراآشکار نمیکردند عمربشرحی که‌درتاریخ باید دید ازاین امرمطلع شد وقصد کشتن خواهروشوهرخود کرد،هنگامیکه واردخانهٔخواهرش‌شد شنید که اواین‌آیات ازقرآن‌را «طه* ماانزلنا علیك‌القرآن لتشقی» تا آیهٔ «له الاسماءالحسنی» میخواند این آیات و فصاحت عجیب آنها دردل عمر سخت مؤثرواقع شد واز خواهروشوهرش نشان محمد(ص) راجست آنها درابتدا از نشان دادن محلی‌که پیغمبردرآنجا بود اباکردند ولی‌پس‌از آنکه اطمینان حاصل نمودند که او سر صلح دارد و باسلام خواهد گروید مخفی‌گاه مسلمانان را باو نمودند و او بآنجا رفت و شهادتین بگفت واسلام‌آورد وپیغمبر ومسلمانان ازاسلام‌آوردن عمربشرحی که در تاریخ. باید دید شادیها کردند. ـ درآن روز پیغمبرواصحاب درخانهٔ ارقم نزدیك صفا بودند و مخفیانه نماز میخواندند وچون عمر اسلام آورد با او عدهٔ مسلمانان به ۴۰ نفررسید. (جهت مزیداطلاع ر.ك. : سیره‌ابن‌هشام ج۱ ص۲۱۰ تا۲۱۴ وتاریخ خمیس‌ج۱ص۲۶۷).

ص۲۴ س۴۴۳ تا ۴۴۸ ـ باید اشاره باشد بحدیث شریف: «اول من یصافحه‌الحق عمر واول من‌یسلم علیه واول من‌یأخذه بیده فیدخل‌الجنة» (تاریخ‌الخلفا ص۷۹).

ص۲۵ س۴۵۱ـ مصرع دوم: مأخوذاست ازخبر: «عمرسراج اهل‌جنه» (تاریخ‌الخلفا ص۸۰) وجهت‌مزید اطلاع براحادیثی که درشأن عمرآمده است ر.ك. : مسلم ج ۷ ص۱۱۱ و تاریخ الخلفا ص۷۴ ببعد وحلیة‌الاولیا ج۱ ص۳۸ ببعد) .

ص۲۵ س۴۵۲ ـ دونوربرحق : عثمان را ذوالنورین لقب دادند چون دو دختر پیغمبر(ص) رقیه وکلثوم را بتوالی درحبالهٔ نکاح داشت. (ر.ك. : شرح احوالش درابوالفداء ج۱ ص۱۶۶ وطبری ج۵ ازص ۴۳ ببعد) .

ص ۲۵س ۴۵۵ ـ ذی‌النورین: ر. ك. سطر۴۵۲ .

ص ۲۵ س ۴۵۶ـ یوسف ثانی : مورخین بحسن وجمال‌عثمان اشاره کرده‌اند (ر . ك . طبری ج ۵ ص ۱۴۷)ـ وآورده‌اند که او مردی خوش صورت بود و چهره‌ای سپید مایل بسرخی داشت (تاریخ الخلفا ص ۱۰۱) ـ پیغمبر(ص) هم اورا به یوسف تشبه فرموده است .

ص۲۵ س۴۵۶ و۴۵۷ ـ ذی‌القربی : نزدیکان وخویشاوندان ـ عثمان‌بن عفان سومین‌خلیفهٔ راشدین‌که در مکه باسلام مشرف شد و درهجرت بحبشه وهجرت مدینه شرکت کرد . درجاهلیت اورا ابا عمرو میگفتند ودراسلام چون از رقیه دختر رسول‌الله (ص) پسری یافت بنام عبدالله اورا ابوعبدالله نامیدند. پس ازعمر خلیفه شد وبشرحی که درتاریخ باید دید درسال ۳۵ هجری بدست مسلمانان کشته شد . یکی ازعلل قتل‌او این بود که اقوام و خویشاوندان خود را بکارهای بزرگ گماشت و چون خودش از بنی امیه بود دست این طایفه را که مردود مسلمانان بودند درامور‌اسلام بازگذاشت ومشاغل مهم را بآنان سپرد. (جهت شرح احوال و کیفیت قتل‌او ر. ك. : طبری ج ۵ ازص ۴۳ تا ۱۵۲ وابوالفدا ج۱ ص۱۶۶ و مسعودی ج ۱ ص۴۳۳ وابن اثیر ج ۳ ص ۷۶ تا ۸۰) .

ص ۲۵ س ۴۶۰ ـ مصرع دوم: قرآن‌مجید که از بعثت تا رحلت برخاتم انبیاء (ص) نازل میشد بوسیله کاتبین وحی روی استخوانهای پهن وکتف گوسفند وسنگهای رخام ولیف خرما وامثال آن نوشته میشد این نوشته‌ها پس از پیغمبر بشرحی که در تواریخ باید دید یکجاجمع شد و درخانهٔ حفصه خواهرعمر گذاشته شد و درعهد عثمان آنها را آوردند و روی کاغذ نقل کردند. پس جمع واقعی قرآن وانتشارآن دربلاد اسلامی بعهد عثمان شد . (جهت مزید اطلاع برکیفیت جمع قرآن در عهد ابوبکر و عثمان ر. ك. : اتقان ج ۱ ص ۵۸ والمزهر چاپ مصر ج ۱ ص ۱۴۴ و تهذیب‌التهذیب ابن حجر ج ۵ ص ۱۷۰ و مسالك الابصار چاپ مصر ج ۱ ص ۱۹۵ والفهرست ص ۳۶).

ص ۲۵ س ۴۶۱ ـ روایتی است از قول رسول الله (ص) که فرمود: «ان‌الملائکة تستحیی من عثمان» (شرح تعرف ج ۱ ص ۲۰۹) ـ این خبر بصورتهای مختلف و مفصل‌تر درکتب احادیث و تواریخ نقل شده است (ر. ك. : مسلم ج ۷ ص۱۱۷ وتاریخ‌الخلفا ص ۱۰۲).

ص ۲۶ س ۴۶۲ ـ روایاتی ازپیغمبر (ص) نقل شده است که در روز قیامت عثمان بدون دادن حساب به بهشت میرود ونیز صحابه اخباری آورده‌اند که حضرت رسول(ص) دعا فرمود تا خدا از گناهان گذشته و آیندهٔ عثمان درگذرد . (ر. ك. : حلیة الاولیا ج ۱ ص ۵۸ و ۵۹ و مسلم ج ۷ ص۱۱۷ و ۱۱۸)

ص ۲۶ س ۴۶۳و۴۶۴ـ اشاره است بواقعهٔ حدیبیه وبیعت رضوان و صلح بین پیغمبر وسهل بن عمر که در سال ششم هجرت اتفاق افتاد . مختصر قضیه آنکه در آن سال رسول‌الله (ص) با مهاجرین و انصار عازم مکه و زیارت کعبه شد . در نزدیکی مکه در جایی که آنرا حدیبیه نامند متوقف گردید . قریش‌که‌آمدن پیغمبررا درنزدیکی مکه صلاح نمیدیدند

کسانی را برای تفحص حال رسول‌الله (ص) واصحاب اوفرستادند و پیغمبر بآنها گفت که من قصد تصرف مکه را ندارم بلکه برای گذراندن حج آمده‌ام و برای اطمینان خاطر آنها عثمان‌بن عفان را نیز به‌مکه فرستاد تا مشرکین را از قصد پیغمبر بیاگاهاند. مدت توقف عثمان درمکه بطول انجامید و مسلمانان تصور کردند که قریش او را کشته‌اند و تصمیم بجنگ گرفتند و با پیغمبر که درزیر درختی بود بیعت کردند که تا بردشمنان خدا وپیغمبروقاتلین‌عثمان فایق نیایند شمشیرخودرا غلاف نکنند . دراین‌روزپیغمبر(ص) دست خود را بلند کرد و گفت این دست از عثمان است پس دست دیگر برآن نهاد و فرمود این بیعت از جانب عثمان است. (این بیعت را مسلمانان بیعت تحت الشجره یا رضوان نامند) کار بیعت تمام نشده بود که سهل‌بن عمر از جانب قریش برای مصالحه آمد وزنده بودن عثمان را بشارت داد و عثمان رانیز بیاورد واز طرف قریش باپیغمبر مصالحه‌ای دهساله نمود که شرح آن درتواریخ‌مسطور است . (ر. ك. : سیره‌ابن‌هشام جلد ۲ از صفحهٔ ۲۱۰ تا ۲۲۲ و ابن اثیر جلد ۲ صفحهٔ ۸۲ ببعد و طبری جلد ۳ صفحهٔ ۷۱ ببعد)

ص ۲۶ س ۴۶۶ ـ **ساقی کوثر** : کوثررا از کثرة گرفته‌اند و آنرا نام حوضی میدانند در بهشت از آن پیغمبر(ص) و یا نام جوی و حوضی است دربهشت که صفت آنرا درتفاسیر قرآن کریم بتفصیل آورده‌اند. (جهت‌مزید اطلاع ر. ك. : ابوالفتوح ج ۵ ص ۵۹۳ و فخررازی ج ۸ ص ۷۰۰ وبیضاوی ج ۲ ص ۶۲۱ وتعلیقات نگارنده براسرارنامه ص۲۶۳) ـ درقیامت هرکه ازآب این حوض بنوشد رستگارخواهد شد و بهشتی خواهد بود و ساقی این حوض علی‌بن ابی‌طالب علیه الصلوة و السلام است و این قول بزعم شیعه مستند است براحادیث بسیار . (جهت مزید اطلاع ر. ك. : ینابیع‌الموده ص ۱۱۹ ذیل‌الباب الرابع و الاربعون تا ص۱۳۴ واحیاءالعلوم ج ۴ ص ۴۵۵ وفصل‌الخطاب ص ۷۹) .

ص ۲۶ س ۴۶۷ ـ **معصوم** : درلغت بمعنی‌نگاهداشته شده وبازمانده ازگناه است (غیاث) ـ در اصطلاح اهل شرع « عصمت » ملکه‌ایست که بوسیله آن از گناهان دوری میتوان جست با آنکه امکان گناهکاری موجود باشد . (تعریفات) ـ در قرآن کریم آیاتیست دال بر اینکه خدایتعالی اراده فرموده است که گناهان قبل و بعد پیغمبر (ص) را ببخشد و اهل بیتش را از بدی دور دارد . (ر. ك. : قرآن کریم سورهٔ فتح آیهٔ ۱ و ۲ و احزاب آیهٔ ۳۱) ـ اخبار فراوانی نیز نقل شده است که دلیل است برعصمت انبیاء خاصه رسول‌الله صلی الله علیه وآله وسلم . (ر. ك. : فصل‌الخطاب ص ۱۰۲ و ۱۰۶) ـ شیعیان معتقداند که امام برحق بعد از رسول‌الله (ص) بنص صریح حضرت علی‌بن ابی‌طالب (ع) است و پس ازاو یازده فرزندش که همه معصوم‌اند و درعهد خود افضل همهٔ خلایق‌اند و براین ادعا احادیث و اخبار دلائل فراوان اقامه کرده‌اند . (جهت مزید اطلاع ر. ك. : شرح باب حادی عشر ص ۵۳ تا ۵۸ وینابیع‌الموده ص ۴۱ و ۵۶ و ۱۰۷ تا ۱۰۹ و فصل‌الخطاب

ص ۱۲۱ ذیل عصمة‌الامام) .

ص ۲۶ س۴۶۸ ـ سلونی : ضمن فضائل رسول الله(ص) خبریست که راویش انس‌بن مالك‌است که روزی پیغمبر (ص) پس ازنماز ظهر برمنبر شد وگفت هرکس سؤالی از من دارد بکند و قسم خورد که امروز هرسؤالی از من بشود جواب خواهم گفت . شنوندگان را ازاین سخن گریه دست داد . وباز حدیثی‌دیگراست باین عبارت : « ثم قال‌للناس سلونی عم ما شئتم» (ر. ك. مسلم ج ۷ ص ۹۳ تا ۹۳)ـ ونیز روایتی است باین‌مضمون از سعیدبن مسیب که گفت : « لم یکن احد من‌الصحابة یقول سلونی الا علی. » ـ و روایات فراوانیست که علی (ع) درقضاوت و کثرت فهم و عقل درمیان صحابه نظیر نداشت وبهمین جهت همیشه میفرمود سلونی. (تاریخ‌الخلفا ص ۱۱۵) یا (سلونی قبل آن تفقدونی.) ـ و نیز از آن حضرت روایت شده است که فرمود : « سلونی عن اسرارالغیوب فانی وارث علوم الانبیاء والمرسلین.» (ینابیع‌الموده ص ۶۹) ـ وباز روایت شده است که روزی درکوفه برمنبر شد و فرمود : « یا ایهاالناس سلونی سلونی فوالله لا تسئلونی عن آیة من کتاب الله الا حدثتکم‌عنها متی‌نزلت بلیل اونهار فی‌مقام اومسیرفی‌سهل‌ام جبل وفی‌من نزلت فی‌مؤمن او منافق وما عنی بها ام عام ام خاص .» (ینابیع‌الموده ص ۷۴ وبااندك اختلافی‌درتاریخ الخلفا ص ۱۲۴) ـ درینابیع‌الموده آمده است که علی(ع) دراواخر عمر برمنبر شد و فرمود « سلونی قبل ان‌تفقدونی. » (ینابیع‌الموده ص ۷۴)

ص ۲۶ س ۴۶۹ و۴۷۰ـ احادیث واخبار بسیاری از پیغمبر(ص) روایت شده استکه دلیل برکثرت علم و وفور دانش‌وصحت قضاوت علی‌است. ازآن جمله‌است حدیثی‌که علی(ع) ازپیغمبر(ص) نقل‌کرده است هنگامیکه علی‌را برای قضاوت به‌یمن میفرستاد علی به‌پیغمبر(ص) گفت: « یا رسول‌الله بعثنی و انا شاب اقضی بینهم و لا ادری ما القضاء ! فضرب صدری بیدی ثم قال : اللهم اهد قلبه و ثبت لسانه فوالذی فلق الحبه ما شککت فی قضاء بین‌اثنین. » (تاریخ خلفا صفحهٔ ۱۱۵).و نیزاین‌حدیث: «قال رسول‌الله ان اقضی‌امتی‌علی‌بن‌ابی‌طالب» (ینابیع‌الموده صفحهٔ۷۵).

ص۲۶ س ۴۷۰ ـ غیب : ر. ك. : شرح س۲۱۵.

ص ۲۶ س ۴۷۱ ـ اقضیکم : « درصحاح اخبار واردست که سید ابرارصلی‌الله علیه وسلم وآله الاخیار نوبتی در مخاطبه صحابه فرمودکه‌اقضاکم علی یعنی اعلم شما بعلم قضا علی‌مرتضی است». (حبیب‌السیر ج۲ص۱۵) ـ « پیغمبر علیه‌السلام گفت اقضیکم علی وهر که قاضی‌تر بود عالم‌تربود» . (شرح تعریف ج۲ص۲۳)

ممسوس : در لغت بمعنی دیوانه (منتهی‌الارب) وسوده شده است. (آنندراج) دراینجا مأخوذ است‌ازحدیث شریف: « لاتسبوا علیا فانه ممسوس فی ذات‌الله. » (حلیة‌الاولیا ج ۱ ص۶۸)

ص ۲۶ س ۴۷۲ـ آقای دکتر سید جعفر شهیدی درشرح این بیت جهت این ضعیف تحقیق فرمودند

که « اشاره است بداستان غلام سیاهی که دزدی‌کرد وحضرت (ع) دست اورا برید او در بازاربمدح مولای متقیان(ع) پرداخت مبغضان علی(ع) اورا سرزنش‌کردند وچون خبر به‌امیر مؤمنان (ع) رسید اورا طلب فرمود و دست بریدهٔ او را برجای نهاد و آب دهان برآن مالید ودست بریده به شد.» (خلاصهٔ این‌معجزه در منتهی الامال ج ۱ ص۱۱۴چاپ گراوری‌آمده است) وشاید اشارتست به داستان بریده شدن دست هشام بن عدی همدانی درحرب‌صفین که حضرت (ع) دست بریدهٔ او را برجای نهاد و به شد . (این معجزه هم درهمین‌کتاب درهمین صفحه و نیز درناسخ‌التواریخ فصل‌معجزات وبحارالانوار ذیل شرح معجزات حضرت‌آمده است .)

آقای دکترمحمد جواد مشکور استاد محترم دانشسرایعالی این بیت را اشاره میدانند بداستان جوانمرد قصاب که حکایت‌آن درجلد دوم‌یادداشتهای مرحوم قزوینی صفحهٔ۱۸۳ تا ۱۸۷ نقل‌گردیده است. (منطق‌الطیر ص ۳۳۰)

ص ۲۶ س ۴۷۳- « وآن روزکه محمد(ص) فتح مکه کرد وبه‌کعبه درآمد کعبه‌را پرازبت دیدگردن فراز داشت تا امیرالمؤمنین علی رضی‌الله عنه پای برگردن نهاد و بتان را از دیواربکند و بینداخت. » (شرح تعرف‌ج۱ص۲۱۰) - درتواریخ آمده است که روزفتح مکه خواجهٔ کائنات (ص) واردکعبه شد وآنچه بت در آنجا بود بیرون افکند و چون دست مبارکش به بتهایی که در بام کعبه گذاشته بودند نمیرسید علی (ع) را فرمود تا پای بر دوش مبارك گذاشت وبالا رفت و آن بتها را پائین افکند . (جهت مزید اطلاع برکیفیت فتح مکه ر.ك. ، ابوالفدا ج۱ص۱۴۳ و ابوالفتوح ج ۵ص ۲۹۸ و طبری ج ۳ ص ۱۲۵ و ینابیع الموده ص۱۳۹).

ص ۲۶ س ۴۷۵ - یدبیضا : دست سفید ، اشاره است به آیهٔ شریفهٔ: «و اضمم یدك الی‌جناحك تخرج بیضاء من غیرسوءآیةاخری .» (سورهٔطه‌آیهٔ۲۲)که مربوط است به‌قصهٔ موسی ومکالمهٔ او درکوه طور که خدایتعالی دومعجز باوعطا فرمود تا با آن‌ها قوم فرعون را براه راست دعوت فرماید یکی اژدها شدن عصایش و دیگر ید بیضا که عبارت بود از درخشش کف دستش . نیز ر. ك. سورهٔ قصص آیهٔ۳۲ وشعراء آیهٔ ۳۲ و۳۳ و فخررازی ج۶ ص۶۰۱ و بیضاوی ج ۲ ص۲۱۵).

ذوالفقار : جهت مزید اطلاع ازکیفیت‌این‌لغت ر. ك. : فرهنگ لغات وتعبیرات مثنوی تألیف نگارنده ج ۴ ذیل همین کلمه و تعلیقات نگارنده براسرارنامه ص۱۹۹ .

ص ۲۶ س ۴۷۶- مصرع دوم: دراحوالات مولای متقیان آمده است که گاهی از شدت ناراحتی و رنج بعلت تنگی حوصلهٔ ابناء زمان سر در چاه میفرمود و درد دل خود را با چاه میگفت .

ص ۲۷ س ۴۸۶ - مصرع اول : اشاره‌است بحدیث شریف: «أصحابی‌کالنجوم فبأیهم اقتدیتم اهتدیتم.» (احادیث مثنوی ص ۱۹)

مصرع دوم : ر. ك. ، ص ۱۸ س ۳۳۰ و بخاری کتاب شهادات وکتاب‌الرقاق و فضائل

توضیحات ۲۹۳

اصحاب نبی وشرح تعرف ج ۱ ص۴۰) .

ص ۲۷س ۴۸۷ ـ مصرع‌اول: ر.ك. مسلم باب فضایل‌صحابه ومراجعی که در ذیل سطر ۴۸۶ داده شد .

ص۲۷ س ۴۹۳ ـ تعداد اصحاب پیغمبر(ص)راتاسی‌وسه هزار شمرده‌اند .

ص۱۷ س ۴۹۴ ـ مصرع دوم : باید اشاره باشد بحدیثی که استاد ابوالقاسم قشیری در رسالهٔ خود ذیل «باب توکل» آورده است که روزی اعرابی با شتری نزد رسول‌الله (ص) آمد و گفت یا رسول‌الله آیا شتر را رها کنم و توکل نمایم؟ حضرت فرمود «اعقلها و توکل» یعنی زانوبند بآن بزن سپس توکل کن .(رسالهٔ قشیریه ص۷۶)

ص۲۸ س۴۹۶ ـ اقیلونی : اشاره است بقول ابوبکر که در سقیفه‌بنی‌ساعده گفت اقیلونی‌فلست بخیرکم . (شرح نهج‌البلاغه ج۱ص ۳۳)

ص۲۸ س۴۹۷ ـ مصرع دوم : در احوالات عمرآورده‌اند که او نخستین کسی بود که دره ساخت وشارب خمر را هشتاد تازیانه حد زد . (حبیب‌السیر ج۱ص۴۶۶)ـ و نیزآورده‌اند که‌دراحتساب سخت‌گیر بود تا آنجا که پسرخود را نیز حد زد. (جهت مزید اطلاع ر.ك: طبری وابن اثیر وطبقات ابن‌سعد ذیل سیرت عمر و تاریخ الخلفا ص۹۳)

ص۲۸ س۴۹۹ ـ در شرح احوال ابوبکرآمده است که عایشه دختر خود را بزنی به پیغمبر(ص)دادو هنگامیکه اسلام آورد چهل هزار درم داشت وتمام‌آنرا در راه خدا وپیغمبرانفاق کرد. (تاریخ خلفا ص۲۷) و درغزوهٔ تبوك آنچه اندوخته داشت انفاق نمود. (ابولفدا ج۱ص ۱۴۹) وهیچ چیز برایش نماند جز گلیمی که آنرا در دوش گرفت و نزد پیغمبرآمد و چون حضرت (ص) ازاو سؤال فرمود که «خود و عیالان را چه بگذاشتی ؟» گفت «الله‌و رسوله .» (شرح تعرف ج۱ص ۵۹)

ص۲۸ س۵۰۱ ـ در احوالات ابوبکرآورده‌اند منبر پیغمبر سه پله داشت چون ابوبکر به‌خلافت رسید حرمت و بزرگداشت پیغمبر را درپلهٔ بالا که همیشه رسول‌الله در آن می نشست ننشست و پلهٔ دوم نشست .

ص۲۸ س۵۱۰ ـ حذیفه : مراد حذیفة ابن‌الیمان صحابی مشهور پیغمبر است که احوالاتش در استیعاب ج۱ ص ۳۸۸ وحلیة الاولیا ج۱ص ۲۷۰ آمده‌است .

ص۲۸ س۵۰۳ تا ۵۱۷ ـ مربوط است بسیره عمرکه مورخین بالاتفاق نقل‌کرده‌اندکه اومردی‌سخت‌زاهد بود و از خارکنی روزگار میگذرانید و غذایش اغلب نان و نمك و یا نان و سرکه بود بسترش زمین بود و فراشش ریگ بیابان و بالشش دره‌ای که باآن شخصاً حد میزد،لباسی سخت خشن داشت که پاره‌برپاره بهم دوخته شده بودو چون مرد مبلغ هفت درهم بدهکار بود که به پسرش وصیت کرد آنرا از آل خطاب بگیرد و به طلبکاران بدهد.(جهت مزید اطلاع ر.ك. : سیره عمر که اسنادش ذیل سطر۴۹۷ مذکور شد) .

ص۲۹ س۵۲۴ـ مضمون این‌حکایت‌را اغلب صوفیان درکتب خود ذیل‌احوال‌اویس قرنی‌آورده‌اند وعطار نیز درتذکرةالاولیای‌خودضمن حکایت‌اویس قرنی آورده است. چون عمر به‌اویس قرنی

رسید «او را دید گلیم اشتری برخود فراگرفته و سروپای برهنه. توانگری هژده هزار عالم درتحت آن گلیم دید ، فاروق از خویشتن و از خلافت خود دلش بگرفت گفت کیست که این خلافت از ما بخرد بگرده‌ای ؟ اویس گفت کسی که عقل ندارد ، چه فروشی ! بینداز تا هرکه بیاید برگیرد ، خرید وفروخت درمیان چه‌کار دارد ؟ تا صحابه فریاد برآوردند که چیزی که از صدیق قبول کرده‌ای کار چندین هزار مسلمان ضایع نتوان گذاشت که یك روز عدل تو برهزار ساله عبادت شرف دارد . » (تذکرة الاولیاء جلد۱صفحهٔ ۱۶ و نیزر.ك. کشف المحجوب صفحهٔ ۹۹ و حلیة الاولیا جلد۲صفحهٔ ۷۹ .

ص۳۰ س۵۳۳ـ مأخذ این‌حکایت را میتوان در کشته شدن سرور شجاعان جهان مولای متقیان جستجو کرد. (ر.ك. : ابوالفتوح ج۴ص ۳۱۳ وشرح نهج‌البلاغه ج۴ص ۵۴۴ و حبیب‌السیر ج۱ص ۵۷۵) .

ص۳۰ س۵۴۱ ـ عتیق ، لقبی‌است که پیغمبر(ص)به‌ابوبکر داد . (تاریخ الخلفاص۲۰)

ص۳۰ س ۵۴۵ تا ۵۴۸ ـ در شروح مثنوی آمده است که « مرویست رسول (ص) سری از اسرار باعلی مرتضی گفت واز اظهار آن منع فرمود حضرت امیر بسبب غلبهٔ آن سرسرمبارك بچاه افکنده آه کشید ،آبش رنگ خون گرفت و بجوش‌آمد . (اکبری دفتر۴ ص۱۰۱) ـ استاد نیکلسن در شرح این بیت در مثنوی :

نیست وقت مشورت هین آه کن   چون علی تو آه اندر چاه کن

(نی ج۳ ص۴۰۹)

همین ابیات از منطق‌الطیر را ذکرکرده است. (ر.ك. : ج۸ نی ص۱۸۲ ذیل‌رقم ۲۳۲) . و در مآخذ قصص و تمثیلات مثنوی ضمن مآخذ این بیت تمام آن ابیات بار دیگر نقل شده‌است . (ر.ك.. مآخذ قصص و تمثیلات مثنوی ص۱۴۴)

ص ۳۱ س ۵۵۶ تا ۵۵۸ ـ ام‌المؤمنین : لقبی‌است که بازواج پیغمبر (ص) داده شد و مأخوذ استاز آیهٔ شریفهٔ : «النبی اولی بالمؤمنین من‌انفسهم و ازواجه امهاتهم » (سورهٔ احزاب آیهٔ۶) و این ابیات اشاره است بواقعهٔ جمل و جنگ علی‌بن ابی‌طالب علیه الآف التحیةوالسلام با عایشه زن‌پیغمبر(ص) و طلحه‌وزبیر دوصحابی مشهور ومغلوب شدن آنها که‌درتواریخ بتفصیل نقل شده‌است . (جهت مزید اطلاع ر. ك. : طبری ج ۵ از ص۱۷۳تا ۲۲۵ و و ابوالفدا ج ۱ ص ۱۷۲ تا ۱۷۵ و مسعودی ج ۲ ص ۶ و شرح ابن‌ابی‌الحدید ج ۱ ص ۴۵ تا ۵۱ و ص ۱۴۸ وسایر تواریخ اسلامی.)

ص۳۲ س۵۶۴ و ۵۶۵ـ مورخین و محدثین ضمن احوال بلال بن رباح صحابی ومؤذن مشهور پیغمبر(ص) آورده‌اند که چون اسلام آورد مشرکین او را بسیار ازار میدادند زیرا که وی غلام بود نه‌آزاد. ازجمله کسانیکه اورا بسیار می‌آزرد امیةبن خلف بود روزی او را درسنگستان مکه در آفتاب گرم خوابانده بودند و تازیانه‌اش میزدند واز او میخواستند که از دین محمد (ص) برگردد و به‌لات وعزی گروود واو با آنکه زجر میدید دائم احداحدمیگفت

تا آنکه ابوبکر که از آن محل میگذشت او را بدان حال دید و بمشرکین نهیب زد که انسانی‌را چرا می‌آزارید. امیةبن خلف گفت او را از ما بخر ابوبکر هم قبول کردو او را با خود بمنزل آورد وقصه را برای رسول‌الله (ص) نقل نمود حضرت فرمود من‌باتو در این معامله شریکم ابوبکر گفت اورا برای خاطررسول خدا(ص) آزاد نمودم.(جهت مزید اطلاع از این قصه ر. ك. : طبقات ابن سعد ج ۱ ص ۱۶۵ و حلیةالاولیا ج ۱ ص ۳۸) ـ این حکایت را مولانا جلال‌الدین نیز در مثنوی خود آورده است. (ر.ك.: ج ۶ نی ص ۳۲۴ تا ۳۳۶)

ص۳۲ س ۵۷۱و۵۷۲ـ جمیع مورخین درموضوع هجرت پیغمبراسلام(ص) وشرح احوال علی‌بن‌ابی‌طالب آورده‌اندکه شب هجرت چون پیغمبر (ص) با ابوبکر از مکه مهاجرت فرمود علی (ع) در فراش او خوابید و مشرکین که با اسلحه برای کشتن سرور عالم(ص) آمده بودند چون علی (ع) را در بستر او دیدند ازآن همه شهامت تعجب کردند. (ر. ك. سیره ابن‌هشام ج۱ ص ۲۸۹ ببعد)

ص ۳۲ س ۵۷۴ـ یارغار : کنایه از یارصادق ، چرا که پیغمبر علیه الصلوة وقتیکه از مکه هجرت فرمود . براه در میان غاری سه‌روز متواری بودند حضرت صدیق (رض) همراه بودند از این جهت یار غار کنایه از یار صادق است . (غیاث) (جهت مزید اطلاع ر . ك . : ص ۲۳ س ۴۲۶) .

ص ۳۲ س ۵۸۰ـ رابعه: بنت اسمعیل مشهور به‌رابعه عدویه از اهالی بصره و زنی پارسا و زاهده بود صوفیان از او کرامات بسیار نقل کرده‌اند واحوال و«گفتار او» را در کتب معتبر خود آورده‌اند وی در سال ۱۳۵ هجری فوت شد وظاهراً قبرش در بالای کوه طورکه‌درظاهر بیت‌المقدس واقع است میباشد . (جهت اطلاع برشرح احوالش ر . ك . : تذکرةالاولیا ج۱ ص ۵۲ و شذرات ج ۱ ص ۱۹۳ و اعلام النساء ج ۱ ص ۳۶۸ و خیرات الحسان ج۱ ص ۱۳۸) .

ص ۳۳ س ۵۸۶ و ۵۸۷ ـ این حکایت درشرح تعرف باین صورت است «مالك دینار ... گفت روزی‌بر رابعه در آمدم او نماز بامداد گزاریده بود و برمصلی نشسته ودر همهٔ خانه او کوزه‌ای دیدم کناره شکسته که با آن طهارت کردی و آب خوردی و خشتی که درزیرسرنهادی و مصلایی از نی بافته که برآنجا نماز کردی و بیرون از این چیزی دیگر نبود ....پس مرا گفت یا مالك بیا ودر چشم من نگاه کن که چیزیم در چشم میخلد نگاه کردم پاره‌ای نی از آن‌مصلی چند سرانگشتی بدیده او دررفته بود و چشم اورا تباه کرده بود گفتم یا سیدهٔزنان چشمت تباه گشت و تراخبر نیست . گفت یا مالك من درنماز بوده‌ام که مرا این‌حال افتاده است و چون من درپیش خداوند خویش‌استاده باشم اگرهمه‌دوزخ بدیدهٔ من اندر کنند از بیم‌خدای تعالی مرا خبرنباشد. (شرح تعرف ج۱ ص ۹۱ و نیز ر. ك. : تذکرةالاولیا ج ۱ ص ۵۶)

ص ۳۴ س ۵۹۷ تا ۶۰۰- اشاره‌است‌به‌افك عایشه و آن باختصار چنان‌بود که در غزوه نبی‌المصطلق‌پیغمبر عایشه را با خود برده بود و دراین سفر اورا برهودجی می‌نشاندند وبرشتر بارمیکردند چون غزوه تمام شد و لشکرحرکت کرد عایشه بطهارت رفته بود هنگامیکه بازگشت‌دید پیغمبر و یاران رفته‌اند پیش خود گفت بهتر اینست‌که اینجا بنشینم چون لشکر بمنزل رسد و رسول مرا نبیند کس همراه من فرستد ومرا بخواند .

پیغمبر در غزوات همیشه کسی را مأمور میکرد که پس ازحرکت صحابه و لشکریان از عقب‌بیاید تااگردر راه‌چیزی گم شده‌باشد یا باروبنه‌ای بجا ماند او برگیرد و بیاورد. در این جنگ صفوان‌بن معطل‌السلمی را باین‌کار گماشته‌بود. صفوان چون لشکر کوچ کرد بماند تاروز شد ودرروشنایی اطراف لشکرگاه را نظاره میکرد تااگر چیزی‌باقی مانده باشد باخود ببرد. چشمش به‌عایشه‌افتاد وماجرای را بدانست اورا برشترنشاند و مهارشتر بدست گرفت وازپی لشکر روان شد . پیغمبر (ص) چون بمنزل رسیدوعایشه‌را ندید علی‌بن‌ابی‌طالب را در عقب‌او بفرستاد تا ویرا بلشکرگاه آورد این غیبت درمیان بعضی از صحابه شکل دیگری تعبیرشد و به‌عایشه نسبت‌های ناروایی دادند وبرخی چون‌عبدالله ابن‌ابی‌سلول ومسطح وحسان‌بن‌ثابت براین گواه میدادند تا آنجاکه پیغمبر (ص) درحزن و اندوه بسیار فروشد وراه چاره نمیدانست. روزی باعلی(ع) مشورت کرد علی (ع) او را گفت خودرا از این سخن‌ها برهان که زنان درجهان بسیارند وخدایتعالی برتو زن را تنگ نکرده است چون در دل تو تهمتی پدید شده‌است دیگری را بگزین. تقریباً یك‌ماه از این موضوع بگذشت و دراین هنگام عایشه بخانهٔ پدر خود رفته‌بود تا روزی پیغمبر(ص) بخانهٔ ابوبکر شد وبه‌عایشه فرمود «اگر تو ازاینکه میگویند چیزی‌کرده‌ای توبه کن و عذرخواه تـا خدای تعالی گناه توعفوکند. » عـایشه بگریست و بربیگناهی خود سوگند خورد. دراین‌موقع آثار وحی‌برپیغمبر نازل‌شد و هفده‌آیه برپاکی‌وبیگناهی عایشه نازل شد و پیغمبر ازخانهٔ ابوبکر بمسجد رفت وبرمنبر شد ومردمان‌رابیاگاهانید وبرائت‌ساحت عایشه شد واین موضوع درماه رمضان یاشوال سال‌ششم هجرت اتفاق‌افتاد . (برای مزیداطلاع برافك عایشه و کیفیت آن ر. ك. : بلعمی ۴۱۳ وابن‌اثیر جلد۲صفحهٔ ۸۰ وطبری جلد۳ صفحهٔ ۷۱ و ابن‌هشام جلد ۲ صفحه ۲۱۰ و ابوالفداء جلد ۱ صفحـهٔ ۱۳۸ وقرآن کریم سورهٔ نور آیهٔ ۱۱ تا ۲۸) .

ص ۳۵ س۶۱۶- هدهد(عر) ؛درفارسی‌پوپك وشانه سرراگویند. (برهان)-مرغیست بدبوکه بر زباله‌آشیان سازد، بربدنش خطوط و رنگهای فراوان است وکنیهٔ اوابوالاخبار وابوثمامه و ابوالربیع و ابوروح و ابوسجاد و ابوعباد است گویندکه‌از بالای آسمان آب را در زیر زمین ببیند همانطورکه آدمی‌آنرا در شیشه ببیند . (دمیری)-گفته‌اند که‌هدهد راهنمای سلیمان بود برآب و آن چنان بودکه سلیمان هرگاه که خواستی نماز گزارد هـدهد او را ره نمودی بآب و دربیابان زمین را میکندند و بآب میرسیدند تا سلیمان بـا آن غسل میکرد یـا

وضو میساخت. (جهت مزید اطلاع ر.ك.: قصص انبیا ذیل قصهٔ سلیمان و بلقیس و حیاة الحیوان جاحظ ج ۴ ص ۷۷ و حیاة القوب ج ۱ ص ۲۶۴)

ص ۳۵ س ۶۱۷ - سبا: بفتح سین، این سرزمین درقرآن کریم نام برده شده است. (ر.ك.: سورهٔ نمل آیهٔ ۲۲ و سورهٔ سبا آیهٔ ۱) و آن سرزمینی بوده است در یمن و مرکزش را مأرب میخواندند و فاصلهٔ آن تا صنعاء سه روز راه بوده است وچون سد مأرب خراب شد ساکنین این سرزمین بعلت فقدان آب متفرق شدند . (معجم البلدان ج ۵ ص ۲۳)- این محل که در تورات بصورت «شبا» ضبط شده است در قدیم اهمیتی خاص داشته وکشوری بشمار میرفته است که ازجهت سیاست و تجارت وسلطنت درشبه جزیرهٔ عربستان ممتازبوده است.(جهت مزید اطلاع ر.ك.: تاریخ العرب قبل الاسلام ج ۲ ص ۱۰۰ و ۱۰۵ و ۲۱۲ و ۳۵۴ و ج ۳ ص ۱۳۶)- امادر قرآن کریم این سرزمین مرکز حکومت ملکهٔ سبا بوده که از حیث وفور نعمت ممتاز بوده است ولی ساکنین آن بعلت کفران آن همه نعمتها گرفتار عذاب الهی شدند .- و در قصص انبیا «سبا شهری بود خرم وآب روان و درختان بسیار و شهری پر نعمت و دوبستان بودکه تماشاگاه ایشان بودگرداگرد آب ساخته بودند بقیراندوده که هیچ وقت آب بیرون نیامدی مگرایشان خواستندآب زیادکردندی و خواستندکم کردندی وچندان نعمت بودکه صفت نتوان کرد. ناسپاسی کردند تابدیشان زوال آمد. (جویری ص ۲۱۸) - در قصص وا ساطیر مذهبی «سبا» مرکز بلقیس است که خودش وکسانش به پرستش خورشید مشغول بودند و چون سلیمان بوادی نمل رسید بشرحی که در قصهٔ او باید دید هدهد او را از این سرزمین و ساکنین آن بیاگاهند و آن حضرت بقدرت پریان ودانش آصف وزیرش بلقیس را نزد خود آورد و ایمان براوعرضه کرد. (جهت مزید اطلاع ر.ك. قرآن کریم سورهٔ نمل آیهٔ ۲۷ تا ۴۴ و قصص من القرآن ص ۱۹۳ و عرایس ص ۳۱۱ و ۳۲۲ و جزائری، ج ۲ ص ۱۶۱).

ص ۳۵ س ۶۱۷ - منطق الطیر : مأخوذ است از آیهٔ شریفهٔ: « وورث سلیمان داود و قال یاایهاالناس علمنا منطق الطیر و اوتینا من کل شیء ان هذا لهوالفضل المبین.» (سورهٔ نمل آیهٔ ۱۶)- درتفاسیر قرآن کریم ازمرغان مختلفی که با سلیمان(ع) سخن گفته اندواوگفتار آنان را برای پیروان خود ترجمه فرموده است اسم برده اند و جهت مزید اطلاع ر.ك.: تفاسیر فخررازی ج ۶ ص ۵۵۶ و بیضاوی ج ۲ ص ۱۹۴ وکشف الاسرار ج ۷ ص ۱۸۹ و ابوالفتوح ج ۴ ص ۱۵۳- این کلمه را شعرای فارسی زبان بهمین معنی در اشعار خود بسیار آورده اند .

ص ۳۵ س ۶۱۷ تا ۶۲۰ - این ابیات اشاره است بحکایت هدهدورفتن او بملك سبا و آمدنش نزدسلیمان و تبیین این مقال آنکه «روزی گذر سلیمان بردیار یمن افتاد و برای آسایش سپاه در مرغزاری نزول اجلال فرمود هدهد که همیشه ملازم سریر سلیمانی بود آن روز پرواز کرد و در شهرستان سبا بیکی ازابناء جنس خود بازخورد وحالات بلقیس را بتمام ازوی استعلام فرمود و درین وقت لشکر بآب محتاج شدند و بشرحی که درشمارهٔ ۶۱۶ مذکور افتاده

است‌هد هد پس از مدتی بازگشت و مورد عتاب سلیمان واقع شد و برای آنکه از عتاب وی جان بدر برد باوگفت چون در دیار سبا پرواز کردم شهری دیدم آبادان و پرنعمت زنی بلقیس نام در آنجا زندگی میکند و خداوندهمهٔ اسباب حشمت وشوکت بوی ارزانی داشته است از جمله تختی‌داردکه بخوبی آن درعالم کم توان یافت اما او واتباعش‌پرستش آفتاب میکنندوخدای یگانه را نمی پرستند . سلیمان‌گفت ببینم آنچه بر زبان آوردی راستست‌یانه؟فرمود تا آصف نامه‌ای‌نوشت به بلقیس و آن نامه رابه هدهد داد و گفت این رقعه‌را ببر وبسوی ایشان افکن وبنگر که‌چه میگویند و باز گرد. هدهد بشهر سبا رفت و نامه را برکنار بلقیس افکند واو از این حالت در حیرت شد سران ملك راطلب کرد ومکتوب را بایشان نمودپس از استشاره جمعی‌را برسالت بایك خشت‌طلاویك خشت نقره وصدغلام‌وکنیزك‌ودرجی‌که‌در آن‌یاقوت‌سفته‌بودبدرگاه‌سلیمان‌فرستاد. هدهد بدرگاه‌سلیمان بازگشت‌وآنچه‌معلوم‌کرده‌بودبعرض‌رسانید. سلیمان‌فرمودتامیدانی‌عریض‌ووسیع‌رابخشت‌طلا ونقره فرش‌انداختند وجای دو خشت‌باز گذاشتند و چون رسولان بلقیس نزدیك رسیدند مجلسی عظیم‌ترتیب دادوخودبرسریرحشمت قرارگرفت.فرستادگان راچون چشم بر آن میدان‌افتاد از انفعال خشتهایی را که آورده بودند درآن موضع‌که خالی بود افکندند و بخدمت سلیمان رسیدند آن حضرت فرمود که به بلقیس و اتباعش بگویید که بخدای یگانه ایمان آورند و الا من بدانصوب آیم وشما پای‌من ندارید و کشورتان ویران خواهد شد.رسولان نزدبلقیس شدند وکیفیت حال رابعرض رسانیدند بلقیس بشرحی که در احوال سلیمان باید دید بخدمت سلیمان‌رسید و بخدای‌یگانه ایمان آورد وسلیمان او را بزنی برگزید ودرحبالهٔ نکاح آورد. (نقل باختصاراز حبیب السیر جلد۱ صفحهٔ ۱۲۳ ونیز ر.ك. قرآن سورهٔ نمل آیهٔ ۲۰ تا ۴۵ و قصص من القرآن صفحهٔ ۱۹۳ و تفسیر ابوالفتوح‌جلد چهارم صفحهٔ ۱۵۵)

ص۳۵س ۶۲۰تا **۶۲۲**- مأخوذاست‌ازمضمون‌آیهٔ شریف: «والشیاطین کل بناء وغواص و آخرین مقرنین فی‌الاصفاد.» (سورهٔص‌آیهٔ۳۷و۳۸)مربوط است‌بقصهٔ سلیمان ومسخرشدن جن وانس‌بدست او ودر بندوزندان شدن جنیان یا دیوهایی‌که ایمان بخدا نیاوردند و کافر شدند. ر.ك. : قصص القرآن‌صفحهٔ۱۹۲.

ص۳۵س۶۲۱ _ **شادروان**: ر.ك.: فهرست‌لغات.-مضمون این‌بیت‌اشاره است به روایتی از شیخ طبرسی که «شیاطین برای حضرت سلیمان بساطی ساخته بودند ازطلا وابریشم که طول وعرض‌آن یك فرسخ در یك فرسخ بود وبرای آن حضرت منبری از طلا درمیان بساط میگذاشتند که برآن می‌نشست ودر دور آن سه‌هزارکرسی از طلاونقره بود که پیغمبران برکرسی- های طلا و علما برکرسیهای نقره می نشستند و بر دور ایشان سایر مردم می نشستند و بردور مردم دیوان وشیاطین وجنیان‌می‌ایستادند.مرغان‌ایشان‌را ببال خود سایه میکردند وباد صبا آن بساط رابرمیداشت ازصبح تاغروب یکماه راه‌میبرد وازغروب تاصبح‌نیزیك

ماه طی طریق میکرد و آنرا شادروان سیلمانی میگفتند. (حیواةالقلوب جلد۱ صفحهٔ ۳۵۲ ونیز ر.ك. :ابوالفتوح جلد۴ صفحهٔ ۱۵۳).

ص۳۵ س ۶۲۰ ـ دیو : (فا) کلمه‌ایست فارسی وبسیارقدیمی. (جهت کیفیت تحول این کلمه ر.ك. :گاتا ج۲ص ۳۸ و۸۴ ویشتها ج۱ ص۲۸ وج۲ص ۴۰)ـ نوعی ازشیاطین وگمراه و کج اندیش و کج طبع وکنایه ازقهر وغضب (برهان) وهرسرکش متمردخواه ازجنس انس خوه ازجن وخواه از دیگر حیوانات وابلیس که فارسیان اهرمن ودیوخوانند. (آنندراج) ـ دراصطلاح صوفیان بمعنی ابلیس و شیطان که از فرمان حق سر بپیچید و مردود شد ودشمن آدم ابوالبشر و نسل اوشد وکنایه است از نفس وعوامل اوکه عمهٔ کوشش صوفی صرف سرکوبی این دشمن پنهان ستیز میشود که بزعم آنها تنها عامل بازداشتن آدمی از درك حقایق روحانیت است، این طایفه غالباً «شیطان» رامرادف نفس گرفته‌اند چنانکه درمثنوی آمده‌است:

نفس وشیطان بوده زاول واحدی بوده آدم را عدو وحاسدی

(دفتر ۳ نی ص ۱۸۲ س ۳۱۹۷)

نفس وشیطان هردویك تن بوده‌اند در دو صورت خویش را بنموده‌اند

(دفتر۳ ص۲۳۱ س۴۰۵۳)

ص۳۵ س۶۲۲ تا ۶۲۶ـ اشاره است برسالت حضرت موسی(ع) وملاقات او باخدایتعالی و گفتگوی او باحضرت رب‌الارباب که درقرآن کریم بارها بآن اشاره شده‌است. (ر.ك. : سورهٔ قصص آیهٔ ۲۹ تا۳۵ وطه آیهٔ ۹ تا ۴۷وشعراء آیهٔ ۱۰ تا۱۷ ونمل آیهٔ ۷ تا ۱۲)ـ راهبرموسی(ع) بکوه طور وگفتگوی او باخدایتعالی آتشی بود که از دور دید وبزعم قرآن مجید برای آوردن آن بجانب طورروانه شد. درتوراة نیز عیناً آنچه قرآن کریم دربارهٔ این ملاقات اشاره فرموده آمده است. (ر. ك. : توراة سفرخروج باب۳ و۴)

دراین ابیات غرض ازموسی مردکامل است که دارای صفات کاملهٔ الهی است وازاین جهت میتواند بازبان دل وجان باخدایتعالی سخن گوید. وغرض از فرعون بهیمی نفس اماره است که راه سالکان حقیقت را میزند ونمیگذارد چشم دلشان بجمال حقیقت روشن شود. وغرض از مرغ طور دلائل وامارانیست که سالك را بطور حقیقت وقاف معنی راهبری میکنند و طور معراج روحانیست که سالك چون بقلهٔ آن رسد حجابها ازپیشش برداشته میشود و حقیقت چهرهٔ خود را باومینماید.

ص۳۵ س۶۲۳ـ اشاره‌است بعقیدهٔ پیروان فیثاغورث که عدد را اصل مبادی موجودات میدانست وترکیب اصوات را در تولید نغمات تابع تناسبات عددی تصور میکرد» و فرض میکرد که فواصل کرات از یکدیگر به نسبت فواصل اعدادیست که آوازها را میسازد و از گردش آنها نغمه‌ای ساز میشود که روح عالمست و این نغمه را گوش های مردمان بعلت عدم استعداد یا نداشتن عادت نمیتوانند بشنود درحقیقت لحن موسیقی را روح عالم وجود نامید.» (سیرحکمت ج۱ ص۱۵)ـ این عقیده از مجرای نویسندگان رسایل اخوان الصفا

درمیان مسلمانان خاصه اصنافی ازصوفیان رسوخ کرد چه آنها در رسایل خود بسیار باین نکته اشاره کرده‌اند. (جهت مزید اطلاع ر.ك. رسایل اخوان‌الصفا ج۱ ص۱۵۲ و۱۶۸و ج۳ ص۱۸۲ تا ص۲۰۱ وبرای اطلاع‌ازقول فیثاغورث ر.ك.: سیرحکمت در اروپا ج۱ ص۵۱ و Thilly. P : 20 وRussell. P : 15)

ص۳۵ س۶۲۵- **فرعون بهیمی:** فرعون‌لقب سلاطین مصراست چنانکه قیصرلقب امپراطوران روم‌وکسری لقب شاهنشاهان فارس میباشد. (قاموس‌کتاب مقدس ص۶۴۹) - برخی آنـرا مأخوذ از فرعنة عربی بمعنی تکبرورزیدن گرفته‌اند ولی جوالیقی آنرا عربی نمیداند. (المعرب ص۲۴۶)- این اسم با جمع بصورت فراعنه اطلاق شده است برپادشاهانی که درازمنهٔ قدیم برسرزمین مصر حکومت میکرده‌اند . (جهت مزید اطلاع از این فراعنه ر.ك. : تاریخ ملل شرق ترجمهٔ هژیر ص۲۵)- اما فرعونی که موسی درزمـان او میزیست و توانست بنی‌اسرائیل را از سرزمـین او بکوچاند منفلی دوم پسر سیزدهمین رامسس بـوده است ، در روزگار این پادشاه سطوت واقتدار مصررو بنقصان گذاشت و بهمین جهت او بتکمیل مقبرهٔ خود دست نیافت. (قاموس کتاب مقدس ص۶۵۰) - «فـرعون بهیمی» دراین بیت کنایه است ازنفس‌حیوانی یا نفس‌امارة بالسوء .

میقات : وعده‌گاه - قرارگاه- مأخوذاست ازآیهٔ ۱۴۳ واقع درسورهٔ اعراف‌که مربوط است بتقاضای‌موسی(ع)رؤیت حق‌تعالی‌راکه تفصیل‌آن درتعلیقات اسرارنامه‌ازنگارنده‌ص۳۰۰ وتفسیر فخررازی ج۴ ص۴۱۸ وبیضاوی ج۱ ص۴۴۵ و کشف‌الاسرار ج۳ ص۷۲۳ آمـده است. - باید توجه داشت که‌آیهٔ میقات (سورهٔ اعراف آیهٔ ۱۴۳) مربوط به ملاقات اول موسی‌درکوه طور باخدا نیست وآیات ملاقات اول رامیتوان درسور زیر دید (سورهٔقصص آیهٔ ۲۹ و ۳۰ وطه‌آیهٔ ۹تا۱۱ ونمل‌آیهٔ ۷تا ۹) ودراین بیت آیهٔ میقات بجای آیهٔ رؤیت گـرفته شده‌است. - درقرآن کریم وتوراة ازدوملاقات موسی سخن رفته‌است که یکی‌قبل ازسفر بعثت اوبمصر اتفاق‌افتاد ودیگری پس‌از مراجعت‌ازمصر. (جهت مزیداطلاع ر.ك.: بآیات رؤیت ومیقات موسی که در بالا ذکرآن گذشت وتوراة سفر خروج باب ۳آیهٔ ۱ تا ۷ وباب ۱۹ آیهٔ۱ تاآخرباب وباب ۲۰ آیهٔ ۱۸ تا ۲۴) .

طورسینا، که کوه‌سینا نیز یکی‌ازقلـه‌های‌آنست دروسط شبه‌جزیره‌ایست‌که درمیانهٔ‌خلیج سویس وعقبه‌واقع است این کوهها از گرانیت وپورفیری ودیوریت وسنگ ریگ مرکب وسلسله مانند ازجنوب شرقی بشمال غربی‌امتداد یافته است ودر مابین این‌سلسله وادیهای ریگزار میباشد واین‌سلسله بکوههایی رسد که شکلاً شبیه‌بیکدیگر وتمامی قلـه‌هایشان از نباتات عاریست...کوه کترینا وکوه موسی درمیان این‌کوهها دیده میشود و هریك از اینها دارای سلسله‌ای هستند کـه تخمیناً سه میل مسافت دارد در کمرهٔ کوه موسی قلـهٔ حوریب است که اعراب‌آنرا رأس‌الصفصافه‌گویند . (قاموس کتاب مقدس ذیل سینا)

مرغ طور : در تفاسیر قرآن‌کریم وقصص انبیاآمده‌است که چون موسی(ع) برای‌آوردن

آتش بکوه طورشد، راهبرودلیل او بدرخت توحید مرغ کوچکی بود که برخی بلدرچین و بعضی گنجشك کوهی تصورکرده‌اند که درمیان بوته‌های خشك کوه اورا راهنمایی میکرد و در توراة قصهٔملاقات باینصورت آمده‌است: «وموسی گله‌های پدرزن خودرا میچرانید و گله‌ها را بطرف دیگر بیابان رانده بحوریب، بکوه خدا رسید * وفرشتهٔ خدا از میان بوته درشعلهٔ آتش باو نمودار شد ونگریست واینك آن بوته بآتش شعله‌ور بود اما بوته فانی نمیشد. (سفرخروج فصل سوم آیهٔ۱ و۲)

ص۳۵ س۶۲۹تا۶۳۱ ـ **خلیل**: درلغت بمعنی دوست وفقیر ومحتاج است. (صراح)ـ و لقب ابراهیم پیغمبر است ودرقرآن ابراهیم باین صفت خوانده‌شده‌است. (ر.ك.: سورهٔنساء آیهٔ۱۲۵)ـ مفسرین دراینکه چرا خدایتعالی ابراهیم را خلیل نامید دلائل بسیار آورده‌اند که نقل آن همه‌در اینجامیسرنیست. (جهت مزیداطلاع ر. ك. : ابوالفتوح ج۲ ص۵۰ و حیوةالقلوب جلد۱ صفحهٔ ۱۱۵) ـ ابراهیم خلیل که درتوراة باسم أبرام خوانده شده است در عبری بمعنی پدرعالی است که بعدها بابراهام موسوم شد یعنی پدر جماعت بسیار واو بانی و موجد و رئیس‌عظیم طایفهٔ یهود وبنی‌اسماعیل وسایرطوایف اعراب بود. (قاموس کتاب مقدس ذیل کلمهٔ ابرام)ـ طبق روایات تورات وی هفتاد وپنج ساله بودکه بامر خدایتعالی ترك بت‌پرستی کرد وبا زن وفرزند وبرادر زادهٔ خود لوط ازحران بیرون آمد و خداوند او را گفت « ازتو امتی عظیم پیدا کنم وترا برکت دهم ونام ترا بزرگ سازم وتوبرکت خواهی بود.» (ر. ك. سفر تکوین باب دوازدهم)

نمرود : نمرودبن کوش بن‌حام است که طبق‌روایات تورات مردی دلیروشکاری بود وجبار روی زمین یعنی‌قهرمان وفرمان‌فرمای زمین وبانی شهربابل‌بود وبابل تامدتی زمین نمرود خوانده‌میشد. (قاموس‌کتاب مقدس)ـ درتفاسیرقرآن‌وروایات واساطیراسلامی آمده‌است‌که ابراهیم‌خلیل نمرود را بتوحیددعوت‌کرد ونمرود قبول‌ننمود اما ابراهیم‌دست ازدعوت بر نداشت وروزی بتهای مورد پرستش نمرود واهل بابل را بشکست. نمرود پس‌از مشورت باکسان خود تصمیم گرفت که ابراهیم را باین جرم عظیم که کرده‌بود بسوزاند. امرکرد تا محوطه‌ای وسیع مرتب کردند وهیزم بسیار درآنجا جمع‌آوردند وآتش درآن زدند و بتعلیم شیطان ابراهیم (ع) را دست وپا بستند ودرمنجنیق نشاندند وبآتش انداختند ولی آن‌آتش براوگلستان شد وانواع گلها وشکوفه ها ورياحین وچشمه‌های‌آب گوارا ظاهرشد وفرشته‌ای بصورت انسان برای مؤانست وی درآن مکان پیدا شد ونمرود پس از یکهفته برای تفتیش حال ابراهیم بآنجا آمد وبجانب‌آتش نگریست دیدکه ابراهیم با مردی دیگر بربساطی ازگل‌نشسته است واورا ازآن حالت عجب‌آمد. (حبیب‌السیرجلد۱ صفحهٔ ۴۶)ـ قصهٔ‌ابراهیم ونمرود درازاست ودراغلب کتب تاریخ وسیرآمده‌است.(ر.ك. : قصص من‌القرآن صفحهٔ۴۷ حبیب‌السیرجلد۱ صفحهٔ ۴۲ ببعد حیوةالقلوب جلد ۲ صفحهٔ ۱۱۴) ـ دراین ابیات خلیل کنایه است از ولی ومردکامل که دارای صفت خلت خلیل است و

ازآتش نفس ولهیب آن بعلت ریاضت وتزکیه رسته است ونمرود کنایه‌است ازعناد ولجاج نفس بیدادگر که هردم شعله‌ای درجان می‌افروزد و آدمی‌را از رسیدن بشاهراه حقیقت باز میدارد واین‌شعله‌ها عبارتند ازخشم ، غضب، جاه طلبی، حرص، حسد، رشك، حیلت وغیره که صوفیان ازمجموع آنها بنفس‌اماره تعبیرمیکنند .

ص۳۵ س ۶۳۲ تا ۶۳۵- این ابیات مربوط است بحکایت صالح پیغمبر که از قوم ثمود بود و مساکن آن جماعات طبق روایات و اخبار در حجر بود که میان حجاز و شام واقع است و چون این جماعت مشرك بودند و بت می‌پرستیدند صالح پیغمبر بهدایت آنان مبعوث شد ولی قوم ثمود جز عده‌ای معدود باو نگرویدند و اغلب او را تهدید میکردند وسخنانش را یاوه میشمردند. روزی گفتند ای صالح اگر تو دردعوی که میکنی صادقی بیا تا روز عید بصحرارویم و بدعا ونیاز اشتغال ورزیم وحقیقت هر ملت که بتحقیق پیوست مجموع آن کیش را اختیار کنیم صالح بدین همداستان شد و در روز عید پیروان او وعبده اصنام بعیدگاه رفتند.اول مشرکان در پیش بتهای خود دست بدعا برداشتند تا مدعای صالح بحصول نرسد،سپس پیشوای ثمودیان به‌صالح گفت اگرمیخواهی که ما بتوحید گراییم و نبوت‌ترابپذیریم دعا کن که از این سنگ که برابر ماست ناقه‌ای بزرگ که حامله باشد بیرون آید وهم در ساعت وضع حمل نماید وآن شتر بچه مثابهٔ مادر باشد.صالح دعاکرد ومدعای اهل‌ثمود راعرضه نمودآن‌سنگ‌ازآنچه‌بودبزرگتر شد وبرخود لرزید و بشکافت و ازآن‌میان‌ناقه‌ای‌عظیم‌بیرون آمد وفی‌الحال ازآن ناقه شتری‌در بزرگی مانند مادرمتولد شد و جندع بن عمرو پادشاه ثمود و جمعی از خواص اوبه‌صالح ایمان‌آوردند و بقیه او را ساحرخواندند .

ناقهٔ صالح بعداز وضع حمل روی‌به علفزارها آورد وبچریدن مشغول شد و قرار شد که‌آب چاهی‌که اغنام ومواشی ثمودیان از آن سیراب میشدند یك روز ناقه را باشد وروز دیگر چهارپایان ثمودیان را و صالح قوم را ازآزار رسانیدن بناقه منع‌فرمود وگفت مادام که این شتر در میان شماست عذاب الهی نازل نمی‌گردد و ایشان هم قبول کردند که ناقه را آزار نرسانند.ضمناً صالح گفت آنکه این ناقه را خواهد کشت دراین ماه بوجودخواهدآمدو قوم‌ثمودبا خودقراردادندکه هرپسری‌که‌درآن ماه‌متولدشودبکشند. ده پسردرآن‌ماه‌متولدشدندنه‌نفرازآنهاراکشتندوپدرپسر دهمی‌حاضرنشدکه‌پسرش‌رابکشند. این پسرچون بسن‌شباب رسید موقعیکه ناقه بر سرآب‌بود او را پی کرد وبکشت.

صالح از این واقعه آگاه شد وبمیان قوم شتافت و آنها را بعذاب الهی تهدید کرد وگفت سعی کنید که بچه‌ناقه که بکوه رفته بود بمیان شما درآید تا مگر از سخط الهی مصون مانید .قوم‌ثمود از عقب بچه ناقه که بقلهٔ کوهی رفته بود شتافتند و چون‌چشم شتر بچه به‌صالح افتاد سه نوبت بانگ کرد و گفت یا صالح واماه و از نظر همگنان غایب گشت.صالح گفت بعدد هریك از بانگهای این ناقه بچه یك روزی شما را مهلت

توضیحات ۳۰۳

است بعد از آن بعذاب گرفتار خواهیدشد قوم بسخریت گفتند علامت صدق این سخن‌چه باشد؟صالح گفت نشانهٔ عذاب آنست که فردا رنگ رخسارهٔ شما زرد گردد و روز دوم‌سرخ و روز سوم رویهاتان سیاه شود وروز چهارم بعذاب‌الهی‌دچار خواهید شد . در این سه‌روز قوم ثمود هرروز بلونی درمی‌آمدند وبهمین جهت قصدجان صالح‌کردندتا آنجا که مجبور شد با یاران خود شبانه از مسکن ثمودیان فرار نمود . روز چهارم که روز چهارشنبه بود آوازی از طرف‌آسمان بگوش گمراهان ثمودرسید که از مهابت‌آن نفری جان‌نبرد.»(نقل باختصارازجیب‌السیرجلد ۱ صفحهٔ ۳۷ ونیز ر.ك. : قصص القرآن‌صفحهٔ ۳۳تا ۳۸ و قرآن کریم سورهٔ اعراف از آیهٔ ۷۳تا ۷۹ و سورهٔ هود ازآیهٔ۶۱ تا۶۹ وسورهٔ شعراء ازآیهٔ ۱۴۱تا ۱۶۰ و سورهٔ نمل از آیهٔ ۴۵ تا۵۴ و سورهٔ قمر از آیهٔ ۲۳ تا ۳۲ و جویری صفحهٔ ۵۳ و ثعلبی ص ۶۶ و حیاة القلوب‌ج ۱ص۱۰۸)-غرض ازباز کردن کوه خودرا و بیرون‌آمدن ناقه ازکوه‌اندکاك جبل‌انیت‌است‌که بقول‌صوفیان‌منشاء همه ناراحتی - های بشر و گرفتاریهای اوست تا این انیت از بین نرود استعداد های خفتهٔ سالك بیدار نخواهد شد واز آن همه استعداد که در وجود اونهفته است بهره‌مند نخواهد شد . و صالح در این ابیات کنایه است از مرد کامل .

ص ۳۶س۶۳۸ - **عقل مادر زاد** : عقـل بالفطره است وصوفیان بخلاف معتزله‌معتقداند که عقول دراصل فطرت بایکدیگر اختلاف دارند و از این جهت است که اصناف بنی‌آدم هرکدام حقیقت وجود را بنوع خاص خود تعبیر میکنند وهمین تعبیرات باعث اختلاف صوری ومعنوی میشود وبزعم صوفیان تنها در طریق عشق و محبت است که اختلاف سلیقه و تضاد وجود ندارد حال اگر کسی‌پیروی از عقل ننماید و طریق‌محبت سپرد از این اختلافات وتضادها رهایی خواهد یافت وازل وابد را یکی خواهد دید .

ص ۳۶ س ۶۴۱ - **الست‌وبلی** : مأخوذ است از آیهٔ شریفهٔ:«اذ اخذ ربك من بنـی آدم من ظهورهم و ذریتهم واشهد هم علی انفسهم الست بربکم ؟ قالوابلی . شهدنا ان تقولوایوم القیامه اناکنا عن هذا غافلین» (اعراف آیهٔ۱۷۲) ـمفسرین درتفسیراین‌آیه اختلاف دارند و جهت‌مزید اطلاع ر. ك. : ابوالفتوح ج ۲ ص ۴۸۴ و مجمع البیان ج ۲ص ۴۹۶ ومنهج الصـادقین ج ۱ ص ۶۰۳ و فخررازی ج ۴ص ۴۵۷ وبیضاوی ج ۱ ص ۴۵۵ و کشف الاسرار ج ۳ص ۷۸۲- وصوفیان در تعبیر این آیه نظـری خاص دارند که شرح آن باعث اطالهٔ کلام میشود. جهت اطلاع ر . ك.کشف الاسرار ج ۳ ص ۷۹۳ تا ۷۹۸.

ص ۳۶ س۶۴۴- **خرعیسی** : عیسی وخرش در ادبیات فارسی بسیار آمده استودرموارد بسیار مورد مثال واقع شده است(جهت اطلاع برکیفیت‌آن‌ر. ك.: فرهنگ لغات و تعبیرات مثنوی تألیف نگارنده ج ۴ ص ۲۵۷) - صوفیان اغلب آنـرا کنایه آورده اند از نفس سرکش و نفس امارهٔبالسوء.

- ص ۳۶ س ۶۴۶ و ۶۴۷ - در قصص انبیا آمده‌است‌که‌داود را« آواز خوش بود هروقت آوازبرآوردی

و توراة خواندی آب روان ایستادی وبرگ سبز درختان زردگشتی وکوهها با او تسبیح میکردند. وهروقت زبور خواندی خلق بیهوش‌شدندی و ازچهل‌فرسنگ‌آوازاو میشنیدند بقدرت خدا وهرکه کافر بود هرگاه‌آواز او میشنید در حال جان میداد وهرچه صنعتیان بودند دست ازصنعت بازمیداشتند وهرچه مؤمن بود فرحناك‌میشد» . (جویری ص۱۷۵)

ص ۳۶ س ۶۴۹ و ۶۵۰ ـ اشاره است‌بموضوع زره‌گری و نرم شدن‌آهن بدست‌داود که‌شرح آن ذیل ص ۲ سطر ۳۰ آمده است .

ص ۳۷ س۶۵۱ تا ۶۵۵ ـ این‌ابیات اشاره‌است بافسانهٔ رانـده شدن حضرت آدم علیه و علی‌نبینا‌السلام و الصلوة از بهشت بوسیلهٔ شیطان و معاونین اوکه طاوس ومار بودنـد طاوس ازمرغان‌بهشتی، بود و در فریفتن آدم و حوا باشیطان همکاری کرد . مار نیز یکی از حیوانات بهشتی بود وقبل از اینکه باینصورت در آید دربهشت صورت دیگری داشت؛حیوانی بودکه‌بدنش پوشیده بود وچهار دست و پا داشت وخوش صورت‌تر و خوشرنگ‌تر از جمیع حیوانـات بود و مانند شتری بزرگ بود . شیطان‌لعنة‌الله حق ورود ببهشت را نداشت. برای‌فریفتن آدم خود را در دهان مارمخفی کرد وداخل بهشت شد وبپایمردی طاوس راه آدم و حوا را بزد وآنها را فریفت تا از شجرهٔ خبیثه خوردند و چون خدایتعالی از محل‌آنها آگاه شد برآنان خشم گرفت،طاوس‌راکه در این عمل‌پایمردی کرده بود پاهایش را زشت‌فرمود و اورا از بهشت راند و بهندوستان فرستاد. مار را عریان کرد و پاهایش را محو فرمود و چنان کردکه برشکم راه رود و از بهشت بیرونش کرد و باصفهان فرستادش . آدم و حوا وشیطان را نیز از بهشت براند وهریك را بشهری از شهرهای دنیا راند آدم بکوه سرندیب نزول نمود وحوا بجده افتاد وشیطان بمولتان رانده شد واینهمه از غدرشیطان‌و پایمردی طاوس و دستیاری مار برخاست (ر.ك.: حبیب‌السیرج ۱ ص ۲۰ وحیواة القلوب ج ۱ ص۴۳ ببعد)

ص ۳۷ س ۶۶۰ ـ یوسف صدیق : لقبی است‌که قرآن کریم به‌یوسف داده‌است درآنجاکه‌فرماید: «یوسف ایهاالصدیق»(سورهٔ یوسف‌آیهٔ۴۶) واین‌بیت وبیت بالاترمربوط است‌به‌قصهٔ یوسف‌نبی(ع) پسر یعقوب (ع) پیغمبر مشهور بنی‌اسرائیل که شرح احوالش درقرآن کریم آمده است (ر.ك.:سورهٔ یوسف و تفاسیر بر آن).

ص ۳۷ س۶۶۵ تا ۶۶۲ـ ذوالنون: این‌اسم‌درقرآن‌کریم‌آمده است (ر.ك.:سورهٔ انبیاء آیهٔ ۸۷) « یعنی خداوند ماهی‌که یونس‌بن متی باشد ونـون ماهی بـزرگ باشد واو را بـرای آن ذوالنون خواندکه مدتی درشکم ماهی بود و دگر جای اورا صاحب‌الحوت خواند :«فی‌قوله‌ولاتکن کصاحب‌الحوت.» (ابوالفتوح ج۳ ص ۵۶۷)ـ درقرآن کریم چند جـا از یونس یاد شده است (ر.ك.: سورهٔ انعام‌آیهٔ ۸۶ و ۸۷ و سورهٔ یونس آیهٔ ۹۸ والصافات آیهٔ ۱۳۹ تا۱۴۸ وسورهٔ انبیاآیهٔ ۸۷و۸۸)ـدرتوراة کتابی‌بنام یونس هست که شرح حال اوبتفصیل‌ذکرشده است . (توراة ص ۱۶۰۴)ـ طبق روایت مسلمین ویهود او پیغمبری بودکه برای قوم‌خود

از خدا عذاب خواست و خدایتعالی نفرین او را در بارهٔ قوم قبول فرمود وچون موعد عذاب شد یونس از شهر بیرون شد وبکوه پناه برد تا گرفتار عذاب نشود اما قوم او چون عذاب را نزدیك دیدند به مصلی شدند ودست بدعا برداشتند و باتضرع و زاری از درگاه خدا پوزش خواستند تارفع بلاشد. یونس پس‌از چندی بازگشت ودیدازقضیهٔ عذاب خبری نیست خشمگین شد وازآن‌شهرکوچ کرد تا بکناردریا رسید وکشتیی‌دید پراز بار که قصد حرکت داشت. درآن‌کشتی بنشست وراه دریا گرفت. دربین راه دریاطوفانی شد وکار براهل کشتی تنگ شد. مسافرین گفتند گناهکاری درمیان ماهست باید دید که کیست. چون قرعه‌انداختند بنام یونس(ع) اصابت کرد. اورا بدریا افکندندماهیی‌بزرگ ویرا درکشید وبمیان‌آب رفت ویونس مدتها درشکم ماهی بماند و بقول توراتاین‌مدت سه روزطول کشید ودراین مدت آن حضرت بدعا ونماز مشغول بود تاآنکه ماهی او را بار دیگر بکنار دریا انداخت. حکایت یونس دراز است و برای اطلاع براحوال او ر.ك. : قصص من‌القرآن صفحهٔ ۲۰۷ وجویری ص۱۵۶ وحیاةالقلوب جلد۱ صفحهٔ ۴۵۶ وکتاب یونس درتوراة ص۱۶۰۴ وقاموس کتاب مقدس ذیل‌کلمهٔ یونس.

ص۳۷ س۶۷۰ - خضر: راویان قصص ومفسرین قرآن کریم آورده‌اند که ذوالقرنین یکی ازاولیاءالله بودکه بخواست خدایتعالی برشرق‌وغرب عالم دست یافت وبامراو بسیروسیاحت‌درممالك خود پرداخت، خضرکه پسرخالهٔ اوبود دراین مسافرتها همراه اوبود. ذوالقرنین ضمن سیر دربلاد وامصار شنید که درظلمات چشمه‌ای جاریست که هرکس از آن آب بنوشد زندهٔ جاوید خواهد شد وبرای پیداکردن این چشمه ودیدن ظلمات بدانصوب رهسپارشد. خضر والیاس که هر دوپیغمبر بودند ودراین سفر هم همراه ذوالقرنین آمده بودند بآن چشمه که بعدها آب‌حیوان یاآب‌زندگی‌نامیده شد رسیدند وجرعه‌ای ازآن نوشیدند و زندگی جاوید یافتند و چون ذوالقرنین که او را اسکندر هم نامیده‌اند بآنجا رسید سبب توقف را ازآندو پرسید آنها صورت واقعه را شرح دادند . اسکندر از آن آب طلب کرد ولی‌هرچه گشتند نتوانستندچشمه را بیابند واسکندر مأیوس‌ازسرزمین‌ظلمات بازگشت. دراینجاست که خواجهٔ شیراز فرماید:

سکندررا نمی‌بخشندآبی — بزوروزرمیسر نیست این‌کار

خضر بعلت آنکه زندهٔ جاوید شد توانست بسیاری ازپیغمبران واولیاءالله ومردان کامل را راهنمایی نماید از جمله قصهٔ او وموسی مشهوراست (ر.ك.: حبیب‌السیر جلد۱ صفحهٔ ۹۶ وبرای‌اطلاع ازموضوع خضروذوالقرنین ر.ك. ؛ قرآن کریم سورهٔکهف آیهٔ۸۳تا۹۹ وتفاسیرقرآن ذیل همین آیات وقصص من‌القرآن صفحهٔ ۱۶۲ وحبیب‌السیرجلد ۱ صفحهٔ ۴۰ وحیاةالقلوب جلد۱ صفحهٔ ۱۵٪ ونشابوری ص۳۳۸)

اما صوفیان خضررا مرد کامل وولی‌الله وامام وپیشوای زمان میدانندکه بعلت دست‌یافتن بنور باقی‌وسیراب‌شدن از چشمهٔ فیاض حقائق دارای جانی‌وجسمی نمردنی‌وجاوید است و

آب زندگی، سخنان وافاضات مرد کامل است‌که جانهای مرده را درگورتن زنده‌میکنند یا بعبارت دیگراستعدادهای نهفتهٔ سالکین طریقت را آشکار می‌نماید . پس مصاحبت با اولیاءالله بنظرصوفیان چون هم نشینی باخضراست واستفاده ازمحضر وسخنان آنان در حکم آب حیات وآب زندگیست .

ص۳۸س۶۷۳ـ مرداردنیا : مأخوذ است از حدیث منسوب به علی بن‌الحسین علیهماالسلام که فرمود ، «الدنیا جیفة وطلابها کلاب» (محاضرات راغب ج۱ ص۲۱۵) .

ص۳۸ س۶۷۵ـ ذوالقرنین : حکایت او درقرآن کریم‌آمده است (ر.ك. ، سورهٔ کهف‌آیهٔ ۸۳تا ۹۸) ـ و اما دراینکه او پادشاه بود یا پیغمبر ویا مردی صالح، اختلاف کرده‌اند ودر وجه تسمیهٔ اونیزبسیاراختلاف است(ر ك. ، تفسیرابوالفتوح ج۳ ص۴۴۵ ولغت‌نامه‌ذیل کلمهٔ‌ذوالقرنین) ـ درقرآن کریم او کسی است که از مطلع شمس تا مغرب سفر نمود وبامرخدایتعالی‌بر سرزمین یأجوج و مأجوج سدی عظیم کشید و آن قوم را در پشت آن سد تا قیامت بداشت. ـ مورخین‌اسلامی این‌لقب را به اسکندر نیز داده‌اند وبرخی‌دو ذوالقرنین تصور نموده‌اند ؛ یکی ذوالقرنین پیغمبر یا مرد صالح و دیگری اسکندر تاریخی (جهت اطلاع براحوال او وبنابرهمهٔ اقوال ر.ك. ، ابوالفتوح ج۳ ص۴۴۵ وکشف‌الاسرار ج۵ ص ۷۳۴ ببعد و فخررازی ج۵ ص۷۵۰ وبیضاوی ج۲ ص۲۵ وثعلبی‌ص۳۵۹ وجزائری‌ج۱ ص۱۷۳ ولغت نامه ذیل‌کلمهٔ ذوالقرنین ونیزشرح سطر ۶۷۰).

ص۳۸ س۶۸۸ ـ طریقت وحقیقت : این دو اصطلاح است ازاصطلاحات صوفیان وهر صوفی ناگزیر است که برای تهذیب اخلاق وتزکیهٔ نفس سه مرحلهٔ شریعت وطریقت وحقیقت را بگذارند. استاد ابوالقاسم قشیری درصفت این مراحل گوید، شریعت امربالتزام عبودیت است و حقیقت مشاهدهٔ ربوبیت و هرشریعتی که مؤید بحقیقت نباشد مقبول نیست وهرحقیقتی که مقید بشریعت نباشد غیر محصول است (رسالهٔ قشیریه ص۴۳) ـ صوفی تا وقتی‌که بنا بدستور مرشد وپیرخانقاه خود تکالیف شرعی را بجا می‌آورد در شریعت است وهمینکه قصد تکمیل نفس کرد ویا مرشد او را برای بجای آوردن مراحل خاصهٔ تصوف و درویشی‌مستعد دید طریقت شروع میشود وچون بسرمنزل مقصود رسید بحقیقت واصل شده است . بقول هجویری « شریعت فعل بنده بود و حقیقت داشت خداوند » (هجویری ص۴۹۸).

مولانا جلال‌الدین رومی دربارهٔ این سه اصطلاح و کیفیت آنها در مقدمهٔ جلد پنجم مثنوی آورده است : «شریعت همچو شمعست؛ ره می‌نماید وبی‌آنکه شمع بدست آوری راه رفته نشود وچون در راه آمدی رفتن توطریقتست وچون بمقصودرسیدی‌آن‌حقیقت است وجهت‌این‌گفته‌اند: «لوظهرت‌الحقایق بطلت‌الشرایع» همچنانکه‌چون مس‌زرشود ویا خوداز اصل‌زر بود اورا نه علم کیمیا حاجتست که‌آن شریعتست ونه‌خود درکیمیامالیدن که آن‌طریقت ... حاصل آنکه شریعت همچو علم کیمیا آموختن است ازاستاد یا از

کتاب وطریقت استعمال کردن داروها ومس را در کیمیا مالیدن است وحقیقت زر شدن مس . کیمیا دانان بعلم‌کیمیا شادند که ماعلم این میدانیم وعمل‌کنندگان بعمل شادندکه ماچنین کارها میکنیم وحقیقت یافتگان بحقیقت شادندکه مازرشدیم وازعلم وعمل کیمیا آزاد شدیم ... یامثال شریعت همچو علم طب‌آموختنست وطریقت پرهیزکردن بموجب طب وداروها خوردن وحقیقت صحت یافتن ابدی وازآن هردوفارغ شدن . چون آدمی ازاین حیات می‌رود شریعت وطریقت ازاو منقطع شود وحقیقت ماند (مقدمهٔ دفتر پنجم مثنوی چاپ نیکلسن ص ۱و۲) .

ص ۳۹ س ۶۹۰ تا ۷۰۷ - مربوط است بقصهٔ هدهد وسلیمان‌که درقرآن کریم بآن اشاره‌شده است وذیل س ۶۱۷ تا ۶۲۰ شرح‌آن‌آمده است ـ دراین ابیات غرض ازسلیمان قطب عالم‌امکان‌است که بزعم صوفیان تنهاکسی است که برهمهٔ رموز وسرائر عالم موجود آگاه است و هدهد مرد کامل‌وراهنمای راه دانیست‌که طریق جان را می داند و مورد نظر سلیمان و قطب زمان است وپیشوایی اوبراهل عالم مسلم است .

ص ۳۹ س ۶۹۲ - نامه‌ای را که هدهد ازجانب سلیمان به شهرسبا وبلقیس‌بردبااین‌عبارت شروع‌میشد: «انه من سلیمان وانه بسم‌الله‌الرحمن‌الرحیم * الاتعلوا علی واتونی مسلمین» (سورهٔ نمل آیهٔ ۳۰ و ۳۱).

ص ۳۹ س ۷۰۷- شناسایی مرد کامل و ولی عصر بر همه کس واجب و ضروریست بهمین جهت است که اغلب فرق اسلام خاصه شیعیان معتقدند که هیچگاه زمین‌خالی ازحجت نمی‌ماند وبراین ادعای خود اسناد واخباربسیار اقامه می‌نمایند (ر.ک ، اصول‌کافی کتاب‌الحجه ج ۱ص ۱۶۸ تا ۵۵۳) ـ بزعم صوفیان هرکسی ناچار است‌که حجت وامام زمان خودرا در زمان حیات خویش بشناسد والاچون مشرکان از دنیا خواهد رفت و حدیثی از پیغمبر (ص) نقل می‌کنند که دلیل براین مدعاست:«من مات ولانعرف امامه مات‌میتة‌جاهلیة» (اصول کافی ج ۱ ص ۳۷۷) ـ واین حدیث بصورتهای مختلف نقل شده است (ر.ک . اصول کافی‌ذیل من مات ولیس‌له‌امام ج ۱ص ۳۷۶).

ص ۴۰ س ۷۱۲-کوه قاف: درفرهنگها‌آمده است : «قاف» نام‌کوهیست‌که گرداگردعالم‌است‌وگفته‌اندکه اززمرد است وپانصد فرسنگ بالادارد وبیشترآن در میان‌آبست وهرصباح چون آفتاب بر آن افتد شعاع آن سبز نماید و چون منعکس گردد کبود شود (آنندراج) ـ کوهیست از زبرجد که برگرد زمین است وپانصد فرسنگ بالای اوست گرد برگرد آب دارد وچون‌آفتاب بروی تابد شعاع سبزآن بر آب آید ومنعکس شود و آسمان از آن لاجوردی نماید واگرنه‌آسمان بغایت سپید است (کشف).

درکتب جغرافیای قدیم آمده است : «قاف» اگرعربی باشد ازفعل ماضی‌گرفته شده است چنانکه گویند «قاف اثره یقوفه قوفاً اذا اتبع اثره» . این کوه گرداگرد زمین کشیده شده است ونام آن درقرآن آمده است ومفسرین آن راکوهی می‌دانند محیط بر زمین

وگویند از زبرجد سبز است و سبزی آسمان از رنگ اوست‌واصل و اساس همهٔ کوههای زمین است و بعضی گفته‌اند فاصلهٔ این کوه تا آسمان به مقدار قامت آدمی است و برخی دیگر آسمان را برآن مطبق می‌دانند و زمره‌ای گمان کرده‌اند که در پس او عوالم و خلایقی‌اند که تعداد آن را جز خدای تعالی نمی‌دانندوآفتاب از این کوه طلوع وغروب می‌کند وآن را قدما البرز می‌نامیده اند (معجم البلدان ج ۷ ص ۱۵).ـدرنزهة القلوب پس ازنقل قول یاقوت که دربالاگذشت آورده است : « همهٔ بیخ کوهها بدو پیوسته است حق سبحانه وتعالی را با قومی غضب بوده باشد و خواهد که بدیشان زازله فرستد فرشته را که بر کوه قاف موکل است امر آید که تارك و بیخ آن کوه مطلوب را بجنباند و درآن زمین زلزله افکند . والعهدة علی الراوی. چون کوه قاف را اصل کوهها نهاده‌اند اگرچه‌این ازعقل دورست این قدرشرح آن نوشتن درخوربود (نزهةالقلوب ص ۱۹۸) ـ بعضی‌کوه البرزرا کوه قاف‌شمرند (نزهةالقلوب ص ۱۹۰) ـ درقرآن مجید‌آمده‌است: «ق‌والقرآن‌المجید»(سورهٔق‌آیهٔ۱) بعضی‌ازمفسرین‌درتفسیرآن‌آورده‌اندکه«ق»نام‌کوهیست که‌صفتش‌دربالا ذکرشد (ابوالفتوح ج ۱ ص ۱۳۱ ونیزر.ك.: کشف‌الاسرارج۹ ص ۲۷۳و فخررازی‌ج ۷ ص ۴۱۱ وبیضاوی ج ۲ ص ۴۵۵ ومنهج‌الصادقین‌ج ۳ ص ۱۶۳) . و نیز آورده‌اند که « ذوالقرنین گرد عالم میگشت تا بکوه قاف رسید و گردکوه قاف کوههای خرد دید . رب العالمین کوه را با وی بسخن آورد تا از وی برسید که ما انت ؟ تو چه باشی ونامت چیست ؟ گفت منم قاف گرد عالم درآمده . گفت این کوههای خرد چیست گفت این رگهای من است ودر هربقعتی ودرهرشهری ازشهرهای‌زمین ازمن رگی بدو پیوسته . هرآن زمین که بامر حق آنرا زلزله خواهد رسید مرا فرماید تا رگی از رگهای خود بجنبانم که باآن زمین پیوسته تاآنرا زلزله افتد (کشف‌الاسرار ج ۹ ص ۲۷۴ ؛ وجهت اطلاع بیشتر ازاین کوه ر ك. : دایرة المعارف اسلامی ج ۲ص ۶۱۴ ببعد ذیل کلمهٔ Kaf). بندهشن (فصل۱۲ بند۲) درضمن نام کوههایی که ازالبرزروئید ازکوهی بنام «کاف» نام می‌برد که پس ازالبرز بزرگترین‌کوه است وآن کوهیست که از سگستان (سیستان) شروع وبه خجستان ختم می‌شود وآنراکوه پارس‌هم نامند (فصل ۱۲ بند۹ ؛ و زادسپرم فصل۷ بند ۷) .

درکتب جغرافیای اسلامی نیزآمده است که کوه قاف همان البرز است (ر ك. : یاقوت ج ۷ ص ۱۵ ونزهةالقلوب ص ۱۹۰) . البرزکوه درآثارزردشتی درحقیقت کوهی است مذهبی ومعنوی : ایزد مینوی مهرپیش ازطلوع خورشید جاویدان ازبالای این کوه‌برآید وسراسرسرزمین آریائیان را روشن نماید وکوهی است بس بلند ودرخشان که برفرازآن نه شب است و نه تاریکی ،نه‌باد سرد زننده ونه باد گرم مهلك ونه بیماری و آلودگی و منزلگاه ایزد مهراست (مهریشت بندهای ۱۳ و ۵۰ و۵۱ و۱۱۸). کوهیست که هوشنگ پیشدادی برفرازآن صد هزاراسب وده هزارگوسفند برای ایزدآبان قربانی‌کرد (آبان

یشت فقرهٔ ۲۱)؛ وکوهیست که گرداگرد قلهٔ آن ماه وخورشید و ستارگان دور می‌زنند (رشن یشت فقرهٔ ۲۵) . درآثارپهلوی نیزکوهی است مذهبی وموضوع اساطیرمختلف . بنابر «دینکرت» یك سرپل چینوت (صراط) باین کوه‌پیوسته است (یشتها ج۲حاشیهٔص ۳۲۴). بنابر«بندهشن» روئیدن‌آن هشتصد سال طول کشید و کوههای دیگرجهان همه در ۱۸ سال ازین کوه روئید (فصل ۱۲ بند۱ ؛ زاد سپرم فصل۷ بند ۱و۲ . برای اطلاع بیشتررجوع کنید بهیشتها ج۲ ص۳۰۸ وحاشیهٔ ص۳۲۴ و یادداشتهای گاتاها ص ۱۵۸ و Pahlavi Textes ص ۲۹و۳۴ و۱۷۴ و۱۷۵)

صوفیان درتوصیف این‌کلمه آورده‌اند : «جوانمردان طریقت‌وارباب معرفت سری دیگر گفته‌اند درمعنی «ق» گفتندآن کـوه قاف که گرد عالـم درکشیده نمود کاری است ازآن قاف که گرد دل دوستان درکشیده ، پس هـرکه در این دنیا خواهد که ازآن کوه قـاف درگذرد قدم وی فرو گیرند ، گویند : وراء این قاف گذر نیست . همچنین کسی که در ولایت دل و صحرای سینه قدم زند چون خواهد که یك قـدم از صفات دل و عالم سینه بیرون نهد قدم وی درمقام دل فروگیرند ، گویند : کجا می‌شوی ؛ ماخود همین جای بانوایم : « اناعندالمنکسرة قلوبهم من‌اجلی» (کشف‌الاسرار ج۹ص۲۸۳) ـ وادی کبریا و بی‌نیازی (اکبری دفتر۳ ص۳۱۰) .

حاصل کلام آنکه «قاف» که ممکن است باکاف البرزمرتبط باشد واساطیرآن از اساطیر مربوط به البرز سرچشمه گرفته باشد ، اصل و اساس وپایه و مایهٔ همه بلندیهای جهان ومنزلگاه ایزد ومهرو فروغ و روشنی وصفا بوده است ودر قرآن کریم مظهر قـدرت و قدوسیت گردیده و در اساطیر با ذوالقرنین که به‌مطلع و مغرب شمس رسید سخن گفته است - صوفیان هـم کـه همیشه اینگونه‌امـور را بـا تعبیرات دلکش خـود بصورت خاصی درمی‌آورند ، «قاف» را سرزمین دل وسرمنزل سیمرغ جان و حقیقت و راستی مطلق دانسته‌اند که همهٔ سعی سالك صرف رسیدن بآن می‌شود اما رسیدن باین سر زمین مقصود ها بدون زحمت و مشقت و گذشتن از عقبات صعب سلوك ممکن نیست و سالك ناگزیـر است که برای گذشتن از ایـن راه بی نهایت کـه هـر شبنمی در آن صدموج آتشین است ، همرهی خضر کند و دل و جان به هدهد سلیمان سپارد تا او که از مخاوف این طریق هولناك آگاه است او را بقلهٔ این کوه بی زینهار برساند وکیفیت این منزلگاه عجیب را که قلب و فؤاد و دل از آن اصطلاح می‌کنند به او نشان دهد . « قف » اغلب در آثار صوفیان بـه همین معنی ، یعنی به اقلیم قلب و فؤاد وکشور دل اطلاق شده است چنانکه مولانا جلال‌الدین محمد بلخی فرماید :

جان که او دنبالهٔ زاغان پرد — زاغ او را سوی گورستان برد
هین مدو اندر پی‌نفس چو زاغ — کو بگورستان پرد نه‌سوی باغ

گر روی،رو در پی‌عنقای دل سوی قاف و مسجد اقصای دل

(ج۳ نی ص ۳۵۵)

ص ۴۰ س ۷۱۳- سیمرغ: در فرهنگها آمده است ، بضم ثالث عنقا را گویند و آن پرنده ای بوده است که زال پدر رستم را پرورده و بزرگ کرده ، و بعضی گویند نام حکیمی است که زال در خدمت او کسب کمال کرد (برهان ـ آنندراج ـ برهان جامع) و در ذیل کلمهٔ «سیرنگ» آمده است، بمعنی سیمرغ زیرا که سی رنگ دارد (رشیدی) ـ سیرنگ بروزن بیرنگ پرنده‌ایست که آنرا سیمرغ و عنقا خوانند و عنقای مغرب همانست و آن را بسبب آن عنقا گویند که گردن او بسیار دراز بوده است و کنایه از محالات و چیزی که فکر بدان نرسد و اشاره بر ذات باریتعالی هم هست (برهان)- مرغ داستانی معروف مرکب از دو جزء سین یا سئینه و مرغ . سئینه بلغت اوستا مرغ شکاریست و بشکل سین در کلمهٔ سیندخت مانده و سیمرغ در اصل سین مرغ بوده است این مرغ نظیر عنقاء عربیست (فرهنگ شاهنامه)- و در کتبی که قدما راجع بحیوانات و طیور نوشته اند یاضمن « علوم اوایل » از این اجناس اسم برده‌اندآمده است: « عنقا که‌آنرا بپارسی سیمرغ گویند. اورا در جهان‌نام‌هست اما نشان نیست وهر چیزی‌را که وجود او نادر بود بعنقای مغرب تشبیه کنند. ودر بعضی از تفاسیر آورده‌اند که در زمین اصحاب رس کوهی‌بود بس‌بلند بهروقتی مرغی‌بس عظیم با هیأتی غریب وپرهای‌او بالوان مختلف و گردنی بافراط دراز که او را بدان سبب عنقا گفتندی و هر جانوری که در آن کوه بودی از وحوش و طیور صید کردی و اگر صیدی نیافتی از سر کوه پرواز کردی و هر جا کودکی دیدی برداشتی و بردی و چون آن قوم ازو بسیار در رنج بودند پیش حنظلة بن صفوان رفتند که پیغمبر ایشان بود و ازو شکایت کردند. حنظله دعا کرد حقتعالی آتشی بفرستاد و آن مرغ را بسوخت. وزمخشری در ربیع الا برار آورده است که حقتعالی در عهد موسی (ع) مرغی آفرید نام او عنقا و از چهار پای بود و از هر جانب او رویی مانند روی آدمی و اورا همچو اوجفتی بیافرید و ایشان درحوالی بیت المقدس بودندی وصیدایشان از وحوش بودی و با موسی (ع) انس داشتند و چون موسی بدار بقا پیوست ایشان از آن زمین نقل کردند و بزمین نجد فرود آمدند و پیوسته کودکان را میبردند و طعمه میساختند. چون خالدبن سنان العبسی بعد از عیسی (ع) به‌تشریف نبوت سرافراز گشت‌اهل حجاز و نجد از آنمرغ شکایت کردند او دعا کرد حقتعالی بدعای خالد بن سنان نسل ایشان را منقطع کرد وجز نام‌ایشان در جهان نماند وبعضی گویند بدعای حنظله‌ایشان‌را ببعضی ازجزایرمحیط انداخت ودرآن‌جزایر فیل وکرگدن وببر وجاموس وبیشتر حیوانات باشند لیکن‌او جزفیل راصیدنکند واگر فیل‌نیابد تنین‌یا ماربزرگ‌صیدکند ودیگرحیوانات‌را بواسطهٔ‌آنکه مطیع‌اویندمتعرض‌نشود (نفایس الفنون ج ۲ ص ۱۵۰) ـ دمیری در حیاة الحیوان ذیل عنوان عنقاء المغرب

آورده است که مرغیست عجیب بسیار دور پرواز و در کوهها بیضه نهد و گویند او را باین جهت بدین اسم خوانده‌اند که در گردنش طوق سپید رنگی است و گفته‌اند او پرنده‌ایست نزدیك مغرب الشمس ـ و قزوینی آورده است که از حیث جثه و خلقت بزرگترین مرغان است ، فیل را میرباید همانطور که غلیواج موش را رباید، هنگام پرواز از بال او صدایی چون صدای رعد قاصف و سیل برخیزد و هزار سال زندگی می کند و چون پانصد سال شد جفت گیری مینماید و هنگام بیضه گذاشتن درد شدیدی حس میکند ـ ارسطاطالیس درنعت این پرنده آورده است که پرنده‌ایست شکاری ودر منقار او قدحهای بزرگ برای شرب آب تعبیه شده است . . . او را شکمی است چون شکم گاو واستخوانی چون استخوان درندگان و او بزرگترین پرندهٔ گوشتخوار است (دمیری ذیل عنقاء المغرب).

اما این مرغ پرنده‌ایست آریائی که نامش در اوستا بصورت saêno mərəgho (ح‌ـبرهان‌ص۱۲۱۱) ودرپهلوی sen-murv یا سیمرغ پیشوا وسرور همهٔ مرغان و اولین مرغ آفریده شده است (بندهش فصل ۲۴ بند۱۱).

درکتاب Cults and Legənds of Ancient Iran and China از مرغی چینی‌بنام «sien - ho» اسم برده شده است که مؤلف کتاب آنرا کلنگ ترجمه کرده وبا سئنه اوستائی و یا مرغ دیگری در اوستا بنام Vareghan (بال زن) که مترجمین آنـرا عقاب و شاهین ترجمه کرده‌اند مقایسه نموده است (ص ۴۶ تا ۵۲) و حکایت سیمرغ افسانه ای شاهنامه را نیز با افسانه ای مانند آن که در آثار چینی موجود است تطبیق نموده (ص ۱۳ تا ۱۸) و فصلی راجع به سیمرغ و مرغ رخ چینی آورده است (ص ۱۲۲). مرحوم صادق هدایت که نسخه‌ای ازین کتاب را بمن داد در حاشیهٔ ص ۱۵ کتاب که بحث راجع به سیمرغ است نوشته است سیمرغ باید سین مرغ = مرغ چین باشد. ـ در اوستا و آثار پهلوی آشیانهٔ این مرغ بلند پرواز در بالای درختی است که در میان اقیانوس فراخ کرت واقع است. هر وقت که از روی آن درخت برمی خیزد هزار شاخه از آن میروید و هر وقت که بروی آن فرود می‌آید هزار شاخه از آن شکسته تخمهای آنها پاشیده و پراکنده میگردد (ر.ك : یشتها ج ۱ حاشیهٔ ص ۵۷۵ تا ۵۷۷) و نیز در فروردین یشت از کسی باسم saêna ahum stut نام برده شده است که نماز اهون (یثااهو) را بجای می آورد و در فقرهٔ ۱۲۶ همین یشت از سه تن یاد شده که از خاندان سئن هستند و در کتاب هفتم دینکرد فصل ۶ بند ۵ آمده «در میان دستوران راجع به سئن که او صد سال پس از ظهور دین متولد شد و دویست‌سال‌پس‌ازظهوردین درگذشت اونخستین پیرو مزدیسناست که صد سال زندگی کرد و با صد نفر از مریدان خویش بروی این زمین پدید آمد (یشتها ج ۲ حاشیهٔ‌ص۸۲) «بی‌شك‌بین‌دومفهوم‌سئنه‌اوستائی‌وسیمرغ‌فارسی‌یعنی‌اطلاق‌آن مرغ مشهور ونام‌حکیمی‌دانا

۳۱۲ مقامات الطیور

رابطه‌ای موجوداست. برای توضیح این معنی ر. ك. (ح- برهان ازدکتر معین ص ۱۲۱۱) و برای اطلاع بیشتر ازافسانه‌های مربوط بسیمرغ در آثار فارسی بمقالهٔ فاضلانهٔ همان مؤلف دانشمند در مجلهٔ ایران لیگ، جلد ۲۸، شمارهٔ ۱، ص ۱۱-۱ رجوع شود که در آن از جمله مینویسند: «در روایات و داستانهای ملی ما (شاهنامه) سیمرغ بدوگونه جلوه کرده است، نخست اسم نوع پرنده ای عظیم الجثه است که بر فراز کوه آشیانه و نیرویی بزرگ و قدرتی عظیم دارد ولی او نیز فانی گردد.» - رستم در خوان پنجم از هفت خوان باین سیمرغ بر میخورد و او را میکشد (ر. ك شاهنامه ج ۳ ص ۲۷۱ وشاهنامهٔ ثعالبی ص ۱۴۶).
« دوم اسم خاص ظاهراً پرنده‌ای از نوع اول که دارای دانش و حکمت است و در داستان وی بویی از بقا استشمام میشود و همین سیمرغ که یاد آور سئنه اوستاست. »- این سیمرغ بشرحی که در شاهنامه باید دید تن نوزادی را که پدرش سام او را بدور افکنده بودبه البرزکوه میبرد تا خوراك جوجگان خویش سازدولی ازجانب بارگاه الهی:

بسیمرغ آمد صدایی پدید — که ای مرغ فرخندهٔ پاك دید
نگهدار این کودك شیرخوار — کزین تخم مردی درآید ببار

سیمرغ هم بنا بامر حق به تربیت زال همت می گمارد تا جوانی برومند می شود و چون خبر اوبه سام میرسد برای یافتن فرزند بـه البرز کوه میرود و به مکمن سیمرغ میرسد که:

یکی کاخ بد تارك اندر سماك — نه از رنج دست و نه از آب و خاك

و سیمرغ از واقعه آگاه میشود زال را که به آواز سیمرغ سخن میگفت و همهٔ هنرها آموخته بود وادار میکند که نزد پدر رود و از پر خویش باو میدهد تا در هنگام سختی برآتش افکند تا سیمرغ بمدد او شتابد چون او را نزد پدر می آورد سام:

فرو بردسر پیش سیمرغ زود — نیایش همی بافرین بر فزود
که ای شاه مرغان ترا دادگر — بدان داد نیرو و ارج وهنر
که بیچارگانرا همی یاوری — به نیکی بهر داوران داوری
ز تو بدسگالان همیشه نژند — بمان همچنین جاودان زورمند

(ر. ك. : شاهنامه ج ۱ ص ۱۰۶ تا ۱۱۳)

سیمرغ دو بار در هنگام سختی بفریاد زال میرسد یکی هنگام زادن رستم که بعلت بزرگی جسم اززهدان مادربیرون نمی آمد وکاررودابه زن زال ومادر رستم به بیهوشی مرگ میکشدوزال ناچارپری ازسیمرغ را درآتش مینهد واوحاضر میشودودستور میدهد تاشکم مادر را بشکافند و فرزند را بیرون آورند وگیاهی را با شیر و مشك بیامیزند وبکوبند ودرسایه خشك کنند و پس از بخیه زدن شکم رودابه برآن نهند وپرسیمرغ برآن مالند تا بهبود یابد (ر.ك: شاهنامه ج ۱ ص ۱۷۶) دوم در جنگ رستم و اسفندیار کـه چون رستم در مرحلهٔ اول جنگ از اسفندیار شکست میخورد و مجروح وافکار به خانه بر

توضیحات ۳۱۳

میگردد زال برای بار دوم پر سیمرغ را در آتش مینهد و سیمرغ حاضر میشود:

چو سیمرغ را دید زال از فراز ستودش فـراوان و بردش نماز
به پیشش سه مجمر پراز بوی کرد زخون جگر بررخش جوی کرد

سیمرغ این بار هم بشرحی که در شاهنامه باید دید زخمهای رستم را علاج میکند و اورا بدرخت گز که در ساحل دریای چین میروید، راهنمائی میکند و تیری دو شاخ که قاتل اسفندیار بود باو میدهد (ر.ك. شاهنامه ج۳ ص۳۵۵ تا ۳۵۸ وشاهنامهٔ ثعالبی ص۱۶۹). داستانهای مذکور سبب شده که سیمرغ (سیرنگ) را حکیم و دانایی باستانی تصور کنند «در رسالهٔ (زردست افشار) ترجمهٔ دادبویه ابن هوش آئین از رسائل فرقهٔ آذر کیوان جملاتی حکمی از او تحت عنوان «حکیم کامل مرتاض سیمرغ که از دوری ازجهانیان واعراض از اغراض فاسده فانیه دنیویه اورا بدین نام یعنی عنقا خوانند» نقل کرده است- درنزد صابیان عراق داستان دلکش «سیمرغ وهرمز شاه» متداول است و نیز در داستانهای عامیانه (فولکلور) ایران حکایتهای لطیف از سیمرغ باقی است ازجمله داستان «دژ هوش ربا» و «سیمرغ (مرغ) هادی وراهبر بسوی مرغ حکیم.» (ایران لیك ذیل مقالهٔ سیمرغ)
برای اطلاع از تعبیرات دیگر دربارهٔ سیمرغ رجوع شود به:
The Dog-Bird, Senmurv - Paskudj تالیف C. Trever، طبع لنینگراد، ۱۹۳۸ و نیز مقالهٔ « The senmurv » توسط P.O. Harper در *The Metropolitan Museum of Art Bulletin* سال ۱۹۶۱ ص ۹۵ و بعد، وبمقالهٔ E. Benveniste بنام: «Les noms de l'oiseau en Iranian»,
Paideuma, Mitteilungen zur Kulturkunde, Band VII, Juli 1960, Heft 4/6 (Festschrift H. Lommel)

سیمرغ درقصص انبیاء: جویری درقصص الانبیاء خود، درذیل عنوان «حدیث سلیمان باسیمرغ» حکایتی مفصل آورده است ومختصر آن اینست که درمحضر سلیمان سخن ازقضا و قدر می‌رفت وسیمرغ منکر آن شد وگفت من قضای الهی را بگردانم. سلیمان گفت دختر وپسری از دوپادشاه در مشرق ومغرب زمین بوجود آمده‌اند وحکم قضاست که این دو با هم ازدواج کنند اگرمیتوانی این قدر بگردان. سیمرغ بهوا شد تا بدانجا رسید که مملکت مغرب آنجا بود نگاه کرد دایگانرا دید که دختررا نگاه داشته‌اند چون سیمرغ را دیدند از هیبت او بگریختند دختر درگهواره بود سیمرغ درآمد ودست فرو کردو اورا برداشت وبهوا برد، چه دست وپای سیمرغ همچو دست وپای آدمیست. آن دختر را از هفت دریا گذرانید وبفراز درختی برد که بر سرکوه بسیار بلندی روییده است و روزها نزد سلیمان می‌آمد وشبها به پرورش او قیام میکرد. اماپسر پادشاه مشرق چون بسن رشد رسید درصدد برآمد که سرچشمهٔ نیل را بیابد ومشقتها کشید تا بزیر همین درخت آمد که از زیر آن نیل جاری بود وبا دختر ازدواج کرد وپس از یکسال فرزندی

ازآنها بوجود آمد. سلیمان سیمرغ را امرکرد تاآنهارا که درپوستینی سترك پنهان شده بودند نزد او آورد وچون آنها ازپوست بیرون آمدند «سیمرغ خجل شد و بقضا وقدر ایمان‌آورد وبهوا برشد وبدریاها بگذشت وبعدازآن هیچکس سیمرغ را ندید» (جویری ص ۱۹۸ تا ۲۰۲).

سیمرغ از نظرصوفیان: سهروردی دررسالهٔ عقل سرخ ضمن‌قصهٔ زال‌ورستم واسفندیارآورده است : «سیمرغ آشیانه بر سر طوبی دارد . بامداد سیمرغ ازآشیانهٔ خود بدر آید و پر بر زمین بار گستراند ، از اثر پر او میوه بردرخت پیدا شود ونبات برزمین (ص۹). ودر سیمرغ آن خاصیت است که اگر آینه یا مثل آن برابر سیمرغ بدارند هردیده که درآن آینه نگرد خیره شود (ص۱۱). پیر را پرسیدم که گویی درجهان همان‌یك‌سیمرغ بوده است؟ گفت آنکه نداند چنین پندارد واگر نه هرزمان سیمرغی از درخت طوبی برزمین آید واینکه درزمین بود منعدم شود معاًمعاً. چنانکه هرزمان سیمرغی می‌آید این چه باشد نماند» (ص۱۱).

ودر رسالهٔ صفیر سیمرغ آورده است : «هرآنکس که درفصل ربیع قصد کوه قاف کند و آشیان خود را ترك بگوید و بمنقار خویش پر و بال خود را بر کند چون سایهٔ کوه قاف بر او افتد مقدار هزار سال این زمان که «وان یوماً عندربك کالفسنة» واین هزار سال در تقویم اهل حقیقت یك صبحدمست از مشرق لاهوت اعظم در این مدت سیمرغی شود که او خفتگانرا بیدار کند . و نشیمن او در کوه قاف است صفیر او بهمه کس برسد ولکن مستمع کمتر دارد همه با اوانند وبیشتر بی‌اوانند چنانکه قایل گوید :

با مائی ومارا نه‌ای   جانی ازآن پیدانه‌ای

و بیمارانی که در ورطهٔ علت استسقاء و دق گرفتارند سایهٔ او علاج ایشانست و برص را سود دارد و رنجهای مختلف را زایل گرداند . و این سیمرغ پرواز بی‌جنبش کند و بپرد بی مسافت و نزدیك شود بی قطع . اما بدانکه همهٔ نقشها دروست والوان ندارد و در مشرق است آشیان او ، مغرب از او خالی نیست . همه بدو مشغولند و او از همه فارغ همه از او پرند واواز همه تهی و همه علوم از صفیر آن مرغست ، سازهای عجیب مثل ارغنون و غیرآن از صدای آن مرغ استخراج کرده‌اند. چنانکه قایل گوید:

چون ندیدی همی سلیمان‌را   تو چه‌دانی زبان مرغان‌را

و غذای او آتش است وهرکه پری ازآن پر بر پهلوی راست بندد و بر آتش گذرد از حریق ایمن باشد. ونسیم صبا از نفس اوست از بهر آن عاشقان راز دل واسرارضمایر با اوگویند. (رسالهٔ صفیر سیمرغ سهروردی ـ خطی از نگارنده) .

ودراصطلاحات خود آورده‌اند: العنقاء، هوالهباء الذی فتح‌الله فیه‌اجسادالعالم (ابن‌عربی).

هوالهباءالذی فتح‌الله فیه‌اجسادالعالم مع انه لاعین‌له فی‌الوجود الابالصورةالتی فتحت فیه وانما سمی‌بالعنقاء لانه یسمع بذکره و یعقل ولا وجود له فی عینه (تعریفات ص ۱۳۸) ویسمی‌ایضاً بالهیولی (تعریفات ص۲۲۸).

گاهی از «سیمرغ آشیانهٔ ابدیات» وجودکامل خواجهٔ کائنات را اراده کرده‌اند که‌درحقیقت سلسله جنبان باب معرفت وسرحلقهٔ کاملان جهان است (عبهرالعاشقین۲۰) و گاهی از «سیمرغ» جان وروان را اراده کرده‌اند که عرش‌آشیان‌است (عبهرالعاشقین۱۱۱)وزمانی از «سیمرغ عرش» عقل اول را خواسته‌اند (عبهرالعاشقین‌ص۶۲).

در منطق الطیر سیمرغ، حقیقت کاملهٔ جهان است که مرغان خواستار او پس از طی مراحل سلوك وگذشتن از عقبات وگریوهای مهلك کوه قاف خود را باو میرسانند و خویش را دراو فانی می‌بینند.

حاصل کلام آنکه این‌مرغ‌وافسانهٔ اواصلاً آریائیست و ارتباطی با عنقای آفریده شده در زمان موسی (ع) و نفرین شده خالدبن‌سنان یا حنظله‌بن صفوان وGriffin مغربیان ندارد از همان دیر زمان صورت افسانه‌ای بخود گرفته و مقامی والا یافته است و در مذهب زرتشت‌و آثار صوفیان ایران به‌حکیمی‌روحانی و یا کاملترین وجود بشری‌تعبیر شده و عارفان کامل خاصه شیخ‌فریدالدین عطار او را منبع فیض و سر چشمهٔ هستی یا وجود باریتعالی تصور کرده‌اند که کاملان جهان که مرغان بلندپرواز این دیررندسوزند تمام هم خود را صرف شناسایی او مینمایند و با همت مرشدان خویش میکوشند که پس از طی‌مراحل سلوك و گذشتن از مخاوف ومهالك راه جان چون قطره‌ای کـه در پهنای دریا محو میشود خود را باین مرغ بی‌نهایت برسانند و در اقیانوس عنایـات او محو و فانی شوند.

ص ۴۰س ۵۱۷ - اشاره است بحدیث شریف: «ان‌بین‌الله و بین خلقه سبعین‌الف حجاب» که بصورت«ان لله سبعین‌الف حجاب من نور وظلمة »(مرصادالعبادص۵۷) نیز نقل شده است.

ص ۴۱ س ۷۳۹ - اشاره است بحدیث شریفی که مأخذ آنرا دوست دانشمند و محترم آقای دکتر سید جعفر شهیدی اطال‌الله بقائه جهت این ضعیف پیدا کردند: « اطلبواالعلم ولوبالصین فان طلب‌العلم فریضة علی کل‌مسلم» (کنزالعمال‌ج۵ص۲۰۲ ازعقیلی درضعفا وبیهقی‌درشعب‌-الایمان‌وابن‌عبدالبر، باب‌علم) و باین‌صورت نیز نقل شده است: «اطلبواالعلم ولوبالصین فان طلب‌العلم فریضة علی‌کل مسلم‌ان‌الملائکة تضع اجنحتهالطالب رضی بما یطلب.» (کنزالعمال همان‌جلد و صفحه از ابن‌البر، ازانس).

ص ۴۲ س۸۴۹ بلبل: نمونهٔ مردمان جمال‌پرست وعاشق پیشه است.

ص۴۵ س۸۰۲ -طوطی: حیوانیست‌ثاقب‌الفهم ونرم‌خوکه قوهٔ‌تقلید اصوات وقبول تلقین‌را بسیارداراست. ارسطاطالیس گوید برای تعلیم طوطی او را جلوی آینه نهید و از پس آن صحبت‌کنید

تا او خوب تقلید کند (دمیری ذیل ببغاء) - در اینجا نمونهٔ آن دسته از مردمان اهل ظاهر و تقلید است که بدنیای باقی و حیات جاوید اعتقاد دارند و بآن سخت پابندند .

ص ۴۵ - س ۸۰۷ - ر . ك شرح س ۶۷۰ .

ص ۴۶ س ۸۲۱ - طاوس : پرنده‌ایست عزیز وجمیل وعفیف‌الطبع و اهل ناز و تبختراست وبرخویش سخت معجب است (دمیری) - در مثنوی نمونه‌ای از مردم منافق و دو رنگ است که برای نام و ننگ جلوه‌گری میکند وهم" خود را صرف صید خلق و شکار آنهامینماید واز نتیجهٔ عمل خود نیز بی‌خبر است (ر ك . ج۵ نی ص۲۸). ولی‌دراینجا نمونهٔ اهل ظاهر است که تکالیف مذهب‌را بامید مزد یعنی بآرزوی بهشت و رهایی از عذاب دوزخ انجام میدهد .

ص ۴۶ س ۸۲۵ - اشاره است بقصهٔ‌آدم ورانده شدن او از بهشت که‌ذیل‌ص۳۷س۶۵۱ شرح‌آن‌گذشت.

س ۴۷ س ۸۴۷ - اشاره‌است بحدیثی که دوست دانشمند آقای دکتر سید جعفرشهیدی پیدا کردند : «اول شیئی یاکله‌اهل‌الجنه زیادةکبدالحوت» (کنزالعمال ج۷ص ۲۳۲ ازطیالسی از انس) و باینصورت هم‌نقل شده است : «اول مایاکل اهل‌الجنه کبدالحوت» (کنزالعمال ج۷ص ۲۳۶ ازطبرانی ازطارق‌بن شهاب) .

ص ۴۸س ۸۴۹-بط: مرغابیست واین‌کلمه عربی محض‌نیست(جوالیقی‌ص۶۴)و معرب‌است(آنندراج) - درتفاسیر قرآن (ذیل‌آیهٔ ۱۲۰ واقع درسورهٔ بقره راجع بمرغ خلیل‌الله‌ع) آنراضمن چهارمرغ خلیل نام‌برده‌اند (ابوالفتوح ج۱ص ۴۵۸) - ودر مثنوی کنایه است ازحرص وآز که یکی از عوامل شیطان رجیم و نفس عافیت سوزاست (ج۵ نی س ۳۷) - دراینجا نمونهٔ مردمان عابد و زاهد است که همهٔ عمر گرفتار وسواس طهارت وشستشواند .

ص۴۷س۸۵۱ - سجاده بر آب افکندن : نوعی از کرامات بوده است که بقول صوفیان از اولیاالله و مردان کامل و مرشدان این طریقت سر میزده است . چنانکه دراحوالات رابعه عدویه آورده‌اند : «یك روز که (حسن بصری) رابعه را دید و نزدیك آب‌بود حسن‌سجاده بر آب افکند گفت ای‌رابعه بیا تا اینجا دو رکعت نماز بگزاریم رابعه گفت ای حسن خود را در بازار دنیا آخرتیان را عرضه باید داد چنان باید که ابناء جنس تو ازآن عاجز باشند پس رابعه سجاده در هوا انداخت و برآنجا پرید و گفت ای‌حسن بدانجا آی تا مردمان ما رابینند(تذکرةالاولیا ج۱ص ۶۵)-و دربوستان‌درقصهٔ سعدی وپیری ازفاریاب آمده است :

بگسترد سجاده برروی آب خیالیست پنداشتم یاکه خواب

(کلیات‌سعدی ص۱۱۸)

ص ۴۸ س ۸۵۲ - کرامات : جمع کرامت و در لغت بمعنی جوانمرد گردیدن و با مروت شدن است (آنندراج)- در اصطلاح صوفیان خارق عادتیست که از شخصی غیر از نبی سر زند واگر

همین امر ازکسی سرزند که مقرون بایمان وعمل صالح نباشدآنرا استدراج گویند واگر بادعوی نبوت مقرون باشد معجزه نامند (تعریفات). جهت اطلاع بیشتر ازاین اصطلاح صوفیان ر.ك. اللمع ص۳۱۵ تا ۳۳۰ ورسالهٔ قشیریه ص ۱۵۸ تا ۱۶۰ و کشف‌المحجوب ص۲۷۶ .

ص۴۸ س ۸۵۸ - مأخوذ است از آیهٔ شریفهٔ «وجعلنا من‌الماء کل شیئی حی» (سورهٔ انبیاء آیهٔ ۳۰).

ص ۴۹ س ۸۷۲ - کبك : نمونهٔ مردم جواهردوست‌که‌همهٔ عمرخود را صرف جمع‌آوری‌انواع‌جواهرات و احجار کریمه و یا اشیاء قیمتی و عتیق مینمایند .

ص ۵۱س ۸۹۹- این حکایت مربوط است بانگشتری سلیمان که در قصص‌الانبیا در بارهٔ آن‌آمده است که «سبب راندن مملکت سلیمان علیه‌السلام از خاتم بود . حقتعالی همه چیزها مسخر او را گردانیده بود بسبب آن نامها بود که بروی بود . سلیمان آنـرا حرمت داشتی و هروقت بطهارت‌گاه رفتی‌آنرا از انگشت بیرون کردی وبخادم‌امین‌دادی. روزی‌آن خادم غایب بود دیوی‌برصورت اوبیامدوانگشتری‌بستدو باانگشت خویش‌درکرد وبیامد برتخت بنشست . چون سلیمان ازطهارت‌گاه آمد انگشتری طلب‌کرد نیافت نـزدیك آمد دید دیو را برتخت نشسته و خلق‌اورا مطیع گشته، کارش تنگ شد بیرون‌آمد ازشهربکرانهٔ دریا آمد ومزدوری صیادان گرفت . چون مدت چهل روز برآمد مدت بلاش بسرآمد. گفت وگوی میان خلق افتاد . آصف گفت ازگفتار این لذت نمی‌آیدچنانکه پیش‌ازاین می‌آمدی وسخن این مانند سلیمان نیست. زنان گفتند این‌آمد وشد سلیمان‌نیست بما. دیو بترسید، بگریخت وانگشتری را بدریا انداخت. حقتعالی سبب کرد تاانگشتری‌را ماهی فرو برد. آنگاه بدام افتاد. قضا راآن ماهی سلیمان‌را دادند. چون شکم ماهی را شکافت انگشتری خود بدید درساعت که خاتم درانگشت کرد صیـادان بدانستند که او سلیمان است. پس روی سوی شهر نهاد، وبیامد وبرتخت نشست وبمملکت باز رسید (نشابوری‌ص۳۰۵).

ص۵۱ س ۹۰۳ - شادروان : ر.ك. شرح س ۶۲۱ .

ص۵۱ س ۹۰۶ تا ۹۱۰- درقرآن‌کریم‌آمده‌است‌که سلیمان(ع) گفت : «رب اغفرلی‌وهب‌لی‌ملکالاینبغی لاحد من بعدی انك انت‌الوهاب» (سورهٔ ص‌آیهٔ ۳۵)- «شیخ ما گفت‌که بادست بدست ایشان وبدست سلیمان نیز هم که وسلیمان‌الریح؟ بدانکه اوملك خواست چهل سال‌بسال آن‌جهانش درآفتاب میدارند دروقت شما که تو ملك بـوده‌ای و پیش از وی پیغامبران دیگر بچهل سال دربهشت آیند» (اسرارالتوحید ص۲۱۲).

ص۵۱ س۹۱۴- همای : مرغیست افسانه‌ای که گویند استخوان خورد وجانوری نیازارد وبر سرهرکس سایه افکند پادشاه شود (انندراج) - و درافسانه ها بسیار از اونام برده‌اند از جمله‌باین صورت که در شهرها و ممالك هنگام انتخاب پادشاه این مرغ را بپرواز می‌آورده‌اند و برهرکس‌که می‌نشست، او را شاه میکردنـد - دراینجا نمونه‌ایست از مردان جاه طلب

که از زهد وعبادت برای جلب حطام دنیوی استفاده میکنند واز راه عزلت و عبادت ظاهری درصدد برمی‌آیند که ارباب مملکت وسیاست را بخود جلب نمایند و برای خود دستگاهی داشته باشند. خواجه حافظ اینگونه زهاد را «واعظ شحنه شناس» اصطلاح کرده است:

واعظ شحنه‌شناس این عظمت گو مفروش　　زانکه منزلگه سلطان دل مسکین من است

(حافظ قزوینی ص۳۷)

ص۵۲ س۹۳۲ - دارالقرار: جای آرامش، مأخوذ است از آیهٔ شریفهٔ: «یاقوم انماهذه الحیوةالدنیا متاع و ان الاخره هی‌دارالقرار» (سورةالمؤمن آیهٔ ۴۲).

ص۵۳ س۹۴۲ - باز: قدما باز را حیوانی متکبر وتنگ خلق تصور میکردند (دمیری ذیل‌البازی) - دراینجا نمونهٔ مردم درباری واهل قلم است که بعلت نزدیکی بشاه همیشه بر دیگران فخر و مباهات مینمایند و تکبر میفروشند و از سپهداری و کله داری خویش سوء استفاده می‌نمایند.

ص۵۳ س۹۴۳ تا۹۴۷ - دربازنامه آمده است: «همهٔ جانوران از چشم آدمی بترسند بدان‌سبب چشم (باز) بباید دوخت تا روی صیاد را نبیند وآن هول فراموش کند. چون باز چشم دوخته شد به‌بند وکلاه‌نهادن شتاب بباید‌کرد... وبازرا چون بند وکلاه برسرنهدبتدریج گوشت دهد (بازنامهٔ خطی‌متعلق بآقای‌سلطانی ص۱۶)- قدما باز را هنگام تربیت وشکار کلاه بر سر مینهادند تا جایی‌نبیند وآنرا روی دست میگرفتند وبشکار میبردند وچون پرنده‌ای که مورد توجه بود درآسمان پیدا میشد کلاه از سر او برمیداشتند و پروازش میدادند تا شکار را درآسمان بگیرد. کیفیت تربیت باز وچشم دوختن او و کلاهداری وی را در کتب و رسالاتی که دربارهٔ این پرنده نوشته‌اند بنام باز نامه بتفصیل آورده‌اند (ر. ك. بازنامه‌ها وص۳۶۰ اسرارنامه‌ازنگارنده).

ص۵۵ س۹۷۶ - بوتیمار: نام مرغیست‌که برلب‌آب نشیند وآب نخورد وگویند تشنه است‌وآب نخورد مبادا آب تمام شود آنرا مرغ غم خوراك گفته‌اند (آنندراج)- آنرا بعربی یمام گویند (برهان)- وحال آنکه «یمام» در عربی بکبوتر دشتی (منتهی‌الارب) یاکبوتر وحشی اطلاق میشود (دمیری) - دراینجا نمونه‌ای از آندسته از مردم خسیس است که مواهب زندگانی را از خود ودیگران دریغ میدارند، نه‌خود ازآن متمتع میشوند ونه‌میتوانند از تمتع دیگران لذت برند.

ص۵۷ س۱۰۰۵ - کوف: پرنده‌ایست بنحوست مشهور و آن دو قسم میباشد کوچك وبزرگ؛ کوچك را جغد وبزرگ را بوم خوانند (برهان) - این پرنده را که بنامهای جغد و بوم وکوف وبوف ومانندآن خوانند در ادبیات زرتشتی بهمن مرغ نامیده شده است و مرغیست اهورایی وبدون نحوست (ر.ك: ح- برهان ص ۳۱۸) - کنیهٔ او درعربی‌ام‌الخراب و ام‌الصیبان وغراب‌اللیل‌است. مرغیست‌که شب نمی‌خوابد وپرهایش بد بوست . طائریست

منزوی و منفردو حرام‌گوشت (دمیری ذیل بوم)- قدما برای این مرغ احکام و خواصی ذکر کرده‌اند که شرح آنهمه در اینجا میسر نیست (ر.ك. نفائس‌الفنون ج۲ ص۱۵۱ وحیاة‌الحیوان جاحظ ودمیری ذیل کلمهٔ بوم)- دراینجا کنایه است از مردم زاهد ومنزوی که گنج مقصود را در انزوا وخلوت وانعزال وگوشه گیری وبریدن از خلق واجتماع می‌جویند.

ص۵۷ س۱۰۱۸ - سامری : این اسم در قرآن کریم بکسی اطلاق شده است که در غیبت موسی که مدت چهل شبانه روز برای تهیهٔ احکام توراة بکوه طور شده بود قوم او را گمراه‌کرد وآنها را به پرستش گوساله‌ای که از زر ساخته بود وا داشت (این قصه دراز است و جهت مزید اطلاع ر.ك. سورهٔ بقره آیهٔ ۵۱ تا ۵۴ و آیهٔ ۹۲ و اعراف آیهٔ ۱۴۸ تا ۱۵۴ وطه آیهٔ ۸۶ تا ۹۷ ونیشابوری ص ۲۱۳ تا ۲۲۰ و جویری ص ۱۳۲ تا ۱۳۵ و ثعلبی ص۲۰۸ تا۲۱۳ وجزائری ج۲ ص۶۳ تا ۶۶).

ص۵۸ س۱۰۲۷ - صعوه : مرغیست کوچك که بفارسی سنگانه گویند (منتهی‌الارب) - مرغیست برابر گنجشك (منتخب) - پرنده‌ایست از نوع گنجشك سرقرمز وگنجشك کوچك (دمیری)- نمونهٔ مردان ضعیف وعاجز است که بعلت عجز و ناتوانی حاضر به تحمل مشقات و زحمات نیستند وبرای طی مراحل سلوك بعجزوانکسار خود معترفند.

ص ٦١ س۱۰۷۹ تا ۱۰۹۱ - مضمون این ابیات بسیار شبیه‌است به عقیدهٔ افلاطون وفلسفهٔ «مثال» اوکه جهان رافیی وظل‌عالم مثال می‌داند.

ص٦۱ س۱۰۸۵ - استغراق : یعنی غرق شدن وفرو رفتن ودراصطلاح عارفان بمعنای توجه مفرط و غوطه ورشدن در بحر توحید است وباین معنی است که دل عارف ذاکر در حال ذکر متوجه و ملتفت بذکر باشد و متوجه بخود نشود که این حالت را فنا گویند . کاشانی گوید : استغراق توغل در ذکر حضور حضرت حق است (فرهنگ مصطلاحات عرفاء ص۳۵).

ص ٦٦ س۱۱٦۹ - عشق : ر.ك ، بشرح س ۳۳۳۳.

ص ٦٧ س ۱۱۷۹ - فقر : در اصطلاح صوفیان عبارتست از فقد مایحتاج الیه (تعریفات) - ابوتراب نخشبی گفت : حقیقت غنا آنست که مستغنی باشی از هر که مثل تست و حقیقت فقر آنست که محتاج باشی بهر که مثل تست (تذکرةالاولیاء ج۱ ص ۲۹۷ وطبقات‌الصوفیه ص۲۵۰ - جهت مزید اطلاع براین اصطلاح صوفیان ر.ك. شرح تعرف ج۳ ص۱۱۸ تا ۱۲۰).

کفر : بمعنی پوشش است و نزد صوفیه ایمان حقیقی است و کفر ظلمت عالم تفرقه را گویند . و بعضی گویند پوشیدن کثرت در وحدت است. کاشانی گوید کفر حقیقی عبارت از فنای عبد است و بالاخره کفر پوشیدن کونین است بردل خود وبر گشتن از طاغوت نفس (فرهنگ مصطلحات عرفا ص۳۲۹) - جنید گوید اساس‌الکفر قیامك علی مراد نفسك. بناء کفرقیام بنده باشد بر مراد تن خود (هجویری ص۲۵۱).

۳۲۰ مقامات‌الطیور

ص۶۷ س۱۱۸۵ - شیخ سمعان : در تمام نسخ خطی و چاپی منطق‌الطیر این اسم بصورت شیخ صنعان آمده است فقط در این دو نسخه که متن این کتاب قرارگرفته باینصورت نقل‌شده‌است. موضوع قصه، عاشق شدن پیری است ازپیران صوفیان بر دختری ترسا ساکن یکی از دیارات مسیحی ، و این دیر در روم (بیزانس) بوده است. تبدیل کلمهٔ صنعان به سمعان شاید ازاین‌جهت باشد که درروم دیری بنام صنعان وجود نداشته. خاصه آنکه یاقوت‌در ذیل کلمهٔصنعاء درانتساب صنعانی شك کرده و آنرا امری موهوم می‌انگارد (معجم - البلدان ج ۵ ص ۳۹۴) اما دیارات متعددی در روم و توابع آن خاصه در اطراف شام ودمشق وغیره بنام سمعان موجود بوده است که درکتب جغرافیای قدیم بتفصیل از آنها اسم برده شده است (ر ك. : مسالك‌الابصار ج۱ ص۳۵۱ ومعجم مااستعجم ج۲ ص ۵۸۵ ومعجم‌البلدان ج ۴ ص۱۴۸ و مراصدالاطلاع ص۱۷۷ و مقدمهٔ شیخ صنعان از نگارنده صفحهٔ ح وط) .

اما موضوع حکایت گرفتار شدن مرشدی است از مرشدان صوفی به یکی از عقبات صعب سلوك. شیخ که خود را « قدوه اصحاب » و « بیدار جهان » می‌دانست در خواب می‌بیند که

یوسف توفیق در چاه اوفتاد عقبه‌ای دشوار در راه اوفتاد

ناگزیر بحکم آنچه در رؤیا باو نموده بودند عازم روم میشود وآنجا گرفتارعشق دختری ترسا وروحانی صفت میگردد وبرای خاطر معشوق ایمان می‌دهد و ترسائی میخرد و چنان در عشق ظاهر گرفتار میشود که خمر میخورد و زنارمی‌بندد و خوك بانی پیشه میکند ودست از اسلام ومسلمانی می‌شوید . مریدانش سعی میکنند تاباپند واندرز شیخ گمراه خود را براه آورند و چون از تغییر وضع شیخ خود مأیوس میشوند ازاو قطع امید میکنند و به حجاز بر میگردند و گزارش اعمال او را به مریدی که هنگام سفر روم غایب بود می‌دهند . او آنها را سرزنش میکند که چرا شیخ خود را در چنان حالی رها کرده‌اند،وشب هنگام با تضرع وزاری از خدا میخواهد تا شیخش راازگمراهی نجات بخشد سرانجام خواجهٔ کائنات (ص) را درخواب می‌بیند که باو بشارت رهایی شیخ را می‌دهد . روز دیگر او با مریدان عازم روم میشوند و شیخ را که زنار بریده و از نو مسلمان شده است با خود به حجاز می‌آورند . اما دختری که باعث آن‌ماجری شده بود پس ازمراجعت شیخ احوالش دگرگون میگردد و عاجز وسر گشته دیوانه وار سر درپی شیخ مینهدو بدست او اسلام می‌آورد وجان شیرین را سر ایمان خود مینهد.

در بسیاری ازتذکره‌ها وکتب لغت واصطلاحات صوفیان شیخ صنعان را مراد و مرشد عطار دانسته‌اند وآورده‌اند «صنعان نام شیخی است که هفتصد مرید برابرخود داشت ودر میان ایشان واصل حق وکامل مطلق بودند وخواجه فریدالدین عطار هم یکی از

جملهٔ ایشان بود (کشف‌اللغات و الاصطلاحات ذیل کلمهٔ صنعان) و آن مرید را که هنگام سفر شیخ غایب بود و باعث نجات او از گمراهی شد عطار تصور کرده‌اند. - برخی شیخ‌صنعان وحکایت او را مربوط دانسته‌اند بسرگذشت ابن سقاء فقیه مشهور قرن ششم که به روم رفت ومسیحی شد (جستجو در احوال وآثار فریدالدین عطار نیشابوری ص۹۰)- اما این‌حکایت بعینه درباب دهم تحفةالملوك امام محمد غزالی بنام شیخ عبد - الرزاق صنعانی که پیری صاحب کرامات بوده است نقل شده‌است. کیفیت نسخهٔ منحصر بفرد تحفةالملوك غزالی را دانشمند ارجمند آقای مجتبی مینوی استاد محترم دانشگاه در شمارهٔ ۳ سال هشتم مجلهٔ دانشکدهٔ ادبیات ذیل عنوان « از خزاین ترکیه » صفحهٔ ۱۰ بتفصیل آورده است وضمناً تحقیقات فاضلانه‌ای تحت عنوان شیخ صنعان نموده‌است که قسمتی از آن عیناً دراینجا نقل میشود:

« ترکیب این عنوان از مقولهٔ اضافه است، اضافهٔ شیخ به شهر صنعان، و مراد همان شهر است که صنعاءنامیده میشود از بلاد یمن. شیخ عطار حکایت را باید ازکتاب غزالی گرفته باشد، هر چند که در تحفة الملوك دیگری که ذکر خواهم کرد نیز این اسم آمده است. اگر این شیخ عبدالرزاق وجودی تاریخی باشد معلوم میشودزمان او قبل از پانصد هجری بوده است که زمان تقریبی کتاب غزالی است. اینکه صنعاء را سابقاً صنعان‌میگفته‌اند بدودلیل ثابت میشود: اولاً این شعرازخالد بن‌صفوان القناص:

جاء واعلی‌مهل‌من غیرماعلل یمشون‌فی حلل‌من‌وشی‌صنعان

از قصیدهٔ معروف به العروس (الطرایف‌الادبیه، قاهره ۱۹۳۷ص۱۱۱) ثانیاًیاقوت‌حموی در معجم‌البلدان (ذیل کلمهٔ صنعاء) از قول نصربن احمد الفزاری الاسکندری (متوفی بسال ۵۶۱) که از علمای نحو بوده است نقل میکند که صنعان لغتی است درصنعاء (یعنی صورت دیگری از اسم آن شهر است)، ولی خود یاقوت در صحت این‌قول نصر شك کرده وحدس زده است که او ازآن سبب که منسوب به صنعاء را صنعانی میگوید باشتباه افتاده است ولی حق‌با نصربوده است.

واما اینکه مراد از شیخ صنعان درمثنوی عطار همین شیخ عبدالرزاق صنعانی مذکور درتحفةالملوك باید باشد از اینجا مبرهن میشود که عین قصه ازغزالی‌است و شاعر ترك معروف بهگلشهری هم‌که منطق‌الطیر را بترکی ترجمه‌کرده‌است(۱)ودرسال ۷۱۷ هجری

۱- نسخهٔ باسمهٔ این‌کتاب بنام «گلشهری منطق‌الطیر» درسال۱۹۵۷توسط آقا سیری‌لوند Agha Sirri Levend بامقدمه‌ای ترکی ازایشان درآنکارا چاپ شده است. يك‌نسخه ازآن را آقای مینوی باین ضعیف مرحمت کردند که متأسفانه مفقود شد، نسخه‌ای دیگراز آن را آقای دکتریار شاطراز ترکیه خواستند ودردسترس نگارنده قراردادند

بپایان برده است عنوان این فصل را «داستان شیخ عبدالرزاق»آورده وابیات‌او در این باب چنین است،

بو مثل بیله شکرافشان‌وتر داستان شیخ صنعان در مکر
واردی‌صنعان شرنده براولو گلگل دریا ورجی درلر طلو
عبدالرزاق ایدی اول اولو کم بلشدور وردی حقه یدی

(منطق‌الطیر گلشهری چاپ عکسی ص۲۲ ببعد)

اما عبدالرزاق نامی ازاهل صنعان (صنعاء) که از برای او حکایتی چنانکه غزالی و عطار آورده‌اند پیش آمده باشد بنده هنوز در کتابی معتبر نیافته‌ام . بلی ، عبدالرزاق ابن‌همام نامی صنعانی از محدثین بسیار مشهوروموثق بوده است که در۱۲۶ هجری‌متولد ودر ۲۱۲ هجری درگذشته‌است وگفته‌اند که بعداز رسول‌الله (ص) کسی نبود که برای دیدنش بآن اندازه مردم تحمل رنج سفر کرده باشند که برای دیدن این عبدالرزاق وشنیدن اقوال‌او... ولی بعضی روات براو دو عیب میگرفتند یکی‌آنکه دراواخر عمر کورشد ونمی‌توانست باصول خود مراجعه کند وسهوها وخطاها ازاو سر میزد ، دیگر آنکه مفرط در تشیع بود ودرموردمعاصرین‌علی بن ابی‌طالب (ع) مانند خلفای راشدین ومعاویه الفاظ موهن بکارمیبرد.

حال آیا تصور میتوان کرد که این حکایت نصرانی شدن عبدالرزاق صنعانی از جمله موهومات ناشی از«یك کلاغ چهل کلاغ» باشد ، وازاینجا پیدا شده باشد که عظمت مقام این عبدالرزاق بن‌همام حمیری صنعانی را درعلم اسلام دانسته باشند ، ودر عالم تعصب تسنن آن عقیدهٔ افراطی تشیع اورا همرتبه با نصرانی شدن و زنار بستن شمرده باشند وبعدها نسبت نصرانی شدن باوبسته وبتدریج جزئیات افسانه را تکمیل نموده ودرافواه انداخته باشند ؛ از عجایب اینکه در میان عیسویان قصه‌ای شبیه باین قصهٔ شیخ صنعان موجوداست که عنوان انگلیسی آن داستان ارسطواست «The lay of Aristotel» نتیجه آنکه این شیخ زنار بند صوفی را شیخ صنعان باید دانست نه پیر سمعان و مأخذ حکایت او را در تحفة‌الملوك غزالی باید جست نه اقوال دیگر واین شیخ صنعان و مرید منجی او، شیخ فریدالدین عطار پیرو ومرشد اونبوده‌اند.

ص ۶۷ س ۱۱۸۷ - ریاضت : درلغت بمعنی رام کردن ستوراست. هجویری گوید اما ریاضت‌ومجاهدت جمله خلاف کردن نفس است وتاکسی نفسش راریاضت و مجاهدت ندهد سود ندارد و هر چه نفس را گوشمال زیادت گردد سر او باحق راست گردد (فرهنگ مصطلحات عرفا ص۲۰۳)- آنچه را که سالك بنا بصلاح وصوابدید مرشد ومرادخود برای‌تهذیب نفس وتزکیهٔ آن ازآداب شریعت و یاطریقت در خانقاه یا خلوت بجا می‌آورد ریاضت نامیده میشد از قبیل اوراد واذکار خاص ونمازهای طویل وجوع و بیداری وخدمت

خانقاه وغیره (جهت مزید اطلاع ر.ك. ، حاشیهٔ نگارنده براسرارنامه ص۳۱۳).

ص۶۷ س۱۱۸۸ - **علم** : در اصطلاح حکما حصول صورت شیء است در عقل و گفته‌اند علم ادراك شیء است بماهوبه و نیز گفته‌اند زوال خفاست از معلوم و جهل نقیض آنست . و برخی گفته‌اند علم صفت راسخی‌است که بوسیلهٔ آن درك کلیات و جزئیات میشود وبعض‌دیگر گفته‌اند علم عبارتست از وصول نفس بمعنی شیء و زمره‌ای، گفته‌اند عبارت از اضافهٔ مخصوص است بین‌عاقل ومعقول (تعریفات) .

اما صوفیان گویند : مراد ازعلم نوری است مقتبس از مشکوة نبوت در دل‌بندهٔ مؤمن که بدان راه یابد بخدای یا بکار خدای یا بحکم خدای . واین علم وصف خاص‌انسانست وادراکات حسی وعقلی او ازآن خارج (مصباح‌الهدایه ص۵۶) ـ وباید که علم مقرون عمل باشد کماقال (ع): «المتعبد بلافقه کالحماره فی‌الطاحونه » متعبـدان بی فقه را به خرخراس مانند کرد که هرچه می‌گردد بر پی نخستین باشد و هیچ راه شان رفته نشود (هجویری ص ۱۱).

کشف : درلغت بمعنی پرده برداشتن از روی چیزی و برهنه کردن است (منتخب) و در اصطلاح صوفیان اطلاع وجودی و مشهودیست بر ماوراء حجاب ازمعانی غیبی و امور حقیقی(تعریفات).

ص۶۷ س ۱۱۹۲ - **مقامات** : جمع مقام بفتح قاف، بمعنی ایستادن وجای ایستادن (صراح) ودر اصطلاح صوفیان اقامت بنده است درعبادت ازآغاز سلوك بدرجه‌ایکه بدان توسل کرده است و شرط سالك‌آنست که از مقامی‌بمقام دیگر ترقی کند. ودر تعریف آن آورده‌اند : مراد ازمقام مرتبه‌ایست از مراتب سلوك که در تحت قدم سالك آید و محل استقامت اوگردد و زوال نپذیرد (مصباح‌الهدایه ص ۱۲۵) ـ عبارة عمایتوصل الیه بنوع تصرف ویتحقق به بضرب تطلب ومقاساة تکلف، فمقام کل واجد اقامته عند ذالك (تعریفات) المقام عبارة عن استیفاء حقوق‌المراسم علی‌التمام (ابن‌عربی)ـ حاصل آنکه منازل ومراحلی را که صوفی برای رسیدن بمقصود درطریقت طی میکنندآنرا مقام نامند و ابونصر سراج این مراحل راهفت مقام می‌داند که عبارتند از مقام توبه ، مقام ورع ، مقام زهد ، مقام صبر ،مقام توکل ومقام رضا (اللمع ص ۴۲).

ص۶۸ س ۱۱۹۸ - **توفیق** : در لغت چیزی را بچیزی برگرداندن وباصطلاح موافق گردانیدن خدا اسباب را موافق خواهش بنده تا آن خواهش اوسرانجام یابد. استعمال لفظ توفیق‌دربهم رسیدن اسباب امور خیر باشد نه امورات شر (غیاث) ـ در اصطلاح صوفیان توفیق آنستکه خدایتعالی کار بنده را موافق آنچه دوست دارد و بآن خوشنود است قرار دهد (تعریفات).

ص ۶۸ س ۱۲۰۸ - **روح‌الله** : لقب عیسی‌بن مریم پیغمبر مسیحیان و درقرآن کریم چندین جا اشاره شده که عیسی از نفحهٔ روح‌الهی ویاتمثل روح (جبرئیل) برمریم بوجود آمده است

(ر ك. : سورهٔ نساء آیهٔ ۱۷۱ و انبیاء آیهٔ ۹۱ وتحریم آیهٔ ۱۲ ومریم آیهٔ۱۹) .

ص۷۱ س ۱۲۶۹ - وسواس : در لغت بمعنی اندیشهٔ بد وآنچه در دل گذرد و در دل افکندن شیطان و نفس چیزی بی‌نفع و خیر راآمده است (منتهی‌الارب) ودراصطلاح صوفیان وسواس عبارت از القای شیطانست از خواطر نفسانی جسمانی خواه عقلی باشد خواه شرعی خواه‌حسی وبالجمله‌آنچه عبد را ازخدای متعال دورگرداند (فرهنگ مصطلحات‌عرفا).

ص۷۲ س۱۲۷۳ — توبه: اول‌مقام سالکان طریق حق‌توبه است چنانکه اول‌درجهٔ طالبان خدمت طهارت (هجویری ص۳۷۸) واین کلمه درلغت بمعنی رجوع است ودراصطلاح شرع پشیمانی از گناهان است وصوفیان گویند توبه رجوع بخدایتعالی است برای گشودن گره امتناع از قلب وبرخاستن بتمام حقوق پروردگار (تعریفات) اولین مقامی که سالك باید در سلوك طی‌کند این توبه است وآن را آداب خاصی بوده است (جهت مزید اطلاع ر.ك. اللمع ص۴۳ و رسالهٔ قشیریه ص۴۵ وکشف‌المحجوب ص۳۷۸ ببعد) .

ص ۷۲ س ۱۲۷۴ — ناموس: در لغت بمعنی شرم و عصمت و عفت و صاحب راز است و دراصطلاح توقع حرمت وجاه ازخلق داشتن وطلب‌جاه وشهرت وخود نمائی وخود ستائی داشتن‌است (کشف‌اللغات واصطلاحات) .

حال: درلغت بمعنی زمان موجود و کیفیتی که بزمان مذکور تعلق داشته باشد(آنندراج) ودراصطلاح صوفیان چیزی را گویند که بدون تعمد وجهد برقلب وارد شود (ابن‌عربی) وآن وارد قلبی است بدون بخود بستن واکتساب، از شادی یاغم یاگرفتگی یا گشادگی وموهبتی است از مواهب الهی (تعریفات) ـ جهت مزید اطلاع از این اصطلاح صوفیان ر.ك. : اللمع ص۴۲ و رسالهٔ قشیریه ص۳۲ و مصباح‌الهدایه ص ۱۲۵ و کشف‌المحجوب ص۲۲۴ و۴۸۲ و فتوحات المکیه ج۲ ص۳۸۵ .

محال : درلغت بمعنی نابودنی و سخن محال (کشف) و دراصطلاح حکماء اطلاق میشود بآنچه تحقق وجود او درخارج ممتنع باشد مثل اجتماع حرکت وسکون در جزء واحد (تعریفات) .

ص ۷۲ س۱۲۷۵ — جمع : دراصطلاح صوفیه عبارتست از رفع مباینت واسقاط اضافات و افراد شهود حق (فرهنگ مصطلحات عرفاء) ـ الجمع اشارة الی حق بلا خلق (ابن عربی) جهت مزید اطلاع ر.ك.: رسالهٔ قشیریه ص ۳۶ وکشف‌المحجوب ص۳۲۴ ومصباح‌الهدایه ص۱۲۸ وتعریفات ص۶۸ .

ص۷۴ س۱۳۲۵ — فتوح: درلغت به‌معنی‌گشایشها وفیروزیهااست (کشف) ودراصطلاح صوفیان‌عبارتست ازحصول شییء از محلی که توقع آن نمیرفت (تعریفات) ـ آنچه منفتح شود برعبد از مقام قلب و ظهور صفاء آن وکمالات آن در موقع قطع منازل و عبور از منازل نفس (فرهنگ مصطلحات عرفاء).

ص۷۷ س۱۳۷۴ — قضا : درلغت بمعنی حکم کردن وگزاردن واجب و بیان نمودن و حکم الهی که

در حق مخلوقات دفعةً واقع شود (غیاث) دراصطلاح حکم کلی الهی است بر اعیان موجودات بر آن نحو که هست از احوال جاریه از ازل تا ابد (تعریفات).

ص۸۳ س۱۴۹۵ــ غرض چهل روزیست که صوفیان جهت ریاضت ویا رفع قبض وگرفتگی باطن و بر آمدن آفتاب دولت و رفع حجب وسرکوبی نفس وامثال آن خلوت می‌گزینند و آنرا چله یا اربعین گویند . این خلوت با دستور پیر ومرشد باتشریفات خاصی در زوایای خانقاهها یا رباطات ومکانهای بی‌سر وصدا صورت میگرفت وصوفی در این مدت در بر روی غیر می‌بست و بپاسداری دل خود مشغول میشد و روز وشب را بذکر حق و بجا آوردن آداب شریعت وطریقت بسرمیبرد. این خلوة با روزه وکم خوراکی و بیخوابی توأم بود وهمهٔ هم سالك صرف مراقبه وتوجه بمبدأ میشد.

ص۸۳ س۱۵۰۱ ــ مصرع‌دوم : در احوالات پیغمبر اکرم(ص) آمده‌است که آن حضرت را عادت چنان بود که موی مبارك را می‌بافت واز دو طرف می‌آویخت (جهت مزید اطلاع ر. ك . : طبری ج۳ ص۱۸۷ و ابن‌اثیر ج۲ ص۱۲۸ ونثرالجواهر ص۱۵۱).

ص۸۴ س۱۵۰۶ ــ همت :درلغت بمعنی‌خواستن‌و قصدکردن(المصادر)ودراصطلاح‌صوفیان‌توجه‌قلب‌وقصد اوست بجمیع قوای روحانیه بجانب‌حق برای‌حصول کمال خودیابرای دیگری(تعریفات).

ص۹۰ س۱۶۱۹ ــ بایزید : مقصود ابو یزید طیفور بن عیسی سروشان صوفی مشهور قرن سوم است که جدش سروشان زرتشتی بود واسلام آورد. وی اهل بسطام بود ودرسال۲۶۱ هجری‌فوت شد ودر همانجا در خانقاه خودش مدفون گردید وهنوز مزار او زیارتگاه خاص و عام‌است (جهت مزید اطلاع براحوال او ر.ك.: رسالهٔ قشیریه‌ص ۵۲ وحلیة‌الاولیاص۳۳ و شذرات‌الذهب ج۲ ص۱۴۳ ووفیات‌الاعیان ج۱ ص۳۰۱ وکشف المحجوب ص ۱۳۲ و تذکرةالاولیا ج۱ ص۱۳۴) ـ عطاراین حکایت را باعبارتی سخت دلنشین درتذکرةالاولیا هم آورده است (ر.ك.: تذکرة الاولیا ج۱ ص۱۵۵).

ص۹۱ س۱۶۳۳ ــ طاوس‌فلك: کنایه است از خورشید . مضمون این بیت ، شعر زیر از حافظ را بخاطر می‌آورد .

درمحفلی‌که خورشید اندرشمار ذره‌است　　خود را بزرگ دیدن شرط ادب نباشد
(حافظ قدسی)

ص۹۲ س۱۶۵۲ ـ در عهدعطارواخلاف اورسم چنان بود که درپای منبر وعاظ مقریانی‌چند می‌نشستند وپیش ازرفتن واعظ برمنبرآیاتی چند از کلام‌الله باصورت بسیار دلکش میخواندند.در اینجا نیز بلبل وقمری برسم وعهد زمان مقری هدهد شده‌اند.

ص۹۲ س۱۶۶۲ــ صوفیان معتقدند که راه وصول بحقیقت تنها عبادت نیست چه ابلیس بیش‌ازعبادت ثقلین طاعت کرد ومردود شد. بلکه کاربعنایت‌است وموهبت حق‌چنانکه بایزید گوید : «از نماز جز ایستادگی تن ندیدم واز روزه جز گرسنگی ندیدم. آنچه مراست از فضل اوست نه از فعل من پس گفت بجهد وکسب هیچ حاصل نتوان کرد... نیکبخت آن‌بود

که میرود ناگاه پای اوبگنجی فرو رود وتوانگر گردد» (تذکرة الاولیا ج ۱ ص۱۵۵).
حافظ‌گوید:

دولت آنست‌که بی‌خون دل‌آیدبکنار ورنه‌باسعی‌وعمل باغ‌جنان‌این‌همه‌نیست
(حافظ قزوینی ص۵۲)

در اسرارالتوحید آمده است : «شیخ ما را پرسیدند که بنده ازبایست خویش‌کی‌برهد؟
گفت آنگاه که خداوندش برهاند ، این بجهد بنده نباشد و بفضل خداوند تعالی‌باشد و بصنع وتوفیق وی»(اسرارالتوحید ص۲۴۰) .

ص۹۴ س۱۶۹۲ — این حکایت را عطار ضمن احوال‌حبیب عجمی‌درتذکرةالاولیا آورده است (ر.ك.: تذکرةالاولیا ج۱ ص۵۵)

ص۹۶ س۱۷۳۹ — مضمون این‌بیت شبیه است باین شعر خواجهٔ شیراز:

هرشبنمی‌درین ره صد بحرآتشینست دردا که این معمی شرح وبیان ندارد
(حافظ قزوینی‌ص۸۶)

ص۹۷ س۱۷۴۴ بعد — صوفیان معتقدند که طی مراحل طریقت وگذشتن از عقبات‌صعب‌سلوك بسیار مشکل ودشوار است وباهزاران رنج ومشقت وبدبختی وناکامی توأم است . طی این راه جز با قدم عشق وانقطاع کلی از خلق وترك هوی وهوس و کشتن نفس و بیزاری از حوایج نفسانی وشیطانی میسر نیست.

ص۱۰۱س۱۸۲۴- صوفیان گویند نباید ازرحمت حق نومید شد چون او تنها کسی است که گناهان‌را می‌بخشد و رحمتش سابق بر غضبش است و برتمام هستی‌سایه افکنده‌است. پس‌گناهکار بعذر گناه نباید از راه باز ماند واز کسب کمال ورسیدن‌بحقیقت سرباز زند. ریشهٔ این عقیدة را در قرآن کریم میتوان دید که فرماید:
«لا تقنطوامن‌رحمة‌الله‌ان‌الله یغفرالذنوب جمیعاً انه‌هوالغفورالرحیم»(الزمر آیهٔ۵۳)-الذین یجتنبون کبائرالاثم والفواحش‌الااللمم ان ربك واسع‌المغفره(نجم‌آیهٔ ۳۲) - والله رئوف بالعباد(بقره آیهٔ ۲۰۷ وآل عمران آیهٔ ۳۰)- وان ربك لذو مغفرة للناس علی ظلمهم (رعد آیهٔ۶)- ورحمتی وسعت کل شی (اعراف آیهٔ۱۵۵) ودرحدیث آمده است: قال‌الله عزوجل سبقت رحمتی‌غضبی (مسلم ج۸ ص۹۵).

ص۱۰۲ س۱۸۴۲ - روح‌الامین : جبرئیل علیه السلام ، روح نام جبرئیل است و امین صفت اوست و خطاب امین‌ازآن یافت‌که ازآنچه ازکلام جناب الهی‌مسموع می‌کرد بعینه‌پیش‌پیغمبر(ص) ادا مینمود (غیاث) – درقرآن کریم جبرئیل گاهی باسم روح (مریم آیهٔ ۱۷ مؤمن آیهٔ ۱۵،شوری آیهٔ ۵۲) وگاهی بنام روح‌القدس(نحل‌آیهٔ۱۰۴)ونیزروح الامین خوانده شده‌است: «ونزلنا به الروح‌الامین» (شعرا آیهٔ ۱۹۳).

ص۱۰۷ س ۱۹۳۳ — آزر : نام پدر ابراهیم علیه‌السلام باشد بعضی گفته‌اند عم ابراهیم است چه پدر ابراهیم تارخ نام داشته است لیکن بعد از فوت تارخ آزر او را پرورده است

(برهان) ـ تارخ (تنبل) و او پدر ابراهیم است که با وی تا حاران مرافقت نموده در آنجا درسال دویست وپنجاه سالگی وفات نمود درحالی که ابراهیم پنجاه وهفت ساله بود (قاموس کتاب مقدس ص ۲۴۱) ـ فرنکل (Frankel) بدلائلی «عاذر» و «آزر» را نام خادم وفادار ابراهیم دانسته است (ح ـ برهان ص ۳۶) ـ در قرآن کریم بنام پدر ابراهیم آمده است(سورهٔ انعام آیهٔ ۷۴) ودر تفاسیر آورده اند که شغلش بت تراشی‌بود بهمین‌مناسبت درادبیات به‌آزر بت تراش‌مشهورشده‌است .

ص ۱۰۷ س ۱۹۳۵ - عزی : بضم عین وفتح وتشدید زاء، بزرگترین بت قریش بود درجاهلیت وآن‌را زیارت میکردند وبرایش نذورات می‌بردند و با قربانی ودعا و امثال آن بـآن تقرب می جستند وبسیاری ازمردم قریش باسم او تسمیه میکردند وخودرا عبدالعزی مینامیدند وشعرای جاهلی اشعارفراوانی درمدح وبزرگداشت اوسروده بودند . سدانت‌آن درجاهلیت با بنوشیبان بود وآخرین سادن اودراسلام ابوخراش هذلی‌بود . این بت‌درمیان‌نخلستانی دروادی نخلةالشامیه قرارداشت که درسرراه مکه وعراق واقع شده بود و پیوسته مورد احترام قریش‌بود تا روزفتح مکه حضرت ختمی مرتبت خالد بن ولید رابفرستاد تا آن را منهدم کرد ومردم را ازپرستش آن برهانید (ر.ك. کتاب‌الاصنام ص ۱۸ تا ۲۷).

ص ۱۰۹ س ۱۹۷۰ - صوفی نفس وعوامل‌آن را بالاترین دشمن آدمی و بزرگترین سد ومانع سالکان طریقت می‌پندارد وهمهٔ هم[۳] اوصرف جدال بااین‌دشمن پنهان ستیز می‌شود ریاضاتی که صوفی‌میکشد وخلوت وجوع وبی‌خوابی وذکروادورادی‌راکه درایام چله واربعین‌بجامی‌آورد وشداید وزحماتی راکه درطی طریقت تحمل می‌کند همه برای‌کشتن‌این‌نفس‌ابلیس‌صفت وقلع ریشهٔ عوامل‌اوست. بهمین‌مناسبت این‌طایفه احادیث‌فراوانی ازقول پیغمبر(ص) نقل کرده اند که همه دلیل بر مبارزه بااین دشمن نهانی وقلع مادهٔ اوست ازقبیل : اعدی عدوك نفسك التی بین جنبیك (هجویری ص ۲۶۰) ـ اذراداللہ بعبد خیراً بصره بعیوب نفسه (هجویری ص ۳۴۷) احوف مااخاف علی‌امتی اتباع‌الهوی وطول الامل فاما اتباع الهوی فیصد عن‌الحق واما طول الامل فینسی الاخره (رسالهٔ قشیریه ص ۷۱) ـ در کتب و رسالات خود فصل بزرگی را به این اصطلاح اختصاص داده‌اند ودر بارهٔ‌آن گویند : « منبع شر است و قـاعدهٔ سوء پس مخـالفت نفس سر همه عبادتهاست و کمـال همه مجاهدتها وبنده جزبدان بحق راه نیابد ازآنکه موافقت وی هلاك بنده‌است و مخـالفت وی نجات بنده (هجویری ص ۲۴۵ و ۲۴۶) ـ تعریف این نفس بجمیع اوصاف متعذر است چه اوصفت بوقلمون دارد ودم بدم رنگی دیگرنماید و ساعت بساعت بشکلی دیگر برآید . هاروت بابل وجود است ، هرلحظه نقشی دیگر برآب زند وهر نفسی نیرنگی دیگرآغازکند (مصباح‌الهدایـه ص ۸۳) ـ همهٔ مشایخ این طایفه با ایـراد کلمات قصار پیروان خودرا از متابعت‌آن پرهیز داده اند چنانکه ابو سلیمان دارانی گوید : افضل

الاعمال خلاف هوی‌النفس (طبقات الصوفیه ص ۸۱) ـ بایزید بسطامی گوید : النفس صفة لانسکن الاباالباطل (هجویری ص ۲۵۱) ـ ابوسعید ابوالخیر گوید ، اذبح النفس والا فلاتشغل بترهات‌الصوفیه (اسرارالتوحید ص ۲۳۸) ـ این اصطلاح اهمیتی خاص در نزد این طایفه دارد ونقـل تمام اقوال آنهـا در اینجا میسر نیـست (جهت مزید اطلاع می‌توانید رجوع کنید به رسالهٔ قشیریه ص ۷۱ ؛مصباح‌الهدایه ص ۸۲ تا ۹۰ وهجویری ص ۲۴۵ ببعد وکیمیای سعادت ج ۳ ص۹ تا۴۱ وجلد سوم احیاءالعلوم الدین).

ص ۱۰۹ س ۱۹۷۴ ـ مصراع دوم : الشباب شعبة من الجنون ـ نظیر الشباب مطیة (مطنة) الجهل (امثال ذیل کلمهٔ الشباب).

ص ۱۱۰ س ۱۹۸۰ ـ سعیر : آتش افروخته وزبانهٔ آتش سوزان (منتخب) ونام طبقهٔ چهارم از هفت طبقهٔ جهنم (لطایف) است ، واین‌کلمه درقرآن باین معنی بسیارآمده است .

زمهریر : سختی سرما وماه وآن سرمایی است که بدان کافران را غذاب خواهند کرد و مقام‌آن دروسط کرهٔ هواست وکرهٔ هوا تحت کرهٔ نارست و فوق کرهٔ ارض و در حکمت آمده است که بخارات دریا تصاعد نموده چون بطبقهٔ زمهریر میرسد از برودت منجمد شده ابر میگردد ودر برهان نوشته است که زمهریر مرکب است از « زم » که بمعنی سرمای سخت است و«هریر» بمعنی کننده که فاعل است (آنندراج) ـ این کلمه در قرآن کریم سورهٔ دهـر آیهٔ ۱۳ آمده است ومفسرین آنرا بمعنی سرمای برنده وبرف خرد بمانند سرسوزن ولونی ازعذاب‌آورده‌اند (ابوالفتوح ج ۵ ص ۴۴۶) .

ص ۱۱۲ س ۲۰۲۷ حضور : بضم حاء ، حاضر شدن ودر اصطلاح متصوفه حضور مقام وحـدتست (کشف‌اللغات ومصطلحات) ـ حضورقلب است بحق هنگام غیبت ازخلق(ابن‌العربی)ـ مراد ازحضوردل بود بدلالت یقین تا حکم غیبی ورا چون حکم عینی‌گردد (هجویری ص ۳۱۹).

ص ۱۱۳ س ۲۰۳۳ـ اشاره‌است بحدیث شریف:«الدنیا سجن‌المؤمن‌وجنة‌الکافر»(احادیث مثنوی‌ص۱۱).

ص ۱۱۳ س ۲۰۴۳ ـ مالك دینار : شرح احوال اورا عطار در تذکرة الاولیا جلد اول آورده است ، و این حکایت را درآنجا چنین‌آورده است: «گفتند چونی‌گفت نان خدای میخورم‌وفرمان شیطان می‌برم» (ص۴۶) .

ص ۱۱۴ س ۲۰۵۴ ـ لاشیء : درقرآن‌کریم‌آیات فراوانیست‌که دنیا راسرای فریب ومتاع قلیل‌وزندگی پرلهوولعب خوانده است (ر.ك. سورهٔ‌آل عمران آیهٔ ۱۸۲ وانعام آیهٔ ۳۲ وتوبه آیهٔ۳۸ ومؤمن‌آیه ۴۲) واین‌همه دلیل بربی‌ارزشی ولاشیء بودن دنیاست .

ص۱۱٦ س ۲۰۸٦ ـ این‌بیت باید ناظرباشد بخبری‌که ازامام‌محمدباقر (ع)روایت شده‌است: «کل‌ماشغلك عن مطالعة‌الحق فهوطاغوتك » (هجویری ص ۹۳) .

ص۱۱۷ س ۲۰۹۸ ـ مصراع دوم : قسمتی ازآیهٔ شریف « لن‌تنالوالبرحتی‌تنفقوامماتحبون و ما تنفقوا من شیء فان‌الله‌به‌علیم»است (سورهٔ‌آل عمران‌آیهٔ ۸۶) .

توضیحات ۳۲۹

ص ۱۲۵ س ۲۲۴۶ - این حکایت را عطار در تذکرةالاولیا ج ۲ ص ۱۷۲ آورده است .

ص ۱۲۷ س ۲۲۸۷ - حسین بن منصور حلاج صوفی مشهورقرن سوم هجری که در بغداد درزمان المقتدر محاکمه شد ودرروزسه شنبه شش روزباقی مانده ازذی حجه سال ۳۰۹ درباب الطاق بغداد بقتل رسید (ابن خفیف ص ۲۴۰ و طبقات الصوفیه ص ۲۴۰) . این حکایت را به بابك خرم دین که درزمان المعتصم بالله کشته شد نسبت داده اند وصوفیان آنرا منسوب بحلاج نموده اند (جهت شرح احوالش ر.ك. طبقات الصوفیه ص ۳۰۷ و طبری ج ۱۲ ص ۴۵ و ابن خلکان ج ۱ ص ۱۶۰ و هجویری ص ۱۸۹ و تاریخ بغداد ج ۸ ص ۱۱۲ تا ص ۱۴۱) .

ص ۱۲۸ س ۲۲۹۹ - جنید : منظورابوالقاسم جنید بن محمد است که پیشوا و مقتدا وسید صوفیان صفا بود ودر سال ۲۹۷ (رسالهٔ قشیریه ص ۱۸) آخرین ساعت روز جمعه که نوروز سلطانی بود (طبقات الصوفیه ۱۵۶) در بغداد فوت شد (جهت اطلاع بر احوالش ر . ك . رسالهٔ قشیریه ص ۱۸ و ۳۷ و طبقات الصوفیه ص ۱۵۵ و هجویری ص ۱۶۱ و شذرات ج ۲ ص ۲۲۸) .

امااین قصه راصوفیان به شیخ ابوالحسن خرقانی نسبت داده اند . از جمله منورالدین کیفیت کشته شدن پسرخرقانی را بتعصیل دراسرارالتوحید ص ۱۱۱ آورده است . خود عطار نیز در تذکرة الاولیا ج ۲ ص ۲۱۰ این قصه را ضمن سرگذشت شیخ ابوالحسن آورده است .

ص ۱۲۹ ص ۲۳۱۸ - اشاره است به‌آیهٔ شریفهٔ : «فلینظرالانسان مم خلق * خلق من ماء دافق*یخرج من بین‌الصلب والترائب » (سورهٔ طارق آیهٔ ۵ تا۷ ونیزر.ك. : سورهٔ سجده‌آیهٔ ۷).

ص ۱۲۹ س ۲۳۲۱ - ققنس : بفتح اول وسکون ثانی وضم نون ، بلغت رومی مرغی است بغایت خوش رنگ وخوش‌آواز . گویند منقاراو سیصد وشصت سوراخ دارد ودرکوه بلندی مقابل باد نشیند وصداهای عجیب وغریب ازمنقار اوبرآید بسبب‌آن مرغان بسیار جمع آیند . از آنها چندی راگرفته طعمهٔ خودسازد . گویند هزارسال عمرکند وچون هزار سال بگذرد وعمرش به‌آخر آید هیزم بسیارجمع سازد وبربالای آن نشیند وسرودن‌آغازکند ومست گردد وبال برهم زند چنانکه آتشی ازبال اوبجهد ودرهیزم افتد وخود با هیزم بسوزد وازخاکسترش بیضه‌ای پدید آید واورا جفت نمی‌باشد وموسیقی را ازآوازاو دریافته اند (برهان ص ۱۵۳۵ ونیز ر.ك. : نفائس الفنون ج ۲ ص ۱۵۱ ودایرة المعارف بریتانیا ذیل‌کلمهٔ Phoenix) .

ص ۱۳۵ س ۲۴۱۷ - مضمون این حکایت را مولانا درقصهٔ «امتحان کردن خواجه لقمان زیرکی‌لقمان را» آورده است (ر.ك. ج ۱ نی ص ۳۲۹) .

ص ۱۳۶ س ۲۴۳۹ - شیخ مهنه : غرض ابوسعید فضل‌الله بن ابی‌الخیرمیهنی است که روزپنجشنبه چهارم

شعبان سال ۴۴۰ هجری فوت شد (اسرارالتوحید ص ۴۳ وص ۹۰) .

ص ۱۳۶ س ۲۴۴۵ - یکی درمجلس او (جنید) برخاست وگفت دل کدام وقت خوش بود ؟ گفت‌که او [در] دل بود (تذکرةالاولیا ج۲ ص ۱۶).

ص ۱۴۱ س ۲۵۲۵ - این حکایت را عطار درتذکرةالاولیا ج۲ ص ۲۵۴ نیزآورده است .

ص ۱۴۲ س ۲۵۴۵ - پاکباری : «پاکباز» کسی را گویند که دربازی کردنها دغلی نکنند . وشخصی کـه اسباب خودرا تمام ببازد . وزاهد ومجرد وعاشقی‌که بنظرپاك بمعشوق بنگرد (برهان) . - مجرد وزاهد وعاشق حقیقی (کشف‌اللغات) - «پاکبازی» توجه خاص راگویند وتوجه خالص را که در اعمال نه ثواب خواهد ونه علو مرتبت (فرهنگ مصطلحات عرفاء) . آنست که سالك هر چه بدست آورد در راه خدا مصرف کند و دل مشغول ندارد و این امربرای کسی مستحسن است‌که هنوزازربقهٔ هوی بکلی خلاص نشده وگاه بگاهش‌التفاتی بدنیا دست‌میدهد (شرح احوال ونقدآثار عطارص ۳۷۵).آنکه درراه حقیقت بذل وجود میکند (فرهنگ‌لغات وتعبیرات مثنوی‌ج ۲).

ص ۱۴۳ س ۲۵٦۳ - شیخ خرقانی : غرض شیخ ابوالحسن خرقانی صوفی مشهور قرن پنجم است که بنا بقول جامی در سه‌شنبه عاشورای سال ۴۲۵ فوت شده است (نفحات‌الانس ص ۲۷۵) . اما علت‌کشته شدن‌پسر شیخ در اسرارالتوحید وتذکرة الاولیا بشکل‌دیگری نقل‌شده‌است (ر ك. : اسرارالتوحیدص ۱۱۱ وتذکرةالاولیا ج۲ص ۲۱۰) .

ص ۱۴۴ س ۲۵۷۷ - ذاالنون : غرض ابوالفیض ثوبان بن ابراهیم ذوالنون مصری صوفی مشهور قرن سوم است که درسال ۲۴۵ هجری فوت شد (طبقات‌الصوفیه ص ۱٦) .

زاویه : درلغت بمعنی کنج وبیغوله وکرانه (آنندراج) و گوشهٔ خانه (کشف) است . در اصطلاح صوفیان گاهی بمعنی اسباب وکالا رجمیع آنچه یك صوفی‌باخودمیتوانست‌درسفرو حضرهمراه گیردآمده چنانکه دراسرارالتوحید آمده است : «شیخ را دو اسب بود یکی موکب اوبود ودیگرزاویهٔ شیخ را بارکردندی ودرویشی‌برسرآن نشسته» (اسرارالتوحید ص ۱۱۴) « پس دیگر روز که شیخ بوسعید برفت در خانقاه شیخ ابوالحسن جامهـا برچیدند و زاویه ها بر داشتند در آن موضع که زاویهٔ حسن مؤدب بود در زیر جامه کاغذی یافتندچیزی دروی» (ص ۱۱۸) -» صوفیان گفتند زاویه‌ها بجوئیم و همگنان را بشوریم وطلب‌کنیم بنگریم تـاکه دارد» (ص ۱۹۸) - واین‌کالاءبسیارمختصربوده است واز ابریق وعصا وشانه وخلال وکاسه‌ای تجاوزنمیکرده است .

ص ۱۴٦ س ۲٦۱۳ - مه تووعه : ر.ك. تعلیقات اسرارنامه ازنگارنده ص ۳۷۸ .

ص ۱۴٦ س ۲٦۱۷ - آن شاه بلند : غرض ابراهیم ادهم است که حکایت‌آن چند بیت بعد آمده است و این حکایت درتذکرةالاولیا ج ۱ ص ۹۳ نیزآمده است .

ص ۱۴۸ س ۲٦۵۹ - احمد حنبل : غرض ابوعبدالله احمد بن محمد بن حنبل ذهلی شیبانی مروزی‌است که یکی ازائمهٔ اهل سنت وجماعت است ودرصبح جمعه ۱۲ ربیع‌الاول سال ۲۴۱ فوت شده است (برای شرح احوالش ر . ك. : شذرات ج۲ ص ۹٦ و هجویری ص ۱۴۵ و

ابن خلکان ج ۱ ص۱۶)ـ این حکایت را عطار در تذکرة الاولیا ج۱ ص۱۰۷ نیز آورده است .

ص۱۵۰ س۲۶۹۶ - **اوفوا العهد** : بایداشاره باشد بآیهٔ شریفهٔ «واوفوا بالعهد ان العهد کان مسئولا» (سورهٔ اسراء آیهٔ ۳۶ ویا آیهٔ ۳۸ واقع درسورهٔ بقره) .

ص ۱۵۳ س ۲۷۵۹ - این حکایت درمثنوی نیز آمده است (ر.ك. ج۵ نی ص۲۰۲) .

واسطی : غرض ابوبکرمحمد بن موسی الواسطی صوفی مشهور اواخرقرن سوم و اوائل قرن چهارم است که درمرواقامت داشت وپس ازسال ۳۲۰ فوت شده است (رسالهٔ قشیریه ص ۲۴) . اما این حکایت رانیزعطار درتذکرة الاولیا ج ۲ ص۲۶۷ آورده است.

ص ۱۵۸ س۲۸۳۲ - این حکایت را عطاردر تذکرة الاولیا ج ۱ ص ۷۸ آورده است.

ص ۱۵۸ س ۲۸۳۳ - **منکرونکیر** : رسول (ص) گفت : «چون بنده بمیرد دوفرشته بیایند بروی سیاه و بچشم ازرق ، یکی را نام منکر و یکی را نکیر ،گویند چه می گفتی در پیغامبر ؟ اگر مؤمن بود گوید بنده ورسول خدای بود ، گواهی دهم که خدای یکیست و محمد رسول ویست . هفتاد ارش درهفتاد ارش گور بروی فراخ کنند وروشن وپرنور ، و گویند بخسب خفتنی عروس وار چنانکه هیچ چیز ترا بیدار نکند مگر آنکه دوستر داری . واگرمنافق بود گوید ندانم ، میشنیدم از مردمان که چیزی می گفتند من نیز می گفتم ، پس زمین را گویند تا بر وی تنگ فراهم آید چنانکه پهلو ها بهم رسند و هم چنان درعذاب میبود» (کیمیای سعادت ص ۸۷۴ ببعد و نیز ر.ك. : احیاءالعلوم الدین ج ۴ ص ۴۳۳ ببعد) .

ص ۱۶۲ س ۲۹۰۴ - **ذوق** : ر.ك. : تعلیقات براسرارنامه ازنگارنده ص ۳۲ .

ص۱۶۲ س ۲۹۰۵ - **وجد**: ر.ك. : تعلیقات براسرارنامه ازنگارنده ص۳۹۰ .

ص ۱۶۳ س۲۹۳۰ - **عجب** : بضم عین وسکون جیم، درلغت بمعنی خویشتن بینی وناز و گردن کشی است و در اصطلاح صوفیان عبارت از نظر کردن بنفس وعمل خود باشد بآنکه عمل خود را بزرگ شمرد ـ هیچ آفت وحجاب نیست اندر صعبتر ازآنکه کسی بخود معجب گردد واصل عجب ازدوچیزخیزد یکی از جاه خلق ومدح ایشان وآنکه کردارشده خلق را پسند افتد برخود مدح گوید وخودرا شایسته داند ، بدان معجب شود دیگرکردارکسی مرکسی را پسند افتد بروی مدح کنند بدان معجب شود (هجویری ص ۶۹)

ص ۱۶۴ س ۲۹۵۱ - **قرب وبعد** : دواصطلاح صوفیست که درتعریف اولی آورده‌اند : «هوقرب العبد من الله تعالی لکل ما تعطیه السعادة لاقرب الحق من العبد فانه من حیث دلالة : وهومعکم اینما کنتم . قرب عام سواءکان العبد سعیدا اوشقیا» (تعریفات) ـ درشرح تعرف آمده است : رویم گفت : قرب آنست که هرچه پیش آید ازمیان بر داری وآنچه حایل میان محب و محبوب است بر طرف کنی (جهت مزید اطلاع ر.ك. تعلیقات اسرارنامه از نگارنده ص ۳۱۸) .

بعد : بضم باء بمعنی دوربست ودراصطلاح عرفا عبارت است از تقید به قید صفات

بشری و لـذات نفسانی که موجب بعداست از مبدأ حقیقی و عدم اطلاع بر حقیقت حال (فرهنگ مصطلحات عرفاء) .

ص ۱۶۵ س ۲۹۵۹ - حیرت : یعنی سرگردانی ودر اصطلاح اهل الله امریست که وارد میشود برقلوب عارفین در موقع تأمل و حضور و تفکر آنها که آنها را از تأمل و تفکر حاجب گردد (ر. ك. ، فرهنگ مصطلحات عرفا ذیل کلمهٔ حیرت) .

ص ۱۶۶ س ۲۹۷۹ - هامان : وزیر فرعون در عهد موسی (ع) - «هر وزیری که آل ریان را بودی آنرا هـامان خواندندی و ایشان گروهی معروف بودند چنانکه ملوك که از آل ریان بودندی‌ایشان‌رافرعون‌خواندندی وهامان‌قومی‌بودند که بوزارت‌معروف‌بودند و وزارت‌در خاندان ایشان بودی » (نیشـابوری ص ۱۷۳ ببعد) - «هامان» طبق روایات توراة وزیر خشایارشا بوده است که فرمان قتل عام یهود را صادر کرد ولی در روایات اسلامـی بصورت وزیر فرعون عهد موسی (ع) در آمده است (جهت مزید اطلاع ر.ك. قاموس کتاب مقدس ص ۹۱۸) - در قرآن کریم نیز این اسم بهمین صورت آمده است (ر.ك. سورهٔ قصص آیهٔ ۳۸ و عنکبوت آیهٔ ۳۸ و مؤمن آیهٔ ۲۵ و ۳۸).

ص ۱۶۷ س ۲۹۹۴ - سفر: صوفیان و مرشدان خانقاهها مریدان و سالکان خودرا بسیر و سفر تشویق میکردند و آنرا نوعی ریاضت می دانستند. این سفرها با آدابی خاص صورت میگرفت (جهت مزید اطلاع ر ك. ؛ تعلیقات اسرار نامه از نگارنده ص ۲۶۸) .

ص ۱۷۰ س ۳۰۵۲ - بوعلی رود بار : غرض ابـوعلی احمدبن محمدبن القاسم بن منصور الرود بـاری است که در سال ۳۲۲ فوت شده است (طبقات الصوفیه ص ۳۵۴) .

ص ۱۷۱ س ۳۰۷۰ - رجا و خوف : دو اصطلاح است در تصوف که در تعریف اولی آورده‌اند ؛ تعلق قلب است بحصول محبوب در آینده (تعریفات) . ودر بارهٔ دومی گفته‌اند ، توقع حلول مکروه یـا فوت محبوب است (تعریفات) - حاصل آنکه رجا امیدوار بودن بعنایات محبوب است و خوف ترس از رسیدن مکروهی ممکن الحصول است از جانب معشوق (جهت مزید اطلاع از این دو اصطلاح ر.ك ؛ اللمع ص ۶۱ و رسـالهٔ قشیریه ص ۶۲ و منازل السائرین قسم ثانی و مصباح الهدایه ص ۳۸۷) .

ص ۱۷۳ س ۳۱۰۰ - علیون : کلمه‌ایست قرآنی که شرح لغوی آنرا نگارنده در تعلیقات اسرار نامـه ص ۳۲۷ آورده اسـت. اما تعبیر صوفیانهٔ آن از این قرار است؛ «مقربان اهل قرب‌اند، نه قـرب مسافت میگویم که قرب ولایت میگویم. امروز نزدیکان‌اند و فردا نزدیکان ، زندگی ایشان زور (زبر) عرش است. نه امروز دورند تا فردا نزدیك شوند ، نه امروز غایب‌اند تافردا حاضر شوند ، امروز همان‌اند که فردا و فردا همانند که امروز (کشف الاسرار ج ۱۰ ص ۴۲۴) .

ص ۱۷۳ س ۳۱۰۸ - هفت دریا: ر. ك. تعلیقات نگارنده بر اسرار نامه ص ۳۴۸ .

ص ۱۷۴ س ۳۱۲۱ - لات : یکی از بتهای مورد پرستش اعراب جاهلی بـوده است . - بتی بوده است

در طایف و آن از لحاظ قدمت جدیدتر از مناة بود بشکل صخره‌ای مربع. و سادن آن از طایفهٔ ثقیف بود و بر آن بنایی ساخته بودند و قریش و جمیع اعراب جاهلی آنرا می پرستیدند و در بزرگداشت آن میکوشیدند و محل آن درجایی بوده است که امروز منارهٔ یسار مسجد طایف قرار دارد. پیوسته مورد تکریم اعراب بود تا آنکه بنی ثقیف مسلمان شدند و رسول الله (ص) مغیرة بن شعبه را بفرستاد تا آنرا خراب کرد و بآتش کشید. (الاصنام ص ۱۶ و ۱۷) - بعضی از مسلمانان تصور کردند بت سومنات که‌بدست محمود غزنوی در سال ۴۱۷ منهدم شد همین لات بوده است (جهت مزید اطلاع ازبت سومنات و کیفیت انهدام آن بدست محمود بمضمون این حکایت ر.ك. : تحقیقات جامع و ممتع دانشمند ارجمند آقای نصر الله فلسفی استاد محترم دانشگاه در باره «قمع سومنات» که در سال اول مجلهٔ مهر طبع شده است) .

ص ۱۷۸ س ۳۱۹۸ - بوعلی طوسی : ابوعلی الفضل بن محمد فارمدی است که از صوفیان بنام قرن پنجم و شاگرد استاد ابوالقاسم قشیری و همزمان ابوسعید ابوالخیر بوده است. هجویری محضر او را درك کرده و احوالش در نفحات الانس ص ۳۳۱ و هجویری ص ۲۱۱ آمده است . دانشمند محترم آقای دکتر مشکور وفات او را در سال ۴۷۷ دانسته است (منطق الطیر ص ۳۴۲) .

ص ۱۷۹ س ۳۲۱۳ - غیرت : در لغت بمعنی رشك بردن (آنندراج) و در اصطلاح صوفیان کراهت مشارکت غیر است در حق او و معنی آنچه خدایتعالی را بغیرت وصف کنند ، اینست که او راضی به مشارکت غیر در حق عبادت بندگانش نیست (رسالهٔ قشیریه ص ۱۱۵). -واین غیرت از لوازم محبت است وهیچ محب نبود مگر غیور و مراد از غیرت حمیت محب است برطلب قطع تعلق محبوب از غیر یاتعلق غیر از محبوب وآنراسه گونه است غیرت‌محب، غیرت‌محبوب‌وغیرت‌محبت، وبراولیاءالله‌فرض‌است(فرهنگ‌مصطلحات‌عرفاء).

ص ۱۸۰ س ۳۲۲۵ - هفت وادی : وادی در لغت بمعنی رودخانه و رهگذر آب سیل یعنی زمین نشیب هموار کم درخت که جای گذشتن آب سیل باشد و صحرای مطلق آمده است (لطایف) در اصطلاح شیخ عطار مراحلی است که سالك طریقت باید طی کند و طی این مراحل را به‌بیابانهای بی زینهاری تشبیه کرده است که منتهی بکوههای بلند و بی فریادی می شود که سالك برای رسیدن بمقصود از عبور از این بیابانهای مخوف و گردنه‌های مهلك ناگزیر است و آنرا به وادیها و عقبات سلوك تعبیر کرده است بطوریکه ذیل لغت « مقام » شرح داده شد. صوفیان مقدم در تصوف هفت مقام تصور کرده‌اند ازاین قرار: ۱ - مقام توبه ۲ - ورع ۳ - زهد ۴ - فقر ۵ - صبر ۶ - رضا ۷ - توکل. و ده «حال» ازاین قرار: ۱ - مراقبه ۲ - قرب ۳ - محبت ۴ - خوف ۵ - رجا ۶ - شوق ۷ - انس ۸ - اطمینان ۹ - مشاهده ۱۰ - یقین (اللمع ص ۴۲) - اما صوفیان قرون بعد بر این تعداد افزوده‌اند از جمله ابوعبدالله انصاری به ده وادی معتقداست (شرح‌منازل‌السائرین

ص ۱۹۸) ـ بیان این وادیها و اختلافات صوفیه از حوصلهٔ این شرح که بنایش بـر اختصاراست خارج‌است(جهت مزید اطلاع ر.ك. ؛ بحث در آثار وافکار واحوال حافظ تألیف دکتر غنی‌ص ۲۰۷ تا۲۲۷ و کتب معتبر صوفیان از قبیل رسالهٔ قشیریه وهجویری و غیره) ـ عطار در مصیبت نـامه پنج وادی تصور کرده است ودر منطق الطیر هفت وادی . ازاین قرار ۱ ـ طلب ۲ ـ عشق ۳ ـ معرفت ۴ ـ استغنا ۵ ـ توحید ۶ ـ حیرت ۷ ـ فقر و فناء و برای هر یك شرحی بسیار شیوا ودل انگیز آورده است.

ص ۱۸۰ س ۳۲۳۴ ـ طلب : در لغت بمعنی جستن است (المصادر) و در اصطلاح صوفیان « طالب » سالکی است که از شهوت طبیعی و لذات نفسانی عبور نماید وپردهٔ پندار ازروی‌حقیقت بر اندازد و از کثرت بوحدت رود تا انسان کاملی گردد (لطایف) ـ آنرا گویند کـه شب و روز بیاد خدایتعالی باشد در هر حالی (کشف) ـ در حقیقت «طلب» اولین قدم در تصوف است و آن حالتی است که در دل سالك پیدا میشود تا او را به جستجوی معرفت و تفحص در کار حقیقت وامیدارد. «طالب» صاحب این حالتست و مطلوب هدف و غایت و مقصود سالك است.

ص ۱۸۱ س ۳۲۴۰ ـ صفت : در لغت بمنی نشان (المصادر) و در اصطلاح صوفیان آنچه نعت نپذیرد از آنچه بخود قایم نیست (هجویری ص ۵۰۱) .

ذات: هستی چیز و حقیقت آن(هجویری‌ص ۵۰۱) ـ هستی وخداوند(لطایف).

ص ۱۸۱ س ۳۲۵۰ ـ این‌حکایت در تمام نسخه‌ها حتی نسخهٔ ق۲ از قول عمرو بوعثمان مکی‌نقل شده است. و او ابو عبدالله عمروبن عثمان بن کرب بن غصص مکی صوفی مشهور قرن سوم است که در سال ۲۹۱ یا ۲۹۷ در بغداد فوت شد (طبقات الصوفیه ص ۲۰۱) وی از اقطاب بزرگ صوفیان بود و احوالش در اغلب کتب صوفیان آمده است (ر.ك : طبقات الصوفیه ص ۲۰۰ و رسالهٔ قشیریه ص ۲۱ و تذکرة الاولیا ج ۲ ص ۳۶) ـ عطار ایـن حکایت را در تذکرة الاولیا ج ۲ ص ۳۷ نیز آورده است.

ص ۱۸۳ س ۳۲۷۳ ـ این حکایت را عطار در تذکرة الاولیا ج ۲ ص ۱۸۰ نیز آورده است.

ص ۱۸۴ س ۳۲۹۲ ـ یوسف همدان : مقصود خواجه یوسف همدانی است که کنیه‌اش ابو یعقوب بوده، وی از اکابر مشایخ صوفیان است و مصاحب شیخ ابواسحق و ابوعلی فارمدی بوده است و در سال ۵۳۵ در راه مرو فوت شد (نفحات الانس ص ۳۳۷) .

ص ۱۷۵ س ۳۳۱۸ ـ اشاره است بحدیثی که شرح آن در ذیل سطر ۲۰۸۵ گذشت .

ص ۱۸۶ س ۳۳۳۳ ـ عشق : بزرگترین و سهمناکترین وادی است که صوفی در آن قدم میگذارد . معیار سنجش ومهمترین رکن طریقت است . عشق در تصوف مقابل عقل در فلسفه است بهمین مناسبت تعریف کاملی از آن نمی توان کرد چنانکه مولانا گوید :

عقل در شرحش چو خر در گل بخفت   شرح عشق و عاشقی هم عشق گفت

صوفیان‌درتوصیف آن‌دادمعنی‌داده‌اند ونقل‌گفتار آنان‌دراینجا میسرنیست،فقط به‌نکته‌ای

از آن اشاره میشود و برای توجه به کیفیت آن میتوان به مراجعی که در ذیل می آید مراجعه نمود.
سهروردی گوید : « عشق را از عشقه گرفته‌اند وعشقه آن گیاهیست که در باغ پدید آید دربن درخت اول، بیخ در زمینی سخت کند ، پس سر برآرد و خود را در درخت می پیچد و همچنان میرود تا جملهٔ درخت را فرا گیرد و چنانش در شکنجه کند که نم در میان رگ درخت نماند و هر غذا که بواسطهٔ آب وهوا بدرخت میرسد بتاراج میبرد تا آنگاه که درخت خشك شود.
همچنان در عالم انسانیت که خلاصهٔ موجوداتست، درختیست منتصف القامه که آن بحبة القلب پیوسته است وحبة القلب در زمین ملکوت روید . . . وچون این شجرهٔ طیبه بالیدن آغاز کند و نزدیك کمال رسد عشق از گوشه‌ای سربردارد وخود را در او پیچید تابجایی برسد که هیچ نم بشریت در او نگذارد وچندانکه پیچ عشق برتن شجره زیادتر میشود آن شجره منتصف القامه زردتر وضعیف‌تر میشود تابیکبارگی علاقه منقطع گردد پس آن شجره روان مطلق گردد وشایستهٔ آن شود که درباغ الهی جای گیرد » (رسالة فی حقیقة العشق ص۱۳).
« محبت چون بغایت رسد آنرا عشق خوانند و گویند که «العشق محبة مفرطه» و عشق خاصتر از محبت است زیرا که همهٔ عشق محبت باشد اما همهٔ محبت عشق نباشد ومحبت خاص‌تر از معرفت است زیرا که همه‌محبتی معرفت است. اما همه معرفتی محبت نباشد. .
پس اول پایه معرفت است و دوم پایه محبت و سیم پایه عشق. و بعالم عشق که بالای همه است نتوان رسید تا از معرفت ومحبت دو پایهٔ نردبان نسازد» (رسالة فی حقیقة العشق ص۱۲).
عطار در الهی نامه آورده است :

ز شهوت نیست خلوة هیچ مطلوب　　کسی کین سر ندارد هست معیوب
ولیکن چون رسد شهوت بغایت　　ز شهوة عشق زاید بی نهایت
ولی چون عشق گردد سخت بسیار　　محبت از میان آید پدیدار
محبت چون بحد خود رسد نیز　　شود جان تو در محبوب ناچیز
زشهوت درگذر چون نیست مطلوب　　که اصل جمله محبوبست محبوب

(الهی نامه ص۴۸)

بطوریکه گفته شد صوفیان را در توصیف عشق ومحبت ومحبوب وتقدیم وتأخیر آنها و کیفیت این عشق وتأثیر آن درسالك و لزوم عشق درطریقت بسیار سخن رانده‌اند وشرح آنهمه در اینجا میسر نیست (جهت مزید اطلاع ر.ك. اللمع ص ۵۷ و رسالهٔ قشیریه ص ۱۴۳ وهجویری ص ۳۹۲ ومنازل السائرین قسم سابع و احیاء العلوم الدین ج۴ ص۲۵۱ تا ۲۷۵ و فتوحات المکیه ج ۲ ص ۲۲۰ و سوانح غزالی و رسالة فی حقیقة العشق سهروردی واشعة اللمعات، لمعهٔ هفتم ص ۸۷ ومصباح الهدایه ص۴۰۴ وحواشی نگارنده بر اسرارنامه ص ۲۷۶ و ۲۸۰)

ص ۱۸۶ س ۳۲۳۹ ـ مباحی: مباح بضم میم ، در لغت بمعنی حلال داشته شده و جایز داشته شده

(آنند راج)- و در اصطلاح آنرا « ما استوی طرفاه » معنی کرده‌اند . (تعریفات) صاحبان ملل و نحل، پیروان مزدك را اباحی‌دانسته‌اند. (تبصرة العوام ص۱۸) وتصور کرده‌اند که او اموال و فروج برخلق مباح کرد . (بیان الادیان ص ۱۸) و همهٔ کارهای زشت و ناروا را روا دانسته. (ترجمه الفرق ص ۲۷۵) و بعضی از فرق اسلامی چون جناحیه (تلبیس ابلیس ص ۱۰۳) و علیاویه (ابن حزم ص ۱۸۶ وخطط ج ۴ ص ۱۷۷) و معمریه (شهرستانی‌ص ۱۳۷) نیزاهل اباحت‌بوده‌وبه‌تحلیل‌محرمات اعتقاد داشته‌اند.

ص ۱۸۷_ ص ۳۳۴۳ـ بریشم ، همان ابریشم است که اطبا و داروسازان قدیم آنرا در ادویه و اشربهٔ مفرح بکار میبرده‌اند و برایش خواصی قائل بودند از جمله « مفرح روح دماغی و قلبی و کبدی که عبارت از روح نفسانی وحیوانی وطبیعی باشد ومقوی آنها وقوت حافظه و ذهن و رافع امراض عین و ضعف ریه و صلابت آن و ضعف معده و مسمن بدن و مقوی باه ونیکو گردانندهٔ رنگ رخسار...» (مخزن‌الادویه ذیل ابریشم)

مفرح : بضم میم و تشدید و فتح راء ، لغتی است طبی وآن عبارت بوده است از «چیزی که مشتمل باشد برتصفیهٔ نفس که عبارة از روح حیوانیست وقوتها و فکره تقویت آلات آن، چه‌ادراك با نفس مجرد است وهرچه آلات قوی باشد و از کدورت بعید و حواس باطنی و ظاهری صحیح باشد باعث ادراك بیشتر می‌گردد و این تفریح بسبب هریك از قوتها بانفراده میشود مثل شنیدنیهای ملایم طبع از قوهٔ سامعه وهرچه نفس را ازمشاغل خارجه باز داشته مشغول بعالم تجرد خود و ادراك کمالات گرداند مفرح حقیقی است و هرچه باعث ادراك لذات خارجی محسوسه بحسب تقاضای هریك از قوتها، مفرح مجازیست. » (تحفه ص۳۱۸)- خلاصه آنچه ملایم قوهٔ سمع و مقبول باصره و آشامیدن لذیذ وبوییدن مناسب و امثال آن باشد وبحال مریض نافع باشد آنرا مفرح می‌نامیدند و انواع و اقسام آنرا برای خوراکی می‌ساختند و بمریض میدادند و در اغلب این مفرحات ابریشم و گل سرخ و عنبر و افیون وکافور و غیره داخل میکرده‌اند. (جهت مزید اطلاع برانواع مفرحات ونسخه‌های آن ر.ك . تحفه از ص۳۱۸ تا ۳۲۱)

ص ۱۹۱ س ۳۴۲۸ ـ قلندر ـ ر.ك.: حواشی استاد محترم آقای دکتر معین بر برهان قاطع ص۱۵۴۰ ومتن برهان ص ۱۸۶۰ وفرهنگ مصطلحات عرفاء ذیل همین کلمه .

ص۱۹۴ س۳۴۷۷ـمعرفت :معرفت نزد علما همان علم است وهرعالم بخدایتعالی عارف است و هرعارفی عالم ولی در نزد این قوم معرفت صفت کسی است که خدای را باسماء و صفاتش شناسد وتصدیق او در تمام معاملات کند ونفی اخلاق رذیله وآفات آن نماید واو را در جمیع احوال ناظر داند و از هواجس‌نفس و آفات آن دوری گزیند و همیشه در سروعلن با خدای باشد وباو رجوع کند. (رسالهٔ قشیریه ص۱۴۱) جهت مزید اطلاع بر این اصطلاح ر.ك. مصباح الهدایه ص۹۰ ببعد و هجویری ص۳۴۱ ببعد ومنازل السائرین قسم دهم و کیمیای سعادت ص۴۱ ببعد وفرهنگ مصطلحات عرفاء ذیل کلمهٔ معرفت .

ص۱۹۵ س ۳۵۰۶ـ اشاره است: بحدیث «اطلبوا العلم ولو بالصین» که در ذیل شرح سطر ۴۳۳ بآن اشاره شد.

ص ۲۰۳ س۳۶۳۶ـ **تختهٔ خاك**: آنرا تخت حاسبان و تختهٔ محاسبان و تخت میل و تختهٔ حساب شناسان نیز گویند و آن تخته‌ای بوده است که محاسبان و منجمان خاك بر آن ریخته بمیل آهنین یا چوبی حساب بر آن می‌نوشته‌اند ویا صورت افلاك و محاسبات نجومی را بر آن نقش میکردند و افول و عروج و حضیض و مقارنه ستارگان را در آن نمودار می‌نمودند و خانه هایی‌را که در نجوم مرسوم بوده است بر آن می‌کشیدند و پیش‌گویی میکردند.

ص ۲۰۶ س۳۶۹۴ ـ**توحید**: در لغت حکم است براینکه چیزی یکی است و علم داشتن به یکی بودن آنست و در اصطلاح اهل حقیقت تجرید ذات الهی است از آنچه در تصور یا فهم یا خیال یا وهم و یا ذهن آید (تعریفات) (و نیز ر.ك. رسالهٔ قشیریه ص۱۳۴ ومصباح الهدایه ص۱۷ ببعد و هجویری ص ۳۵۶).

تفرید: نفی اضافت اعمال است بنفس خود و غیبت از رؤیت آن بمطالعهٔ نعمت و منت حق تعالی (مصباح الهدایه ص ۱۴۳) ــ وقوفك بالحق معك (ابن عربی).

عطار گوید

تو در او گم گرد توحید این بود   گم شدن کم کن تو تفرید این بود

(ص ۲۱۰ س۳۷۶۱ همین کتاب)

شیخ ما (بوسعید) گفت حق تعالی فرد است او را بتفرید باید جستن تو او را بمداد و کاغذجویی کی یابی (اسرارالتوحید ص ۲۰۱).

تجرید: ترك اعراض دنیوی است ظاهراً و نفی اعراض اخروی و دنیوی باطناً و تفصیل این جمله آنست که مجرد حقیقی آن کسی بود که بر تجرد از دنیا طالب عوض نباشد بلکه باعث بر آن تقرب بر حضرت الهی بود (مصباح الهدایه ص ۱۴۳)ـ خالی شدن قلب و سر سالك است از ماسوی الله و بحکم «فاخلع نعلیك» باید آنچه موجب بعد بنده است از حق از خود دور کند (فرهنگ مصطلحات عرفا).

ص۲۰۹ س۳۷۴۱ـ**لقمان سرخسی**: ازعقلاء مجانین بود. (اسرارالتوحید ص۱۶) وبا پیر ابوالفضل حسن مرشد أبوسعید ابوالخیر و خود بوسعید مصاحبت داشته‌است (ص ۱۸ و ۱۸۵ و ۲۱۹). ـاین حکایت در صفحهٔ۱۶ اسرارالتوحید آمده است و جامی آنرا بتفصیل ذیل شرح احوال لقمان نقل نموده است (نفحات الانس ص۲۷۴).

ص ۲۱۰ س ۳۷۶۴ـ**ایاز و حسن**: غرض ابوالنجم ایازبن ایماق از غلامان دربار سلطان محمود غزنویست که مورد توجه محمود بود وپس از وی درسال ۴۲۱ از دربار محمد پسر محمود فرار کرد و در نشابور به مسعود پیوست و از طرف او امارت مکران و قصدار یافت و در سال ۴۴۹ وفات کرد (ح- برهان ص۱۹۳). و ابوعلی حسن بن محمد میکال معروف به حسنك میکال‌است که پس‌ازشمس الکفاة احمدحسن میمندی درزمان‌سلطان محمودبوزارت رسیدودرزمان سلطان‌مسعودبسرش‌بشرحی‌که در تاریخ‌بیهقی آمده‌است‌درسال ۴۲۱ کشته شد.

ص۲۱۲ س۳۸۰۱ـ**حیرت** : یعنی سرگردانی و دراصطلاح اهل‌الله امریست که وارد میشود بر قلوب عارفین درموقع تأمل و حضور وتفکر آنها که آنها را از تأمل و تفکر حاجب گردد (فرهنگ‌مصطلحات عرفا).

ص۲۱۸ س۳۹۲۱ـ **شیخ نصرآبادی** : ابوالقاسم ابراهیم بن محمد بن محمود نصر آبادی صوفی مشهور قرن چهارم است که درسال ۳۶۷ فوت شده است (طبقات الصوفیه ص۴۸۴) ـ این‌حکایت را عطار ضمن شرح احوال‌او درتذکرة الاولیا ج۲ ص۳۱۱ آورده است.

ص۲۱۹ س۳۹۴۲ـ**فقر و فنا** : دربارهٔ فقر ر.ك . ذیل شرح سطر ۱۱۷۹ـ اما فنا، در اصطلاح صوفیان سقوط اوصاف مذمومه است از سالك وآن بوسیلهٔ کثرة ریاضات حاصل شود و نوع دیگر فنا عدم احساس سالك است بعالم ملك وملكوت و استغراق اوست در عظمت باریتعالی و مشاهدهٔ حق. ازاین جهت است که مشایخ این قوم گفته‌اند الفقر سواد الوجه فی‌الدارین ای الفناء فی العالمین (تعریفات) - (جهت مزید اطلاع بر این اصطلاح ر . ك . رساله قشریه ص۳۶ وهجویری ص۳۱۱ وفتوحات المکیه‌ج۲ ص۵۱۲ ومصباح الهدایه‌ص۴۲۶).

ص۲۲۰ س۳۹۵۸ـ**معشوق طوسی** ، نام او محمد و از عقلاء مجانین و مشاهیر اواخر قرن چهارم بوده است احوالات او را درنفحات‌الانس جامی ص ۲۸۳ میتوان دید .

ص۲۲۲ س۳۹۸۱ـ**محو** : رفع اوصاف عادتست بطوریکه بنده را عقل ظاهری زایل شود و او را افعال و اقوالی روی دهد که عقل ظاهری را درآن مداخله‌ای نباشد چون سکر و مستی از خمر (تعریفات) ـجهت مزید اطلاع‌ر.ك. رسالهٔ قشیریه‌ص۳۹ ومصباح الهدایه ص۱۴۴.

ص۲۲۲ س۳۹۸۳ـ**طمس** : در لغت محو شدن است و در اصطلاح نیست شدن رسوم و آثار صفات سالك است در نور الانوار (تعریفات).

ص۲۲۹ س۴۱۲۶ـ**نوری** : منظور ابوالحسین احمدبن محمد نوری بغدادی است که از مشایخ معروف صوفیان است که از مصاحبان سری سقطی و اقران جنید بغدادی بوده است و در سال ۲۹۵ هجری فوت شده است (رسالهٔ قشیریه ص۲۰) ـ این سؤال و جواب را عطار در تذکرة الاولیا ج۲ ص۵۴ نیز آورده است.

ص۲۳۳ س۴۲۰۵ـ**مالك دعر** ، کسی است که طبق اساطیر مذهبی یوسف را از برادران خریدو دراغلب کتب قصص‌انبیاء او را بنام‌مالك‌زعر آورده‌اند(ر . ك . نشابوری‌ص ۹۰وجویری‌ص۸۱).

ص۲۳۷ س۴۲۷۲ـ**بقا** : عبارتست از بدایت سیر فی‌الله چه سیر الی الله وقتی منتهی شود که بادیهٔ وجود را بقدم صدق یکبارگی قطع کند و سیر فی‌الله آنگاه متحقق شود که بنده را از فنای مطلق وجودی و ذاتی مطهر از لوث حدثان ارزانی دارد تابدان در عالم اتصاف باوصاف الهی و تخلق باخلاق ربانی ترقی کند (نفحات الانس ص۴)ـجهت مزید اطلاع از این اصطلاح ر.ك. رساله قشیریه ص۳۶ ومنازل السایرین‌قسم عاشر ومصباح الهدایهٔ ص۴۲۶.

ص ۲۵۸ س ۴۶۷۸ ـ مأخذ این حکایت را در قرآن کریم سورهٔ نمل و نشابوری ص ۲۸۷ و جویری ۱۸۹ و تفاسیر قرآن مجید می‌توان یافت .

ص ۲۵۹ س۴۶۸۶ـ برای یافتن مأخذ این حکایت ر . ك . اسرارالتوحید ص ۲۲۳.

فهرستها

۱ـ فهرست لغات واصطلاحات تصوف و اسامی خاص و تعبیرات و لغات قران و احادیث

۲ـ فهرست اعلام

۳ـ فهرست مآخذ ومنابعی که درتهیهٔ حواشی وتوضیح لغات این کتاب از آنها استفاده شده است

فهرست لغات و اصطلاحات تصوف واسامی خاص وتعبیرات‌و لغات قرآن واحادیث

آب حیوان ـ(فا+عر.م) بمعنی آب‌حیات است که آب زندگی باشد . گویند چشمه‌ایست در ظلمات ، هر که آب از آن چشمه بخورد هرگز نمیرد ، و آن نصیب خضر و الیاس پیغمبرشد ـ وباصطلاح شعرا کنایه ازسخن‌و کلام صاف‌وپاك است ـ ودهان معشوق‌وتکلم او باشد ـ و باعتقاد سالکان اشاره بعشق و محبت است که هر که ازآن بچشد معدوم‌و فانی‌نگردد (برهان).ص٤٥ س٨١٣ .

آب‌خضر ـ آب زندگی یا آب حیوان. ص٤٥ س ٨٠٦ـر.ك. : ص٣٠٥ ذیل ص٣٧س٦٧٠ (ونیزر.ك. : فرهنگ لغات وتعبیرات‌مثنوی ج١ص١١).

آب‌درجگر نداشتن ـ (فا . م) مفلس و بی‌چیز بودن (برهان) ـ بی اندازه فقیربودن (امثال و حکم‌ج١ص٦). ص٩ س ١٥٨

آب‌درجوی‌داشتن ـ (فا . م) صاحب بختی مقبل و روزگاری مساعد بودن (امثال‌وحکم ص٦). ص٤٨ س٨٥٦

آب‌دندان ـ (فا. م) حریف گول و مفت و مغلوب یعنی شخصی که همیشه درقمارازاو توان‌برد (برهان).ص٧٦ س١٣٥٧

آب سیه ـ حوادث و آفات و مکروهات زمانه ـ آب‌طوفان‌واشك (آنندراج).ص٢٢س٤٠٧.

آزاده ـ (فا) مردم‌ولی شعارو مردمان پیروصلحا ـ حلال زاده و اصیل ـ نفسی که ازتعلقات بشری رسته باشد و قیدش بمرتبهٔ اطلاق پیوسته و قطرهٔ وجودش عین محیط هستی گشته (برهان). ص ٨٠ س ١٤٣٩ و ص ٢٠٤ س٣٦٦٠

آزر ـ (عر) پدر ابراهیم خلیل و اهل تاریخ گویند نام عم ایشان است واکثر اهل عرب عم را نیز پدر گویند (غیاث) . ر . ك. : ص ٣٢٦ذیل ص ١٠٧س١٩٣٣

آلاء ـ جمع آلی‌است(بالفتح و بالکسر) که بمعنی نعمت باشد (قبای الاء ربکما تکذبان) (آنندراج). ص١١س١٩١

آن ـ بکسر نون در اینجا افادهٔ معنی اضافه و تخصیص کند (آنندراج). ص ١٠س ١٧٩

آن شاه بلند ـ ر . ك. ص ٣٣٠ ذیل ص ١٤٦ س ٢٦١٧

ابجد خوان ـ (عر+فا.م) آنکه الف و با نداند (آنندراج)ـ بی‌سواد . ص ٧٨ س١٤٠٠

ابد ـ (عر.ت)دراصطلاح‌صوفیان‌آنچه‌مرآنراآخر نیست(هجویری‌ص٥٠١).ص٣٦س٦٣٧

ابلیسی ـ (عر. م) تکبر وغروروخویشتن‌بینی. ص ١٦٣س ٢٩٣٦

اجری ـ (عر) بکسر اول ، وظیفه ، یعنی طعام

۳۴۲ مقامات الطیور

هر روز که به محتاجان دهند-علوفه (آنندراج). ص ۲۰۰ س ۳۵۸۲

اجل ـ (عر) بفتح اول ودوم وتشدیدلام ، بزرگتر (کنز). ص ۱۲۸ س ۲۳۰۸

احمد حنبل ـ ر.ك. ص ۳۳۰ ذیل ص ۱۴۸ س ۲۶۵۹.

ادیم ـ (٦) بفتح اول ، پوست یا پوست سرخ یاپوست دباغت کرده‌شده (منتخب). ص ۲۸ س ۵۱۳

ارم ـ (عر) بکسراول وفتح‌دوم، بهشت شداد است که درمقابل بهشت خدای تعالی ساخت و آنچه صفت بهشت بود همه در آن موجود کرد وچون‌خواست که درآن بهشت درآید جانش قبض کردند (غیاث) ـ واین ارم میان صنعاء وحضرموت‌بوده است (غیاث)ـ باغ‌ارم درفارسی کنایه‌است ازباغ‌بسیارزیباودلگشا. ص ۱۲۰ س ۲۵۱۲

ازار ـ (فا) بکسراول ، شلواروتنبان (غیاث) ـ لنگ (برهان) . ص ۲۲۳ س ۴۰۱۲

ازل ـ (عر.ت) بفتح‌اول ودوم، دراصطلاح‌صوفیان: آنچه مرآنرا اول نیست (هجویری ص ۵۰۱). ص ۳۸ س ۶۳۷

استغراق ـ (ت) ر . ك. ص ۳۱۹ ذیل ص ۶۱ س ۱۰۸۵.

اصحاب ـ (عر) یاران، همنشینان (منتهی‌الارب). ص ۸۳ س ۱۴۸۳

اصفیاء ـ (عر) بفتح‌اول، جمع‌صفی، برگزیدگان (منتخب). ص ۱۵ س ۲۷۲

اعور ـ (عر) بفتح اول ، شخص یك چشم (کنز). ص ۱۰۹ س ۱۹۷۰

اغانی (عر) جمع اغنیه، وآن سازیست که بی‌نفخ دم مینوازند مثل چنگ و رباب و مزمار (غیاث)ـ سرودها، نواها (تا-فا). ص ۲۱۴ س ۳۸۳۴

افك ـ (عر) ر.ك. : ص ۲۹۶ ذیل ص ۳۴ س ۵۹۷.

اقضیکم ـ (ح) ر.ك : ص ۲۹۱ ذیل ص ۲۶ س ۴۷۱.

اقلیم ـ (عر) بکسر اول هفتمین حصه باشد از ربع مسکون که عبارت از زمین آبادست که یك سر بمشرق دارد و سر دیگر بمغرب و هر اقلیم منسوب بیکی از سبعه سیارات است (غیاث) ـ درکتب قدیم اقلیم را کشور ترجمه کرده‌اند و هفت اقلیم راهفت کشور نامیده‌اند (ر. ك. : نثر فارسی ص ۱۳ و التفهیم ص ۱۹۶) ـ ص ۳۸ س ۶۸۳

اقیلولی ـ (ح) ر.ك.: ص ۲۹۳ ذیل ص ۲۸ س ۴۹۶.

اکسون ـ (فا) بکسر اول نوعی از دیبای سیاه رنگ‌بغایت‌قیمتی (رشیدی) ـ ص ۱۲۶ س ۲۲۶۷

الاالذی ـ (ق) ر.ك. : ص ۲۷۵ ص ۱۰ س ۱۷۷.

الست وبلی ـ (ق) ر ك : ص ۳۰۳ ذیل ص ۳۶ س ۶۴۱

ام‌الخبائث ـ (عر) شراب (غیاث). ص ۷۸ س ۱۳۹۳

ام‌المؤمنین ـ (ق) ر.ك.: ص ۲۹۴ ذیل ص ۳۱ س ۵۵۶

امتی ـ (ح) ر.ك.: ص ۲۸۱ ذیل ص ۱۷ س ۳۱۱.

امهات مؤمنین ـ (ق) ر.ك. : ص ۲۸۱ ذیل ص ۱۸ س ۳۲۵ .

امی ـ (ق) ر. ك.: ص ۲۸۴ ذیل ص ۱۹ س ۳۳۸ مصرع دوم

انمودار ـ (فا) بفتح اول نمودار ـ نمایان ومرئی ـ شبیه و مانند ـ دلیل و برهان (برهان) . ص ۴۱ س ۷۴۱

اوفوا ـ (ق) ر.ك.: ص ۳۳۱ ذیل ص ۱۵۰ س ۲۶۹۶.

اولیاء ـ (ت) ر.ك.: ص ۲۷۸ ذیل ص ۱۵ س ۲۷۲

ایاز وحسن ـ ر.ك.: ص ۳۳۷ ذیل ص ۲۱۰ س ۳۷۶۴

اینت ـ (فا) این ترا و چنانکه گویند اینت میرسد یعنی ترااین میرسد وبمعنی خه خه و لفظ تحسین نیز می‌آید وگاهی افادهٔ معنی طعن و ملامت کند (آنندراج) ـ بمعنی زهی په‌په و خه‌خه که‌کلمهٔ تحسین است (برهان). ص ۱۱ س ۱۸۹ وص۱۳۹ س ۲۴۹۳

باز ـ ر. ك. : ص ۳۱۸ ذیل ص ۵۳ س ۹۴۲ .

باغ هشت در ـ (فا . م) کنایه از بهشت که دارای هشت قسمت است بنام ۱ـ خلد . ۲ـ دارالسلام . ۳ـ دارالقرار . ٤ـ جنت عدن. ٥ـ جنت المأوی . ٦ـ جنت النعیم . ۷ ـ علیین . ۸ـفردوس (غیاث)ـ بهشت ،درقرآن کریم باین اسامی ذکر شده است. ص ۳۷ س ٦٥١

بایزید ـر.ك.: ص ۳۲٥ ذیل ص ۹۰ س ۱٦۱۹

بحر اعظم ـ (عر.م) بزرگترین دریا ـ در اینجا کنایه است از وجود باریتعالی . ص ۱۲ س۲۱۸

بخیه بر روی افکندنـ (فا . م) فاش شدن راز و رسوا شدن. بدر چاچی گوید:

سوزن عیسی مشو بخیه برویم منه
پیرهن غم مدوز پردهٔ شادی مدر

(آنند راج). عیب نهانی آشکار شدن(امثال وحکم‌ج۱ص۳۹۷) . ص٥س٨٥

بد دلـ.(فا . م)ترسنده وترسناك (برهان) . ص٦۱ س ۱۰۷٦

بدست بودن ـ (فا . م) باخبر بودن ـآگاه و هشیار بودن (برهان). ص ١٤٤ س ۲٥۹۱

بدعت ـ (عر) بکسر باء هرچیز نوکه دردین پیدا شودو به‌زمانهٔ حضرت رسول‌نبوده‌باشد (غیاث) . ص۲٥۲ س ٤٥٦٤

بدندان بودن ـ(فا .م) لایق و مناسب بودن (برهان). ص ۱۸٦ س ۳۳۳۹

براق ـ بضم باء ،ستورکه رسول درشب معراج بر آن نشست(صراح) ـ در اینجا بمعنی مطلق ستور است (ر. ك . :لغات وتعبیرات مثنوی ج ۲ ص ۸۳).ص ۲۲۱س ۳۹۷۸

بر خشك کشتی راندن ـ(فا . م)کار بیهوده و لغوکردن (برای دانستن نظایراین کنایه ر. ك. : امثال‌وحکم‌ذیل کشتی برخشك‌راندن). ص ٥ س ۷٥

برسری ـ (فاء) علاوه‌وآن عبارتست‌از بارقلیلی که بر بار کثیر برسرگذارند و آنراسرـ باری نیزگویند (آنند راج) . ص ۲ س ۲٤ و ص ۱٥٤ س ۲۷٦٤

برقع ـ(عر) بضم باء وقاف،روبند زنان عرب‌و فارسیان بمعنی‌مطلق روبند استعمال کنند (آنندراج). ص ٦۲س ۱۱۰۰ و ص۱٥۱ س۲۷۱٤

برگ ـ(فا)بفتح اول سازونوا ودستگاه‌واحتشام‌و سامان و سرانجام (برهان). ص ۹۸ س ۱۷٦۳

برگستوان ـ (فا)بفتح باء وضم‌کاف فارسی،پوششی که‌روزجنگ‌مردم بپوشند وبراسب‌اندازند (رشیدی). ص۱۰۸ س۱۹٤٦

برنا ـ (فا) جوان و نوچهٔ اول عمر و ظریف . (رشیدی) ص۱۲۸س۲۳۰۱

برنتابیدن (فا) طاقت نیاوردن ـ تحمل نکردن (آنندراج). ص٥۰س۸۹۲

برید ـ (عر) قاصد و نامه‌بر (کشف) . ص ۳۹ س ۶۹۰

بریشم ـ ر.ك. :ص۳۳۶ذیل‌ص ۱۸۷ س۳۳۴۳

بزغاله ـ ر.ك.: ص۲۸۰ ذیل‌ص۱۷ س ۳۰۴

بسط ـ (ت) ر.ك:ص۲۷۰ ذیل‌ص۶س۹۱

بط ـ (عر) ر.ك :ص۳۱۶ذیل‌ص۴۸س ۸۴۹

بعد ـ (ت)ر.ك: ص۳۳۱ ذیل‌ص۱۶۴س ۲۹۵۱

بقا ـ (ت) ر. ك. : ص ۳۳۸ ذیل ص ۲۳۷ س ۴۲۷۲

بلبل ـ ر.ك.: ص۳۱۵ ذیل‌ص۴۲س ۸۴۹

بنابـ(فا) بضم باء قعر آب (آنندراج) .ص۲۲س۴۰۹

بوتیمار ـ ر.ك. : ص ۳۱۸ ذیل ص ۵۵ س۹۷۶

بوعلی رودبارـر.ك.:ص۳۳۲ذیل‌ص۱۷۰س۳۰۵۳

بوعلی طوسیـر.ك.:ص۳۳۳ذیل‌ص۱۷۸س۳۱۹۸

بوك ـ (فا) کلمهٔ تمنی است و بعربی عسی و لعل گویند و گاهی بجای کلمهٔ استثناهم استعمال میشود (برهان). برای اطلاع بیشتری ر.ك. فرهنگ لغات و تعبیرات مثنوی ج۲ص ۱۷۴ تألیف نگارنده).ص۴س۶۴

بوی ـ (فا . م) یکی از معانی بوی در فارسی درك ودریافت است(سروری).ص۵۰س۸۹۸

بی‌جگر ـ (فا.م) بی زحمت و رنج‌ومشقت ـ چون یکی از معانی جگر غم و غصه و رنج و محنت و زحمت ومشقت است (برهان). ص ۱۳۵س۲۴۳۰

بیدار جهان ـ (فا) مردکامل ،ولی،مرشد راه‌دان . ص۶۸س۱۱۹۷

بیرونشو ـ (فا) گریزگاه ، مخلص ، روزنهٔ کار (لغات و تعبیرات مثنوی ج ۲ص ۱۱۹ و ۲۰۵).ص۵۳س۹۴۰

پاکبازیـ ر.ك. : ص۳۳۰ذیل ص۱۴۲ س۲۵۴۵

پای برآتش ـ (فا.م) بیقرار،جلد وتند و چست و چابك (آنندراج). ص۹س۱۵۶

پای‌در دامن‌کشیدن ـ (فا. م) ترك آمد و شد کردن (آنندراج). ص۷۱ س۱۲۶۰

پای‌مرد ـ (فا.م) مدد کارویاری دهنده و شفیع و معین و دستگیر و خدمتگزار (آنندراج) . ص۱۴ س ۲۵۵وص۱۳۷ س ۲۴۴۷

پرداختن ـ (فا) فارغ شدن (رشیدی) . ص۱۸۴ س۳۳۰۹

پرده‌بازی ـ (فا . م) مرادف شب بازی (غیاث) که‌خیمه‌شب‌بازی‌باشدو کنایه‌است از مکرو فریب(آنندراج) ص۱۲۲س۲۱۸۷

پس زانوحصار گرفتن ـ(فا+عر. م)پس‌زانو نشستن، زانو را برسم صوفیان در بغل گرفتن ، مراقبه . ص۱۳۶س ۲۴۴۲

پشتا پشت ـ (فا)پشت‌به‌پشت،دوشادوش(آنندراج). ص۹س۱۶۲

پشت‌دست خائیدن ـ (فا.م) حسرت‌وافسوس خوردن (رشیدی) ص۱۳س ۲۳۸ .

پشیز ـ (فا) پول ریزه نازك بسیار تنك رایج (برهان). پول خرد. ص ۱۱۶س ۲۰۹۲

پگه ـبفتح اول‌وکسرثانی ، مخفف پگاه، سحر ، صبح‌زود (سروری).ص۴۵س ۸۰۴

پلاسـ گلیم (آنندراج) ـ مکـر و حیله وطـرز وروش مکروحیله دانستن (برهان)ص۱۱۷ س ۲۱۰۲

پهلو تهی کردن ـ (فا.م) کناره کردن ودوری گزیدن ، پرهیز و اجتناب نمودن از چیزی و ازکسی وتنهاشدن‌برهان). ص۶۰ س ۱۰۶۳

پیچ‌پیچ ـ (فا.م) رشك‌وحسد، (برهان). تشویش‌و اضطراب (لغات وتعبیرات مثنوی ج ۲). ص ۵۵ س ۹۷۵ و ص ۱۳۱ س۲۳۶۱

پیراهن از کاغذ پوشیدن ـ (فا.م) دادخواهی کردن (برهان).ص۸۳ س۱۴۹۱

پیشان ـ(فا) پیش پیش را گویند که از آن پیشتر چیزی دیگر نباشد (برهان). ص ۱۲۵ س ۲۲۴۱

پیشگاه ـ (فا) مردم محتشم را گویند که صدر مجلس باشند(لغت‌فرس ص ۲۶۵)ـ فرش باشد که در پیش افکنند . صدرمجلس (سروری). ص۶ س۹۶

پی‌کردن ـ(فا.م) رگ و پی‌پارا را ازبالای پاشنه بشمشیر قطع کردن‌وازچنین پای قابل‌رفتار نمی‌ماند اگرچه‌زخم به شود.عاجز کردن. بیرفتار کردن (آنندراج). ص ۱۳ س ۲۲۹

تارک ـ(فا) بفتح‌راء ،کلهٔ سروفرق‌سرومیان‌سرآدمی (برهان). ص۱۹۷س۳۵۳۸

تاوان ـ(فا) مصادره و غرامت (آنندراج). زیان و وگناه (برهان). ص۱۲۴ س۲۲۳۵ و ص ۱۰۸س۱۹۵۹

تبرا ـ (عر) بفتح‌تاءوبا ،بیزاری (لطایف).شیعیان بیزاری از دشمنان علی واولادان اورا تبرا میگویند.ص۳۳ س۵۹۱

تجرید ـ (ت) رـك: ص ۳۳۷ ذیل ص ۲۰۶ س ۳۶۹۶

تخت‌بند ـ (فا.م)محبوس‌ودربندافتاده (برهان).ص ۴۶ س۸۲۶

تخته‌خاك ـ ر.ك. ص ۳۳۷ ذیل ص ۲۰۳ س ۳۶۳۶

تذرو (فا) بفتح تا وذال، مرغیست صحرایی شبیه بخروس(برهان)ـ مرغیست خوشرفتار که در مازندران‌واستراباد باشد (سروری).قرقاول.

ص ۳۷س۶۵۶

تردامن ـ (فا. م) فاسق و فاجر(سروری). ص۸۲ س۱۴۶۶

ترگ ـر.ك. : چارترگ.

ترهات ـ(عر)بضم تاء وتشدید وفتح راء ،چیزهای باطل ونیزشطحیات(کشف) . سخنهای باطل لهوآمیز(غیاث). ص۲۲س۴۰۵ وص۱۴۸س ۲۶۵۴

تشریف ـ (عر) بفتح تاء ، بزرگ گردانیدن فارسیان بمعنی خلعت‌آرند که امراوسلاطین دهند برای‌بزرگ گردانیدن کسی (غیاث). ص۱۸س ۳۳۵

تشویر ـ(عر) بشرم‌افکندن، شرم‌زدگی (تا . فا). اشارت کردن بدست‌سوی کسی(تاج‌ص۲۹۶). ص۵س۷۸

تشهد ـ (عر) بفتح‌تاوشین‌وضم‌هاء ، اشهدان لااله الاالله گفتن در نمازهنگام نشستن پس‌ازسجوددر رکعت‌دوم‌وآخر نماز(غیاث). ص۱۶س۲۸۷

تصنیف ـ(عر) گونه‌گونه کردن، جدا کردن بعضی را ازبعضی ، تمیزدادن (منتهی‌الارب) . در اینجا بمعنی کتاب و رساله . ص ۷۶ س ۱۳۶۰

تفته ـ(فا) بفتح تاء ، بسیار گرم‌شده باشدومخفف‌تافته هم‌هست که‌آزرده‌و کوفته شده و مکدرباشد (آنندراج).ص ۱۸۳ س۳۲۸۰

تفرید ـ (ت) ر. ك . : ص ۳۳۷ ذیل ص۲۰۶س ۳۶۹۴

تك ـ (فا) بفتح تاء تیزدویدن چنانکه گویی تك ودو(رشیدی).ص۹۳س۱۶۶۸

تلبیس ـ (عر) جامه پوشیدن (منتخب) . مکر و فریب زیراکه‌آدمی با مکر وفریب ارادهٔ خود رامیپوشد(غیاث). ص۱۱۳ س۲۰۳۱

تمکین ـ (عر) دست‌دادن‌وجای‌دادن(تاج). ص۵۱ س۹۱۱

تموز ـ (فا) بفتح‌تا، گرمای‌سخت‌ونام اول‌تابستان وماه دهم از سال‌رومیان و بودن آفتاب در برج‌سرطان (برهان)ـ اسم‌یکی از ماههای رومی‌است‌ومطابق‌است‌بامردادماه‌شمسی‌وژوئن فرنگی. ص۱۲۸س۲۲۹۷

تن زدن ـ (فا.م) خاموش‌شدن(رشیدی).ص۴۲س ۷۵۹

تنگ ـ (فا.م) نایاب‌وعدیم‌المثال (برهان).ص۳۶ س۶۳۶

تنورستان غفلت ـ (فا.م) کنایه ازدنیا.ص ۱۰۶س ۱۹۱۹

توبه ـ (ت) ر.ك: ص۳۲۴ ذیل ص۷۲ س۱۲۷۳

توتیا ـ (فا) اکسیددوزنگ که در کوره‌های‌روی و سرب حاصل شود . سنگی‌است که کوبیدهٔ آنرا بچشم کشند (ح‌ـبرهان ص ۵۲۹) ـ «توتیاشدن» یعنی‌خاك‌شدن‌وچون سرمه نرم شدن. ص۱۳۲س۲۳۶۵

توحیدـ (ت) ر.ك. : ص ۳۳۷ ذیل ص۲۰۶ س ۳۶۹۴

توفیقـ (ت) ر . ك. : ص ۳۲۳ ذیل س ۶۸ س ۱۱۹۸

تولا ـ (عر) بفتح تا وواو وتشدید لام ، دوستی باکسی کردن (صراح) ـ شیعیان دوستی و دوست‌داشتن‌اهل‌بیت‌وآل علی‌وأئمهٔ‌معصومین را تولاگویند،هر شیعه‌ای ازآن جهت که دشمنان اهل‌بیت را دشمن ودوستی آنهارا بردل دارد و دوستان آنان‌رادوست‌میدارد اهل تبراوتولاست. ص۳۳س۵۹۱

تیریز ـ (فا)شاخ‌جامه(رشیدی).ص۱۴۲س۲۵۵۲

ثانی اثنین ـ (فا)ر.ك: ص ۲۸۷ ذیل ص ۲۳ س ۴۲۶

ثعبان ـ (عر) ماربزرگ ، اژدها (رشیدی). ص ۲۰۸س۳۷۲۶

ثقبه ـ (عر)بضم‌ثاء وکسرقاف ، سوراخ(منتخب) ص۱۲۹س ۲۳۲۴

جان بطاق افکندن ـ (فا.م) چیزیست‌شبیه چشم‌بطاق افتادن که‌کنایه‌است ارحالت نزع و مشرف بموت‌شدن.ص۶۹س۱۲۱۵

جگر خوردن ـ (فا.م)غم‌وغصه خوردن(آنندراج). ص۴۷ س ۸۴۸

جلاب ـ (عر)بضم جم و تشدید لام، معرب‌گلاب ایرانیان بمعنی مطلق شربت بکار برند . (گنجینه). ص۱۳۲س۲۳۷۰

جمع ـ (ت) ر. ك. : ص ۳۲۴ ذیل ص ۷۲ س ۱۲۷۵

جنة المأوی ـ (ق) یکی ازنامهای‌بهشت. مأخوذ ازآیهٔ۶سورهٔ‌النجم.ص۳۰س۵۳۸

جنید ـ ر. ك. :ص۳۲۹ذیل ص۱۲۸ س ۲۲۹۹

جوش ـ (فا) شورش‌وبهم آمد (برهان)ـشوریدن دل (غیاث).ص ۸۹س۱۶۰۵

جیب ـ(عر) بفتح‌جیم، گریبان(تا. فا) . گریبان جامه(منتخب). ص۱۶۹ س ۳۰۳۸

چارترك ـ (فا)«ترك»بفتح اول، بخشها وسوزهای کلاه وامثال‌آنراگویند (برهان) . « چار ترك» کلاهی که دارای‌چهاربخش‌است. ص۶ س۱۰۵

چاووش ـ (تر)نقیب‌لشکروقافله(غیاث). ص۲۲۵ س۴۰۴۵

چاهسار ـ(فا)مثل‌نمکساروکوهسار. جائی که چاه فراوان باشد

چخیدن ـ (فا) کوشیدن (رشیدی). ص ۲۰۴ س ۳۶۶۵

چراغ برافروختن ـ (فا.م) بدولت رسیدن (آنندراج). ص ۲۰۰ س ۳۵۸٤

چشمارو ـ (فا) چیزی که برای دفع چشم زخم بربام خانه‌ها راست کنند (سروری). ص ۱۲ س ۲۰۵

چشم دوختن ـ (فا . م) صرفنظر کردن . ص ۱۸۳ س ۳۲۷۸

چوبك زدن ـ (فا) «چوبك» نام تخته و چوبیست که مهتر پاسبانان شبها بدست گیرد و آن چوب را بر آن تخته زند تا پاسبانان از صدای آن بیدار باشند (برهان). ص ۱۹۷ س ۳۵۳۸

حاش لله ـ (عر) پاکی ودوریست خدایرا ازاین کار (منتخب) ـ در معنی انکار کردن و سوگند خوردن در نکردن کاری استعمال کنند (آنندراج). ص ٦۱ س ۱۰۸۵

حال ـ (ت) ر.ك.: ص ۳۲٤ ذیل ص ۷۲ س ۱۲۷٤

حالی ـ (عر) جلدوفی الحال (غیاث) . ص ۵۵ س ۹٦۹

حایط ـ (عر) دیوار (منتهی الارب) . ص ۱۱۹ س ۲۱۳۷

حجاز ـ (عر) بکسر حاء، سرزمینی که مکه ومدینه و طایف در آن واقع است. (غیاث) ص ۸۵ س ۱٤۳۸

حجام ـ (عر) بفتح حاء و تشدید جیم، خون کشنده وباستره زدن (منتخب). گراء (تا. فا). ص ۹۷ س ۱۷۵۱

حجت ـ (عر) بضم حاء و تشدید جیم، دلیل (صراح). ص ۳۰ س ۵۳۲

حذیفه ـ ر. ك: ص ۲۹۳ ذیل ص ۲۸ س ۵۱۰

حریم ـ (عر) پیرامون خانه (منتهی الارب) ـ گرداگرد چیزی (کشف) ص ٤۰ س ۷۱٤

حصات ـ ر. ك. ص ۲۸۰ ذیل ص ۱۷ س ۳۰٦

حصر ـ (عر) بفتح حاء، شمردن، شمار (تا ـ فا). ص ۱۳ س ۲۳۵

حصه ـ (عر) بکسر حاء و تشدید صاد، بهره (آنندراج). ص ۸۷ س ۱۵٦۱

حضرت ـ (عر) بفتح حاء و ضاد، نزدیکی و درگاه (صراح). ص ۱٤۸ س ۲٦۵۱ ـ دراینجا مقصود پیشگاه مرد کامل یا پیشگاه سراپردهٔ سلیمانی است که خود مرد کامل زمان بود. ص ۳۹ س ٦۹۰

حق ور ـ (عر ـ فا) ترکیبی است از حق + ور که افادهٔ معنی صاحب و دارنده و بجا آورنده کند. صاحب حق، دارندهٔ حق. ص ۲۷ س ٤۸۲

حضور ـ (ت) ر. ك: ص ۳۲۸ ذیل ص ۱۱۲ س ۲۰۲۷

حقیقت ـ (ت) ر. ك: ص ۳۰٦ ذیل ص ۳۸ س ٦۸۸

حکمت یثرب ـ (عر.م) احکام پیغمبر اسلام (ص)، قوانین شرع. ص ۲۵۱ س ٤۵۳۹

حلاج ـ ر. ك: ص ۳۲۹ ذیل ص ۱۲۷ س ۲۲۸۷

حلقه ـ (عر) دایرهٔ مردم که عبارت از مجلس است (غیاث). «در حلقهٔ زنارشد» یعنی زناربست و دین ترسایان گزید و در زمرهٔ آنان محسوب شد و در مجلس آنان وارد شد. ص ۷۷ س ۱۳۸۷

حلولی ـ ر.ك.: ص ۲۷٦ ذیل ص ۱۱ س ۱۹٦

حله ـ (عر) بضم حاء و تشدید و کسر لام، برد یمنی و جامه وازار (غیاث). جامهٔ بهشتی (کشف). ص ۳۵ س ٦۲۷

حنانه ـ (عر) بفتح حاء و تشدید نون اول و کسر نون دوم، بسیار نوحه کننده ـ ستونی که قبل ازساختن منبر پیغمبر(ص)هنگام وعظ بآن تکیه میفرمود (لطایف) . ر.ك. : ص ۲۸۶ ذیل ص ۲۰ س ۳۷۰

حوت ـ (عر) ماهی . ص ۲۲۹ س۴۱۳۰

حوصله ـ (عر) بفتح حاء و کسر صاد، چینه‌دان مرغان (آنندراج) . ص ۶۰ س ۱۰۶۲

حیرت ـ(ت) ر. ك. : ص ۳۳۲ ذیل ص ۱۶۵ س ۲۹۵۹ و ر. ك: ص ۳۳۸ ذیل ص۲۱۲ س ۳۸۰۱

خارنهادن ـ (فا . م) جفا کردن (آنندراج). ص ۴۳ ص ۷۷۲

خاشه‌روب ـ (فا) آنکه خاك و خاشاك را از کوچه ها و سر راه مردمان بروبد . چه «خاشه» بمعنی خس و خاشاك و ریزه‌های چوب و سرگین و امثال آن است که بهم آمیخته باشد (برهان). ص ۵۳ س ۹۳۹

خافقین ـ (عر) مشرق ومغرب یا افق آنها بدان جهت که شب وروز در آنها مختلف میشوند. یا دو کرانهٔ آسمان وزمین یا منتهای آنها. (منتهی الارب).ص۱۸ س ۲۳

خاك ـ (فا . م) یکی از معانی خاك تواضع و افتادگی و نیز اطاعت و فرمانبرداریست (برهان).ص ۳۳ س ۵۹۲

خاك بیز ـ (فا . م) شخصی را گویند که خاك کوچه‌هاوبازارها بجهت نفع خود جاروب کند . کنایه از کسی است که از برای حصول بمقصود بکارهای سخت و حرفتهای پست قیام نماید (برهان). ص ۱۸۵ س ۳۳۲۱

خاکسار ـ (فا . م) خاك مانند و کنایه از چیزی که گرد آلود هم هست ـ مردم افتاده و درویش و ذلیل ـ کسی را نیز گفته‌اند که در صف نعال یعنی در کفش کن خانه نشیند (برهان).ص ۹ س ۱۵۹

خدر (عر)بکسرخاء ، پرده (صراح).ص ۲۴۸ س ۴۴۸۰

خذلانـ (عر)بکسرخاء ،فروگذاشتن‌ویاری ومدد نکردن (منتخب) . بی بهرگی (صراح) . بازماندن (کنز).ص۷۲س۱۲۸۱وص۱۳۸ س۲۴۷۵

خراب ـ (فا.م)مست‌ولایعقل، سیه‌مست(آنندراج). ص۷۷س۱۳۸۰

خر عیسی ـ ر.ك.: ص۳۰۳ ذیل‌ص۲۶س۶۴۴

خرف ـ (عر)بکسراول وثانی، فرتوت وتباه خرد (شرح قاموس) . بازگشتن عقل از کلان سالی(صراح). ص۷۵ س ۱۳۳۶ وص۱۰۹ س۱۹۷۵

خرقه ـ (ت) ر. ك. : ص ۲۸۳ ذیل ص ۸ س ۳۳۶

خضر ـ ر.ك.:ص۳۰۵ذیل‌ص۳۷س ۶۷۰

خط برجان کشیدن ـ (عر+فا.م)محوونا پدید کردن وفانی‌شدن. ص ۱۵۷س ۲۸۲۴

خط برجان‌نهادن ـ (عر+فا.م) کشته‌شدن ،مردن، نابودشدن.ص۲۴۶س۴۴۴۹

خلاشه ـ (فا) خاشاك(غیاث) ص۲۲۸ س۴۱۱۲

خلخال ـ (عر)بفتح‌خاء ، حلقهٔ طلا و نقره که درپا می کنند (منتخب).ص۱۲۶ س۲۲۶۹

خلط ـ (عر)بکسرخاء ، هر چیز که آمیخته شود ویکی از اخلاط اربعه که صفرا و خون و بلغم و سودا باشد . (غیاث) ص ۱۲۵ س ۲۲۳۷

خلق ـ ر.ك:ص۲۸۱ذیل‌ص۱۸س۳۱۹

فهرست لغات و اصطلاحات

خلوت ـ (ت) ر.ك: ص ۲۸۵ ذیل ص ۱۹ س ۳٤۷.
خلیفه‌زاده ـ ر.ك: ص ۲۷۷ ذیل ص ۱۱ س ۱۹۸.
خلیل ـ ر.ك: ص ۳۰۱ ذیل ص ۳۵ س ٦۲۹.
خود را اعجمی‌ساختن ـ (فا+عر.م) خود را بنادانی زدن ـ تجاهل‌العارف. ص ۷۳ س ۱۳۰۹ و ص ۹٦ س ۱۷۲۵
خود را محراب رسوائی کردن ـ (فا+عر.م) شهره برسوایی شدن ـ بمنتهای رسوائی و فضیحت رسیدن. ص ۸۰ س ۱٤۳۳
خوف ورجا ـ (ت) ر.ك: ص ۳۳۲ ذیل ص ۱۷۱ س ۳۰۷۰.
خه خه ـ (فا) بفتح هر دو خاء، خوشا خوشا ـ به‌به ـ زهزه ـ بخ بخ ـ بارك الله (برهان). ص ۳۵ س ٦۲۲
خیرالثیاب ـ (عر) بهترین جامه‌ها. ص ٤۸ س ۸٤۹
درا ـ (فا) زنگ و جرس (برهان). ص ۲۰۲ س ۳٦۲٤
دارالقرار ـ ر.ك: ص ۳۱۸ ذیل ص ۵۲ س ۹۳۲
داعی ـ (ق) ر.ك: ص ۲۸۰ ذیل ص ۱۷ س ۳۰۵
دامن درچیدن ـ (فا.م) اعراض و اجتناب نمودن ازچیزی و ترك صحبت کردن (برهان). ص ۸۰ س ۱٤۳٦ و ص ۱٦٤ س ۲۹۵۳
دانگ ـ (فا) مطلق دانه را گویند اعم از گندم و جو و ماش و غیر آن (برهان). چهار یك مثقال و درم (نفیسی). ص ۵۱ س ۹۰۰ و ص ۱۲۲ س ۲۱۹۰
داو ـ نوبت بازی شطرنج و نرد و غیره باشد (رشیدی) ـ و زیاده کردن خصل قمار نیز هست ـ دعوی کای را نیز گفته‌اند (برهان). ص ۱۲۷ س ۲۲۸٤

داوری ـ قضیه‌ای که پیش داور برند ـ مطلق قضیه و واقعه (رشیدی) ـ جنگ و خصومت (برهان). ص ۲ س ۲٤
دحیه ـ ر.ك: ص: ۲۸۳ ذیل ص ۱۸ س ۳۳٦
در جوال کردن ـ (فا.م) فریب دادن (رشیدی). ص ۱۱۹ س ۲۱٤۳
در جوال کس نگنجیدن ـ (فا.م) فریب کسی را نخوردن. ص ۱۵۷ س ۲۸۲۷
درخورد ـ (فا) لایق و سزاوار (آنندراج). ص ٤۵ س ۸۱۲
دردی ـ (عر) بضم دال، شراب تیره ـ وهر کدورت که در چیز رقیق ته نشین شود (لطایف). ص ۹۲ س ۱٦۵۹
درز آب ـ (فا) در فرهنگها «درزاد» و «درزاده» بمعنی تخته‌ای که آسیابانان در آب گذارند که آب بجای دیگر رود، آمده است (رشیدی و برهان). ص ۲۲ س ٤۱۰
درست ـ (فا) بضم دال و سین، درهم و دینار و زری که باشرفی اشتهار دارد ـ زرو سیم و طلا و نقره (برهان). ص ۱۱۸ س ۲۱۲٤
درگرفتن ـ (فا.م) روشن کردن (غیاث). ص ۷۰ س ۱۲٤۱
درمنه ـ (فا) گیاهیست معروف (رشیدی) ـ گیاهیست خاردار و تلخمزه که در طب قدیم برای دل درد بکار میرفت. ص ۲۸ س ۵۰٤
دروگر ـ (فا) مخفف درود گر که استاد چوب تراش باشد و بعربی نجار گویند (برهان). ص ۲۰۰ س ۳۵۸۵
دره ـ (عر) بکسر دال و فتح جو تشدید راء، آلت زدن (منتهی‌الارب) ـ چرمی که محتسب بدان حد زند (منتخب). ص ۲۸ س ٤۹۷
دریابار ـ (فا) دریای بزرگ ـ ولایتی که در

کنار دریا باشد(برهان).ص۱۹۸س۳۵۴۵
دریای راز ـ(فا.م)پیغمبر آخرالزمان(ص).ص۱۶ س۲۸۸
دریای نور ـ(فا+عر.م) پیغمبر آخرالزمان(ص). ص۲۰س۳۷۰
دست ـ (فا) جنس و بابت (برهان) . « از دست رس‌تو» یعنی ازجنس توومانند تو و ازنوع تو. ص۱۶۰س۲۸۷۶
دست‌ابرنجن ـ (فا) دستبندزنان وآن میلی بود از طلا یا نقره‌که دردست‌کنند (برهان) . ص ۱۲۶ س۲۲۶۹
دست‌بردلـ (فا.م) بیقرارـمضطربـعاجز(غیاث). ص۷۵س۱۳۳۴
دست برسرداشتن ـ (فا.م) سیلی برسرزدن هنگام حسرت و افسوس (آنندراج). ص ۵س ۷۶
دست بستن‌کسی ـ (فا . م) زبون و بی‌مقدار کردن کسی (آنندراج). ص۸س۱۴۵
دست دادن ـ حاصل‌شدن ـ بفعل آمدن ـ مضبوط گشتن(برهان).ص۴۵س۸۱۰
دل پرداختن ـ (فا.م) مرادف دل برداشتن‌وکنایه است از رها کردن و منصرف شدن. ص ۸۴ س ۱۵۱۹
دل‌دادن ـ (فا.م) دلیر ساختن (برهان) . ص۷۱ س۱۲۶۵
دلق ـ (عر)بفتح‌دال، نوعی ازپشمینه که‌صوفیان پوشند(لطایف). ص۱۰۷س۱۹۳۶
دمار بر آوردن ـ (فا+عر.م) «دمار» بفتح اول،در عربی‌بمعنی‌هلاك است(منتخب)ـهلاك كردن. ص۲۳۲س ۴۱۸۶
دوال ـ (فا) بضم‌دال ، تسمه (سروری) ـ به‌فتح اول ، تسمهٔ رکاب‌وغیرآن (برهان). ص۳۲ س۵۶۴

دورباش ـ (فا) دور شدن ـ و نیز نیزه‌ای را گویند که‌سنانی دوشاخه برسرآن بودودر قدیم چوب‌آنرا مرصع میکردندو پیشاپیش پادشاهان میبرده‌اند تا مردمان بدانندکه پادشاه می‌آید و خود را بکنار کشند (برهان) ـ چوبی‌که نقیب قافله بر دست گیرد ـ عصاو نیزهٔ کوچك (برهان) .ص۵۴ س۹۶۳ص۱۹۹ س۳۵۷۳
دوستکانی ـ (فا) شرابی‌باشدکه با معشوق خورند (معیار جمالی ص ۳۴۷). ص ۶۰ س ۱۰۶۳
دیت ـ (عر)خونبها که ده‌هزاردرهم‌است(لطایف). ص۱۴۴س۲۵۸۰
دیده‌ور شدن ـ (فا.م) رسیدن بچیزهاباشدچنانکه هست ونظرانداختن‌چنانکه باید(آنندراج). ص۱۳۸س۲۴۷۰
دیرمغانـ(عر+ فا.م) جائیکه تشنگان‌را سیراب کنندـمیخانهـبرای اطلاع ازوجه‌اشتقاق و کیفیت این‌ترکیب، ر . ك.: مزدیسناوتأثیر آن‌درادبیات ص۲۶۶ذیل«می‌مغانه».ص۷۶ س۱۳۵۱
دیو ـ ر.ك. : ص۲۹۹ ذیل‌ص۳۵س۶۲۰
دیوان ـ(عر) لفظی‌است‌معرب بمعنی‌دفاتر عمومی محاسبات ـ موضع حساب ـ مرکز تدوین کتابها ـ کتابی که نام لشکریان و اهل عطیه درآن مکتوب‌باشد ـ ادارهٔ دولتی ـ وزارتخانه ـ سفینه شامل اشعار گویندگان (ح ـ برهان ص ۹۱۸) ـ دفتری که درآن نام لشکریان و اهل عطاء را نویسند (حاشیه‌المعرب‌ص۱۵۴). ص۳۴ س۶۱۵

دیوان‌سیاه‌کردن ـ (عر + فا . م) معصیت کـردن (آنندراج).ص ۳۲ س ۵۷۰

ذات ـ (ت) ر.ك. ص ۲۷۹ ذیل ص ۱۶ س۲۹۵ و ص ۲۳۶ ذیل ص ۱۸۱ س ۳۲۴۰

ذات‌المخالب ـ (عر) « مخالب » جمع مخلب یعنی چنگال ـ دارنـدگان چنگال ـ چنگال دار . ص ۲۳۰ س ۴۱۴۶

ذاالنون ـ ر . ك : ص ۳۳۰ ذیـل ص ۱۴۴ س ۲۵۷۷

ذره‌ذره ـ ر. ك. : ص۲۷۵ذیل ص ۱۰ س ۱۷۸

ذریت ـ(عر) بضم دال‌وکسر وتشدید راء و یاء، فرزندان و فرزنـد زادگـان (منتخب) ـ نسل آدمی و جـن (لطایـف) . ص ۱۶ س ۲۸۶ ـ و نیز ر . ك : ص ۲۷۸ ذیل ص ۲۸۶تا۲۹۶

ذل ـ (عر) بضم ذال و تشدید لام، خواری ـ نرمی (صراح) ص ۱۰۵ س ۱۸۹۵

ذوی‌الالباب ـ (عر) صاحبان عقـل. ص ۱۷۳ س ۲۱۰۰

ذوالفقار ـ ر. ك: ص ۲۹۲ذیل ص ۲۶ س ۴۷۵

ذوالقرنین ـ ر . ك. : ص ۳۰۶ ذیل ص ۳۸ س ۶۷۵

ذوالنون ـ ر. ك.: ص ۳۰۴ ذیل ص ۳۷س۶۶۲

ذوق ـ (ت) ر.ك.: ص۳۳۱ص۱۶۲س۲۹۰۴

ذی‌القربی ـ ر.ك. : ص ۲۸۹ ذیل‌ص۲۵ س۴۵۶ و ۴۵۷

ذوالقلتین (عر) «قله» بضم‌قاف‌وتشدید وفتح‌لام، در عربی سرکوه تارك سر مردم و بالای هر چیزی است ـ «ذوالقلتین» در اینجا یعنی دارندۀ دوقلۀ‌عزوشرف. ص۱۸ س۳۲۳

رابعه ـ ر.ك. : ص۲۹۵ ذیل ص۳۲س۵۸۰

راست کردن ـ (فا) مهیا کردن ـ تعبیه کردن . (برهان). ص۳۰ س۵۳۴

رخت افکندن ـ (فا.م)مقیم‌شدن (برهان).ص۲۲۳ س۴۰۱۶

رخش ـ (فا) اسم اسب‌رستم است ودراینجابمعنی مطلق اسب استعمال شده است . ص ۹۵ س ۱۷۱۵

رسته ـ (فا) بفتح راء وکسر تاء ، مطلق صف اعم ازانسان ویاحیوان(برهان). ص۱۷س۳۱۶

رشد ـ (عر) بضم میم، براه شدن وراه‌راست‌رفتن (منتخب). ص۱۶۷س۲۹۹۵

رطل کشیدن ـ(عر+فا.م)«رطل»بفتح راء ، وزنی است بمقدارنیم‌من(صراح). ودرفارسی‌شراب‌و هرآوندی‌که در او شراب‌کنند ؛ وبالفظ کشیدن بمعنی شراب خوردن (کشف) . ص ۷۱ س ۱۲۶۰

رعنا ـ(عر)بفتح‌راء ، زن خویشتن‌آراء (لطایف)ـ درمحاورۀ فارسیان بمعنی زیبا و خـوش نما و چـالاك و متکبر (غیاث) . ص ۱۰۹ س ۱۹۶۷

روایت (عر)بفتح راء، نقل‌کردن سخن وبازگفتن آن (آنندراج) .ص ۲۸س۵۰۰

روح‌الله ـ ر.ك.: ص۳۲۳ذیل ص ۶۸س۱۲۰۸

روح الامین ـ ر. ك. : ص۳۲۶ ذیل ص ۱۰۲ س ۱۸۴۲

روز ـ (فا.م)کنایه از روزگاروفـرصت چنانکه گویی امروز روز فلانیست یعنی روزگار فلانی و فرصت اوست (برهان) . ص ۷۱ س ۱۲۵۲

روزگاربردن ـ (فا.م) عمر و اوقات ضایع کردن (برهان).ص۷۶س۱۳۵۳

روش ـ (فا) رفتن ـ دراینجابمعنی‌سیرصوفی‌است. ص۱۸۰س ۳۲۳۳

مقامات الطیور ۳۵۲

روی در دیوار آوردن ـ (فا . م) حیران شدن (آنندراج) ـ به‌نهایت عجز و سر کشتگی دچار شدن. ص ۲۵۵ س ۴۶۲۶

روی دیدن ـ (فا.م) دراینجا بمعنی صلاح دیدن ـ مصلحت‌اندیشی.ص ۸۲ س ۱۴۸۰

ریاضت ـ (ت) ـ ر.ك. : ص ۳۲۲ ذیل ص ۶۷ س ۱۱۸۷

ریب ـ (عر) بفتح راء ، شك (صراح). ص ۱۶ س ۲۸۲

ریش‌ا‌ریش ـ (فا) ریش کشیدن ـ در ستیزه وجدال ریش حریف را بچنگ آوردن و کشیدن بطوریکه طرف مقابل نیز ریش حریف خود را بکشد ـ ص ۱۶۶ س ۲۹۸۱

ریگ در روغن کردن ـ (فا . م) امر خلاف واقع کردن ـ کار باطل کردن ـ خراب و ویران کردن چیزی یا امری را ـ ص ۲۵۰ س ۴۵۱۶

زاد و بود ـ (فا. م) هست و نیست و تمام سرمایه و اسباب و سامان (برهان). ص ۱۱۹ س ۲۱۴۷

زاویه ـ ر.ك. : ص ۳۳۰ ذیل ص ۱۴۴ س ۲۵۷۷

زحیر ـ (عر) بفتح زا، آزردگی و ناخوشی (غیاث). ص ۹۳ س ۱۶۷۵

زریر ـ (فا) گیاهی باشد زرد که جامه بدان رنگ کنند (سروری).ص ۵۵ س ۹۶۹

زعم ـ (عر) بفتح زاء و عین، آنچه در آن شك است و آنچه اعتقاد کذب درآن میرود (اقرب الموارد) ـ گمان وظن (منتخب) . ص ۳ س ۴۰

زفان بند ـ (فا .م) زبان بند ـ خاموش و ساکت ـ نوعی از عزایم و افسون که زبان حریف را

ببندند(آنندراج).ص ۲۲ س ۷۵۱

زقه ـ (عر) بضم زاء و تشدید قاف مفتوح، آبروان که طایر از گلو بر آورده در دهن بچه اندازد (منتخب)ـ «زق» بفتح زاء و تشدید قاف، چینه دادن مرغ بچه را بمنقار (المصادر). ص ۵۳ س ۹۴۹

زلال ـ (عر) بضم زاء ، آب شیرین خوشگوار (منتخب) . ص ۱۸ س ۳۳۱

زمی ـ (فا) بفتح اول ، مخفف زمین (برهان).ص ۹۴ س ۱۶۹۶

زمهریر ـ (فا) بفتح زاء ،جائیست بسیار سرد نزدیك بانتهای كرهٔ هوا (برهان) . ص ۱۱۰ س ۱۹۸۰

زنار بستن ـ (فا. م) «زنار» بضم زاء و تشدید نون، کمربندی بوده است كـه ذمیان نصرانی در مشرق زمین بـامر مسلمانان مجبور بودند داشته باشند تا بدین وسیله از مسلمانان ممتاز گردند. چنانکه یهودیان مجبور بوده‌اند عسلی (وصله‌ای عسلی رنگ) بر روی لباس خود بدوزند (ح-برهان ج ۲ ص ۱۰۳۳) . «زنار بستن» در ادبیات فارسی کنایه شده است از کافر شدن و از مسلمانی صرفنظر کردن . ص ۶۸ س ۱۲۱۱

زنان خشك ـ (فا.م) زنان بخیل ، چون یکی از معانی خشك بخیل است (برهان).ص ۲۵۲ س ۴۵۴۷

زنگی دل ـ (فا.م) بفتح زاء ، زنگی مزاج- کنایه از کسیکه پیوسته خرم و خوشحال باشد چه طرب و خوشحالی زنگیان جبلی است (آنندراج) . ص ۱۴ س ۲۴۷

زه ـ (فا) بکسر زاء ، زادن (رشیدی) ـ زائیدن آدمی و حیوانات دیگر.(برهان) ص ۱۷۸

س ۳۱۹۳

زهره ـ (فا.م) بفتح زاء، پوستی باشد پر آب بر جگر آدمی وحیوانات دیگر چسبیده است و کنایه است ازدلیری وشجاعت (برهان). ص ۱۲ س ۲۱۱

زینهار ـ (فا) تعجیل (برهان) ـ پرهیز . حذر کردن (ح ـ برهان ص ۱۰۵۵). ص ۶۵ س ۱۱۴۳ ـ ودراینجا بمعنی تأکید باشد مثل البته . ص ۱۱۶ س ۲۰۸۶

سارخك ـ (فا) بفتح راء، پشه (سروری). ص ۱۰۱ س ۱۸۱۹

ساقی کوثر ـ ر.ك.: ص ۲۹۰ ذیل ص ۲۶ س ۴۶۶

سالوس ـ (فا) مردم چرب زبان وظاهر نما وفریب دهنده ومکارومحیل و دروغگوی وفریبنده و بعربی شیاد (برهان). ص ۷۲ س ۱۲۸۴

سامری ـ ر.ك. : ص ۳۱۹ ذیل ص ۵۷ س ۱۰۱۸

سایل ـ (عر) پرسنده وخواهنده (منتخب). ص ۱۴ س ۲۵۸

سبا ـ ر.ك. : ص ۲۹۷ ذیل ص ۳۵ س ۶۱۷

سبق ـ (عر) بفتح سین ، پیش شدن و گذشتن اسب ازاسبان دیگر ـ آنچه بدو گرو بندندو اسب دوانند (منتخب). ص ۲۳ س ۴۲۷

سبز پوش ـ (فا.م) فرشته. ص ۸۳ س ۱۴۹۷ و ص ۲۰۰ س ۳۵۸۴

سبل ـ (عر) بضم سین وباء ، جمع سبیل، راه یا راه روشن (منتهی الارب). ص ۱۵ س ۲۷۳

سپه سالار طور ـ (فا.م) کنایه ازموسی بن عمران (ص) پیغمبر مشهور بنی اسرائیل ص ۱۶۵ س ۲۹۶۳

ستان ـ (فا) بفتح اول ، کسی که برپشت خوابیده باشد (جهانگیری). ص ۲۴۰ س ۴۳۲۶

ستانه ـ (فا) بمعنی آستانه که جای کفش کن باشد (برهان) . ص ۷ س ۱۱۰

سجاده برآب افکندن ـ ر.ك. : ص ۳۱۶ ذیل ص ۴۸ س ۸۵۱

سدره ـ (عر.ق) بکسر سین ، درخت کنار و آن درختی است بالای آسمان هفتم وآنرا سدرة المنتهی گویند (لطایف) ـ این نام درقرآن کریم سورة النجم آیهٔ ۱۴ و ۱۶ آمده است. ص ۳۷ س ۶۵۳

سرانداز ـ (فا) کسی که ازروی نازونخوت ومستی سرخود را بهرجانب حرکت دهد و خرامان خرامان راه رود ـ جلد و چابك (برهان). ص ۹ س ۱۵۴

سراندازی ـ (فا.م) سرافکندگی (برهان). ص ۷۹ س ۱۴۱۰

سرپی ـ (فا) بفتح سین وکسرراء وفتح پ، سرپازدن (آنندراج). ص ۹۴ س ۱۶۹۹

سرتیز ـ (فا.م) مردم تیزمغزوتندوتیز (برهان). ص ۱۴۴ س ۲۵۷۵

سر خاریدن ـ (فا.م) توقف کردن ـ تعلل ورزیدن (آنندراج). ص ۹۵ س ۱۷۰۹

سرشناس غیب ـ (فا + عر.م) مردکامل وولی راه‌دان ـ مرشد. ص ۷۸ س ۱۴۰۰

سرغوغا ـ (فا) بفتح سین ، کسی که باعث فتنه و غوغا و آشوب گردد (برهان). ص ۱۸۷ س ۳۳۵۶

سره ـ بفتح سین و راء ، نیکو و راست وبی‌عیب ـ برگزیده و اعلاو نفیس (برهان) . ص ۱۶۶ س ۲۹۷۵

سرهنگ ـ (فا) چاووش و شبگرد (رشیدی) ـ پیشرو لشکر (سروری). ص ۹۴ س ۱۶۸۷ ـ کنایه از مراد و پیر راه‌دان و راهبر و

مرشد . ص ۱۷۰ س ۳۰٤٤

سعیر ـ(ق) ر.ك .: ص۳۲۸ ذیل ص۱۱۰ س۱۹۸۰

سفر ـ(ت) ر.ك .: ص۳۳۲ ذیل ص ۱٦۷ س۲۹۹٤

سقط ـ (عر) بفتح اول وثانی ، خطا کردن در کتاب و حساب (لطایف) . ص ۱۰۳ س ۱۸۵٤ ـ ناکس وفرومایه (منتهی‌الارب) . ص ۵۳ س ۹۳٤

سکان ـ (عر) بضم سین وتشدید کاف ،جمع ساکن بمعنی باشندگان (غیاث) . ص ٦ س ۹۸

سلونی ـ(ح) ر.ك .: ص ۲۹۱ ذیل ص۲٦ س٤٦۸

سلیم ـ (عر) بفتح سین ، مرد ساده و احمق (منتخب).ص۱٤٦ س ۲٦۱۲

سماع ـ (عر) سرود (صراح) ـ رقص و وجد و سرور (کشف) . ص ۲۱۵ س ۳۸۵٦

سمند ـ (فا) بفتح سین و میم ، اسپ زرد (لغت‌فرس ص ۱۰۰). ص ۱۸۵ س ۳۳۲۳

سنت ـ بضم سین وتشدید وفتح نون ، راه وروش و عادت و باصطلاح فقه آنچه پیغمبر (ص) و صحابه برآن عمل کرده باشند و امری که پیغمبر(ص) آنراهمیشه کرده‌باشدمگردرعمر خود یك یا دوبار بقصد ترك هم کرده‌باشد ـ احکام امرو نهی(آنندراج).ص۲۵ س٤۵۳

سندان ـ (فا) بکسرسین، یکی ازآلات آهنگران وزرگران که آهن وزرو غیره برآن نهاده میکوبند (غیاث) . ص ۲۳٦ س ٤۲۵۲ـ تنگهٔ آهنی راگویندکه بر تختهٔ درهای کوچه میخ‌زنند تاکسیکه خواهد صاحب خانه‌را خبرکندحلقه برآن‌تنگهٔ آهنی‌زند (برهان). ص۳۵ س٦۳۳

سنگ ـ (فا.م) وقار و اعتبار ـ وزن وگرانی (رشیدی). ص۲٤ س٤۳٦

سؤال ـ ر.ك .:ص ۲۸٤ ذیل ص۱۹ س۳٤۱

سودا ـ (عر) بفتح سین، سیاه‌ـنام خلطی‌ازاخلاط اربعه ـ ودرفارسی بمعنی دیوانگی و این مجازیست چراکه‌بسبب کثرت خلط سودا جنون پیدامیشود ـوگاهی‌بمعنی عشق‌آمده (غیاث).ص۱۰ س۱۸۱

سور ـ (فا) جشن‌ومهمانی وبزم ایام‌عید(برهان). ص۱٤ س ۲۵٤

سوزن عیسی ـ ر.ك: ص۲۷۰ ذیل ص۵ س۸۵

سوسمار ـ ر.ك. ص۲۸۰ ذیل‌ص۱۷ س۳۰٤

سیاست ـ (عر) بکسر سین اول و فتح سین دوم ، رعیت داری ـ و نگاهداشتن حد هرچیزی (منتهی‌الارب) ـ قهر کردن ـ هیبت کردن‌و ضبط ساختن‌مردم ازفسق‌ـوترسانیدن‌ـوزدن (کنز). ص۱۸۰ س۳۲۲٤

سیمرغ ـ ر.ك.: ص۳۱۰ ذیل‌ص٤۰ س۷۱۳

سینه کردن ـ(فا.م)تفاخرکردن(آنندراج).ص۵۳ س۹٤۳

شادروان ـ (فا) بضم‌دال، بوزن و معنی چادربان به‌معنی بساط وفرش‌گرانمایه‌که دربارگاه ملوك‌بگسترند ـپردهٔ عمارت عالی وسایبان ـسردرخانه ـخیمه وسراپرده (آنندراج). ونیز ر.ك.: ص۲۹۸ ذیل ص۳۵ س۲٦۱

شبدیز ـ (فا) نام اسب خسروپرویز ،گویندکه رنگ‌آن‌اسب‌سیاه بود و«شبدیز» بمعنی‌شب رنگ است‌چه«دیز»رنگ‌راگویند (غیاث). ص٦۲ س ۱۱۰۰

شبهت ـ (عر) بضم‌شین وفتح هاء ، پوشیدگی کارو مانندآن‌وامری‌که در آن حکم بصواب و خطا نکند (منتهی‌الارب). ص۹۱ س۱٦٤٦

شرع ـ (عر) بفتح شین ، طریق (اقرب‌الموارد) . دراینجا بمعنی‌قواعدوقوانین و تکالیف دینی است. ص۱ س۱۲

شریعت ـ (ت) ر . ك. : ص ۳۰٦ ذیل ص ۳۸ س ٦۸۸

شست ـ (فا) بفتح شین ، قلاب وتور ماهی گیری (سروری) . ص۹۳ س ۱٦٦۹ـ حلقهٔ کمند (آنندراج)ـ دام (لغت‌فرس). ص ۲۲٤ س ٤۰۲۸

شش پنج‌زدن ـ (فا.م)نوعی از قمار و نیز کنایه از معرض تلف‌وکسیکه هرچه باشد در معرض تلف‌آرد‌آنرا شش‌پنج‌زن گویند(آنندراج). ـقماربازان و آزادگان کامل : خاقانی در تحفة‌العراقین‌آورده است(ص۳۸)

شش پنج زنان‌داو برده
اما همه نقش یك شمرده

درقصائد خودآورده‌است(ص۳٤)

شش پنج‌زنندبرتران را
یك‌نقش‌رسدفروتران را

شفشه (فا) شوشهٔ طلا ونقره (برهان).ص ۱٥٤ س ۲۷٦۲

شکر ریز ـ (فا.م)آنچه درشب عروسی برسرعروس و داماد نثار کنند ـ آنچه از خانهٔ داماد بخانهٔ‌عروس فرستندـ کلام‌شیرین و فصیح و بلیغ ـشعرـ خوانندگیـ گویندگیـ خوش طبع‌وبذگوله (برهان) . ص٤٥س ۸۰٤

شگرف ـبکسرشین‌وفتح‌گاف،قوی‌وسطبر(برهان). ص ۱۱۸ س ۲۱۱۹ ـ بزرگ و عجیب (رشیدی).ص٤۰س۷۲۷

شمع ذوالجلال ـ(فا+عر.م)پیغمبراسلام (ص).ص ۱۹س۳٥۲

شمع‌هدی ـ (عر.م)کنایه ازوجود حضرت ختمی مرتبت(ص). س۱۷س۳۱۲

شناخت ـ (فا) مصدرمرخم شناختنـ دانستن . ص ۱۱س۱۸۸

شنگ ـ (فا) بفتح شین ، شاهد وشوخ و ظریف و شیرین حرکات‌وخوب ونیك وزیبا (برهان). ص٥۹ س۱۰۳۸

شنگرف ـ (فا) بفتح شین وگاف ، چیزیست که از سیماب‌وگوگرد سازند و نقاشان و مصوران بکار برند (برهان). ص ۱۰٦س ۱۹۲۰

شوخ ـ (فا) چرك (برهان).ص ۱٦٦ س ۲۹۸۹

شوق ـ (ت) ر . ك: ص ۳۸٤ ذیل ص ۱۹ س ۳٤۱

شولیدن ـ (فا)درهم شدنـ متحیر ودرمانده‌نشستن (رشیدی).ص۱۰۰س۱۸۱٤

شیخ خرقانی ـر.ك.:ص۳۳۰س ۱٤۳س ۲٥٦۲

شیخ‌سمعان ـ ر . ك. : ص ۳۲۰ ذیل ص ٦۷ س ۱۱۸٥

شیخ مهنه ـ ر . ك . ص ۳۲۹ ذیل ص ۱۳٦ س ۲٤۳۹

شیخ نصرآباد ـ ر . ك. ص ۳۳۸ ذیل ص۲۱۸ س ۳۹۲۱

شیدا ـ (فا) بفتح‌شین ، دیوانه ولایعقل(برهان). ص۷۸ س۱۳۹٦

صافی ـ (عر) اسم فاعل مأخوذازصفا بمعنی صاف وبیغش(غیاث).ص۹۲ س۱٦٥۹

صداع ـ (عر) بضم‌صاد، دردسر(کنز). ص۸۸ س ۱٥۸۳

صدرعالم ـ (عر . م) پیغمبر اسلام(ص) . ص ۲ س ۱٦

صدیق ـ ر.ك. : ۲۸۷ ذیل ص۲۳ س٤۲۷

صرصر ـ بفتح هر دو صاد ، باد تند و باد سخت (لطایف).ص۱۹٤س۳٤۸٤

صعوه ـر.ك.: ص۳۱۹ذیل ص٥۸ س۱۰۲۷

صفات ـ (ت) ر . ك. ص ۲۷۹ ذیل ص ۱٦ س ۲۹٥ و ص ۳۳٤ ذیل‌ص ۱۸۱س۳۲٤۰

ضمن ـ (عر) بکسر ضاد، شکن و نورد کتاب (منتهی الارب) ـ اندرون (لطایف). ص ٦٥ س ۱۱۵۵

ضیاع ـ (عر) کسحاب، زن و فرزندان و هر که در نفقه و مؤنت او باشد و هر ضعیف و نیازمند که درامور و حوایج محتاج کسی باشد ـ و بالکسر دیها و زمینهای مزروعه جمع ضیعه بالفتح (غیاث). ص۱۸۷ س۳۳۵۷

طاوس ـ ر.ك. : ص ۳۱٦ ذیل ص ٤٦ س۸۲۱

طاوس فلك ـ ر. ك. : ص ۳۲۵ ذیل ص ۹۱ س ۱٦۳۳

طرفةالعین ـ (عر) بفتح طاء، یکبار برهم‌زدن پلك چشم (غیاث). ص ۹٤ س ۱٦۹۷

طریقت ـ (ت) ر. ك. : ص ۳۰٦ ذیل ص ۳۸ س ٦۸۸

طره ـ (عر) بضم طا و کسر و تشدیدراء، زلف و موی پیشانی (منتخب). ص ۲۱۳ س ۳۸۱٦

طفیل ـ (عر) بضم طاء و فتح فاء، نام شاعر کوفی (ابن طفیل) است که نا خوانده در مجالس میرفت و مجازاً هر شخص که بدون طلب همراه مردم مدعو بدعوت رود (غیاث). ص ۱۵ س ۲۷۷

طلب ـ (ت) ر.ك. : ص ۳۳٤ ذیل ص ۱۸۰ س ۳۲۳٤

طمس ـ (عر. ت) بفتح طاء، ناپدید کردن و دور شدن (غیاث). ر. ك : ص ۳۳۸ ذیل ص ۲۲۲ س ۳۹۸۳

طمطراق ـ (عر) بضم هردو طاء، کروفرو خودنمایی (منتخب). ص ۱٤۷ س ۲٦۳۷

طوبی ـ (عر) بضم طاء، درختیست در بهشت که بهر خانه شاخی از آن باشد و میوه‌های گوناگون و خوشبو از آن حاصل آید (غیاث). ص ۳۵ س ٦۲۷

طور ـ (عر) بفتح طاء، جمعش اطوار بمعنی یکبار ـ حدو قدر و نهایت چیزی (منتهی‌الارب). ص ۱۰ س ۱۸۰

طورسینا ـ (عر) ر.ك. ص ۳۰۰ ذیل ص ۳۵ س ٦۲۵

طوطی ـ (عر) ر. ك. : ص ۳۱۵ ذیل ص ٤۵ س ۸۰۲

طیلسان ـ (عر) معرب تالسان، نوعی ازرداوفوطه که عربان وخطیبان و قاضیان بر دوش اندازند (آنندراج) ـ چادری که خطیبان و اهل عرب برسرمیکشند (کشف). ص ۲۲۱ س ۳۹۸۰

عافیت ـ (عر) دور کردن خدااز بنده مکروه را و سلامت ازبیماری و بلا ومکروهات در بدن و باطن و در دین و دنیا و آخرت (منتهی‌الارب) ـ ونیز فارسیان بمعنی پارسائی استعمال کرده‌اند (کشف). ص ٦۹ س ۱۲۳۱

عنیق ـ ر.ك. : ص ۲۹٤ ذیل ص ۳۰ س ۵٤۱.

عثمان مکی ـ ر. ك. ص ۳۳٤ ذیل ص ۱۸۱ س ۳۲۵۰

عجب (ت) ر.ك. : ص ۳۳۱ ذیل ص ۱٦۳ س ۲۹۳۰.

عدن ـ (عر) بفتح عین و سکون دال، اقامت کردن و همیشه بودن بجایی (غیاث). پیوسته استادن بجایی (المصادر) ـ جایی که میتوان درآن جاودان زیست (منتهی‌الارب). ص ۹٤ س ۱٦۹۳

عذرا ـ (عر) بفتح عین، دختردوشیزه وزن بکر (غیاث) ـ نام معشوقه‌ایکه وامق براو عاشق بود (آنندراج) ـ نام منتهای غلبهٔ بازی نرد

فهرست لغات و اصطلاحات ۳۵۷

(کشف).ص ۲۱۳ س ۳۸۲۰

عذرزنان ـ (عر + فا) بضم عین، حیض (غیاث). ص ۱۰۰ س ۱۸۰۵

عذرلنگ ـ (عر+فا.م) بهانهٔ ضعیف وست ـ بهانهٔ پوچ و نامسموع (آنندراج) . ص ۵۰ س ۸۹٤

عرش ـ ر.ک. : ص ۲۷۷ ذیل ص ۱۲ س۲۲۳.

عرصات ـ (عر) بفتح عین وراء ، قیامت (منتخب). ص۱۵س ۲۷۵

عرفان ـ(عر) بکسر عین، شناختن، لیکن مستعمل بمعنی شناختن و معرفت حق تعالی است (غیاث). ص ۳۵ س ٦۳۲

عروج ـ (عر) بضم عین، برآمدن و ببالابرشدن (منتهی الارب). ص۲۰۳س ٦۳۳۹

عزّی ـ ر . ک. : ص ۳۲۷ ذیل ص ۱۰۹ س ۱۹۷۰.

عس ـ (عر). شب گرد ـ آنکه در شب محافظت شهر کند (منتخب) . ص۸س۱٤۰

عشق ـ ر . ک. : ص ۳۳٤ ذیل ص ۱۸٦ س ۳۳۳۳

عشوه ـ (عر) بکسر عین و شین کار پوشیده کردن (صراح) .نازوفریب وحرکت معشوق که دل عاشق بدان فریفته شود (کشف). ص۱۱۳ س ۲۰۳۱

عقبه ـ (عر) بفتح عین وفتح باء ، جای دشوار وبر آمدن کوه ـ کتل (منتهی الارب) . امر سخت و عظیم (غیاث).

عقل مادر زاد ـ ر . ک : ص ۳۰۳ ذیل ص ۳٦ س ٦۳۸.

علم ـ (عر) بفتح عین ولام ، نشان (صراح) ـ مجازاً بمعنی مشهور ومعروف (غیاث). ص ٦۷ س ۱۱۹٤ ـ بکسر عین،ر.ک.: ۳۲۳ ذیل ص٦۷ س۱۱۸۸

علم زدن (عر+فا.م) نصب کردن علم (آنندراج) ـ ظاهر شدن (گنجینه). ص ۱٦ س ۲۸۳

علیّیون ـ (ق). ر.ک. : ص ۳۳۲ ذیل ص ۱۳۷ س ۳۱۰۰

عمره ـ (عر) بضم عین ، عبادتیست حاجیان را و آن چنان باشد که احرام بسته از مکه بموضع میروند و در آنجا چند رکعت نماز میگزارند و بازبه مکه برمیگردند و طواف خانهٔ کعبه میکنند (غیاث). ص ٦۷ س ۱۱۸۹

عمیا ـ (عر) بفتح عین ، زن نابینا وهرچیزمؤنث که نابینا باشد ـ پوشیدگی و چیز پوشیده (غیاث) . ص ۲۹ س ۵۳۰

عمید ـ (عر) بفتح عین، پیشوای قوم (صراح). ص ۱۵۳ س ۲۷۵۹

عنایت ـ (عر) بکسر عین ، قصد کردن (کنز) ـ رنج کشیدن جهت کسی (صراح). ص ۹۵ س ۱۷۲۲

عندلیب ـ (عر) بلبل (صراح). ص ۳٦ س ٦٤٦

عورت ـ (عر) زن (غیاث).ص ۸٦ س ۱۵۵۷

عهده ـ (عر) بضم عین وکسر دال، نبشتهٔ سوگند وپیمان و نبشتهٔ خرید و فروخت و ناوان (منتهی الارب).ص ۲۹ س ۵۲۲

عین ـ (عر) بفتح عین، شخص ـ ذاتشیٔ (اقرب الموارد)ص۲س ۲۰

غازی ـ (عر) جنگجو (لطایف). ص ۱۵۰ س ۲٦۸۸

غبن ـ (عر) بفتح اول ، زیان یافتن درخرید و فروخت (منتخب). ص۱۱۲س۲۰۲۸

غمزه ـ (عر) «غمز» بفتح غین ، در عربی بمعنی بچشم اشارت کردن است (کنز) ـ حرکت

چشم و مژه رابرهم‌زدن ازروی‌ناز(برهان).
ص۶۹ س۱۲۱۵

غواص ـ(عر) بفتح‌غین و تشدید واو ، در آب فرو رونده (منتخب) .ص ۱۹۵ س۳۴۹۴

غیب ـ ر.ك.: ص۲۷۷ ذیل ص۱۲ س۲۱۵ .

غیرت ـر.ك. : ص۳۳۳ذیل ص ۱۷۹ س۳۲۱۳

فاروق اعظم ـ ر . ك. : ص ۲۸۸ ذیل ص ۲۴ س ۴۳۹

فتراك ـ(فا) بكسرفاء ، دوالی كه اززین آویخته باشد بجهت بستن چیزی (رشیدی). ص۱۵ س۲۷۰

فتوح ـ (ت) ر . ك. : ص ۳۲۴ ذیل ص ۷۴ س ۱۳۲۵

فدی ـ (عر) بكسرفاء ، سربها ـ سرخرید ـ آنچه فدا كرده شود (غیاث) . ص۱۷ س۳۱۲

فذلك ـ(عر) باقی‌وبقیهٔ‌چیزی‌ـ باصطلاح محاسبان جمع‌حساب بعدتفصیل (غیاث). ص ۱۰۵ س ۱۹۰۱

فرعون بهیمی ـ ر . ك. ص ۳۰۰ ذیل ص ۳۵ س ۶۲۵

فستقی ـ (عر) بكسرفاء، پسته‌ای رنگ . ص۴۵ س۸۰۲

فش ـ (فا) بفتح فاء ، كلمه‌ایست‌كه افادهٔ معنی مثل وماننده‌وشبیه كندچون‌شیرفش‌دراین‌بیت فردوسی:

چنین گفت‌رستم كه ای شیرفش
مرا پرورانید باید بكش

(لغت فرس ص ۲۲۱).ص ۶۹ س ۱۲۲۴

فضولی ـ ر.ك.: ص ۲۷۶ ص ۱۱س ۱۹۶

فقاعی ـ(عر) بضم‌فاء، فروشندهٔ فقاع‌وآن‌شرابیست كه ازجو و غیرآن سازند (منتخب)ـ بوزه فروش‌وآنكه‌برف‌دوشاب‌بفروشد(آنندراج).
ص۱۸۷ س۳۳۵۷

فقر ـ (ت) ر.ك. : ص ۳۱۹ ذیل ص ۶۷ س ۱۱۷۹

فلك ـ (عر) بضم‌فاء ، كشتی (غیاث).ص ۱۹۹ س ۳۵۶۸

فنا ـ (ت) ر . ك: ص ۳۳۸ ذیل ص ۲۱۹ س ۳۹۴۲

قار ـ (عر) قیر، وآن چیزیست‌سیاه كه‌بر كشتی و خم و جزآن مالند تا آب‌نزند . وصمغی روغنیست سیاه كه بـر شتر گرگین مالند (منتهی‌الارب).ص۸۵ س۱۵۳۵

قاب وقوسین ـ(ق) مقدار دو كمان (آنندراج) ـ باندازه و مقدار دوقوس‌كمان (لسان العرب). مأخوذازآیهٔ۹سورهٔ‌النجم.ص۱۳ س۳۸۱۸

قاف ـ (ت) ر . ك : ص ۳۰۷ ذیل ص ۴۰ س ۷۱۲

قایم ـ(عر)مردایستاده (منتهی‌الارب). دلاك‌حمام ص۲۵۹ س۴۶۸۶

قبض ـ ر.ك:ص۲۷۰ذیل ص۶ س۹۱.

قدر ـ (عر) بفتح قاف‌ودال ، قضاوحكم و نهایت اندازهٔ چیزی وحكم كلی الهی در رو ازل و اندازه‌گرفتن خدایتعالی برای بند (غیاث).

قدسیان ـ (عر) فـرشتگان ـ صلحا واولیاءالیه روحانیان (آنندراج). ص۱۷س۳۰۳

قدوس ـ (عر) بضم‌قاف وتشدیددال، پاك و مبار (كشف)ـنامی ازنامهای‌خدای‌تعالی(صراح) ص۱۰ س۱۷۵

قدوه ـ (عر) بضم‌قاف‌و كسردال،پیشوا (منتخب) ص۶۸ س ۱۱۹۵

قرب ـ (ت) ر . ك : ص ۱۶۴ ذیـل ص ۳۳ س

فهرست لغات و اصطلاحات

۲۹۵۱

قضا ـ (ت) ر.ك .: ص ۳۲٤ ذیل ص ۷۷ س ۱۳۷٤.

قطب ـ (ت) ر . ك .: ص ۲۸۷ ذیل ص ۲۳ س ٤۲۷.

ققنس ـ ر . ك .: ص ۳۲۹ ذیل ص ۱۲۹ س ۲۳۲۱

قلاوز ـ (ت) راهبر ومقدمهٔ لشکر و سوارانیکه محافظت لشکر کنند (لطایف) . ص ۹۵ س ۱۷۰۵

قلزم ـ (عر) بضم قاف وزاء ، دریاوچاه بسیارآب (لطایف)ـ دریای بین مصر وحجار (غیاث) . ـ بحراحمر.ص ۱۸۰ س ۳۲۳۳

قلم شدن (انگشت) ـ (عر + فا . م) بریدن ـ قطع شدن (آنندراج).ص٤٦ س ۸۲۳

قلندر ـ ر.ك.: ص ۳۳۶ذیل ص ۱۹۱ س ۳٤۲۸

قله ـ (عر) بضم قاف و تشدید و کسر لام ، سبوی بزرگ (منتخب)ـ خم بزرگ (منتهی الارب) . ص٤۸ س ۸۶۰

قیاس ـ ر.ك.: ص ۲۷۵ذیل ص ۱۰ س ۱۸٤.

کابین ـ (فا) مهر زنـان را گـویند و آن مبلغی باشد کـه درهنگام عقد بستن ونکاح کـردن زن مقرر کنند (برهان) . ص ۷۸ س ۱٤۰٤

کارآب ـ (فا . م) به اضافت خوانده شود، شراب به افراط خوردن (برهان) . ص ۱۶۸ س ۳۰۱۸

کارافتادن ـ (فا . م) معامله افتادن (آنندراج) . ص ۱۷ س ۳۱۳

کاریز ـ (فا) جوی آبی راگـویند کـه در زیر زمین بـکنند تـا آب در آن روان شـود (برهان) ـ قنات . ص ۱۵۵ س ۲۷۸۰

کالیو ـ (فا) نادان و ابله ـ سر گشته و گیج و حیران ـ سرآسمیه وبیهوش ـ دیوانه مزاج (برهان) . ص ۲۱۹ س ۳۹۳۱

کاینات ـ (عر) موجودات و مخلوقات (غیاث) . ص ۱۵ س ۲۶۹

کبش ـ (عر) بفتح کاف ، قـجقاو و گـوسفند نر یعنی میش نرشاخدارجنگی(آنندراج) . ص ۲ س ۲٤ کبك ـ ر.ك : ص ۳۱۷ ذیل س ٤۹ س ۸۷۲

کتم ـ (عر) بفتح کاف ، پنهان داشتن و راز پوشیدن (منتخب) ـ مجازاً بمعنی پوشیدگی و پرده (لطایف) . ص ۱٤۳ س ۲۵۷٤

کحل ـ (عر) بضم کاف ، سرمه . ص ۲۲۲ س ۳۹۸۳ کرار ـ (عر) بفتح کاف و راء اول وتشدید آن ، باز گرد نده و باز گرداننده ـ بتکرار حمله برنده ـ مهربانی (غیاث و منتهی الارب)ـ «حیدر کرار» لقب امیرالمؤمنین علی بن ابی طالب (ع) است چون آن حضرت در جنگ بر صف اعدا باربار حمله میکرد و هیچ اندیشه نمیکرد (آنندراج). ص ۳۱ س ۵۶۱

کرامات ـ (ت) ر.ك : ص ۳۱۶ ذیل ص ٤۸ س ۸۵۲ کرسی ـ (ت) ر.ك:ص ۲۷۷ ذیل ص ۱۲ س ۲۲۳ کژباختن ـ (فا . م) بد معاملگی و افساد کردن (آنندراج) ـ عمل آنانکه با دانایی کامل و استادی بازی نرد یـا امثال آنرا بـد بـازی کنند . ص ۹۶ س ۱۷۲۵

کش ـ (فا) بفتح کاف ، بغل و سینه از کمر (رشیدی). ص ۲۲۲ س ۳۹۹۷

کشف ـ (ت)ر.ك : ص ۳۲۳ذیل ص ۶۷ س ۱۱۸۸ کفر ـ (ت) ر.ك : ص ۳۱۹ ذیل ص ۶۷ س ۱۱۷۹ کلاوه ـ (فا) بفتح کاف و کسر واو ، بمعنی کلافه است که ریسمان خام برچرخ پیچیده باشد (برهان). ص ۱٤۶ س ۲۶۱۰

کلاه از سر گرفتن ـ (فا . م) تفحص و پرسش

احوال کسی کردن (آنندراج) . ص ۳۸ س ۶۷۴

کمال ـ ر.ك: ص۲۷۶ ذیل ص۱۱ س۱۹۵

کناس ـ (عر) بفتح کاف وتشدیدنون ، خاکروبی و مجازاً بمعنی جلادی وگردن زنی (آنندراج). ص۹۷س۱۷۵۱

کنشت ـ بضم کاف و کسر نون ، آتشکده و معبد یهودان ـ جای بستن خوکان (برهان) . ص ۲۱۹ س ۳۹۳۳

کنه ـ (عر) بضم کاف ، گوهر چیزی و پایان آن (منتهی الارب) . ص۸س ۱۴۳

کوپله ـ (فا) بفتح پ، سواران آب که آنرا حباب خوانند (برهان) . حباب آب (رشیدی) . ص۱۲س۲۱۹

کوثر ـ (عر) جوی ـ جویی است در بهشت که از آن جمیع چشمه‌های بهشت جاری میگردد (منتهی الارب). ر.ك.: ساقی کوثر. ص۵۶س ۱۰۰۳

کوف ـ ر.ك: ص ۳۱۸ ذیل ص۵۷س۱۰۰۵ .

کونین ـ (عر) بفتح کاف، هردوجهان ـ دارین ـ عالم ارواح واجساد (آنندراج). ص۱۵س۶۸

گران جان ـ (فا.م) مردم سخت‌جان ، مردم فقیر وبیمار و از جان سیر آمده ، مردم پیر و سالخورده ورعشه‌ناك (برهان). ص۱۲۲ س ۲۲۰۰

گربز ـ (فا) بضم گاف وباء ، مکار و حیله‌گر (رشیدی).ص۲۲۸ س ۴۱۰۶

گرده ـ (فا) بکسر گاف ، نان‌کلیچه (رشیدی).ص ۱۱۵ س۲۰۷۲

گرفت ـ (فا) بکسر گاف و باء ، جرم وجنایت و غرامت و تاوان ومؤاخذت (برهان).ص۲۰۸ س۳۷۲۱

گرم ـ (فا) بضم اول وسکون ثانی ، بمعنی غم و زحمت‌سخت وگرفتگی دل ودلگیری باشد (برهان). ص۲۳۰س۴۱۴۳

گلگونه ـ(فا) بضم گاف،غازه‌وسرخی‌زنان (رشیدی)ـ گل رخساره (برهان). آنچه زنان از سرخاب برصورت مالند آرایش را. ص۱۲۷ س۲۲۹۱

گوش مالیدن ـ (فا.م) آگاهانیدن و آگاه شدن و اشاره بقواعد پهلوانان واهل هنرکه در وقت‌پیش‌آمدن‌کارسترگ استاد را یادکرده گوش خود را میمالیدند و آنرادرحق خود تنبیه و گوشمال استاد تصور میکردند (آنندراج) . کسائی مروزی گوید:

تو گربمال‌واملِ بیش‌ازاین‌نداری میل
جدا شو ازامل‌وگوش‌وقت خویش‌بمال

(لباب‌الالباب ج۲ ص۳۹). ص۹س۱۵۲

گوهرتیغ ـ (فا) ذات شمشیر ، آبداری وتیزی و برندگی شمشیر. ص۲۲ س۳۹۹

لابد ـ (عر) بضم و تشدید باء ، ناچار وناگزیر و بالضروره، مرکب از«لا» که حرف نفی است و«بد» بمعنی چاره وعوض(غیاث).ص۹۴ س ۱۷۰۳

لات ـ ر.ك.:ص ۳۳۲ ذیل ص ۱۷۴ س۳۱۲۱

لاتامن ـ (ق) ر . ك .: ص ۲۸۷ ذیل ص ۲۱ س ۳۹۱

لاتیأسوا ـ (ق) ر.ك.:ص۲۸۷ ذیل ص۲۱س ۳۹۱

لاحول ـ (عر . ق) لاحول ولا قوة الا بالله العلی العظیم ـ این جمله راهنگام تعجب و ترس برزبان رانند. ص۱۱۴ س۲۰۴۵

لازم ـ (عر) چسبنده وهمیشگی کردن (منتهی‌الارب) ـ آنچه همیشه با چیزی‌باشد (بهار عجم) .ص۸۳س۱۴۹۰

فهرست لغات و اصطلاحات

لاشیٔ ـ (عر) ر.ك. : ص ۳۲۸ ذیل ص ۱۱٤ س ۲۰۵٤

لاف ـ (فا) خویشتن ستایی ، خودنمایی (برهان). ص ۷٦ س ۱۳٦۱

لاوالا ـ (ت) ر.ك. :ص ۲۷٦ ذیل ص ۱۱ س ۱۹۱

لب ـ (عر) بضم لام ، خالص هرچیز (منتهی الارب) ـ مغز بادام (كشف) ـ عقل (منتخب). ص ۲۷ س ٤۷۹

لعمرك ـ (ق) ر . ك : ص ۲۸٦ ذیل ص ۲۰ س ۳٦٦

لقمان سرخی ـ ر . ك . :ص ۳۳۷ ذیل ص ۲۰۹ س ۳۷٤۱

لوح نخست ـ (عر + فا.م) لوح بفتح اول ، بآنچه پهن باشد از چوب وسنگ واستخوان و غیره اطلاق كنند (غیاث). كودكان را در مكتب هنگام درس خواندن لوح در كنار مینهادند و بـر آن چیز می نوشتند تا كودك از آن نـوشـته تقلید كند و نوشتن را بیاموزد . « لوح نخست » دراینجا اشاره است باولین سر مشقی كه بطفل میدادند و كنایه است ازبازكشت بمرحلۀ اول وپایۀ نخستین . ص ۷۸ س ۱۳۹۸

لیلة الجن ـ (ق) ر. ك. :ص ۲۷۹ ذیل ص ۱۷ س ۳۰۲

ماعرفناك ـ (ح) ر . ك . ص ۲۷۵ ص ۱۱ س ۱۸۷

مالك دینار ـ ر . ك . ص ۲۳۰ ذیل ص ۱۱۲ س ۲۰۲۷

مالك دعر ـ ر.ك.:ص ۳۳۸ ذیل ص ۲۳۳ س ٤۲۰۵

مباحی ـ ر.ك. ص ۳۳۵ذیل ص ۱۸٦س ۳۳۳۹.

مبعوث ـ (عر) بفتح میم، فرستاده (منتهی الارب). ص ۱٦ س ۳۰۰

مجاز ـ(عر) بفتح میم، راه وجای گذشتن (منتخب). غیرحقیقت (كشف) . «بی مجاز» در اینجا یعنی از سرصدق وراستی وحقیقت . ص ۸٦ س ۱۵٤۲

محابا ـ (عر) بضم میم ، دراصل«محاباة» است كه فارسیان بحذف تا استعمال كنند ، بمعنی فرو گذاشتن مروت و اعانت و صلح و نگهداشت و لحاظ (غیاث) . ص ۱۱۸ س ۲۱۳۳

محال ـ(عر) بكسر میم، سخن مكروه و حیله (كشف). ص ۸۱س ۱٤٦۱ ـ بضم میم، ر.ك. ص ۳۲٤ ذیل ص ۷۲ س ۱۲۷٤

محو ـ (ت) ر . ك . :ص ۳۳۸ ذیل ص ۲۲۲ س ۳۹۸۱

محرقه ـ (عر) بفتح میم وراء و قاف، دروغ گفتن (صراح) ـ شرمندگی وتیرگی (لطایف).ص ۸۱ س ۱٤٦۱

مدبر ـ (عر) بضم میم وفتح باء ، كسیكه دولت و بخت اورا پشت داده باشد یعنی بخت ازاو برگشته باشد (غیاث.) ص ۱٤۳ س ۲۵٦۵

مخنث ـ (عر) بفتح میم و فتح خاء و نون و تشدید نـون ، بمعنی هیز یعنی كسیكه او را بدستكاری ازرجولیت ساقط كرده باشند. اسم مفعول از تخنیث كه مأخوذ است از خنث ـ بالكسر، كه بمعنی سست و نامرد چون از مرد رجولیت دور كرده باشند چالاكی و استواری مردانه نخواهد داشت لهذا مخنث گفتند (غیاث).ص ۱۰٦ س ۱۹۱۱

مرحبا ـ (عر) بفتح میم و حاء ، لفظی است كه در عرب برای تعظیم مهمان گویند(لطایف).ص ۳۵ س ٦۲۷

مردار - (فا) بضم میم ، جانور مرده که ذبح نشده باشد - جسدمرده (ح ، برهان ص۱۹۸۳). ص۱۸۵ س ۳۳۱۴

مردار دنیار-(ح) ر.ك.: ص۳۰۶ ذیل ص۳۸ س ۶۷۳

مردمعطل - ر.ك: ص۲۷۴ص۸ س ۱۳۳

مرغ- (فا.م) ولی ومرشدراه‌دان. ص۲۵۶س۴۶۳۵

مرغ تمام - (فا+عر.م) دراینجابمعنی مردکامل و راهبرراه‌دان است. ص۳۸س۶۸۰

مرغ‌طور - ر.ك : ص ۳۰۰ ذیل ص ۳۵ س۶۲۵

مرغ گردون - (فا.م) خورشید - آفتاب . ص ۶ س ۹۳

مرقع - (عر) بضم میم وفتح‌راء وقاف‌وتشدیدآن ، خرقه و دلق درویشان چراکه این هر دو رقعه رقعه و پاره پاره بهم جمع کرده باشندمیباشد (کشف) .ص۱۰۷س۱۹۳۸

مرقع پوش - (عر+فا.م) درویش. ص ۱۴۴ س ۲۵۷۸

مسخ - (عر) بفتح میم ، برگشتن صورت کسی بصورت بدتروزشت‌تر(منتهی‌الارب).ص ۱۱ س۲۰۲

مشکات - (عر) بکسرمیم ، طاقی فراخ که درآن چراغ وقندیل گذارند (منتخب). ص ۴۲۹ س۴۰۹۷

مشتکی - (عر) شکایت کننده (منتخب). ص ۱۱۳ س۲۰۳۸

مصلا - (عر) بضم میم و فتح وتشدید لام ، جای نماز و عیدگاه هرشهر (غیاث) . ص ۱۹۷ س۳۲۱۷

مصحف - (عر) بضم میم و کسر حاء ، چیزیکه در او صحیفه‌ها و رساله‌ها جمع کرده شود (منتخب) - قرآن مجید (غیاث).ص۷۷ س ۱۳۸۲

مضیف -(عر) بفتح میم ، جای‌مهمانی -مهمانسرا- مهمانی. ص۲۲۲س ۳۹۸۷

مضیق - (عر) بفتح میم، جای تنگ (منتخب).ص ۳۷ س۶۶۲

معتکف- (عر) بضم‌میم‌وفتح تاء، درمسجدبرای‌عبادت نشیننده و از چیزی باز ایستاده شونده (منتخب). ص ۱۴۴س ۲۵۸۷

معراج - (عر) ر . ك : ص ۲۷۸ ذیل ص ۱۵س ۲۶۹

معرفت - (ت) ر . ك :ص ۳۳۶ ذیل ص ۱۹۴س ۳۴۷۷

معشوق‌طوسی - ر . ك. ص ۳۳۸ ذیل ص۲۲۰ س ۳۹۵۸

معطی - (عر) بضم میم و کسر طاء ، عطاء کننده (منتخب). س ۴ س ۵۹ وص ۱۷ س۳۰۸

معلوم - (عر) دریافته و دانسته شده (کشف) . کنایه از مال و زر و درم و دینار(غیاث) . ص ۱۸۱ س ۳۲۳۹

معیل - (عر) بضم میم ، شخصی که بسیار عیال دارد (غیاث) . عیالمند . ص ۹۶ س ۱۷۲۶

مفتی - (عر) بضم میم و کسر تاء ،فقیهی که فتوی میدهد و در مسائل متعلق بشرع واجب است ارجاع باو (اقرب‌الموارد) . ص۱۵ س ۲۷۳

مفرح - ر . ك : ص ۳۳۶ ذیل ص ۱۸۷ س ۳۳۴۳

مقام - ر . ك : ص۳۲۷ ذیل ص۶۷ س ۱۱۹۲

مقبل - (عر) بضم‌میم و کسر باء ، صاحب دولت‌و اقبال - بفتح باء ، قبول کرده شده (غیاث). ص ۱۴ س ۲۴۷

مقری ـ (عر) بضم میم ، «اقراء» خوانانیدن و مقری لغتی است از آن (منتهی الارب) ـ خواننده و تعلیم کنندهٔ قرآن اطفال را (غیاث). ص ۹۲ س ۱۶۵۲

مقنع ـ (عر) بکسر میم و فتح نون ، بر سر افکندنی زنان ، مقنعه (منتهی الارب) . چادر یا چارقد . ص ۱۰۸ س ۱۹۴۴

مکنونات ـ (عر) بفتح میم جمع «مکنون» بمعنی پنهان داشته شده و این صیغه مفعول است مأخوذار «کن» بفتح کاف بمعنی پوشیدن (غیاث).ص ۲۶ س ۲۷۴

ممسوس ـ (ح) ر . ك: ص ۲۹۱ ذیل ص ۲۶ س ۴۷۱

منافق ـ (عر) دو رویی کننده یعنی آنکه در دل و زبان وکردار دیگر باشد (کشف). ص ۸۲ س ۱۴۷۲

منج ـ (فا) بفتح میم،زنبور،زنبورعسل(سروری). ص۲۰۴ س۳۶۶۲

منزه ـ (ت) ر.ك: ص۲۶۹ ذیل ص ۳س۴۰

منسوخ ـ (عر) بفتح میم، نیست گردانیده شده و دور گردانیده شده (کشف). س۱۸ س ۳۲۹

منطق الطیر ـ (ق) ر . ك . ص ۲۹۷ ذیل ص ۳۵ س ۶۱۷

منکرونکیر ـ ر . ك . ص ۳۳۱ ذیل ص ۱۵۸ س ۳۸۳۳

منوال ـ (عر) بکسرمیم ، نورد بافنده ـ چوبی مدور و طولانی بشکل استوانه که هرقدر پارچه بافته شود برآن پیچند(آنندراج). مجازاً بمعنی طورودستور (غیاث) . ص ۳۱ س۵۵۶

منی ـ (فا) بفتح‌میم ، تکبروخودبینی(غیاث). ص ۱۶۱س۲۹۰۱

موسیچه ـ (فا) مرغیست سپید لون و قمری مانند (سروری). گنجشك ـ گنجشك سرسرخ که آنراسهره گویند (کشف). ص۱۹س۳۴۹و ص۳۵ س۶۲۲

مه‌آو ومه ـ ر . ك : ص ۳۳۰ ذیل ص ۱۴۶ س ۲۶۱۳

مهره باختن ـ (فا.م)بضم‌میم، قماربازی‌ـحقه‌بازی‌ـ بازی‌نرد . ص۱س۷

مهل ـ (عر) بفتح اول ، مهلت، آرامش‌وآهستگی ونرمی (منتهی‌الارب). ص۱۰۲ س ۱۸۳۹

میقات ـ ر. ك. ص۳۰۰ذیل‌ص۳۵ س ۶۲۵

میل ـ (عر) بفتح‌میم، جنبیدن‌وخواهش(صراح). ص۲۷ س۴۸۰

نافه ـ (فا) کیسه‌ای مشکین باندازهٔ تخم‌مرغی که درزیرپوست شکم آهوی ختای نرقراردارد ودرآن مشك وجود دارد (ح ـ برهان ص ۲۱۰۱). ص۱۸۵ س۳۳۱۲

ناقد(عر) بکسرقاف، سره کنندهٔ‌درم‌ودینار(غیاث). سره کننده (منتخب) ص ۲۲۲ س۳۹۹۱

ناك ـ (فا) معانی متعدد دارد اماآنچه تا حدی در اینجا مناسب است نوعی ازامرود است که از آن شیرین‌تر و شاداب‌ترو لذیذتر نمیباشد(برهان). شایددانه‌های سیاه امرود به‌جگر سوخته تشبیه شده باشد. ص ۲۵۲ س۴۵۶۵

ناموس ـ ر.ك : ص ۳۲۴ ذیل ص ۷۲س۱۲۷۴

نانمازی ـ (فا.م) غیرطاهر، ناپاك، نجس. ص ۷۸ س۱۵۶۷

ناو ـ (فا) جوی‌آب ، هرچیز دراز میان خالی ، رخنه و سوراخ، چوب میان خالی کرده که در بعضی مواضع آب از آن بچرخ آسیاب

خورد و آنرا بگردش آرد (برهان). ص۲۲ س۴۱۰

نبود ـ (فا.م) عدم در مقابل وجود. ص ۲۰ س ۳۶۱۸

نزل ـ (عر) بضم نون، آنچه درپیش مهمان فرود آینده نهندازطعام وجزآن (صراح). ص۳۸ س۶۷۸

نژند ـ (فا) بکسر نون و فتح ژ، اندوهگین و غمناك وفرومانده و افسرده وسرفروافکنده و پژمرده (برهان). ص۹۶س۱۷۲۸

نشان ـ (فا) بکسر نون، علامت ـ حصه و نصیب (برهان). ص۱۰س۱۷۶

نعل در آتش نهادن ـ ر. ك. ص ۲۷۳ ذیل ص۶ س۱۰۱

نفر ـ (عر) بفتح نون وفا، گروه مردمان ازسه تاده (منتخب). دراینجا بمعنی بیشتر از ده آمده ست. ص۸۹س۱۶۱۳

نفس ـ (ت) ر.ك. ص ۲۶۹ ذیل ص۳س ۴۹وص ۳۲۷ ذیل ص۱۰۹ س۱۹۷۰

نفقه ـ (عر) بفتح نون وفا وقاف، آنچه بعیال و اطفال خورش دهند (غیاث). خرج عیال و اطفال ـ هزینه ازدرم وامثال آن (منتهی الارب) ـ روزی ومایحتاج معاش (کنز). ص ۱۱۷ س ۲۰۹۸ وص ۷۸ س۱۴۰۶

نفور ـ (عر) بفتح اول گریزنده ورمنده (منتخب). ص۱۲۳ س۲۲۰۸

نفیر ـ (فا) فریاد (برهان). ناله وآواز (غیاث). ص۲۹س۵۲۸

نقد ـ (عر) بفتح نون، فی الحال (غیاث). ص۸۹س ۱۵۹۷

نمرود ـ ر.ك: ص ۳۰۱ ذیل ص ۳۵ س ۶۲۹

نوباوه ـ (فا) هرچیز نو در آمده را گویند عموماً و میوهٔ رسیده وپیش رس را گویند خصوصاً ـ وهر چیزیرا گفته اند که دیدنش چشم را خوش آید و پسند طبیعت باشد (برهان). ص ۷۸ س ۱۳۸۹

نوری ـ ر.ك: ص۳۳۸ ذیل ص ۲۲۹س۴۱۲۶

نه طشت ـ (فا. م) نه فلك، آسمان. ص ۲۰۱ س ۳۶۰۰

نهمار ـ (فا) بفتح نون، بزرگ و عظیم و بسیار وبی نهایت ووافروبیکران ـ همه ویکبارگی (برهان). ص۱۰۹ س۱۹۶۲

نیم بسمل ـ (فا + عر. م) نیم کشت، ذبح ناقص (آنندراج). ص۲۳۱س۴۱۶۲

وادی ـ (ت) ر. ك. ص ۳۳۳ ذیل ص ۱۸۰ س ۳۲۲۵

واسطی ـ ر.ك: ص۳۳۱ ذیل ص۱۵۳س۲۷۵۹

وبال ـ (عر) سختی و گرانی وعذاب (غیاث). ص ۱۱۸س ۲۱۲۹

وثاق ـ (عر) بکسرواو، خانه وحرم سرای (کشف). ص۲۴۳س ۴۳۹۹

وجد ـ (ت) ر.ك. ص ۳۳۱ ذیل ص ۱۶۲ س ۲۹۰۵

ورد ـ (عر) بکسرواو، کار هرروزدائمی (غیاث) ـ ذکر. ص۱۳۶س۲۴۴۱

وسواس ـ (ت) ر. ك. ص ۳۲۴ ذیل ص ۷۱ س ۱۲۶۹

وشاق ـ (عر) بضم واو خدمتکار و غلام ساده رو (رشیدی). ص۱۵۳س۲۷۵۳

وشی ـ (فا) منسوب به وش بفتح اول، و آن شهریست ازترکستان و قماش لطیفی که در آن شهر میبافند (برهان) ـ نوعی ازپارچهٔ ابریشمی است برنگهای مختلف و گاهی زردوزی شده (ح، برهان ص ۲۲۸۷).

فهرست لغات و اصطلاحات

ص٤٩س ٨٧٣

وقت ـ (ت) ر.ك.ص٢٨٥ذیل ص١٩ س٣٤٧

وهم ـ (عر) بفتح اول، دل بر چیزی شدن (المصادر) ـ غلط كردن و رفتن دل بسوی چیزی بی مقید (صراح) گمان بردن (منتخب).ص٣٩س٦٩٦

هاتف ـ (عر) آوازدهنده و بهمین جهت فرشته كه ازعالم غیب آواز دهد ـ و این اسم فاعلست از «هتف» كه بمعنی آواز دادنست (غیاث).ص ٤٧س ٨٤٢

هامان ـ ر.ك: ص ٣٣٢ ذیل ١٦٦ س٢٩٧٩

های های ـ (فا) شور و غوغا و گریهٔ مصیبت زدگان (برهان).ص٤٠س ٧٢٦

هد هد ـ ر.ك: ص ٢٩٦ ذیل ص ٣٥ س ٦١٦

هستی ـ خودبینی و خود پسندی.ص٧٧ س ١٣٧٥

هشت خلد ـ ر. ك: ص ٢٧٤ ذیل ص٧ س ١١٠

هشت بهشت ـ ر.ك. باغ هشت در.

هفت پایا ـ ر.ك . ص٣٣٢ذیل ص ١٧٣ س٣١٠٨

هفت دوزخ ـ ر.ك: ص ٢٧٤ ذیل ص٧ س ١١٠

هفت صحن ـ (فا+عر.م) هفت آسمان، هفت فلك. ص٣٧س٦٦٦

همای ـ ر.ك. ص٣١٧ذیل ص٥١ س ٩١٤

همایون ـ (فا) مبارك و خجسته و میمون(برهان).ص ٥١س٩١٥

همشیره ـ(فا.م) خواهر، اخت، دمساز، سازگار. ص١٠س ١٧٢

همت ـ ر.ك: ص ٣٢٥ ذیل ص ٨٤ س ١٥٠٦

هم چله ـ (فا.م) «چله»بكسر چ و تشدید لام، چهل روزی است كه مرتاضان (و صوفیان اهل ریاضت) خلوت گزینند و ریاضت كشند (آنندراج) ـ «هم چله» در اینجا بمعنی هم نشین و مصاحب است. ص٦٠س ١٠٦٢

هم كاسه ـ (فا . م) مهمان (آنندراج). ص٢٥٢

س ٤٥٦٩

هندو ـ (فا. م) اهل هند، غلام. ص١٤٦س ٢٤٦

هنگ ـ (فا) بفتح هاء ، دانایی (لغت فرس ص ٣٠٨) ـ هوش(جمالی ص ٢٧٢). س٢٤ص ٤٣٤

هوی هوی ـ آوازی كه از سر خوشی و نشاط باشد . ص ٤٠ س ٧٢٦

هیبت ـ (عر) بفتح ها و باء ، ترسیدن و بزرگ داشتن (كنز).ص٩٠ س ١٦١٤

یارستن ـ (فا) توانستن (سروری) . ص ٥٥ س ٩٨٢

یارغار ـ ر.ك : ص ٢٩٥ ذیل ص ٣٢ س ٥٧٤

یخنی ـ (فا) بفتح یا و كسر نون ، آنچه بدار انداز مال و اسباب تا وقت حاجت كه بكار آید و بتازیش ذخیره گویند (سروری) ـ پخته و طعامی معروف ـ و گوشت پخته شده و گرم وسرد را نیز گویند (آنندراج) ـ گوشت مهرا پخته و معروفست « فرهنگ دیوان اطعمه بسحاق چاپ استانبول ص ١٨٤» ـ یخنی در خراسان بقسمی پلو كه در آن گوشت در ته دیگ گذاشته میشود و لفظ دیگر ش ته چین است اطلاق كنند(فرهنگ نظام) و آنرا یخنی پلو گویند . و ر . ك . مادة الحیوة در «فرهنگ ایران زمین» : ص ٢٣١ . ص ٣١ س ٥٦٣

یدبیضا ـ (فا+عر . م) از جمله معجزات حضرت موسی علیه السلام بود . گویند هر گاه موسی دست از بغل در می آورد نوری از دست او بآسمان تتق میكشید و عالم روشن میشد و چون به بغل میبرد بر طرف میشد ، و بعضی گویند در كف دست او نوری بود كه چون آبنه میدرخشید و بجانب هر كه میداشت بیهوش میشد و چون دست را به بغل میبرد آن شخص بهوش می آمد ، و بعضی دیگر

گویند کف دست موسی(ع)سوخته بود و نشان سفیدی از سوختگی آتش در دست او بود، الله اعلم (برهان)ـ ر . ك . ص ۲۹۲ ذیل ص ۲٦ س ٤٧٥

یوسف توفیق در چاه افتادن ـ (عر + فا . م) اشاره است بقصهٔ حضرت یوسف ودر چاه افتادن او بوسیلهٔ برادران . وکنایه است از عدم کامیابی و پیدا شدن سد و مانع در راه یا پیدا شدن حجاب در سیر سالك . ص ٦٨ س ۱۱۹۸

یوسف‌ثانی ـ ر . ك : ص ۲۸۹ ذیل س ۲٥ س ٤٥٦

یوسف‌صدیق ـ ر . ك : ص ۳۰٤ ذیل ص ۳۷ س ٦٦۰

یوسف‌همدان ـ ر . ك : ص ۳۳٤ ذیل ص ۱۸٤ س ۳۲۹۲

فهرست اعلام متن کتاب

الف

آدم ـ ص۲ س۲۱ ، ص۱۲ س۲۰٤، ص۱٦ س۲۸٤، ص۳۷ س٦٥٥، ص٤۷ س۸٤۰، ص۱٦۱ س۲۸۹۱، ص۱۸۱ س۳۲٥۰، ص۱۸۲ س۳۲٥٦ ، ص۱۹۹ س۳٥٦۱، ص۲۰۱ س۳٦۰۳

آزر ـ ص٥۷ س۱۰۱۷، ص۱۷٤ س۳۱۲٦

اراهیم ـ ص۲ س۲۳ و نیز ر . ك : براهیم و خلیل .

ابراهیم‌ادهم ـ ص۱٤٦ س۲٦۲۲

ابلیس ـ ص۹۲ س۱٦٦۲، ص۱۱۲ س۲۰۲۷، ص۱۱۳ س۲۰۳۱ ، ص۱٦۳ س۳۹۳۸، ص۱۸۱ س۳۱۲٤، ص۱۸۲ س۳۲٥۷، ص۱۸۳ س۳۲۷۸

ابوبکر ـ ر . ك . بوبکر صدیق و عتیق

ابوبکر نیشابوری ـ ر . ك : شیخ نیشابوری

احمد(حنبل) ـ ص۲۱ س ۳۸٦ ، ص ۱٤۸ س ۲٦٥۹،ص۱٤۹ س۲٦٦٤

اسکندر ـ ص٦٤ س۱۱۲٦، ص۲۳۸س٤۲۹٤، ص۲٥۰ س٤٥۲٤ و نیز ر .ك :سکندر

اسمعیل (ع) ـص۲ س۲٤، ص۲٥٤ س۲٦۰۳

افریدون ـ ص٥۲ س۹۱۸

اکاف ـ ص٤۱۰ س۲٥۰۷

انجیل ـ ص۱۸ س۳۲۷

اویس ـ ص۲۹ س٥۲٤

ایاز ـ ص٦٤ س۱۱۳۳ ، ص ٦٥ س۱۱٤٥ ، س ۱۷۲ س۳۰۷۸ س۱۸۹ س ۳۳۸۷، ص۲۱۰ س ۳۷٦٤ ص ۲۱۱س ۳۷۷٤ ، ص۲۱۲س۳۷۹۹ و نیز ر . ك : ایاس

ایاس ـ ص٦٤ س۱۱۳٥، ص۱۷۲ س۳۰۹۲، ص۱۸۹ س۳۲۸۹، ص۱۹۰ س۳٤۱۱، ص۲۱۱س۳۷۸٤ ونیز ر.ك: ایاز

ایوب ـ ص۲س۲۷

ب

بایزید ـ ص۹۰ س۱٦۱۹، ص۱٤۰س ۲٥۰۸ ، ص۱٥۸س۲۸۳۲،ص۱٦۲ س۲۹۲٤

براهیم (ع) ـ ص۲۰۰س۳٥۸٥ ونیزر.ك.ابراهیم و خلیل

بشرحافی ـ ص۱٤۸ س۲٦٦۰

بصره ـ ص۱۱۸ س۲۱۲۰

بغداد ـ ص۱۰۳س۱۸٦۰، ص ۱۰٦س۱۹۲۲

بلال ـ ص۱۹س۳٤٤، ص۳۲ س٥٦٤

بوبکر ـ ص۲۳س٤۲۳،ص۲۷ س٤۸۰، ص۳۲ س٥۷۹ ونیزر.ك . صدیق‌وعتیق

بوالحسین- ص۱۷٦س۳۱٥۰

بوسعید مهنه ـ ص۱۸٤ س۳۳۰٥، ص۱۸٥ س۳۳۱۰ ، ص۲٥۷ س٤٦٤۷، ص۲٥۹ س٤٦۸۷ ونیز ر.ك: شیخ‌مهنه

بوعلی ـ ص۲۰۷ س۳۷۰۷

بوعلی رودبار ـ ص۱۷۰ س۳۰٥۲

بوعلی طوسی ـ ص۱۷۸ س۳۱۹۸

ت

ترکستان ـ ص۱٤۲ س۲٥٥٥

ترمذی ـ ص۱٤۰ س۲٥۰۸

توراة ـ ص۱۸ س۳۲۷

ج

جبرئیل ـ ص۱۸ س۳۱٦،ص۱۹ س۳٤۸،ص٤٦ س ۸۲٤ ، ص ٥۹ س۱۰٤٥ ، ص ۱۰۲ س۱۸٥۰ ، ص۱٦٥ س۲۹٦۸ ص۱۹٤ س۳٤۷۱، ص۲٥۲ س٤٥٦۸

جنید ـ ص۱۳٦ س۲٤٤٥، ص۱۲۸ س۲۲۹۹

چ

چین ـ ص٤۱ س۷۳۷ ص۱۹٥ س۳٥۰۳

ح

حبیب اعجمی ـ ص۹٤ س۱٦۹٦

حذیفه ـ ص۲۸ س٥۱۰

حسن ـ ص ۲۱۰ س ۳۷٦٤، ص ۲۱۱ س ۳۷۸٤

حلاج ـ ص ۱۲۷ س ۲۲۸٦، ص ۲۳٦ س ٤۲٦۲

حمیرا ـ ص ۱۹ س ۳٤٥

حیدر(ع) ـ ص ۳۰ س ٥۳٥، ص ۳۱ س ٥٥٦، ص ۳۲ س ٥۷٤، ص ۳٤ س ٦۰۸ و نیز ر.ك: علی ـ مرتضی

خ

خراسان ـ ص ۱٥۳ س ۲۷٥۹

خرقانی ـ ر.ك: شیخ خرقانی

خضر ـ ص ۳۷ س ٦۷۰، ص ٤٥ س ۸۲۷

خلیل(ع) ـ ص ۱۹ س ۳٤۸، ص ۳٥ س ٦۲۹، ص ۱۹۳ س ۳٤٦٤، ص ۱۹٤ س ۳٤۷۱ و نیز ر.ك: ابراهیم وبراهیم

د

داود ـ ص ۲ س ۳۰، ص ۳٦ س ٦٤۷، ص ٤۲ س ۷٥۳، س ۱۷۱ س ۳۰٦٦، ص ۱۷٤ س ۳۱۱۱

دحیه ـ ص ۱۸ س ۳۳٦

ذ

ذاالنون ـ ص ۱٤٤ س ۲٥۷۷

ذوالفقار ـ ص ۲٦ س ٤۷٥

ذوالقرنین ـ ص ۳۸ س ٦۷٥

ذوالنون ـ ص ۳۷ س ٦٦۲

ذی النورین ـ ص ۲٥ س ٤٥٥ ، ص ۲٦ س ٤٦٤ ونیز ر.ك: عثمان عفان

ر

رابعه ـ ص ۳۲ س ٥۸۰ ، ص ۱۰۰ س ۱۸۰۳، ص ۱۱۸ س ۲۱۲۰، ص ۱۷۳ س ۲۱۰۳، ص ۱۷٦ س ۳۳۳۲

رخش ـ ص ۹٥ س ۱۷۱٥، ص ۱۲۱ س ۲۱۷۰

روح القدس ـ ص ۲۱۳ س ۳۸۲۱، ص ۲٥۲ س ٤۰٦۹

روم ـ ص ٦۸ س ۱۱۹٦، ص ۸۱ س ۱٤٥۲، ص ۸۳ س ۱٤۹۲، ص ۱۰۲ س ۱۸٤۸

ز

زلیخا ـ ص ۱۷۷ س ۳۱۷۰

س

سامری ـ ص ٥۷ س ۱۰۱۸

سبا ـ ص ۳٥ س ٦۱۷

سقراط ـ ص ۱۲۳ س ۲۳۸٥

سكندر ـ ص ۱۹٦ س ۳٥۱۰ و نیز ر.ك: اسكندر

سلیمان ـ ص ۲ س ۱۷ ، ص ۳٥ س ٦۱۷ ، ص ۳۹ س ٦۹۷، ص ٥۱ س ۸۹۹، ص ۹۱ س ۱٦۳۸، ص ۹۲ س ۱٦٦۰، ص ۲۳۳ س ٤۱۹٥، ص ۲٥۸ س ٤٦۷۸

سنجر ـ ص ۱٤۷ س ۲٦۳۱

سومنات ـ ص ۱۷٤ س ۳۱۲۱

ش

شبدیز ـ ص ٦۲ س ۱۱۰۰

شبلی ـ ص ۱۰٦ س ۱۹۲۲، ص ۱۲٥ س ۲۲٤٦، ص ۱۸۳ س ۳۲۷۳، ص ۲٥٥ س ٤٦۱٤

شداد ـ ص ۱۱٤ س ۲۰٥۳

شیخ بوبكر نشابوری ـ ص ۱٦۲ س ۲۹۱۸

شیخ خرقانی ـ ص ۱٤۱ س ۲٥٥۲، ص ۱٤۳ س ۲٥٦۱

شیخ سمعان (صنعان) ـ ص ٦۷ س ۱۱۸٥

شیخ غوری ـ ص ۱٤۷ س ۲٦۳۱

شیخ مهنه ـ ص ۱۳٦ س ۲٤۹۳، ص ۱۸٤ س ۳۳۰۳ ونیز ر.ك: بوسعید مهنه

شیخ نصرآباد ـ ص ۲۱۸ س ۳۹۲۱

شیخ نوقانی ـ ص ۹۸ س ۱۷۷۰

شیطان ـ ص ۱۷ س ۳۰۱، ص ۱۱۳ س ۲۰۳۳

ص

صالح ـ ص ۳٦ س ٦۳٥

صدیق ـ ص ۲۳ س ٤۲۷، ص ۲٤ س ٤۲۹، ص ۲۸ س ٤۹٦، ص ۲۹ س ٥۳۰ س ۳۰ س ٥٤۰.

فهرست اعلام

ص ۳۱ س ۵۵۵،ص ۳۲ س ۵۷۱، ص ۳٤ س ۶۰۷ ونیز ر.ك: بوبكروعتیق
صراط(پل)ـص ۱۳۶ س ۲٤۳۵،ص ۲۲۱ س ۳۹۷۳

ط
طور ـ ص ۳۵ س ٦۲٤،ص ۱٦٥ س ۲۹٦٥

ع
عایشه ـ ص ۳٤ س ٥۹۷
عباس ـ ص ۲ س ۱۸
عباسه ـ ص ۱۰۵ س ۱۹۰۳، س ۱۱۰ س ۱۹۸۷، ص ۱۹۸ س ۳۵۰۹
عثمان عفان ـ ص ۲۵ س ٤٥۲، ص ۲٦ س ٤٦۲، ص ۳٤ س ٦۰۸ ونیزر.ك: ذی‌النورین
عتیق ـ ص ۳۰ س ٥٤۱ ونیز ر.ك: بوبكروصدیق
عزرائیل ـ ص ۱۲۰ س ۲۱٦٦،ص ۱۹۳ س ۳٤٦٤، ص ۱۹٤ س ۳٤۷۰
عزی ـ ص ۱۰۷ س ۱۹۳٥
عطار ـ ص ۱٤ س ۲٥۲، ص ۲۰۸ س ۳۷۳۱، س ۲٤٦ س ٤٤٥٥، س ۲٥۰ س ٤۰۱٥، س۲٥۱، س٤۰٤۰، ص ۲٥۲ س ٤٥٦٥
علی (ع) ـ ص ۲٦ س ٤۷۰، ص ۳۰س ٥٤۲، ص۳۱ س ٥٥۹، ص ۳۲ س ٥۷۱ ونیز ر.ك: حیدرومرتضی
عمر ـ ص ۲٤ س ٤۳۷ ، ص ۲۷ س ٤۸۰، ص ۲۸ س ٤۹۷، ص ۲۹ س ٥۲٤،ص ۳۰ س ٥۳۲ و نیز ر.ك: فاروق
عیسی ـ ص ۳ س ۳٤،ص ٥ س ۸٥، س ۲۰ س ۳٥۸، س ۲٦ س ٤۷۲، ص ۳٦ س ٦٤٤، س ٦۹ س ۱۲۲۲، ص ۱۳۲ س ۲۳۷۰، س ۲۰۰ س۳٥۸۸، ص ۲۲۳ س ٤۰۱٥ و نیز ر.ك: مسیح

غ
غزنین ـ ص ۱۷٥ س۳۱۳۸

غوری ـ ر.ك: شیخ غوری

ف
فاروق (اعظم) ـ ص ۲٤ س ٤۳۹،ص ۲۸ س ٥۰۳، ص ۳٤ س ٦۰۷
فرعون ـ ص۲س ۲۹، س۳ص ٤۲،ص ۳٥ س٦۲٤، ص۱۱٤ س ۲۰٥۲، س ۱٤٥ س۲٥۹٤، س ۱٦۳ س۲۹۳۲،س ۱٦٦ س ۲۹۸۰

ق
قاف ـ ص ۲۳۸ س ٤۲۹٥ و نیز ر.ك: كوه‌قاف
قارون ـ ص ۱۰۳ س۱۸٦۸،ص۱۱٤ س ۲۰٥۳
قرآن ـ ص۲۷ س ٤۹۱،س ۷٥ س ۱۳٤۳، ص ۷٦ س ۱۳٦۰،ص ۸٥ س ۱٥۲٤

ك
كربلا ـ ص ۱۳٤ س ۲٤۱۲
كعبه ـ ص ۱۸ س ۳۳٥، س ۲٦ س ٤۷۳ ص ٦۸ س ۱۲۰٦، س ۲۷ س۱۲۸۷،س ۷۸ س ۱٤۰۰، س ۷۹ س ۱٤۲۱ س ۸۰ س۱٤۳۲، ص ۸۱ س ۱٤٥۱، ص ۱۰۰ س ۱۸۰٥ ، ص ۲۰۷ س ۳۷۱۲، ص ۲۱۹ س ۳۹۳۳
كلیم(الله) ـص ۱٦٥ س۲۹٦٥،ص ۲۰۰ س۳٥۸۷ ـ و نیز ر . ك : موسی
كوه قاف ـ ص ٤۰ س ۷۱۱، ص ۸۹ س ۱٦۰۱، ص ۱۰۱ س ۱۸۲۲ ونیز ر . ك : قاف

ل
لات ـ ص ۱۷٤ س ۱۳۲۱ س ۱۷٥ س ۳۱۲۹
لقمان سرخسی ـ ص ۲۰۹ س ۳۷٤۱
لیلی ـ ص ۱۸۳ س ۳۲۸۹، س ۱۸۸ س ۳۳٦٥، س ۱۸۹ س ۳۳۸۳، ص ۲۳۲ س ٤۱۸۳

م
مالك دینار ـ ص ۱۱۳ س ۲۰٤۳
مالك دعر ـ ص ۲۳۳ س ٤۲۰٥
مجنون ـ ص۱۸۳ س۳۲۸۸، س ۱۸۸ س ۳۳٦٥،

۳۷۰ مقامات الطیور

ص۱۸۹ س۳۳۸۳، ص۲۳۲ س۴۱۸۲
محمد (ص) - ص۲۰ س۳۶۴ ص۲۰۰ س۳۵۸۹،
ص۲۰۱ س۳۶۰۳ ونیز ر.ك. : مصطفی (ص)
محمد- ص۲۰۱ س۳۶۰۴
محمود- ص۵۲ س۹۳۱،ص۶۴ س۱۱۳۵،ص۹۵
س۱۷۱۰ ، ص۱۴۹ س۲۶۶۷، ص۱۵۹
س۲۸۶۱ ، ص۱۷۲ س۳۰۷۸، ص۱۷۴
س۳۱۲۶ ، ص۱۷۵ س۳۱۳۸ ، ص۱۷۶
س۳۱۵۹ ، ص۱۸۵ س۳۳۲۰، ص۱۸۹
س۳۲۹۰ ، ص۱۹۱ س۳۴۲۰، ص۱۹۹
س۳۵۷۱، ص۲۱۰ س۳۷۶۲
مرتضی (ع) - ص۲۳س۴۲۳،ص۲۶س۴۶۷،ص۳۰
س۵۳۳ ، ص۳۱ س۵۴۷ ، ص۳۲ س۵۷۲
و نیز ر. ك. : علی
مریم (ع) - ص۱۹۹ س۳۵۶۱
مسیح (ع) - ص۲۰ س۳۶۱ و نیز ر.ك: : عیسی
مسعود (سلطان) - ص۹۳ س۱۶۶۲
مصر - ص ۳۷ س۶۵۹ ، ص۱۰۸ س۱۹۴۹
ص۱۵۵ س۲۷۹۲
مصطفی (ص) - ص۱۵ س۲۶۵،ص۲۳س۴۲۸،ص۲۶
س۴۶۶، ص۲۷ س۴۹۰، ص۳۰ س۵۴۵،
ص۳۱ س۵۵۳ ، ص۳۲ س۵۷۲ ، ص۳۴
س۶۰۴،ص۸۳ س۱۵۰۱،ص۸۴ س۱۵۰۶
ونیز ر.ك. : محمد (ص)
معشوق طوسی - ص۲۲۰ س۳۹۵۸
مقامات الطیور - ص۲۴۷ س۴۴۶۰
موسی (ع) - ص۲ س۲۹ ، ص۳ س۴۲ ، ص۱۹
س۳۵۰ ، ص۲۰ س۳۵۶ ، ص ۳۵ س
۶۲۲،ص۵۸ س۱۰۲۹،ص۱۰۳س۱۸۶۸،
ص۱۰۴ س۱۸۷۱، ص۱۶۳ س۲۹۳۷،ص
۱۶۵ س۲۹۶۳ ، ص۱۶۶ س۲۹۸۰ ونیز
ر.ك. : کلیم (الله)

منکر و نکیر - ص۱۵۸ س۲۸۳۳
منطق الطیر - ص۲۴۷ س۴۴۶۰

ن

نصر آبادی - ر.ك. : شیخ نصر آباد
نظام الملك - ص۲۵۸ س۴۶۶۹
نمرود - ص۳۵ س۶۲۹ ص۱۱۴ س۲۰۵۲
نوح - ص۲ س۲۲ ص۲۰۰ س۳۵۸۵
نوری - ص۲۲۹ س۴۱۲۶
نوقانی - ر.ك. شیخ نوقانی
نیشابور ص۹۸ س۱۷۷۳

و

واسطی - ص۱۵۶ س۲۸۱۲، ص۱۵۷س۲۸۱۷

ه

هامان - ۱۶۶ س۲۹۷۹
هندوستان - ص۱۲۹ س۲۳۲۱

ی

یحیی - ص۳ س۳۳
یعقوب - ص۲ س۲۵، ص۵۹ س۱۰۴۱،ص۱۵۲
س۲۷۲۴ ص۱۸۴ س۳۲۹۴
یوسف - ص۲ س۲۶، ص۲۵ س۴۵۶، ص۳۷ س
۶۶۰، ص۵۸ س۱۰۳۵، ص۵۹ س۱۰۴۱،
ص۶۹س۱۲۲۳،ص۱۱۸س۲۱۱۹ص۱۴۵
س۲۶۰۶ ، ص۱۵۱ س۲۷۱۲ ، ص۱۵۲
س۲۷۲۳،ص۱۷۷ س۳۱۷۰، ص۱۸۴ س
۳۲۹۴، ص۲۱۳ س۳۸۱۵ ، ص۲۲۴ س
۴۰۲۱، ص۲۳۳ س۴۲۰۴، ص۲۳۴ س
۴۲۱۰
یوسف همدان - ص۱۸۴ س۳۲۹۲، ص۲۰۲ س
۳۶۱۵
یونس - ص۲ س۲۸، ص۳۷ س۶۶۵

فهرست آیات قرآن کریم واحادیث مصطفی (ص) واقوال مشایخ

اخوف ما اخاف علی امتی ...	(حدیث)	۳۲۷
اذ اخذربك من بنی آدم ...	(آیه)	۳۰۳
اذ ارادالله بعبد خیراً ...	(حدیث)	۳۲۷
اذ بح النفس و الا فلاتشغل ...	(مشایخ)	۳۲۸
اذ قال ربك للملئکة ...	(آیه)	۲۷۷
اساس الکفر قیامك ...	(مشایخ)	۳۱۹
اسلم شیطانی بیدی .	(حدیث)	۲۷۹
اصحابی کالنجوم فبایهم ...	(حدیث)	۲۹۲
اطلبوا العلم ولو...	(حدیث)	۲۸۷و۳۱۵و۳۳۷
اعدی عدوك نفسك ...	(مشایخ)	۳۲۷
اعرفوا الله بالله ...	(حدیث)	۲۷۵
اعقلها و توکل .	(حدیث)	۲۹۳
افامنوا مکرالله ...	(آیه)	۲۸۷
افضل الاعمال خلاف هوی ...	(مشایخ)	۳۲۸
اقد جائك شیطانك ...	(حدیث)	۲۷۹
اقراء باسم ربك الذی خلق ...	(آیه)	۲۸۴
اقضاکم علی ...	(حدیث)	۲۹۱
اقیلونی فلست بخیرمنکم ...	(ابوبکر)	۱۹۳
الاتنصروه فقد نصره الله ...	(آیه)	۲۸۷
الله الذی رفع السموات ...	(آیه)	۲۶۳
الجمع اشارة الی حق ...	(مشایخ)	۳۲۴
الدنیا جیفة ...	(حدیث)	۳۰۶
الدنیا سجن المؤمن ...	(حدیث)	۳۲۸
الذین یجتنبون کبائرالانم ...	(آیه)	۳۲۶
الشباب شعبة من الجنون ...	(مثل)	۳۲۸
الشباب مظنة الجهل ...	(مثل)	۳۲۸
العنقاء هو الهباء ...	(مشایخ)	۳۱۹
الفقر سواد الوجه ..	(مشایخ)	۳۲۸
اللهم اجعلنی من امة محمد ...	(حدیث)	۲۸۶
اللهم اغفرلی و رحمنی ...	(حدیث)	۲۸۴
اللهم رد علی علی الشمس ...	(حدیث)	۲۸۳
اللهم صل علی من کلمه الضب ...	(دعا)	۲۸۰
اللهم صل من سبحت فی کفه ...	(دعا)	۲۸۱
الم تر ان الله یسجد له ...	(آیه)	۲۷۰
المتعبد بلافقه کالحمار ...	(مثل)	۳۲۳
المقام عبارة عن استیفاء ...	(مشایخ)	۳۲۳
الم نجعل الارض مهادا ...	(آیه)	۲۷۴
النبی اولی بالمؤمنین ...	(آیه)	۲۸۱و۲۹۴
النفس صفة لاتسکن ...	(مشایخ)	۳۲۸
الیوم اکملت لکم دینکم ...	(آیه)	۲۸۱
ان اصحاب القیاس ...	(حدیث)	۲۷۵
ان الله جعل الحق ..	(حدیث)	۲۸۸
انا الحاشر ...	(حدیث)	۲۷۸
انا عند المنکسرة قلوبهم ...	(حدیث)	۳۰۹
ان الملئکة تستحیی من عثمان ...	(حدیث)	۲۸۹
انا من الله والمؤمنون ...	(حدیث)	۲۷۸
ان بین الله و بین خلقه ..	(حدیث)	۳۱۵
انما امره اذ اراد شیئاً ...	(آیه)	۲۶۳

٣٢٩	(آيه)	فلينظر الانسان ...	٢٧٨	(حديث)	انما انا رحمة المهداة .	
٢٨٥	(آيه)	فى الرفيق الاعلى ...	٣٠٧	(آيه)	انه من سليمان ...	
٢٧٥	(آيه)	قال آمنت انه لا اله الا الذى ...	٢٧٨	(حديث)	اول ما خلق الله نورى ...	
٣٢٦	(حديث)	قال الله عز وجل سبقت رحمتى ...	٢٨٨	(حديث)	اول من يصافحه الحق عمر ...	
٢٩١	(حديث)	قال رسول الله ان اقفى ...	٣١٦	(حديث)	اول شىء ياكله اهل الجنه ...	
٢٧٣	(آيه)	قالوا انما انت من المسحرين ...	٢٨١	(حديث)	ايها الناس ابى امامكم ...	
٣٠٨	(آيه)	ق و القرآن المجيد .	٢٨١	(حديث)	بعثت الى الاحمر و الاسود .	
٣٢٨	(حديث)	كل ما شغلتك عن مطالعه ...	٢٧٩	(حديث)	بعثت الى الخلق كافة ...	
٢٧٥	(حديث)	كل ما ميز تموه ...	٢٧٤	(آيه)	ترى الارض هامدة ...	
٢٨٥		كلمينى يا حميرا .	٢٧٠	(آيه)	ثم استوى الى السماء ...	
٢٨٢	(آيه)	كنتم خير امة اخرجت للناس ...	٢٩١	(حديث)	ثم قال للناس سلونى ...	
٢٩١	(حديث)	لا تسبوا عليا ...	٢٨٠	(آيه)	جاء الحق و زهق الباطل ...	
٣٢٦	(آيه)	لا تقنطوا من رحمة الله ...	٢٧٢	(آيه)	حتى اذا اتوا على وادالنمل ...	
٢٧٦	(نهج البلاغه)	لشهادة كل صفة انها ...	٢٧٣	(آيه)	حتى اذا جاء امر نا و فار التنور ...	
٢٨٦	(آيه)	لعمرك انهم لفى سكرتهم ...	٢٧٨	(حديث)	خلقت من نور الله عز وجل ...	
٢٧١	(حديث)	لما اراد الله ان يخلق العالم ...	٢٨٢	(حديث)	خير الناس قرنى ...	
٢٩١	(حديث)	لم يكن احد من الصحابه ...	٢٨٤	(حديث)	خير كم قرنى ...	
٣٢٨	(آيه)	لن تنالوا البر حتى تنفقوا ...	٣١٧	(آيه)	رب اغفرلى وهب لى ...	
٢٨٨	(حديث)	لوددت انى شعرة ...	٢٨٣	(حديث)	زويت لى الارض ...	
٢٧٨	(حديث)	لولاك لما خلقت الافلاك ...	٢٩١	(حديث)	سلونى من اسرار الغيوب ...	
٢٧٨	(حديث)	لولا محمد ما خلقت الدنيا ...	٢٩١	(حديث)	سلونى قبل ان تفقدونى ...	
٢٨٥	(حديث)	لى مع الله وقت ...	٢٧٠	(آيه)	سيماهم فى وجوههم ...	
٢٧٨	(آيه)	ما ارسلناك الا رحمة ...	٢٨٨	(آيه)	طه . ما انزلنا عليك القرآن ...	
٢٧٣	(آيه)	ما تلك فى يمينك يا موسى ...	٣٢٣	(مشايخ)	عبارة عما يتوصل اليه ...	
٢٧٥	(حديث)	ما عرفناك حق معرفتك ...	٢٨٢	(حديث)	علماء امتى افضل من ...	
٢٨١	(آيه)	ما كان محمداً ابا احد من رجالكم..	٢٨٨	(حديث)	عمر سراج اهل جنة ...	
٢٨٦	(حديث)	ما من نبى من ولد آدم ...	٢٧١	(آيه)	فاذا سويته و نفخت فيه ...	
٢٧٥	(آيه)	ما يتبع اكثرهم الا ظناً ...	٢٧٣	(آيه)	فالقاها عصاه فاذا هى ...	
٢٧٥	(حديث)	من عرف نفسه...	٢٨٨	(حديث)	فرق الله بعمر ...	
٣٠٧	(حديث)	من مات و لا تعرف امامه ...	٢٨٣	(حديث)	فضلت على الانبياء بست ...	
٢٨٦	(حديث)	نحن الاخرون السابقون ...	٢٨٥	(آيه)	فلما آيتها نودى يا موسى...	
٢٨٢	(آيه)	و اذ قال عيسى بن مريم ...	٢٧٢	(آيه)	فلما قضينا عليه الموت ...	

فهرست آیات و احادیث و اقوال

۳۲٦	(آیه)	و نزلنا به الروح الامین ...	۲۸۱	(حدیث)	و ارسلت الی الخلق کافه ...
۲۹۷	(آیه)	و ورث سلیمان داود ...	۲۹۲	(آیه)	واضمم یدک الی جناحک ...
۳٦۲	(آیه)	هو الذی خلق السموات ...	۳۲٦	(آیه)	والله رئوف بالعباد ...
۳۱۹	(مشایخ)	هو الهباء الذی فتح الله ...	۲۹۸	(آیه)	و الشیاطین کل بناء وغواص ...
۳۳۱	(مشایخ)	هو قرب العبد من الله ...	۲۷٥	(آیه)	والعصر ان الانسان لفی خسر ...
۲۷۰	(آیه)	هو معکم اینما کنتم .	۳۲٦	(آیه)	و ان ربک لذو مغفرة ...
۲۷۰	(آیه)	هو معهم اینما کانوا .	۲۸۱	(آیه)	و انک لعلی خلق عظیم ...
۲۸٦	(آیه)	یا ایها المزمل ...	۳۳۱	(آیه)	و اوفوا بالعهدان العهد ...
۲۹۱	(حدیث)	یا ایها الناس سلونی ...	۳۱۷	(آیه)	و جعلنا من الماء کل شیء حی ...
۲۸٥	(حدیث)	یا بلال ارحنا بالصلاة ...	۳۲٦	(آیه)	و رحمتی وسعت کل شیء ...
۲۹۱	(حدیث)	یا رسول الله بعثنی و اناشاب ...	۲٦۳	(آیه)	و کان عرشه علی الماء ...
۳۱۸	(آیه)	یا قوم انما هذه الحیوة الدنیا ...	۲۸۷	(آیه)	ولا بتأسوا من روح الله ...
۲۸٤	(آیه)	یومئذ یتبعون الداعی ...	۲۷۰	(آیه)	و لقد خلقنا الانسان ...
			۲۸۱	(حدیث)	و ما ارسلناک الاکافة للناس ...

كشف الابيات
منطق الطير

آ

آب از پس رفت	٢٢	٤١١
آب بنمایم	٣٩	٦٩٦
آب تو	١١٢	٢٠١٣
آب حیوان	٤٥	٨١٣
آب در جوی	٤٨	٨٥٦
آب را نامانده	٩	١٥٨
آب زدبر	١٨٨	٣٣٧٦
آب هست	٤٨	٨٦٣
آتش آن	١٣٠	٢٣٤٤
آتش از جان	١٥٩	٢٨٤٩
آتش از شوق	٩	١٥٦
آتش توبه	٨٥	١٥٣٦
آتش تو چیست	١٢٣	٢٢٠٦
آتش سوزنده	٢٢٨	٤١٠٣
آتش عشق	٧٦	١٣٥٣
آتش غیرت	١٢٦	٢٢٧٣
آتشی از شوق	٧٦	١٣٥٨
آتشی افتاد	٩٩	١٧٨٢
آتشی باشد	٢١٢	٣٨٠٥
آتشی بیرون	١٣٠	٢٣٤٠
آتشی در پیش‌و	١٢٣	٢٢٠٨
آتشی در جان	٨٦	١٥٤٧
آتشی دیدی که	٤٩	٨٧٩
آخر آن شهزاده	٢٢٧	٤٠٩١
آخر از پیشان	٢٣١	٤١٦٤
آخر از ناگاه	٦٨	١٢٠٣
آخرالامر آن‌صنم	٨٨	١٥٨٠
آخرالامر آنك	٨٣	١٤٩٨
آخرالامر از میان	٢٣٠	٤١٤٠
آخرالامرش اجل	١٣١	٢٣٤٩
آخر او را چون	١٩٠	٣٤١٤
آخر ای	١٣٢	٢٣٧٩
آخرم زان	٢٥١	٤٥٤٦
آدم آخرکو	٢٠١	٣٦٠٩
آذرو محمود را	١٧٤	٣١٢٦
آسمان بی‌ستون	٢٠	٣٧١
آسمان پر انجم	٩٠	١٦٢٢
آسمان چون	١	٥
آسمان را در	١	٣
آسمان را در همه	١٧٠	٣٠٥٣
آشنا شد	١٠٩	١٩٦٧
آشنایی یافت	٨٧	١٥٦٣
آفتاب آنگاه	٨٦	١٥٤٠
آفتاب از رشك	٦٨	١٢١٠
آفتاب از شوق	٩	١٥٢
آفتاب تیغ‌زن	١٢٩	٢٣١٧
آفتاب شرع	١٥	٢٦٦
آفتاب فقر	٢٢٩	٤١١٩
آفتاب قربت	٢٣٥	٤٢٣٤
آفتابی از تو	٧٤	١٣٣٠
آفریدن رایگانم	٢٥٨	٤٦٦٨
آفرین جان آفرین	١	١
آفرینش را جزو	١٥	٢٨١
آگهند از روی	١٢	٢١٢
آمد از پرده	٢٤٦	٤٤٤١
آمدند از	١٧٣	٣٠٩٦
آمده نه از	٢١٨	٣٩٢٤
آمدی القصه	٢١٣	٣٨٢٥
آن او می‌دید	١٦٩	٣٠٢٥
آن پراکنون	٤١	٧٣٩
آن پسر را	٢٤٠	٤٣٤١
آن پسر شد	٢٤٠	٤٣٣٧

۲۰۲۳	۱۱۲	آندو روبه چون	۲۱۰۲	۱۱۷	آن پلاست	
۲۴۲۳	۱۳۵	آن رهی با شاه	۲۱۲۲	۱۱۸	آن ترا از	
۱۳۷۰	۷۷	آن زمان کاندر	۲۴۱۲	۱۳۴	آنچ آن بر	
۳۹۷۱	۲۲۱	آن زمان کز خود	۴۴۴۸	۲۴۶	آنچ آن یك	
۱۶۵	۹	آن زمان کورا	۳۱۷	۱۷	آنچ از خاصیت	
۲۶۱۷	۱۴۶	آن ز همت بود	۳۶۵	۲۰	آنچ او و آنجا	
۲۰۶۷	۱۱۵	آن سخن دیوانه	۲۹۰۶	۱۶۴	آنچ او را هست	
۳۳۹۱	۱۸۹	آن سخن گفتند	۴۱۳۷	۲۳۰	آنچ ایشان را	
۳۳۶۸	۱۸۸	آن شبان	۶۰۶	۳۴	آنچ ایشان کرد.	
۱۳۶۶	۷۶	آن صنم را	۳۸۷۹	۲۱۶	آنچ تنها برمن	
۳۰۱۱	۱۶۸	آن عزیزی گفتشد	۲۷۳۳	۱۵۲	آنچ تو از	
۴۶۶۱	۲۵۷	آن عزیزی گفت فردا	۲۲۸۵	۱۲۷	آنچ جان مرد را	
۱۵۰۹	۸۴	آن غبار از راه	۲۹۴۶	۱۶۴	آنچ در تست	
۱۵۱۱	۸۴	آن غبار اکنون	۲۴۱۳	۱۳۴	آنچ در صورت	
۳۱۷۳	۱۷۷	آن غلام آمد	۲۵۲۰	۱۴۰	آنچ فرمایی مرا آنبس	
۴۳۶۴	۲۴۲	آن غلامان جمله	۲۵۱۸	۱۴۰	آنچ فرمایی مرا آنست	
۴۳۷۰	۲۴۲	آن غلامان را بخواند	۴۲۶۶	۲۳۷	آنچ گفتی	
۴۶۰۸	۲۵۴	آنك از بیرون	۱۶۹	۱۰	آنچ گویی وآنچ	
۲۳۱۷	۱۸۵	آنك از گنج	۱۳۲۳	۷۴	آنچ من از دیده	
۵۶۷	۳۲	آنك او و در دست	۴۴۸۶	۲۴۸	آنچ من بر فرق	
۵۸۸	۳۳	آنك او را این	۳۸۷۸	۲۱۶	آنچ من دیدم عیان	
۹۸۶	۵۵	آنك او را قطره	۳۸۸۰	۲۱۶	آنچ من دیدم نیارم	
۴۴۴	۲۴	آنك اول	۴۳۴۶	۲۴۱	آنچ من کردم	
۲۸۰۸	۱۵۶	آنك اینجا مست	۳۱۹۹	۱۷۸	آنچنان جا	
۸۶۰	۴۸	آنك باشد	۲۸۲	۱۶	آنچه اول شد	
۱۸۷۳	۱۰۴	آنك بر بی رحمتان	۲۰۹۰	۱۴۵	آنچه دولت بود	
۸۸۳	۵۰	آنك بر سنگی	۳۷۸۰	۲۱۱	**آنچ هر روزی شه**	
۵۰۱	۲۸	آنك بر منبر ادب	۱۷۲۱	۹۵	ان خرك می راند	
۶۹۲	۳۹	آنك بسم الله در	۱۲۸۹	۷۲	آن دگر گفت	
۴۲۷۶	۲۳۷	آن کجا اینجا	۱۲۹۷	۷۳	آن دگر گفتش برو	
۵۴۱	۳۰	آنك چندینی غم	۱۲۷۹	۷۲	آن دگر گفتش پشیمانیت	
۲۲۳۹	۱۲۵	آنك حسن او	۱۲۹۵	۷۳	آن دگر گفتش که از	
۴۴۱	۲۴	آنك حق طاها	۱۲۹۳	۷۳	آن دگر گفتش که امید	
۴۴۳	۲۴	آنك دارد بر	۱۲۸۷	۷۲	آن دگر گفتش که با	
۱۵۳۵	۸۵	آنك داند کرد	۱۲۹۱	۷۳	آن دگر گفتش که دوزخ	
۵۴۹	۳۱	آنك در جانش چنین	۱۲۸۱	۷۲	آن دگر گفتش که دیوت	
۱۸۵۲	۱۰۳	آنك در دیری	۱۲۸۳	۷۲	آن دگر گفتش که هرك	
۵۱۴	۲۸	آنك زین سان	۱۲۸۵	۷۲	آن دگر گفتش که یاران	
۴۰۰۱	۲۲۳	آنك شد هم	۱۲۷۳	۷۲	آن دگر یك گفت ای پیر	
۹۲۲	۵۲	آنك شه خیزد	۱۲۷۵	۷۲	آن دگر یك گفت ای دانای	
۲۳۶۵	۱۳۲	آنك عالم داشت	۱۲۷۷	۷۲	آن دگر یك گفت تاکی	
۴۵۳	۲۵	آنك غرق قدس	۱۲۷۱	۷۱	آن دگر یك گفت تسبیح	

کشف‌الابیات ۳۷۹

آنک کار او	۲۷	۴۹۴
آن کفن	۲۵۳	۴۵۸۸
آنک گاهی خشت	۲۹	۵۱۵
آن‌که ومه	۲۴۳	۴۳۸۰
آن گدا آواز	۲۲۸	۴۱۰۱
آن گدا پس خنده	۴۴	۷۸۶
آن گدارا در	۲۲۷	۴۰۹۲
آن گدا گفتا	۴۴	۷۹۵
آن‌گهر چون	۵۱	۹۱۱
آن مرید آن	۸۴	۱۵۰۴
آن مرید راه و	۱۱۷	۲۱۰۹
آن مریدی شیخ	۲۰۶	۳۶۹۱
آن مگس	۲۰۴	۳۶۵۹
آن مگو چون	۱۱	۱۹۳
آن نفس	۲۳	۴۱۶
آن نکوسیرت	۲۰۱	۳۶۰۴
آن نه من	۳۳	۵۸۶
آن وزیر آمد	۲۴۲	۴۳۶۰
آن همه جز	۲۳۷	۴۲۶۷
آن همه‌خود	۲۳۴	۴۲۲۳
آنهمه در سینه	۲۴	۴۲۹
آن‌همه در ناز	۱۳۹	۲۵۰۱
آن همه دیدی	۱۳۹	۲۴۹۲
آن همه غرق	۲۳۵	۴۲۴۳
آن‌همه ماهی	۹۳	۱۶۷۹
آن‌همه مرغان	۲۳۱	۴۱۶۲
آن همی خواهم کز	۲۱۴	۳۸۴۲
آن همی خواهم که	۱۷۲	۳۰۸۰
آن یکی اسبست	۱۴۳	۲۵۵۶
آن یکی دانم	۱۴۶	۲۶۲۱
آن یکی در صدق	۲۳	۴۲۴
آن یکی دریای	۲۳	۴۲۵
آن‌یکی را جنبش	۱	۴
آن یکی زان	۱۳۲	۲۳۷۱
آه اگر از	۱۷۷	۳۱۶۹
آه باشد	۲۱۲	۳۸۰۳
آه من میرفت	۱۴۰	۲۵۱۲
آینه فرمود حالی	۶۳	۱۱۱۲

الف

ابتدای کار سیمرغ	۴۱	۷۳۶
ابرویش بر	۶۹	۱۲۱۶
ابلق بیهودگی	۱۲۲	۲۱۹۱
احمد حنبل امام	۱۴۸	۲۶۵۹
احمد حنبل چنین	۱۴۹	۲۶۶۴
اختیار جمله	۲۷	۴۹۱
از برای حق	۱۶۵	۲۹۶۴
از برای ماهیی	۹۳	۱۶۷۴
از برش عمداً	۸۲	۱۴۷۱
از برون گرچه	۶۵	۱۱۵۶
از بن هرموی	۲۱۲	۳۸۰۴
از پس تابوت	۱۲۳	۲۲۱۲
از پس چل شب	۲۴۴	۴۴۰۴
از پی اشنان	۱۶۶	۲۹۹۰
ازپی یکساعته	۱۳۴	۲۴۰۸
از تضرع کردن	۸۳	۱۴۹۶
از تنت‌گر	۲۴۵	۴۴۲۶
ازتو پرعطرست	۲۴۷	۴۴۵۷
ازتو چند اشنان	۱۶۷	۲۹۹۳
ازتو گر انصاف	۱۴۸	۲۶۵۵
از چنین‌کس	۵۶	۹۹۳
از چو من	۹۶	۱۷۴۳
از حقارت	۱۰۵	۱۸۹۴
از حماقت ترک	۲۵۲	۴۵۵۴
از حیای آفتاب	۲۱۱	۳۷۹۴
از خوشی اینجایگه	۲۲۷	۴۰۹۰
از خوشی کان	۱۳۵	۲۴۱۹
از خوی خجلت	۲۵۳	۴۵۸۴
از درت‌گر	۲۱	۳۹۳
از درش بویی	۱۸۵	۳۳۱۰
از درون خود	۱۸۴	۳۳۰۰
از درونی چون	۱۸۵	۳۳۱۳
از دلم آن	۲۵۲	۴۵۶۸
از دلم جز خون	۷۴	۱۳۲۴
از دم عیسی	۲۶	۴۷۲
از دهانش	۲۲۴	۴۰۳۱
از رهش بردی	۸۶	۱۵۴۳
از رهش برگیر	۲۲۷	۴۰۸۶
از زرش خلخال	۱۲۶	۲۲۶۹
از زفافت	۳۲	۵۶۹
از سرای‌و	۱۲۱	۲۱۷۰
از سر بیچارگی	۱۵۱	۲۷۱۳
ازسر دردی بدین	۲۴۷	۴۴۶۱
ازسر دردی نکه	۲۴۷	۴۴۶۸

منطق الطیر

اشك چون شنگرف	۱۰۶	۱۹۲۰		از سر عجزى	۱۳۸	۲۴۶۹
اصل بايد اصل	۲۳۷	۴۲۶۸		از سر نازو تكبر	۷۴	۱۳۱۴
اصل تو از خاك	۱۶۴	۲۹۴۹		از شما آخر	۲۳۲	۴۱۷۸
اصل گوهر چيست	۵۰	۸۹۶		از شما هم	۱۴۷	۲۶۴۰
اطلس و اكسون	۱۸۹	۳۳۸۲		از صحابه گر شدى	۳۱	۵۶۱
اقتدا گر تو	۷۷	۱۳۷۲		از صفات بد	۲۰۸	۳۷۲۳
امهات مومنين	۱۸	۳۲۰		از عصايى	۶	۱۰۰
انبيا بودند	۲۰۴	۳۶۵۴		از غلامانش	۵۴	۹۶۶
انبيا پس روبدند	۱۸	۳۲۶		از غش آن	۱۳۰	۲۳۳۶
انبيا در وصف تو	۲۱	۳۷۶		از قدم تا	۱۲۶	۲۲۶۳
انبيا را چون بلا	۲۰۴	۳۶۵۱		از قضا افتاد	۲۰۹	۳۷۵۳
او اگر باتو دراندازد	۱۵۸	۲۸۴۵		از قضا ديوانهٔ پس	۱۵۴	۲۷۶۵
اوبس نايد زخود	۴۰	۷۱۸		از قضا ديوانه چون	۱۵۵	۲۷۹۴
او چو آزادست	۱۷۶	۳۱۵۳		از قضا را بود	۶۸	۱۲۰۷
او آمد در ره	۸۶	۱۵۴۲		از قضا معشوق	۱۹۲	۳۴۵۰
او چو باتو	۱۵۹	۲۸۵۶		ازقضا ميرفت درويشى	۴۴	۷۸۲
او چو چندينى	۲۷	۴۹۰		ازقضا ميرفت سنجر	۱۴۷	۲۶۳۲
او چو خود را مى نيابد	۵۶	۹۹۶		ازكجات اين منزلت	۹۴	۱۶۹۵
او چو ديوانه بود	۱۵۳	۲۷۰۰		ازكجا جويم ترا	۲۴۵	۴۴۲۴
او خبر دارد زمن	۱۹۰	۳۴۰۷		از كرم آمد	۹۵	۱۷۱۴
او زتو مردانه تر	۳۱	۵۵۴		ازكم آزارى	۵۵	۹۷۸
اوست در هردو	۱۷۴	۳۱۱۸		ازگنهر ويم	۲۲	۴۰۶
اوست سلطان	۲۰	۳۶۷		ازگهر طوقى	۱۲۶	۲۲۶۸
او سليمانست	۶۱	۱۰۷۳		از ملايك	۱۰۶	۱۹۰۸
او فصيح عالم	۲۰	۳۷۳		از منى گر	۱۶۳	۲۹۳۴
او كه چندين	۱۳	۲۳۰		از ميان خلق	۱۱۹	۲۱۳۵
اولا از عيب	۱۶۸	۳۰۱۵		از نبى درخواست	۱۷۹	۳۲۱۷
اول از پندار	۲۰۴	۳۶۵۸		ازنفير او	۱۳۰	۲۳۳۴
اول انداز	۲۳۸	۴۲۹۰		ازنكوتر چيز	۱۷۰	۳۰۴۶
اولش بوبكر	۲۳	۴۲۳		ازنخورويى	۲۳۸	۴۲۹۹
اولم زان	۲۵۳	۴۵۸۶		از نكو روييت	۹۵	۱۷۱۳
او نزد تيغت	۱۵۰	۲۶۹۰		ازنكويى بود	۲۱۳	۳۸۱۵
اونكويى كرد	۱۵۰	۲۶۹۸		از نهان	۲۴۰	۴۳۳۹
او نمرد از زهر	۲۹	۵۱۹		ازنهنگ وقعر	۲۰۴	۳۶۷۵
او نهد از بهر	۶	۹۸		از وجودت	۳۷	۶۶۸
اونه يك زن	۳۳	۵۸۱		از وجود خويش	۲۵۱	۴۵۴۱
اهل او گفتند	۱۹۲	۳۴۳۹		از وجودم خود	۲۵۵	۴۶۱۰
اهل جنت جمله	۱۷۹	۳۲۰۲		از وفادارى	۱۵۱	۲۷۰۷
اهل جنت چون	۴۷	۸۴۸		از همه بريدم ام	۱۵۷	۲۸۲۰
اهل جنت را چنين	۴۷	۷۴۷		اسب چندانى	۱۱۱	۱۹۹۶
اهل زندان را چو	۱۳۹	۲۴۸۸		استخوانى چند	۱۲۹	۲۳۱۲
اهل زندان را نبود	۱۳۹	۲۴۸۳		اشك چون باران	۲۲۸	۴۰۹۷

كشف‌الابيات

اى گرفتار	٢٧	٤٧٨	اهل زندانند	١٣٩	٢٥٠٢	
اى گرفته بر	١١٢	٢٠١٢	اهل صورت	٢٤٧	٤٤٧٥	
اى گناه	٥	٧٧	اهل ليلى نيز	١٨٨	٣٣٦٥	
اى لب و	٧٤	١٣١٧	اهل همت جان و دل	١٤٦	٢٦٢٨	
اى مباحى	١٨٦	٣٣٣٩	اى باول كرده	١٧٥	٣١٣٥	
اى محمد	٢٠١	٣٦٠٦	اى بدنيا	١٣١	٢٣٥٨	
اى مخنث	١٠٧	١٩٣٧	اى بروز وشب	١٧٣	٣٠٩٣	
اى مسلمان	١٥٠	٢٧٠٠	اى بزر سيمرغ	١١٨	٢١٣٠	
اى ميان چاه	٣٧	٦٥٧	اى بسرحد سبا	٣٥	٦١٨	
اين بدان چون	٦١	١٠٨٣	اى بسى سرگشته	٢٤٤	٤٤١٨	
اين بدان گفتم	١٠٩	١٩٦٤	اى بگشته	١٦٣	٢٩٣٢	
اين بصورت	٢٢٠	٣٩٥٤	اى پسر تو	٣١	٥٠٩	
اين بگفت آن	٨٨	١٥٨٥	اى تنورستان	١٠٦	١٩١٩	
اين بگفت و امر	٢٤١	٤٣٥١	اى جهان با	٢١	٣٧٠	
اين بگفت وبود	١٩١	٣٤٢١	اى جهانى خلق	٣	٤٥	
اين بگفت و راه	١٠٣	١٨٥٦	اى چو يز	١٦٦	٢٩٧٨	
اين بگفت و رفت	٤٥	٨٠١	اى چو مورى	١٥٢	٢٧٣٩	
اين بگفت و روى	٨١	١٤٤٩	اى خداى بى‌نهايت	٣	٤٣	
اين بگفت و گشت	٩٣	١٦٨٣	اى خرد در راه	٣	٣٩	
اين بگفت و گفت	٦٥	١١٤٢	اى خرد سرگشته	٩	١٤٧	
اين تواند بود	١١٠	١٩٨٩	اى خليفه زاده	١١	١٩٨	
اين جوابى بود بر	٢٠٩	٤٦٩١	اى در اول آشنايى	١٢٧	٢٢٨٢	
اين جهان و آن	١٩٦	٣٥١٤	اى درون جان	٩	١٤٦	
اين جهودان گفت	١٥٧	٢٨١٤	اى دريغا بردلم	١٥١	٢٧٠٩	
اينچ مى‌خواهى	١٣٦	٢٤٤٣	اى دريغا درد	١٨٨	٣٣٧٢	
اين چنين بايد	١٨٢	٣٢٧١	اى دريغا كز جهانى	١٢٩	٢٣١٠	
اين چنين تنهات	٨٠	١٤٣٤	اى دريغا نيست از	٢٥٥	٤٦١١	
اين چنين روزى	١٣١	٢٣٠٠	اى دريغا نيستى تو	١٧٣	٣٠٩٧	
اين چنين كار از	٢١٨	٣٩٢٧	اى دريغا هيچكس	٨	١٣٤	
اين‌چنين كز مرگ	١٢٨	٢٣٠٧	اى زبى‌انصافى	١٤٩	٢٦٦٦	
اينچنين كس‌را	٢٢٥	٤٠٥٣	اى زبيدايى	٨	١٣٧	
اين چه خذلان	٢٤١	٤٣٥٨	اى ز جمله	٨	١٣٩	
اين چه كار تست	٢٢٨	٤١١٣	اى ز ريش	١٦٥	٢٩٧١	
اين خلافت	٢٩	٥٢٠	اى زشفقت	٢٣	٤١٣	
اين زمان آن	٨٢	١٤٦٣	اى زغفلت	١١٤	٢٠٤٩	
اين زمان بارى	٢٤٦	٤٤٠٠	اى زفضلت	١٤	٢٤٩	
اين زمان برخيز	٢٢٧	٤٠٨٣	اى سراى وباغ	١٢٢	٢١٩٦	
اين زمان جز	٢٠٠	٣٦١٣	اى شده	٣٧	٦٦٣	
اين زمان چون	٧٧	١٣٧٦	اى شفاعت	٢١	٣٩٤	
اين زمان شكرانه	٨٥	١٥٣٣	اى طفيل	٢١	٣٧٧	
اين زمان عزم	٧٥	١٣٣٨	اى طلب‌كار	١٧٤	٣١١٧	
اين زمن بستان	١٤٦	٢٦١١	اى گنايان	٦١	١٠٧٧	

منطق الطیر

باد بی تو	۹	۱۰۷	۳۹۰۱	۲۱۷	این زن ازچون
باد پیمودم همه	۱۳۱	۲۳۶۲	۲۵۲۱	۱۴۰	این سخن آن
بادتك می‌راند	۹۳	۱۶۶۸	۲۸۱۵	۱۵۷	این سخن از وی
باد درکف	۲۵۷	۴۶۶۴	۴۰۵۸	۲۲۶	این سخن می‌گفت
با درمنه	۲۸	۵۰۴	۱۷۴۹	۹۷	این طلب گر
با دل پردرد	۸۶	۱۵۵۳	۳۵۴	۱۹	این عنایت
بادلم گفتم	۲۴۹	۴۴۹۹	۱۸۴۴	۱۰۲	اینقدر دانم
با دلی پرخون	۲۲۳	۴۰۰۶	۴۴۷۶	۲۴۸	این کتاب آرایش
با دلی پردرد	۴	۶۰	۲۴۱۶	۱۳۵	این کجا باشد
باد و خاك و	۷	۱۱۴	۳۹۲۸	۲۱۹	این کدامین
باده دیگر	۷۶	۱۳۵۹	۳۵۲۴	۱۹۶	این نوشته
باز اوبر	۹۵	۱۷۱۵	۱۴۷۲	۸۲	این نه یاری
باردیگر چون	۱۰۲	۱۸۳۹	۱۹۹۱	۱۱۰	این نیارستند
بار دیگر عشقبازی	۸۷	۱۵۶۷	۲۰۱۵	۱۱۲	این و صد چندین
بار دیگر نفس	۱۰۱	۱۸۳۰	۲۰۶۴	۱۱۵	**این همه آتش**
باز آنرابین	۳	۳۲	۷۴۱	۴۱	این همه آثار
بازآی	۱۰۲	۱۸۴۱	۴۵۰۴	۲۴۹	این همه افسانه
باز ابراهیم را	۲	۲۳	۱۶۹۸	۹۴	این همه تشریف
باز ابلیس	۱۸۱	۳۳۵۴	۲۰۹۳	۱۱۶	این همه چیزی
باز از سربنده	۲۳۵	۴۲۳۲	۹۷۱	۵۵	این همه حرمت
باز اسمعیل را	۲	۲۴	۳۰۷۵	۱۷۲	این همه خاکستر
باز اگر سیمرغ	۶۲	۱۰۹۰	۱۴۰۱	۷۸	این همه خود
باز ایوب	۲	۲۷	۱۷۵۶	۹۷	این همه دیدیم
باز بعضی برسر	۲۳۰	۴۱۴۳	۴۲۵۴	۲۳۶	این همه وادی
باز بعضی در بیابان	۲۳۰	۴۱۴۷	۱۵۹۲	۸۸	این یقین از
باز بعضی در تماشای	۲۳۰	۴۱۵۱	۳۶۹۶	۱۵۰	ای واوفوا العهد
باز بعضی درعجایب‌های	۲۳۰	۴۱۵۰	۴۱۱۰	۲۲۸	ای وجودت
باز بعضی را پلنگ	۲۳۰	۴۱۴۵	۴۱۹	۲۳	ای ورای وصف
باز بعضی رازتف	۲۳۰	۴۱۴۴	۴۶۵۷	۲۵۷	ای همه تو
باز بعضی زآرزوی	۲۳۰	۴۱۴۸			**ب**
باز بعضی سخت	۲۳۰	۴۱۴۹	۲۷۲۷	۱۵۲	با برادر کی کند
باز بعضی غرقه	۲۳۰	۴۱۴۲	۲۸۷۹	۱۶۰	با تو اینجا گر وصالی
باز بعضی نیز	۲۳۰	۴۱۴۶	۲۸۷۷	۱۶۰	با تو در گلخن
باز بنگر تاسر	۳	۳۰	۲۸۵۸	۱۵۹	با تو گر او
باز بنگر کر سلیمان	۲	۳۱	۱۹۵۳	۱۰۸	باتو گفتم کار
باز بنگر نوح را	۲	۲۲	۱۰۹۴	۶۲	با جمالش
باز پرسید از	۸۱	۱۴۵۸	۲۹۰۷	۱۶۲	باچنین خصمی
باز پیش جمع آمد	۵۳	۹۴۲	۱۶۲۵	۹۰	باچنین درگه
باز جان وتن	۱۹۴	۳۴۸۰	۱۹۷۶	۱۰۹	باچنین عمری
باز جستندش	۱۰۷	۱۹۲۳	۲۴۰۵	۱۳۴	باچنین مردی
باز چون	۱۳۰	۲۳۳۹	۵۱۰	۲۸	باحذیفه گفت
باز دانست او	۱۵۶	۲۸۰۵	۱۶۳۲	۹۱	باد استغنا

كشف‌الابيات

۲۵۱۵	۱۴۰	بایزید از جمله	۴۱۳۹	۲۳۰	باز دانی آنچ ایشان
۱۵۱۳	۸۴	بحر احسان چون	۳۰	۲	باز داوود زره
۴۰۰۱	۲۴۹	بحر جانم میزند	۱۴۰۴	۷۸	باز دختر گفت
۱۵۴	۹	بحر در شورت	۳۴۵	۱۹	باز در بازآمدن
۱۰	۱	بحر را از تشنگی	۲۱۱۶	۱۱۸	باز در دین
۹	۱	بحر را بگذاشت	۳۵۲	۱۹	باز درمعراج
۱۵۵۹	۸۷	بحر قهاریت را	۲۵	۲	باز در یعقوب
۳۹۴۵	۲۱۹	بحرکلی چون	۳۴	۳	باز عیسی را
۱۲۶۱	۷۱	بخت کو تا عزم	۴۴۰۸	۲۴۴	بازکردی پوست
۳۶۷۶	۲۰۵	برامید آنك	۴۲۸۴	۲۳۷	بازگردانیده او
۴۱۷۳	۲۳۱	برامیدی	۱۵۶۴	۸۷	بازگرد و پیش
۱۷۵	۱۰	برتر از علمست	۱۴۴۱	۸۰	باز گردیدای
۳۱۷۲	۱۷۷	برتن یوسف	۱۸۰۶	۱۰۰	بازگشت از راه
۳۱۱۹	۱۷۴	برتو بفروشد	۳۹۹۴	۲۲۲	بازگشت او نیز
۵۲۱	۲۹	برتو گر این	۳۹۹۰	۲۲۲	بازگشت و دفتر
۱۳۴۵	۷۵	بر جمالت	۴۱۸۸	۲۳۲	باز گفتند آن
۲۸۲۵	۱۵۷	بر جمالش	۷۵۶	۴۲	باز گویم هرزمان
۲۴۶۱	۱۳۷	برچو تو سرگشته	۷۶۲	۴۲	باز معشوقم چو
۴۶۷۲	۲۵۸	بر خریداری تو	۲۹	۲	باز موسی رانگر
۲۹۱۱	۲۱۸	بردر بسته چو	۵۰۳	۲۸	باز فاروقی که
۳۹۹	۲۲	بر درت جان	۳۶۰	۲۰	بازمین آید
۱۴۹۳	۸۳	بر درحق هر	۳۶۴	۲۰	باز نامد کس
۱۷۶۳	۹۸	بر درخت	۳۳	۳	باز یحیی رانگر
۲۴۹۳	۱۳۹	بر در زندان	۲۶	۲	باز یوسف را
۱۰۹۵	۸۸	برد سیمرغ از دل	۲۸	۲	باز یونس را
۴۳۹۴	۲۴۳	بردل او درد	۳۶۸۱	۲۰۵	باسگی در دست
۲۳۹۲	۱۳۳	بردل پرخون	۶۹۷	۳۹	با سلیمان درسخن
۲۱۲۴	۱۱۸	بردم و بفروختم	۷۰۶	۳۹	با سلیمان در سفرها
۳۳۸۳	۱۸۹	بردهام درپوست	۲۷۳۵	۱۵۲	باش تا از
۳۰۰۴	۱۹۵	برزمین چون	۲۷۳۶	۱۵۲	باش تا فردا
۵۸۷	۳۳	برزمین خونم	۲۰۵	۱۲	باش چشما روی
۲۷۸۸	۱۵۰	برزنان مصر	۳۱۷۱	۱۷۷	باغلامی
۱۲۰۹	۶۸	برسپهر حسن	۲۸۴۰	۱۵۸	باکسی آسان
۳۴۷۱	۱۹۴	برس آتش	۳۰۰۹	۱۹۸	باکسی عباسه
۴۳۹۵	۲۴۳	برس آن کشته	۲۷۶۲	۱۵۴	باکلاه شفشه و
۱۰۱۶	۵۷	برس آن گیج	۲۷۶۳	۱۵۴	باکمرهای مرصع
۲۰۰۷	۱۱۱	برست افزار	۱۴۰	۸	بام تو پر پاسبان
۱۶۴۲	۹۱	برسرمنبر شوی	۱۴۶۶	۸۲	با مریدان گفت
۸۰۰	۴۴	برسر و روی تو	۲۴۰۶	۱۳۴	با موکل
۵۴۰	۳۰	برعدو چون	۵۴۲	۳۰	بامیان نارد
۳۶۴۲	۲۰۳	برفشاند	۴۰۴۶	۲۲۵	بانگ بردارد
۱۵۷۷	۸۷	برفکندم	۱۹۷۹	۱۱۰	باوجود نفس
۳۶۳۴	۲۰۳	برق استغنا چنان	۱۶۲۰	۹۰	بایزید آمد

۳۲۶۷	۱۸۲	بعد از آن ابلیس	۴۱۵۶	۲۳۱	برق استغنا همی
۱۴۸۳	۸۳	بعد از آن اصحاب	۴۰۰۲	۲۴۹	برکسی فخری
۴۲۸۶	۲۳۸	بعد از آن اورا	۴۶۳۶	۲۵۶	برکشید آهی
۱۸۸۵	۱۰۴	بعد از آن بادی	۱۶۱۵	۹۰	برکشیدند آن همه
۳۴۷۷	۱۹۴	بعد از آن بنمایدت	۳۸۵۶	۲۱۵	برکشیده آن
۲۵۱۰	۱۴۰	بعد از آن تعبیر	۶۵۳	۳۷	برگرفتت سدره
۲۱۵	۱۲	بعد از آن جانت	۳۰۲۱	۱۶۹	برگرفتش تا
۳۸۷۳	۲۱۶	بعد از آن چون آن	۵۰۸	۲۸	برگرفتی همچو
۲۵۸۵	۱۴۴	بعد از آن چون محو	۲۰۷۷	۱۱۵	برگ ریزان
۲۱۸۲	۱۲۱	بعد از آن خشکش	۳۶۳	۲۰	برگشادی مشکل
۲۶۷۰	۱۴۹	بعد از آن در خیمه	۹۷۷	۵۵	برلب درباست
۱۸۳۲	۱۰۱	بعد از آن دردی	۹۷۹	۵۵	برلب دریا نشینم
۳۳۷۷	۱۸۸	بعد از آن روزی	۴۶۲۷	۲۵۶	بر من بیچاره
۴۳۵۳	۲۴۱	بعد از آن شد	۱۹۶۱	۱۰۹	برمیان بستی
۸۲۱	۴۶	بعد از آن طاووس	۳۳۳	۱۸	برمیان دو کنف
۲۹۲۲	۱۶۲	بعد از آن کرد	۳۹۸۲	۲۲۲	برمیانی
۳۰۳۲	۱۶۹	بعد از آن کم گشت	۴۳۰۱	۲۳۸	برنخیزد
۱۱۸۱	۶۷	بعد از آن مردی	۱۳۷۷	۷۷	برنیامد باخود
۱۰۵۶	۶۰	بعد از آن مرغان	۱۵۷۱	۸۷	برهنه پای
۱۶۵۶	۹۲	بعد از آن هدهد سخن آغاز کرد	۳۱۷۹	۱۷۷	برهنه کن
۱۶۴۹	۹۱	بعد از آن هدهد سخن را ساز کرد	۲۸۸۰	۱۶۰	بس بود این گلخنم
۴۴۴۷	۲۴۶	بعد ازین کی	۳۱۰۶	۱۷۳	بس بود این مفلسی
۳۵۷۸	۲۰۰	بعد ازین وادی استغنا	۱۷	۲	بست موری
۳۶۹۴	۲۰۶	بعد ازین وادی توحید	۳۳۳۰	۱۸۶	بسته جزدو
۳۸۰۱	۲۱۲	بعد ازین وادی حیرت	۳۱۳۳	۱۷۵	بسته عهد است
۳۳۳۳	۱۸۶	بعد ازین وادی عشق	۶۷۳	۳۸	بسته مردار
۳۹۴۲	۲۱۹	بعد ازین وادی فقرت	۲۲۰۰	۱۲۲	بس سبک مردی
۱۴۹۹	۸۳	بعد چل شب	۲۳۳۸	۱۳۰	بس عجب روزی
۱۳۸۹	۷۸	بعد چندین سال	۱۸۰۱	۱۰۰	بس کا کآمد
۴۳۸۲	۲۴۳	بعد روزی چند	۱۳۹۳	۷۸	بس کا کر
۱۰۲۱	۵۸	بعد سالی دید	۲۷۱۰	۱۵۱	بس که با
۲۵۸۴	۱۴۴	بکشم وانگه	۷۲۷	۴۰	بس که خشکی
۷۴۹	۴۲	بلبل شیدا	۴۴۹۶	۲۴۹	بس که خود را
۴۹۲	۲۷	بل که هرچ اصحاب	۴۵۱۸	۲۵۰	بس که گفتم
۲۰۲۹	۱۲۱	بندگی این باشد	۴۵۱۷	۲۵۰	بس که ما این
۳۷۵۰	۲۰۹	بندگی شد محو	۴۵۱۶	۲۵۰	بس که ما در ریگ
۱۹۳۰	۱۰۷	بندگی کن	۱۴۵۰	۸۱	بس که یاران
۳۷۷۹	۲۱۱	بنده آن اوست و	۳۱۳۰	۱۷۵	بشکن آن بت
۳۷۴۴	۲۰۹	بنده بس غم	۸۴۹	۴۸	بعد بصد
۲۰۲۲	۱۴۱	بنده چون پیوسته	۳۳۰	۱۸	بعثت او
۱۹۷۸	۱۰۹	بنده دارد در جهان	۴۲۸۳	۲۳۷	بعد از آش
۲۰۳۵	۱۴۱	بندۀ را خلعتی بخشید	۲۹۴	۱۶	بعد از آن نور

كشف‌الابيات

۳۰۰۳	۱۶۷	بود مجنونی	۴۹	۳	بنده را زین بحر	
۳۰۰۳	۱۹۵	بود مردی سنگ شد	۴۶۲۸	۲۵۶	بنده را گر نیست	
۳۰۲۸	۱۶۹	بود مردی شیردل	۳۰۷۲	۱۷۱	بنده را گو	
۳۰۱۸	۱۶۸	بود مستی سخت	۳۷۴۲	۲۰۹	بندهٔ کو	
۱۳۷۸	۷۷	بومی بس کهنه	۱۸۴۳	۱۰۲	بندهٔ گفت	
۴۶۳۳	۲۵۶	بود نقدی	۲۵۲۳	۱۴۱	بنده نبود	
۳۲۳	۱۸	بوده از	۲۵۲۴	۱۴۱	بنده وقت امتحان	
۸۷۶	۴۹	بوده‌ام پیوسته	۳۱۵۰	۱۷۶	بوالحسینی بود	
۴۳۸۵	۲۴۳	بوده دایم	۲۱۸۰	۱۲۱	بوالعجب	
۵۰۰	۲۸	بود هر روزی	۲۸۹۱	۱۶۱	بود آدم	
۲۹۲۴	۱۶۳	بود هم	۴۳۰۹	۲۴۱	بود آنجا	
۱۴۳۱	۸۰	بود یاری	۲۷۹۸	۱۵۶	بود آن دیوانه خون	
۳۱۴۳	۱۷۵	بودیک	۱۷۹۰	۹۹	بود آن دیوانه دل	
۳۰۴۲	۱۷۰	بودیی تو	۸۱۵	۴۵	بود آن دبوانه عالی	
۴۶۴۷	۲۵۷	بوسعید مهنه با	۳۸۵۷	۲۱۵	بود آن شب می	
۴۶۸۷	۲۵۹	بوسعید مهنه در	۱۹۴۹	۱۰۸	بود اندر مصر	
۳۱۹۸	۱۷۸	بوعلی طوسی	۳۸۳۴	۲۱۴	بود او را ده کنیزک	
۲۱۶۷	۱۲۰	بوک آن	۴۲۴۲	۲۳۵	بود این یک آن	
۱۸۱۴	۱۰۰	بوی جمعیت	۲۷۷۵	۱۵۴	بود بارانی	
۸۲۰	۴۶	بهتر آن باشد	۱۴۵۵	۸۱	بود بس بیننده	
۴۸۸	۲۷	بهترین چون	۲۶۹۹	۱۵۰	بودت از کافر	
۴۸۷	۲۷	بهترین خلق	۱۲۳۹	۷۰	بود تا شب	
۲۸۰	۱۵	بهر خویش	۲۵۱۱	۱۴۰	بود تعبیر	
۴۶۲۰	۲۵۰	بی‌تنی بی‌دولتی	۱۳۰۷	۷۳	بود خاک	
۱۳۲۰	۷۴	بی تو بر	۱۶۱۸	۹۰	بود خاموشی	
۴۴۲۹	۲۴۵	بی تو چون	۲۲۶۷	۱۲۶	بود خسرو را	
۳۳۳۱	۱۸۶	بی‌خودی می‌گفت	۵۸۲	۳۳	بود دایم	
۳۱۵۵	۱۷۶	بیدل دیوانه	۱۹۷۰	۱۰۹	بود در آخر	
۲۲۱۴	۱۲۳	بی‌دلی چون	۱۹۷۴	۱۰۹	بود در اوسط	
۴۱۴۶	۲۳۵	بی‌زرقان	۱۹۷۳	۱۰۹	بود در اول	
۳۰۰۵	۱۶۷	بیست روز آن	۴۲۹۴	۲۳۸	بود در فرماندهی	
۳۰۰۶	۱۶۷	بیست روز از	۲۷۸۰	۱۵۵	بود در کاریز	
۳۱۲۸	۱۷۰	بیست من	۱۸۱۵	۱۰۰	بود در کنجی	
۲۶۸۱	۱۴۹	بی‌سپاهی	۲۸۴۷	۱۵۸	بود درویشی زفرط	
۱۳۲۵	۷۴	بیش ازین	۴۰۳۶	۲۲۴	بود درویشی گدایی	
۳۷۷۷	۲۱۱	بیشتر از شاه	۴۳۳۶	۲۴۰	بود در همسایگی	
۲۷۸۶	۱۵۵	بی‌شک این	۱۶۱۷	۹۰	بود راهی	
۳۲۶۱	۱۸۲	بی‌شکی بر	۳۷۶۵	۲۱۰	بود روی عالم	
۴۴۹۰	۲۴۸	بی‌شکی دایم	۹۳۴	۵۳	بود سلطانیم	
۲۹۲۶	۱۶۳	بی‌شکی فردا	۳۶۷۴	۲۰۵	بود شیخی	
۳۷۵۱	۲۰۹	بی‌صفت	۳۴۴۹	۱۹۲	بود عالی همتی	
۳۸۸	۲۱	بی‌کسان را	۲۶۹۰	۱۵۰	بود کافر را	

۲۲۸۳	۱۲۷	پای در عشق	۴۶۴۳	۲۵۶	بی‌نهایت در دل	
۲۹۸۲	۱۶۶	پای درنه، ترک	۲۳۵	۱۳	بی‌نهایت کرد	
۱۷۶۱	۹۷	پای درنه گرتو	۳۶۳۳	۲۰۳	بی‌نیازی	
۳۳۸۷	۱۸۹	پای درنه گر سرافرازی	۲۷۰۴	۱۵۱	بی‌وفا	
۱۱۸۲	۶۷	پای درنه همچو				
۳۴۴۶	۱۹۲	پلی درنه یا سر خود			**پ**	
۱۲۶۴	۷۱	پای کوتا	۴۰۷۴	۲۲۶	پادشاها بنده	
۲۵۰	۱۴	پای مردمن	۸۰	۵	پادشاها درمن	
۲۴۲۹	۱۳۵	پختگان چون	۵۶	۴	پادشاها دل بخون	
۲۷۴۲	۱۵۳	پربرآرو درگنر	۹۰۶	۵۱	پادشاها من بچشم	
۴۶۴۹	۲۵۷	پرده از ناسازگاری	۹۱۹	۵۲	پادشاهان	
۴۶	۳	پرده برگیر	۱۱۱۶	۶۳	پادشاه تست	
۳۹۹۳	۲۲۲	پرزنان در پرتو	۷۰۷	۳۹	پادشاه خویش را دانستدام	
۳۲۲۴	۱۸۰	پرسیاست	۱۱۱۷	۶۳	پادشاه خویش‌را دردل ببین	
۴۶۸۳	۲۵۹	پس بپوشد	۴۳۸۴	۲۴۳	پادشاهی باچنان	
۳۳۳۱	۱۳۰	پس بدان هر ثقبه	۱۰۹۶	۶۲	پادشاهی بودپس صاحب جمال	
۱۶۳۷	۹۱	پس بدو گفتند	۹۶۴	۵۴	پادشاهی بود پس عالی گهر	
۳۰۳۴	۱۶۹	پس بدید	۴۲۹۳	۲۳۸	پادشاهی بود عالم	
۲۶۰	۱۴	پس برون	۲۴۱۷	۱۳۵	پادشاهی بود نیکو	
۹۹۰	۵۶	پس بزرگان را	۴۰۲۱	۲۲۴	پادشاهی ماه‌وش	
۴۰۶۵	۲۲۶	پس بسوی دار	۸۷	۵	پاره پاره	
۲۵۲۷	۱۴۱	پس بعالمیان	۳۰۳۴	۱۹۷	پاسبان راخواب	
۱۱۲۸	۶۴	پس بگفتی	۳۵۴۶	۱۹۸	پاسبان را عاشقی	
۱۸۸۶	۱۰۴	پس بگیرد	۳۵۴۳	۱۹۸	پاسبان را کار	
۳۴۶۰	۱۹۳	پس بود آنجا	۳۰۳۱	۱۹۷	پاسبانی بود	
۲۸۲۹	۱۵۷	پس ترا	۳۵۴۸	۱۹۸	پاسبانی کن	
۳۰۰۱	۱۶۷	پس تو هم	۵۰۰	۲۸	پاک ازقشر	
۳۷۸۶	۲۱۱	پس حسن دیگر	۲۵۶۱	۱۴۳	پاکبازی کو	
۳۷۸۹	۲۱۱	پس حسن را	۲۵۴۴	۱۴۲	پاکبازی می‌کنم	
۱۱۳	۷	پستی خاک	۱۹۰۷	۱۰۶	پاک بستاند همه	
۳۴۵۸	۱۹۳	پس چو برخیزد	۴۱۲۶	۲۲۹	پاکدینی کرد	
۹۷۶	۵۵	پس درآمد	۲۹۴۳	۱۶۴	پاکدینی گفت آن	
۱۰۲۲	۵۸	پس درآن	۴۶۰۲	۲۵۴	پاکدینی گفت سی‌سال	
۳۳۲۴	۱۸۵	پس دگرشب	۲۰۷۵	۱۱۵	پاکدینی گفت مشتی	
۳۷۴۸	۲۰۹	پس ز تکلیف	۹۳۱	۵۲	پاکرایی بود	
۳۷۶۷	۲۱۰	پس زفان بگشاد شاه	۴۶۴۰	۲۵۶	پاکن ازآه	
۱۸۵۱	۱۰۲	پس زفان بگشاد گفت	۶۱۵	۳۴	پاکگردان	
۴۲۶۴	۲۳۶	پس زفان بگشاد همچون	۸۹۵	۵۰	پا و منقار تو	
۳۹۸۰	۲۲۱	پس سر کم کاستی	۱۳۳۴	۷۵	پای از عشق	
۲۸۳۳	۱۵۸	پس سؤالش کرد	۲۰۱۹	۱۱۲	پای‌بست عشرت	
۳۲۳۰	۱۸۰	پس سیم	۴۱۶۶	۲۳۱	پای تا سر	
۶۲۶	۳۰	پس کلام بی	۱۰۴۰	۵۹	پای در ره	

کشف‌الابیات ۳۸۷

پس کند آن	۲۰۳	۳۶۳۷
پس مکن در	۶۵	۱۱۴۳
پس میان این	۲۳۷	٤۲۸۵
پس میان سجده	۲۲٦	٤۰۷۰
پس نهادند	۲۱٤	۳۸۵۱
پس همه از	۱۱۰	۱۹۸۸
پس همه با	۳۸	٦۸٦
پس همه بر	۷	۱۲۳
پشت چون	۱۸۹	۳۳۹۵
پشم در	۱٦٦	۲۹۸۰
پشه گشته	٤۵	۸۰۳
پند دادندش	۷۰	۱۲۳٦
پندگیر	۲۵۰	٤۵۲٦
پوست آخر	۱۲۲	۲۱۹۲
پوستش	۲٤۲	٤۳۷۲
پوستی خواهم	۱۸۹	۳۳۸۱
پوستینی دید	۱۷۷	۳۱۷٤
پیراگر	۲۰۵	۳٦۷۸
پیر باخود	۹۵	۱۷۱۹
پیر باید	۹٤	۱۷۰۲
پیر چون	۱۸٤	۳۳۰٦
پیر را	۷۷	۱۳۷۹
پیر رفت	۹۸	۱۷۷۸
پیرزن درحال	۲۰۷	۳۷۰۹
پیرزن گفتا	۱٤٦	۲٦۱٤
پیر عالم	۱۷	۳۱٦
پیر کرد	۲۵٦	٤٦۳٤
پیر گفتا این	۹٦	۱۷۳۱
پیر گفتا من	۲۰٤	۳٦٤۹
پیر گفتش	۲۱۹	۳۹۳۹
پیر ما لابد	۹٤	۱۷۰۳
پیرمردی‌ام	۹٦	۱۷۲٦
پیرمردی خارکش	۹۵	۱۷۰۹
پیرهن پوشیم	۸۳	۱٤۹۱
پیرهن در خون	۱۵۲	۲۷۲٤
پیش آمد	۹۲	۱٦۵۲
پیش ازآن	۱٤۸	۲٦٤۹
پیش از آن	۲۲٦	٤۰۷۱
پیش ازین آن	۱۷۷	۳۱۸٤
پیش ازین این بی‌خبر	۱۱۵	۲۰۷٦
پیش ازین در	۷۷	۱۳۸٤
پیش او این	۵۸	۱۰۳۱
پیش او رفتند	۸۵	۱۵۲۹
پیش تابوت	۱۳۱	۲۳۵٤
پیش جمع	۵۱	۹۱٤
پیش حیدر	۳۱	۵۵٦
پیش خود	۲۵۳	٤۵۷۷
پیش رویت	۱۵۲	۲۷۳۷
پیش سیمرغ	۲۵۰	٤۵۳۰
پیش شاهان	۱۷٦	۳۱٦۲
پیش شد	۹۵	۱۷۱۱
پیش عیسی	۱۳۲	۲۳۷۵
پیش گیرد	۱۲۱	۲۱۷۹
پیش‌وایانی که در	٦۷	۱۱۹۱
پیشوایانی که ره	۲	۱۹
پیشوای این	۱۵	۲۷۱
پیش هدهد آمدند	۹۱	۱٦۳٦
پیش هدهد صدهزاران	۹۲	۱٦۵۱
پیش یار	۳۲	۵۷٤

ت

تا ابد شرع تو	۲۱	۳۸۱
تا از آن	۲۵۰	٤۵۳۲
تا اگر باخویش	۱۲۷	۲۲۸۰
تا اگر روزی	۵۳	۹٤۷
تا اگر کاری	۲۰۲	۳٦۲۹
تا ببینم	۲۲٦	٤۰۷۲
تا بدانندی	۱٤۱	۲۵۲۸
تابدانی آنک	۱٤۱	۲۵۳۹
تابدانی توکه از چنگ	۱۳۱	۲۳۵۰
تا بدانی توکه این	۱۰۳	۱۸۵۷
تا بدانی کز	۱۲٦	۲۲٦٤
تا بدست آرد	۱۱۸	۲۱۲۸
تا بریشم	۱۸۷	۳۳٤۳
تا بکلی	۱٦٤	۲۹٤٤
تا بکی ازمن	۱٤۹	۲٦۸۲
تا بکی گویی	۲۵۱	٤۵٤۰
تا بمیرم	۲۵۰	٤۵۲۳
تا بود کاری	۸۹	۱٦۰۱
تا بهشت	۱۷۳	۳۰۹۸
تا بهیچی	۱۰۳	۱۸٦۵
تا ترا نفسی	۱٦٦	۲۹۷۹
تا تو باشی	۲۰۸	۳۷۱۹
تا تو در پندار خویش	۱٦۲	۲۹۱۱

۱۷۸۱	۹۹	تا که مرد نانوا	۲۹۳۰	۱۶۳	تا تو در عجب		
۴۲۶۰	۲۳۶	تا که می‌رفتند	۱۸۱۰	۱۰۰	تا تو می‌گردی		
۲۴۴۷	۱۳۷	تا که ندهد	۴۵۴۲	۲۵۱	تا تو هستی پای‌مال		
۱۹۱۸	۱۰۶	تا که نکند	۴۲۷۸	۲۳۷	تا تو هستی در		
۳۷۳۱	۲۰۸	تا کی ای عطار	۲۹۱۶	۱۶۲	تا تو هستی رنج		
۳۹۳۳	۲۱۹	تا گرفتار چنین	۳۷۶۰	۲۱۰	تا توی برجاست		
۱۴۳۸	۸۰	تا مرا جانست	۲۲۵۴	۱۲۵	تاجری مالی		
۲۰۸۰	۱۱۶	تا مرا چون گل	۲۳۷۴	۱۳۲	تا چرا تلخ است		
۲۰۹	۱۴	تا مگر چون ذره	۵۶۲	۳۱	تاچرا! من هم		
۱۸۰۹	۱۰۰	تا نباشد	۳۳۶۴	۱۸۸	تا چنین کاری		
۲۲۹۲	۱۲۸	تا نباشیم	۳۹۵۹	۲۲۰	تا چو اندر		
۲۵۰۰	۱۴۲	تا نبری	۳۰۳۹	۱۷۰	تاجو بر عیب		
۲۲۱۷	۱۲۳	تا نپردازی	۳۹۵	۲۲	تاچو پروانه		
۳۰۶۲	۱۹۹	تا نتابد	۱۴۸۶	۸۳	تا چو حق دیدی		
۲۰۰۹	۱۴۳	تا نسوزی	۱۴۱۹	۷۹	تا چو سالی بگذرند		
۴۰۲	۲۲	تا نشانی	۱۹۸۴	۱۱۰	تا چو عمری		
۲۰۷۳	۱۱۵	تا نگردانی	۲۷۹۰	۱۵۵	تا در آن حالت		
۶۵۴	۳۷	تا نگردانی هلاک	۴۶۴۵	۲۵۶	تا در اندوهت		
۴۲۸۸	۲۳۸	تا نگردد جان	۲۵۰۴	۱۴۲	تا در اول		
۴۴۶۵	۲۴۷	تا نگردد نامرادی	۳۴۱	۱۹	تا نم آخر که		
۴۰۰۲	۲۲۳	تا نگردی بی‌خبر	۴۱۱۶	۲۲۹	تا دمی آخر		
۴۲۹۲	۲۳۸	تا نگردی محو	۲۴۴۴	۱۳۶	تا دوا!		
۳۱۸۷	۱۷۸	تا نگردی مرد صاحب	۲۹۳۳	۱۶۳	تا زتو		
۱۷۰۸	۹۷	تا نمیری ازخود	۴۳۷۶	۲۴۲	تا زکار این		
۵۹۴	۳۳	تا نیابد اطلاعی	۴۵۷۸	۲۵۳	تا زکار خلق		
۴۲۸۹	۲۳۸	تا نیابی درفنا	۴۳۲۳	۲۳۹	تا شیب		
۳۲۲۱	۱۸۰	تا نیاری داغ	۱۹۹۰	۱۱۰	تا شود این		
۴۱۱۱	۲۲۸	تا نیاری مدتی	۳۴۰۹	۱۹۳	تا شوم زو		
۲۶۱	۱۴	تا نیامد برلبم	۳۳۱۲	۱۸۵	تا طلب در		
۲۶۷۸	۱۴۹	تا نیامد پیش	۴۴۸۱	۲۴۸	تا قیامت		
۱۷۰۰	۹۴	تا نیفتد برتو	۴۳۰۰	۲۴۱	تا کسی کو		
۳۱۹۲	۱۷۸	تا وضو سازم	۳۰۸۳	۲۰۰	تا کلاغی		
۱۴۰۰	۷۸	تختهٔ کعبه است	۱۵۹۸	۸۹	تا کند در راه		
۱۳۰۱	۷۳	ترک روز آخر	۴۹۳	۲۷	تا کنی معزول		
۳۶۳۱	۲۰۲	ترک‌کن کاری	۲۸۰۴	۱۵۶	تا که از جایی		
۳۴۹۶	۱۹۵	تشنگی بر کمال	۳۷۲۱	۲۰۸	تا که از هیچی		
۸۷۸	۴۹	تفت	۳۹۷۰	۲۲۱	تا که با خود		
۳۱۸۱	۱۷۷	تن برهنه	۲۴۳۰	۱۳۵	تا که برنان		
۶۶۲	۳۷	تنگ دل زانی	۴۵۰۲	۲۵۰	تا که بودی		
۲۳۱۸	۱۲۹	تو اگر آلوده	۴۰۰۹	۲۲۳	تا که تو دم		
۴۲۲۸	۲۳۵	تو با آخر هم	۲۲۱۶	۱۲۳	تا که تو نظاره		
۲۰۹۰	۱۱۶	تو بشنی	۱۱۳۸	۶۴	تا که رنجوری		

كشف‌الابيات ۳۸۹

تو بدان کانکه	۶۱	۱۰۷۹
تو بدان نور نجس	۱۶۲	۲۹۰۹
تو بدو بشناس	۱۰	۱۷۰
تو بده	۲۵۸	۴۶۷۷
تو بدین	۱۱۹	۲۱۴۶
تو بسی	۹۱	۱۶۳۸
تو بطاعت	۹۲	۱۶۶۵
تو بگو	۱۱۳	۲۰۴۰
تو بمانده	۱۱۴	۲۰۵۶
تو بنه	۳۴	۶۰۳
تو بیفکن	۲۹	۵۲۷
تو تعصب کن	۳۲	۵۷۶
تو جهان	۱۹۰	۳۴۰۰
تو چرا	۲۱۰	۳۷۷۳
تو چنان دانی	۳	۳۶
تو چنان ظن	۷۹	۱۴۲۳
تو چنین استاده	۲۱۰	۳۷۷۲
تو چنین و ایشان	۷۹	۱۴۱۵
تو چه‌دانی تاچه	۲۳۸	۴۲۸۷
تو چه دانی تاکدامین	۹	۱۶۴
تو چومردان	۱۷۳	۳۱۰۱
تو چه مرد	۳۴	۶۱۰
تو درو گمشو	۱۱	۱۹۶
تو درو گم گرد	۲۱۰	۳۷۶۱
تو درین تاریکی	۱۹۶	۳۵۱۰
تو درین ره مرد	۲۰۷	۳۷۱۰
تو درین ره‌نه	۳۳	۵۹۰
تو رها کن	۳۲	۵۸۰
تو زجای	۱۷۳	۳۰۹۵
تو زجمله	۱۲۳	۲۲۰۹
تو زخوك	۷۹	۱۴۲۵
تو زعشق	۳۱	۵۶۰
تو زفان	۱۵۶	۲۸۱۰
تو زناز	۱۱۵	۲۰۶۸
تو سر خود	۲۵۷	۴۶۵۳
تو شنیدی	۳۴	۵۹۸
تو شهی	۱۴۹	۲۶۷۴
تو علی	۳۲	۵۷۹
تو فراغت	۱۱۷	۲۰۹۷
تو فروغ	۲۵۴	۴۶۰۷
تو فنا	۲۵۱	۴۵۴۳
تو کجا	۲۰۸	۳۷۲۴
تو کریم	۲۵۹	۴۶۸۶
تو کفی	۳۳	۵۹۱
تو که باشی این	۶۶	۱۱۶۸
توکه باشی تا	۱۵۹	۲۸۵۷
تو مباش اصلا	۱۱	۱۹۵
تو مخسب	۲۴۹	۴۵۱۴
تو مکن بد	۲۴۵	۴۴۲۲
تو مکن چندین	۱۵۲	۲۷۳۲
تو مکن دریك نفس	۹۲	۱۶۶۴
تو مگر	۱۰۳	۱۸۶۳
تو منی	۲۱۰	۳۷۵۸
تو ندادی	۱۰۳	۱۸۶۹
تو نداری تاب آن	۳۳	۵۹۶
تو نداری تاب چندانی	۳۴	۶۰۰
تو نکردی هیچ	۱۰	۱۶۸
تو نکردی یاد	۱۴۹	۲۶۷۹
تو نمی‌دانی که‌عمرت	۱۲۹	۲۳۱۳
تو نمیدانی که‌هر	۱۲۹	۲۳۱۴
تونهٔ بس	۱۵۹	۲۸۵۹
تونهٔ شاهی	۱۹۹	۳۵۷۴
تونه کار	۱۸۷	۳۳۵۳
تو نیاری	۲۰۳	۳۶۴۴
تو همی	۱۹۸	۳۵۵۶
تو یقین‌دان	۹۸	۱۷۶۲
تو یقین می‌دان	۸۴	۱۵۱۲
تیرگی دیده	۱۱۲	۲۰۱۴
تیره بود	۱۵۶	۲۸۰۳
تیز چشمی	۱۳۷	۲۴۶۰
تیز وهمی	۳۹	۶۸۹
تیغ را	۵	۸۷

ج

جام می	۷۶	۱۳۵۵
جامهٔ از	۲۲۱	۳۹۷۹
جامهٔ تسلیم	۱۰۷	۱۹۴۰
جامه چون	۱۶۶	۲۹۸۹
جامه کان	۱۸۹	۳۳۷۹
جامهٔ ماتم	۵۶	۹۹۹
جامه نیلی کرد	۲۴۳	۴۳۸۹
جان آن	۲۳۵	۴۳۳۰
جان او	۲۴۳	۴۳۸۷
جان برافشان	۲۰۵	۳۶۷۳

٤٠٨٢	٢٥٣	جسم و جان	٤٤٣٠	٢٤٥	جان بلب آورد بی تو
٤١٥٨	٢٣١	جمع میدیدند	٤١٠٥	٢٢٨	جان بلب آورد گفت
٢٤٩٨	١٣٩	جملهٔ آن قوم	٢٠٧	١٢	جان بلندی
٢٣٣٧	١٣٠	جملهٔ از زاری	٧٣١	٤١	جان بی جانان
١٤٣٠	٨٠	جملهٔ از شومی	٢٦٧	١٥	جان پاکان
٤٢١٧	٢٣٤	جملهٔ از غم	٢٥٩٦	١٤٥	جان جدا
١٥١٥	٨٤	جملهٔ اصحاب	٣٤٦٣	١٩٣	جان چو برخاست
٢٧٢٣	١٥٢	جملهٔ افکندید	٧٣٤	٤١	جان چو بی جانان
١٦٠٨	٨٩	جملهٔ او را	١١٦	٧	جان چو در
٤١٩٣	٢٣٣	جملهٔ با پروانه	٨١٤	٤٥	جان چه خواهی
١١٠٩	٦٦	جملهٔ با سیمرغ	٢٠	٢	جان خود
١٥٢٥	٨٥	جملهٔ با یاد آمدش	٨١٢	٤٥	جان زبهر
٢٣٢٦	١٢٩	جملهٔ پرندگان خامش	٢٠٩٢	١١٦	جان شیرینت
٤١٩٢	٢٣٢	جملهٔ پرندگان روزگار	١٣١٦	٧٤	جانفشانم
٣٥٠٨	١٩٦	جملهٔ تاریک است	٧١١	٤٠	جان فشانید وقدم
٢٥٧٦	١٤٤	جملهٔ جان ها از آن	٣٤٤٨	١٩٢	جانفشانی و بمانی
١٤٣	٨	جملهٔ جانها زکنهت	٥١	٤	جانم آلودهت
١٥٨٨	٨٨	جملهٔ چون	٤٤٣٦	٢٤٥	جان من بستان
١٣٦	٨	جملهٔ دارند	٣٢٧٨	١٨٣	جان من کر
٤١٣٣	٢٢٩	جملهٔ دانستند	٣٠٦٥	١٧١	جان من گر
٤٢٠٠	٢٣٦	جملهٔ در افعال	٤٥٠٧	٢٥١	جان نگردد
١١١	٧	جملهٔ در توحید او	١٣٨	٨	جان نهان
٣٥٧٠	١٩٩	جملهٔ در ماتم	٢٨٥١	١٠٩	جان و دل
١٦١٦	٩٠	جملهٔ دست	٣٤٦٧	١٩٣	جان همی
٤٠٠١	٢٥١	جملهٔ دیوان من	٤٢٢٥	٢٣٤	جان یوسف
١٤٩٠	٨٣	جملهٔ را چل	٤٢٩٥	٢٣٨	جاه او
٩٢٣	٥٢	جملهٔ را درپر	٨٤٥	٤٧	جای باشد
٤٢٠١	٢٣٣	جملهٔ را در مسند	٣١٦٨	١٧٧	جایگاه خاص
٤٠٢٩	٢٥٠	جملهٔ را شرح	١٨٥٠	١٠٢	جبرئیل آمد از آن
٣١١٣	١٧٤	جملهٔ رایابی	٢٩٦٨	١٦٥	جبرئیل آمد بسوی
٢٧٥٤	١٥٣	جملهٔ رب داند	١٠٤٥	٥٩	جبرئیل آمدکه
١٨١٨	١٠١	جملهٔ روزم	٣٣٦	١٨	جبرئیل از دست
٢٧٩٣	١٠٠	جملهٔ ره خلق	٣٢٣٦	١٨٠	جد و جهد
٢٧٩١	١٠٠	جملهٔ زو گوید	٤٥٢٠	٢٥٠	جذبهٔ حق
٢٣٦٧	١٣٢	جملهٔ زیرزمین	٣٢٤٥	١٨١	جرعهٔ زان
١٠٣٩	٥٩	جملهٔ سالوسی	١٤٨٤	٨٣	جز در حق
١٤٩٢	٨٣	جملهٔ سوی روم	٩٨٠	٥٥	جز غم
٣١٩٠	١٧٨	جملهٔ شب آن	٢٠٦	١٢	جزو کل شد
٤٣٩٨	٢٤٣	جملهٔ شب بود	٣٧٣٤	٢٠٨	جزو گردد
٣٥٤٠	١٩٧	جملهٔ شب خلق	١٢٦	٧	جزو کل برهان
١٢٤٩	٧٠	جملهٔ شب درخون	٣١٠	١٧	جزو کل چون
٢٧٦٧	١٥٤	جملهٔ شهرش	١٨٩٥	١٠٠	جسم تو

کشف‌الابیات ۳۹۱

جملهٔ طاعات	۱۰۵	۱۹۰۲
جمله عاجز	۱۱	۱۸۷
جملهٔ عالم	۹	۱٤۸
جمله عبری	۲۳٤	٤۲۱۳
جملهٔ عمرم	۱۳۳	۲۳۹۱
جمله کم‌زن	۱۹۱	۳٤۳۰
جمله گفتند آمدیم	۲۳۱	٤۱۷۰
جمله گفتند آنچ	۸۲	۱٤۷۷
جمله گفتند ای عجب	۲۳۱	٤۱۵۹
جمله گفتند ای عزیز	۱۵۱	۲۷۱۸
جمله گفتند این زمان در	۳۸	٦۸۲
جمله گفتند این زمان ما	۸۹	۱۵۹۷
جمله گفتند این معظم	۲۳۲	٤۱۸۰
جمله گفتندش درآ	۱۹۲	۳٤۳٤
جمله گفتندش زسر	۸۷	۱۵٦٦
جمله گفتندش که‌تو	۱۷۲	۳۰۸٤
جمله گفتندش که‌کردیم	۲٤۲	٤۳۷۱
جمله گفتندش که ما	۲۳٤	٤۲۲۰
جمله گفتندش مکن	۲۹	۵۲۹
جملهٔ مردان	۲۰۳	۳٦٤۵
جملهٔ مرغان چو	٦۰	۱۰٦۷
جملهٔ مرغان زهول	۹۰	۱٦۳۰
جملهٔ مرغان شدند	٤۱	۷٤٤
جمله موسیقارزن	۲۱٤	۳۸۳۵
جمله می‌گفتند	۲۲۲	۳۹۸۸
جملهٔ یاران بدلداری	۷۱	۱۲٦۸
جملهٔ یاران من	۷۹	۱٤۱٤
جمله یك	۸	۱۳۰
جنگ دل	۸۸	۱۵۹۳

چ

چارچوب طبع	۳٦	٦۳۹
چارصد مرد	٦۸	۱۲۰۵
چاکرش را کرد	۱۹	۳۵۵
چاوشان	۲۲۵	٤۰٤۵
چاوش شهزاده	۲۲٦	٤۰٦۰
چاه چون بشنید	۳۱	۵٤۸
چاه سیمین	٦۹	۱۲۲۲
چرخ جز سرگشته	۱۳	۲۳۰
چرخ را دور	٦	۹٤
چرخ می‌خواهد	۱۳	۲۲۹
چشم ازآن	۵۳	۹٤۵
چشم او چون	٤٤	۷۸٤
چشم او در چهره	۲۱۵	۳۸٦٤
چشم بایستی	۲۲۵	٤۰٤۹
چشم بد بدکاری	٦۵	۱۱٤۱
چشم بر رخساره	۲۱۵	۳۸٦۱
چشم برگور	۱۵٦	۲۸۱۳
چشم‌بسته میروم	۱۳۷	۲٤۵۹
چشم بگشایید	۵۰	۸۸۲
چشم پرخون	۸۰	۱٤٤۳
چشم چون	۲۲٤	٤۰۲۹
چشم درگوی	۱۸۹	۳۳۹۳
چشم عالم آنچنان	۲۱۰	۳۷٦٦
چشم من‌گر	۵	۸۳
چشم همت برگشای	۱۲۲	۲۱۹۸
چشم همت چون	۱٤٦	۲٦۲۰
چل مرقع‌پوش	۱٤٤	۲۵۷۸
چل‌هزاران	۲۲۱	۳۹٦٦
چند اندیشی	۲۲۸	٤۱۱۵
چند باشد همچو	٤۸	۸٦٤
چند پیوندی	۳٦	٦٤۹
چند ترسی	٦۷	۱۱۸۳
چند جویی	۱٦۹	۳۰۳۸
چند خواهد	۲٤۹	٤۵۰۷
چند خواهم	۲۲٦	٤۰۵۷
چند داری	۷۹	۱٤۱۳
چند گردطاس	۱۵۲	۲۷٤۰
چند گردی گرد	۱۲۵	۲۲٤۰
چند گویم این	۲۰٦	۳٦۸۷
چند گویم چون دگر	۳	۳۷
چند گویم چون نیابی	۹	۱٦۰
چند گویم چون وجودت	۱۹۸	۳۵۵٤
چند گویی جز	۱۲	۲۱۱
چندگویی مرتضی	۳۰	۵٤۳
چند نالم	۷٤	۱۳۲۹
چون ازل	۲۰٦	۳۷۰۰
چون ازوکار	۲۳۵	٤۲۲۹
چون ازین در	۱۸٦	۳۳۲۸
چون ازین گلخن	۱٦۰	۲۸۷۸
چون ازین هردو	۱۷۳	۳۰۹۹
چون الست	۳٦	٦٤۲
چون اویس	۲۹	۵۲٦
چون ایاز از	٦٤	۱۱۳۳

منطق‌الطیر ۳۹۳

چون بدیدم خلق	۱۸۲	۳۲۷۰	چون ایاز القصه	۲۱۱	۳۷۷٤	
چون بدیدم روز	۱۰۰	۱۸۰۷	چون بآسایش رسد	۲٤۸	٤٤۹۰	
چون بدیدم عجز	۵۳	۹۳٦	چون ببرد آن	۸۷	۱۰۷۳	
چون بدیدند آنچنان	۸۵	۱۵۲۸	چون ببرد وقت	۱۳۰	۲۳۲۹	
چون برآمد آفتاب	۱٤٤	۲۵۸۹	چون ببیند این همه	۲۸	۵۰۲	
چون برآمد چل	۲٤٤	٤٤۰۱	چون ببیند طعنه	۲۰٦	۳٦۸٦	
چون برآمد صبح	۲۱۵	۳۸۷۱	چون ببینم	۲۲٦	٤۰۷۳	
چون برآمد صد	۲۳۷	٤۲۷۰	چون پاکی	۱٤٦	۲٦۱۹	
چون برآمد هفته	۹۸	۱۷۷۲	چون برسیم	۹۱	۱٦٤٦	
چون برآن	۲۲۱	۳۹۷۰	چون ببیچیدم	۱۹٤	۳٤۷۳	
چون برآید	۱٤	۲٦۲	چون بتابد آفتاب	۱۹٤	۳٤۸۷	
چون برفت آن	۱۰۸	۱۹۰۰	چون بتابد ملک	۱۹۹	۳۰٦۳	
چون برفت ازدار	۱۵۸	۲۸۳۲	چون بترسیدند	۹۱	۱٦۳۵	
چون برمحمود	۱٤۹	۲٦٦۸	چون بترک	٦٦	۱۱٦٤	
چون بروبی خاک	۹۸	۱۷۷٤	چون بجان	۱۹٤	۳٤۷۵	
چون برون آبی	۱٦۲	۲۹۱۲	چون بجز	۱۰۱	۱۸۳۳	
چون برون راندی	۲۲٤	٤۰۳٤	چون بجاه	۱۵۲	۲۷۳۰	
چون برون رفتی	۱۹٦	۳۰۱۵	چون بحال	۸۵	۱۰۲٦	
چون برونست از	۲۰٦	۳۷۹۹	چون بحاک	۲۰۹	٤٦۸٤	
چون بزیردار	۲۲٦	٤۰٦۷	چون بخفت	۲۱۵	۳۸۷۲	
چون بسلطانی	۱۷۲	۳۰۸۵	چون بخلوت	۱۹	۳٤۸	
چون بسوزد جان	۲۳۲	٤۱۸۷	چون بخندیدی	۲۱۳	۳۸۲۲	
چون بسوزی کل	۱٤۲	۲۵٤۸	چون بخواست	۲۲۷	٤۰۷۷	
چون بسوزی هرچه	۳۸	٦۷۸	چون بخورد آن می	۲۱٤	۳۸٤۸	
چون بسوی	۳۲	۵۷۲	چون بخورد آن نیم	۱٤۳	۲۵٦٤	
چون بسی آواز	۱۵۲	۲۷۳۸	چون بداد	۱۹۱	۳٤۲۲	
چون بسی باشد	۲۰٦	۳٦۹۷	چون بدانستی	٦۱	۱۰۸۸	
چون بسی شد	۱٤۹	۲٦۷۲	چون بدریا	٤۷	۸۳٦	
چون بشد ده روز	۹۹	۱۷۹۵	چون بدست	۸۹	۱٦۰٦	
چون بشد شبلی	۲۵۵	٤٦۱٤	چون بدعوت	۱۷	۳۰۱	
چون بشد غازی	۱۵۰	۲٦۸۹	چون بدل	٤٦	۸۲٦	
چون بشهر خود	۱۳۹	۲٤۸٦	چون بدو اقرار	۱۷۵	۳۱۳٤	
چون بطراری	۱۱۸	۲۱۱۷	چون بدو جانت	۱٦۷	۲۹۹۹	
چون بغارانده	۳٦	٦٤۰	چون بدو دادی	۱۱٤	۲۰٤۸	
چون بگردد	۳۸	٦۷۰	چون بدید آنحال	۲٤۱	٤۳٤۳	
چون بگشتی	۳٤	٥۹۹	چون بدید آن زاهدی	۱۰٤	۱۸۷۸	
چون بگفت این	۲۲٦	٤۰۰۹	چون بدید آنسر	۱۲۸	۲۳۰۳	
چون بگوش	۱۷۰	۳۱۳۲	چون بدید آن قوم	۱۹۱	۳٤۳۲	
چون بگویند	۱۷۹	۳۲۰٦	چون بدید آن ماه‌را	۲٤٦	٤٤٤۳	
چون بگیرم	۹۳	۱٦۷۰	چون بدید آن ماه شیخ	۸۷	۱۵۷۲	
چون بلند و	۱۲	۲۰۸	چون بدید ابلیس	۱٦۳	۲۹۳۸	
چون بلی نفس	۳٦	٦٤۳	چون بدید این	٦۸	۱۱۹۷	

كشف‌الابيات

چون تو كردى	۲٤	٤۳۸	چون بمرد آن	۱۰٤	۱۸۷۷	
چون توگم	٦۳	۱۱۲۳	چون بمرد اسكندر	۲۵۰	٤۰۲٤	
چون تو مشغولى	۱٦۸	۳۰۱۳	چون بمنبر	۲۰	۳۷۰	
چون تو مقبول	۹۲	۱٦٦٦	چون بميدان	۱۸۹	۳۳۹۰	
چون تو من باشى	۲۱۰	۳۷۰۹	چون بديدند	۸۰	۱٤۲۹	
چون تو مى‌بينى	۱۷۹	۳۲۲۰	چون بنادانى	۲۵۹	٤٦۹۲	
چون تونه اينى	۱۹۷	۳۵۲۸	چون بناى	۷۸	۱٤۰۲	
چون تو نمردى	۱۰۸	۱۹٤۵	چون بنزديك	۱۰۰	۱۸۰٤	
چون توو رخت	۲۲۳	٤۰۱٤	چون بنزع	۲٤۹	٤۵۰۸	
چون تو هرگز	۹٤	۱۷۰٤	چون بود درتبرّى	۵۰	۸۸۸	
چون توبى	۸	۱٤۵	چون بود درطاعتت	۱۰٦	۱۹۱۷	
چون تهى كردى	٦۰	۱۰٦۳	چون بود صديرگى	٤۳	۷٦۷	
چون جدا افتاد	۵۹	۱۰٤۳	چون بود طوق	۳۷	٦٦۷	
چون جزو	۱۱	۱۸۹	چون بود كاقليم	۳۸	٦۸۳	
چون جمال	۱۷۹	۳۲۰٤	چون بود گستاخى	۱۵۳	۲۷٤۵	
چون جوانمردى	۲۵۹	٤٦۹٤	چون به‌ارزم	۱٤٦	۲٦۲٦	
چون جهان از	۲۰	۳٦۸	چون بهر ثقبه	۱۲۹	۲۳۲۵	
چون جهانم	۱۲۸	۲۲۹٦	چون به‌نزديك	۱۹	۳۵۱	
چون جهان	۱۳٤	۲٤۰۰	چون بيافت	۲۲۵	٤۰۳۸	
چون چنان بودند	۳۲	۵٦۸	چون بيامد	٤	٦۸	
چون چنان بى	۱۹۱	۳٤۲۵	چون بيك‌جا شد	۷٦	۱۳۵٦	
چون چنان ديد	۲۲۷	٤۰۹۵	چون پدر ديدش	۲۰۱	۳٦۰۵	
چون چنين با	٤	۵۹	چون پديد آمدسر	۸۹	۱٦۱۳	
چون چنين سربازى	۱۹۷	۳۵۳۵	چون پديد آمد مرا	۱٤۰	۲۵۱۳	
چون چنين كردى برستى	۱٤۲	۲۵٤۹	چون پذيرفتيم	۹٤	۱٦۸۹	
چون چنين كرد يترا	۱۷۲	۳۰۷٦	چون پس	۱۰۰	۱۸۰۲	
چون چنين كرديد	۲۵۳	٤۵۸۹	چون ترا اين پاسبانى	۱۹۸	۳۵۰۰	
چون حجاب آيد	۲۲۳	٤۰۱۷	چون ترا اين جايگه	۹۷	۱۷٤۵	
چون حريفى آب	۷٦	۱۳۵۷	چون ترا اين‌كفر	٦۷	۱۱۸۰	
چون حريم	۹۰	۱٦۲۸	چون ترا در دست	۱۱۷	۲۱۰۰	
چون حساب نحس	۲۰۳	۳٦٤۱	چون ترا در عشق	۱٦۹	۳۰۳٦	
چون حسن بشنود	۲۱۱	۳۷۸٤	چون ترا ديوانگى	۱۵۳	۲۷۵۸	
چون خبر آمد بمحمود	٦٤	۱۱۳۵	چون ترا صد	۱۰۷	۱۹۳٦	
چون خبر آمد	۱۰۸	۱۹۵۰	چون تگرگ	۱۰٦	۲۸۰۱	
چون خبر نزديك	۷۷	۱۳۸۵	چون تنك مغز	۱۸۵	۳۳۱۹	
چون خرد سوى	۳۷	٦۷۰	چون تواندر	٤٦	۸۱۹	
چون خرم شد	۱۱۱	۲۰۱۰	چون توانستم	۲۰۰	٤٦۱۲	
چون خرمن برتو	۱۱۱	۲۰۱۱	چون توبحر	۵	۷۵	
چون خريداران	۱٤۵	۲٦۰۷	چون تو جويايى	۹۲	۱٦۵۸	
چون خريدارى تو	۲۵۸	٤٦۷۳	چون تو حاجت	۲۲۷	٤۰۷٦	
چون خطاب	۱۸۳	۳۲۷۹	چون تو دايم	۱۰٦	۱۹۲۱	
چون خطاها	۹۷	۱۷۵۰	چون تو در عشق	۱۹۷	۳۵۳۰	

۳۰۰۳	۱۹۸	چون زیبه‌خوابیست		۵۲۸	۲۹	چون خلافت	
۳۵۴۴	۱۹۸	چون زجای خواب		۶۲۹	۳۵	چون خلیل آنکس	
۲۷۴۹	۱۵۳	چون زچپ		۳۴۶۴	۱۹۳	چون خلیل‌الله	
۴۴۳۹	۲۴۶	چون زهد بگذشت		۳۸۴۴	۲۱۴	چون خوش‌آوازان	
۳۱۴۴	۱۷۵	چون زهد بیرون		۲۰۱۷	۱۱۲	چون درآمد ازهمه	
۱۰۵۲	۵۹	چون زخواب		۱۰۴۷	۵۹	چون درآمد امرش	
۲۴۲۵	۱۳۵	چون زیستت		۱۵۴۵	۸۶	چون درآمد دختر	
۱۸۲۳	۱۰۱	چون زردسر		۴۳۹۱	۲۴۳	چون درآمد شب برون	
۲۹۷۲	۱۶۵	چون ز ریش خود		۲۵۶۵	۱۴۳	چون درآمد شب، سر	
۴۰۳۲	۲۲۴	چون ز زیر پرده بیرون		۳۳۷۵	۱۸۸	چون درآمد عشق	
۷۶۹	۴۳	چون ز زیر پرده گل		۳۷۹۰	۲۱۱	چون درآن خلوت	
۳۳۹	۱۹	چون زفان حق		۴۱۴	۲۳	چون درآن گرداب	
۲۶۶۰	۱۴۸	چون زفکر وعلم		۱۷۸۵	۹۹	چون در آن ویرانه	
۳۸۱۸	۲۱۳	چون ز قوشن		۳۹۳۲	۲۱۹	چون درآید این	
۳۱۷۶	۱۷۷	چون زلیخا بانگ		۲۰۲۰	۱۱۲	چون درآید گردتو	
۳۱۷۰	۱۷۷	چون زلیخا حشمت		۱۹۰۰	۱۰۵	چون درآید وقت	
۳۱۸۳	۱۷۷	چون زلیخا زو		۳۴۲۶	۱۹۱	چون درافنی	
۲۶۳	۱۵	چون زمن		۳۱۳۶	۱۷۵	چون در اول	
۱۲۲	۷	چون زمین		۳۲۴۹	۱۸۱	چون درش بگشاد	
۱۰۰۱	۵۶	چون زنامردی		۴۰۱۹	۲۲۴	چون درونت	
۴۰۶۷	۲۵۲	چون زنان		۲۹۵۷	۱۶۵	چون درون من	
۳۱۰۲	۱۷۳	چون زهردو		۲۱۳۱	۱۱۸	چون درین ره	
۴۳۹۳	۲۴۳	چون ز یك یك		۲۵۰۱	۱۴۲	چون درین زندان	
۴۳۰۶	۲۳۹	چون ستاره ره		۳۴۳	۱۹	چون دل او	
۱۲۹۹	۷۳	چون سخن دروی		۶۷۹	۳۸	چون دلت شد	
۴۴۹	۲۵	چون سخن گفتی		۳۲۴۰	۱۸۱	چون دل تو پاك	
۳۶۱۴	۲۰۱	چون سرای پیچ‌پیچ		۱۱۶۵	۶۶	چون دل تو دشمن	
۲۶۴۶	۱۴۸	چون سر این		۳۴۲	۱۹	چون دلش بیخود	
۲۱۳۳	۱۱۸	چون سر مویی		۲۲۲۴	۱۲۴	چون دلم درپی	
۴۴۵۲	۲۴۶	چون سریك		۱۳۳۷	۷۵	چون دمت سردست	
۹۷	۶	چون سگی		۹۵	۶	چون دمی درگل	
۹۰۱	۵۱	چون سلیمان کرد آن		۴۳۰	۲۴	چون دوعالم را	
۴۶۷۸	۲۵۸	چون سلیمان کرد با		۲۱۹۹	۱۲۲	چون رسانیدی	
۹۰۲	۵۱	چون سلیمان ملك خود		۱۱۲۷	۶۴	چون رسول آخر	
۳۳۸۹	۱۸۹	چون سواره گشتی		۲۰۰	۱۱	چون رسید آخر	
۴۲۳۹	۲۳۰	چون سوی		۲۴۸۷	۱۳۹	چون رسید آنجا	
۲۰۳	۱۱	چون سیه		۱۶۰۵	۸۹	چون رسید اینجا	
۳۸۵۰	۲۱۴	چون شب آمد		۳۷۵۴	۲۰۹	چون رسیدند	
۱۲۴۰	۷۰	چون شب تاریك بر		۴۶۳۹	۲۵۶	چون روایی دارد	
۴۳۲۴	۲۴۰	چون شب تاریك گشتی		۸۹۰	۵۰	چون ره سیمرغ	
۱۰۷۹	۸۸	چون شد آن بت روی		۱۹۷۷	۱۰۹	چون ز اول تا	
۲۲۸۷	۱۲۷	چون شد آن حلاج		۲۲۸۸	۱۲۷	چون زبان او	

كشف‌الابيات

چون شد آن قصر	۱۲۰	۲۱۵۸	چون قلندريان	۱۹۲	۳۴۳۳	
چون شد از خود بنده	۲۱۲	۳۸۰۰	چونك آن بدبخت	۳۰	۵۳۳	
چون شدم در زير	۱۳۵	۲۴۲۶	چون كسى بايد	۱۷۸	۳۱۹۵	
چون شدند آن جايگه	۱۸۰	۳۲۲۸	چون كسى را	۶۲	۱۰۹۳	
چون شدند از كل	۲۳۵	۴۲۳۱	چون كسى مى‌بشكند	۵	۷۴	
چون شدى از وحشت	۳۵	۶۳۱	چون كفن	۱۳۳	۲۳۸۶	
چون شدى بنده	۱۴۱	۲۰۳۲	چون كفى	۳۳	۵۹۲	
چون شدى در قطره	۶۰	۱۰۶۵	چون كليم	۱۶۵	۲۹۶۵	
چون شديم	۱۷۹	۳۲۱۰	چون كند	۴۲	۷۶۰	
چون شكستى	۱۷۲	۳۰۷۴	چون كنم آن خجلت	۱۵۰	۲۶۸۴	
چون شما سيمرغ اينجا	۲۳۶	۴۲۴۸	چون كنم آن يك	۲۲۱	۳۹۶۹	
چون شما سيمرغ حيران	۲۳۶	۴۲۵۶	چون كنم كزوى	۱۱۳	۲۰۲۹	
چون شناساند	۷	۱۱۸	چون كى اين	۲۲۹	۴۱۲۸	
چون شناسى كار	۲۰۳	۳۶۳۲	چونكه ازهر ثقبه	۱۳۰	۲۳۳۲	
چون شنود اين	۲۴۲	۴۳۷۷	چون گدا برداشت	۲۲۸	۴۱۰۲	
چون شنودند اين	۸۸	۱۵۹۴	چون گنر كردى	۱۲۳	۲۲۰۷	
چون شنيد آن	۲۲۷	۴۰۷۸	چون گرفت	۲۲۲	۳۹۹۸	
چون شنيد اين حجت	۳۰	۵۳۷	چون گهرسنگيت	۵۱	۹۱۲	
چون شنيد اين قصه آن	۱۵۴	۲۷۶۸	چون لعمرك	۲۰	۳۶۶	
چون شنيد اين قصه كافر	۱۵۱	۲۷۰۵	چون محال	۱۲۲	۲۱۹۳	
چون شنيدند آن سخن	۸۳	۱۴۸۸	چون مدد	۱۱۱	۱۹۹۴	
چون شنيدى	۲۲۵	۴۰۴۷	چون مرا از	۱۲۸	۲۲۹۴	
چون شود آن نور	۱۸۱	۳۲۴۱	چون مرا باآب	۴۸	۸۵۷	
چون شود اين	۱۱۴	۲۰۶۱	چون مرا بس	۲۵۵	۴۶۱۶	
چون شود برمن	۱۷۰	۳۰۴۵	چون مرا خواهند	۴۴	۷۹۷	
چون شود ديوان	۲۴۴	۴۴۱۲	چون مرا در زير	۲۵۸	۴۶۸۲	
چون شود سيمرغ	۱۹	۳۴۹	چون مرا روح	۲۵۲	۴۵۶۹	
چون شود شخص	۲۲۰	۳۹۶۰	چون مرا سرمى‌بريدى	۴۴	۷۹۸	
چون شود هشيار	۲۴۲	۴۳۶۲	چون مرا كوتاه	۸۸	۱۵۸۴	
چون شوى دركار	۳۸	۶۸۰	چون مريد آن	۸۲	۱۴۶۵	
چون صبا از	۶۸	۱۲۱۳	چون مريدانش	۷۰	۱۲۳۴	
چون طفيل	۱۶	۲۹۹	چون مريدشيخ	۸۱	۱۴۵۷	
چون عدد نبود	۱۰۵	۱۸۹۸	چون مسلم	۳۶	۶۳۴	
چون عروسى جلوه	۴۶	۸۲۲	چون مگس آلوده	۱۰۱	۱۸۲۲	
چون عزيز مصر	۲۳۳	۴۲۰۷	چون مگس افتد	۱۲۱	۲۱۸۱	
چون على از	۲۶	۴۷۰	چون مگس را	۲۰۴	۳۶۶۴	
چون على شير	۳۰	۵۴۴	چون من آزادم	۳۹	۶۹۴	
چون عمر پيش	۲۹	۵۲۴	چون منم مشغول	۳۹	۶۹۰	
چون عمر مويى	۲۴	۴۳۷	چون منى را عشق	۵۵	۹۸۴	
چون عوض	۱۷۴	۳۱۱۴	چون منى را كى	۱۵۹	۲۸۵۴	
چون فروآيى	۱۸۰	۳۲۳۴	چون مى از ساغر	۷۶	۱۳۶۱	
چون فلك را	۶	۱۰۱	چون نباشم	۱۵۸	۲۸۴۱	

چون نبود آن شیخ	۲۰۵	۳۶۸۰
چون نبود آن مرد	۱۰۸	۱۹۵۴
چون نبود ابلیس	۱۸۲	۳۲۵۷
چون نبود از انبیا	۱۱	۱۸۶
چون نبود از کوی	۷۳	۱۳۰۸
چون نبود او	۲۶	۴۶۳
چون نبودم	۳۳	۵۸۹
چون نبی دیدش	۲۵	۴۵۱
چون نبیند برتو	۱۷۷	۳۱۷۸
چون نبینم	۴۲	۷۵۹
چون نخستش	۲۵	۴۴۵
چون نخواهد آمد	۲۵۰	۴۵۱۹
چون نخواهد بود	۲۳۳	۴۱۹۴
چون ندارد	۱۹۳	۳۴۵۶
چون ندارم ره	۵۳	۹۵۰
چون ندارم من	۱۶۷	۲۹۹۷
چون ندارم هیچ	۹۸	۱۷۷۶
چون نداری تو	۷۸	۱۴۰۶
چون نداری دانه	۶۰	۱۰۶۲
چون نداری ذره	۶۰	۱۰۶۴
چون نداری طاقت	۲۰۳	۳۶۴۶
چون ندانستم خطا	۵	۸۲
چون ندانستند	۲۳۵	۴۲۴۴
چون ندید از	۸۲	۱۴۸۱
چون ندیدم در	۲۵۲	۴۵۶۰
چون نسیم	۲۴۳	۴۳۹۹
چون نشان	۴۵	۸۱۰
چون نصیب	۲۰۴	۳۶۵۳
چون نظام‌الملک	۲۵۸	۴۶۶۹
چون نظر افکند	۸۷	۱۵۷۴
چون نظر بر	۶۹	۱۲۱۵
چون نکویی	۱۵۰	۲۶۹۷
چون‌نگه‌کردندآن سی‌مرغ زار	۲۳۴	۴۲۲۱
چون‌نگه‌کردندان سی‌مرغ زود	۲۳۵	۴۲۳۶
چون نماندت نیک	۲۲۴	۴۰۲۰
چون نماندت هیچ	۲۲۳	۴۰۱۳
چون نماند ذره	۱۳۰	۲۳۴۳
چون نماندش هیچ	۱۸۷	۳۳۵۸
چون نماندهیچ	۱۸۱	۳۲۳۹
چون نمود	۶۹	۱۲۲۶
چون نمی‌آمد زخورشید	۱۳۷	۲۴۶۵
چون نمی‌آمد زفانش	۲۱۵	۳۸۶۵

چون نمی‌دانم	۲۱۷	۳۸۹۲
چون نمی‌ماند	۲۱۲	۳۷۹۵
چون نهاد آن	۸۲	۱۴۷۰
چون نهاد از	۱۵۴	۲۷۷۷
چون نهادی ثان	۹۹	۱۷۸۹
چون نهان گردد	۲۵۸	۴۶۶۷
چون نه‌این	۲۳۷	۴۲۷۹
چون نه‌جامه	۲۸	۵۱۳
چون نمسر	۴۱	۷۴۲
چون نهنگ آسا	۲۲۹	۴۱۳۱
چون نیامد باز	۱۸۰	۳۲۲۷
چون نیامد پیش	۲۱	۳۸۳
چون نیامد هیچ	۶۳	۱۱۱۱
چون نیم من اهل	۵۵	۹۸۱
چون نیم من مرد	۵۸	۱۰۳۵
چون وصال	۲۲۸	۴۱۰۸
چون هم‌اینجا	۱۶۱	۲۸۹۹
چون همه برهیچ	۷	۱۲۵
چون همه بی‌خویش	۲۳۷	۴۲۷۲
چون همه خلق	۱۵۷	۲۸۲۱
چون همه در عشق	۲۳۳	۴۱۹۷
چون همه درگام	۲۲۰	۳۹۵۲
چون همه مرغان	۶۵	۱۱۵۸
چون همه مومست	۲۰۷	۳۷۰۵
چون همه هیچی	۲۰۶	۳۷۰۱
چون یکی باشد	۲۰۷	۳۷۰۶
چه بود ای	۴	۶۰
چهرهٔ داشت	۲۳۸	۴۳۰۲
چه‌عجب باشد	۱۵۵	۲۷۸۹
چه‌غلامی	۲۱۳	۳۸۲۶
چه گنه آمد	۹۲	۱۶۵۹
چیست ای	۲۳۱	۴۱۶۸
چیست پیش	۲۱۶	۳۸۹۱
چیست جان	۱۰	۱۸۳
چیست دنیا	۱۱۴	۲۰۵۲
چیست زو	۱۶۷	۳۰۰۲
چیست گردون	۱۳	۲۲۶

ح

حاجب لطف آمد	۲۳۳	۴۱۹۹
حاجبی گفتا	۱۰۸	۱۹۵۶
حاجت این دل	۱۷۱	۳۰۶۴

٣٩٧ کشف‌الابیات

حاجت این لشکر	٢٢٨	٤١٠٦
حاجتم آنست	٢٢	٤٠٣
حاجت من در	١٧١	٣٠٦٣
حاضران گفتند	٢٦	٤٦٤
حاضری گفتش	١٩٣	٣٤٦٨
حاکم خود را	٨٩	١٦٠٠
حال تو چونست	١٣١	٢٣٦١
حال خود در	٢١٤	٣٨٣٦
حال خود سربسته	٢٤٨	٤٤٨٥
حال دختر	٨٧	١٥٦٨
حالی اینیك	١٦١	٢٨٨٨
حایطی بودش	١١٩	٢١٣٧
حب دنیا	١١٤	٢٠٥١
حرف او چون	١٥٧	٢٨١٦
حرف و انصاف	١٥٠	٢٦٨٥
حرفهایی کژ	١٢٨	٢٣٠٠
حسرت و آه	١٧٩	٣٢١٤
حشمتم راهم	٢١٤	٣٨٣٩
حضرت حق	٤٧	٨٣٤
حضرتی دیدند	٢٣١	٤١٥٥
حق بدانستی	٦١	١٠٨٤
حق برای	١٧	٣١٢
حق ترا پرورده	١٢٦	٢٢٦٥
حق تمالاش	١٨	٣٢٧
حق‌تعالی از	١٠٥	١٩٠٦
حق‌تعالی داد	١٤٨	٢٦٥٢
حق‌تعالی داند	٢٠٦	٣٦٨٥
حق‌تعالی کرده	١١٤	٢٠٥٤
حق‌تعالی گفت اگر	١٩٣	٣٤٦٦
حق‌تعالی گفت ای‌داود	١٧١	٣٠٦٦
حق‌تعالی گفت ای ملعون	١٢	٢٠٤
حق‌تعالی گفت باموسی	١٦٣	٢٩٣٧
حق‌تعالی گفتش ای جاسوس	١٨٢	٣٢٥٨
حق‌تعالی گفتش ای صدر	٣٣	٥٩٥
حق‌تعالی گفت عزم	١٠٢	١٨٤٨
حق‌تعالی گفت قارون	١٠٣	١٨٦٨
حق‌تعالی گفت مهلت	١٨٢	٣٢٦٥
حق‌تعالی گفت هست	١٠٣	١٨٥٣
حق‌تعالی گوید ای	١٠٦	١٩٠٩
حق چو دید آن	١٥	٢٧٩
حق چو نصرت	١٧٦	٣١٥٨
حق سوی پیغامبر	١١٩	٢١٤٠
حق که سلطان	٥٣	٩٣٥
حقهٔ زر	٥٧	١٠٢٠
حقهٔ سر	١٤٧	٢٦٤٥
حکمت اسرار	٨٥	١٥٢٤
حکمت او برنهد	٧	١٢٠
حکمت او درشبی	١٠٤	١٨٨٤
حکمت یثرب	٢٥١	٤٥٣٩
حکم حکم	٨٩	١٦١٠
حکم خود	١٣٩	٢٥٠٠
حلق داوودی	٣٦	٦٤٨
حلقه درگوش	٧٦	١٣٤٩
حل وعقد	١٣	٢٢٨
حله بود	٣٨	٦٨٨
حیرت وسرگشتگی	٢١٨	٣٩١٨

خ

خانمان دختر	٤٤	٧٩١
خادم سرگشته	٦٥	١١٤٥
خار بفروشم	٩٦	١٧٢٢
خاست اندر	١٥٥	٢٧٩٢
خاك از	٢٢٧	٤٠٩٣
خاك او	٢٢٤	٤٠٢٣
خاك بروی	٢٠١	٣٦٠٣
خاك‌بیزش	١٨٦	٣٣٢٧
خاك‌تو	٢٣	٤٢١
خاك در	١٩	٣٣٧
خاك را	١٢٤	٢٢٣٢
خاك ما	٧	١١٥
خاك میرفت	٩٨	١٧٧٩
خاکیان را	١٠٦	١٩١٠
خالق آفاق	١٧٤	٣١١١
خالقا بیچاره	٢٥٥	٤٦١٨
خالقا پروردگارا	٢٥٩	٤٦٩٣
خالقا جانم	٢٤٥	٤٤٣٤
خالقا سر	٥	٧٣
خالقا گر	٥	٨٤
خانهٔ آن	١٢١	٢١٨٤
خانهٔ دیوانگی	٢٤٤	٤٤١٦
خانهٔ نفس	٤٧	٨٣٣
ختم شد	٢٤٧	٤٤٦٠

۳۱۹۱	۱۷۸	خواجه گفتش	۳۱۹	۱۸	ختم کرده حق	
۵۶۳	۳۱	خواجه گفتی	۴۴۰	۲۴	ختم کرده عدل	
۲۰۶۶	۱۱۵	خواجه میگفت	۶۴۵	۳۶	خربوز	
۱۸۴۵	۱۰۲	خواست تابشناسد	۹۲۷	۵۲	خسروان را	
۴۰۹۶	۲۲۸	خواست تاپنهان	۲۶۷۰	۱۴۹	خسرو هندوش	
۲۶۹۳	۱۵۰	خواست تا تیغی	۲۰۲۴	۱۱۲	خسروی در	
۳۲۵۱	۱۸۱	خواست تا خیل	۲۶۱۸	۱۴۶	خسروی را	
۴۱۰	۲۲	خواست شد	۳۸۱۴	۲۱۳	خسروی کافاق	
۴۳۳۴	۲۴۰	خواستی هم	۲۸۷۵	۱۶۰	خسروی من	
۳۱۵۴	۱۷۶	خواند آن	۲۲۶۶	۱۲۶	خسروی میرفت	
۲۱۷۴	۱۲۱	خواند خلقی	۲۴۸۱	۱۳۸	خسروی می‌شد	
۳۳۹۶	۱۸۹	خواندش محمود	۹۴۱	۵۳	خشک بادا	
۲۶۷۳	۱۴۹	خواند محمودش	۱۰۰۲	۵۶	خشک لب	
۱۱۹	۷	خواه دشمن	۲۸۶۳	۱۵۹	خشک نانی	
۲۰۷۱	۱۱۵	خود تو	۴۳۸۳	۲۴۳	خشم او	
۳۷۳۹	۲۰۹	خود چو	۸۰۷	۴۵	خضر مرغانم	
۱۱۹۰	۶۷	خود صلوة	۴۲۱۵	۲۳۴	خط ایشان	
۲۶۵۶	۱۴۸	خود فتوت	۳۷۸۵	۲۱۱	خط بدام	
۵۶۴	۳۲	خورد بر	۴۳۱۳	۲۳۹	خط سبزش	
۱۱۴۹	۶۵	خورد سوگند	۴۲۰۶	۲۳۳	خط ستد	
۶۶	۴	خورد عیاری	۱۸	۲	خلعت اولاد	
۲۳۷۰	۱۳۲	خورد عیسی	۱۹۰۵	۱۰۵	خلق بی‌سرمایه	
۲۸۶۶	۱۵۹	خوردو خفتم	۵۳	۴	خلق ترسند	
۶۴۷	۳۶	خوش بنال	۱۱۹۴	۶۷	خلق را	
۲۷۵۶	۱۵۳	خوش بود گستاخی او	۱۱۰۸	۶۳	خلق می‌بودند	
۲۷۷۲	۱۵۴	خوش بودگستاخی دیوانگان	۱۳۹۵	۷۸	خمر خوردم	
۴۱۸۴	۲۳۲	خوشتر از صد مدح	۱۳۶۳	۷۶	خمر، هرمعنی	
۴۵۰۱	۲۵۰	خوش خوشت	۲۶۱۲	۱۴۶	خنده آمد	
۲۰۱۸	۱۱۲	خوش خوشی با	۴۰۳۰	۲۲۴	خندهٔ او	
۳۳۷۴	۱۸۸	خوش خوشی بر	۷۷۵	۴۳	خندهٔ گل	
۲۴۳۶	۱۳۶	خوشدلی در	۳۸۶	۲۱	خواجگی هر	
۲۴۴۶	۱۳۶	خوشدلی مرد	۳۳۵۰	۱۸۷	خواجه از	
۲۸۷۰	۱۶۰	خوش شد ازگفتار	۴۲۶	۲۳	خواجهٔ اول	
۱۴۲۷	۸۰	خوککش	۴۶۵	۲۶	خواجهٔ حق	
۲۵۸۷	۱۴۴	خون او گلگونه	۴۲۱۸	۱۷۹	خواجه دستوری	
۱۴۱۱	۷۹	خون تو بی	۲۶۵	۱۵	خواجهٔ دنیا	
۳۳۰۲	۱۸۴	خون خور	۳۱۸۹	۱۷۸	خواجهٔ زنگی	
۵۶۰	۳۲	خون روان	۴۵۲	۲۵	خواجهٔ سنت	
۲۹۵۰	۱۶۴	خون که او	۴۳۹	۲۴	خواجهٔ شرع	
۳۵۰۰	۱۹۳	خون مریز	۲۰۰۷	۱۴۰	خواجهٔ کز تخمه	
۷۹	۵	خونم از تشویر	۲۷۴	۱۵	خواجهٔ کز هرچه	
۲۴۹۰	۱۳۹	خونیاند	۲۶۸	۱۵	خواجهٔ کونین	

كشف‌الابيات

دايما از شاه باشد	٥٤	٩٦١	خونيى آورد	٢٤٢	٤٣٦٦
دايما او پادشاه	٤٠	٧١٧	خونيى را كشت	٩٤	١٦٩٢
دايما بنشسته	١٨٨	٣٣٦١	خويشتن را اعجمى	٧٣	١٣٠٩
دايما حيران	١٣٣	٢٣٩٣	خويشتن را چاره	٢٣٤	٤٢١٠
دايما صديق	٢٨	٤٩٨	خويشتن را خواجه	١٥	٢٧٥
دختر از	٤٤	٧٨٥	خويش را از ريش	١٦٦	٢٩٨٥
دختر ترسا چو	٦٩	١٢٢٥	خويش را از شوق	١٨١	٣٢٤٣
دخترش درحال	٢١٥	٣٨٦٣	خويش را اول	٢٢١	٣٩٧٨
دخترش گفت اى تو	٧٦	١٣٦٨	خويش را در بحر	١٩٥	٣٤٩٨
دخترش گفت اى خرف	٧٥	١٣٣٦	خويش را درخاك	٢٤٣	٤٣٩٦
دخترش گفت اين	٧٧	١٣٨٣	خويش را ديدند	٢٣٥	٤٢٣٨
دخترى باآن	٢٤١	٤٣٤٢	خويش را زين چاه	٣٧	٦٥٨
دخترى ترسا و	٦٨	١٢٠٨	خويش را گم‌كرده	١٣٢	٢٣٨٠
در ادب	٥٣	٩٤٦	خمخه‌اى باز	٣٨	٦٧١
در ازل درد	٢٤٧	٤٤٦٤	خمخه‌اى دراج	٣٦	٦٤١
دربر شيخى	١٦٤	٢٩٥٣	خمخه‌اى طاووس	٣٧	٦٥١
در بسيط عالمش	٢١٣	٣٨٢٧	خمخه‌اى قمرى	٣٧	٦٦١
دربن اين	١٢	٢١٧	خمخه‌اى كبك	٣٥	٦٣٢
در بن دريا	٩٣	١٦٦٩	خمخه‌اى موسيچه	٣٥	٦٢٢
در بهشت عدن	٩٤	١٦٩٣	خيز و اين وادى	٢٠٥	٣٦٧١
در بيابانى كه	٩١	١٦٣٣			
در بيان رهنمونى	٢٦	٤٦٨	**د**		
در پشيمانى	٢٤٣	٤٣٨٨	داد آن ساعت	٢٥٨	٤٦٨٠
در پناه اوست	١٧	٣١٠	داد از خود	١٤٢	٢٥٠٠
در تحير جمله	٢٣٥	٤٢٣٧	داداياز آن	١٧٢	٣٠٨٦
در تحير طفل	٢٢	٤٠٩	داد دريا آن	٥٦	١٠٠٠
در تظلم	٨٣	١٤٨٥	داد ديوانه	١٠٦	٢٨٠٢
در تعصب اين	٣٤	٦١٢	داد شه را	١٣٥	٢٤٢١
در تعصب مى‌زند	٣١	٥٥٠	داروى بى‌هوشيش	٢١٤	٣٨٤٧
در تو اى	١٩١	٣٤٢٠	داروى دردل	٢٢	٣٩٨
در جفاى من	١٧٠	٣٠٤٣	داشت آن	٢٣٨	٤٢٩٦
در جلالش	١١	١٨٥	داشت بر	١٦٩	٣٠٢٩
در جهان او را طالب‌كاران	٥٨	١٠٣٢	داشت بس	١٢٨	٢٣٠١
در جهان برخاستى	٢٢٥	٤٠٤٤	داشت چوپانى	١٨٨	٣٣٦٦
در جهان چندانك	١١٦	٢٠٩٥	داشت ريشى بس بزرگ	١٦٦	٢٩٧٤
در چنان ديگى	١٢٨	٢٣٠٥	داشت ريشى بس‌نكو	١٦٥	٢٩٦٢
در چنان ذاتى	٣	٤٠	داعى بتهاى	١٧	٣٠٥
در چنين بحرى	١٢	٢١٨	داعى ذرات	١٧	٣٠٦
در چنين راهى	٩٦	١٧٤٢	داغ دل‌آور	١٨٠	٣٢٢٢
در چنين ره حاكى	٨٩	١٥٩٩	دام تنرا مختلف	١	٨
در چنين ره‌گان	٨١	١٤٤٨	دانى اين چندين	٢٥٣	٤٥٩٠
در چنين منزل	٢١٧	٣٩٠٣	دايم از تلخى	١٣٢	٢٣٧٨

٣٩٩

۱۵۰۱	۸۶	در زمان آن	٤٤٦٢	۲٤۷	در چنین میدان	
٤٣٦٥	۲٤۲	در زمان ازما	۲۱۱۵	۱۱۷	در حساب یك	
٤٠٦٤	۲۲٦	در زمان رفتند	۷۱٤	٤٠	در حریم عزتست	
۱۰۳	٦	در زمستان	۲۸٤۲	۱۵۸	در خداوندیش	
٤٤٤۷	۲٤٦	در زمین افتاد	۲۷۰۹	۱۵۳	در خراسان بود	
۱۸٤٦	۱۰۲	در زمین گردید	۳٦٦٦	۲۰٤	در خروش آمد	
۸۹	٦	در سجودش روز	۱۷۹۸	۹۹	در خزانهات	
۱۸۳٦	۱۰۲	در سحرگه	۲۰۸۳	۱٤٤	در خزانه تادیت	
۸۰٤	٤۵	در سخن گفتن	۱۰۰۹	۵۷	در خرابی	
۷٦۵	٤۳	در سر از	۱۹۳۸	۱۰۷	در خصومت	
۱۸۷۹	۱۰٤	در شب آن	٤۸۰	۲۷	در خلافت	
۳٤٤	۱۹	در شدن گفته	٤٦۰۹	۲۵۰	در خم چوگان	
٤۷٤	۲٦	در ضمیرش بود	۲۹۰۲	۱٦۱	در خیال خویش	
۳٦٦۵	۲۰٤	در طپیدن ست	۳۲۹۵	۱۸٤	درد باید	
۳۲۹۷	۱۸٤	در طلب	۳۷۳٦	۲۰۸	در دبیرستان	
۱۹٦۸	۱۰۹	در عجایب	٤٤٦٦	۲٤۷	درد حاصل کن	
۳٤۲۷	۱۹۱	در عجم	۱٤۲٤	۷۹	در درون هرکسی	
٤۹۷	۲۸	در عمر گر	٤٦۲٦	۲۵۵	در دری	
۱۷۰۰	۹۷	در غرور این	۳۹۲۳	۲۱۸	در دلش تابی	
۱۳۳	۸	در غلط افتادین	۱۵٤٦	۸٦	در دلش دردی	
۱۳۲	۸	در غلط نبود که	٤٦۷٤	۲۵۸	در دم آخر خریداریم	
۲۰٤٦	۱۱٤	در غم دنیا	۲۰۲۵	۱٤۱	در دم آخرکه	
۳۹۳۷	۲۱۹	در فراقت	۲۲۲۷	۱۲٤	**دردم از دارو**	
٤٤۰۲	۲٤٤	در فروبست	۲۲٤٦	۱۲۵	دردمندی پیش	
۳۲۰۵	۱۷۹	در فروغ آن	۱۱۷۲	٦٦	درد وخون	
۳۷۹۳	۲۱۱	در فروغ پرتو آن	۳۰۱۹	۱٦۸	درد وصاف از	
۲۸۹٤	۱٦۱	در فروغ عشق	۳۰۰۰	۱٦۷	در دوعالم شادی	
٤۳۲٦	۲٤۰	در فروغ و نور	۳٤۷٦	۱۹٤	در دوعالم کی	
۵۷۰	۳۲	در فضولی میکنی	۷۱٦	٤۰	در دوعالم نیست	
٤٤٦۷	۲٤۷	در کتاب من	۳۸۲۱	۲۱۳	در دویاقوتش	
۲٦۵۳	۱٤۸	در کسی چون	۳٦۰۱	۲۰۱	در ده ما بود	
۳۲۳۳	۱۸۰	در کشش افتی	٤۳۰٦	۲٤۱	در ربودن آن	
۷۲۳	٤۰	در کمالش	۳۹۸۱	۲۲۲	در رکاب محو	
٤٤۷۰	۲٤۷	در گذر از زاهدی	۲۷۵۷	۱۵۳	در ره آتش	
۷۷٦	٤۳	در گذر از گل	۲۲۷	۱۳	در ره او پا	
۲۱۹۷	۱۲۲	در گذر زین	۱۸۹۰	۱۰۵	در ره او صد	
۱۸۸۱	۱۰٤	در گنه بودی	۲۹۸٤	۱٦٦	در ره دین	
٤۳٤۷	۲٤۱	در مکافات	۱٤۱۲	۷۹	در ره عشق	
۸٦۲	٤۸	در میان آب	۲٦۳۲	۲۵٦	در رهی میرفت	
٤۳۰٤	۲۳۹	در میان آفتاب	۱۳٤٦	۷۰	در ریاضت	
۱۹۲٤	۱۰۷	در میان آن گروهی	۳٦۰۲	۲۰۱	در زیر	
۳۸۵۸	۲۱۵	در میان آنهمه	٤٤۸۷	۲٤۸	در زفان خلق	

کشف‌الابیات

در میان آ٠ تو	۶۰	۱۰۵٤	دست درزد	۲۱۶	۳۸۷٦	
در میان بحر	۳	٤۸	دست درکش	۲۲۲	۳۹۹۷	
در میان جمع	۱٤۵	۲٦۰۹	دست زد برطاس از	۱۵۲	۲۷۲۲	
در میان چین	٤۱	۷۳۷	دست زد برطاس یك	۱۵۲	۲۷۲۵	
در میان خاك	۲٤٤	٤٤۰۰	دستزد برطاس یوسف	۱۵۱	۲۷۱۵	
در میان خونت	۱۸۰	۳۳۳۸	دست کس نرسید	۲۳	٤۲۰	
در میان راه	۱۵۹	۲۸۵۰	دست کلی	۸۲	۱٤٦۲	
در میان زنار	۱۸۳	۳۳۷٤	دست کو	۷۱	۱۲٦۳	
در میان سنگ	٤۹	۸۸۰	دست من	٥	۷۷	
در میان شیخ	۸٤	۱۵۰۸	دست و پایی	۱۳۹	۲٤۸۵	
در میان طاس	۱۵۲	۲۷٤۱	دستها اول	۱٤۲	۲۵۰۳	
در میان عاشقان	۲۵۰	٤۵۲۸	دعوت حیوان	۱۷	۳۰٤	
در میان کوه	۱۸۵	۳۳۲۳	دعوتش فرمود	۱۸	۳۲۰	
در میان نوحه	۱۳۰	۲۳۳۳	دل بداد	۷٦	۱۳٦۷	
در میان هیزم	۱۳۰	۲۳۳۰	دل ببست آر	٦۳	۱۱۱۰	
در میانی	۲۱۲	۳۸۰۹	دل بکل	۲۳۱	٤۱٦۱	
در نجاست	۲۰٦	۳٦۹۳	دل بگیرد	۱٦۰	۲۸۸٦	
درنشینی	۲٤۱	٤۳۵۰	دل چوآتش	۷٤	۱۳۱۹	
در نظاره آمدند	۲٤۲	٤۳۷۸	دل چوفارغ	۹۱	۱٦٤۸	
در نظاره می‌گنشت	۱۹۱	۳٤۲۸	دل خبر	۱۸۹	۳۳۸٤	
درنگر آخر کجایی	۲٤۵	٤٤۲۱	دل درین دریای	۲۲۰	۳۹٤۸	
درنگر اول	۲	۲۱	دل درین سختی	۵۰	۸۸٤	
درنگر ای سالك	۲۰۱	۳٦۰۸	دل زخود بگرفتن	۱٦۱	۲۸۹٦	
درنگر تا اول	۲۳۷	٤۲۸۰	دل ز دست دیده	۷٤	۱۳۲۲	
درنگر تا هت	۱۱۵	۲۰٦۵	دل زدستش	۲۱۳	۳۸۳۰	
درنگر کین	۸	۱۲۹	دل زدستم	۲۵۰	٤٦۲۳	
در نهاد هرکسی	۷۹	۱٤۲۲	دل زدین خویشتن	۷۸	۱۳۸۸	
در نهان دختر	٤٤	۷۹۳	دل زگوهر	۵۱	۹۱۳	
در نهان در	۹٤	۱٦۹۷	دل سوار مملکت	۱۱۱	۱۹۹۵	
در وصال	۵۸	۱۰۳۳	دل کداو مشغول	۲٤۹	٤۰۰۵	
در همه آفاق پیوندی	۱۳۱	۲۳٤۸	دوخته بردر	۱٤۲	۲۵٤۷	
در همه آفاق کس	۱۳۱	۲۳۵۱	دور از روی تو	٦٤	۱۱۳۷	
در همه آفاق همدم	۲٦	٤۷۷	دور بردم از	۵۷	۱۰۱۱	
در همه عالم‌گر	۱۷۰	۳۰٤۹	دوزخ الحق	۱۱۰	۱۹۸۱	
در همه عالم نمی‌دانست	٦٤	۱۱۲۹	دوستان را	۱۷۳	۳۱۰٤	
در همه کاری	۱۷	۳۱۳	دوستداری	۱۵۷	۲۸۳۱	
در همه نوعی	۲۰۸	٤٦۷۱	دوستر دارم	۷۹	۱٤۱٦	
در یکی‌رو	۱۱	۱۹۷	دوستی دیگر گزین	۱۲۵	۲۲۵۰	
دزد راهت	۱۹۲	۳٤٤۱	دوستی صورتی	۱۲۵	۲۲٤۳	
دست از اقطاع	۱۱۳	۲۰۳٤	دوستی کز مرگ	۱۲۵	۲۲۵۱	
دست باید شت	٤۱	۷۳۳	دوستی گفتش	۱۹۷	۳۵٤۱	
دست بگشاه٠	۲۲۸	٤۱۱۲	دوستی و دشمنی	۱٤۷	۲٦۳٦	

دولتی‌تر آمد	۱۹۰	۳٤۰۸
دولتی‌تر از	۹۳	۱٦۸۲
دولتی داری	۹۳	۱٦۸۰
ده برادر برگشادند	۱۵۱	۲۷۱۷
ده برادر قحطشان	۱۵۱	۲۷۱۲
ده غلام وده	۱۱۵	۲۰۷۰
دی بمرد	۱۲۵	۲۲٤۸
دید آن خیل	۱۵٤	۲۷٦٦
دید از آن	۸۵	۱۵۳۹
دید پیری روستایی	۱۸٤	۳۳۰٤
دید زیر چتر	۹۵	۱۷۲۲
دید سلطان	٦۵	۱۱٤٦
دید سی‌مرغ	۲۳۱	٤۱٦۵
دیدش از خشکی	۱٦٦	۲۹۷۵
دید قصری	۲۱۵	۳۸۵٤
دید مجنون را	۱۸۳	۳۲۸۸
دید محمودش	۹۵	۱۷۱۰
دید مشتی	۱۹۱	۳٤۲۹
دیده آن	۱۲۱	۲۱۷۸
دیده‌ام	۲۱٦	۳۸۹۰
دیده باشی	۲۰۳	۳٦۳٦
دیده برعهد	۸۷	۱۵۷۵
دیده پرخون	۲۵۸	٤٦۷٦
دیده جان را	۲۲	۳۹۷
دیده سیمرغ	٦۲	۱۰۹۲
دیده کس	۱٦۱	۲۹۰۰
دیده موری	۲۳٦	٤۲۵۲
دیده ورمردی	۵٦	۹۹۸
دید یوسف	۵۹	۱۰٤۹
دیگری برخاست	۲۲۲	۳۹۹٦
دیگری پرسید ازو کای پیشوا	۱۵۳	۲۷٤۳
دیگری پرسیدازو کای رهنما	۱۳۸	۲٤۷۱
دیگری گفت ای بحضرت	۱۷٦	۳۱٦۰
دیگری گفتش بگو	۱٦۷	۲۹۹٤
دیگری گفتش دلم	۱۱۹	۲۱٤۷
دیگری گفتش که ابلیس	۱۱۲	۲۰۲۷
دیگری گفتش که‌انصاف	۱٤۸	۲٦۵۱
دیگری گفتش که ای پشت	۹٦	۱۷۳٦
دیگری گفتش که ای دارای	۱۸۰	۳۲۲۳
دیگری گفتش که‌ای سرهنگ	۱۷۰	۳۰٤٤
دیگری گفتش که‌ای صاحبنظر	۱٤۵	۲۵۹۹
دیگری گفتش که‌ای مرغ	۱۲٤	۲۲۲۰
دیگری گفتش که‌ای نیک	۱۳۳	۲۳۹۰
دیگری گفتش که پندارم	۱٦۱	۲۸۹۷
دیگری گفتش که تا من	۱۵۷	۲۸۱۹
دیگری گفتش که‌می‌ترسم	۱۲۸	۲۳۰٦
دیگری گفتش که من	۱۱۵	۲۰۷۹
دیگری گفتش که نفسم	۱۰۹	۱۹٦۵
دیگری گفتش گنه	۱۰۱	۱۸۲۱
دیگری گفتش مخنث	۱۰٦	۱۹۱۱
دیوت از ره	۱۱٤	۲۰٤۵
دیو را دربند	۳۵	٦۲۰
دیو را وقتی	۳۵	٦۲۱

ذ

ذرهٔ از حیرت	۲۱۹	۳۹٤۱
ذره‌ام لاشده	۱٤	۲۵۷
ذرهٔ او فتنهٔ	۲۳۹	٤۳۰۵
ذرهٔ بر هرك	۲۰۸	۳۷۳۸
ذره تا ذره	۱۳۷	۲٤۵۰
ذره در خورشید	۸۹	۱٦۰۲
ذرهٔ دردم	۱٤	۲۵۱
ذره ذره در	۱۰	۱۷۸
ذرهٔ ذوق	۱٦۵	۲۹٦۱
ذره را سرگشتگی	۱۳۷	۲٤٤۸
ذرهٔ عشق از کمین	۷۸	۱۳۹۸
ذرهٔ عشق از همه	٦٦	۱۱۷۵
ذرهٔ عقلش	۷٦	۱۳۵٤
ذره‌گر بس	۱۳۷	۲٤۵٤
ذرهٔ‌گر حیرتت	۲۱۹	۳۹۳٤
ذره‌گر صدبار	۱۳۷	۲٤٤۹
ذرهٔ گر طعم	۱٦۲	۲۹۱٤

ر

رابعه آنجا مگر	۱۸٦	۳۳۳۲
رابعه در راه کعبه	۱۰۰	۱۸۰۳
رابعه گفتش‌که	۱۱۸	۲۱۲۳
رابعه گفتی	۱۷۳	۳۱۰۳
راز اگر	٦۵	۱۱۵۷
راه بینی بود	۱۳٤	۲٤۰۲
راه‌بینی وقت	۲۵۳	٤۵۸۳
راه دزدیده	٦۵	۱۱۵۵
راه را انجام	۱٦٤	۲۹٤۱
راه می‌دیدند	۹۱	۱٦۳۱

کشف الابیات

رای آنداری	٤٦	٨١٦	روز تا شب آن	٢١٤	٣٨٤٩
رای ما آنست	٩١	١٦٤١	روز تا شب ماتم	٢٤٣	٤٣٨١
رحمت او بین	١٠٣	١٨٦٧	روز حشر	١٧	٣١١
رحمتش آمد	٢٥٥	٤٦١٧	روز خوردم رفت	٢٤٩	٤٤٩٨
رحمتی کن	٢٣	٤١٧	روز دعوت	١٢١	٢١٧٥
رسم خدمت	٩١	١٦٣٩	روز دیگر چون بایوان	٩٤	١٦٨٦
رشته را بگسست	١٢٧	٢٢٧٥	روز دیگر چون بمیدان	١٨٩	٣٣٩٢
رشد باید	١٦٧	٢٩٩٦	روز دیگر کین	٧٣	١٣٠٢
رفت آخر تا	١٥٦	٢٧٩٩	روز روشن	١٩٣	٣٤٥١
رفت آن خورشید	٢٢٧	٤٠٨٨	روزگار من	٧٤	١٣٢٦
رفت آن دریای	٢٢٧	٤٠٨٩	روزگاریست	٢٠٥	٣٦٦٩
رفت آن شهزاده	٢٢٧	٤٠٨٧	روزگاری شد	٢١٠	٣٧٥٧
رفت با اصحاب	٨٤	١٥١٦	روز محشر	١٩	٣٤٠
رفت پیر کعبه	٧٩	١٤٢١	روز و شب این	١٠٥	١٨٩١
رفت پیش بوعلی	٢٠٧	٣٧٠٧	روز و شب بسیار	٧١	١٢٥٢
رفت پیش پادشاه	٢٢٧	٤٠٧٩	روز و شب بنشسته	٢١	٣٩٢
رفت پیش خواجه	١٢٦	٢٢٥٦	روز و شب بجا او	٢٣٩	٤٣٢٢
رفت تنها زیر	٢٤٣	٤٣٩٢	روز وشب پیوسته	١١٢	٢٠١٦
رفت جبریل	١٠٢	١٨٤٩	روز و شب تو	١١٦	٢٠٨٣
رفت سرهنگی	٩٤	١٦٨٧	روز وشب چون	١٠١	١٨٣٤
رفت سوی	١٥٥	٢٧٨١	روز وشب درپرورش	١٦٤	٢٩٤٨
رفت شیخ بصره	١١٨	٢١٢٠	روز وشب در کوی	٢٢٥	٤٠٣٩
رفت عقل	٧١	١٢٦٧	روز وشب درگریه	١٤٩	٢٦٧١
رفت غازی	١٥٠	٢٧٠١	روز وشب رویی	٢٢٥	٤٠٤١
رفت مردی	٣١	٥٤٦	روز هشیاری	٧٨	١٣٩٢
رفت مشوق	١٩٦	٣٥٢١	رونقی	٢٠	٤٠٠
رفت موسی	١٩	٣٥٠	روی آن دارد کران	٢٠٩	٤٦٨٥
رفته بودند	٢٣٤	٤٢٢٤	روی آن دارد کهحیران	٤١	٧٢٩
رفتگان	٢٥	٤٥٤	روی آندارد کهنفروشی مرا	٢٥٨	٤٦٦٠
رقعهٔ آن قوم	٢٣٣	٤٢٠٣	روی آن داردکه همراهی	١٥	٢٦٤
رقعهٔ بنبشت	١٩٦	٣٥٢٢	روی آن دارم که	٥٤	٩٥٢
رقعهٔ بنهاد	٢٣٣	٤٢٠٢	روی آن عذراوش	٢١٣	٣٨٢٠
رنج این	١١٤	٢٠٥٥	روی اکنون میبگردانم	٢٤٤	٤٤١١
رند برخاکسترش	١٠٩	٢٨٦٢	روی او در زیر	٦٩	١٢١٨
رند گفتش گر گدا	١٩٠	٣٣٩٧	روی او را	٢٢٤	٤٠٢٥
رندی آمد	١٩٢	٣٤٣٧	روی این ساعت	١١٥	٢٠٧٤
رنگ ماگیری	٢٠٥	٣٦٧٩	روی برخاک	٧٤	١٣٢٨
روح را در صورت	١	١١	روی چون	١٧٩	٣٢٠٩
روز آخر گلخنی	١٦٠	٢٨٧١	روی را از	٦٣	١١١٣
دوز از بسطش	٦	٩١	روی عالم پرشد	٦٢	١٠٩٩
روز بازاری	١٢٦	٢٢٦١	رویه برخاک	١٧٩	٣٢١٩
روز بودی گر	٦٢	١١٠٤	رویها چون	٢٠٦	٣٦٩٥

۳۱٤٦	۱۷۵	زانك باحق		٤٤٠٥	۲٤٤	روی همچون	
۳٦۷۲	۲۰۵	زانك تا باجان		٤۲۰۹	۲۳۳	روی یوسف باز	
۲۱۲٦	۱۱۸	زانك ترسیم		۲۷۱٤	۱۵۱	روی یوسف بود	
۲۰۰۵	۱۱۱	زانك جانت روی		۳۵۰۹	۱۹٦	ره برجانت	
۳۳٦۰	۱۸۷	زانك چندانی		٦۳	٤	رهبرم شو	
٦۸۵	۳۸	زانك چون		۱۵٤٤	۸٦	رهزنش بودی	
۲۹٤۵	۱٦٤	زانك چیزی		۱۷۱۷	۹۵	ره فرو گیرید	
۳۲٦۰	۱۸۲	زانك خفیه		۱۵۰۵	۸٤	رهنمای خلقی از	
۸۱۷	٤٦	زانك خوردی		٤٦٤۲	۲۵٦	رهنمایم باش	
۷٦۳	٤۲	زانك رازم		۳۹۰٤	۲۱۷	ریسمان عقل را	
۳۰۰۷	۱۹٦	زانك علم از		۲۹٦۹	۱٦۵	ریش اگر	
۳۰٤۱	۱۷۰	زانك كزنام		۲۹۸۱	۱٦٦	ریش این	
۳۲۰۳	۱۷۹	زانك ما را		۵۰۷	۲۸	ریگ بودی گر	
۳۲۰۸	۱۷۹	زانك ما کاصحاب					
٤۰٦۲	۲۵۲	زانك من خون					
۲۵۰۸	۱٤۳	زانك می‌بینم				**ز**	
۱٦٤۷	۹۱	زانك میدانیم					
۳۰۵۷	۱۷۱	زانك میگوید		۳۲۱۱	۱۷۹	زآتش حسرت	
۷۰۰	۳۹	زانك می‌نشکفت		۹۸۰	۵۵	زآرزوی آب	
۱۱٦۲	٦٦	زانك نبود دو		۳۲٤۷	۱۸۱	زآرزوی آنکه	
۲۵۰۲	۱٤۲	زانك وقت مرگ		۲۲۵۷	۱۳٦	زآرزوی او جگر	
۲۲۸٤	۱۲۷	زانکه اینجا پای		۲٦۱۰	۱٤٦	ز آرزوی این‌پس	
۲٤۰۱	۱۳٤	زانك هرچیزی		٤۰۱۳	۲٤۹	ز آشنای خود	
۷۱	۵	زانك هرمردی که		۱۰٦٦	٦۰	زآنچ آن خود هست	
٤۰٤	۲۲	زان نظر در		۱۰۰۷	۸٦	زار می‌گفت ای	
۹۰۰	۵۱	زان نگینش		۲۲۵۹	۱۲٦	زار می‌گفتی	
۳٤۷٤	۱۹٤	زان نیارم		۷۵٤	٤۲	زاری اندر	
۹۱۵	۵۱	زان همای		٤۰۸۰	۲۲۷	زاری او در	
٤۱٤۱	۲۳۰	زان همه مرغ		۹۱۰	۵۱	زان بیانصد	
۳۹٦۸	۲۲۱	زان همی گریم که با		۱۸۸۷	۱۰٤	زان بگیرد	
۲۷۷٦	۱٤۹	زان همی گریم که فردا		۹٦۳	۵٤	زان بود	
۲۱٦٦	۱۲۰	زاهدش گفت ای		۳۰۷	۱۷	ز انبیا	
۸۵۳	٤۸	زاهد مرغان		۲٦۰۸	۱٤۵	زان زنی	
۲۱٦۳	۱۲۰	زاهدی برجست		۳۰۳۰	۱٦۹	زان سپیدی	
۳٤٦۲	۱۹۳	زحمت جان		۲۷۲۸	۱۵۲	زان سخن آن	
۲۰۸۷	۱۱٦	زر اگر جابی		٤۱۷۹	۲۳۲	زان سخن هریك	
۲۰۸۵	۱۱٦	زر بصورت		۳٤٦	۱۹	زان شد آمد	
۱۰۱۸	۵۷	زر پرستیدن		٤۰۱	۲۲	زان شدم از	
۳۲۸۹	۱۲۷	زرد شد چون		۹٦۸	۵٤	زانك از	
۱۵۷۰	۸۷	زرد می‌دیدند		٤۲۷۷	۲۳۷	زانك اسرار	
۲۰۸٦	۱۱٦	زر که مشغول		۲۹٤۲	۱٦٤	زانك اگر باشد	
۲٤۹۱	۱۳۹	زر و گوهر		٤۰۳۰	۲۵۱	زانك اگر پرده	
				۲۸۳٦	۱۵۸	زانك اگر گویم	

کشف‌الابیات ۴۰۵

			س		۹۴۹	۵۳	زقهٔ از دست	
					۴۳۰۷	۲۳۹	زلف او بریشتی	
۳۴۰۱	۱۹۰	ساز وصل			۴۳۰۹	۲۳۹	زلف او بررخ	
۱۱۷۳	۶۶	ساقیا خون جگر			۱۴۴۶	۸۱	زلف او چون حلقه	
۴۶۶	۲۶	ساقی کوثر			۴۰۲۷	۲۲۴	زلف عالم	
۲۳۲۸	۱۳۰	سال عمر او بود			۸۵۸	۴۸	زنده از آبت	
۳۹۵۰	۲۲۰	سالکان پخته			۲۳۸۳	۱۳۳	زنده پی‌نابرده	
۴۱۰۹	۲۲۸	سالکان دانند			۳۳۵۴	۱۸۷	زنده‌دل	
۱۶۲	۹	سالکان را بین			۴۰۴۲	۲۲۵	زنده زان	
۱۶۱۹	۹۰	سالکی گفتش			۳۰۶۱	۱۹۹	زن ندیدی	
۲۱۴۲	۱۱۹	سالها از شوق			۱۱۶۱	۶۶	زو پرسیدند	
۱۶۲۹	۹۰	سالها بودند			۴۰۵۶	۲۲۶	زو برآمد	
۷۰۴	۳۹	سالها در بحر			۳۸۵۲	۲۱۴	زود بر تخت	
۲۳۴۷	۱۳۱	سالها در ناله			۲۲۹۰	۱۲۷	زود در مالید	
۴۱۳۶	۲۳۰	سالها رفتند در			۲۳۴۱	۱۳۰	زود در هیزم	
۲۴۶۳	۱۳۷	سالها می‌رفت			۲۲۵۳	۱۲۵	زودش آن	
۲۵۸	۱۴	سایلم زان			۱۲۶۶	۷۱	زور کو	
۲۴۴۰	۱۳۶	سایلی بنشست			۴۱۸۱	۲۳۲	زو کسی	
۲۴۰۳	۱۳۴	سایلی گفت ای بحضرت			۹۷۰	۵۵	زو مگر پرسید	
۱۹۲۵	۱۰۷	سایلی گفت ای برنگ			۱۷۶	۱۰	زو نشان	
۲۹۰۴	۱۶۴	سایلی گفت ای بزرگ			۵۸۳	۳۳	زو یکی پرسید	
۳۲۷۶	۱۸۳	سایلی گفتش چنین			۱۴۷۹	۸۲	زهد بفروشیم	
۳۳۶۲	۱۸۸	سایلی گفتش که ای آشفته			۱۷۸۷	۹۹	زهر کردی	
۱۶۵۷	۹۲	سایلی گفتش که ای برده			۲۳۷۶	۱۳۲	زیر این	
۴۰۹۱	۲۲۴	سایه از خورشید			۱۵۸۹	۸۸	زین چنین افتد	
۴۳۰۳	۲۳۸	سایه‌بان آفتابش			۲۲۹۸	۱۲۸	زین چنین بازیش	
۹۳۰	۵۲	سایهٔ تو گرندیدی			۲۹۲۹	۱۶۳	زین سبب چون	
۲۵۹۰	۱۴۴	سایه چون ناچیز			۴۳۳	۲۴	زین سبب گفت	
۱۵۰۲	۸۳	سایهٔ حق			۴۱۹۵	۲۳۳	زین سخن پروانه	
۱۰۸۱	۶۱	سایهٔ خود			۲۴۶۸	۱۳۸	زین سخن خفاش	
۱۱۲۵	۶۴	سایه در خورشید			۴۱۳۴	۲۲۹	زین سخن شد	
۲۰۸۸	۱۴۴	سایه در گردانمش			۴۴۹۴	۲۴۸	زین سخن گر	
۱۱۲۱	۶۳	سایه را سیمرغ			۴۱۳۲	۲۲۹	زین سخن مرغان	
۳۷۹۸	۲۱۲	سایه کو گم‌شود			۱۱۶۰	۶۶	زین سخن یکسر	
۱۴۹۷	۸۳	سبزپوشان در			۳۸۸۷	۲۱۶	زین عجبتر	
۱۳۴۳	۷۵	سجده‌کن پیش			۴۴۸۰	۲۴۸	زین عروس	
۴۰۹۴	۲۲۴	سختتر بینم			۴۶۶۶	۲۵۸	زین همه آلودگی	
۲۵۷۰	۱۴۳	سخت کارست			۴۰۵	۲۲	زین همه پندار	
۲۳۲۲	۱۲۹	سخت منقاری						
۱۱۶۶	۶۶	سدرهٔ جان						
۱۹۴۸	۱۰۸	سربدعوی			**ژ**			
۳۷۹	۲۱	سربرآور			۲۰۰۱	۱۱۱	ژندهٔ پوشید	

سربریدند آن	۱۲۸	۲۳۰۲
سربریدندش	۲۵	۴۵۸
سر بزن نمرود	۳۵	۶۳۰
سربسر در کار او	۷۰	۱۲۳۵
سربکن این ماهی	۳۷	۶۶۴
سرخ منقار	۴۹	۸۷۳
سرنداتش	۱۹۵	۳۴۸۹
سر روح	۱۶	۲۹۷
سر که بودی	۲۸	۵۰۶
سرشکستش	۱۵۵	۲۷۷۸
سرطلب گردد	۱۸۱	۳۲۴۴
سر فرو برده	۱۹۹	۳۵۷۲
سرفرو بردی	۲۴	۴۳۱
سرکشی	۱۷۴	۳۱۲۴
سر مزن	۲۰۲	۳۶۲۷
سرمکش	۳۸	۶۷۲
سرنگوسارش	۲۴۲	۴۳۶۷
سرنگون شد	۱۸۸	۳۳۶۷
سرنهم در راه	۴۵	۸۰۹
سر یك‌یك	۱۹	۳۳۸
سست شد	۲۳۴	۴۲۱۸
سلطنت اوراست	۵۳	۹۳۸
سلطنت را نیست	۵۴	۹۵۶
سگ بسی	۱۳۸	۲۴۷۸
سگ نمی‌شد	۱۲۶	۲۲۷۲
سنجرش گفتا	۱۴۷	۲۶۳۸
سنگی ازوی	۱۸	۳۲۸
سنگ باید	۲۴	۴۳۶
سنگ‌ریزه	۵۰	۸۸۱
سنگ زان	۲۴	۴۳۴
سنگ وگوهر	۱۸۳	۳۲۸۳
سوز جان	۱۷۷	۳۱۶۶
سوزنی چون	۵	۸۶
سوی او آیند	۱۳۰	۲۳۳۵
سوی کنه	۱۳	۲۳۸
سوی لیلی	۱۸۸	۳۳۶۹
سیب را بشکافتی	۵۵	۹۶۹
سی‌تن بی	۲۳۱	۴۱۵۴
سید سادات	۲۵	۴۶۱
سید عالم بخواست	۳۳	۵۹۳
سیر او زآفاق	۱۴۷	۲۶۴۳
سیر هرکس	۱۹۴	۳۴۸۳
سیم خام	۲۴۱	۴۳۵۲
سیم و زر باید	۷۸	۱۴۰۵
سیم و زر شد	۱۹۲	۳۴۴۰
سینه پرعشق	۲۱۵	۳۸۶۰
سینه میکرد	۵۳	۹۴۳

ش

شاخ شرك	۱۰۴	۱۸۷۰
شاخ وصلم	۲۰۴	۳۶۶۲
شادمان شد پیر	۹۹	۱۷۸۶
شادمان شد نفس	۹۸	۱۷۸۰
شادی جاوید	۱۶۸	۳۰۱۰
شاه آن باشد	۵۴	۹۵۸
شاه آن سگ	۱۲۶	۲۲۷۰
شاه از غیرت	۲۲۶	۴۰۶۲
شاه ازو	۲۳۹	۴۳۱۷
شاه با او	۹۵	۱۷۲۴
شاه با خود	۲۴۱	۴۳۴۵
شاه چون بشنود آن	۲۴۲	۴۳۷۳
شاه چون بشنود از	۲۴۴	۴۴۱۳
شاه چون درقصر	۵۴	۹۶۷
شاه چون هشیار	۲۴۲	۴۳۶۹
شاه چون یافت	۲۴۶	۴۴۴۶
شاه حالی گفت	۲۲۷	۴۰۸۲
شاه در خاك	۲۴۶	۴۴۴۴
شاه دنیا فی‌المثل	۵۴	۹۶۲
شاه دنیاگر	۵۴	۹۵۹
شاه را چون	۱۹۹	۳۵۷۳
شاه را خدمت	۲۱۰	۳۷۷۰
شاه را دردی	۲۲۷	۴۰۸۱
شاه را در ملك	۵۴	۹۵۵
شاه زاد از دور	۲۲۵	۴۰۴۳
شاه گفت آرایش	۱۳۹	۲۴۹۶
شاه گفتا خلوت	۲۱۱	۳۷۹۱
شاه گفتا خواهی	۹۳	۱۶۷۶
شاه گفتا زآنك	۱۰۸	۱۹۵۷
شاه گفتا کم	۹۳	۱۶۸۱
شاه گفتا لایق	۱۷۵	۳۱۲۹
شاه گفتا من ندیدم	۱۲۰	۲۱۶۵
شاه گفتا همچنان بگذار	۱۲۷	۲۲۷۹
شاه گفتا همچنان تا	۲۴۲	۴۳۷۵
شاه گفتش ای زهستی	۱۹۰	۳۴۰۳

کشف‌الابیات

شکر میکن	۱۷۱	۳۰۰۰	شاه گفتش ای لطیف	۲۴۴	۴۴۰۶
شمع جنت	۲۵	۴۴۷	شاه گفتش حاجتت	۱۶۰	۲۸۷۳
شمع دین	۲۵۱	۴۵۳۸	شاه گفتش نیستی	۶۵	۱۱۵۲
شمع را چون	۲۵	۴۴۸	شاه مرغانم	۱۱۹	۲۱۵۰
شوخی و بی‌شرمی	۲۰۹	۴۶۹۶	شاه میش	۱۲۶	۲۲۷۱
شور آورد	۲۱۶	۳۸۷۴	شاه نبود آنک	۵۴	۹۰۷
شورشی بروی	۹۰	۱۶۲۴	شب برفتی	۲۸	۵۰۹
شورشی در عقل	۱۴۴	۲۰۷۹	شب درازست	۷۱	۱۲۵۷
شور غالب گشت	۲۴۴	۴۴۱۴	شب مخسب	۱۹۶	۳۵۱۸
شوق او در جان	۴۱	۷۴۵	شد از آن روزن	۱۵۶	۲۸۰۰
شه اگر دارد	۶۵	۱۱۵۱	شد ازین	۲۱۹	۳۹۳۰
شه بر آن	۱۴۱	۲۵۳۸	شد براو هم	۲۱۰	۳۷۶۴
شه توبس باشی	۱۶۰	۲۸۸۳	شد بصحرا	۲۱۰	۳۷۶۳
شه حکیمان	۱۲۰	۲۱۶۰	شد بکل از دست	۶۹	۱۲۲۸
شه در آن مهروی	۲۴۰	۴۳۲۷	شد بیاراست	۲۴۶	۴۴۴۰
شه درین اندیشه	۱۷۶	۳۱۴۹	شد جهان بی‌او	۲۳۳	۴۲۰۰
شهرهاء منکر ازحام	۲۹	۵۱۷	شد چنان در	۲۰۵	۳۶۷۵
شهریار از دست	۱۶۰	۲۸۷۶	شد چنان عاشق	۵۴	۹۶۵
شهریارش گفت ای پیر	۹۶	۱۷۲۸	شد چنان مستغرق	۲۳۹	۴۳۱۹
شهریارش گفت ای درویش	۱۹۱	۳۴۱۶	شد حرم بر	۱۴۱	۲۵۳۴
شهریاری چون دهم	۱۲۰	۲۱۵۱	شد حسن آشفته	۲۱۰	۳۷۷۱
شهریاری دختری	۴۳	۷۷۷	شد خراب آن	۷۷	۱۳۸۰
شهریاری کرد	۱۲۰	۲۱۵۷	شد خیال روی	۱۲۴	۲۲۲۲
شه کسی را	۱۷۰	۳۱۴۵	شد در اسرار معانی	۴۲	۷۵۱
شیخ از فرمان	۷۹	۱۴۲۰	شد دلش	۸۸	۱۵۸۱
شیخ الحق	۷۶	۱۳۵۲	شد زآب خم	۱۳۲	۲۳۷۲
شیخ ایمان داد	۶۹	۱۲۳۱	شد زشوق آن	۲۰۴	۳۶۶۰
شیخ بر خر بود	۱۶۲	۲۹۱۹	شد زفرط	۱۸۷	۳۳۰۶
شیخ بروی عرضه	۸۸	۱۵۷۸	شد عناالقلب	۲۰۲	۴۰۷۱
شیخ بوبکر	۱۶۲	۲۹۱۸	شدکه تیغ آرد	۴	۶۷
شیخ بود او در	۶۷	۱۱۸۶	شد مگر	۱۹۹	۳۵۷۱
شیخ چندانی که	۹۰	۱۶۲۳	شد وزیر	۲۴۱	۴۳۵۷
شیخ چون از کعبه	۸۱	۱۴۵۶	شد یکی پروانه	۲۲۲	۳۹۸۹
شیخ چون اصحاب	۸۴	۱۵۲۰	شد یکی دیگر	۲۲۲	۳۹۹۲
شیخ چون افتاد	۸۲	۱۴۷۰	شربت او را	۳۰	۵۳۰
شیخ چون در حلقه	۷۷	۱۳۸۷	شرح زیبایی آن	۲۳۹	۴۳۱۶
شیخ چون شد	۷۶	۱۳۶۵	شرح گویی رسم	۹۱	۱۶۴۳
شیخ حالی	۸۷	۱۵۶۵	شرمتان	۸۲	۱۴۶۹
شیخ خرقانی	۱۴۳	۲۰۶۲	ست کودک	۹۳	۱۶۷۸
شیخ خلوت	۷۳	۱۳۰۳	شعر تو عشاق	۲۴۷	۴۴۵۹
شیخ در خاک	۲۵۷	۴۶۵۶	شعر گفتن	۲۵۲	۴۰۰۹
شیخ را اعلام	۸۷	۱۰۶۲	شکر ایزد	۲۵۳	۴۰۷۳

شیخ را بردند تا	۷۶	۱۳۵۱
شیخ را بردند سوی	۷۷	۱۳۸۶
شیخ را در کعبه	۸۱	۱۴۵۴
شیخ را زان باد	۱۶۲	۲۹۲۰
شیخ را گفتا بگو	۲۵۹	۴۶۸۹
شیخ را گفتا چو	۱۱۷	۲۱۱۲
شیخ را گفتند	۸۵	۱۵۳۰
شیخ را می‌دید چون	۸۴	۱۵۱۷
شیخ سمعان	۶۷	۱۱۸۵
شیخ سوی او	۱۸۴	۳۳۰۵
شیخشان در روم	۸۱	۱۴۵۲
شیخ صوفی	۱۰۳	۱۸۶۲
شیخ عاشق گشته	۷۷	۱۳۷۴
شیخ غلی کرد	۸۵	۱۵۳۸
شیخ غوری	۱۴۷	۲۶۳۱
شیخ کو را دید	۲۵۷	۴۶۵۰
شیخ گفتا جان	۸۰	۱۴۳۷
شیخ گفتا چون	۱۲۵	۲۲۴۹
شیخ گفتا خمر	۷۵	۱۳۴۴
شیخ گفتا شوخ	۲۵۹	۴۶۹۰
شیخ گفتا کارمن	۲۱۹	۳۹۲۹
شیخ گفتا نه‌من	۱۴۳	۲۵۶۶
شیخ گفت ای دختر	۷۸	۱۳۹۴
شیخ گفت ای سروقد	۷۹	۱۴۰۸
شیخ گفتش امشب	۷۱	۱۲۷۰
شیخ گفتش بی	۱۴۷	۲۶۳۳
شیخ گفتش چون	۷۴	۱۳۱۲
شیخ گفتش عهد دارم	۲۰۷	۳۷۰۸
شیخ گفتش کربکویی	۷۵	۱۳۴۰
شیخ گفتش مدتی	۱۳۶	۲۴۴۲
شیخ گفتش هرچ	۷۶	۱۳۴۸
شیخ ما گرچه	۸۲	۱۴۶۴
شیخ مهنه بود	۱۸۴	۳۳۰۳
شیخ میدانست	۱۱۷	۲۱۰۸
شیخ نصرآباد	۲۱۸	۳۹۲۱
شیخ نوقانی	۹۸	۱۷۷۰
شیخ و اصحابش	۸۷	۱۵۶۹
شیرده ما را	۲۳	۴۱۸
شیر مردی	۴۰	۷۲۸
شیشه پر اشك	۲۵۳	۴۵۸۵

ص

صاحب سر	۳۵	۶۱۹
صاحب معراج	۱۵	۲۶۹
صبحدم بادی	۸۳	۱۵۰۰
صبر دارم	۱۳۷	۲۴۵۶
صبر کن	۱۸۴	۳۲۹۸
صبر کو	۷۱	۱۲۶۰
صحبت این	۳۷	۶۵۲
صد بلا در	۱۸۰	۳۲۳۵
صد جهان	۲۰۳	۳۶۳۵
صدر دین	۲۳	۴۲۷
صد عنایت	۱۳۵	۲۴۱۴
صد غلامش	۱۵۴	۲۷۶۰
صد کتاب	۲۱۴	۳۸۴۱
صد هزار آرایش	۱۳۹	۲۴۹۰
صدهزار اسرار	۱۹۵	۳۴۹۲
صدهزاران آفتاب	۲۳۱	۴۱۵۷
صدهزاران ابر	۱۰۵	۱۸۹۹
صدهزاران پاره	۹۹	۱۷۹۶
صدهزاران پرده آن	۱۳۳	۲۳۸۴
صدهزاران پرده‌دارد	۴۰	۷۱۵
صدهزاران پشه	۲۰۰	۳۵۸۶
صدهزاران جان	۴۴	۷۹۶
صدهزاران جسم	۲۰۰	۳۵۸۵
صدهزاران خلق دربلزار	۲۱۳	۳۸۲۸
صدهزاران خلق درزنار	۲۰۰	۳۵۸۸
صدهزاران خلق همچون	۹۷	۱۷۴۷
صدهزاران دل بمرد	۱۱۰	۱۹۸۲
صدهزاران دل چو	۶۹	۱۲۲۳
صدهزاران ژنده	۹۹	۱۷۹۹
صدهزاران سایه بر	۶۱	۱۰۸۰
صدهزاران سایه جاوید	۲۱۹	۳۹۴۴
صدهزاران سبزپوش	۲۰۰	۳۵۸۴
صدهزاران سرچو	۴۰	۷۲۶
صدهزاران سر درین	۹۶	۱۷۴۰
صدهزاران طفل	۲۰۰	۳۵۸۷
صدهزاران طور	۱۰	۱۸۰
صدهزاران عاشق	۱۴۴	۲۵۷۵
صدهزاران عالم	۲۳۲	۴۱۷۷
صدهزاران عقل	۹۶	۱۷۴۱
صدهزاران مرد	۱۹۵	۳۴۹۳
صدهزاران مرغ	۸۹	۱۶۱۲

کشف‌الابیات

عاشقانش گریکی	۱۲۷	۲۲۸٦	صعوه آمد	۵۸	۱۰۲۷	
عاشق از	۱۹٦	۳۰۲۳	صورت این	۲۰۳	۳٦٤۳	
عاشقم اما	۲۱۲	۳۸۱۲	صورتش اینست	۵۸	۱۰۲٦	
عاشقی آمد	۲۳٦	٤۲٦۳	صورت مرغان	٦۱	۱۰۸۲	
عاشقی ازفرط	۱۹٦	۳۰۲۰	صورتی از خلط	۱۲۵	۲۲۲۷	
عاشقی راچه	۷۰	۱۳٤۱	صوفی دیگر	۲۰۵	۳٦۸۲	
عاشقی روزی	۲۲۱	۳۹٦٤	صوفیش گفتا تو	۹٤	۱٦۹٤	
عاشقی و پاسبانی	۱۹۸	۳۰٤۵	صوفیش گفتا که	۲۱۸	۳۹۱۰	
عاصیان و غافلان	۱۰۵	۱۹۰٤	صوفیی چون	۱٦٦	۲۹۸۸	
عافیت باعشق	۷۷	۱۳۷۱	صوفیی را گفت آن	۲۵۱	٤۵٤۷	
عاقبت ازصد	۲۳۰	٤۱۵۲	صوفیی را گفت مردی	۱۳٦	۲٤۳۱	
عاقبت اندیش	۱۸٦	۳۳۳٦	صوفی گفت آنك او	۱۳۱	۲۳۵٦	
عاقبت بیمار شد	۷۳	۱۳۰٦	صوفیی میرفت آوازی	۲۱۷	۳۹۰۷	
عاقبت پیك	۲٤٦	٤٤۳۸	صوفیی میرفت چون	۲۲۳	٤۰۰۵	
عاقبت جان	۱۳۷	۲٤٦٤	صوفیی میرفت دربغداد	۱۰۳	۱۸٦۰	
عاقبت چون شد	۱۲۱	۲۱۷۳	صید ما فردا تو	۹۳	۱٦۸۵	
عاقبت چون شیخ	۷۹	۱٤۱۷				
عاقبت چون عزم	۱۰۹	۱۸٦۰	**ط**			
عاقبت چون گشت	۲۳۳	٤۲۰۸	طاعت روحانیان	۱۰۵	۱۸۹۲	
عاقبت چون یافت	۱۷۵	۳۱٤۲	طاعتی برامر	۱۳۸	۲٤۷٦	
عاقبت رفتند	۸۱	۱٤۰۱	طاقت سیمرغ	٤۳	۷٦٦	
عاقبت روزی	۲۰۷	۳۷۱۷	طالبان را صبر میباید	۱۸۵	۳۳۱۱	
عاقبت شهزاده	۲۲۸	٤۱۰۰	طرّه او صد دل	۲۱۳	۳۸۱٦	
عاقبت گفتند	۸۹	۱٦۰۳	طفل راه تو	۲۲	٤۰۷	
عاقبت مجنون	۱۸۸	۳۳۷۳	طمس کن	۲۲۲	۳۹۸۳	
عاقبت محمود کرد	۱۷٦	۳۱۵۹	طوطی آمد	٤۵	۸۰۲	
عاقبت میرفت	۹۹	۱۷۸٤	طوطیی را طوق	٦	۹۲	
عاقلی گفتش	۱۳۸	۲٤٦٦	طوق آتش	۳۵	٦۲۸	
عالمی پرمرغ	۲۳۰	٤۱۵۳				
عالمی شادی مرا	۱۱۹	۲۱٤۹	**ع**			
عالمی کانجا نشان	۸٦	۱۵۰۰	عابدی بودست	۱٦۵	۲۹٦۰	
عایشه کو بود	۳٤	۵۹۷	عابدی کز حق سعادت	۱۱۹	۲۱۳٤	
عجب برهمزن	۱٦۳	۲۹۳۱	عاجز وسرگشته	۸٦	۱۵۰٦	
عجز ازان	۱۰	۱۷۲	عاجزی‌ام	۵۷	۱۰۰٦	
عرش برآیت	۷	۱۲۷	عارض از	٤۳	۷۷۹	
عرش را برآب	۱	۲	عاشق آتش	٦٦	۱۱۷۱	
عرش و عالم	۸	۱۲۸	عاشق آشفته	۷۰	۱۲۳۸	
عرش و کرسی	۱٦	۲۹۵	عاشق آن	۱۸٦	۳۳۳۵	
عرضه دارم	۱٤٤	۲۰۸٦	عاشقان بودند	۱۹۳	۳٤٦۹	
عرضه کن اسلام	۱۵۱	۲۷۰۸	عاشقان جان	۱۹۳	۳٤٦۱	
عزت این در	۹۰	۱٦۲۷	عاشقان رفتند	۱۹۸	۳۵۰۰	
عزم آن دارم	٤٦	۸۲۷				

عزم آن کردیم	۸۲	۱۴۷۸
عزم ره کردند عزمی	۸۹	۱۵۹۶
عزم ره کردند و در	۴۲	۷۴۶
عزم کردند آن	۴۴	۷۹۲
عشق آن دلبر	۷۶	۱۳۶۴
عشق آن زن	۱۶۹	۳۰۳۳
عشق از افلاس	۱۹۰	۳۳۹۹
عشق ازاین	۷۸	۱۳۹۹
عشق او آمد	۱۲۴	۲۲۲۱
عشق او آن	۷۰	۱۲۴۲
عشق او باید	۱۶۰	۲۸۸۴
عشق او در خاك	۱۲۴	۲۲۳۰
عشق اینجا آتشست	۱۸۷	۳۳۴۶
عشقبازی بین	۱۰۴	۱۸۸۳
عشق باید	۱۸۹	۳۳۸۵
عشق برجان	۷۰	۱۲۳۲
عشق بر سیمرغ	۵۷	۱۰۱۳
عشق تو با جان	۱۷۱	۳۰۵۹
عشق چون بر	۴۲	۷۵۷
عشق چون در سینه	۹۸	۱۷۶۴
عشق چیزی	۴۳	۷۷۴
عشق دختر	۶۹	۱۲۳۰
عشق دنیاوزر	۱۱۶	۲۰۸۱
عشق را با کفر	۶۶	۱۱۷۰
عشق را بنیاد	۸۲	۱۴۷۶
عشق را دردی	۶۶	۱۱۷۴
عشق روی‌گل	۴۳	۷۷۲
عشق سوی فقر	۶۷	۱۱۷۹
عشق صورت نیست	۱۲۴	۲۲۳۴
عشق گنجم	۵۷	۱۰۱۰
عشق گنج و عشق	۵۷	۱۰۱۷
عشق گوهر	۴۹	۸۷۷
عشق مغز کاینات	۶۶	۱۱۷۶
عشق من چون	۷۴	۱۳۱۵
عشق می‌بازد	۸۱	۱۴۶۱
عشق و افلاس	۱۹۰	۳۳۹۸
عشوهٔ ابلیس	۱۱۳	۲۰۳۱
عفو کردم	۱۰۲	۱۸۳۸
عفوکن دون	۵	۸۵
عقل اگر ازتو	۸	۱۴۴
عقل توچون	۱۳	۲۲۴
عقل در سودای او	۱۰	۱۸۱
عقل در سودای عشق	۱۸۷	۳۳۴۷
عقل را برگنج	۱۰	۱۸۲
عقل را چون	۷	۱۱۷
عقل را در خلوت	۱۹	۳۴۷
عقل را زین‌کار	۶۰	۱۰۵۵
عقل رفت	۲۱۳	۳۸۳۱
عقل سرکش را بشرع	۱	۱۲
عقل کار افتاده	۶	۱۰۷
عقل کوتاه	۷۱	۱۲۶۲
عقل مادرزادکن	۳۶	۶۳۸
عقل‌و جان را	۸	۱۴۱
عقل وجان و دین	۱۲	۲۲۲
علم من زو	۱۴۹	۲۶۶۵
علم هست	۱۷۶	۳۱۶۵
عمر دراندوه تو	۲۵۶	۴۶۴۴
عمر در بی‌حاصلی	۲۰۵	۳۶۷۰
عمر در خون	۲۵۵	۴۶۲۱
عمر کوتا وصف	۷۱	۱۲۵۹
عنبرین دو شمع	۲۱۵	۳۸۵۵
عنکبوتی را بحکمت	۲	۱۶
عود می‌سوخت	۱۲۳	۲۲۱۸
عود وهیزم چون	۲۲۰	۳۹۵۳
عور شد	۱۶۱	۲۸۹۳
عهد کردند آن	۸۹	۱۶۰۹
عهدهٔ در گردنت	۲۹	۵۳۰
عیب بین	۱۶۹	۳۰۲۶
عیب‌جویا	۱۶۸	۳۰۱۴
عین وادی	۲۱۹	۳۹۴۳

غ

غازیش چون	۱۵۰	۲۶۹۲
غازیی از	۱۵۰	۲۶۸۸
غافلی شد	۱۱۳	۲۰۳۵
غافلی گفتش	۲۱۶	۳۸۸۴
غرق ادبارم	۲۵۷	۴۶۶۳
غرق دنیاهم	۱۱۶	۲۰۹۶
غرقهٔ دریا	۱۸۱	۳۲۴۶
غرهٔ این	۱۶۲	۲۹۰۶
غشیش آوردی	۲۲۵	۴۰۴۸
غم مخور کآتش	۲۲۱	۳۹۷۴
غم‌مخور گر	۱۱۲	۲۰۲۲

كشف‌الابيات

ف

فارغم زین	۲۵۳	٤٠٧٩
فانیی یا	۲۱۲	۳۸۱۰
فتنهٔ جان	۲۲٤	٤٠۳۳
فتنه را	٤۳	۷۷۸
فرخ او	۲۱۷	۳۸۹۷
فکر کن	۷	۱۲٤
فیلسوفی بود	۱۳۰	۲۳۲۷

ق

قاضی ایشان	۱۰۷	۱۹۳۹
قایم مطلق	۲۵۹	٤۶۹۵
قبله گشته	۱۸	۳۲۹
قدر من	۱۹۰	۳٤۰۵
قدرنه	۲۰۰	۳۰۹۰
قدسیان جمله	۱۰۵	۱۸۹۳
قدسیان را با	۱۷	۳۰۳
قدسیان را عشق	۶۷	۱۱۷۷
قرب پنجه حج	۶۷	۱۱۸۹
قرب پنجه سال	۷۸	۱۳۹۷
قرب سی‌سالت	۲۲۳	٤۰۰۷
قرب صد تصنیف	۷۶	۱۳۶۰
قرب صد سوراخ	۱۲۹	۲۳۲۳
قرب ماهی	۷۳	۱۳۰۵
قرعه افکندند	۸۹	۱۶۰۷
قرعه برهرک اوفتد	۸۹	۱۶۰٤
قسم ازو	۲۲۵	٤۰۳۷
قسم خلق از	۱۰	۱۷۳
قسم خلقان	٤۰	۷۲٤
قصد تو دارند	٤٤	۷۹٤
قصد کعبه	۱۰۰	۱۸۰۵
قصر تو گر	۱۲۰	۲۱۰۰
قصه پرسیدند	۲۱۶	۳۸۷۷
قصه پیش	۱۵۵	۲۷۸٤
قطره آب	۱۲۹	۲۳۱۹
قطره است	۲۰۲	۳۶۱۸
قطره باشد	٤۷	۸۳۵
قطره بودم	۲۲۹	٤۱۲۳
قطره بود او	۸۸	۱۰۸۷
قوت آن	۱۸٤	۳۳۰۱
قهقهه در شیوه	۳۵	۶۳۳

ک

کار آسان	۱۰۰	۱۸۰۰
کار آمد	۲٤۹	٤۵۱۱
کار آن	۱۵۸	۲۸٤۶
کار آوردم	۱۵۷	۲۸۲۳
کار افتاد	۸۶	۱۵٤۹
کار امت	۳٤	۶۰٤
کار او	۱۳۵	۲٤۲۸
کار تو	۲۱۸	۳۹۱۲
کار حکمت	۱۰۵	۱۸۸۹
کار دنیا	۱۱٤	۲۰۰۹
کار دین	۲۵	٤٤۶
کار ذی‌القربی	۲۵	٤۵۷
کار ره‌بینان	۱٤۰	۲۵۰۶
کار عالم	۱۳	۲۳۳
کار فرمان	۱۳۸	۲٤۸۰
کارگاه پرعجائب	۱۳	۲۳۷
کار ما از	۹۷	۱۷۵۷
کار من روزی	۷۱	۱۲۵۳
کازمن سودای	۱۵۷	۲۸۲۲
کاش این	۲۱۸	۳۹۱٤
کاشکی اکنون	۲۰۸	۳۷۲۲
کاشکی بشکافتندی	۱٤۱	۲۵۲۶
کاشکی حلقم	۲٤۰	٤٤۳۳
کاشکی صدچاه	۵۳	۹۳۹
کافران را	۱۸	۳۲۱
کافرش چون	۱۵۰	۲۷۰۲
کافریست	۱۱۰	۱۹۹۳
کاف کفر	۲۰۱	٤۰۳٤
کاملی باید	۱۹۵	۳٤۹٤
کان همه	۱٤۰	۲۵۱٤
کان یکی	۱۰۳	۱۸۶۱
کای جهان	۱۲۳	۲۲۱۳
کای سبق	۶۰	۱۰۶۸
کای فرومانده	۲۵۷	٤۶۶۲
کای همه بدعهدی	۱۵۰	۲۶۹٤
کای همه فارغ	۱۷۹	۳۲۰۷
کبک بس خرم	٤۹	۸۷۲
کرد آن	۱۲۱	۲۱۷۲
کرد از آن	۹٤	۱۶۹۰
کرد از دیوانه	٤۹	۸۶۵
کرد پنهان	۱۸۹	۳۳۹٤

منطق الطیر ४۱۳

کرد جان	۳۲	۵۷۳	کفر کافر	۱٤	۲۵۲
کرد در شش	۱	٦	کفر من	۱۲٤	۲۲۲۸
کرد دعوت	۱۷	۳۰۲	کفر و لعنت	۱۸۱	۳۳٤۸
کرد رندی	۱۹۲	۳٤۳۵	کل تو	۱۰۵	۱۸۹٦
کرد روزی	۲۱۳	۳۸۲۹	کمترین چیزیت	۱۸۹	۳۳۸٦
کرد شاگردی	٤۷	۸٤۰	کو بغایت	۱۰	۱۷٤
کرد کارش	۲۰٤	۳٦٦۳	کو بوقت	۲۰۱	۳٦۱۲
کردم از	۸٤	۱۵۱۰	کو پله است	۱۲	۲۱۹
کردهٔ از وسوسه	۱٦۹	۳۰۳۷	کودکش گفت	۹۳	۱٦۷۲
کرده‌ام هر لحظه	٤۸	۸۵۱	کودکی اندوهگین	۹۳	۱٦۷۰
کرده او را واقف	۲۳۷	٤۲۸۲	کورچشمی	۱۵۲	۲۷۳۱
کرده بد هرجای	۱۸۵	۳۳۲۲	کور دل	۲۳٤	٤۲۱٤
کرده بود	۱۰۱	۱۸۲۹	کو زمین	۲۰۱	۳٦۱۰
کرده چاهی	۱۸	۳۳۱	کوف آمد	۵۷	۱۰۰۵
کردهٔ چندین	۲۱۸	۳۹۲٦	کو کسی	۲۸	۵۱۱
کرده در شب	۱۸	۳۲۲	کو کون	۲۰۱	۳٦۱۱
کرده موری	٦۱	۱۰۷٤	کو محمد	۲۰۱	۳٦۰۷
کرده و ناکرده	۲۳۵	٤۲۳۳	کو نماید	۱۲	۲۲۰
کردی ای عطار	۲٤٦	٤٤۰٦	کو چون	۷	۱۰۸
کردی ای موسی	۱۰٤	۱۸۷۱	کو خود	۳۰	٦۳٤
کز حرم	٦۸	۱۱۹٦	کو راصد	۹	۱۰۰
کز حماقت	۱۲٦	۲۲٦۰	کو را میخ	۷	۱۲۱
کز خوشی	۱۷۸	۳۲۰۱	کو را هم	۱	۱۳
کز قضا	۸۱	۱٤۰۹	کوههای آتشین	۹٦	۱۷۳۹
کز کدامین	۲۱۷	۳۸۹٦	که کلیدی	۲۱۷	۳۹۰۸
کز من	۲۰٤	۳٦٦۱	کهنها جمله	۱٦۱	۲۸۹۲
کس ازین	۱٤۵	۲۵۹۸	کی بود سیمرغ	٤٦	۸۲۹
کس بحسن	۲۲٤	٤۰۲۲	کی بود مرغی	۹۱	۱٦۳٤
کس بزیبایی	۲۳۸	٤۲۹۸	کی بطاعت	۹۲	۱٦٦۲
کس چو من	۷۸	۱۳۹٦	کی پدید	۲۳۱	٤۱٦۰
کس چه داند قادر این بحر عمیق	۱۲	۲۲۱	کی پسند	۲۳۱	٤۱۷٤
کس چه داند تا درین حبس	۲۵٤	٤٦۰۵	کی تواند بود	٤۳	۷۷۰
کس در این وادی بجز	۱۸٦	۳۳۳٤	کی تواند داشت	۱۵۳	۲۷۵۷
کس درین وادی دمی	۲۰۵	۳٦٦۸	کی تواند شد	۱۹٤	۳٤۸۲
کس ندارم	۷۹	۱٤۰۹	کی توانست	۲٤۰	٤۳۳۲
کس نداشت	۲٤٤	٤٤۰۳	کی توانم گفت	۱٤	۲٤۵
کس نداند	۱۳	۲۲۵	کی توانی پادشاهی	۷۵	۱۳۳۹
کس ندیدست	٤۹	۸۷۱	کی رسیم	٦۱	۱۰۷۰
کشتهٔ حیرت	۳	۳۸	کی رواداری	۲۷	٤۸۹
کشف این	۲۳۵	٤۲٤۵	کیست چون	۲۵٤	٤۰۹۰
کعبه زو	۱۸	۳۳۵	کیست در	۲۲۹	٤۱۲۰
کفر برخاست	۸۵	۱۵۳۱	کیست کو	۲۰	۳٦۹

كشف الابيات

کی شناسی	۲۵۰	۴۵۳۱	گر بخوانی	۴	۵۶	
کی شود پروانه	۲۳۲	۴۱۸۹	گر بخوردی	۱۲۷	۲۲۷۶	
کی شود سیمرغ	۵۲	۹۲۴	گر بدانندی	۱۹۹	۳۵۶۹	
کی کند	۷۳	۱۳۱۰	گر بدست آید	۱۸۵	۳۳۱۶	
کین چنین	۱۶۸	۳۰۱۲	گر بدست این	۲۰۷	۳۷۰۴	
کین شنو	۲۴۹	۴۰۰۹	گر بدعوی	۱۰۸	۱۹۴۷	
کین گدا	۱۴	۲۰۶۷	گر بدو گویند	۲۱۲	۳۸۰۸	
			گر آید	۱۷۷	۳۱۶۷	
			گر برافتد پرده	۱۲۵	۲۲۴۱	
گ			گر براه آید	۱۵۳	۲۷۰۳	
گه با آن ماه	۲۴۰	۴۳۳۰	گر براین درگه	۱۰۳	۱۸۵۸	
گه بفردی	۲۲۵	۴۰۵۱	گر برفتی	۲۴۰	۴۳۳۳	
گه تلخت	۵۶	۹۸۸	گر بروز	۲۳۸	۴۳۰۰	
گه چون ابر	۸۵	۱۵۲۲	گر برون آیی	۲۰۸	۳۷۲۸	
گه چون نیلی	۲۲۵	۴۰۵۰	گر برون حجره شد	۶۴	۱۱۳۲	
گه در جوش	۲۶	۴۷۶	گر بریخت افلاک	۲۰۰	۳۰۹۴	
گه دست	۱۴۰	۲۵۰۳	گر بریخت این	۲۰۱	۳۵۹۸	
گه رندم	۱۰۶	۱۹۱۲	گر بریزد از	۲۴۸	۴۴۸۸	
گه شب	۶۲	۱۱۰۰	گر بزلفم	۷۳	۱۳۱۱	
گه شه را	۵۴	۹۰۳	گر بزیر پل	۱۴۷	۲۶۳۷	
گه قارون	۱۱۴	۲۰۵۳	گر بسر راه	۱۰۸	۱۹۴۶	
گه گاهش حالتی	۱۶۷	۳۰۰۴	گر بسوزی	۱۷۱	۳۰۶۰	
گه گل برروی	۲۴۰	۴۳۲۸	گر بسوی	۱۷۳	۳۱۰۷	
گه گل در روی	۲	۱۴	گر بی بینی عدد	۲۰۶	۳۶۹۶	
گه می برید	۴۹	۸۷۴	گر بی بینی نه بینی	۱۲۳	۲۲۱۱	
گه می رفتی	۱۹۷	۳۵۳۸	گر بی خواندن	۲۴۸	۴۴۷۹	
گه می سوزم	۲۵۴	۴۶۰۶	گر بی دیدی	۱۲۳	۲۲۱۰	
گه نفسم	۱۰۶	۱۹۱۳	گر بشاهی	۱۲۲	۲۱۸۷	
گر اجازت	۲۴۶	۴۴۵۱	گر بصدر	۱۳۱	۲۳۵۹	
گر از آنحکمت	۲۵۱	۴۵۳۷	گر بصدق آیی	۱۰۱	۱۸۲۸	
گر از آن سنگی	۱۹۰	۳۴۰۵	گر بصدق عشق	۲۲۸	۴۰۹۹	
گر ازو دیوانه	۱۵۴	۲۷۷۰	گر بعیب	۱۶۸	۳۰۱۷	
گر ازین دریا	۹۷	۱۷۵۳	گر بکل کم	۱۳۷	۲۴۵۳	
گر ازین گرداب	۱۰۰	۱۸۱۲	گر بگردانند	۱۳۷	۲۴۵۱	
گر ازین کم بودگی	۲۲۰	۳۹۴۹	گر بگویم بیش	۲۰۶	۳۶۹۰	
گر بآسانی	۱۰۱	۱۸۲۵	گر بگویم عذر	۶۰	۱۰۵۸	
گرباستی	۲۰۲	۳۶۲۳	گر بگویی چون	۱۷۶	۳۱۶۱	
گر پرد پشه	۱۹۴	۳۴۸۴	گر بگویی کم	۱۶۷	۲۹۹۵	
گر پرد جز	۱۴۷	۲۶۴۲	گر بویی	۱۶۴	۲۹۴۰	
گر بحکم	۱۷۲	۳۰۸۹	گر بمیرد	۱۶۸	۳۰۰۸	
گر بخفتند	۱۹۷	۳۰۲۹	گر بناحق	۳۱	۵۵۵	
گر بخفتی	۱۹۷	۳۰۳۹	گر بنزدیک	۱۹۱	۳۴۲۳	

۴۱۳

۲۹۱۷	۱۶۲	گر تو آبی	۲۳۶۹	۱۳۲	گر بود از تلخی		
۹۹۴	۵۶	گر تو از دریا	۶۶۵	۳۷	گر بود از ماهی		
۱۸۷۲	۱۰۴	گر تو او را	۲۸۳۰	۱۵۷	گر بود اینجایگه		
۱۶۱	۹	گر تو ای دل	۳۱۸۶	۱۷۸	گر بود در حلقه		
۳۴۴۷	۱۹۲	گر تو بپذیری	۳۱۸۵	۱۷۸	گر بود در ماتمی		
۳۰۱۱	۱۹۶	گر تو برگیری	۳۹۸۶	۲۲۲	گر بود زین		
۱۷۰۱	۹۴	گر تو بنشینی	۲۹۸۷	۱۶۶	گر بود گازر		
۱۹۳۱	۱۰۷	گر تو پیش آیی	۳۰۶۰	۱۹۹	گر بود مردی		
۴۴۲۸	۲۴۵	گر تو پیش از من	۴۰۱۰	۲۲۳	گر بود مویی		
۷۳۵	۴۱	گر تو جانی	۳۵۱۳	۱۹۶	گر بود ور نبود		
۱۹۳۳	۱۰۷	گر تو حق را	۱۳۸۲	۷۷	گر بهشیاری		
۹۳۷	۵۳	گر تو خوانی جز	۱۰۰۳	۵۶	گر بیابم قطرۀ		
۲۴۳	۱۴	گر تو خوانی ناکس	۱۰۳۷	۵۸	گر بیابم یوسف		
۴۰۱۱	۲۲۳	گر تو خواهی	۳۴۹۷	۱۹۵	گر بیاری		
۲۴۳۴	۱۳۶	گر تو در عالم	۳۶۰۰	۲۰۱	گر بیک ره		
۲۹۳۵	۱۶۳	گر تو روزی	۳۲۵۵	۱۸۱	گر بیندازند		
۲۳۲۰	۱۲۹	گر تو عری	۲۸۶۰	۱۵۹	گر پدید آری		
۱۰۸۶	۶۱	گر تو گشتی	۲۹۱۵	۱۶۲	گر پدید آیی		
۴۷۹	۲۷	گر تو لاف	۲۱۰۱	۱۱۷	گر پلاسی		
۲۶۳۴	۱۴۷	گر تو ما را	۳۹۰۰	۲۲۰	گر پلیدی کم شود		
۳۲۱۶	۱۷۹	گر تو مجروحی	۲۹۵۲	۱۶۴	گر پلیدیی درون		
۲۶۳۰	۱۴۷	گر تو مرد این	۳۳۵۰	۱۸۷	گر ترا آن		
۴۵۷۱	۲۵۲	گر تو مرد راز	۱۱۲۴	۶۴	گر ترا پیدا شود		
۳۰۹۲	۱۷۲	گر تو مرد طالبی	۳۱۹۴	۱۷۸	گر ترا دردیستی		
۳۷۹۶	۲۱۲	گر تو می‌بینی	۲۴۳۷	۱۳۵	گر ترا در راه		
۵۳۱	۲۹	گر تو می‌پیچی	۲۴۱۱	۱۳۴	گر ترا رنجی		
۳۹۷۷	۲۲۱	گر تو می‌خواهی که‌تو	۳۲۸۴	۱۸۳	گر ترا سنگی		
۶۰۱	۳۴	گر تو می‌خواهی که‌کس	۱۱۱۹	۶۳	گر ترا سیمرغ		
۱۱۱۴	۶۳	گر تو می‌داری	۱۱۸۴	۶۷	گر ترا صد عقبه		
۲۴۰۹	۱۳۴	گر تو هستی از	۲۲۰۵	۱۲۳	گر ترا صد وعدۀ		
۳۹۶۲	۲۲۰	گر تو هستی راه	۲۸۸۵	۱۶۰	گر ترا عشق		
۵۷۷	۳۲	گر تو هستی مرد این	۲۰۴۷	۱۱۴	گر ترا گفتم		
۸۳۹	۴۷	گر تو هستی مردکلی	۱۱۶۷	۶۶	گر ترا گویند از		
۴۱۳۸	۲۳۰	گر تو هم	۳۴۲۴	۱۹۱	گر ترا گویند یک		
۱۰۴۱	۵۹	گر تو یعقوبی	۳۰۷۷	۱۷۲	گر ترا مشغول		
۲۰۸۹	۱۱۶	گر تو یکجو	۲۹۰۸	۱۶۲	گر ترا نوری زنفس		
۳۷۹۷	۲۱۲	گر تو یک لطف	۲۹۰۴	۱۶۲	گر ترا نوریست		
۴۴۸۳	۲۴۸	گر ثنای خویشتن	۳۹۷۳	۲۲۱	گر ترا هست		
۴۴۲۵	۲۴۵	گر جفا	۳۳۷۱	۱۸۸	گر ترا یک		
۷۸۰	۴۳	گر جمالش	۵۱۸	۲۹	گر تعصب		
۳۶۶۷	۲۰۵	گر جوی	۳۲۸۱	۱۸۳	گر تفاوت		
۲۲۱۰	۱۲۳	گر جهان با	۱۱۳۹	۶۴	گر تنم		

کشف الابیات

گرچه عیسی	۲۲۳	٤۰۱٦	گر جهانی دل	۲۰۰	۳۰۹۱	
گرچه گفت	۲۱۰	۳۷٦۹	گر جهانی راه	۲۰۲	۳٦۲۱	
گرچه گم	۲۲۹	٤۱۲٤	گرچ او	۱۷	۳۱٤	
گرچه ما را خود	۱۱۱	۲۰۰۳	گرچ دردل	٤۸	۸۵۵	
گرچه ما را دست	۲۳۲	٤۱۹۰	گر چلو پنجاه	۲۳٦	٤۲٤۹	
گرچه ما را کار	۱۳۱	۲۳۵۳	گر چنان بودی	۱۰۸	۱۹۵۸	
گرچه معموری	۵۷	۱۰۰۷	گر چنین مقصود	۲۱٤	۳۸٤۳	
گرچه من	٤٦	۸۲٤	گر چنین ملکی	۳۷	٦٦۰	
گرچه موسی	۲۰	۳۰۸	گر چوپرکاری	۱۳٦	۲٤۳۸	
گرچه می‌ترسید	۹۵	۱۷۲۰	گر چو تو	۳۱	۵۵۳	
گرچه می‌دادند	۱۸۷	۳۳۰۹	گر چو قفس	۱۳۰	۲۳٤٦	
گرچه نام	۰۹	۱۰٤۸	گر چو مردان	۲٤۹	٤۵۱۲	
گرچه هست از	۷	۱۱۲	گر چو من	۱۱۵	۲۰۷۲	
گرچه هست این	۲۵٤	٤۰۹۲	گر چو یخ	۲٤۸	٤٤۷۷	
گرچه هستم	۱٤۵	۲٦۰۰	گرچه از دل	۲٤۹	٤۵۰۳	
گرچه همچون سایه	۷۵	۱۳۳۱	گرچه از ریشت	۱٦٦	۲۹۸۳	
گرچه همچون کوی	۱۹۰	۳٤۰۹	گرچه استغنی	۲۳۳	٤۱۹۸	
گرچه هیچ	۲۱٦	۳۸۷۵	گرچه اندک	۱٦۵	۲۹۰۹	
گرچه یوسف	۱۵۲	۲۷۲۹	گرچه این انعام	۱۷۱	۳۰۵٦	
گر خبر یابم	۱٤۳	۲۵۰۷	گرچه این سگ	۱۲۷	۲۲۷۸	
گر خلاصی	۳۷	٦۵۵	گرچه این ضربت	۱۷۷	۳۱۸۰	
گر خلافت ازهوا	۲۹	۵۱٦	گرچه این قصرست	۱۲۱	۲۱٦۸	
گر خلافت برخطا	۲۸	۵۱۲	گرچه اینکس	۲۰۹	۳۷٤۰	
گر خوشی	۱۳٦	۲٤۳۵	گرچه بس	۲۵۷	٤٦٦۰	
گردد ازجان	۳۰	٦۲۳	گرچه بسیاری	۲۳٦	٤۲۵۰	
گر در آید	۱٤۱	۲۵۳۳	گرچه بودی	۱۱۹	۲۱٤۳	
گر در آیی	۳۷	٦٦۹	گرچه چندین	۹	۱۵۰	
گر درمن	۲۱۷	۳۹۰۹	گرچه خاری	۹٦	۱۷۳۵	
گرد ره	۱٤۱	۲۵۳٦	گرچه خود را	٦۸	۱۱۹۵	
گر دریغ خویش	٤	٦۲	گرچه دریحر	۲۰٤	۳٦۵٦	
گر دریغ و درد	۲۵۳	٤۵۸۱	گرچه در جان	۸	۱٤۲	
گر درین دریا	۲۰۰	۳۵۹۲	گرچه دریا	۵۵	۹۸۲	
گر درین منزل	۱۷۹	۳۲۱۰	گرچه رهبر	۲۲۱	۳۹۷٦	
گر دعای خوش	۱۳٦	۲٤٤۱	گرچه ره را	٤۲	۷٤۸	
گر دگربار	۱۰۹	۲۸٦۷	گرچه زبان	۵۱	۹۰۹	
گرد می‌بایست	۱٤۹	۲٦۸۰	گرچه سوسن	۲٤٦	٤٤۵٤	
گر دمی برراه	۲۵۲	٤۵۰۷	گرچه شادروان	۵۱	۹۰۳	
گر دو عالم خطبه	۲۱۱	۳۷۸۱	گرچه شاهی	۲۳۹	٤۳۱۸	
گر دو عالم شد	۲۰۰	۳۰۹٦	گرچه شیخ	٦۹	۱۲۲۷	
گر دهد آبیش	۹۸	۱۷٦۷	گرچه صدغم	۱٤۳	۲۵۷۳	
گرده در	٤٤	۷۸۳	گرچه ضایع	۲۱	۳۹۰	
گرده نشکستم	۱۳٦	۲٤۳۳	گرچه عطارم	۲۵۷	٤۵٦۵	

٤۱۵

گر شود دریاره	۲۰۲	۳٦۲۰	گر رسد از حق	۱۷۱	۳۰۷۰	گر رجا و خوف
گر شوی قانع	۱۹۹	۳۰٦۵	گر رسن کردی	۱۵۰	۲٦۸۳	
گر عزیز	۱۸۳	۳۲۸۲	گر رسیدن	۲۲٤	٤۰۲٦	
گر علی بود	۳۲	۰۷۱	گر رسی زینجا	۲۳۷	٤۱۹۱	
گر عیان	۱۰	۱٦٦	گر ز اسرارت	۱۹٦	۳۰۱٦	
گر غباری	۱۰۱	۱۸۳۵	گر زبد	۱۹۰	۳٤۹۰	
گر فرو افتد	۱۸۳	۳۲۸۷	گر زدریا	۱۸٤	۳۳۰۹	
گر فرو رفتی	۵۷	۱۰۱۲	گر زدستت	۵۵	۹۸۳	
گر فرو شد	۲۰۰	۳۰۹۳	گر زدنیا	۱۳۰	۲٤۲٤	
گر قدم در رهنهی ای	۱۱۸	۲۱۳۲	گر زسوی	۱۷۳	۳۱۰۵	
گر قدم در ره نهی چون	۸۰	۱٤۲٦	گر زشیخ	۱۵۸	۲۸٤۳	
گر قدم در عشق	۷۷	۱۳٦۹	گر زطاعت	۸۳	۱٤۸۷	
گر کژی گوید	۱۵٦	۲۷۹۷	گر زعشق	۱٤۵	۲٦۰۱	
گر کسی از	۱۲۱	۲۱۷۱	گر زغفلت	۱٦۹	۳۰۲۷	
گر کسی اینجا	۲۱۷	۳۹۰٦	گر زغیبت	۱۰۳	۱۸۵٤	
گر کسی بستایدت	۱۰۹	۱۹۷۱	گر زلاتأمن	۱۸۷	۳۳٤۸	
گر کسی پیکان	٦	۱۰٤	گر زما پرسند	۲۱	۳۹۱	
گر کسی در پیش	۱٤۸	۲٦٦۱	گر زماهی	۸۰	۱٤٤۲	
گر کسی دیدی	٦۲	۱۱۰۵	گر زمن	۲۰۰	۳۰۹۰	
گر کسی راتاب	٦۳	۱۱۰۹	گر زند	۱۰۹	۱۹٦۰	
گر کسی را جفت	۱۱۷	۲۱۱٤	گر زنی باشد	۱۵٦	۲۸۰۷	
گر کسی را ره	۲٤۸	٤٤۸۹	گر زهرکی	۱۹۸	۳۵۰۸	
گر کسی زایشان	۲۹	۵۲۲	گر زهم اینجا	۲۵۷	٤٦۵٤	
گرکسی را عشق	۹۷	۱۷۵۱	گر سخن از	۱۱۲	۲۰۲۱	
گر کسی عمری	۱۵۲	۲۷۳٤	گر سر مویی فرا	۲٤۹	٤۵۱۰	
گر کسی گستاخیی	۱۵۳	۲۷٤٤	گر سر مویی نماند	۲۰۸	۳۷۲٦	
گر کسی گوید غرورست	۹۷	۱۷۵٤	گر بشب از پرده	۲۲۱	۳۹٦۳	
گر کسی گوید کسی	۲۰	۳٦۲	گرشد اینجا	۲۲٤	٤۰۲٤	
گر کند آن	٦۸	۱۲۰۱	گر شکر طعم	۲۰۱	۳۰۹۹	
گر کند گستاخیی او	۱۵۳	۲۷٤۷	گر شما اسرار	٤۳	۷۸۱	
گر کند گستاخیی چون	۱۵۳	۲۷۰۱	گر شما باشید	۲۰٦	۳٦۸۹	
گر کند این	۱۸٤	۳۳۰۷	گر شما بودید	۲۳۲	٤۱۷٦	
گر کنم خم	۱۳۲	۲۳۷۷	گر شمار اشك	۸۲	۱٤٦۸	
گر کنی تکذیب	۲۷	٤۸۰	گر شما را کار	۲٤۳	٤۳۹۷	
گر کنی در راه	٦۵	۱۱٤٤	گر شما روها	۸۰	۱٤٤۰	
گر کنی یك	۱۱۳	۲۰۳۲	گر شما هستید	۲۰٦	۳٦۹۲	
گرگ آنخر	۱۰۰	۲۷۸۲	گر شود آن	۱۰۷	۱۹٤۱	
گر گنه کردی	۱۰۱	۱۸۲۷	گر شود این	۱۲۵	۲۲۳۸	
گر مرا او	۱۵۸	۲۸۳۸	گر شود جاوید	۳٦	٦۵۰	
گر مرا در راه او	۲۵۲	٤۰۵۸	گر شود در پای	۲٤۵	٤٤۳۲	
گر مرا در سرزنش	۸۱	۱٤٤۷	گر شود در راه	۳۲	۵٦٦	
گر مرا گویند	۲۵۲	٤۰۰۰		۱۸۱	۳۲٤۲	

کشف‌الابیات

گر نیم مرغان ره	۲۵۱	٤٥٤٥	گر مرا لعنت	۱۸۲	۳۲٦۹
گرنیم هندوت	۱٤	۲٤۷	گر مرا یاری	۹۵	۱۷۱۲
گر وفاداری	۱۵۰	۲٦۸٦	گر مشام آری	۲۵۲	٤٠٦۳
گر همه چل مرغ	٦۳	۱۱۲۰	گر من افتادم	۲۰۹	۳۷۵۵
گر همه دنیا	۱۲۲	۲۱۸٦	گر منم میر اجل	۱۲۸	۲۳۰۸
گر همه‌کس پاک	۱۰٦	۱۹۱٦	گر من و شه	۲۱۱	۳۷۸۷
گر همه‌کس جز	۱۰٤	۱۸۸۸	گر میان ما	٦۱	۱۰۷۲
گر ید بیضا	۲٦	٤۷۰	گر نبودی قصر	۱۲۰	۲۱٦٤
گشت از انفاسش	۱٦	۲۹٦	گر نبودی لحظه در	۲۳۹	٤۳۲۰
گشت از اول	٤۹	۸٦۷	گر نبودی مرد	۱۰۱	۱۸۲٦
گشت او	۱٦	۳۰۰	گر نبودی مرگ	۱۲۰	۲۱۵٦
گشت بس دیوانه	۲٤٤	٤٤۱۵	گر نبودی نقد	۱۳۳	۲۳۹۵
گشت پنهان	۸۸	۱۵۸٦	گر نبودی هیچ	۱۷۱	۳۰٦۸
گشت عاشق	۱۸۹	۳۳۸۸	گر نبینی	۸	۱۳۵
گشت کودک	۹۳	۱٦۷۷	گر نخواهی داشت	۱۷٦	۳۱۵٦
گشته اندر کعبه	۲٦	٤۷۳	گر نخواهی کرد	۲۲۸	٤۱۱٤
گشته در خیرالبلاد	۱۸	۳۳٤	گر ندارم از	۲۵۱	٤۵۰۰
گشته کالیوکار	۲۱۹	۳۹۳۱	گر ندارم من	۱۲٤	۲۲۲۹
گفت آخر پیش	۱۲۷	۲۲۷٤	گر نداری	۱۹۰	۳۵۰۰
گفت آخر تو	۱٤۸	۲٦٦۲	گر نراندی	۵۹	۱۰۵۳
گفت آخر چند	۱٤٤	۲۵۸۲	گر نسوزی	۱۱۷	۲۱۰۳
گفت آخر صورت	۵۸	۱۰۲۵	گر نسیم	۱۵۷	۲۸۲۸
گفت آخر گلخنی	۱۰۹	۲۸٦٤	گر نشان	٤۱	۷۳۰
گفت آن باشد	۱۸۸	۳۳٦۳	گر نظر	۱۰٦	۲۸۱۱
گفت آن چاوش	۲۳۲	٤۱۷۰	گر نکردی	۱۳۹	۲٤۹۹
گفت آن دیگی	۱۲۸	۲۳۰٤	گر نگشتی نقش پر	٤۱	۷٤۰
گفت آن دیوانه‌تن	۱۵٤	۲۷۷٤	گر نگشتی هیچ	٦۲	۱۰۸۹
گفت آن دیوانه‌را فرمان کنم	۱۷٦	۳۱۵۲	گر نماند از	۲۰۱	۳۰۹۷
گفت آن دیوانه را مردی	۲۰۷	۳۷۰۲	گر نماند رنگ	۵۰	۸۹۷
گفت آن زن	۱۷۸	۳۱۹۳	گر نمی‌آمد	۲۷	٤۸٤
گفت ابلیسم	۱۱۳	۲۰۳٦	گر نمی‌بینی	۱۹۵	۳۵۰۱
گفت احسنت	۱٦٦	۲۹۷۷	گر نمی‌دانی	۱۹۵	۳۵۰۲
گفت از بیرحمی	۱۰٤	۱۸۸۲	گر نمی‌گویی	۱۹۱	۳٤۱۷
گفت ازپس	۱۹۳	۳٤٦۰	گر نمی‌یابی	۱۸۲	۳۲۷۲
گفت از تشویر	۸۷	۱۵۷٦	گرنه‌ای خفته	۱۹۵	۳٤۹۹
گفت از حیرت	۲۱۹	۳۹۳٦	گرنه درحق	۳۳	۵۸۵
گفت اکنون	۲۰۹	۳۷٤۹	گرنه دوزخ	۱۷۱	۳۰٦۷
گفت اگر اینجا	۱۲۳	۲۲۰٤	گر نهم	۵۸	۱۰۳٤
گفت اگر بت روی	۷۲	۱۲۷۸	گر نیایی از	۲٤۷	٤٤٦۳
گفت اگر تو	۱۳۳	۲۳۸۷	گر نیابی زنده	۱۳۲	۲۳۸۱
گفت اگر جاروب	۹۸	۱۷۷۰	گر نیم زیشان	۲۵۱	٤۰٤۹
گفت اگر حاجت	۱٦۰	۲۸۷۲			

گفت اگر دوزخ	۷۳	۱۲۹۲	گفت این نانت	۵	۶۹	
گفت اگر کعبه	۷۲	۱۲۸۸	گفت باری	۱۰۶	۱۹۱۵	
گفت اگر ما	۱۱۲	۲۰۲۶	گفت با شه	۶۵	۱۱۴۸	
گفت اگر می‌دانیی	۱۹۹	۳۰۷۶	گفت باکی	۱۳۷	۲۴۶۲	
گفت الاهی	۲۰۹	۳۷۴۷	گفت برخوان	۱۱۳	۲۰۴۴	
گفت امروز	۹۳	۱۶۸۴	گفت برخیز وبیا	۷۶	۱۳۵۰	
گفت امشب	۲۴۷	۴۳۶۱	گفت برخیزید	۲۲۶	۴۰۶۳	
گفت انصافت	۱۴۸	۲۶۵۴	گفت برسر می‌نهد	۵۵	۹۷۲	
گفت اول	۲۴۱	۴۳۰۴	گفت برشو	۲۰۲	۳۶۱۶	
گفت ای آدم	۱۱	۲۰۱	گفت برشهزاده	۲۲۶	۴۰۶۱	
گفت ای ابلیس	۱۶۱	۲۹۰۱	گفت برق	۲۳۷	۴۱۸۶	
گفت ایاز خاص	۱۷۲	۳۰۷۸	گفت برگوی	۲۵۸	۴۶۷۹	
گفت ای از صورتی	۱۱۶	۲۰۸۲	گفت برمن	۴۲	۷۵۷	
گفت ای پرندگان	۵۲	۹۱۶	گفت بود	۴۷	۸۴۱	
گفت ای جان	۲۴۴	۴۶۱۷	گفت بی‌طاقت	۷۷	۱۳۸۱	
گفت ای جاهل	۱۷۰	۳۰۴۷	گفت پنداری	۳۱	۵۴۷	
گفت ای دارندهٔ دنیا	۱۵۵	۲۷۹۵	گفت تا پیش	۱۱۳	۲۰۳۰	
گفت ای دارنده عرش	۱۵۴	۲۷۶۹	گفت تا جان	۱۹۱	۳۴۱۸	
گفت ای دربند	۱۲۴	۲۲۳۳	گفت تاکی	۱۵۴	۲۷۷۹	
گفت ای دون‌همت	۱۲۰	۲۱۵۳	گفت تا نقاش	۴۶	۸۲۳	
گفت ای روحانیان	۱۸۱	۳۲۵۲	گفت تا هستی	۱۶۷	۲۹۹۸	
گفت ای سایل اگر	۱۷۶	۳۱۶۳	گفت ترسیدم	۱۷۴	۳۱۲۵	
گفت ای سایل سلیمان	۹۲	۱۶۶۰	گفت تسبیحم	۷۷	۱۳۷۲	
گفت ای سگ	۱۰۹	۱۹۶۹	گفت تن	۵۲	۹۳۳	
گفت ای سلطان	۵۲	۹۳۲	گفت جانان	۱۹۳	۳۴۰۳	
گفت ای شه	۹۶	۱۷۲۹	گفت جباری	۱۵۱	۲۷۰۶	
گفت ای غافل‌مشو	۱۰۱	۱۸۲۴	گفت جز	۷۳	۱۲۹۸	
گفت ای غافل مکن	۲۰۵	۳۶۸۴	گفت چندانی که از	۱۸۴	۳۲۹۳	
گفت ای کودك	۹۳	۱۶۷۱	گفت چندانی کم‌یکرم	۱۶۳	۲۹۲۳	
گفت ای مجنون	۱۸۳	۳۲۸۹	گفت چون اسکندر	۶۴	۱۱۲۶	
گفت ای مدبر	۱۶۹	۳۰۲۴	گفت چون این‌فکر	۱۶۳	۲۹۲۷	
گفت ای مرغان	۳۹	۶۹۰	گفت چون این مملکت	۵۱	۹۰۴	
گفت ای مغرور	۱۳۳	۲۳۹۷	گفت چون بر	۱۹۳	۳۴۵۷	
گفت این آتش	۷۳	۱۲۹۶	گفت چون بشنودم	۱۴۰	۲۵۱۶	
گفت این پروانه	۲۲۳	۴۰۰۰	گفت چون ترسا	۷۲	۱۲۸۶	
گفت این دیم	۱۱۰	۱۹۸۵	گفت چون حق	۱۸۱	۳۲۵۰	
گفت این ره	۱۴۲	۲۵۴۵	گفت چون خونم	۹۴	۱۶۹۶	
گفت این زن	۲۱۷	۳۸۹۵	گفت چون داری	۱۲۲	۲۲۰۱	
گفت این سگ	۱۶۴	۲۹۵۰	گفت چون در	۲۳۶	۴۲۶۲	
گفت این قصر	۱۲۰	۲۱۶۱	گفت چون دین	۷۰	۱۲۳۳	
گفت این قومند	۱۰۷	۱۹۲۶	گفت چون سقراط	۱۳۳	۲۳۸۵	
گفت اینم	۲۳۳	۴۱۹۶	گفت چون عاشق	۱۰۸	۱۹۵۱	

كشف‌الابيات

گفت كردم	٧٢	١٢٧٤	گفت چون كردند	١٥٨	٢٨٣٤	
گفت كس	٧٢	١٢٨٠	گفت چون گلگونه	١٢٧	٢٢٩١	
گفت كو محراب	٧٢	١٢٧٦	گفت چون محمود آتش	١٧٤	٣١٢٧	
گفت كى	١٠٠	١٨١٧	گفت چون محمود شاه	١٧٥	٣١٣٨	
گفت گر ديوى	٧٢	١٢٨٢	گفت چون من	٩٩	١٧٨٣	
گفت گريان	١٥١	٢٧٠٣	گفت چون مى‌ديدمت	٤٤	٧٩٩	
گفت گفتم	٢١٨	٣٩٢٥	گفت چون يار	٧٣	١٢٩٤	
گفت لشكر	٩٥	١٧١٦	گفت حاجتمند	١٦٠	٢٨٧٤	
گفت لقمان	٢٠٩	٣٧٤١	گفت حالى يوسف	١٥١	٢٧١٦	
گفت ليلى	١٨٣	٣٢٩٠	گفت حق باتو	٢٥٥	٤٦١٥	
گفتم آخر	١٤٤	٢٥٨٠	گفت خذلان	٧٨	١٣٩٠	
گفت ما را هر دو	٢٢٩	٤١٢٧	گفت خواهم	١٢١	٢١٧٦	
گفت ما را مفت	١٨٠	٣٢٢٠	گفت خوش	٢٥١	٤٥٤٨	
گفتم ايشان	١٥٨	٢٨٣٥	گفت دايم	١٦٣	٢٩٣٩	
گفت مجنون	٢٣٢	٤١٨٢	گفت دختر گرتو	٧٥	١٣٤٢	
گفت محمودم	١٩٩	٣٥٧٠	گفت دختر گر در	٧٥	١٣٤٦	
گفت مرد پاسبان	١٩٨	٣٥٤٢	گفت درخون	٢٤٤	٤٤٠٧	
گفت مردى بينم	١٣٤	٢٤٠٤	گفت در هر دو	٤٨	٨٥٠	
گفت مردى مرد	٢٠٣	٣٦٤٧	گفت دنيا	١١٣	٢٠٣٩	
گفت مرغ	١٣٨	٢٤٧٠	گفت ذا النون	١٤٤	٢٥٧٧	
گفت معلومت	١١٧	٢١١٣	گفت را	٦٩	١٢٢٠	
گفت مغناطيس	١٤٠	٢٦٠٢	گفت رو ده روز	٩٩	١٧٩٤	
گفت من آگ	٢١٦	٣٨٨٥	گفت روزى شاه	٩٣	١٦٦٧	
گفت من از حق	٣٣	٥٨٤	گفت روزى فرخ	٢١٠	٣٧٦٢	
گفت من از شوق	٥٣	٩٤٤	گفت زر بنهاده‌ام	٥٨	١٠٢٤	
گفت من بارى	١٤٦	٢٦٢٤	گفت زيرا	١٩٠	٣٤٠٤	
گفت من بس	٧٢	١٢٨٤	گفت سر بر آستان	٧٢	١٢٩٠	
گفت من به	١١١	٢٠٠٢	گفتش آخر	١٨٥	٣٣٢٥	
گفت من پيوسته	٤٩	٨٧٥	گفتش ابراهيم ادهم	١٤٦	٢٦٢٢	
گفت من چون	١٩٤	٣٤٧٠	گفت شادى	٩٤	١٦٩١	
گفت من حيران	٥٨	١٠٢٨	گفت شاهى	١٧٢	٣٠٧٩	
گفت من خود	٢١٠	٣٧٠٦	گفت شب	١٤٠	٢٥٠٨	
گفت من در گلخنى	١٣٦	٢٤٣٢	گفت شد	١٩٧	٣٥٣٣	
گفت من در مانده‌ام	٢١٦	٣٨٨٢	گفت شيخا دوستى	١٢٥	٢٢٤٧	
گفت من كى	١٥٩	٢٨٥٣	گفت شيخا طاقت	٨٨	١٥٨٢	
گفت من مى‌جويمش	١٨٣	٣٢٩١	گفت شيخ مهنه	١٣٦	٢٤٣٩	
گفت مهلو ده	٢٢٦	٤٠٦٨	گفت عباسه	١٠٥	١٩٠٣	
گفت مى‌بينم	١٠٠	١٨١٦	گفت غرق	٢٤٩	٤٥٠٠	
گفت مى‌دانى	٩٦	١٧٢٥	گفت فردا	١٧٨	٣٢٠٠	
گفت مى‌رفتم	١٩٢	٣٤٤٢	گفت فرزندش	٥٨	١٠٢٣	
گفت مى‌رو	٦٤	١١٣٦	گفت كابين	٧٩	١٤١٨	
گفت مى‌سوزم	١٨٣	٣٢٧٧	گفت كاين	٤٩	٨٦٦	

گفت می‌گوید پدر	۱۵۲	۲۷۲۶
گفت می‌گوید خداوند	۱۰۲	۱۸۳۷
گفت می‌گوید شما	۱۵۱	۲۷۲۰
گفت می‌گویند فردا	۲۲۱	۳۹۶۵
گفتن از	۲۳۹	۴۳۱۴
گفت نتوان	۱۵۷	۲۸۲۶
گفت نیست	۱۶۶	۲۹۷۶
گفت نیکو	۱۳۸	۲۴۷۴
گفت وصف	۱۹۲	۳۴۴۴
گفت هان ای قوم	۲۳۱	۴۱۶۷
گفت هان ای مست	۲۵۷	۴۶۵۱
گفتهٔ تو	۲۵۱	۴۵۴۴
گفت هرجامه	۱۸۹	۳۳۸۰
گفت هرچیزی	۱۷۴	۳۱۱۲
گفت هرسنگین	۴۵	۸۰۵
گفت هرکس	۱۵۳	۲۷۴۶
گفت هرگز	۱۳۵	۲۴۲۲
گفت هرکه	۲۱۱	۳۷۹۲
گفت هریاریم	۲۷	۴۸۶
گفت هست	۲۰۷	۳۷۰۳
گفتهٔ من	۴	۵۸
گفت هین	۱۶۱	۲۸۹۰
گفت یارب آب	۱۳۲	۲۳۷۳
گفت یارب امشبم	۷۰	۱۲۴۵
گفت یارب باکه	۹۵	۱۷۲۳
گفت یارب تاکیم	۹۹	۱۷۹۳
گفت یارب تیره	۱۵۶	۲۸۰۶
گفت یارب جبهٔ	۹۹	۱۷۹۱
گفت یارب زامت	۲۰	۳۵۷
گفت یارب مهل	۱۸۲	۳۲۶۴
گفت یك	۱۳۵	۲۴۲۰
گفت یوسف را	۱۴۵	۲۶۰۶
گفت یوسف گوییی	۲۳۴	۴۲۱۹
گل اگر	۴۳	۷۷۳
گلخن دنیا	۱۱۳	۲۰۳۳
گلخنست این	۱۲۰	۲۱۵۴
گلستان‌ها	۴۲	۷۵۵
گلشن جنت	۱۷۳	۳۱۰۰
گل‌فشانی کرده‌ام	۲۴۸	۴۴۹۱
گل که حالی	۴۳	۷۶۸
گم‌شد از	۱۰۶	۱۹۲۲
گم شدم دربحر	۳	۴۷
گمشدم در خویشتن	۲۲۹	۴۱۱۸
گم شدم در ناجوانمردی	۱۰۷	۱۹۲۸
گم شدن اول	۲۲۰	۳۹۵۱
گم شود زیرا	۲۰۸	۳۷۳۳
گمشو و زین	۲۲۲	۳۹۸۴
گنج چون	۱۸۲	۳۲۵۹
گنج در قعر	۱۲	۲۱۳
گنج‌یابی	۱۲	۲۱۴
گور کندن	۱۱۰	۱۹۸۶
گوشتی دیدند	۲۴۲	۴۳۷۹
گوشه بگزید	۱۵۰	۲۶۹۱
گوهرآنك	۱۶۵	۲۹۶۶
گوهری خورشید	۶۹	۱۲۲۴
گوی برتن	۱۹۰	۳۴۱۰
گوید اصلا	۲۱۲	۳۸۱۱
گوید انگارم	۵۵	۹۷۳
گوید ای	۱۴۹	۲۶۷۷
گوی دولت	۲۴۷	۴۴۶۹
گوی گرچه	۱۹۰	۳۴۱۱
گوی که‌که	۱۹۰	۳۴۱۳
گوی نزدیکی	۴۷	۸۳۲
گه به دوزخ	۱۱۰	۱۹۸۰
گه پریشان	۲۱۵	۳۸۶۸
گه دم عشق	۲۴۷	۴۴۵۸
گه ز آهش	۸۵	۱۵۲۳
گه زپیش	۱۰۰	۱۸۱۱
گه زتاب	۷۴	۱۳۱۸
گه زدرد عشق جان	۲۵	۴۵۰
گه زدرد عشق چون	۲۴۰	۴۳۲۹
گه سگی را	۶	۹۶
گه عصایی	۶	۹۹
گه گرفتی	۱۸۳	۳۲۷۵
گه لبش را	۲۱۵	۳۸۶۷
گه نهد بر	۶	۱۰۶
گیرم این	۹۷	۱۷۵۲

ل

لاجرم اینجا	۲۳۶	۴۲۶۱
لاجرم بس‌ره	۱۹۴	۳۴۸۱
لاجرم چون ترك	۲۰	۳۵۹
لاجرم چون دید	۳۱	۵۵۷
لاجرم چون مختلف	۱۹۴	۳۴۸۵

کشف الابیات

2177	121	لیک مشغولم		2005	140	لاجرم گلشن		
4275	237	لیکن از راه		2627	146	لاجرم من قدر		
3813	212	لیکن از عشقم		4493	248	لاجرم من نیز		
				721	40	لاجرم هم عقل		
		م		1490	83	لازم درگاه حق		
1748	97	ما اگر		2827	157	لاف عشق او		
3940	219	ما بسی در قعر		223	12	لب بدوز از		
4257	236	ما بسیمرغی		3116	174	لحظه بی من		
3845	214	ما بشب		3337	186	لحظهٔ نه کافری		
254	14	ماتم از		1654	92	لحن ایشان		
3677	200	مادر دختر		256	14	لذت نور مسلمانیم		
2063	143	مادرش از		1147	65	لرز براندام		
412	23	مادرش در		1718	95	لشکرش بر		
3894	217	مادری بر		1730	96	لشکرش گفتند		
1673	93	مادری داریم		4085	227	لطف کن با او		
408	22	مادری را		4312	239	لعل او سرچشمه		
2025	112	ماده می‌پرسد		1219	69	لعل سیرابش		
3725	208	مار و کژدم		3268	182	لعنت آن		
844	47	ما زوال آریم		1051	59	لکن ازبی		
4637	256	ماکنون		4536	251	لیک آن علم		
4200	233	مالک دعرش		2818	157	لیک از حکم		
2043	113	مالک دینار		3906	220	لیک اگر پاکی		
499	28	مال و دختر		3419	191	لیک اگر عشق		
3436	192	مال و ملک		2837	158	لیک اگر زینجا		
4646	256	ماندمام از		2615	146	لیک اینم بس که		
2203	123	ماندمام در تنگنا		708	39	لیک با من		
4658	257	ماندمام در چاه		3788	211	لیک تو چون		
2394	133	ماندمام زین		1962	109	لیک چون در عشق		
1140	65	ماندمام مشتاق		2396	133	لیک چون دل		
3809	215	مانده بود		747	42	لیک چون ره		
415	23	مانده سرگردان		2004	111	لیک چون شد		
3280	183	مانده شبلی		1110	63	لیک چون کس		
332	18	ماه از انگشت		2009	111	لیک چون من سر		
1621	90	ماهتابی بود		4484	248	لیک خود منصف		
3817	213	ماه رویش		1480	82	لیک روی آن		
2364	132	ما همد از		4335	240	لیکشان زهره		
1482	82	ما همه برحکم		2094	116	لیک صبرم هست تا در		
1992	110	ما همه در حکم		2711	151	لیک صبرم هست قاطاس		
4171	231	ما همه سرگشتگان		2844	158	لیک عشقی کان		
1069	60	ما همه مشتی		929	52	لیک فردا در بلا		
2091	116	ماه نومزد دکان		209	12	لیک کس واقف		
103	9	ماه نیز		2748	153	لیک مردی		

۷۰	۵	مرد چون بشنید	۳۳٤٥	۱۸۷	ماهی از دریا	
۳۱۸۲	۱۷۷	مرد حالی	٤۱۲۹	۲۲۹	ماهیی کر	
۳۸۰٦	۲۱۲	مرد حیران	۲٤۰	۱۳	مبتلای خویش	
۲۲۹۵	۱۲۸	مرد خونی	٦۸۱	۳۸	مجمعی کردند	
۲۱۲۷	۱۱۸	مرد دنیا	۳۰٤۰	۱۷۰	محتسب آن	
۱۷٦۵	۹۸	مرد را این	۱۷٦۰	۹۷	محرم این	
۳۰۰۱	۱۹۸	مرد را بیشک	٤۲۵۹	۲۳٦	محو او	
۳۰٤۸	۱۷۰	مرد را درخواست	۳۸۰	۲۱	محو شد	
۳۷۱۱	۲۰۷	مرد را در دیده	۲۵۹۲	۱٤٤	محو شو	
۲۲۱۹	۱۲٤	مرد را گفت	۱۰٤٦	۵۹	محو گردانیم	
۱۵۰۸	۸٦	مرد راه	۲۲٤۲	۱۲۵	محو گردد صورت	
۱۸۸۰	۱۰٤	مرد زاهد	۳۷٤٦	۲۰۹	محو گردد عقل	
۳۷۳۲	۲۰۸	مرد سالک	٤۱۲۲	۲۲۹	محو گشتم	
۲۲۷۷	۱۲۷	مرد سگبان	٤۰۹٤	۲۲۷	محو گشته	
۲۹٦۳	۱٦۵	مرد عابد	٤۲۵۸	۲۳٦	محو ما گردید	
۳۰۲۷	۱۹۷	مرد عاشق باد	٤۱٦۳	۲۳۱	محو می‌بودند	
۳۰۳۱	۱٦۹	مرد عاشق چون	۳٦۸۳	۲۰۵	مدت سی سال	
۳٤۵۲	۱۹۳	مرد عاشق را	۳۸۳۲	۲۱۳	مدتی با خویشتن	
۳۳۵۲	۱۸۷	مرد کار افتاده	۱۸۳۱	۱۰۱	مدتی دیگر	
۱٤۸۹	۸۳	مرد گفت اکنون	٤۱۷۲	۲۳۱	مدتی شد	
۲۹۹۱	۱٦۷	مرد گفت ای میخ	۱۹۳۲	۱۰۷	مدح و ذمت	
۳۱۷۷	۱۷۷	مرد گفت ای یوسف	۱۵٤۱	۸٦	مذهب او	
۲۰۳۷	۱۱۳	مرد گفتش ای جوامرد	٤۱۸۵	۲۳۲	مذهب خود	
۲۸۸۹	۱٦۱	مرد گفتش ای زمعنی	۵۳۹	۳۰	مرتضا را چون	
۲۲۰۳	۱۲۳	مرد گفتش اینچ	۵۵۱	۳۱	مرتضا را می‌مکن	
٤۰۰۸	۲۲۳	مرد گفتش ای‌هم	۵۳۷	۳۰	مرتضا گفتا	
۲٦۲۳	۱٤٦	مرد گفتش کاین	٤٦۷	۲٦	مرتضای مجتبا	
۳۲٦۲	۱۸۲	مرد گنجی دید	۵۳٤	۳۰	مرتضی را شربتی	
۳٤۵٤	۱۹۳	مردمان گفتند	٦۳٦	۳٦	مرحبای ای تنگ‌باز	
۱۷۹۷	۹۹	مرد مجنون	٦۵۷	۳۷	مرحبا ای خوش	
۱۲۱۷	٦۹	مردم چشمش	۷۲۷	۳۵	مرحبا ای طوطی	
۱۰۸۷	٦۱	مرد مستغرق	٦٤٦	۳٦	مرحبا ای عندلیب	
۲۰۸٤	۱۱٦	مرد معنی‌باش	٦٦٦	۳۷	مرحبا ای فاخته	
۷۳۲	٤۱	مردمی باید تمام	٦۷٦	۳۸	مرحبا ای مرغ	
۱۳۱	۸	مردمی بایدکه	٦۱۷	۳۵	مرحبا ای هدهد	
۲۱۱۱	۱۱۷	مردمی پرسید	۱۰۱٤	۸٤	مرد از شادی	
۲۲۵۸	۱۲٦	مردمی شد در	۲۷۵۰	۱۵۳	مرد اشتروان	
۳٤۳۸	۱۹۲	مردمی شد همچنان	۳٤٤۵	۱۹۲	مرد اعرابی	
۱۱۰٦	٦۳	مردن از عشق	۳۳۲۹	۱۸٦	مرد این‌ره	
۳۱۷۵	۱۷۷	مرد هر چوبی که	٤٤۷۲	۲٤۷	مرد باید تشنه	
۵٤	٤	مرده‌ام می‌روم	۳۲۸۵	۱۸۳	مرد باید کر	
۲۱۳۸	۱۱۹	مرغ خوش‌الحان	۱۷٦۹	۹۸	مرد چون افتاد	

كشف‌الابيات

مرغ روحانيش	٢٥٦	٤٦٣٥	من بديهش	١١٣	٢٠٤١	
مرغ گردون	٦	٩٣	من بسيمرغ	٥٠	٨٩١	
مرغ وهيزم	١٣٠	٢٣٤٢	منت ايزدرا	٨٥	١٥٣٤	
مرغ همت را	١٤٨	٢٦٦٨	من ترا بخريده	١١٩	٢١٤٤	
مرغ همتشان	١٤٧	٢٦٢٩	من ترا خواهم	١٧١	٣٠٦٢	
مرگ اگر	١٣١	٢٣٥٢	من ترا دانم	١٧١	٣٠٦١	
مرگ بنگر	١٣٢	٢٣٦٨	منتظر بنشته	١٤٠	٢٥٠٤	
مرگ جان	١٦٠	٢٨٨١	من چگونه خواب	١٩٧	٣٠٣٦	
مرمرا	٢١٨	٣٩٢٠	من چنان در مرد	٢٥٣	٤٥٨٠	
مت اول آنك	١٦٩	٣٠٢٣	من چنان در عشق	٤٣	٧٦٤	
مست بودم	٢٤٥	٤٤٢٧	من چنان رفتم	١٣٣	٢٣٨٩	
مست ديگر	١٦٩	٣٠٢٢	من چنان مى‌خواهم	٣٤	٦٠٢	
مست گفت	٢٥٧	٤٦٥٢	من چنين حيران	٢٤٥	٤٤٢٣	
مستمند خويش	٢٢٧	٤٠٨٤	من چو استحقاق	١٧١	٣٠٦٩	
مست و عشق	٢٤١	٤٣٤٤	من چو اورا	٢١٧	٣٨٩٣	
مستى آمد	٢٥٧	٤٦٤٨	من چو ايشانم	١٠٧	١٩٢٧	
مشتكى بود	١١٣	٢٠٣٨	من چو با او	١١٢	٢٠٢٨	
مشك خالش	٢٣٩	٤٣١٥	من چو بى‌طاقت	١٢٤	٢٢٣١	
مشك آمد	٢١٧	٣٨٩٨	من چو خود را	١٣٣	٢٣٨٨	
مشكلا كارا	٢٠٢	٣٦٢٦	من چو ديدم	٢٢٩	٤١٢٠	
مشكل دل	٩١	١٦٤٥	من چو غايب	٣٩	٦٩٩	
مصطفا جايى	٣٠	٥٤٠	من چه خواهم	١٧٢	٣٠٩١	
مصطفى را	٨٣	١٥٠١	من چه كردم تا	٢٤٤	٤٤١٠	
مصطفى گفت	٨٤	١٥٠٦	من چه كردم هر	١٥٩	٢٨٠٠	
معتكف بنشست	٧٣	١٣٠٤	من خريدار تو	١١٩	٢١٤٥	
معتكف در	٨٠	١٤٣٦	من درآنم	٤٦	٨١٨	
معرفت	١٩٤	٣٤٨٦	من درين زندان	٤٥	٨٠٦	
معنيى در	٤٢	٧٥٠	من درين معرض	٢١١	٣٧٨٢	
مقبلى چون	٩٦	١٧٣٢	من ره وادى	٤٨	٨٥٩	
مقتدا بى‌شك	٢٦	٤٦٩	من رهى	٦٥	١١٥٣	
مقتداى دين	١٢٨	٢٢٩٩	من زتو چون	١٤٠	٢٥١٧	
ملك اينجا	١٨٠	٣٢٣٧	من زحيرت	٢١٩	٣٩٣٨	
ملك عالم‌پيش	١٩٩	٣٥٦٨	من زغفلت	٥	٨٠	
ملك عالم مصحف	٦٢	١٠٩٧	من زفان	٢٥٠	٤٥٢٧	
ملك گوهر	٥٠	٨٨٦	من زكس	٢٥٣	٤٥٧٤	
ملك مطلب	١٢٢	٢١٨٨	من زمانى	١٢٤	٢٢٢٦	
ملك نيز	١٩٩	٣٥٦٤	منظرى سربر فلك	١١٥	٢٠٦٩	
من ازو	١٦٧	٢٩٩٢	منعرا گر	٢٧	٤٨٣	
من اگرچه	١٩٠	٣٤١٢	من عيار كوهم	٥٠	٨٨٧	
من اگر شايسته	٥٣	٩٥١	منقلب چيزست	٥٦	٩٨٩	
من ببيهوده شدم	٢٠٦	٣٦٨٨	من كجا سيمرغ	٥٣	٩٤٨	
من پردازم	٤٢	٧٦١	منكرى با شاه	١٤١	٢٥٣٧	

منطق‌الطیر

منکری گوید	٦٦	١١٦٩	من همی‌دانم	١٨٢	٣٢٥٦
من کنون	٢٠٩	٣٧٤٣	من همی ننهادمی	٣٠	٥٣٨
من که باشم تا زنم	١١	١٨٨	موج زد ناگاه	٨٥	١٥٣٢
من که باشم تا کسی	١٤	٢٤٤	موج زن	٧٣	١٣٠٠
من که قاضی	١٠٨	١٩٤٣	موج میزد	٥٩	١٠٤٤
من که نه	٢٢٩	٤١١٧	موسی آمد	١٦٥	٢٩٦٧
من کیم آنرا	٢٤٦	٤٤٢٩	موسی عمران اگر	١٩	٣٥٣
من کیم تا	٢١١	٣٧٧٨	موسی عمران چو آن	٢٠	٣٥٦
من گرفتم خود	٥٢	٩٢٨	مومن و کافر	٤	٥٥
من مگر نمرود	١٠١	١٨٢٠	موی بشکافی	١٦٨	٣٠١٦
من مگو	١٦٣	٢٩٣٦	موی ترسایی بیک	٨١	١٤٦٠
من میان این	٥٥	٩٧٠	موی ترسایی نمودندش	٨١	١٤٤٥
من میان هردو	١٠٦	١٩١٤	موی می‌شکافت	٦٧	١١٩٢
من نبردم بوی	٢١٧	٣٩٠٢	مهترین و بهترین	١٥	٢٧٢
من نخواهم آفرین	٢٣٢	٤١٨٣	مهدی اسلام	١٥	٢٧٣
من نخواهم نان	٢٥٢	٤٠٧٠	مهره انجم	١	٧
من ندارم با سپاه	٥١	٩٠٨	مهل دادش	٢٢٦	٤٠٦٩
من ندارم با قبول	١٣٨	٢٤٧٢	می‌باید ترک	٢٤٩	٤٥٠٦
من ندارم خویش	١٤٢	٢٥٤٣	می‌باید رفت	٦٨	١٢٠٤
من ندارم در	٤٦	٨٣٠	می‌باید گفت	١١٩	٢١٤١
من ندارم طاقت	٢٤٥	٤٤٣٠	می‌بسوزم	٧١	١٢٥٨
من ندارم قوت	٩٦	١٧٣٧	می‌بمیرم	٨٧	١٥٦١
من ندانم تا ازین	٦٨	١١٩٩	می‌جهد از	٢٠٠	٣٥٧٩
من ندانم تا چه‌گویم	٢٥٢	٤٥٠٣	می‌خرامید	٨٣	١٥٠٣
من ندانم تو	٢٠٩	٣٧٥٢	می‌خرم یک دم	١٤٦	٢٦٢٠
من ندانم نره	٦٥	١١٥٠	می‌دهد مشغولیم	١٧٢	٣٠٨٨
من ندانم کاشکی	٢١٨	٣٩١٩	میرگفتا حرک	١٠٠	٢٧٨٥
من ندانم کان	٢١٦	٣٨٨٦	میروم با خاک	٧٥	١٣٣٣
من نکردم	١٩٤	٣٤٧٢	میروم زین	٨٨	١٥٨٣
من نمی‌خواهم	٥١	٩٠٥	میروم گهرا!	٢٥٦	٤٦٤١
من نمی‌دانم	٢٥٥	٤٦١٩	میروی ای	١٣٧	٢٤٥٠
من نمی‌یارم	١٩٠	٣٤١٥	میرویم امروز	٨٠	١٤٣٢
من نه آگاهم	٢١٧	٣٩٠٠	میزند او	٥٦	٩٩٥
من نه‌آن	٤٦	٨٢٨	می‌سزد چون	١٧١	٣٠٧١
من نهبیش	١٦٠	٢٨٦٩	می‌سزد گر	٢٤٠	٤٤٢٠
من نهپردارم	٥٨	١٠٣٠	می‌شد آن سقا	١٦١	٢٨٨٧
من نهشاهی	١٦٠	٢٨٨٢	می‌شد آن شغزاده	٢٢٦	٤٠٠٠
من نه عزت	٢٠٤	٣٦٥٢	می‌شدند از کعبه	٦٨	١٢٠٦
من نه‌کافر	٢٠٥	٤٦٢٤	می‌شوم عمری	١٣٧	٢٤٥٨
من نیابم	٤٨	٨٥٤	می‌طپد پیوسته	١٨٧	٣٣٤٤
من نیارم	٤٥	٨٠٨	می‌طلب تو تا	١٩٦	٣٥١٩
من نیم در	٥٧	١٠١٤	میفروزد آتش	٥٩	١٠٤٢

۴۳۵ کشف‌الابیات

می‌کشیدم بی‌مرادی	۱۳۶	۲۴۴۰
میگداخت از	۲۱۴	۳۸۳۳
می‌گذارد عمر	۱۵۶	۲۸۰۹
می‌گذارم در	۳۹	۶۹۳
می‌گذشت او	۱۷۶	۳۱۵۱
میل اگر بودی	۲۷	۴۸۱
میل در صدیق	۲۸	۴۹۶
می مخسب	۱۹۸	۳۵۴۷
می‌مشو آخر	۱۸۵	۳۳۲۰
می‌مکن چندین	۱۰	۱۸۴
می‌مکن حکم	۳۴	۶۰۵
می‌نترسم	۲۴۵	۴۴۳۱
می‌نداند در درون	۱۳	۲۳۲
می‌ندانست اوکه جان	۸۶	۱۵۴۸
می‌ندانست اوکه در	۸۶	۱۵۵۵
می‌ندانم تاشود	۲۵۲	۴۵۵۶
می‌ندانم دولتی	۱۴۴	۲۵۹۳
می‌ندانم هیچکس آن		۱۰۹۸
می‌ندانم هیچکس در	۱۴۵	۲۵۹۴
می‌ندانی تو	۲۳۴	۴۲۲۶
می‌ندانید او	۸۰	۱۴۳۹
می‌نگر ای	۲۹	۵۲۰
می‌نیارد خواند	۲۳۴	۴۲۱۲
می‌نیارد یاد	۱۳۵	۲۴۱۵
میوه او خوش	۱۳۵	۲۴۱۸

ن

ناتوان بربستر	۶۴	۱۱۳۴
نارسیده چون دهم	۲۴۶	۴۴۵۰
ناقد ایشان	۲۲۳	۳۹۹۹
ناقدش گفت	۲۲۲	۳۹۹۵
ناقدی کو	۲۲۲	۳۹۹۱
ناقه از سنگی	۶	۱۰۲
ناقه می‌ران	۳۶	۶۳۵
ناگزیرت اوست	۱۷۵	۳۱۳۷
ناگزیر تو منم	۱۷۴	۳۱۱۵
ناگهش بفروخت	۱۲۶	۲۲۵۵
ناگهی باشد	۱۲۱	۲۱۸۳
ناگهی محمود شد	۹۵	۱۷۰۸
نام او سیمرغ	۴۰	۷۱۳
نام تو کذاب	۱۸۲	۳۲۶۶
نامرادی خار	۹۶	۱۷۳۴
نامرادی و مراد	۱۳۳	۲۳۹۸
نامه او بردم	۳۹	۷۰۱
نامه عشق ازل	۳۶	۶۳۷
نام یوسف داشت	۱۵۱	۲۷۲۱
نایبی را چون	۱۳۱	۱۳۶۰
نبود او	۲۲۰	۳۹۵۷
نه‌توانم گفت	۲۱۶	۳۸۸۸
نذر کرد آن روز	۱۷۵	۳۱۴۰
نرگس افسونگرش	۲۳۹	۴۳۱۱
نرگس مستش	۲۱۳	۳۸۱۹
نسبت ما چیست	۶۱	۱۰۷۱
نستدند انصاف	۱۴۸	۲۶۵۸
نطفهٔ پرورده	۲۳۷	۴۲۸۱
نطفهٔ ملك	۱۴۵	۲۶۰۵
نظم من	۲۴۸	۴۴۷۸
نعره زد جامه‌دران	۸۶	۱۵۵۲
نعره‌زد جان	۲۲۸	۴۱۰۷
نفس این اسرار	۸۸	۱۵۹۱
نفس برجان	۱۶۱	۲۹۰۳
نفس تو هم	۱۰۹	۱۹۷۰
نفس چون	۱۷۵	۳۱۳۱
نفس را چون	۵۲	۹۲۱
نفس را همچون	۳۶	۶۴۴
نفس سگ را استخوانی	۵۲	۹۲۰
نفس سگ را خوار	۵۲	۹۱۸
نفس سگ هرگز	۱۰۹	۱۹۶۶
نفس کافر را	۳۴	۶۱۱
نفس من بگرفت	۳	۵۰
نفس هرلحظه	۲۵۰	۴۵۲۱
نفس هست اینجا	۱۳۶	۲۴۳۷
نفقه چیزی	۱۱۷	۲۰۹۸
نکتهٔ کز هیچکس	۱۱۸	۲۱۲۱
نور او چون	۱۷	۳۰۸
نور او مقصود	۱۵	۳۷۸
نو مریدی بود	۲۱۹	۳۹۳۵
نو مریدی داشت	۱۱۷	۲۱۰۷
نه اشارت می‌پذیرد	۱۱	۱۹۴
نه بتنهایی	۲۵۴	۴۶۰۰
نه بجز خونابه	۱۶۶	۲۹۸۶
نه بدانستیم و نه	۱۲	۲۱۰
نه بدو ره نه شکیبایی	۴۰	۷۱۹

نه بسیم	۹۲	۱٦٦۱
نه بهشیاری	۱۳۲	۳۳۸۲
نه‌ترا چشم است	۹۵	۱۷۰۵
نه تو در علم آیی	۳	٤۱
نه چو گوهر	٥۰	۸۸۹
نه خدایی	۱٤۱	۲٥۳۰
نه خطی زآن	۲۳٤	٤۲۱٦
نه دل کس	۲٥٤	٤٥۹۸
نه زتاریکی	۱٦۲	۲۹۱۰
نه زدردش	۲۲٦	٤۰٦٦
نه زمانی محو	۲۱٦	۳۸۸۹
نه ز موسی	۳	٤۲
نه زمین هم دید	۹	۱٥۱
نه زهمت میل	۲٥٤	٤٥۹۷
نه‌شدن رویست	۲۰۲	۳٦۲٥
نه شما را دوستم	۱٤۷	۲٦۳۹
نه طعام هیچ	۲٥۳	٤٥۷٥
نه طعامی می‌خورد	۲٤۳	٤۳۹۰
نه‌قرارش بود بی	۲۳۹	٤۳۲۱
نه‌قرارش بود شب	٤٤	۷۸۸
نه‌کژی نه راستی	۱٤۰	۲٥۱۹
نه‌کسی در گرد تو	۲۱	۳۸٥
نه‌کسی را از زر تو	۱۱٦	۲۰۸۸
نه‌کسی را صبر	٦۳	۱۱۰۷
نه‌مرا معلوم تا	۲۱۷	۳۸۹۹
نه مرا هم راز	۲٥٤	٤٥۹٦
نه مسلمانم نه‌کافر	۲٥٥	٤٦۲٥
نه نهفتی بودش	۱٥٤	۲۷۷٦
نه همه زهد	۱۰۳	۱۸٥۹
نه هوای لقمه	۲٥٤	٤٥۹۹
نیست آسان تا	۲۹	٥۲۳
نیست آن‌یك	۲۰٦	۳٦۹۸
نیست از نان‌خوارهٔ ما	٥	۷۲
نیست او آن	۱۰	۱۷۹
نیست اینجا هیچ چیزی	۱۳۹	۲٤۹٤
نیست این دم	٥۳	۹٤۰
نیست این وادی	۲۰۲	۳٦۱۹
نیست برگم تا	۱۷۱	۳۰٥۸
نیستت خسرو	٥۲	۹۲٦
نیست تن	۱۰٥	۱۸۹۷
نیست چون	٤۲	۷٥۳
نیست در شرعت	۳٤	٦۱۳

نیست درمان	۱۳۱	۲۳٦۳
نیست در من	۳٤	٦۱٤
نیست روی	۱۰۹	۱۹۷۲
نیست‌شو	۲۳۸	٤۲۹۱
نیست کارم	۲۱۸	۳۹۱۳
نیست کاری کان	۱۳۱	۲۳٥۷
نیست محرم	۲۲۳	٤۰۰٤
نیست مردم	۲۱۸	۳۹۱٥
نیست ممکن آنك	۲٤٦	٤٤٥۳
نیست ممکن درمیان	۱۰۷	۱۹۳٤
نیست ممکن سرفرازی	۱۲۲	۲۱۹٤
نیستم نومید	٤	٦٥
نیست هرگز	۲۳۷	٤۲۷۳
نیستی آگه	۱۷۲	۳۰۸۷
نیستی خاکستر	۱۹۹	۳٥۷۷
نیست یك‌تن	٦۸	۱۲۰۰
نی‌کنم خدمت	۲۱۱	۳۷۸۳
نیك وبد	۱۸٦	۳۳۳۸
نی که سنگش	۲٤	٤۳٥
نیم پشه	۲	۱٥
نیم جزوم	۱۳	۲٤۱
نیم ذره	۲۲٥	٤۰٥٤
نیم سارخکی	۱۰۱	۱۸۱۹
نیم‌شب چون نیم‌مستی آن	۲۱٥	۳۸٥۳
نیم‌شب چون نیم‌مستی‌پادشاه	۲٤۰	٤۳٤۰
نیم شب دیوانه	۱٤۷	۲٦٤٤
نیم کشته نیم مرده	۲۲٥	٤۰٥۲
نیم نان داشت	٤٤	۷۸۷

و

واپسین خشتی	۲٥۸	٤٦۸۱
واجب آمد	۱۷	۳۰۹
وارث او را	۱۱۸	۲۱۲۹
وارهید	٤۰	۷۰۹
وادو حرف	۱۱۷	۲۱۰٥
وادی دور است	۹٦	۱۷۳۸
وادی وکوه	۳۹	۷۰٥
وادیی درپیش	۱۲٤	۲۲۲٥
وادییشان	۱۱۷	۲۱۱۰
واسطی گفتش	۱٥۷	۲۸۱۷
واسطی می‌رفت	۱٥٦	۲۸۱۲
واصفان را	۱۰	۱۷۱

کشف‌الابیات ۴۳۷

وان‌پسر در خواب زفتی	۲۴۰	۴۳۲۶
وان پسر را	۲۴۲	۴۳۶۸
وان غلام مست	۲۱۵	۳۸۶۹
وانك او انصاف	۱۴۸	۲۶۵۷
وانك او بی‌پر	۱۴۸	۲۶۴۷
وانك او را دوستی	۱۲۵	۲۲۴۴
وانك اورا دیده	۲۵۶	۴۶۳۱
وانك با دختر	۳۱	۵۵۸
وانك برفرمان	۱۳۸	۲۴۷۹
وانك درچرخ	۱۳۲	۲۳۶۶
وان كفن	۲۵۳	۴۵۸۷
وانك نام او	۶۲	۱۱۰۲
وانكه ایشان	۸۱	۱۴۵۳
وانگهی برتو	۱۱۱	۲۰۰۶
وانگهی گویی	۱۳۸	۲۴۶۷
وانگهی می‌گفت	۲۳۶	۴۲۶۵
وان همه مرغان	۲۳۰	۴۱۳۵
وانیامد در	۱۸۰	۳۲۲۶
وان‌یکی کز	۱۱	۲۰۲
واو را بین درمیان	۱۱۷	۲۱۰۶
وجد و فقر	۱۶۲	۲۹۰۵
وربتك استی	۲۰۲	۳۶۲۴
وربچشم عقل	۱۸۷	۳۳۵۱
وربسوی خویش	۲۳۵	۴۲۴۰
وربود از ضعف	۹۸	۱۷۶۸
وربود مرغی كه	۱۸۴	۳۳۰۸
وربهم جویی	۱۰	۱۶۷
وربلیده‌ی درون	۱۶۵	۲۹۵۸
ورترا پندار	۱۶۲	۲۹۱۳
ورتو بااین	۱۶۵	۲۹۷۳
ورتو مارا	۱۴۷	۲۶۳۵
ورتو مانی	۲۰۸	۳۷۲۰
ورتو مرد زاهدی	۱۹۷	۳۵۲۵
ورتو هستی	۱۹۷	۳۵۲۶
ورچنان باشد	۵۵	۹۷۴
ورچنانست	۱۰۲	۱۸۴۰
ورچو عیسی	۲۲۳	۴۰۱۵
ور درین ره	۱۹۶	۳۵۱۷
ور درین گرداب	۱۰۰	۱۸۱۳
ور درین هردو	۱۸۴	۳۲۹۶
وردگر بااوت	۱۷۶	۳۱۵۷
ورزند در قعر	۵۶	۹۹۲
ور سر ما نبودت	۱۶۰	۲۸۶۸
ورشدت از	۱۳۴	۲۴۱۰
ورشما این	۱۰۸	۱۹۴۲
وركسی اندیشه	۶۲	۱۱۰۳
وركسی گوید	۹۲	۱۶۶۳
ورمرا از	۱۵۸	۲۸۳۹
ورنباشد كار	۲۰۲	۳۶۳۰
ورنباید	۱۹۶	۳۵۱۲
ور نبرم	۱۸۲	۳۲۶۳
ور نخواهی	۷۷	۱۳۷۳
ورنداری	۱۵۴	۲۷۷۱
ورنظر در	۲۳۵	۴۲۴۱
ورنگویم قصه	۲۱۴	۳۸۴۰
ورنه چون	۵۶	۱۰۰۴
ورنه زیر	۲۰۸	۳۷۲۹
وصف او چون	۴۰	۷۲۰
وصف او در	۲۰	۳۷۲
وصف او كی	۲۰	۳۷۴
وصف شست	۲۲۴	۴۰۲۸
وصل خواهم	۷۸	۱۴۰۳
وصل را چندین	۱۹۰	۳۴۰۲
وقت آن آمد	۱۵۷	۲۸۲۴
وقت مردن بود	۱۸۳	۳۲۷۳
وقت مردن بوعلی	۱۷۰	۳۰۵۲
وقت ناكامی	۸۲	۱۴۷۴

ه

های طاها	۲۴	۴۴۲
هاتفش آواز داد	۹۹	۱۷۹۲
هاتفش گفتا كه ای	۹۹	۱۷۸۸
هاتفش گفتش مزن	۱۵۹	۲۸۵۲
هاتفی برداشت	۴۷	۸۴۲
هاتفی در حال	۲۰۳	۳۶۴۸
هاتفی گفتا كزین	۱۴۴	۲۵۸۱
هاتفی گفتا كه‌آسان	۹۸	۱۷۷۷
هاتفی گفت ای	۲۰۹	۳۷۴۵
هاتفی گفتش برو	۹۸	۱۷۷۳
هاتفی گفتش كه‌ای حیران	۹۰	۱۶۲۶
هاتفی گفتش كه‌ای صوفی	۱۰۳	۱۸۶۴
هدهد آشفته	۳۸	۶۸۷
هدهد آنگه	۶۱	۱۰۷۶
هدهد با تاج	۹۱	۱۶۵۰

۲٥٤۲	۱٤۲	هرچ در دست	۱۱٦۳	٦٦	هدهد رهبر
۸۷۰	٤۹	هرچ را بنیاد	۸٦۱	٤۸	هدهدش گفت ای بآبی
۳۱۱۰	۱۷۳	هرچ را جویی	۹٥٤	٥٤	هدهدش گفت ای بصورت مانده باز
۱۲٤۱	۷۰	هر چراغی			
۳۸۰۷	۲۱۲	هرچ زد	۷۷۱	٤۳	هدهدش گفت ای بصورت مانده باز
۲٤۷۳	۱۳۸	هرچ فرماید بجان			
۲۰۰۸	۱۱۱	هرچ فرماید ترا	۸۹٤	٥۰	هدهدش گفت ای جوگوهر
۱٥٦۰	۸۷	هرچ کردم	۸۳۱	٤٦	هدهدش گفت ای زخود
٤۱۲۱	۲۲۹	هرچ گاهی بردم	۹۸۷	٥٦	هدهدش گفت ای زدریابی
۳٦۰۰	۲۰٤	هرچ گفتم	۸۱۱	٤٥	هدهدش گفت ای زدولت
۳۰۹۰	۱۷٤	هرچ گوید آن	۱۰۳۸	٥۹	هدهدش گفت ای زشنگی
۱۳۹۱	۷۸	هرچ گوید بعد ازین فرمان	۱۰۱٥	٥۷	هدهدش گفت ای زعشق
٤٤٤۰	۲٤٦	هرچ گویم بعد ازین ناگفتنیست	۲۳۱۱	۱۲۹	هدهدش گفت ای ضعیف
۲۲٤٥	۱۲٥	هرچ نه این دوستی	۹۲٥	٥۲	هدهدش گفت ای غرورت
۳۷۳٥	۲۰۸	هر چهار آید	۱۷٤٤	۹۷	هدهدش گفت ای فسرده
٦۷۷	۳۸	هرچد پیشت	۱٦۱۱	۸۹	هدهد هادی چو آمد
۲۰۹۹	۱۱۷	هرچ هست	٤۰۷۲	۲٥۳	هر توانگر کین
٤٦۲۲	۲٥٥	هرچه کرده	۲۲۳٦	۱۲٤	هر جمالی را که خود نبود
۱۰۹۰	۸۸	هرچه می گویند	۲۲۳٥	۱۲٤	هر جمالی راکه نقصانی
۱۳٦۲	۷٦	هرچ یادش	۲٤۰۷	۱۳٤	هرچ آنرا پای
۱۰۱۹	٥۷	هر دلی کز	۳۰۷۳	۱۷۱	هرچ آن جزما
۲٦۱٦	۱٤٦	هر دلی کو	۲۳۹۹	۱۳۳	هرچ آن دریك
۱۲٥۰	۷۰	هردم از شب	۱۹۲	۱۱	هرچ آن موصوف
۱٤۱۰	۷۹	هردم از نوع	۱۹۹	۱۱	هرچ آورد
۱٦٥۳	۹۲	هردو آنجا	۳۳٥۷	۱۸۷	هرچ او را
۲۷۸۳	۱٥٥	هردوتن می آمدند	٤۲۲۲	۲۳٤	هرچ ایشان
۳۰۰۷	۱٦۷	هردو تنهاییم	۱۰۹۱	٦۲	هرچ اینجا
٥۷۰	۳۲	هردو جان بازان	۱۲۲۹	٦۹	هرچ بودش
۱۲۱٤	٦۹	هردو چشمش	۳۱۰	۱۷۳	هرچ بود و هست و خواهد بود نیز
۱۱۲۲	٦۳	هردو چون			
۲٥۰۹	۱٤۰	هردو دادندم	۳٦۱۷	۲۰۲	هرچ بود و هست و خواهد بود نیز
۳٤۰٦	۱۹۰	هردو در سرگشتگی			
۱۹٤٤	۱۰۸	هردو را بر فرق	۲٦۸۷	۱٥۰	هرچ بیرون شد
۲۷۰	۱٥	هردو عالم بسته	۳٤۹۱	۱۹٥	هرچ بیند
۲۰٥۰	۱۱٤	هردو عالم در	۳۱٦٤	۱۷٦	هرچ تو زینجا
۳٦۱۳	۲۰۱	هردو عالم را	۱۹۰۱	۱۰٥	هرچ چندانی
۳۹٤٦	۲۲۰	هردو عالم نقش آن	٤۲۸	۲۳	هرچ حق
٤۸۲	۲۷	هردو گر	۳۳٤۰	۱۸٦	هرچ دارد
۲۷٦	۱٥	هرود گیتی از وجودش	٤۰۱۲	۲۲۳	هرچ داری آتشی
۳۷۸	۲۱	هردو گیتی گرد	٤۰۱۸	۲۲٤	هرچ داری یك
۲۱۲۰	۱۱۸	هردو نگریستم	٤۲٥۳	۲۳٦	هرچ دانسی
۳۸٦٦	۲۱٥	هرزمان آن	۲۹٥۱	۱٦٤	هرچ دربعد

١٢١٢	٦٨	هرك جان برلعل	٢٣٤	١٣	هرزمان این
١٩٢٩	١٠٧	هرك جان خویش	١١٥٤	٦٥	هرزمان زان
٨٤٦	٤٧	هرك جز	٢٥٦٨	١٤٣	هررا نم چون
١٦٩٩	٩٤	هرك چشم	٢٥٧٢	١٤٣	هر زمانی
٢٠٦٣	١١٤	هرك چون پروانه	٣٠٣٧	١٩٧	هرشبم عشق
٩٩١	٥٦	هرك چون غواص	٣٠٩٤	١٧٣	هرشبی از
٣٩٦١	٢٢٠	هرك چون مویی	١٣٢٧	٧٤	هرشبی برجان
٨٨٥	٥٠	هرك چیزی	٤٣٠٨	٢٣٩	هرشکن
٤٢٢	٢٣	هرك خاكی	٣١٤١	١٧٥	هر غنیمت
٨٣٧	٤٧	هرك داند	٢١٨٩	١٢٢	هرك از كوس
١٠٠٨	٥٧	هرك در جمعیتی	٣٠٠٩	١٦٨	هرك از هستی
٣٠٥٠	١٧٠	هرك در خلوت	٧٤٣	٤١	هرك اكنون
٣٩٤٧	٢٢٠	هرك در دریای كل	١٧٠٩	٩٧	هرك او از خلق
٣٧١٥	٢٠٧	هرك در دریای وحدت	٢٤٥٢	١٣٧	هرك او از ذره
٧١٠	٤٠	هرك دروی	١٠٨٥	٦١	هرك او از كسب
٨٤٣	٤٧	هرك در هردو	٣٥٠٢	١٩٨	هرك او بیخوابی
٢٠٥٧	١١٤	هرك دریك	٣٧١٨	٢٠٧	هرك او در آفتاب
١٩٩٧	١١١	هرك دل ازحضرت	٢٥٦٠	١٤٣	هرك او در پاكبازی
١٢١١	٦٨	هرك دل در زلف	١٧٠٧	٩٥	هرك او در دولتی
٣٧٦٤	١٥٤	هرك دیدی	٣٣١٨	١٨٥	هرك او در ره
٢٠٧٨	١١٥	هركرا آن	٤٠٩٨	٢٢٨	هرك او در عشق
٢٥٦٩	١٤٣	هركرا او درکشد	٢٥٤٦	١٤٢	هرك او درباخت
٣١٠٨	١٧٣	هركرا او همت	٤٣٦٣	٢٤٢	هرك او را كشته
١٨٧٥	١٠٤	هرك را باشد	٣٩٧٢	٢٢١	هرك او رفت
١٧٣٣	٩٦	هرك را باید	١٨٧٦	١٠٤	هرك او عیب
٢٠٥٨	١١٤	هرك را بگست	٢٧٩٦	١٥٦	هرك او گستاخ
٨٩٨	٥٠	هرك را بوئیست	٧٠٢	٣٩	هرك او مطلوب
١٠٦١	٦٠	هركرا در آشیان	٤٥٩٣	٢٥٤	هرك او ننهد
٤٤٧١	٢٤٧	هركرا دردیدت	١٣٤٧	٧٥	هرك او همرنگ
١٠٧٨	٦١	هركرا در عشق چشمی	٤٤٧٤	٢٤٧	هرك این را
١١٧٨	٦٧	هركرا در عشق محكم	١٩٩٨	١١١	هرك این سگ رابرمردی
٢١١٨	١١٨	هرك راز	١٩٩٩	١١١	هرك این سگ را زبون
٣٢١٣	١٧٩	هركرا شد در	٢٠٠٠	١١١	هرك این سگ رانهد
٣٨٣٧	٢١٤	هركرا شد عشق	٩٦٠	٥٤	هرك باشد پیش
٣٣١٥	١٨٥	هركرا نبود طلب مردآن	٣٨٢	٢١	هرك بود از
٣٣١٤	١٨٥	هركرا نبود طلب مردار	٣٠٥١	١٧٠	هرك بویی یافت
٢٦٠٤	١٤٥	هرك را یك	٢٠٤٢	١١٣	هرك بیرون شد
٤٤٧٣	٢٤٧	هرك زین	٢٤٧٧	١٣٨	هرك بیفرمان
١٩٥٩	١٠٨	هرك سر	١١٩٣	٦٧	هرك بیماری
٤٠٣٥	٢٢٤	هرك سوی	١٢٣٧	٧٠	هرك پندش
١٤٩	٩	هركسی ازتو	٣٦٥٠	٢٠٤	هركجا رنج
٢٤٨٢	١٣٨	هرکسی چیزی	٣٢١٢	١٧٩	هركجا كین

۳۵۰۷	۱۹۸	هر که را شد ذوق	۲۴۹۷	۱۳۹	هر کسی در شیوه	
۲۶۰۳	۱۴۵	هر که را شد همت	۱۰۵۹	۶۰	هر کسی، را بود	
۲۲۹۳	۱۲۸	هر که را من	۳۷۲۷	۲۰۸	هر کسی را دوزخ	
۱۲۵۱	۷۰	هر که را یکشب	۳۷۳۰	۲۰۸	هر کسی کو	
٤٠٦٤	۲۵۲	هر که شد	۳۸۸۱	۲۱۶	هر کسی گفتند آخر	
۳۸۲٤	۲۱۳	هر که صید	۳۱٤۷	۱۷۶	هر کسی گفتند چندین	
۳۸۲۳	۲۱۳	هر که کردی	۲۱۶۲	۱۲۰	هر کسی گفتند در	
۳۹۱۶	۲۱۸	هر که گوید	۲۱۵۹	۱۲۰	هر کسی می‌آمدند	
۱۴۷۳	۸۲	هرک یار خویش	۱۶۸۸	۹۴	هر کسی می‌گفت شاها	
٤٠٠	۲۲	هر گهرکان	۳۰۸۲	۱۷۲	هر کسی می‌گفت شاهی	
۱۱۱۸	۶۳	هر لباسی	۷۳۸	٤۱	هر کسی نقشی	
۱۱۸۷	۶۷	هر مریدی	۱۷۰۶	۹۵	هرک شد در ظل	
۳۸۰۲	۲۱۲	هرنفس اینجا	۲۲۵۲	۱۲۵	هرک شد در عشق	
۲۲۶۲	۱۲۶	هرنفس زانفاس	۳۹۶	۲۲	هرک شمع	
۸۶۸	٤۹	هرنگاری کان	۷۵۸	٤۲	هرک شور	
۳۷۱۶	۲۰۷	هریک از	۲۱۰٤	۱۱۷	هرک صید	
۱۰۵۷	۶۰	هریکی از جهل	۱۰۶۰	۶۰	هرک عنقا	
۳٤۸۸	۱۹٤	هریکی بینا شود	۶۹۸	۳۹	هرک غایب	
٤٤۹۲	۲٤۸	هریکی خود را	۲٤۷۵	۱۳۸	هرک فرمان	
۲۷۶۱	۱۵٤	هریکی در گوش	۱۱۰۱	۶۲	هرک کردی سوی	
۱۶۰۰	۹۲	هریکی را حالتی	۸۳۸	٤۷	هرک کل	
۲۳۷٤	۲٤۲	هریکی را داد	۷۰۳	۳۹	هرک مذکور	
۳٤۳۱	۱۹۱	هریکی را کرده	۳۰۶۷	۱۹۹	هرک مست	
۱۶٤٤	۹۱	هریکی را هست	۲۶۶۳	۱٤۸	هرک می‌گوید	
۹۰۷	۵۱	هست آن	٤۰۳۳	۲۰۰	هرک نام	
٤۶۰۱	۲۵٤	هست احوال	۳۰۸۱	۱۷۲	هرک آن بشنود	
۱۰۹۵	۶۲	هست از آئینه	٤۲٤۷	۲۳۵	هرک آید	
۳۰٤۹	۱۹۸	هست از دزدان	۲۵۷٤	۱٤۳	هرک از کتم عدم	
۳۷۹۹	۲۱۲	هست ایازت	٤۰۰۳	۲۲۳	هرک از مویی	
۲۱۹۰	۱۲۲	هست بادی	۳۹۰۵	۲۱۷	هرک او آنجا	
۱۶۳	۹	هست باهر	۱۹۱	۱۱	هرک او آن جوهر	
۳۳۳۱	۱۸۰	هست پنجم	۳۹۱۷	۲۱۸	هرک او در وادی	
۳۷۶۸	۲۱۰	هست چندین	۲۳۰۹	۱۲۹	هرک خورد	
٤۱۳۰	۲۲۹	هست حوتی	۳۱۸۸	۱۷۸	هرک درد عشق	
٤۰۶۶	۲۵۲	هست خلقی	۶٤	٤	هرک در گوی	
٤۲۶۹	۲۳۷	هست خورشید	۲۵۹۱	۱٤٤	هرک در وی	
۳۰۶۶	۱۹۹	هست دایم	۱۹۶۳	۱۰۹	هرک در هجرم	
۲۹٤۷	۱۶٤	هست درتو	٤۶۳۰	۲۵۶	هرک دریاهای	
۲۳۲٤	۱۲۹	هست در هر	۳۱۹۶	۱۷۸	هرک را این حسرت	
۹۹۷	۵۶	هست دریا چشمهای	۳۱۹۷	۱۷۸	هرک را این درددل	
۱۸۷٤	۱۰٤	هست دریاها	۲۲۹۷	۱۲۸	هرک را با اژدها	
۱۹۰	۱۱	هست دریایی	۲۵۰	۱٤	هرک را خوش	

كشف‌الابيات

همچنان تاجل	۸۳	۱٤۹٤	همت دنیا آتش	۱۱٤	۲۰٦۰			
همچنان کو	۲۳۷	٤۲۷٤	همت دنیا چون	۹۷	۱۷٤٦			
همچنان مستغرق	۳۱	۵۵۲	همت دنیا وانك	۱۲۲	۲۱۸۵			
همچنین کامروز	۱٦۳	۲۹۲۵	همت راهی	٦٤	۱۱۳۱			
همچنین میرو بپایانش	۱۲	۲۱٦	همت رحمت	۱۰۳	۱۸٦٦			
همچنین میرو بدین	۲۲۲	۳۹۸۵	همت سیمایی	٦	۹۰			
همچنین میگفت	۲٤۵	٤٤۳۷	همت صد	۱٤٦	۲٦۱۳			
همچو آتش	۵۰	۸۹۲	همت علم آن	۱۹۵	۳۵۰٦			
همچو آن	۱۸٤	۳۲۹۹	همت قصری	۱۱۹	۲۱٤۸			
همچو ابر	۸٦	۱۰۰٤	همت ققنس	۱۲۹	۲۳۲۱			
همچو اسمعیل	۲۵٤	٤٦۰۳	همت کاری	۱۳	۲۳۹			
همچو ایشان	۳۲	۵۷۸	همت گردون	۱۲۹	۲۳۱٦			
همچو باران	۷٤	۱۳۲۱	همت مارا	٤۰	۷۱۲			
همچو بلبل	۱۷۰	۳۰۵٤	هستم ازبحر	۲٤۸	٤٤۸۲			
همچو چشم	٦۹	۱۲۲۱	هستم ازجان	۲۲۷	٤۰۷۵			
همچو خورشید	۷۸	۱٤۰۷	هست مشغولی	۱٤۲	۲۵٤۱			
همچو زلفم	۷۷	۱۳۷۰	هست موری	۲۰۰	۳۵۸۲			
همچو شبنم	۱۵	۲۷۷	هست وادی	۱۸۰	۳۲۲۹			
همچو شمع از تفت	۷۰	۱۲٤۸	هست یك‌یك برگ	۱۸۷	۳۳٤۹			
همچو شمع از سوختن	۷۰	۱۲٤۷	هست یك‌یك ذره	۱۸٤	۳۲۹٤			
همچو شیران	۱۱٤	۲۰٦۲	هشت جنت	۲۰۰	۳۵۸۱			
همچو گل	۸۵	۱۵۲۷	هشت خلدش	۷	۱۱۰			
همچو مردان	۱۰۷	۱۹۳۰	هفت دریا	۲۰۰	۳۵۸۰			
همچو مشکاتی	۲٤۹	٤٤۹۷	هفت سال	٤٤	۷۹۰			
همچو من برآب	٤۸	۸۵۲	هفت گردون	۷۵	۱۳۳۲			
همچو من گوهر	۲٤۵	٤٤۱۹	هفتمین وادی	۱۸۰	۳۳۳۲			
همچو موسی بازو	۵۸	۱۰۲۹	هفته‌ای باژنده‌ای	۹۸	۱۷۷۱			
همچو موسی دیدهٔ	۳۵	٦۲٤	هم ازو	۲۰۷	۳۷۱۲			
همچو یوسف	۳۷	٦۵۹	هم بترك	۲۰۲	۳٦۲۸			
هم درو	۲۰۷	۳۷۱٤	هم برای بودنت	۱۲۹	۲۳۱۵			
هم درین	۲۱۵	۳۸۷۰	هم بعهد او	۲۵	٤٦۰			
هم دل	۷۰	۱۲٤۳	هم بیفکن	۱٤۱	۲۵۳۱			
هم دمش	۱۱۹	۲۱۳٦	هم پس وهم	۲۱	۳۸٤			
همدمی	۱۹۷	۳۰۳۲	هم پیامبر	۲٦	٤٦۲			
هم زاقضیکم	۲٦	٤۷۱	همت آمد	۱٤۷	۲٦٤۱			
هم زتفت	۱۵۸	۲۸٤۸	همت عالیت	۸٤	۱۵۰۷			
هم زحق	۱۸	۳۲٤	همت عالیم درکار	۵۲	۹۱۷			
هم زخجلت	۸۵	۱۵۲۱	همت عالیم ممدوحم	۲۵۳	٤۵۷٦			
هم زدنیا	۳۸	٦۷٤	هم‌تن زندانیم	۲۵۷	٤٦۵۹			
هم زعکس	۲۳۰	٤۲۳۰	هم توانی سوخت	۲۵٦	٤٦۲۹			
هم زفرعون	۳۵	٦۲۵	هم جزو کس	۲۰۷	۳۷۱۳			
هم زمینش	۷	۱۰۹	همچنان بس	۱۸٦	۳۳۲٦			

هم ز هر حضرت	۳۹	۶۹۱
همسری	۱۳۹	۲۴۸۴
هم عمل	۶۷	۱۱۸۸
هم فراز وشیب	۹۱	۱۶۴۰
هم فکنده	۸۴	۱۵۱۸
هم فلك	۲۰۳	۳۶۳۸
هم کلاه	۸۴	۱۵۱۹
هم کلید	۲۴۱	۴۳۴۸
هم‌کنون	۱۰۳	۱۸۵۵
هم مرا هم	۲۴۱	۴۳۴۹
هم مریدان	۱۶۲	۲۹۲۱
هم مشامش	۲۱۵	۳۸۶۲
هم نجوم	۲۰۳	۳۶۳۹
هم نحوست	۲۰۳	۳۶۴۰
هم ندید	۱۰۲	۱۸۴۷
هم نشان	۱۴۹	۲۶۶۹
هم نشینانش	۸۰	۱۴۲۸
هم‌نشینی بود	۱۳۹	۲۴۸۹
هم‌نشینی گفتش	۷۱	۱۲۶۹
هم هدایت	۲۵	۴۵۹
هندوان از	۱۷۴	۳۱۲۲
هندوان را پادشاهی	۱۴۹	۲۶۶۷
هندوان رالشگری	۱۷۵	۳۱۳۹
هندواوشد	۲۰	۳۶۱
هندوی با	۱۴	۲۴۸
هندوی جان	۱۴	۲۴۶
هوشیاری	۱۶۹	۳۰۲۰
هوی او	۲۴	۴۳۲
هیبتی زان	۹۰	۱۶۱۴
هیچ باقی نیست	۱۲۱	۲۱۶۹
هیچ چیز از	۳	۴۴
هیچ چیز نیست	۴۹	۸۶۹
هیچ دانایی	۴۰	۷۲۲
هیچ دانی را نه‌دانش	۱۴۳	۲۵۷۱
هیچ‌دانی راهرو	۱۳	۲۳۵
هیچ دیگر	۱۹۲	۳۴۴۳
هیچ ره	۱۹۴	۳۴۷۹
هیچ سالك	۲۰۲	۳۶۲۲
هیچ عاقل	۱۲۰	۲۱۵۲
هیچ کافر	۸۱	۱۴۴۴
هیچ‌کس چون	۶۴	۱۱۳۰
هیچ‌کس را درجهان	۱۳۰	۲۳۴۵

هیچ‌کس را درخودی	۱۰	۱۷۷
هیچ‌کس را دیده	۲۳۶	۴۲۵۱
هیچ‌کس محرم	۲۲۵	۴۰۴۰
هیچ‌کس نبود	۱۹۴	۳۴۷۸
هیچ‌گونه	۱۷۴	۳۱۲۳
هیچ گوهر	۵۱	۸۹۹
هیچ نتوانند	۱۵۴	۲۷۷۳
هیچ نشنود	۲۵۰	۴۵۲۲
هیچ نشنیدم	۲۱۶	۳۸۸۳

ی

یا از آهم	۷۱	۱۲۵۶
یا ازین	۴	۵۲
یا اله‌العالمین	۵	۷۶
یا بترك	۱۰۸	۱۹۵۲
یا بخاك	۲۱۱	۳۷۷۶
یا بنه این	۱۲۲	۲۱۹۵
یا چو عثمن	۳۴	۶۰۸
یاچو نتوانیم	۸۰	۱۴۳۵
یادش آمد	۵۹	۱۰۵۰
یادش آید کاشنایی	۱۲۷	۲۲۸۱
یاد کردی خنده	۴۴	۷۸۹
یادلم ده باز	۷۴	۱۳۱۳
یارب آگاهی	۱۴	۲۵۳
یارب آن	۲۵۸	۴۶۷۵
یار شد بامن	۴۶	۸۲۵
یارب اشك	۲۵۶	۴۶۳۸
یارب امشب	۷۱	۱۲۵۴
یار با یار خود	۲۴۴	۴۴۰۹
یارب این تاوان	۱۵۵	۲۷۸۷
یارب این چندین	۷۱	۱۲۵۵
یا رسول‌الله	۲۱	۳۸۷
یار کار افتاده	۸۲	۱۴۶۷
یار کو تادل	۷۱	۱۲۶۵
یا سپه را	۱۷۶	۳۱۴۸
یاسمین را	۶	۱۰۵
یا شما را	۲۳۱	۴۱۶۹
یافت عابد	۱۱۹	۲۱۳۹
یافت مردی	۱۱۰	۱۹۸۳
یافتند آن بت	۱۷۴	۳۱۲۱
یا قدم در صدق	۳۴	۶۰۷
یا مرا در خانه	۱۰۰	۱۸۰۸

کشف‌الابیات ۴۳۳

یا مزن دم	۳۴	۶۰۹
یا نشانندش	۲۷	۴۹۰
یا نه بال	۱۴۸	۲۶۵۰
یا همه همچون	۸۰	۱۴۳۳
یعنی آن	۱۶۳	۲۹۲۸
یك پسر داشت	۲۳۸	۴۲۹۷
یك‌تن از	۱۸۸	۳۳۷۸
یك جواب آنست	۲۱۱	۳۷۷۵
یکدگر را شاید	۳۸	۶۸۴
یك‌دمش با	۹۸	۱۷۶۶
یك‌دمش نه‌خواب	۷۰	۱۲۴۴
یك‌زمان زانجا	۲۲۱	۳۹۶۷
یك‌شبی با او	۲۴۰	۴۳۳۸
یك‌شبی پروانگان	۲۲۲	۳۹۸۷
یك‌شبی خفاش	۱۳۷	۲۴۵۷
یك‌شبی روح‌الامین	۱۰۲	۱۸۴۲
یك‌شبی عباسه	۱۱۰	۱۹۸۷
یك‌شبی محمود دل	۱۵۹	۲۸۶۱
یك‌شبی محمود می‌شد	۱۸۵	۳۳۲۱
یك‌شبی معشوق	۲۲۰	۳۹۵۸
یك قدم	۱۴۵	۲۵۹۷
یك کنیزك	۲۱۴	۳۸۴۶
یك‌نظر سوی دل	۱۳	۲۴۲
یك‌نظر سوی من	۲۱	۳۸۹
یك نفس از	۲۴۰	۴۳۳۱
یك‌نفس بی‌او برآوردن	۱۶۵	۲۹۷۰
یك‌نفس بی‌او نمی‌یابم	۱۲۴	۲۲۲۳
یوسف آنکه	۱۵۱	۲۷۱۹
یوسفت چون	۲۳۴	۴۲۲۷
یوسف توفیق	۶۸	۱۱۹۸
یوست ثانی	۲۵	۴۵۶
یوسف صدیق	۲۳۴	۴۲۱۱
یوسف همدان امام	۱۸۴	۳۲۹۲
یوسف همدان که	۲۰۲	۳۶۱۵
یوسفی پرهیز	۱۱۸	۲۱۱۹
یوسفی کانجم	۲۳۳	۴۲۰۴
یوسفی گم کرده‌ام	۵۸	۱۰۳۶

تمت بعون‌الله وتوفیقه

فهرست مآخذ و منابعی که در تهیهٔ حواشی و توضیح لغات این کتاب از آنها استفاده شده است

۱- آنندراج ـ تألیف محمد پادشاه متخلص به «شاد»، زیر نظر محمد دبیرسیاقی از انتشارات کتابخانهٔ خیام، چاپ تهران، سال ۱۳۳۶ تا ۱۳۳۸ هجری شمسی.

۲- ابن اثیر ـ تاریخ الکامل تألیف ابی الحسن علی بن ابی الکرم محمدبن عبدالکریم ابن الواحد ـ الشیبانی معروف به ابن اثیر جزری ملقب به عزالدین، در ۱۲ جلد، چاپ اول مصر، باحاشیهٔ اخبار الدول قرمانی.

۳- ابن ابی الحدید ـ شرح نهج البلاغه ابن ابی الحدید، چاپ تهران، سال ۱۳۰۲ هجری قمری.

۴- ابن حزم ـ الفصل فی الملل و الاهواء و النحل . للامام ابن حزم الظاهری الاندلسی المتوفی فی سنة ۴۵۶ و بهامشه الملل و النحل للشهرستانی، فی مطبعة محمد علی صبیح و اولاده بمیدان الازهر لمصر.

۵- ابن خفیف ـ سیرةالشیخ الکبیر ابوعبدالله ابن الخفیف الشیرازی، چاپ اسلامبول، سال ۱۹۵۵.

۶- ابن خلکان ـ وفیات الاعیان، تألیف شمس الدین محمدبن محمدبن ابراهیم بن ابی بکر بن خلکان، چاپ تهران، سال ۱۲۸۴.

۷- ابن عباس ـ تفسیر سیدی عبدالله بن عباس المسمی تنویر القیاس من تفسیر ابن عباس، لابی طاهر محمدبن یعقوب الفیروز آبادی الشافعی، طبع اول، چاپخانهٔ ازهریه مصر، سال ۱۳۱۶ هجری قمری.

۸- ابن عربی ـ اصطلاحات الصوفیة الوارد فی الفتوحات المکیه، للمحی الدین ابی عبدالله محمدبن ـ المعروف بابن عربی، حاشیه و تعلیقات چاپ مصر سال ۱۳۵۷ هجری قمری.

۹- ابوالفتوح ـ تفسیر جمال الدین ابوالفتوح الحسین بن علی بن محمدبن احمد بن الحسین بن احمد ـ الخزاعی الرازی، معروف بتفسیر ابوالفتوح رازی، چاپ اول در پنج جلد و چاپ دوم درده جلد.

۱۰- ابوالفداء ـ کتاب المختصر فی اخبار البشر تألیف الملک المؤید عمادالدین اسمعیل ابی الفداء، چاپ مصر مطبعهٔ حسینیه.

۱۱- اتقان ـ الاتقان فی علوم القرآن تألیف امام جلال الدین سیوطی الشافعی، چاپ مصر سال ۱۳۱۸

هجری قمری .

۱۲-احادیث مثنوی ـ بجمع وتدوین بدیع‌الزمان فروزانفراستاد دانشگاه تهران، ازانتشارات‌دانشگاه تهران ، ذیل شمارهٔ ۲۸۳، سال ۱۳۳٤ هجری قمری .

۱۳- احیاء العلوم‌الدین - تألیف حجة‌الاسلام ابی‌حامد محمدبن محمدبن محمد الغزالی چاپ مصر سال ۱۲۸۲ هجری‌قمری.

۱۴- اخبارالطوال- الاخبارالطوال : تألیف ابی‌حنیفه احمدبن داود الدینوری، چاپ اول مصر، سال ۱۳۳۰ هجری قمری .

۱۵- اساس‌الاقتباس - تألیف خواجه‌نصیرالدین‌طوسی، بتصحیح مدرس رضوی، سال۱۳۲۶هجری‌شمسی، ازانتشارات دانشگاه، ذیل‌شمارهٔ ۱۲ .

۱٦- استیعاب ـ کتاب‌الاستیعاب فی معرفة‌الاصحاب تألیف حافظ ابی‌عمر یوسف‌بن عبدالله‌المعروف‌بابن عبدالبرالمزی‌القرطبی . چاپ‌دوم . درمطبعهٔ دایرة‌المعارف‌نظامیه حیدرآباددکن، سال ۱۳۳٦ هجری قمری .

۱۷- اسرارالتوحید ـ اسرارالتوحید فی‌مقامات الشیخ ابی‌سعید ، تألیف محمدبن‌المنوربن ابی‌سعیدبن ابی‌طاهربن ابی‌سعید ابی‌الخیر، چاپ تهران ، سال۱۳۱۳ هجری شمسی .

۱۸-اسرارنامه- تصنیف شیخ فریدالدین عطار با تصحیح وتعلیقات وحواشی از نگارنده ، چاپ تهران، سال۱۳۳۸ .

۱۹ - اشعةاللمعات ـ شرح اشعة‌اللمعات جامی ، چاپ تهران بدون ذکرچاپخانه وتاریخ چاپ .

۲۰- اصول‌کافی - الاصول من‌الکافی‌تألیف ابی‌جعفرمحمدبن یعقوب‌بن‌اسحق‌الکلینی‌الرازی، چاپ‌تهران ۱۳۳٤ شمسی‌قمری.

۲۱ - اعلام‌النساء- اعلام‌النساء فی‌عالمی‌العرب‌والاسلام،تألیف‌عمررضا کحاله، چاپ مطبعهٔ‌هاشمیه‌دمشق، سال ۱۳۵۹ هجری‌قمری.

۲۲- اقرب‌الموارد - اقرب‌الموارد فی‌فصح‌العربیه والشوارد، تألیف سیدالخوزی الشرتوتی اللبنانی ، چاپ بیروت ، سال ۱۸۸۹ میلادی، دردوجلدویک‌جلد ذیل.

۲۳-اکبری ـ شرح مثنوی مولانای روم ، از مولوی ولی محمد اکبرآبادی ، در شش دفتر ، چاپ‌نول کشور.

۲۴- الاصنام ـ کتاب الاصنام ، عن ابی‌المنذر هشام‌بن محمدبن‌السائب‌الکلبی . طبع ثانی، در مطبعهٔ دارالکتب مصر درقاهره ، سال ۱۳٤۳ شمسی قمری .

۲۵-الامم‌والملوک ـ تألیف ابی جعفر محمدبن جریر طبری ، چاپ اول ، در مطبعهٔ حسینیه مصر ، در سیزده جلد .

۲٦ - الهی نامه ـ از گفتارفریدالدین عطار، بتصحیح هـ. ریتر ، چاپ اسلامبول مطبعهٔ اوقاف ، سال ۱۹٤۰ میلادی .

۲۷ -الفهرست ـ تألیف ابن ندیم، چاپ‌مصر، سال ۱۳٤۸ هجری قمری .

٢٨-اللمع - کتاب اللمع فی التصوف، تألیف ابی نصر عبدالله بن علی السراج الطوسی، بتصحیح رنولد الین نیکلسن، چاپ لیدن، سال ١٩١٤ میلادی.

٢٩-المصادر - کتاب المصادر، تألیف ابوعبدالله حسین بن احمد زوزنی، بکوشش تقی بینش، چاپ طوس مشهد، ١٣٤٠ هجری شمسی، چاپ اول.

٣٠-المعرب - المعرب من کلام الاعجمی علی حروف المعجم، تألیف ابومنصور موهوب بن الخضر الجوالیقی، چاپ قاهره، سال ١٣٦١ هجری قمری.

٣١-امثال وحکم- تألیف علی اکبر دهخدا، چاپ تهران، مطبعهٔ مجلس، سال ١٣١٠ هجری شمسی، در چهار جلد.

٣٢-انجیل - کتاب المقدس وهو کتاب العهد الجدید، ترجمهٔ ویلیام کلین، قسیس اکسی، باستعانت فاضل خان همدانی، چاپ لندن، سال ١٨٥٩.

٣٣-ایرانلیك- مجلهٔ ایرانلیك، چاپ بمبئی، جلد XVIII، شمارهٔ یك، بخش فارسی.

٣٤-بازنامه- ازمؤلف نامعلوم، نسخهٔ خطی متعلق بکتابخانهٔ آقای سلطانی که پس از سال ٧٥٠ هجری قمری تألیف شده است.

٣٥-بحار الانوار- تألیف محمدباقر بن محمدتقی اصفهانی معروف بمجلسی، در ٢٦ جلد، چاپ تهران، سال ١٣٠١ هجری قمری.

٣٦-بحث در آثار وافکار واحوال حافظ- جلد دوم، قسمت اول تاریخ تصوف در اسلام، تألیف دکتر قاسم غنی، چاپ تهران، چاپخانهٔ بانك ملی، سال ١٣٢٢ هجری شمسی.

٣٧-بخاری- صحیح بخاری، تألیف ابی عبدالله محمد بن اسمعیل بن ابراهیم المغیرة ابن بردزبه البخاری الجعفی، چاپ مصر، سال ١٣٢٠ هجری قمری در چهار جلد.

٣٨-برهان - برهان قاطع، تألیف محمد حسین بن خلف تبریزی، باهتمام دکتر محمد معین استاد دانشگاه، چاپ تهران، سال ١٣٣٠ تا ١٣٣٥ هجری شمسی.

٣٩- برهان جامع- تألیف محمد کریم ابن مهدیقلی تبریزی، چاپ دارالسلطنه تبریز، سال ١٢٦٠ هجری قمری.

٤٠- بلعمی - تاریخ بلعمی. تألیف ابوعلی محمد بن ابی الفضل محمد بن عبدالله بلعمی متوفی بسال ٤٦٣، طبع نول کشور، سال ١٣١٣ هجری قمری.

٤١- بندهشن - ر. ك: Pahlavi Texts

٤٢- بهار عجم - تألیف لاله تیك چند بهار، چاپ نول کشور، سال ١٨٩٤ میلادی.

٤٣- بیان الادیان - تألیف ابوالمعالی محمد الحسنی العلوی، چاپ تهران، سال ١٣١٢ هجری شمسی.

٤٤- بیضاوی - انوار التنزیل معروف بتفسیر بیضاوی، تألیف قاضی عبدالله بن عمر بن محمدعلی فارسی اشعری شافعی، چاپ اسلامبول سال ١٢٩٦ هجری قمری، در دوجلد.

٤٥- تاج - تاج المصادر، تألیف ابوجعفر احمد بن علی المقری البیهقی، چاپ لکهنو، سال ١٨٩٣ میلادی.

٤٦ـ تاریخ الخلفاء ـ تاریخ الخلفاءامراء المؤمنین القائمین بامر الائمه، تألیف جلال الدین عبدالرحمان سیوطی، طبع دمشق، سال ١٣٥١ هجری قمری.

٤٧ـ تاریخ العرب قبل الاسلام ـ تألیف الدکتور جواد علی، در هشت جلد، چاپ مطبعة المجمع العلمی العراقی.

٤٨ـ تاریخ بغداد ـ تاریخ البغداد اومدینة السلام. تألیف حافظ ابی بکراحمد بن علی الخطیب البغدادی، چاپ مصر، سال ١٣٤٩ هجری قمری، در ١٤ جلد.

٤٩ـ تاریخ خمیس ـ تاریخ الخمیس فی احوال نفس نفیس، تألیف شیخ حسین ابن محمد بن الحسن الدیار بکری، چاپ عثمان عبدالرزاق، سال ١٣٠٢، در دو جلد.

٥٠ـ تاریخ ملل شرق ـ تاریخ ملل شرق و یونان، تألیف البرمالد، ترجمهٔ آقای میرزا عبدالحسین هژیر، از نشریات کمیسیون معارف طبع تهران، چاپخانهٔ مجلس، تیر ماه ١٣٠٩ هجری شمسی.

٥١ ـ تا ـ فا ـ فرهنگ تازی بفارسی، بخش نخست، ازالف تا راء، تألیف بدیع الزمان فروزانفر، چاپ فرهنگستان، سال ١٣١٩ هجری شمسی.

٥٢ـ تبصرة العوام ـ تبصرة العوام فی معرفة مقالات الانام، منسوب به سید مرتضی بن داعی حسنی رازی، بتصحیح عباس اقبال، طبع تهران، سال ١٣١٣، چاپخانهٔ مجلس.

٥٣ـ تحفه ـ تحفة المؤمنین، تألیف محمدمؤمن بن میرمحمد زمان تنکابنی، چاپ کتابفروشی مصطفوی، سال ١٣٧٨ هجری قمری.

٥٤ـ تحفة المحتاج ـ تحفة المحتاج بشرح المنهاج، تألیف شهاب الدین احمدحصر الهیتمی الشافعی، چاپ مصر، سال ١٢٩٠ هجری قمری.

٥٥ ـ تذکرة الاولیاء ـ من تصانیف الشیخ ابی حامد محمد بن ابی بکر ابراهیم الشهیر بفریدالدین عطار النیشابوری، بسعی و اهتمام رنولد الین نیکلسون طبع بریل در شهر لیدن، سال ١٩٠٥ میلادی.

٥٦ـ ترجمه الفرق ـ تاریخ مذاهب اسلام یا ترجمه الفرق بین الفرق، تألیف ابومنصور عبدالقاهر بغدادی متوفی در سال ٤٢٩، بخامه و اهتمام محمد جواد مشکور استاد دانشگاه تبریز، طبع کتابخانهٔ حقیقت تبریز، سال ١٣٣٣ شمسی.

٥٧ـ ترجمهٔ تفسیر طبری ـ فراهم آمده در زمان سلطنت منصور بن نوح سامانی (٣٥٠ تا ٣٦٥ هجری) بتصحیح واهتمام حبیب یغمائی، از انتشارات دانشگاه شمارهٔ ٥٨٩، هدیهٔ دکتر یحیی مهدوی بدانشگاه شمارهٔ ١٠.

٥٨ـ تعریفات ـ تألیف السیدالشریف علی بن محمد بن علی السید ابی الحسن الجرجانی الحنفی، چاپ مصر، سال ١٣٥٧ هجری قمری.

٥٩ـ تفسیر امام فخر ـ مفاتیح الغیب المشتهر بالتفسیر الکبیر، للامام محمدالرازی فخرالدین ابن علامه ضیاءالدین عمر المشتهر بخطیب الری، در هشت جلد، طبع اول، بالمطبعة الخیریه المنشاء

بجمالیه مصر، سنهٔ ۱۳۰۷ هجری قمری.
۶۰ ــ تفسیر کبیر ـ ر.ك : تفسیر اما فخر .
۶۱ــ تلبیس ابلیس ـ للحافظ الامام جمال الدین ابی الفرج عبدالرحمن ابن الجوزی البغدادی، چاپ اداره الطباعة المنیریه مصر .
۶۲ــ توراة ـ کتاب المقدس و هو کتب عهد العتیق ، ترجمهٔ ویلیام کلین ، قسیس اکسی ، باستعانت فاضل خان همدانی ، چاپ لندن، سال ۱۸۵۶ میلادی .
۶۳ــ ثعلبی ـ قصص الانبیاء المسمی بالعرایس المجالس . تألیف ابو اسحاق محمد بن ابراهیم الثعلبی، چاپ مصر ، سال ۱۳۵۴ هجری قمری .
۶۴ــ جزایری ـ النور المبین فی قصص الانبیاء والمرسلین ، تألیف السید نعمة الله الجزایری ، طبع ثانی نجف ، سال ۱۳۷۴ هجری قمری، در دو جلد .
۶۵ ــ جستجو در احوال و آثار فریدالدین عطار نیشابوری ـ بسرمایهٔ کتابفروشی و چاپخانهٔ اقبال ، چاپ تهران ، سال ۱۳۲۰ هجری شمسی.
۶۶ــ جوالیقی ـ ر ـ ك : المعرب .
۶۷ــ جوامع الحکایات ـ جوامع الحکایات و لوامع الروایات ، تألیف سدیدالدین محمد عوفی ، باهتمام دکتر محمد معین استاد دانشگاه ، ذیل شمارهٔ ۲۳۲ انتشارات دانشگاه و چاپ محمد رمضانی، چاپ تهران سال ۱۳۳۵ هجری شمسی.
۶۸ــ جویری ـ قصص الانبیاء ، تألیف مولانا محمد جویری ، چاپ پنجم ، بسرمایهٔ کتابخانهٔ اسلامیه .
۶۹ ـ جهانگیری ـ فرهنگ جهانگیری، تألیف جمال الدین حسین فخر الدین انجو، خطی، متعلق بنگارنده .
۷۰ ـ حافظ قدسی ـ بخط محمد القدسی الحسینی الشیرازی ،چاپ بمبئی، چاپخانهٔ سپهر، سال ۱۳۰۳ هجری قمری .
۷۱ـ حافظ قزوینی ـ دیوان شمس الدین محمد حافظ شیرازی، باهتمام محمد قزوینی و دکتر قاسم غنی، چاپ تهران ، چاپخانهٔ مجلس، سال ۱۳۳۰ هجری شمسی .
۷۲ـ ح ـ برهان ـ حاشیهٔ دکتر محمد معین استاد دانشگاه بر برهان قاطع، چاپ تهران، سال ۱۳۳۰ تا ۱۳۳۵.
۷۳ ـ حبیب السیر ـ حبیب السیر فی اخبار البشر ، تألیف غیاث الدین بن همام الدین الحسینی المدعو بخواند میر، از انتشارات کتابخانهٔ خیام سال ۱۳۳۳ هجری شمسی، در چهار جلد .
۷۴ـ حجة الحق ـ حجة الحق ابوعلی سینا ، تألیف نگارنده، چاپ تهران، سال ۱۳۳۱ هجری شمسی.
۷۵ـ حلیة الاولیاء ـ حلیة الاولیاء و طبقات الاصفیاء ، للحافظ ابی نعیم احمد بن عبدالله الاصبهانی ، المتوفی سنهٔ ۴۲۰ ، در ده جلد، طبع مصر، سال ۱۳۵۱ ببعد .
۷۶ ـ حیاة الحیوان جاحظ ـ الحیوان لابی عثمان عمرو بن بحر الجاحظ البصری متوفی بسال ۲۵۵، چاپ

مطبعةالسعاده مصر .

۷۷ - حیاةالقلوب ـ حیاةالقلوب در قصص واحوالات پیغمبران عظام و اوصیاء ایشان، تألیف محمدبن باقر بن محمدتقی مجلسی،چاپ‌تهران، کتابخانهٔ اسلامیه ، سال ۱۳۷۱ هجری‌قمری، در سه جلد .

۷۸- خاقانی ـ دیوان حسان‌العجم افضل الدین ابراهیم‌بن علی خاقانی شروانی ، بتصحیح و تحشیه و تعلیقات علی عبدالرسولی ، چاپ تهران، سال ۱۳۱۶ هجری شمسی .

۷۹-خطط ـ کتاب‌الخطط المقریزیه ، تألیف تقی‌الدین احمدبن علی‌بن عبدالقادر بن محمد معروف بمقریزی ، درچهار جلد ، چاپ مصر ، سال ۱۳۲۴ هجری قمری .

۸۰-خیرات‌الحسان ـ تألیف محمدحسن‌خان اعتمادالسلطنه ، چاپ سنگی، خط شمس‌الکتاب، چاپ تهران، سال ۱۳۰۷ هجری قمری .

۸۱- دلایل‌الخیرات ـ کتاب دعای اهل سنت و جماعت ، چاپ بمبئی‌سال ۱۳۲۴ هجری قمری .

۸۲- دمیری ـ حیاةالحیوان . تألیف ابوالبقاء کمال‌الدین محمدبن موسی‌بن عیسی‌الدمیری ، چاپ تهران ، سال ۱۲۸۵ هجری قمری .

۸۳- دیارات شابشتی ـ الدیارات، تألیف ابی‌الحسن‌علی‌بن محمدالمعروف بالشابشتی، باهتمام گورگیس عواد ، چاپ‌بغداد ، سال ۱۹۵۱ میلادی .

۸۴-رسالهٔصفیرسیمرغ ـ تألیف شیخ شهاب‌الدین سهروردی‌مقتول،چاپ‌اشتوتکارت، سال ۱۹۳۵میلادی.

۸۵- رسالةفی‌حقیقةالعشق ـ تألیف شیخ شهاب‌الدین سهروردی مقتول ، توسط مهدی بیانی، تهران، اردیبهشت ۱۳۲۵ شمسی .

۸۶-رسالهٔقشیریه ـ الرسالة القشیریه فی‌علم التصوف ، تألیف ابی‌القاسم عبدالکریم‌بن هوازن‌القشیری، چاپ مصر ، سال ۱۳۴۶ هجری قمری .

۸۷- رسایل اخوان‌الصفا ـ رسایل اخوان الصفا وخلان الوفا ، چاپ مصر ، سال ۱۳۴۷ هجری قمری، درچهار جلد .

۸۸- رشیدی ـ فرهنگ رشیدی ، لعبدالرشیدبن عبدالغفور الحسینی المدنی التقوی ، چاپ تهران .

۸۹- زادسپرم ـ ر . ک : Pahlavi Texts

۹۰-سروری ـ مجمع‌الفرس ، معروف بفرهنگ سروری ، تألیف محمد قاسم بن حاج محمدسروری، نسخهٔ خطی ، متعلق بنگارنده .

۹۱- سفینةالبحار ـ سفینة البحارالانوار ومدینةالحکم والاثار ، طبع تهران سال ۱۳۵۵ .

۹۲-سوانح غزالی ـ السوانح فی‌العشق ، تصنیف شیخ ابوالفتوح مجدالدین‌احمدبن محمدبن غزالی الطوسی ، بکوشش‌مهدی بیانی (رئیس ادارهٔ کتابخانهٔ ملی) چاپ تهران ، سال ۱۳۲۲ شمسی ، چاپخانهٔ رنگین .

۹۳-سیرحکمت ـ سیرحکمت در اروپا ، تألیف محمد علی فروغی ، چاپ تهران ۱۳۱۰شمسی ، در سه جلد .

۹۴-سیرة ابن هشام- سیرة النبی علیه الصلاة و السلام، تألیف ابی محمد عبدالملك ابن هشام ، چاپ محمدعلی صبیح و اولاده بمصر ، سال ۱۳۴۶ هجری قمری، در دوجلد .
۹۵-شاهنامه - شاهنامهٔ فردوسی ، چاپ مؤسسهٔ خاور ، تهران سال ۱۳۱۲ هجری شمسی .
۹۶-شاهنامهٔ ثعالبی - بقلم ابومنصور عبدالملك بن محمد بن اسمعیل ثعالبی ، ترجمهٔ محمود هدایت ، چاپ تهران، سال ۱۳۲۸ شمسی ، چاپخانهٔ مجلس .
۹۷-شذرات - شذرات الذهب فی اخبار من ذهب ، تألیف ابی الفلاح عبدالحی بن العماد الحنبلی ، چاپ مصر، سال ۱۳۵۰ هجری قمری .
۹۸-شرح ابن ابی الحدید - ر . ك : ابن ابی الحدید .
۹۹- شرح احوال و نقد و تحلیل آثار شیخ فریدالدین محمد عطار نیشابوری - تألیف بدیع الزمان فروزانفر استاد دانشگاه تهران ، از انتشارات انجمن آثار ملی ذیل شمارهٔ ۴۱، چاپخانهٔ دانشگاه تهران ، سال ۱۳۴۰ هجری شمسی .
۱۰۰- شرح باب حادی عشر - ترجمهٔ شرح باب حادی عشر شهرستانی، چاپ تهران، سال ۱۳۲۵ هجری قمری.
۱۰۱- شرح تعرف - شرح تعرف لمذهب التصوف چاپ نول کشور ، سال ۱۳۳۰ هجری قمری .
۱۰۲- شهرستانی - الملل و النحل تألیف محمد بن عبدالکریم شهرستانی ، حاشیه الفصل چاپ مصر ، سال ۱۳۴۷ هجری قمری .
۱۰۳- شیخ صنعان - یا پیرسمعان ، نهمین جزوهٔ شاهکارهای ادبیات فارسی ، باهتمام نگارنده ، چاپ مؤسسهٔ مطبوعاتی امیرکبیر، سال ۱۳۳۶ هجری شمسی .
۱۰۴-صبح الاعشی - تألیف الشیخ ابی العباس احمد القلقشندی، چاپ دارالکتب مصر در قاهره، سال ۱۳۴۰ هجری قمری ببعد ، در ۱۴ جلد.
۱۰۵-صراح - الصراح من الصحاح، تألیف ابوالفضل محمد بن عمر بن خالد معروف بجمال قرشی، چاپ کانپور، سال ۱۲۴۵ هجری قمری .
۱۰۶-صحیح مسلم - تألیف ابوالحسین مسلم بن الحجاج بن مسلم قشیری ، طبع مصر، سال ۱۳۳۴ هجری قمری ، درهشت جلد .
۱۰۷-طبری - ر . ك : تاریخ الامم و الملوك .
۱۰۸- طبقات ابن سعد - چاپ بیروت، سال ۱۳۷۶ هجری قمری.
۱۰۹-طبقات الصوفیه - تألیف عبدالرحمان سلمی ، بتحقیق نورالدین سریبه ، چاپ مصر سال ۱۳۷۲ هجری قمری .
۱۱۰- عبهر العاشقین - تصنیف شیخ روزبهان بقلی شیرازی، بهمت هنری کربن (پرفسور درسربن) و محمد معین (استاد دانشگاه تهران) چاپ انستیتوی ایران و فرانسه ، سال ۱۳۳۷ شمسی .
۱۱۱-عرایس - ر. ك : ثعالبی.
۱۱۲-عقدالفرید - تألیف شهاب الدین احمد معروف بابن عبدربه اندلسی ، چاپ مصر ، سال ۱۳۴۶ هجری قمری .

۱۱۳- عقل‌سرخ- تألیف شیخ شهاب‌الدین سهروردی ، پنجمین نشریهٔ انجمن دوستداران کتاب ، چاپ تهران، چاپخانهٔ بانك ملی، سال ۱۳۳۲ شمسی .

۱۱۴- غیاث - غیاث اللغات ، تألیف محمد غیاث الدین بن جلال‌الدین بن شرف‌الدین رامپوری ، چاپ لکهنو، سال ۱۸۹۰ میلادی .

۱۱۵- فتوحات‌مکیه - الفتوحات‌المکیه ، تألیف محی‌الدین ابی‌عبدالله محمدبن علی‌معروف بابن‌العربی، چاپ مصر ، درچهار جلد .

۱۱۶- فخررازی - ر . ك : تفسیر امام فخر .

۱۱۷- فرهنگ لغات و تعبیرات مثنوی - تألیف نگارنده، چاپ دانشگاه‌تهران، از الف‌تا ذال، درچهار جلد.

۱۱۸- فرهنگ مصطلحات عرفاء - تألیف سید جعفرسجادی، چاپ تهران، چاپخانهٔ مصطفوی، سال ۱۳۳۹ هجری شمسی.

۱۱۹- فصل‌الخطاب - فصل‌الخطاب‌من‌الکتب والابواب، تألیف حاجی‌محمد کریم‌خان کرمانی، چاپ‌تهران، سال ۱۳۰۲ هجری قمری .

۱۲۰ - قاموس کتاب مقدس - ترجمه وتألیف مسترهاکس امریکائی، چاپ بیروت، سال ۱۹۲۹ میلادی.

۱۲۱- قرآن‌کریم - ر.ك: فهرست کتب اروپایی.

۱۲۲- قصص‌من‌القرآن - تألیف محمود زهران ، طبع دارالکتب عربی مصر، چاپ اول ، سال ۱۳۷۵ هجری قمری.

۱۲۳- کتاب‌الاصنام - ر.ك : الاصنام .

۱۲۴- کشف - کشف‌اللغات تألیف عبدالرحیم‌بن احمدسور ، نسخهٔ خطی متعلق بنگارنده .

۱۲۵- کشف‌الاسرار - کشف الاسرار وعدة الابرار ، معروف بتفسیر خواجه عبدالله انصاری ، تألیف ابوالفضل رشیدالدین‌المیبدی ، باهتمام و تصحیح علی‌اصغرحکمت استاد دانشگاه ، از انتشارات دانشگاه تهران، در ده جلد.

۱۲۶- کشف‌المحجوب - لابی‌الحسن‌علی‌بن‌عثمان‌بن ابی‌علی‌الجلابی الهجویری‌الغزنوی ، باهتمام والنتین ژوکوفسکی ، چاپ لنین‌گراد ، سال ۱۹۲۶ میلادی.

۱۲۷- کلیات سعدی - با حواشی فصیح‌الملك شوریدهٔ شیرازی، طبع بمبئی، سال ۱۳۳۵ هجری‌قمری .

۱۲۸- کنز - کنز اللغة ، تألیف محمد بن عبدالخالق بن معروف ، چاپ تهران ، سال ۱۳۱۶ هجری قمری .

۱۲۹- کیمیای سعادت - تصنیف حجةالاسلام‌ابوحامد محمد غزالی طوسی، بتصحیح احمدآرام، چاپ‌دوم تهران، سال ۱۳۳۰ شمسی هجری.

۱۳۰ - گاتا - سرودهای‌زرتشت ، تألیف‌وترجمهٔ استادپورداود ، چاپ‌تهران.

۱۳۱ - گنجینه - گنجینهٔ گنجوی، تألیف وحید دستگردی ، چاپ‌تهران، سال ۱۳۱۸ هجری شمسی، ضمیمهٔ مجلهٔ ارمغان.

۱۳۲ - لطایف - لطایف‌الغات، فرهنگ مثنوی‌ملای روم، تدوین مولوی عبداللطیف، ضمیمهٔ مثنوی،

چاپ کتابفروشی خاور، سال ۱۳۱۵ هجری شمسی.
۱۳۳ لغت فرس ـ تألیف ابومنصور علی بن احمد اسدی طوسی ، بتصحیح و اهتمام عباس اقبال ، استاد دانشگاه ، چاپ تهران ، سال ۱۳۱۹ هجری شمسی.
۱۳٤ ـ لغت نامه ـ تألیف علی اکبر دهخدا ، چاپ تهران، مطبعهٔ مجلس و دانشگاه .
۱۳۵ـ مآخذ قصص مثنوی ـ تألیف بدیع الزمان فروزانفر استاد دانشگاه ، از انتشارات دانشگاه ذیل شمارهٔ ۲۱٤ .
۱۳٦ـ مبین ـ کتاب المبین، تألیف حاج محمد کریم خان کرمانی ، در دوجلد، چاپ تهران.
۱۳۷ ـ مثنوی نیکلسن ـ مثنوی معنوی ، تألیف جلال الدین محمد بن محمد الحسین البلخی ، باهتمام رینولد الن نیکلسن، چاپ لیدن، درسه مجلد ، سال ۱۹۲۵ میلادی .
۱۳۸ـ مجالس سبعه ـ از مولانا جلال الدین محمد بلخی، چاپ استانبول ، ذیل شمارهٔ ۱ آثار المولویه فی ادوار السلجوقیه .
۱۳۹ـ مجلهٔ دانشکدهٔ ادبیات ـ سال هشتم، شمارهٔ ۳، چاپ دانشگاه تهران.
۱۴۰ ـ مجلهٔ دانشنامه ـ سال اول، شمارهٔ ۱، چاپ تهران.
۱۴۱ـ مجلهٔ مهر ـ سال اول.
۱۴۲ـ مجمع البیان ـ تألیف ابوعلی الفضل بن حسن الفضل الطبرسی، چاپ مطبعهٔ عرفان صیدا ، سال ۱۳۳۳ هجری قمری.
۱۴۳ ـ مجمل التواریخ ـ از مؤلف مجهول، چاپ تهران ، بسعی و اهتمام ملک الشعراء بهار، سال ۱۳۱۷.
۱۴۴ ـ مخزن الادویه ـ تألیف محمد حسین خراسانی ، بتصحیح احمد کبیر، چاپ بمبئی، سال ۱۲۷۳ هجری قمری.
۱٤۵ ـ مراصد الاطلاع ـ مراصد الاطلاع فی معرفة الامکنه والبقاع ، تألیف یاقوت حموی، چاپ تهران، سال ۱۳۱۵ هجری قمری.
۱۴٦ـ مرصاد العباد ـ مرصاد العباد من المبدء الی المعاد، تألیف ابوبکر عبدالله بن محمد شاه آور الاسدی معروف بشیخ نجم الدین رازی، باهتمام شمس العرفاء ، چاپ تهران ۱۳۱۲ .
۱۴۷ـ مسالک الابصار ـ مسالک الابصار فی ممالک والامصار ، تألیف فضل الله العمری ، جزء اول ، چاپ دار الکتب مصر در قاهره، سال ۱۳٤۲ هجری قمری.
۱٤۸ ـ مسعودی ـ مروج الذهب ومعادن الجوهر فی التاریخ ، تالیف ابی الحسن علی بن الحسین بن علی ـ المسعودی الشافعی ، چاپ مصر سال ۱۳٤۲ .
۱۴۹ـ مسلم ـ ر.ک: صحیح مسلم.
۱۵۰ـ مسند ابی عوانه ـ تألیف امام ابی عوانه یعقوب بن اسحاق الاسفرائنی ، طبع دایرة المعارف حیدر آباد دکن، سال ۱۳٦۳ هجری قمری.
۱۵۱ـ مصباح الهدایه ـ مصباح الهدایه و مفتاح الکفایه، تألیف عزالدین محمود ابن علی کاشانی با تصحیح وتعلیقات آقای جلال همائی استاد دانشگاه .

۱۵۲- معجم البلدان - تألیف یاقوت حموی درده جلد چاپ مصر، سال ۱۳۲۳ هجری قمری.
۱۵۳- معجم ما استعجم - تألیف ابی عبید عبدالله بن عبدالعزیز البکری الاندلسی، طبع قاهره، سال ۱۳۶۴ هجری قمری.
۱۵۴- معیار جمالی - واژنامهٔ فارسی، بخش چهارم معیار جمالی از شمس فخری، ویراسته دکتر صادق کیا استاد دانشگاه تهران، ذیل شمارهٔ ۳۸۶.
۱۵۵ منازل السائرین - تألیف کامل کمال الدین عبدالرزاق کاشانی چاپ تهران، سال ۱۳۱۵ هجری قمری.
۱۵۶- منتخب - منتخب اللغه تألیف عبدالرشید الحسینی مدنی، نسخهٔ خطی متعلق بنگارنده.
۱۵۷- منتهی الارب - منتهی الارب فی لغات العرب، تألیف میرزا عبدالرحیم ابن عبدالکریم صفی پور، چاپ تهران، سال ۱۲۹۷ هجری قمری.
۱۵۸- منتهی الآمال - تألیف آقای حاج شیخ عباس قمی، چاپ کتابفروشی اسلامیه، سال ۱۳۷۲ هجری قمری.
۱۵۹- منطق الطیر - تصنیف شیخ فریدالدین عطار، به تصحیح واهتمام دکتر محمد جواد مشکور، چاپ تبریز، چاپخانهٔ شفق، سال ۱۳۳۷ شمسی.
۱۶۰- منهج الصادقین - تفسیر منهج الصادقین فی الزام المخالفین، تألیف آخوند ملافتح الله کاشانی، چاپ تهران سال ۱۲۹۶ هجری قمری، درسه جلد.
۱۶۱ - ناسخ التواریخ - تألیف سپهر، چاپ سنگی تهران، جلد اول.
۱۶۲- نثر الجواهر - نثر الجواهر فی تلخیص سیره ابی الطیب والطاهر، ترجمه از کتاب نظم الدرر والمرجان فی سیرة سیدالانس والجان، چاپ پنجاب، سال ۱۹۰۲.
۱۶۳- نزهة القلوب - تألیف حمدالله مستوفی قزوینی، چاپ لیدن، سال ۱۹۱۳ میلادی.
۱۶۴ - نشابوری - قصص الانبیاء، تألیف ابواسحق نیشابوری، باهتمام حبیب یغمائی، از انتشارات بنگاه ترجمه ونشر کتاب، شمارهٔ ۱۱۹، تهران سال ۱۳۴۰ هجری شمسی.
۱۶۵ - نفایس الفنون - نفایس الفنون فی شرح عرایس العیون، تألیف محمدبن محمود آملی، چاپ تهران، سال ۱۳۰۹ هجری قمری.
۱۶۶- نفحات الانس - تألیف عبدالرحمن جامی، چاپ نول کشور، سال ۱۹۱۵ میلادی.
۱۶۷- نهج البلاغه - با شرح محمد عبده، طبع مصر، مطبعه استقامت، در سه جلد.
۱۶۸- نی - ر. ك: مثنوی نیکلسن.
۱۶۹ - وفیات الاعیان - ر. ك: ابن خلکان.
۱۷۰- هجویری - ر. ك: کشف المحجوب.
۱۷۱- یاداشتهای قزوینی - چاپ دانشگاه تهران، بهمت ایرج افشار، در چهار جلد.
۱۷۲ - یاقوت - ر. ك: معجم البلدان.
۱۷۳ - یشتها - ادبیات مزدیسنا، یشتها در دو جلد، قسمتی از کتاب مقدس اوستا، تفسیر وتألیف پور داود، از سلسله انتشارات انجمن زرتشتیان ایرانی بمبئی و ایران لیك.

۱۷۴- ینابیع السوده ـ تألیف شیخ ابراهیم المعروف بخواجه کلان بن شیخ محمد معروف به باباحو جه حسین البلخی القندوزی ، چاپ اسلامبول، سال ۱۳۱۰ هجری قمری .

۱۷۵ - Cults and Legends of Ancient Iran and China by Sir. J. C. Coyajee, Bombay

۱۷۶ - Supplement aux Dictionnaires Arabes, par Dozy, 2 vol. Leiden. 1927.

۱۷۷ - Encyclopedia Britanica, 13th Edition in 24 vol.

۱۷۸ - The Holy Qurân by Maulavi Muhammad - Ali, Second Edition, Lahore, Punjab, India, 1920

۱۷۹ - Life of Mohamet by ; Washington Driving, London ; j. M. Dent and Sons LTD.

۱۸۰ - Pahlavi Texts Translated by E W. West, Oxford, 1880.

۱۸۱ - History of western Philosophy by Russel, London 1948.

۱۸۲ - Persian - English Dictionary by Steingass, London 1930

۱۸۳ - History of Philosophy by Thilly, New York 1940.

www.ingramcontent.com/pod-product-compliance
Lightning Source LLC
Chambersburg PA
CBHW070042080526
44586CB00013B/886
9781595847898